# कैसी आगी लगाई

(उपन्यास)

# कैसी आगी लगाई

असग़र वजाहत

राजकमल प्रकाशन

ISBN : 978-81-267-0885-7

**मूल्य** : ₹ 695



**पहला संस्करण** : 2004
**चौथा संस्करण** : 2016

**प्रकाशक** : राजकमल प्रकाशन प्रा. लि.
1-बी, नेताजी सुभाष मार्ग, दरियागंज
नई दिल्ली-110 002

**शाखाएँ** : अशोक राजपथ, साइंस कॉलेज के सामने, पटना-800 006
पहली मंजिल, दरबारी बिल्डिंग, महात्मा गांधी मार्ग, इलाहाबाद-211 001
36 ए, शेक्सपियर सरणी, कोलकाता-700 017

वेबसाइट : www.rajkamalprakashan.com
ई-मेल : info@rajkamalprakashan.com

**मुद्रक** : बी.के. ऑफसेट
नवीन शाहदरा, दिल्ली-110 032

KAISI AAGI LAGAYI
*Novel by* Asghar Vajahat

# एक अनपढ़ का विलाप

आजकल मैं कुछ ज़्यादा ही परेशान रहता हूँ। परेशनी से बचने के लिए काम शुरू कर देता हूँ। लोग समझते हैं काम कर रहा हूँ जबकि मैं तो सिर्फ परेशानी से बच रहा होता हूँ। परेशानी ये है कि बहुत बड़े पैमाने पर झूठ बोला जा रहा है। आप कहेंगे मेरी सेहत पर क्या फ़र्क़ पड़ता है। मैं कहूँगा बहुत बड़े पैमाने पर बहुत सारा झूठ बोले जाने का फ़र्क़ हमारे ऊपर पड़ता है क्योंकि सच्चाई धुँधलाने लगती है। चीजें समझ में नहीं आतीं और 'कन्फ्युज़न' वाली स्थिति पैदा हो जाती है। पाकिस्तानी अणु वैज्ञानिक डॉ. खान को सजा दी जा रही है कि उसने परमाणु टेक्नॉलोजी ईरान और सीरिया को दी है, तो जनाब बाक़ी दूसरे देशों को यह तकनीक कहाँ से मिली, मैं एटमबम आदि का कट्टर विरोधी हूँ। अमेरिका ने सबसे पहले एटमबम बनाया और जापान पर गिराया। यानी अणु तकनीक सबसे पहले अमेरिका में विकसित हुई फिर रूस यानी उस ज़माने के सोवियत यूनियन में। संसार के अधिकतर देश जिन्होंने अणु बम बनाया वे कहीं न कहीं अमेरिका और रूस के ऋणी हैं। अब सवाल ये है कि अमेरिका या रूस अणुबम बनाने की तकनीक किसी देश को देते हैं तो वह मानवता के लिए खतरा नहीं होता। पर जैसे ही यह काम कुछ अन्य देश करने लगते हैं, यह मानवता के लिए ख़तरा बन जाता है। क्यों ? लेकिन यह सवाल कोई नहीं पूछ रहा है।

अमेरिका कहता है कि एटम बम सामूहिक नरसंहार का हथियार है। इसलिए वह उसका कट्टर विरोधी है।

अब सवाल यह है कि सामूहिक नरसंहार हथियारों से मतलब क्या है ? एटम बम से हजारों, लाखों लोग मर सकते हैं लेकिन टैंक, फाइटर प्लेन आदि से सैकड़ों लोगों को मारा जा सकता है। अमेरिका हथियारों का सबसे बड़ा विक्रेता है। उसके हथियारों से सामूहिक नरसंहार नहीं होता; पर नरसंहार तो होता है और नरसंहार अगर लगातार किया जाए तो सामूहिक नरसंहार जैसा ही नुकसान हो सकता है। क्या अमेरिका ने मध्य एशिया में सामूहिक नरसंहार नहीं किए थे ? पर उस समय सामूहिक नरसंहार के विरोध में वह वातावरण क्यों नहीं बन पाया था जो आज है ? या उन हथियारों के खिलाफ विश्व जनमत क्यों नहीं बन रहा है जो अमेरिका बेचता रहता है ? इसलिए मेरी समझ में यह नहीं आता कि सामूहिक नरसंहार के हथियार कौन-से हैं ? और नरसंहारी कौन है ?

मेरा समझ में यह भी नहीं आता कि ग्लोबलाइज़ेशन और उदारीकरण का केवल यह मतलब क्यों है कि एक देश को दूसरे देश में जाकर व्यापार करने की छूट है तथा वहाँ अपना सामान बेचने की अनुमति है। ग्लोबलाइज़ेशन और उदारीकरण का यह अर्थ क्यों नहीं लगाया जाता है कि एशियाई मज़दूर अपनी मेहनत संसार में जहाँ चाहे जाकर बेच सकता है। एशियाई, अफ्रीकी, लातीनी अमरीकी और अरबी जहाँ चाहें जाकर काम करते हैं ? उदारीकरण और पेटेन्ट का क्या सम्बन्ध है ? उदारीकरण का मतलब तो यह है कि सब कुछ सबके लिए खुला है...संसार उदार हो गया है, एकाधिकार नहीं है। लेकिन पेटेन्ट का मतलब तो उदार होना नहीं है। मान लीजिए भारत 'शून्य' को पेटेन्ट करा ले ? मान लीजिए अमेरिका टेलीफोन पेटेन्ट करा ले ? मतलब यह कि उदारीकरण और पेटेन्ट की वकालत एक साथ करने का मतलब क्या है ?

यह भी अजीब रहस्य है कि एक ही राजनीतिक दल एक तरफ तो कहता है कि हम विश्व को बिरादरी मानते हैं, दूसरी तरफ वही राजनीतिक दल किसी भारतीय को इसलिए भारतीय स्वीकारा नहीं करता कि उसका पिता या माता विदेशी थे। विश्व को बिरादरी माननेवाला राजनीतिक दल अपने ही देशवासियों का नरसंहार करा देता है। फिर भी विश्व को कुटुम्ब मानता रहता है। एक भी ऐसा राजनीतिक दल मेरी समझ में नहीं आता जो पड़ोसी देश से मित्रता करना चाहता है और देशवासियों के एक बड़े समूह को देशद्रोही मानता है, उनके ख़िलाफ़ घृणा का प्रचार करता है, उनको बरबाद कर रहा है। ये कैसे हो सकता है कि देश से प्रेम करनेवाले लोग देश की सम्पत्ति विदेशियों को बेच डालें ? यह भी रहस्य ही है कि चुनाव के पहले पूरे देश को घूस दी जाए और घूस देने की प्रशंसा भी हो। घूस देनेवाली सत्ता नैतिकता की बातें भी करती है।

दुर्भाग्यपूर्ण यह है कि समाज में आदमियों के पारस्परिक सम्बन्धों के अध्ययन की कोई विधि विकसित नहीं हुई है। यदि सिर्फ मोटे तौर पर ही देखा जाए तो हमारे देश में आदमी आदमी का सबसे बड़ा दुश्मन बन चुका है। आज दहेज के लिए औरतों को जला देना सहज है, दंगाइयों का प्रिय खेल आदमियों, औरतों, बच्चों को आग में जला डालना है, क्योंकि वे जानते हैं इस अपराध को हमारा सभ्य समाज अपराध ही नहीं मानता और उसकी सजा ही नहीं है। आपराधिक मामले छोड़ भी दें तो समाज में धर्मगत, जातिगत, सेक्सगत हिंसा इतनी अधिक है कि उसकी कल्पना नहीं की जा सकती। चलती ट्रेन में हत्याएँ, बलात्कार, अपराध, अपहरण—यह सब क्यों हो रहा है ? सब कुछ इतना उग्र क्यों हो गया है ? कारण यह है कि हमने एक ऐसे समाज का निर्माण किया है जो झूठ पर आधारित और जीवित है। सब कुछ झूठ है और सब जानते हैं कि सब झूठ है, सब मानते हैं कि झूठ है, सबको यह लगता है कि सब झूठ है। न्याय व्यवस्था ऐसी है जहाँ मजिस्ट्रेट को पैसा खिलाकर कुछ भी किया जा सकता है। पुलिस के बड़े-बड़े अधिकारी हर तरह के आरोपों में फँसे हैं, राजनेता—उनके बारे में सब जानते हैं—पत्रकार और मीडियाकर्मी—कुछ बेचारे चीख़ते रहते हैं पर एक बड़े अनुशासन में

बँधे हैं कि व्यवस्था को इतना बुरा मत कहो कि वह गिर जाए—क्योंकि तुम भी इसी व्यवस्था की पैदावार हो, यह गिर जाएगी तो तुम भी गिर जाओगे।

आदमी के सम्मान की तो बात ही छोड़ दीजिए। आज उसकी जान की क़ीमत शून्य है। और हम कहते हैं कि देश के खज़ाने लबालब भरें हैं। प्रगति के आँकड़े आसमान छू रहे हैं। सबको अच्छा लग रहा है, या लगना चाहिए लेकिन दुःख की बात है कि मुझे अच्छा नहीं लग रहा है क्योंकि मेरी प्रतिबद्धता संसार के सबसे कमजोर आदमी से है।

मेरी परेशानी की एक वजह प्राइवेटाइज़ेशन यानी निजीकरण भी है। हमारे देश में यह बड़े पैमाने पर हो रहा है। हमारे यहाँ पहले दो क्षेत्रों में उद्योग थे। एक निजी क्षेत्र में और दूसरे सार्वजनिक क्षेत्र में। निजी क्षेत्र बड़ी-बड़ी कम्पनियों जैसे बिड़ला, टाटा, डालमिया आदि के उपक्रम थे और सार्वजनिक क्षेत्र में बड़ी-बड़ी सरकारी कम्पनियाँ थीं जो सरकार के पैसे से यानी करदाताओं के पैसे से बनाई गई थी। सार्वजनिक क्षेत्र में जो पैसा लगा था वह जनता का पैसा था। अब सार्वजनिक क्षेत्र की कम्पनियों को बेचा जा रहा है और उसे प्राइवेट कम्पनियाँ खरीद रही हैं इसे प्राइवेटाइज़ेशन कहा जा रहा है। क्या सार्वजनिक कम्पनियों में प्राइवेट लोगों (जनता) का पैसा नहीं लगा था ? यानी सार्वजनिक क्षेत्र तो पहले से ही प्राइवेट क्षेत्र था उसे और अधिक प्राइवेट क्यों किया जा रहा है ? मेरी समझ में यह नहीं आता। जनता का अरबों, खरबों रुपया लगाकर जो कम्पनियाँ बनाई गईं उन्हें सरकारी अधिकारियों ने चलाया; इस तरह चलाया कि बुरी तरह लूटा, खाया और जब वे दीवालिया होने के कगार पर हैं तो कहा जा रहा है इन्हें रखना सरकार को महँगा पड़ता है और प्राइवेटाइज़ेशन् की जा रही हैं, बेची जा रही है। कहा जा रहा है सरकार का काम उद्योग-धन्धे चलाना नहीं है। तो क्या सरकार ने सभी धन्धों से हाथ खींच लिया है ? नहीं—तो क्या सरकार प्रतीक्षा में है कि कौन-सा धन्धा चौपट हो और उसे बेच दिया जाए—प्राइवेटाइज़ कर दिया जाए ?

थोड़ा सोचिए, सरकार ने जनता के पैसे से जो पब्लिक सेक्टर बनाया था। वह लाभ में चलता तो क्या होता ? मान लीजिए जिस तरह प्राइवेट सेक्टर ने दिन दूनी रात चौगुनी प्रगति की है उसी तरह पब्लिक सेक्टर भी तरक्की करता तो क्या होता ? जनता का एक रुपया आज एक लाख रुपए के बराबर होता उसी तरह जैसे पचास साल पहले अम्बानी का एक रुपया आज एक लाख के बराबर है। थोड़ा सोचिए, सरकार को पब्लिक सेक्टर से इतनी आमदनी होती तो वह पैसा शिक्षा, स्वास्थ्य, रोजगार, व्यापार आदि पर लगता है और आज देश में वैसी ही प्रगति दर्ज होती जैसी एशिया के कुछ देशों में देखी जा सकती है।

सवाल यह है कि अम्बानी का एक रुपया आज एक लाख हो गया पर हमारा जनता का पैसा क्यों नहीं हो पाया ? और नहीं हो पाया तो इसका जिम्मेदार कौन है ? ऐसा तो नहीं है कि हमें, आपको यानी जनता को धोखा दिया गया तो ? जनता को

धोखा देनेवाले देशप्रेमी हो सकते हैं ?

मेरी समझ में यह भी नहीं आता कि इराक़ की जनता को मुक्त कराने के लिए अमेरिका और ब्रिटेन ने युद्ध किया था और अब इराक की जनता उनका विरोध कर रही है। यह भी समझ में नहीं आता कि इराक की जनता की भावनाओं से ब्रिटेन के प्रधानमन्त्री टोनी ब्लेयर जितने परिचित हैं उतना और कोई दूसरा नहीं है।

हमार देश के चुनाव होनेवाले हैं और सरकार ने अपने ख़ज़ाने के मुँह खोल दिए हैं। हर वर्ग को लाभ–शुद्ध लाभ पहुँचाने की योजनाएँ घोषित हो रही हैं। सवाल यह है कि क्या योजनाएँ घोषित करनेवालों को पहले से यह पता न था कि समस्याएँ क्या हैं ? ऐसा नहीं हो सकता, समस्याओं की जानकारी सरकार को ही नहीं दरबान तक को होती है। तब फिर आजकल की लाभकारी योजनाएँ क्यों लागू की जा रही हैं ? क्या सरकार को योजनाएँ घोषित करने के समय की जानकारी न थी ? पर यह कैसे हो सकता है कि चुनाव से पहले सब की सब राहत योजनाएँ एक साथ घोषित हो रही हैं ? तुम्हें ये मिल जाएगा, मोबाइल सस्ते हो जाएँगे, नौकरी मिलेगी, आरक्षण होगा, आयात कर सकोगे, निर्यात में भी छूट मिलेगी। इन सब योजनाओं से पब्लिक को लाभ होगा। लाभ का सीधा मतलब है अधिक पैसा। और अधिक पैसा...और अधिक पैसा; जितना ज़्यादा पैसा जनता को मिलेगा या बचेगा जनता उतना ही खुश होगी...तो क्या हमारी जनता लालची है ? नहीं, नहीं हमारी जनता लालची नहीं है। ठीक है, लालची नहीं है तो उसे लालची बनाया जा रहा है ?...और अगर जनता लालची बनाई जा रही है तो जनता को क्या संस्कार दिए जा रहे हैं ? जनता को सीधे-सीधे संस्कार दिए जा रहे हैं–'बाप बड़ा, न भइया सबसे बड़ा रुपइया।' जनता के यह संस्कार हैं या दिए जा रहे हैं और जनता पैसे के लिए नवविवाहिता लड़कियों को जला रही है तो क्या बुरा कर रही है ? भाई साहब, आप एक बहू को जला देंगे...दूसरी लाएँगे तो दहेज दोगुना हो जाएगा। हत्याएँ कीजिए पैसा...अपहरण कीजिए पैसा...जनता में लालच के संस्कार बढ़ते हैं और भ्रष्टाचार को सार्वजनिक मान्यता मिलती है तो क्या बुरा है ? हमारी सरकार ने ही यह तय किया है कि रुपया, पैसा, धन, दौलत बड़ी चीजें हैं–चाहे वोट देने से मिले, चाहे वोट देने के बाद मिले। भ्रष्टाचार का रोना दिखावा नहीं तो क्या है जबकि सरकार ही प्रत्यक्ष रूप से उसे बढ़ावा दे रही है। वे प्रान्त जहाँ हमारी सरकारें हैं वहाँ केन्द्र पैसा देगा, जहाँ नहीं हैं वहाँ नहीं देगा। मतलब नियम कोई नहीं है। हमारे साथ हो तो फायदे में रहोगे, नहीं हो तो नुक़सान उठाओ।

पिछले पचास साल में हमने देश को कितना बनाया है, मैं नहीं जानता...लेकिन लोगों को बिगाड़ा है। बूढ़ों को बिगाड़ा है, जवानों और बच्चों को बिगाड़ा है। बिगाड़ने के लिए भी हम भाषा का प्रयोग करते हैं। और आज जो भाषा है–मीडिया की भाषा–संचार की भाषा उस पर राजनीति की काली छाया है।

शब्दों पर जब राजनीति या कहिए अवसरवादी, छद्म राजनीति की काली छाया पड़ने लगे तो लेखक को बड़ी बेचैनी होती है और वह शब्दों को बचाने के लिए बेचैन

हो जाता है। वह जानता है शब्द ही न रहेंगे—यानी अर्थवान शब्द ही न रहेंगे तो मनुष्य ही न रहेगा, समाज ही न रहेगा। इसलिए लेखक लिखता है। शब्दों को अर्थ देने या अर्थवान बनाए रखने के लिए।

इन दिनों से पहले कभी यह नहीं लगा कि लिखना कितना जरूरी है। वजह, और सबसे बड़ी वजह यही है कि लेखक जो सोचता है, कहना चाहता है उसके लिए साहित्य को छोड़कर कोई और मंच नहीं बचा है। हर जगह 'स्पेस' की कमी है। राजनीति और मनोरंजन ने सूचना तन्त्र पर लगभग अपना एकाधिकार जमा लिया है। ऐसी स्थिति में यदि लेखक अपनी बात कहना चाहता तो कहाँ कहे ? लेखक यदि इस समाज व्यवस्था के समान्तर कोई दूसरी व्यवस्था देना चाहता है तो कहाँ दे। कौन-सा ऐसा मंच है ? क्या राजनीतिक मंच पर हम लेखक अपनी बात कह सकते हैं ? हरगिज़ नहीं। फिर क्या मीडिया, टेलीविजन, रेडियो या पत्र-पत्रिकाएँ हमारी चिन्ताओं में शामिल होंगे ? शायद नहीं, क्योंकि उनका काम हमारी चिन्ताओं में शामिल होना नहीं बल्कि अपनी तरह का व्यापार करना है। ले, दे कर कागज़ और कलम ही हैं जो हमें शरण देते हैं। शब्द हमारे काम आते हैं।

*मेरे शेर हैं मेरी सल्तनत, इसी फ़न में है मुझे आफियन*
*मेरे कास-ए-शबो-रोज़ तेरे काम की कोई शय नहीं*

नासिर काज़मी शायरी में एक पूरी सल्तनत रचते हैं। यानी वे जो दुनिया बनाना चाहते हैं, वे जैसी व्यवस्था चाहते हैं, जैसा निज़ाम चाहते हैं वह शेरों में है। इसी कला में यानी शायरी में शायर सुरक्षित है। कलाकार कला से बाहर आता है तो मर जाता है। अपनी कला में ही वह समानान्तर जीवन और जगत रचता है। यह रचना निश्चित रूप से ऐसे लोगों के काम की नहीं है जो यथास्थिति के पक्षधर हैं।

यह सब लिखते हुए ध्यान आया कि सामाजिक परिवर्तन की माँग जब कलाकार, लेखक करते हैं तो यह कहा जाता है कि अरे यह तो कोरी कल्पना है ऐसा कहाँ होता है। जबकि सच्चाई यह है कि मानव समाज के विकास का हर चरण एक समय मात्र कोरी कल्पना हुआ करता था। जैसे चाँद पर पहुँच जाना, आकाश में उड़ना, लोकतन्त्र या समाजवाद—यह सब कभी बिल्कुल कोरी कल्पनाएँ लगा करती होंगी, पर आज नहीं है। और आज अगर हम लोग एक ऐसी दुनिया का सपना देख रहे हैं जहाँ गरीबी नहीं होगी, अत्याचार नहीं होंगे, शोषण नहीं होगा, हर आदमी को शिक्षा मिलेगी, न्याय मिलेगा, सम्मान मिलेगा तो यह कोई कल्पना नहीं है। यह होगा और अवश्य होगा।

आज की तारीख में सोचना इस देश में सबसे बड़ा अपराध है। लेकिन कृपया ज़रूर सोचिए।

अब कुछ इस उपन्यास 'कैसी आगी लगाई' के बारे में। यह एक उपन्यास त्रयी है। इसका प्रथम भाग जो आपके हाथों में है, वह 1996-97 के दौरान बुदापैश्त, हंगरी में लिखा गया था। यह सौभाग्य ही कहा जाएगा कि मैं वहाँ जा सका और लगभग ढाई

हज़ार पृष्ठ लिख सका। मैं उन सबका आभारी हूँ जिन्होंने मेरी मदद की थी।

इस उपन्यास त्रयी के दो भाग और प्रकाशित होंगे।

अपने काम की प्रशंसा या निन्दा तो मूर्खता होगी। अब यह आपके हाथों में है और आप ही इसके पारखी हैं।

31 दिसम्बर 2003 **—असग़र वजाहत**
दिल्ली, जनवरी 2004

# कैसी आगी लगाई

# 1

ये नई बात है। आमतौर पर सायरन सुबह पौने आठ बजे बजता है। क्लास आठ बजे से शुरू होते हैं। लेकिन आज कोई साढ़े दस बजे सायरन बजने लगा। और बजने भी इस तरह लगा जैसे करुण आवाज़ में कोई दैत्य रो रहा हो। सायरन की आवाज़ सुनकर जो जहाँ था वहाँ से निकलकर भाग रहा था। पता नहीं, कहाँ ? मैंने किसी से पूछा कि ये क्या है और सब किधर जा रहे हैं तो जवाब मिला था जल्दी करो, ये इमरजेन्सी का सायरन है, सब लोग एस.एस. हॉल की तरफ जा रहे हैं। और ज़्यादा पूछने का मौका नहीं था क्योंकि बतानेवाला भी बहुत जल्दी में था। वह शायद कोई सीनियर लड़का था जिसे यूनीवर्सिटी के क़ायदे-कानून ज़्यादा पता थे। मैं तो पिछले ही साल आया था।

एस.एस. हॉल में अन्दर जानेवाला लोहे का बड़ा फाटक बन्द था और छोटीवाली खिड़की खुली थी। सब उसी खिड़की से अन्दर जा रहे थे। फाटक के बाहर प्राक्टर और कुछ सीनियर प्रोफेसर खड़े थे, वे सबसे जल्दी अन्दर जाने के लिए कह रहे थे। मुझे पता न था कि अन्दर क्या हो रहा है या होगा ? लेकिन मैं भी अन्दर घुस गया। अन्दर जाकर पता चला कि लगभग पूरी यूनीवर्सिटी के लड़के यहाँ मौजूद हैं। मुझे अहमद जल्दी ही मिल गया। वह लॉन में कुछ लड़कों के साथ बैठा था। मुझे देखकर वह मेरे पास आ गया।

"ये क्या है यार ?" मैंने उससे पूछा।

"पता नहीं, लोग कह रहे हैं कि यूनीवर्सिटी पर हमला होनेवाला है ?"

"हमला ? कैसा हमला।"

"शहर से हिन्दू गुंडों का एक बड़ा गिरोह आ रहा है।"

"ये तुम्हें किसने बताया ?"

"सब यही बातें कर रहे हैं।"

उन दिनों शहर में हिन्दू-मुस्लिम फसाद की फ़िज़ा बनी हुई थी। दो दिन पहले चाकू मारकर किसी हिन्दू की हत्या कर दी गई थी। उसके बाद मुसलमानों की कुछ दुकानें लुटी थीं। शहर के एक इलाक़े में कर्फ्यू लगा दिया गया था और शहर यूनीवर्सिटी के लड़कों के लिए 'आउट ऑफ बाउंड' हो गया था। प्राक्टर का ऐसा नोटिस मैंने देखा था।

फिर अचानक कुछ लड़के छत तक पहुँच गए और ये खबर तेज़ी से फैल गई कि शमशाद मार्केट के ऊपर से धुआँ उठ रहा है। शमशाद मार्केट जल रही है और लूटी

जा रही है, ये सुनते ही डर, ख़ौफ़ और 'न जाने क्या हो' वाली भावना एकदम गुस्से में बदल गई थी। लड़के बड़े फाटक को खोलने पर ज़ोर दे रहे थे। फाटक के बाहर दूसरी तरफ वाइस चांसलर, प्राक्टर और दूसरे लोग उन्हें समझा रहे थे कि फाटक क्यों नहीं खोला जा सकता। ज़ाहिर है कि अगर कई हज़ार लड़के गुस्से में बाहर निकलते तो उन्हें कौन क्या करने से रोक सकता था ? यह भी नहीं तय था कि बाहर निकलने पर वे सिर्फ शमशाद मार्केट तक ही जाएँगे और आगे नहीं बढ़ेंगे।

'अथारटीज़' और लड़कों में बातचीत लड़कों की तरफ से इतनी गर्म हो गई थी कि वे वाइस चांसलर को मोटी-मोटी गालियाँ देने लगे। लेकिन वाइस चांसलर किसी भी क़ीमत पर फाटक खुलवाने के लिए तैयार नहीं थे। दूसरी तरफ शमशाद मार्केट के ऊपर से उठनेवाला धुआँ एक काला विशाल बादल जैसा बन गया और छत पर जाए बग़ैर ही नज़र आने लगा।

कुछ ही देर में पता चला कि लड़कों ने एक कमरे की खिड़की की सलाखें तोड़ डाली हैं और बाहर जाने का रास्ता बन गया है। ये खबर फैलते ही लड़के उस तरफ झपटे। मैं और अहमद भी भागे। कमरे के अन्दर की खिड़की से कूद-कूदकर लड़के बाहर निकल रहे थे। हम लोग भी बाहर आ गए। सब शमशाद मार्केट की तरफ भाग रहे थे। अचानक हमें रास्ते में ज़ूलॉजी के लेक्चरर मिले। वे हमें पढ़ाते थे। हम दोनों को देखकर चीख़े—'खाली हाथ मत जाओ।' फिर उन्होंने पता नहीं कहाँ से मच्छरदानी का एक बाँस हमें पकड़ा दिया जिसे तोड़कर हमने दो कर लिए। एक टुकड़ा मैंने ले लिया और एक अहमद ने झपट लिया।

शमशाद मार्केट में खालू का होटल धुआँधार जल रहा था। खालू सामने खड़ा था। हमें देखकर बोला—'तुम लोग अब आए हो। देखो, सारे बर्तन तोड़ गए। कुर्सियाँ-बेंचें अन्दर डालकर आग लगा दी। मैं तो कसम से बर्बाद हो गया।' खालू के होटल के बाद 'नगीना रेस्टोरेंट' भी जल रहा था।

दंगाई दो होटलों में आग लगाकर और कुछ दुकानें लूटकर लड़कों को आता देख भाग गए थे। वहाँ सिर्फ जलती दुकानें और रोते-चिल्लाते शिकायत करते लोग थे। कोई चार-पाँच सौ लड़के जमा हो गए थे जिनके हाथों में मच्छरदानी के बाँस या ईंटें थीं। फिर पता नहीं ये आवाज़ आई या बग़ैर आवाज़ के ही हुआ—कि चलो हिन्दुओं की दुकानें लूटी जाएँ। शमशाद मार्केट में हिन्दुओं की भी कुछ दुकानें थीं। सबसे पहले लालाजी की मिठाई की दुकान थी। भीड़ दुकान के सामने पहुँच गई। दुकान अन्दर से बन्द थी। आठ-दस लोग दरवाज़ा खोलने लगे। उसके बाद लोहे की रॉड से दरवाज़ा तोड़ा जाने लगा। कुछ देर बार दोनों पट खुल गए। दरवाज़े के सामने मोटा लाला जो हमेशा कढ़ाव के सामने बैठा जलेबियाँ बनाता दिखाई देता था, हाथ में फरसा लिये खड़ा था। उसने चिल्लाकर कहा—'अन्दर न आना।' भीड़ ठहर गई। किसी में इतनी हिम्मत न थी कि फरसे के सामने आता। फिर अचानक भीड़ की तरफ से एक अद्धा फेंका गया जो लाला के पेट पर लगा। वह चीख़ मारकर गिर पड़ा। उसके गिरते ही भीड़ ने

धावा बोल दिया। दो लड़कों ने दूध का कढ़ाव उठाकर सड़क पर फेंक दिया। इस पर किसी ने कहा—'नहीं-नहीं, सामान बर्बाद न करो।' इसके बाद मिठाई के थाल और जाने क्या-क्या बाहर आता और पलक झपकते में साफ हो जाता। सिगरेटों का खोखा बाहर आया और लड़के उस पर टूट पड़े। मैंने एक पैकेट झपट लिया। अहमद को कुछ नहीं मिला। उसने कहा—"यार मुझे भी इसमें से पाँच दे देना।" मैंने कहा—"ठीक है।"

लड़कों के कुछ गिरोह 'रामा स्टूडियो' और हिन्दुओं की किताबों की दुकान को लूट रहे थे। यह सब बहुत इत्मीनान से हो रहा था। यहाँ तक कि लोग अपने-अपने पसन्द के लेखकों की किताबें ले रहे थे। जैसे कोई कहता, यार 'आरगेनिक कैमिस्ट्री की किताब दे दो।' जब उसे किताब दे दी जाती तो कहता, 'नहीं यार, ये तुमने चौहानवाली दे दी। मुझे सिंहलवाली चाहिए।' लूटनेवाला लड़का उसे खोजकर सिंहल का 'आरगेनिक कैमिस्ट्री' की किताब दे देता।

लालाजी की दुकान लुट ही रही थी कि एक बूढ़ा आदमी जिसके चेहरे पर ख़शख़शी सफेद दाढ़ी थी, घबराया हुआ आया, बोला—"तुम लोग यहाँ दुकान लूट रहे हो। उधर मेरा घर जल रहा है। ख़ुदा के लिए मेरी मदद करो।" लड़कों के गिरोह के साथ मैं और अहमद बूढ़े के साथ दौड़े। उनका घर मामू के होटल के पीछे था और होटल में लगी आग उनके घर तक पहुँच रही थी। हम लोगों ने जल्दी-जल्दी घर का सामान निकालकर आँगन में रखा और जिधर से आग आ रही थी उधर पानी डालने लगे। बूढ़े का ज्यादा सामान जलने नहीं पाया था। हाँ, एक कमरे के अन्दर आग लग गई थी।

सामान निकालकर मैं और अहमद फिर सड़क पर आ गए। अचानक हमें पुलिस की दो जीपें तेज़ी से आती दिखाई दीं। लेकिन इधर आने के बजाय वे जीपें दूसरी तरफ चली गईं।

"यार, अब निकल चलो।"

"हाँ, लगता है पुलिस आने ही वाली है।" मैंने कहा।

हमने हॉस्टल वापस जाने के लिए पीछेवाला रास्ता पकड़ा। अहमद चूँकि दूसरे हॉस्टल में रहता था इसलिए वह आधे रास्ते साथ रहा, फिर अलग हो गया, "तो शाम को आना।"

"हाँ, आऊँगा," मैंने कहा।

"अरे यार मेरी सिगरेटें," वह लगभग भूल गया था।

"ये लो," मैंने चार गिन दीं।

"पाँच कहा था तुमने।"

"एक तुम पी गए हो।"

वह हँसने लगा और मुड़कर चला गया।

शमशाद मार्केटवाली घटना के बाद शहर में दंगे और तेज़ी से भड़क उठे थे। लेकिन हम तक अफवाहों की शक्ल में पहुँची ख़बरें बड़ी डरावनी होती थीं। हॉस्टल के लड़के रात में पहरा दिया करते थे। पहरे की डियूटियाँ बदलती थीं। पूरी रात हॉस्टल की छत

पर गश्त होती थी। दूसरे हॉस्टलों में भी यही होता था। कभी-कभी बिजली चली जाती थी तो पहले की तरह हस्बे दस्तूर हॉस्टल के वार्डेन, जिनका नाम लड़कों ने 'छिलका' रखा था, के नाम के नारे लगते थे। कभी पचास-साठ लड़के मिलकर 'छिलका' चिल्लाते थे। कभी यह चिल्लाहट पक्के गाने में बदल जाती थी। कभी दर्दनाक आवाज़ में 'छिलका' के नारे लगते थे। पता नहीं बेचारे वार्डेन को यह पता था कि नहीं। ज़रूर होगा। दरअसल वार्डेन के लोकप्रिय नाम के पीछे रहस्य यह था कि वे एक बहुत दुबले-पतले, सूखे, मुरझाए-से आदमी थे और उन्हें देखकर सबसे पहले छिलके का ख़याल आता था।

छिलके के नारे लगाते-लगाते जब लड़के मुँह का मज़ा बदलना चाहते थे तो पासवाले हॉस्टल के लड़कों को 'अबे घोड़ों' कहकर चिढ़ाते थे। पता नहीं क्यों यह विश्वास था कि वह हॉस्टल पहले अस्तबल था। 'अबे घोड़ों' के नारों पर उधर से गालियों की बौछार आती थी और फिर सिलसिला शुरू हो जाता था। गालियों के साथ नए-नए मज़ेदार जुम्ले भी हवा में उड़ते थे। लाइट आते ही सभ्यता लौट आती थी।

शमशाद मार्केट में लड़कों ने जो सामान लूटा था उसे वापस किए जाने की अपील की गई। बहुत से लड़कों ने अपने आप सामान वापस किया और कुछ ने इस डर में किया कि अगर तलाशी ली गई तो पकड़े जाएँगे। लेकिन फिर भी कुछ ने सामान ऐसी जगहों पर छुपाने की कोशिश की कि वह तलाशी पर भी न मिलें, बाद में उसे हड़प लें।

सबसे कहा गया था कि वार्डेन के पास सामान रखवा दें। मैं सोच में पड़ गया था क्योंकि सिगरेट का जो पैकेट मैंने लूटा था वह ख़त्म हो चुका था। लेकिन बहरहाल लूट में मैंने हिस्सा तो लिया ही था। इसलिए मैं वार्डेन के पास गया।

छिलका वार्डेन रूम के बरामदे में बैठे थे। चार-पाँच सीनियर उनके आसपास मौजूद थे। मैंने जब सिगरेट के पैकेटवाली बात बताई तो एक सीनियर ने काफी संजीदगी से कहा कि मुझे एक पैकेट उसी ब्रांड का जो मैंने लूटी थी, लाकर जमा कराना चाहिए। मैंने कहा कि अभी तो दुकानें बन्द हैं, कर्फ्यू लगा है। जब दुकानें खुल जाएँगी तो... मेरी बात काटकर छिलका ने कुछ गुस्से और थोड़ी लापरवाही से कहा—"जाइए, आइंदा से ऐसी हरकत न होना चाहिए।"

कर्फ्यू लम्बा खिंचता चला गया। हॉस्टल में एक हफ़्ते से हम लोगों को सिर्फ दाल और चावल मिल रहा था। वैसे हम खुश थे क्योंकि इससे पहले जो खाना मिलता था वह इतना बदमज़ा होता था कि खाना खाना सज़ा जैसा लगता था। चूँकि क्लासें भी नहीं हो रही थीं और हॉस्टल से निकलने पर बड़ी पाबन्दी थी इसलिए रात-रात भर कमरों में गप्प-शप्प या बहसें हुआ करती थीं। सुबह देर तक सब सोते थे। बहसों में दंगा ही विषय हुआ करता था। तबलीग़ी जमात के लड़के कहते थे कि हमारा ईमान कमज़ोर हो गया है इसलिए हम पर इस तरह की मुसीबतें आती हैं। अगर हर मुसलमान पक्का और सच्चा मुसलमान हो जाए तो अल्लाह अपने-आप रास्ता निकालेगा। आमतौर से इस बात को लड़के न मानते थे और गर्मागर्म बहसें हो जाती थीं। कम्युनिस्ट ख़यालात

के जो एक-दो लड़के थे वे तबलीग़ी जमातवालों को बुरी तरह उखाड़ देते थे। कम्युनिस्टों का कहना था कि साम्प्रदायिक दंगों की राजनीति है उसे समझना चाहिए। और जब 'क्लास स्ट्रगल' तेज़ होगा तो दंगे अपने आप ख़त्म हो जाएँगे। रज़ी हमारे हॉस्टल में पक्का कम्युनिस्ट था। वह दुबला-पतला गहरे साँवले रंग का था। उसके बाल हमेशा सूखे और कुछ ज़्यादा बढ़े रहते थे, वह काला चश्मा लगाता था। पढ़ने में बहुत अच्छा था और उससे बहस में जीतना बहुत मुश्किल था क्योंकि इतिहास और अर्थशास्त्र की उसकी जानकारी बहुत पक्की थी। जमाअते इस्लामीवाले रज़ी से बहुत चिढ़ते थे। जमाअते इस्लामीवाले कहते थे कि हमें हिन्दोस्तान में इस्लामी हुकूमत बनाने की कोशिश करनी चाहिए। इस बात पर किसी को यक़ीन न आता था और खूब बहस होती थी।

आमतौर पर सब लोग प्रशासन को दंगों का ज़िम्मेदार ठहराते थे और मानते थे कि कांग्रेस को भी इसमें कोई रुचि नहीं है कि दंगे रुकें। लेकिन कांग्रेस के अलावा और कोई पार्टी न दिखाई देती थी जिसे मुसलमान वोट दे सकें। गोकि पिछली साल हुए चीन के हमले की वजह से नेहरू 'हिल' गए हैं पर फिर भी ग़नीमत है।

अहमद से मिले कई दिन हो चुके थे। वह दूसरे हॉस्टल में रहता था। आमतौर पर हम दोनों बल्कि मैं, वह और शकील रात के कुछ घंटों को छोड़कर साथ रहा करते थे। शकील दंगा शुरू होने से पहले ही अपने घर बदायूँ चला गया था। उसके अब्बा की तबीअत खराब थी।

अहमद से पहली बार मैं बॉटनी प्रैक्टिकल की लैब में मिला था। प्रैक्टिकल के बाद शिआ शिऑलोजी की क्लास थी। अहमद ने भी शिआ होने की वजह से शिआ थिऑलोजी ली थी। वह जानना चाहता था कि क्लासें कहाँ होती हैं। किसी लड़के ने उसे बताया था कि मैं भी शिआ थिऑलोजी में हूँ और वह मुझसे पूछ सकता है।

"तुम शिआ थिऑलोजी में जाते हो," उसने मुझसे पूछा था। मैंने उसे पहली बार देखा था। वह औसत कद और गोरे रंग का था। चेहरा बहुत आकर्षक था बिल्कुल ग्रीक मूर्तियों जैसा तराशा हुआ और उस पर घुँघराले बाल और बड़ी आँखें। उसकी मुस्कुराहट भी बड़ी अच्छी लगती थी।

"हाँ। क्या तुम भी..." अहमद से मैंने पूछा।

"हाँ, सैयद साजिद अली भी 'खटमल' है..." किसी लड़के ने कहा था।

यहाँ आमतौर पर शिओं को 'खटमल' और सुन्नियों को 'मच्छर' कहा जाता था।

"मच्छरों से तो अच्छे हैं हम लोग।"

"क्यों।' उसी लड़के ने पूछा था।

"तुम लोग नालियों में रहते हो। हम आरामदेह बिस्तरों में।" मैंने कहा तो वह लड़का कुछ चिढ़ गया था।

बी.ए. या बी.एस-सी. वाले पहले साल के लड़कों के लिए शिआ या सुन्नी

थिऑलोजी का एक पेपर 'कम्पल्सरी' था। हिन्दू लड़कों को 'इंडियन कल्चर एंड सिविलाइज़ेशन' का पेपर लेना पड़ता था।

हम बॉटनी डिपार्टमेंट से बाहर निकले। मुझे मालूम नहीं था कि अहमद के पास साइकिल है। उसने मुझे साइकिल के कैरियर पर बिठा लिया और हम साथ-साथ मौलाना घोड़ी की क्लास पहुँचे। शिआ थिऑलोजी पढ़ानेवाले लेक्चरर का लोकप्रिय नाम मौलाना घोड़ी है। वजह शायद यह हो सकती है कि उनकी शक्ल घोड़े या घोड़ी से मिलती है। वे दुबले-पतले छोटे क़द के मरियल से आदमी हैं।

शिआ थिऑलोजी की क्लास के बारे में कुछ बुनियादी बातें सारे लड़कों को जल्दी ही पता लग जाती हैं। पहली बात यह कि शिआ थिऑलोजी में कभी कोई फेल नहीं होता। तजुर्बेकार लड़कों का यह भी कहना है कि चूँकि थिऑलोजी का पेपर उर्दू या हिन्दी में लिखा जा सकता है इसलिए अगर हिन्दी में किया जाए तो सबसे अच्छा है क्योंकि मौलाना घोड़ी को हिन्दी नहीं आती और वे 'पन्ने रंगे हुए हैं' देखकर नम्बर देते हैं। दूसरी बात यह पता चल जाती है कि मौलाना घोड़ी पढ़ाते नहीं: क्लास में सिर्फ गप्पें मारते हैं। उनका ये यक़ीन है कि शिआ लड़के अपने मज़हब से अच्छी तरह वाक़िफ़ होते हैं क्योंकि बचपन से ही मजलिसें वग़ैरा सुनते रहते हैं। तीसरी हक़ीक़त यह उजागर होती है कि मौलाना घोड़ी को खुश रखना ज़रूरी है। जिसका पहला रास्ता उनकी 'हाँ' में 'हाँ' मिलाना है और दूसरा है पान। मौलाना घोड़ी पान खाते नहीं, चरते हैं।

शिआ थिऑलोजी के सात-आठ लड़के बरामदे में खड़े मौलाना घोड़ी का इन्तिज़ार कर रहे हैं और वो नहीं आए। क्लास का टाइम हो गया है। "यार क्या बात है मौलाना घोड़ी अभी तक नहीं आए। क्लास का टाइम तो हो गया।" अहमद ने घड़ी देखी। मैं हैरान रह गया, उसकी कलाई में 'ओमेगा' चमक रही है। सोचा, ज़रूर किसी रईस का बेटा है जब ही 'ओमेगा' बाँधता है।

मौलाना घोड़ी पन्द्रह मिनट बाद आए और हाज़री लेने लगे। अहमद ने अपनी एडमीशन सिलिप बढ़ा दी। जैसा कि सबके साथ होता था अहमद के साथ भी हुआ। मौलाना घोड़ी ने नाम लिखने के बाद ज़ोर से कहा, "सैयद ज़फ़र अहमद।"

अहमद खड़ा हो गया। मौलाना घोड़ी ने कहा, "नहीं...नहीं बैठ जाओ।"

वह बैठ गया।

"कहाँ वतन है ?"

"लखनऊ।"

"वालिद का क्या नाम है ?"

"सैयद इकबाल अहमद।"

"क्या करते हैं ?"

इस सवाल पर अहमद कुछ सेकेंड के लिए घबरा-सा गया—"ज...जी...फार्मिंग।"

"कितनी ज़मीन है ?"

वह जवाब नहीं दे पाया।

"...कहाँ है ज़मीन ?..." मौलाना घोड़ी ने पूछा।

"जी...सीतापुर जिले के अरगला..."

मौलाना घोड़ी उसकी बात काटकर बोले, "अरे, तुम राजा अरगला सर सैयद इक़बाल अहमद के लड़के तो नहीं हो ?"

"जी हाँ।" अहमद ने कहा।

"अरे भाई, राजा सर सैयद इक़बाल अहमद को कौन नहीं जानता...तुम पहले कह देते...ख़ैर...राजा साहब कैसे हैं ?"

"जी, ठीक हैं।"

"तुम्हारे दो बड़े भाई भी तो यहाँ पढ़ते थे। आजकल कहाँ हैं ?"

"जी, बड़े तो फारेन सर्विस में हैं...आजकल मास्को में पोस्टिंग है। दूसरे क्वीन्स अस्पताल लन्दन में सर्जन हैं।"

"माशाअल्लाह...माशाअल्लाह।" मौलाना घोड़ी बोले।

शिआ थिऑलोजी की क्लास से हमारी दोस्ती शुरू हो गई। अहमद मुझे अपनी साइकिल पर बिठाकर अगली क्लास में ले गया। फिर मुझे अपने कमरे में ले गया। उससे खूब बातें होती रहीं क्योंकि मैं उससे एक साल सीनियर था यानी एक साल पहले यूनीवर्सिटी आ गया था इसलिए वह एक बार मेरे साथ शहर भी गया था। हमारे सब्जेक्ट्स का कम्बीनेशन एक ही था इसलिए हम दिन-भर साथ-साथ क्लासें अटेंड करते। हमारे साथ शकील भी शामिल हो गया। गहरे साँवले रंग और छोटे क़द का शकील बस्ती का है। बस्ती में उसके अब्बा की सबसे बड़ी दवाओं की दुकान है। हम तीनों शामें एक साथ गुज़ारने लगे। कभी शमशाद मार्केट के चायख़ानों में, कभी 'कैफे डी फूस' और कभी 'अलिफ लैला' में, कभी उसके कमरे पर। बातों का सिलसिला कभी ख़त्म ही न होता। यह भी पता चला कि अहमद 'पेंट' करता है और यूनीवर्सिटी का 'हॉबीज़ वर्कशाप' ज्वाइन करना चाहता है। मैं और शकील भी तैयार हो गए थे।

अहमद ने लखनऊ से सीनियर कैम्ब्रिज किया जबकि मैंने हाई स्कूल करके यूनीवर्सिटी में दाख़िला लिया है। मेरी अंग्रेजी बहुत खराब है, उसकी बहुत अच्छी है। खासतौर पर वह अच्छी अंग्रेजी बोलता है। हाँ, उर्दू और हिन्दी उसे वाजबी-वाजबी आती है। शकील भी बदायूँ से हाई स्कूल करके आया है, अंग्रेजी नहीं बोल पाता।

कोई दस दिन के बाद कर्फ़्यू ख़त्म हो गया। लेकिन यूनीवर्सिटी बन्द कर दी गई। अब सवाल ये उठा कि लड़के अपने-अपने घर वापस कैसे जाएँ ? आसपास के शहरों में भी साम्प्रदायिक तनाव है। सफर करना खतरनाक साबित हो सकता है लेकिन बहुत दिनों तक लड़कों को हॉस्टलों में भी नहीं रखा जा सकता। इसलिए तय पाया कि कम से कम दो तरफ जानेवाली ट्रेनों में कुछ बोगियाँ रिज़र्व कराई जाएँ और टीचरों के साथ लड़के सफर करें।

घर जाने की खुशी में माहौल कुछ त्योहार जैसा हो गया। लड़के खुशी-खुशी सामान बाँधते और हॉस्टल के गेट पर ले जाते। यूनीवर्सिटी की बस आती थी और स्टेशन छोड़

देती। वहाँ प्राक्टर आफ़िस के लोग रिज़र्व डिब्बे तक पहुँचाते और कम से कम दो टीचरों के साथ सफ़र शुरू हो जाता। मुझे और अहमद को एक ही दिशा में जाना है। खाते-पीते, गप्प-शप्प मारते, टीचरों से छुपकर सिगरेटें पीते हम कानपुर तक साथ-साथ पहुँचे। वहाँ से अहमद लखनऊ चला गया और मैं आगे बढ़ गया था। जाने से पहले अहमद के साथ प्रोग्राम ये बना था कि जब यूनीवर्सिटी खुलेगी तो मैं पहले लखनऊ आ जाऊँगा और वहाँ से हम दोनों साथ-साथ चलेंगे।

## 2

लखनऊ के क़ैसरबाग बस अड्डे पर उतरकर मैंने इधर-उधर अहमद को देखा, वह दिखाई नहीं दिया। हालाँकि मैंने ख़त लिख दिया था और उसका जवाब भी आ गया था कि वह बस अड्डे पर मिलेगा।

मैंने रिक्शा कर लिया। रिक्शा आगे बढ़ा ही था कि पीछे से एक कार का हॉर्न ज़ोर से बजा। मैंने मुड़कर देखा तो अहमद। मैं रिक्शे से उतर पड़ा। रिक्शेवाले ने ज़रूर बुरा-सा मुँह बनाया लेकिन आठ आने मिलने के बाद उसका मुँह सीधा हो गया। अहमद ने मेरा सामान पीछे डिक्की में रख लिया और हम दोनों चले।

"कहो यार साजिद, कैसी कटी।" वह बोला।

"ठीक...बस खाते-पीते रहे।" मैंने कहा।

"मैंने कुछ पेंटिंग्स बना डाली हैं। ऑयल में हैं और 'नाइफ़' से काम किया है।" वह बोला।

"कैसी हैं ?" मैंने पूछा।

"तुम खुद देखना।" वह बोला।

कुछ देर बाद गाड़ी एक कोठी के गेट से अन्दर घुसी। पुरानी शानदार कोठी लगी। लेकिन ये भी लगा कि कई सालों से पुताई नहीं हुई है। पोर्टिको में एक काफी पुराने किस्म की शानदार कार खड़ी है। कम्पाउंड का लॉन देखभाल न किए जाने की वजह से कुछ बेतरतीब हो गया है। इधर-उधर शीशम और नीम के बड़े पेड़ थे। कुछ झाड़-झँखाड़-सा भी।

गाड़ी से उतरते ही अहमद ज़ोर से चीखा, "चिन्ना...अरे चिन्ना..." एक नौकरनुमा आदमी अपने चूतड़ों पर हाथ पोंछता आ गया। वह अजीब अफीमची-सा लग रहा था।

"सूटकेस मेरे कमरे में रखो।" अहमद ने उससे कहा और मुझे लेकर अन्दर आ गया। यह लम्बा-चौड़ा ड्राइंगरूम था। पुराने क़िस्म के कई सोफे थे जिन पर लगता था सालों पहले लोग बैठा करते थे। बड़ा-सा हॉल दो हिस्सों में बँटा हुआ था। छतें खूब ऊँची थीं। उनसे पुराने छत के पंखें और झाड़-फानूस, शीशे की रंगीन हंडियाँ लटक रही थीं। लेकिन इन पर भी गर्द की मोटी तह जमा हो गई थी। लम्बी खिड़कियों के शीशे

रंग-बिरंगे थे और उनसे छनकर आती रौशनी बड़ी अच्छी लग रही थी। दीवारों पर कुछ ऊपर बड़ी-बड़ी तस्वीरें लगी थीं। देखने से लगता था कि वे पुराने राजा-महाराजाओं की तस्वीरें हैं क्योंकि वे सब कमर में तलवारें लटकाए और ताज लगाए थे। लिबास भी उनके शाहाना किस्म के थे। बड़ी तस्वीरों के नीचे कुछ छोटी तस्वीरें लगी थीं; लेकिन दूर से साफ दिखाई नहीं पड़ती थीं। फर्श पर बिछे कालीन भी घिस गए थे और कहीं-कहीं से उनके रोएँ इतना झड़ गए थे कि वे दरी जैसे नज़र आते।

मुझे तस्वीरों की तरफ देखता पाकर अहमद बोला, "आओ, मैं तुम्हें बताऊँ कौन किसकी तस्वीर है।"

हम उठकर एक दीवार के पास आए।

"ये ऊपर बड़ी तस्वीरें किसकी हैं ? मैंने पूछा।

"ये तो अब्बाजान की है...ये दादा, ये परदादा, ये सगड़दादा, ये नगड़ दादा...और ये सब खानदान के ही लोग हैं, मुझे तो सबके नाम तक याद नहीं, अब्बाजान जानते हैं।" वह हँसकर बोला।

दीवार पर नीचे लगी कुछ छोटी तस्वीरों के बीच मुझे संगमरमर की एक दीवार में जड़ी एक तख़्ती पर कुछ लिखा दिखाई दिया। मैंने आगे बढ़कर पढ़ा, अंग्रेजी में लिखा था 'सन् 1927 में यहाँ महात्मा गांधी की प्रेस कान्फ्रेंस हुई थी।

"ये क्या है यार," मैंने अहमद से पूछा।

"हाँ, गांधीजी की प्रेस कान्फ्रेंस यहाँ हुई थी।" वह बोला—"अब्बाजान पक्के कांग्रेसी थे। ये देखो सदाक़त आश्रम में उनकी तस्वीरें।"

मैं देखने लगा। तीन तस्वीरें थीं। एक में गांधीजी चर्ख़ा चला रहे थे और तीन आदमी लम्बे-लम्बे कुर्त्ते पहने, टोपियाँ लगाए उनके पीछे खड़े थे।

अहमद बोला, "ये देखो, सबसे लम्बे जो दिखाई दे रहे हैं खान अब्दुल गफ़्फ़ार हैं। बीच में अब्बाजान हैं, ये दूसरी तरफ मंज़र अली 'सोख़्ता' हैं।"

दूसरी तस्वीर में गांधीजी के साथ कई लोग और सरोजनी नायडू भी थीं। अहमद ने मुझे बताया कि उसके अब्बाजान कहाँ खड़े हैं। तीसरी तस्वीर शायद इसी ड्राइंग रूम में खींची गई थी क्योंकि पीछे लम्बी खिड़की का एक हिस्सा आ गया था। इस तस्वीर में गांधीजी अहमद के अब्बाजान के कान में कुछ कह रहे थे।

"अच्छा ये देखो...अब्बाजान की कैम्ब्रिज की तस्वीरें।" वह बोला।

कई तस्वीरें थीं। एक में उसके अब्बाजान एक छोटे से पुल पर खड़े थे। नीचे एक पतली नदी थी जिसमें कुछ लोग नावें चला रहे थे। और नदी के दोनों तरफ लगे पेड़ों की डालियाँ पानी तक झुक आई थी। कुछ तस्वीरों में वे पुरानी इमारतों या शानदार फाटकों के सामने खड़े थे।

"ये देखो, ये ट्रिनिटी कालेज का गेट है। अब्बाजान ट्रिनिटी में ही पढ़ते थे।" उसने बताया।

"ये देखो, ये उनका मकान था और ये क्रिकेट खेलते हुए...और ये राइडिंग

क्लब...'' वह बताता गया। मेरे लिए वह सब एक दूसरी दुनिया थी।

कुछ देर बाद अहमद किसी काम से अन्दर गया तो मैं उठकर दूसरी दीवारों की तस्वीरों और दीवारों पर जड़ी संगमरमर की तख़्तियाँ पढ़ने लगा। एक तख़्ती पर लिखा था—'कांग्रेस वर्किंग कमेटी की मीटिंग इस जगह 1932 में हुई थी जिसे मौलाना आज़ाद ने प्रिसाइड किया था।' दूसरी तख़्ती में यह सूचना थी कि सरोजनी नायडू का कविता पाठ यहाँ कब हुआ था। एक और तख़्ती में लिखा था कि जवाहरलाल नेहरू ने यहाँ लखनऊ के कांग्रेसी कार्यकर्त्ताओं को 1935 में सम्बोधित किया था।

''चलो यार, खाना खाते हैं। घर को तो अब्बाजान ने म्यूज़ियम बना दिया है। उनका कमरा देख लो तो बेहोश हो जाओ।'' वह हँसकर बोला।

''क्यों ? क्या है वहाँ।'' मैंने पूछा।

''खुद देख लेना।'' उसने कहा।

चिन्ना ने आकर कहा, ''चलिए मियाँ...राजा साहब आ गए।''

''आओ यार, खाते हैं।'' वह बोला।

खाने का कमरा भी एक बड़ा हॉल था। एक तरफ की दीवार में लकड़ी की अल्मारियाँ थीं जिनमें कीमती शीशे और कट ग्लास के बर्तन सजे हुए थे। दूसरी तरफ की दीवार पर कुछ तस्वीरें थीं। यहाँ भी पंखे और झाड़-फानूस लटक रहे थे।

मेज़ के एक कोने में अहमद के अब्बाजान बैठे थे। उन्होंने मेरी तरफ देखा तो मैंने आदाब किया। उनकी उम्र कोई साठ के आसपास रही होगी। रंग बेहद साफ और सुर्ख था। बाल बिल्कुल सफेद रेशम जैसे और लम्बे चेहरे पर न मूँछें थीं न दाढ़ी। बड़ी-बड़ी आँखों पर काला चश्मा लगा था।

''बैठो।'' उन्होंने कहा।

हम लोग चुपचाप बैठ गए। पहले उन्होंने खाना निकाला। उसके बाद अहमद ने डोंगे मेरी तरफ बढ़ाए। पालक गोश्त था। आलू-सेम की तरकारी और अरहर की दाल। खाना न तो मज़ेदार था और न बदमज़ा। हम चुपचाप खाते रहे।

''आज अख़बार में खबर थी कि वेस्टर्न यू.पी. में फिर टेन्शन हो गया है।'' अहमद ने कहा।

''आज़ादी मिले पन्द्रह साल हो गए और इन 'इडियट्स' से 'कम्युनल रॉयट्स' काबू में नहीं आते।'' राजा साहब दाँत पीसकर बोले।

हम लोग कुछ नहीं बोले। वे फिर कहने लगे—'' 'एडमिनिस्ट्रेशन' की सबसे छोटी लेकिन बुनियादी शर्त है कि 'लॉ' और 'ऑडर' मेनटेन रहे। ये 'इडियट्स' इतना तक नहीं कर पाते। क्या हक़ है इन्हें गद्दियों से चिपके रहने का ?''

''ये तो 'डेमोक्रेसी' है अब्बाजान।'' अहमद ने कहा।

'' 'नॉनसेन्स'...गौखों के मुल्क में 'डेमोक्रेसी का क्या मतलब ? मैंने तो आज़ादी मिलते ही नेहरू से साफ कह दिया था कि दस साल के अन्दर अगर पूरे मुल्क को पढ़वा-लिखवा नहीं दिया गया तो हमें खुद अपनी 'डेमोक्रेसी' पर रोना पड़ेगा। आज वही

हो रहा है।...ये 'इटियट्स' वो भी नहीं कर सके जो सैकड़ों पुश्तों से हमारे यहाँ होता आया था...महाराज बहरामपुर के दादा हिज़ हाईनेस नौबतसिंह हर मज़हब के त्योहार मानते थे। होली, दीवाली, दशहरा ही नहीं, ईद, बकरीद, शबबरात, रमज़ान, मोहर्रम—सब मनाते थे। उनसे एक बार किसी मुँह-लगे आदमी ने पूछा—"महराज, आप तो हिन्दू हैं फिर मुसलमानों के त्योहार क्यों मनाते हैं ?" हिज़ हाइनेस विलायत में पढ़े-लिखे थे लेकिन हमेशा अवधी बोलते थे। कहने लगे—"तू होवे उल्लू...जानत हो राजा का धरम का होता है ? राजा का धरम वही होत है जो प्रजा का धरम होत है। हमार प्रजा हिन्दू भी है मुसलमान भी।" राजा साहब हँसने लगे।

खाने के बाद राजा साहब उठकर अपने कमरे में चले गए।

"चलो यार, मेरी पेंटिंग्स तो देख लो। वहीं सिगरेट भी पी लेंगे...तुम्हारे पास है न ?"

"हाँ है।"

लकड़ी के ज़ीनों पर हमारे जूतों की आवाज़ें सुनसान हवेली में गूँजने लगीं। दूसरी मंजिल पर चौड़ी-सी गैलरी में भी अनगिनत पुराने पोट्रेट लगे थे। बीच में तीन पाए के ऊँचे स्टूलों पर काँच के बड़े-बड़े बर्तन रखे थे। सामने संगमरमर की एक मूर्ति थी जिसका एक हाथ टूट गया था। सब चीज़ों पर धूल थी। लगा कि इन्हें बरसों से साफ नहीं किया गया है। गैलरी के दोनों तरफ ऊँचे-ऊँचे चौड़े दरवाज़े थे जिनमें रंग-बिरंगे काँच अच्छे लगे। अहमद ने एक दरवाज़े को धक्का दिया और हम अन्दर एक बड़े कमरे में आ गए। कमरे की चार खिड़कियों में से दो खुली थीं।

"ये मेरा कमरा है।"

अहमद एक सोफे पर बैठ गया। यहाँ भी उसी तरह का फर्नीचर है जैसा नीचे था। इतने बड़े सोफे कि एक आदमी की जगह पर दो बड़े मज़े में बैठ सकते हैं।

"लाओ सिगरेट निकालो..."

सिगरेट पीने के बाद वह अपनी पेंटिंग्स दिखाने लगा। अहमद अच्छा पेंटर है।

"चलो अब घूमकर आते हैं।"

"चलो।"

—सबसे पहले तुम्हें लॉमार्ट दिखाऊँगा...अपना स्कूल।"

थोड़ी ही देर में कार भीड़भाड़वाले इलाक़े से निकलकर सुनसान रास्ते पर आ गई। एक-दो मोड़ लेकर कार एक बड़ी-सी इमारत के सामने रुकी।

"ये है लामाटीनियर...इसका आरकीटेक्चर देख रहे हो ? ये एक फ्रांसीसी ने बनवाया था..."

"अन्दर चलोगे ? लेकिन यार, आज तो इतवार है, बन्द होगा स्कूल...चलो, फरहत बख़्श दिखाता हूँ।"

शाम तक हम लखनऊ की तारीखी इमारतें देखते रहे। शाम को अहमद क्वालिटी ले आया जहाँ काफी पी। वैसे तो अलीगढ़ में ही मुझे मालूम था कि अहमद किसी राजा का बेटा है लेकिन ये अन्दाज़ा नहीं था कि सब कुछ इतना शानदार होगा।

क्वालिटी से लौटते वक़्त उसने कहा—"बियर पियोगे ?"

"बियर ?" मैं सोच में पड़ गया। शराब तो हराम है। मैंने आज तक नहीं पी है। लेकिन...नहीं-नहीं...पीना नहीं चाहिए...

"नहीं, तुम पियो।" मैंने कहा।

"अमाँ कमाल करते हो...बियर में रखा क्या है...जौ का पानी होता है।" वो हँसने लगा।

गाड़ी रोककर उसने बियर ली। एक जगह सड़क के किनारे अँधेरे में उसने गाड़ी रोकी और बियर की बोतल दाँतों से खोली।

"लो पियो।"

मैंने बोतल मुँह से लगाई लेकिन पी नहीं। उसने दो-चार लम्बे-लम्बे घूँट पिए और सिगरेट माँगी।

"यार मैं तो बी.एस-सी. करने के बाद टी-गार्डेन में चला जाऊँगा।"

मैं कुछ समझ नहीं पाया। खामोश रहा।

"एक हज़ार से तो स्टार्ट देते हैं। बंगला फ्री...नौकर फ्री...घोड़ा...साइस...क्या यार ठाठ की नौकरी होती है..."

अब मैं समझा। कुछ-कुछ समझा कि वो क्या कह रहा है।

"वहाँ नौकरी मिलेगी कैसे ?"

"अरे यार अब्बाजान के कई दोस्तों के टी-गार्डेन हैं...अंकिल सैम तो टी-किंग कहलाते हैं...एक मज़ा वहाँ और भी है...चाय की पत्ती तोड़नेवाली लड़कियाँ भी फ्री..." वह हँसने लगा।

इतने बड़े कमरे में मैं कभी सोया नहीं हूँ। वही लम्बी-लम्बी खिड़कियाँ। लाइट बन्द करके लेटा तो लगा कि पानी के किसी जहाज़ में हूँ और चारों तरफ समन्दर है। दूर से कुछ आवाज़ें आ रही थीं। थोड़ी ही देर में दार्जिलिंग के टी-गार्डेन में पहुँच गया। घोड़े पर सवार छोटी-छोटी पगडंडियों पर आहिस्ता-आहिस्ता आगे बढ़ने लगा। कंट्री क्लब में...डांस पार्टियाँ और फिर चाय की पत्ती तोड़नेवाली लड़कियाँ...लड़कियाँ...जिनके बारे में मैं कुछ नहीं जानता...लेकिन सबकुछ जानना चाहता हूँ...सबकुछ...

सुबह अहमद कमरे में आया तो मैं उठा।

"बहुत देर तक सोए...नौ बज रहा है।"

"अरे" मैं हड़बड़ाकर उठ बैठा।

"चिन्ना...चिन्ना...चाय यहाँ ले आओ।" अहमद ने गैलरी में से हाँक लगाई।

"कैसी नींद आई ?"

"बहुत अच्छी..." मैंने नहीं बताया कि रात मैं क्या-क्या देखता रहा।

लम्बी खिड़कियों के लाल, हरे और पीले शीशों से धूप अन्दर आ रही थी। ऊपर छत से लटका पंखा धीरे-धीरे चूँ चिर्र की आवाज़ कर रहा था।

चाय पीने के बाद अहमद ने बताया कि उसके खानदान के दस्तूर के मुताबिक़ उसे अब्बाजान के पास सलाम करने के लिए जाना है। कहने लगा कि मैं भी चलूँ। अब्बाजान का कमरा देखूँ जिसके बारे में वो मुझे पहले ही बहुत कुछ बता चुका है।

कमरे के दरवाज़े पर ही पता चल गया कि अन्दर टाइपराइटर चल रहा है। अहमद ने दरवाज़े को धक्का दिया और अन्दर चला गया। एक दो सेकेंड झिझकने के बाद मैं भी अन्दर गया। ये तक़रीबन वैसा ही बड़ा-सा ऊँची छतवाला और लम्बी-लम्बी खिड़कियोंवाला कमरा लगा जैसा अहमद का कमरा है। लेकिन इस विशाल कमरे की दीवारें ऊपर से नीचे तक तरह-तरह के पोस्टरों, अख़बार की कतरनों, तस्वीरों और तमाम ऐसी चीज़ों से भरी नज़र आईं कि कुछ अजीब-सा लगा। राजा साहब टाइपराइटर पर बैठे टाइप कर रहे थे। उन्होंने हमारी तरफ नहीं देखा। कमरे में किताबों की अल्मारियाँ चारों तरफ लगी थीं। एक तरफ लम्बी-चौड़ी मसहरी और उस पर मच्छरदानी लगी नज़र आई। मैं न चाहते हुए हैरत से कमरे की दीवारों को देखने लगा।

"आदाब अब्बाजान।" अहमद की आवाज़ पर राजा साहब चौंके और सिर उठाकर देखा...चश्मा उनकी नाक के कोने पर था। चश्मे को ऊपर खिसकाकर बोले—जीते रहो...बैठो।"

हम सामने पड़ी कुर्सियों पर बैठ गए। राजा साहब समझ गए थे कि मैं भौंचक्का हो गया हूँ।

"इस कमरे को देख रहे हो।" उन्होंने मुझसे पूछा।

"जी।"

"अगर पूरी दुनिया बर्बाद हो जाए...पूरी दुनिया...लेकिन ये एक कमरा बच जाए तब भी...यानी सिर्फ इस कमरे से पूरी ह्यूमन हिस्ट्री समझ में आ जाएगी...तुम समझे ?"

"ज...ज...जी..." मैं घबरा गया था।

"देखो...बीस-पच्चीस हज़ार साल में इस दुनिया में जो कुछ हुआ है वो इस कमरे की दीवारों पर मिल जाएगा...यही नहीं...इस 'अर्थ' के बारे में जो रिसर्चेज़ की गई है...यूनीवर्स के बारे में आज की तारीख तक इंसान को जो कुछ मालूम हुआ है वो इस कमरे में है। अब समझे ?"

"जी हाँ।"

"लोग मुझे पागल और दीवाना कहते हैं...मैं खुश होता हूँ...क्योंकि मुझे लोग इससे ज़्यादा कुछ समझ ही नहीं सकते...मतलब उनकी डिक्शनरी में मेरे लिए लफ़्ज़ नहीं है।"

"जी।"

"अरस्तू को भी लोग पागल कहते थे। गौतम बुद्ध को, कार्ल मार्क्स को...ख़ैर मैं अपने को उन लोगों में शामिल नहीं करता, लेकिन सिर्फ ये कहना चाहता हूँ, बेश्तर लोग बँधे टके साँचों में सोचने के आदी हैं और मैं अपने को 'बार्न' इन्क़लाबी मानता हूँ...समझे ? मेरी ये ज़ेहेनियत योरोप में बनी है...रीज़ल, लाजिक...साइंस...इंसानियत... क्रियेटिविटी...इंसानी ज़ेहेन की सबसे बड़ी मेराज क्रियेटिव होना है...इंसानी इससे ज़्यादा और कुछ नहीं कर सकता, समझे ?"

"अब्बाजान, ये भी पेंट करते हैं।" अहमद बोला।

"देखो क्रियेटिव होना बहुत ज़रूरी है...ये कैंची देख रहे हो..." उन्होंने अपनी मेज़ पर पड़ी एक अजीब तरह की कैंची उठाकर दिखाई—"ये कैंची भी है...ये बॉटल ओपनर भी है...ये प्लास भी है...ये चाकू भी है...यानी इसके चार 'फंक्शन' हैं...ये मेरे नाम से पेटेन्ट है।"

"जी ये तो बहुत अच्छा है।"

"दिमाग़ को खुला रखो...मैं जब इसेम्बली का स्पीकर था तो लोग मुझे 'फिलासफर स्पीकर' कहा करते थे...ये लो...अलीगढ़ में लड़कों को बाँट देना..." उन्होंने कुछ पर्चे दिए। एक पर लिखा था—"गॉड इज़ इनफाइनाइट एंड ह्यूमन माइंड इज़ फाइनाइट—हाऊ ह्यूमन माइंड कैन कंसीव इनफाइनाइट।"

राजा साहब ने दो ही दिन की चार-पाँच मुलाक़ातों के दौरान मुझे अपने बारे में काफी बता दिया था। राजा साहब के वालिद को उनके चचा ने ज़हर दिलवा दिया था ताकि गद्दी उन्हें मिल जाए। लेकिन गवर्नर को ये मंज़ूर न था। गवर्नर ने राजा साहब को, जो उस वक़्त बारह साल के थे गद्दी दे दी और रियासत की देखभाल करने के लिए एक अंग्रेज मैनेजर तैनात कर दिया। अंग्रेज मैनेजर ने जल्दी ही महसूस कर लिया कि युवा राजा की जान ख़तरे में है। जिन लोगों ने राजा साहब को ज़हर दिया है वो युवा राजा की भी हत्या करा सकते थे। इसलिए अंग्रेज मैनेजर ने गवर्नर को राय दी कि युवा राजा को पढ़ाई के लिए विलायत भेज देना चाहिए। तेरह साल की उम्र में राजा साहब अपने अंग्रेज़ मैनेजर के साथ इंग्लिस्तान पहुँचे। कैम्ब्रिज में एक 'विला' किराए पर ली। गाड़ी खरीदी। अंग्रेज़ ड्राइवर, खानसामा और बैरा रखा। एक बूढ़ी औरत घर की देखभाल करने के लिए रखी और पढ़ाई करने लगे। छुट्टियों में वो लन्दन आ जाते थे और 'सिवाय' होटल में ठहरते थे। अंग्रेज़ सोसाइटी में उनका बड़ा अमल-दखल था। इसी ज़माने में उनकी मुलाक़ात कुछ नेशलिस्ट लीडरों से हो गई थी। नेहरू से भी एकआध बार मिले थे लेकिन ज़्यादा ताल्लुक़ात या दोस्ती न थी। बी.ए. पास करने के बाद राजा साहब हिन्दोस्तान आए तो उर्दू फिर से सीखनी पड़ी। हाथ से खाना खाना फिर से सीखना पड़ा। पहली बार जब असेम्बली के इलेक्शन हुए तो खड़े हुए और जीत

गए। कांग्रेस में शामिल हो गए। सदाक़त आश्रम में कुछ अर्से रहे। लखनऊ में महाराजा महमूदाबाद ने मुस्लिम लीग ज्वाइन कर ली थी। इसलिए उनकी सीधी टक्कर महाराजा महमूदाबाद से हुई।

यहाँ तक तो सब ठीक था लेकिन आजादी के बाद जब पहले इलैक्शन हुए तो कांग्रेस ने उन्हें टिकट नहीं दिया। पन्त ने उनसे कहा कि कांग्रेस की यह पालिसी नहीं है कि पुराने जमींदारों को खड़ा किया जाए। इस पर राजा साहब ने कहा कि जब जमींदारियाँ ही नहीं रहीं तो जमींदार कहाँ रहे ? और क्या कांग्रेस जमींदारों को मेम्बर बनाने से पहले यह बताती थी कि उन्हें इलैक्शन का टिकट न दिया जाए। लेकिन पन्त ने उनकी बात नहीं सुनी। वह नेहरू के पास गए। नेहरू ने उनसे कहा कि देखिए मैं पन्त को मजबूर करना चाहूँ तो कर सकता हूँ लेकिन करूँगा नहीं। फिर नेहरू ने उन्हें ये इशारा दिया कि नई-नई एम्बैसियाँ खुल रही हैं। एम्बैस्डर होना भी मुल्क की खिदमत करने का एक तरीक़ा है। लेकिन राजा साहब ने कहा कि आधी जिन्दगी विलायत में गुजारने के बाद अब फिर वो विलायत नहीं जाना चाहते। एक बार जब हाथ से खाना खाना सीख लिया है तो फिर छुरी-काँटे से खाना क्यों सीखें।

बहरहाल जब कांग्रेस ने टिकट नहीं दिया तो राजा साहब ने अपनी पार्टी बनाई—उसका नाम रखा 'अवाम पार्टी' और उसके उम्मीदवार के तौर पर इलैक्शन में कूद पड़े। अपने अलावा उन्होंने पाँच उम्मीदवार और खड़े किए। गोविन्दबल्लभ पन्त को लगा कि अगर राजा साहब पाँच उम्मीदवारों के साथ विधानसभा में आ जाते हैं तो अच्छा हंगामा करेंगे। इसलिए पन्त ने पूरा ज़ोर इस बात पर लगा दिया कि राजा साहब जीतने न पाएँ। उधर राजा साहब के लिए ये इज़्ज़त का सवाल था। रजवाड़ा ख़त्म हो चुका था लेकिन फिर भी रुपया उन्होंने पानी की तरह बहाया, दिल्ली में क्वीन्स रोड वाली कोठी बेच डाली। नैनीताल की कोठी भी निकाल दी और कोई दो लाख रुपए लगा दिए। लेकिन ज़ाहिर है उस जमाने में कांग्रेस से टक्कर आसान न थी। राजा साहब अपने पाँचों उम्मीदवारों समेत हार गए।

ये सब बताने के दौरान उन्होंने मुझे अपने ड्राइंगरूम में संगमरमर के पत्थरों पर खुदी इबारतें भी दिखाईं और पूछते जाते थे—"बोलो, नेशनलिस्ट कौन है ? मैं या ये लोग जो आजकल अपने घर भर रहे हैं। मेरे 1920 में कांग्रेस ज्वाइन करने पर उस ज़माने में यू.पी. के गवर्नर ने साफ कहा था कि यह बग़ावत मानी जाएगी। मैंने भी उतना ही साफ जवाब दिया था कि अगर ये बग़ावत है तो मुझे गिरफ्तार कर लिया जाए...भई मैं गोरी चमड़ीवालों से डरता थोड़ी था, अरे दस साल तक मेरा ड्राइवर अंग्रेज़ था। बैरा और खानसामा अंग्रेज थे। मैं भला गोरी चमड़ीवालों से क्यों डरता ? मुझे मालूम था कि अगर मेरे साथ कोई ज़्यादती होती है 'तो हाउस ऑफ कामन्स' में दस सवाल पूछ लिए जाएँगे। लन्दन के अख़बारों में ख़बरें छप जाएँगी। मैं गोरों से उनके ही हथियारों से लड़ना जानता था, मैं क्यों डरता ?"

अहमद के यहाँ दो दिन रहने के बाद और राजा साहब से बहुत कुछ सुनने के बाद मुझे लगा कि राजा साहब बहुत अच्छे आदमी हैं, लेकिन कुछ खिसके हुए हैं। उसकी वजह शायद यही हो सकती है कि अब समाज और राजनीति में उनका वह दबदबा नहीं है जो कभी हुआ करता था। राजा साहब दिलचस्प लतीफे भी सुनाते थे। उन्होंने अंग्रेजों के जमाने की नौकरशाही का एक लतीफा सुनाया था। एक छोटे से ज़िले में अंग्रेज़ कलक्टर और हिन्दुस्तानी डिप्टी साहब के मुंशियों में चलती थी। एक बार कलक्टर के मुंशी ने डिप्टी साहब को जो उर्दू में ख़त लिखा उसमें 'साहब' छोटी 'हे' से लिख दिया। जबकि साहब बड़ी 'हे' से लिखा जाता है। ख़त डिप्टी साहब के मुंशी ने पढ़ा और छोटी 'हे' से साहब लिखा देखकर जल-भुन गए। समझ गए कि कलक्टर के मुंशी ने दरअसल उन्हें छेड़ा या उनका अपमान किया है। मुंशी ने डिप्टी साहब से कहा कि हुजूर कैसा अँधेर है कि कलक्टर साहब के मुंशी को उर्दू लिखना नहीं आती। ख़त में हिज्जे की गलतियाँ होती हैं। अगर आप कहें तो मैं इस सिलसिले में कलक्टर साहब के मुंशी को ख़त लिखूँ कि कम से कम सरकारी खतो-किताब में हिज्जे की ग़लतियाँ न हुआ करें। डिप्टी साहब ने कहा ठीक है, लिखो। डिप्टी के मुंशी ने टाँच कर एक ख़त लिख दिया। ख़त पहुँचा कलक्टर के मुंशी के पास। उसने कलक्टर साहब से बात की। कलक्टर ने कहा, "वेल मुंशी ये क्या मामला है ?" मुंशी ने कहा, "सरकार उर्दू में दो 'हे' होती हैं। एक छोटी और एक बड़ी। क़ायदा ये है कि जब छोटा अफसर बड़े अफसर को ख़त लिखता है तो साहब लिखने के लिए बड़ी 'हे' का इस्तेमाल करता है और जब बड़ा अफसर छोटे अफसर को ख़त लिखता है तो छोटी 'हे' से साहब लिखता है।" बात कलक्टर साहब की समझ में आ गई और उन्होंने आफिस आर्डर निकाल दिया कि उनको जब भी ज़िले का कोई दूसरा अफसर ख़त लिखे तो साहब बड़ी 'हे' से लिखा जाए और उनके दफ़्तर से जब किसी मातेहत अफसर को ख़त लिखा जाएगा तो साहब छोटी 'हे' से लिखा जाएगा।

राजा साहब उन दिनों का खजाना थे। महाराजाओं, गवर्नरों, अंग्रेज अफसरों, छोटे ज़मीदारों, दलालों, गाँव के ठाकुरों, पट्टीदारों के सैकड़ों दिलचस्प किस्से उनकी जुबान पर रहते थे। खाने की मेज पर जब भी मौका होता राजा साहब एक दिलचस्प किस्सा सुना देते थे। पट्टीदार करामत अली के तो उन्होंने कई किस्से सुनाए थे। करामत अली एक जाहिल लेकिन बड़े ही फितरती किस्म के पट्टीदार थे। चालाक इतने थे कि बड़े से बड़ा वकील उनसे पनाह माँगता था। जहाँ से तिनका न निकल सकता हो वहाँ से बाँस निकाल देते थे। अपनी पट्टीदारी से तो उनका गुज़र न होता था, दूसरे किस्म के दंद-फंद से काफी पैसा कमाते थे। साल में एक बार बादशाह की सालगिरह के मौक़े पर उनके पास कलक्टर के यहाँ से दावतनामा आता था और वो कारचोब की रंग-बिरंगी शेरवानी पहनकर जाया करते थे। जाहिल इतने थे कि दावतनामा पढ़ भी न पाते थे। पर उन्हें ये पता चल जाता था कि कलक्टर के यहाँ से आया है। कारचोबी शेरवानी डाँटकर चल देते थे। एक बार कलक्टर के यहाँ से बुलावा आया। इन्होंने लाल कारचोब

की शेरवानी डाँटी और पहुँच गए। वहाँ जो अन्दर गए तो देखा कि सब काले या सफेद कपड़े पहने हुए हैं, बड़ा मातमी माहौल है। ये घबराए कि क्या मामला है। पता चला कि जार्ज पंचम की मौत हो गई है और ये मातमी जलसा है। अब क्या हो सकता था। गाँव जाकर दूसरी शेरवानी पहन न सकते थे। मातमी जलसे से ग़ैरहाज़िर हो नहीं सकते थे। उन्होंने शेरवानी के बटन वग़ैरा खोल दिए। बाल बिखरा लिए और मातमी सूरत बनाए अन्दर गए। कलक्टर ने इन्हें लाल शेरवानी में देखा तो बोला, ''वेल करामत अली, हमारा बादशाह मर गया और तुम लाल कपड़े पहने हो।'' इन्होंने हाथ जोड़कर कहा, ''कहाँ सरकार...'' फिर अपनी शेरवानी देखकर बोले, ''सरकार, जब से शहंशाहे वक़्त के मरने की मनहूस ख़बर सुनी है होश-हवास ही में नहीं हूँ। आँखों के सामने अँधेरा छाया है। काले सफेद का होश ही नहीं है।...अब हम लोगों का क्या होगा।'' ये कहकर करामत अली फूट-फूटकर, मोटे-मोटे आँसुओं से रोने लगे। कलक्टर ने उन्हें दिलासा दिया। पानी पिलवाया।

कुछ ऐसे कमज़ोर और दब्बू किस्म के ज़मींदार हुआ करते थे जो अपने इलाक़े से लगान नहीं वसूल कर पाते थे। करामत अली उन ज़मींदारों से आधे-आधे पर ठेका ले लेते थे। ज़मींदार समझता था चलो आधा ही मिले, कुछ तो मिले। ज़मींदार से तय हो जाने के बाद करामत अली कलक्टर के पास जाते थे और उसे आम खाने की दावत देते थे। कलक्टर दावत क़ुबूल कर लेता था। और उस ज़माने में कलक्टर के किसी गाँव जाने का बेपनाह असर होता था। महीनों पहले से तहसीलदार और इलाक़े का दरोग़ा कच्ची सड़कों की मरम्मत में जुट जाते थे ताकि कलक्टर साहब की गाड़ी आराम से गुज़र सके। इस काम के लिए गाँवों से बेगार करनेवाले पकड़े जाते थे। पूरे इलाके में खबर फैल जाती थी कि फलाँ-फलाँ गाँव में कलक्टर साहब जा रहे हैं। करामत अली के आदमी इस ख़बर को ये रंग बड़ी आसानी से दे देते थे कि कलक्टर साहब खुद लगान वसूल कराने आ रहे हैं। पूरा अमला साथ होगा। अब देखें, कौन माई का लाल लगान देने से इंकार करता है। होता ये था कि आम के बाग़ में एक तरफ कलक्टर साहब का कैम्प लगता था। सैकड़ों आदमियों के अमले के साथ कलक्टर आते थे। इलाक़े के बड़े-बड़े लोग डालियाँ लेकर उन्हें सलाम करने आते थे। बाग़ के दूसरे कोने में करामत अली के लोग लगान वसूली का काम शुरू कर देते थे।

राजा साहब करामत अली जैसे लोगों के ही नहीं बल्कि ऊँचे दर्जे के फ्रॉड लोगों के भी किस्से सुनाते थे। डॉ. मुमताज़ होम्योपैथी के डॉक्टर थे लेकिन कभी प्रैक्टिस न की थी, न करते थे। डॉ. का खिताब नाम के साथ चिपकाने के लिए सौ-सवा सौ रुपए खर्च कर दिए थे। डॉ. मुमताज़ फर्राटेदार अंग्रेज़ी बोलते थे। क्लबों और ऊँची सोसाइटी में पानी की मछली जैसे तैरते थे। आमतौर पर उनके ख़र्च दूसरे लोग उठाते थे क्योंकि डॉ. मुमताज़ को यह पता होता था कि किससे किसका क्या काम फँसा है और उसे कौन कर सकता है। डॉ. मुमताज़ ने एक अंग्रेज़ बुढ़िया को फँसा लिया था जिसके शौहर की कलकत्ते में फर्नीचर की बहुत बड़ी दुकान थी। बुढ़िया के साथ डॉ. मुमताज़ लन्दन

पहुँच गए। वहाँ से जब वापस आ रहे थे तो उस ज़माने के सबसे शानदार पानी के जहाज़ 'प्रिंस ऑफ वेल्स' से काहिरा पहुँचकर डॉ. मुमताज़ ने जहाज़ के 'लेटरहेड' पर एक ख़त निज़ाम हैदराबाद के नाम लिखा। जिससे ये ज़ाहिर होता था कि निज़ाम से उनके दोस्ताना और पुराने ताल्लुक़ात है। दूसरा ख़त उन्होंने गवर्नर जनरल के नाम लिखा जिससे ये साबित होता था कि गवर्नर जनरल के छोटे भाई के साथ डॉ. मुमताज़ ऑक्सफोर्ड में पढ़ा करते थे और डॉ. मुमताज़ के गवर्नर जनरल के परिवार से बड़े गहरे ताल्लुक़ात हैं। उन्होंने निज़ाम वाला ख़त गवर्नर जनरल के लिफाफे में और गवर्नर जनरल वाला निज़ाम के लिफाफे में रखा और खत पोस्ट कर दिए। गवर्नर जनरल के यहाँ जब उनका लिफाफा पहुँचा जिसमें निज़ाम के नाम ख़त था तो गवर्नर जनरल के आफिस ने इस नोट के साथ कि धोखे से लिफाफे में दूसरा ख़त भेज दिया गया है, डॉक्टर मुमताज़ को वापस कर दिया। निज़ाम के यहाँ जब वह लिफाफा पहुँचा जिसमें गवर्नर जनरल का ख़त था तो लोगों को ये अन्दाज़ा लगाते देर नहीं लगी कि डॉ. मुमताज़ वी.वी.आई.पी. हैं, निज़ाम के यहाँ से उनका ख़त ही वापस नहीं बल्कि हैदराबाद आने का दावतनामा भी मिला। डॉ. मुमताज़ 'स्टेट गेस्ट' होकर हैदराबाद गए। वहाँ के दूसरे अमीरों-रईसों को जब पता चला कि ये क्यों बुलाए गए हैं तो इनकी दुकान तेज़ी से चल निकली। डॉ. मुमताज़ में खास बात ये थी कि कभी खुलकर बात नहीं करते थे और इस तरह फँसते नहीं थे। तोहफ़े-तहायफ ले लेते थे। कभी कुछ माँगते न थे। कहते थे, पहली बात तो ये कि माँगने से कोई देता नहीं; दूसरी ये कि माँगकर ही कुछ मिला तो लानत है अक़्ल पर।

## 3

यूनीवर्सिटी खुली और पढ़ाई तेज़ी से शुरू हो गई। सुबह मैं अहमद के कमरे में जाता वहाँ से हम दोनों क्लासें करने साथ जाते। शकील हमें क्लास में ही मिलता था क्योंकि वह जिस हॉस्टल में रहता था वह काफी दूर था। क्लासों में लेक्चर होते थे। धुआँधार लेक्चर, लेक्चर देनेवालों को देने से मतलब था, सुननेवालों को सुनने से कितना मतलब है यह लेक्चर देनेवाले का काम न था। अहमद, मैं और शकील हमेशा पीछे बैठते थे। अहमद लेक्चर में 'स्केच' बनाया करता था। मैं थोड़े बहुत नोट्स लेता था। कभी-कभी जब अंग्रेज़ी समझ में न आती थी तो हाथ पर हाथ रखकर बैठ जाता था, शकील अलबत्ता गम्भीरता से पढ़ता था।

प्रैक्टिकल की क्लासें ज़रूर मज़ेदार होती थीं। क्योंकि उनमें आपसी बातचीत का अच्छा मौक़ा मिलता था। ज्यॉलोजी की लैब में माइक्रोस्कोप के नीचे पत्थरों को देखने में मज़ा आता था। अहमद कहता था यार ऐसे रंग अगर पेंटिंग में आ जाएँ तो मज़ा आ जाए। रंगों और रूपों की वह दुनिया जो माइक्रोस्कोप में दिखाई देती थी अद्‌भुत

थी। कैमिस्ट्री प्रैक्टिकल में भी हम लोग रंगों का मिलना, मिटना, बनना, बदलना देखते थे। बॉटनी प्रैक्टिल में फूलों-पत्तियों का अध्ययन कभी-कभी रोचक होता था। इस काम में एक दुश्वारी यह थी कि कम से कम मुझे फूल देखकर एक अजीब वहशत होने लगी थी, कहीं बाहर भी फूल देखता तो ख़याल आता कि किस फैमिली की है ? 'पैटेल्स' कैसे हैं ? 'इंड्रूशियम' या 'गाइनीशियम' कैसा होगा ? इस तरह के सवाल दिमाग़ में आते ही फूलों से डर लगने लगता था। लगता था हम्तिहान में बिठा दिए गए हों।

हम तीनों की असली क्लास क्लासें ख़त्म होने के बाद शुरू हुआ करती थीं। दोपहर को जब क्लासें ख़त्म हो जाती थीं तो दोपहर को लौटकर हॉस्टल में उलटा-सीधा खाना खाते थे। कमरे में आकर कुछ देर सोते थे और शाम को नहाकर हम तीनों फिर अहमद के कमरे में मिलते थे। वहाँ से सीधे 'हाबीज़ वर्कशाप' जाते थे जहाँ इमाम साहब पेन्टिंग सिखाते थे।

इमाम साहब वैसे तो ज़ूलॉजी डिपार्टमेंट में काम करते हैं लेकिन शाम को पेन्टिंग की क्लासें भी लेते हैं। लखनऊ आर्टस् कॉलिज से उन्होंने डिप्लोमा किया था। अपने नाम के बाद आर्टिस्ट ज़रूर लिखते हैं। घर के दरवाज़े पर जो नेम-प्लेट में भी 'आले इमाम आर्टटिस्ट' लिखा है। विभाग में उनके कमरे के सामने जो तख़्ती लगी थी उसमें भी यही है। उनके 'लेटर हेड' पर भी नाम के साथ आर्टटिस्ट लिखा है। इमाम साहब हम लोगों के असली गुरु हैं। यानी हम लोगों को सिखाते भी हैं और हमसे अपने इधर-उधर के काम भी खूब लेते हैं। जहाँ तक उनकी क्षमता का सवाल है, अहमद को उसके बारे में बड़ा शक है। वह कहता था इमाम साहब अच्छे आदमी हैं।'' कभी-कभी वे हम लोगों को खाना खाने अपने घर बुला लिया करते थे। चाय पिलाए बग़ैर तो कभी आने नहीं देते थे। यह सब अहमद मानता था लेकिन कहता था इमाम साहब को आर्ट-वार्ट कुछ नहीं आता। चूँकि मैं और शकील आर्ट के बारे में अहमद से कम जानते थे इसिलए हम राय देने के क़ाबिल न थे। हमें लगता था ठीक है यार हमें सिखा रहे हैं तो ज़रूर कुछ न कुछ जानते ही होंगे।

इतवार के दिन तो बिला नाग़ा हम लोग इमाम साहब के घर जाया करते थे। एक दिन गए तो देखा इमाम साहब एक मोटी-सी डिक्शनरी लिए बैठे हैं। अहमद ने पूछा—''क्या देख रहे हैं इमाम साहब ?''

इमाम साहब ने अपने आप ही हम लोगों से कहा था कि हम उन्हें सर-वर न कहा करें। इमाम साहब कहा करें।

इमाम साहब ने बताया—''भई एक लफ़्ज़ है 'कन्टम्प्लेशन' उनकी 'मीनिंग' देख रहा हूँ।''

''क्यों इमाम साहब ?'' शकील ने पूछा।

''भई लफ़्ज़ पसन्द आया है। सोचता हूँ, एक पेंटिंग बनाऊँ—उसका 'टाइटिल' दूँ 'कन्टम्प्लेशन।' कहो कैसा आइडिया है ?''

हम तीनों ने तारीफ की।

हम तीनों का ज़्यादातर वक़्त पेंटिंग करने या उसके इन्तज़ाम में गुजरता था। कभी कैनवस और सफैदा लेने शहर जा रहे हैं। तो कभी दुकान पर खड़े छोटे-छोटे प्लाई के टुकड़ों का मोल-भाव कर रहे हैं। कभी 'लेन्सिड ऑयल' के चक्कर में घूम रहे हैं तो कभी 'ऑयल पेंट' के ब्रुश लेने के लिए मीलों चले जा रहे हैं। इमाम साहब भी हम लोगों को ख़ूब दौड़ाते थे क्योंकि उन्हें मालूम था कि इस तरह के कामों में हमें मज़ा आता है। वे हमें बढ़ई की दुकान पर कैन्वस कसने के चौखटे बनवाने भेज देते थे। उसके बाद उनके घर आकर चौखटों पर कैन्वस कसा जाता था। सफैदा लगाकर कैन्वस धूप में रखे जाते थे फिर सब कैन्वस साइकिलों में लादकर 'हॉबीज़ वर्कशाप' पहुँचाए जाते थे।

एक दिन 'हॉबीज़ वर्कशाप' में इमाम साहब ने हम लोगों को ख़बर सुनाई कि कल से एक लड़की भी पेंटिंग ज्वाइन करने आ रही है। हम तीनों के चेहरे खिल गए। इमाम साहब भाँप गए। बोले–''भई वो प्रोफेसर ज़ैदी है न ? वही डीन फैकल्टी ऑफ साइंसेज़, उनकी लड़की है ज़ोया...बच्ची है।'

अगली शाम का हम बेताबी से इन्तिज़ार करने लगे। अहमद के कमरे में रात देर तक हम लोगों की बैठक जमी रही। हम अपने को खुशनसीब समझ रहे थे कि हमारे साथ एक लड़की–हालाँकि अब तक ये मालूम न था कि वह कैसी है–काम करेगी।

लड़की शब्द का एक अजीब मतलब था हम लोगों के लिए। क्लास में लड़कियाँ न थीं। जिन स्कूलों से हम पढ़कर आए थे वहाँ भी लड़कियाँ न थीं। यानी एक तरह से हम लोगों ने लड़कियों के नाम किताबों, पत्रिकाओं में ही पढ़े थे। यूनीवर्सिटी में सिर्फ एम.ए. की क्लासों में 'कोएजूकेशन' थी। बी.ए. या बी.एस-सी. में लड़कियाँ न थीं। उनका अलग कॉलेज था जिसका नाम काफी ग़ैरशायराना होते हुए भी हम लोगों की धड़कनें तेज़ कर देता था। अगर पता चलता कि किसी 'डिपार्टमेंट' में किसी खूबसूरत लड़की ने दाख़िला लिया है तो लड़के क्लासें छोड़कर उसे देखने जाते थे। अगर कहीं ये पता चलता था कि किसी 'फंक्शन' में लड़कियाँ आ रही हैं तो इतने लड़के पहुँच जाते थे कि बैठने की जगह न मिलती। किसी लड़के की किसी लड़की से बात हो जाना इतनी बड़ी बात समझी जाती थी कि उसके चर्चे होते थे। साल में एक बार लड़कियों के कॉलिज में 'फेट' होता था तब लड़के वहाँ जा सकते थे। उस दिन का इन्तिज़ार हम पूरे साल करते थे। लड़कियाँ देखने के शौक में लड़के लड़कियों के कॉलिज के सामनेवाली सड़क पर बेहिसाब आवारागर्दी करते थे। दो-चार लड़कियाँ दिख जाती थीं तो अपने को खुशनसीब मानते थे।

इसलिए इमाम साहब ने जब यह बताया कि कल से एक लड़की भी आ रही है तो हमारी खुशी और साथ ही साथ डर का ठिकाना न था। मैं और शकील तो लड़कियों से बात तक करने में हकलाने लगते हैं। अहमद ज़रूर ऐसा नहीं है लेकिन हम दोनों की तरह उसका भी किसी लड़की से ऐसा प्रेम न हुआ था कि लड़की भी करती। हम तीनों के लिए लड़कियाँ रहस्यमयी दुनिया का एक ऐसा हिस्सा थीं जो ख्वाबों में था–इसलिए वह बहुत साफ नहीं था।

ज़ोया जब पहली बार 'हॉबीज़ वर्कशाप' में आई तो माहौल बहुत 'टेन्स' हो गया। ऐसा लगता था हम लोगों को साँप सूँघ गया है। इमाम साहब लगातार उसे ही बताते रहे। लगा हम लोग उनके लिए हैं ही नहीं। ये अच्छा ही हुआ कि वह जल्दी चली गई क्योंकि जाड़ों के दिन थे और सूरज जल्दी डूब जाता था। उसके जाने के बाद इमाम साहब को हम लोगों का ख़याल आया।

ज़ोया अच्छी लड़की लगी। उम्र ज़रूर कम हैं। यानी हाई स्कूल में पढ़ती है। बाल सुनहरे और कुछ घुँघरियाले हैं। पहली ही नज़र में शकील उस पर आशिक़ हो गया। अहमद का कोई खास 'रियक्शन' न था। मैं यही कहता रहा कि मुझे पसन्द आई है।

दो-चार हफ़्तों के बाद ज़ोया की हम लोगों से कुछ बात होने लगी। उसके लिए ब्रुश, कलर, कैन्वस लाने का काम हमारे ही ज़िम्मे था। लेकिन मज़ेदार बात यह थी कि वह शकील से ज़्यादा अहमद से बात करती थी। पता नहीं, क्या है। यह तो है ही कि अहमद बहुत स्मार्ट है। बहुत अच्छे कपड़े पहनता है। पिछले कुछ महीनों से वह 'आर्टिस्टों' जैसे कपड़े पहनने लगा है। अक्सर कपड़ों पर रंग भी लगा छोड़ देता है। उसकी देखादेखी हम भी यही कोशिश करते हैं।

मेरे और शकील के मुक़ाबले अहमद का बैक ग्राउंड शानदार है और यह बात न तो वह छिपाता है और न छिपती है। यूनीवर्सिटी में सभी लोगों को पता चल गया है कि वह राजा सर इक़बाल अहमद का लड़का है। राजा सर इक़बाल अहमद कई साल तक यूनीवर्सिटी कोर्ट के मेम्बर भी थे। शकील के अब्बा की दवाओं की दुकान है। मेरे अब्बा तहसीलदारी से रिटायर होकर खेतीबाड़ी करा रहे हैं। कहने का मतलब यह कि हम दोनों के मुक़ाबले या कहना चाहिए बहुत से लड़कों के मुकाबले अहमद रईस, मशहूर, पढ़े-लिखे और इज़्ज़तदार खानदान का लड़का है उसके कीमती विदेशी कपड़े, ओमेगा घड़ी, उसके घुँघराले बाल, उसका गोरा सुर्ख रंग—सब कुछ मिलाकर उसका व्यक्तित्व आकर्षक है।

इन्हीं दिनों मुझे कहीं से फ़ैज अहमद 'फ़ैज' की 'दस्ते तहेसंग' मिल गई। अहमद को उर्दू नहीं आती। शकील बहुत वाजबी-वाजबी जानता है। मैं उन दोनों को 'फ़ैज' का कलाम सुनाया करता था। एक अजीब जादू का-सा असर होता था। फिर हम रात में बाहर निकल आते। गर्मियों की चाँदनी भरी रात में 'फैज़' की ग़ज़लों को गुनगुनाते हुए टहलते। चचा के होटल में तल्ख़ चाय और सिगरेटों के धुएँ के साथ हमें लगता कि जिन्दगी कितनी खूबसूरत है। कितनी जानदार, कितनी रोमांटिक और जीने लायक है। हमें आज़ादी का ऐसा अहसास होता था कि दिल में उमंगें उठने लगतीं।

इम्तिहान के दिन पास आए। अल्लाह-अल्लाह करके हाज़रियाँ पूरी निकलीं। क्योंकि क्लास गोल करने की हम लोगों की आदत-सी पड़ गई थी। उसके बाद मुश्किल ये थी कि घर से जो फीस वग़ैरा के पैसे आते थे वो हम खा-पी जाते थे। इसलिए हम तीनों

ने और पैसे मँगवाए। मेरे और शकील के पैसे तो आ गए लेकिन अहमद के पैसे आखिरी दिन तक न आए तो उसने 'ओमेगा' बेच डाली, बहुत सस्ते में यूनीवर्सिटी के ही एक क्लर्क ने खरीद ली। हमने उससे पूछा कि घर में अगर तुम्हारे अब्बा पूछेंगे तो क्या बताओगे। उसने कहा—कह दूँगा, खो गई।

शकील के घर से पैसे तो आ गए थे लेकिन उसके अब्बा ने मनीआर्डर फार्म पर लिखा था कि तुम्हारी पढ़ाई मुझे बहुत महँगी पड़ रही है। शकील ने हम लोगों को यह बताया और यह भी बताया कि उसके घर में पैसे-वैसे की इतनी कमी नहीं है कि पाँच-सात सौ रुपए भेजना महँगा पड़े। उसने यह भी बताया कि उसके अब्बा सौ रुपए रोज़ का एक इंजेक्शन लगवाते हैं ताकि औरतों ख़ासतौर पर अस्पताल की नर्सों के साथ रोज़ मज़ा कर सकें। उसने अपने अब्बा को गालियाँ दीं और बताया कि दुकान से कम से कम एक हज़ार रुपए रोज़ की आमदनी है। उसके दो बड़े भाई दुकान पर बैठते हैं। शाम होते-होते अब्बा आते हैं और दिन भर की आमदनी ले जाते हैं। माल मँगवाना और मुनाफ़ा ख़र्च का हिसाब अपने पास रखते हैं। अब बड़े भाई को एक अलग दुकान खुलवा रहे हैं।

शकील अपने अब्बा से इतना नाराज़ होगा या उसके अब्बा ऐसे होंगे इसकी हमें उम्मीद न थी।

इम्तिहान में हम लोग बस वाजबी-वाजबी ही कर पाए। और जब नतीजा निकला तो बस पास ही हो गए। गर्मियों में मैंने अहमद को ख़त लिखे। वह भी मुझे लिखता था। एक ख़त में उसने लिखा कि यार एक कमाल हो गया मेरे साथ। मैं ख़त में नहीं लिख सकता। तुम यहाँ आ जाओ। यहीं से हम साथ चलेंगे। तब बताऊँगा। मेरे लिए अन्दाज़ा लगाना मुश्किल था कि उसके साथ क्या हो गया। यूनीवर्सिटी खुलने के तीन दिन पहले मैं लखनऊ पहुँचा तो अहमद ने मुझे पूरी कहानी सुनाई। वह बहुत खुश था और उत्साह में मुझे बताने लगा—यार मोहर्रम में मैं इस बार अपनी ख़ाला के यहाँ चला गया था। शबे आशूर की रात इमामबाड़े के फर्श पर हम सब लोग लेटे थे। शब्बेदारी हो रही थी। हर एक घंटे के बाद मातम होता था। खाला के यहाँ ख़दीजा भी आई हुई थीं।

"ख़दीजा कौन ?"

"यार बेपनाह खूबसूरत...बेहद हसीन..."

"हैं कौन भाई ?"

"यार ख़ाला की दूर की रिश्तेदार हैं। उन्होंने कैप्टेन खत्री से शादी की है। कैप्टेन खत्री का नाम तो तुमने सुना होगा ?"

"नहीं...कौन हैं ?"

"अरे यार, बलरामपुर डिस्ट्रिलरी के मालिक और 'न्यू इंडिया पेपर्स' के मैनेजिंग डायरेक्टर हैं।"

"अच्छा तो फिर ?" मैंने पूछा।

''करोड़पति आदमी हैं यार...दिल्ली में पृथ्वीराज रोड पर कोठी है। लखनऊ में उन्होंने 'लाल महल' खरीद लिया है। बम्बई, कलकत्ता, शिमला में कोठियाँ हैं।''

''हाँ...हाँ यार, असली किस्सा बताओ...मुझे कैप्टेन खत्री की जायदाद से क्या लेना-देना।''

''सुनो तो यार, चुतियापा न करो...बात सुनना हो तो क़ायदे से सुनो।''

''ठीक है, ठीक है।'' मैं डर गया कि कहीं वह पूरा किस्सा सुनाने से ही इंकार न कर दे।

''कैप्टन खत्री बहुत शानदार आदमी हैं। लन्दन स्कूल ऑफ इकोनामिक्स के पढ़े हैं। लखनऊ की बड़ी मशहूर खत्री फैमिली से ताल्लुक है। स्टालिश आदमी हैं। पूरे साहब बहादुर। गोल्फ और राइडिंग के शौकीन। दिल्ली के रेसकोर्स में उनके घोड़े दौड़ते हैं। फोरसीटर प्लेन है उनके पास। बलरामपुर में डिस्ट्रिलरी के पास निजी एयर स्ट्रिप है, तो यार उन्होंने कोई दस साल पहले ख़दीजा को देखा और बुरी तरह आशिक़ हो गए। उस ज़माने में उनकी उम्र पचास के आसपास थी। कैप्टेन खत्री ने बीवी को छोड़ा और किसी तरह पता नहीं कैसे ख़दीजा से शादी कर ली।''

''अच्छा तो फिर ?'' मैंने पूछा।

''लखनऊ में उन्हीं के पास दो रोल्स राइज़ हैं।'' वह बड़े तपाक से कैप्टेन खत्री की रईसी किस्से सुनाए जा रहा था। मैं बेचैनी से पहलू बदल रहा था कि असली मुद्दे पर आए।

''तो यार हुआ ये कि हम सब लेटे थे। मैं पता नहीं कैसे ख़दीजा के पास लेटा था। अचानक यार बेख़्याली में मेरा हाथ उसके हाथ से जा टकराया। मेरे तो पूरे जिस्म में एक सनसनी दौड़ गई। लेकिन यार उसने अपना हाथ नहीं हटाया। मैंने दोबारा अपना हाथ उसके हाथ पर रखा। वह चुपचाप आँखें बन्द किए लेटी रही। सब लोग सो रहे थे। फिर मैं उसके हाथ को सहलाने लगा।''

''वाह यार वाह, मारा पापड़वाले को।'' मैंने नारा लगाया।

''अरे यार सुनो तो...अशरे के बाद उन्हें नैनीताल जाना था गाड़ी से। खुद चलाती हैं, शेवरलेट है काली। तो मुझसे कहने लगीं—तुम्हें नैनीताल चलना हो तो चलो...तुम्हारी यूनीवर्सिटी भी बन्द है और गर्मियों की छुट्टियाँ भी हैं। मैंने अब्बाजान से पूछा। वो कैप्टेन खत्रीं को अच्छी तरह जानते हैं। कहने लगे—जाओ।

''फिर ?''

''फिर क्या यार मैं बैग लेकर आ गया। सुबह पाँच के करीब हम निकले। बारह बजे तक गाड़ी उसने चलाई। उसके बाद बरेली में दोपहर का खाना खाने के बाद मैंने चलाई। और चार बजते-बजते हम नैनीताल पहुँच गए। मल्लीताल से भी कोई दो किलोमीटर पहाड़ की चोटी पर कैप्टेन खत्री की कोठी है। दरअसल किसी अंग्रेज़ की कोठी थी जो कैप्टेन खत्री ने पच्चीस-तीस साल पहले कौड़ियों के मोल खरीद ली थी। चारों तरफ जंगल है। बीच में आलीशान कोठी है। बहुत दूर नीचे ताल का 'व्यु' आता

है लगता है जैसे हरे पत्ते पर चमकती हुई ओस की बूँद।

"वहाँ कौन-कौन था। कैप्टेन खत्री ?"

"नहीं यार, कैप्टेन खत्री तो आजकल योरोप में हैं। सितम्बर में लौटेंगे। नौकर-चाकर थे।"

"असली बात बताओ प्यारे, कुछ हुआ हुवाया भी या नहीं ?" मैंने बेचैनी से पूछा।

"फिर वही जल्दी ?" वह हँसने लगा।

"तो ठीक है। आराम से बताओ।"

"यार रास्ते में उसने अपनी पूरी कहानी सुनाई। बेचारी सिर्फ बीस साल की थी जब कैप्टेन खत्री ने उस पर डोरे डालकर शादी के लिए मजबूर कर दिया था। ख़दीजा के वालिद मर चुके थे। वालेदा थीं। लेकिन उनकी एक न चली। कैप्टेन खत्री ने अपने पैसे से सबके मुँह बन्द कर दिए थे। मुसलमान हो जाने पर तैयार हो गया था। ख़दीजा को भी ज़ाहिर है उसके ठाट-बाट और ऐशो-आराम देखकर कुछ लगा होगा। लेकिन अब बेचारी दुःखी है।"

"क्या दुःख है ?"

"यार साजिद वो रोई मेरे सामने...अब अपना मज़हब याद आता है। अपने लोग याद आते हैं। कैप्टेन ने तो उसे गुड़िया की तरह सजा दिया है...रात के खाने के बाद हम मास्टर बेडरूम में लेटे। ऊँची छत का बड़ा-सा कमरा और बड़ी-बड़ी खिड़कियाँ...बाहर फैला हुआ जंगल...हवा की आवाज़ें..."

"यार शायरी न करो...ये बताओ..."

"ठीक है तो सुनो ग़ज़ब है...तुम तो जानते हो मुझे तो कुछ भी मालूम न था। सब उसने बताया। यार उसका जिस्म है या मक्खन...सिडौल। तो पूरी रात हम सोए नहीं...समझो लगातार...पसीने में भीगकर उसका चेहरा और लाल हो गया था। और ओस में भीगे गुलाब जैसा लग रहा था। काली आँखें और बड़ी-बड़ी पलकें...ओफ यार...मत पूछो...

"और क्या बातें हुईं ?"

"यार हम लोग शादी कर रहे हैं ?"

"शादी ?"

"हाँ," वह पक्के यक़ीन के साथ बोला।

"क्या उम्र है उसकी ?"

"तीस।"

"और तुम...?"

"मैं बाईस।"

वह एक साल ज्यादा बता रहा था।

"तो आठ साल..."

"यार आठ साल क्या होते हैं। तुम उसे देख लो तो बीस की भी नहीं लगती।"

वह बोला।

"कैप्टेन का क्या होगा ?"

"और कुछ न हुआ तो मैं उसे गोली मार दूँगा।" वह बहुत गम्भीरता से बोला।

"बच्चोंवाली बातें न करो यार।"

"वो तलाक़ ले रही है।"

"अच्छा और तुम...तुम तो अभी..."

"जब तक मैं बी.एस-सी. नहीं कर लेता, अब्बाजान के पास रहेगी। उसके बाद देखा जाएगा। बी.एस-सी. करते ही मुझे टी-गार्डेन्स में नौकरी मिल जाएगी। अंकल सैम के अपने टी-गार्डेन्स हैं दार्जिलिंग में।"

"सोच लो यार।"

"सब तय है प्यारे। सोचने का वक़्त निकल गया। अगले महीने वह दिल्ली आ रही है। मैं जाऊँगा। तुम भी चलो।"

"मेरे ठहरने का क्या होगा ?"

"यार पृथ्वीराज रोड पर कोठी है उसकी...क्या बात करते हो।" वह कुछ बिगड़कर बोला।

## 4

नया 'सेशन' शुरू हुआ तो हम लोग सीनियर थे। मैं दो साल सीनियर था और अहमद एक साल का सीनियर था। शकील भी दो साल का सीनियर हो गया। 'सीनियॉरिटी' का यूनीवर्सिटी में बड़ा रुतबा है। सीनियरों के बड़े ठाठ हैं। कुछ लोग तो 'सीनियॉरिटी' बढ़ाने के चक्कर में इम्तिहान में नहीं बैठते कि धोखे से पास हो गए तो जल्दी ही यूनीवर्सिटी छोड़नी पड़ जाएगी और सीनियॉरिटी मारी जाएगी।

एक बार मैं कमरे में ही था। अली और मोहसिन भी थे कि किसी ने दरवाज़ा खटखटाया। हमने हस्बेदस्तूर 'कम इन कहा।' एक बुज़ुर्ग से आदमी—लम्बे-चौड़े, खासे मोटे-ताज़े—उम्र यही साठ के आसपास, सिल्क की शानदार शेरवानी पहने और टोपी लगाए अन्दर आ गए। उनके पीछे दो नौकरनुमा आदमी थे जो दो बड़े-बड़े थैले उठाए हुए थे।

"सलामअलैकुम" उन्होंने खास यूनीवर्सिटीवाले अन्दाज़ में कहा।

"वालेकुम।" हमने भी उसी तरह जवाब दिया।

"मेरा नाम रफ़ाक़त अली खाँ हैं। मैं इस कमरे में तीन साल रहा हूँ। सन् 1928 से सन् '30 तक।" उन्होंने कहा।

"आइए तशरीफ रखिए।" हमने उन्हें लकड़ी की कुर्सी 'ऑफर' कर दी क्योंकि हमें उसी तरह की कुर्सियाँ दी गई थीं।

"आप लोगों के लिए कुछ छोटे-मोटे तोहफ़े लाया हूँ।" उनके नौकरों ने बड़े-बड़े थैले फर्श पर रख दिए।

"अब हमें यक़ीन हो गया कि आप इस कमरे में तीन साल रहे होंगे।" मोहसिन बोला।

इस पर उन बुज़ुर्ग ने कहकहा लगाया।

"भइ वही अन्दाज है...वही अन्दाज़।" वो बेसाख़्ता बोले।

"जनाब यहाँ किसी चीज़ की कमी है तो बस वही जो आप लेकर तशरीफ लाए है।" अली ने कहा।

बुज़ुर्गवार बोले, "हमने अपने सीनियरों से यही सुना था। वो भी कहते थे कि उनके भी सीनियर यही कहते थे। बात सर सैयद तक पहुँचती है।"

हमने फिर एक फर्शी क़हक़हा लगाया।

"तो आपने जनाब यहाँ से क्या किया था ?" अली ने पूछा।

"भई ऐसा है कि वालिद साहब ने मुझे भेजने से पहले कहा था कि मियाँ तुम्हें तीन काम करने हैं, पहला ये कि यहाँ के क्रिकेट क्लब का कप्तान होना है। दूसरे ये कि अंग्रेजी बोलना सीखना है और तीसरे छुरी काँटे से खाना खाना सीखना है। तो दोस्तो मैं यहाँ तीन साल रहा। ये तीनों काम किए और लौट गया। वालिद साहब क़िबला बेहद खुश थे। भई नौकरी तो करनी नहीं थी। जागीर थी, और ये उसी जागीर की बची-खुची यादगार है।" वे थैलों की तरफ देखकर बोले—"चौंसा आम हैं। पारी का गुड़ और चने का हलुआ है।"

यहाँ का ये भी दस्तूर है कि कोई कुछ बचा या छिपाकर नहीं रखता। बुज़ुर्गवार के तोहफे डायनिंग हाल में रखवा दिए गए। ये बात दूसरी है कि वो पाँच मिनट के अन्दर-अन्दर साफ हो गए।

सीनियरों और जूनियरों के बीच अदब-आदाब के सारे रिश्ते तय थे। यानी जूनियर पहले सलाम करेगा। सीनियर को देखकर खड़ा होगा। सीनियर को पूरी इज़्ज़त देगा। सीनियर के काम करेगा। दूसरी तरफ सीनियरों की यह ज़िम्मेदारी है कि जूनियरों का ख़याल रखें। उन्हें यूनीवर्सिटी की 'ट्रेडीशन्स' के बारे में बताएँ। अगर उन पर कोई मुसीबत आती है तो मदद करें। पहले साल जब मैं जूनियर था तो एक सीनियर के फ्रंट रूम में रहता था। यानी सीनियर कमरे के पिछले हिस्से में बने छोटे कमरे में रहते थे। और सामनेवाले बड़े कमरे में छः जूनियर थे। एक बार यह हुआ कि मेरे पास पैसे ख़त्म हो गए। घर से मनीआर्डर भी नहीं आ रहा था। मैं परेशान हो गया। पहला साल था इसलिए होटलों या सिगरेट की दुकानों में उधार भी न शुरू हुआ था। मुझे परेशान देखकर एक दिन सीनियर ने कहा—"क्या बात है ?" तुम कुछ दिन से परेशान लग रहे हो। मैंने शरमा कर कहा—"जी हाँ, पैसे ख़त्म हो गए हैं और घर से मनीआर्डर अभी तक नहीं आया है।"

उन्होंने तक़रीबन डाँटते हुए कहा—"ये तुमने पहले क्यों नहीं बताया। ये मेरी

ज़िम्मेदारी है कि अगर तुम्हारे पास पैसे ख़त्म हो गए हैं तो मैं तुम्हें पैसे दूँ। अगर उधार भी नहीं मिलें तो मैं किसी चायखाने और सिगरेट की दुकान में तुम्हारा हिसाब खुलवा दूँ।'' बहरहाल काफी डाँटने-फटकारने के बाद सीनियर ने मुझे रुपए दिए और कहा—अगर कम पड़ जाएँ तो फिर माँग लेना।

सीनियर जूनियर के रिश्ते लड़कों की एक बिरादरी है यहाँ...। किसी की कोई खुशी या दुःख किसी दूसरे से नहीं छिपता। ग़रीब से ग़रीब लड़कों को पढ़ने, फ़ीस देने या खर्च चलाने में मदद देने का रिवाज़ पुराना है। इसलिए हॉस्टल में जो रिश्ते बनते हैं वो उम्र भर कायम रहते हैं।

सीनियर लड़कों को कुछ बड़ी जिम्मेदारियाँ भी सौंपी जाती हैं। हॉस्टल और हॉल का इन्तिज़ाम चलाने में उनकी मदद ली जाती है। चार-पाँच हॉस्टलों को मिलाकर एक हॉल बनता है। हर हॉल में कुछ पद जैसे 'सीनियर हॉल', 'सीनियर फूड'। 'कामन रूम इंचार्ज' आदि ऐसे पद होते हैं जो सीनियर लड़कों को दिए जाते हैं। सीनियरों की इज़्ज़त लगभग टीचरों की तरह होती है। सीनियर अगर आपसे खुश हैं तो बहुत से फायदे हो सकते हैं। मिसाल के तौर पर मेरे सीनियर पार्टनर कॉमन रूम इंचार्ज हो गए। रात में नौ बजे जब कॉमन रूम बन्द हो जाता तो मैं उनसे चाबी ले लेता। मैं, अहमद और शकील कॉमन रूम चले जाते और मल्का पुखराज की गज़ल ''बेजुबानी जुबाँ न हो जाए...'' सुना करते। एक ही रिकार्ड दस-दस बार सुनते और झूमते।

जूनियरों को सीनियर 'ट्रेडीशंस' के बारे में बताते। मिसाल के तौर पर डाइनिंग हॉल के अन्दर या हॉस्टल से बाहर जाते वक़्त पैंट-कमीज़ या शेरवानी पहनना जरूरी है। शहर से घड़ा, मच्छरदानी के बाँस वग़ैरा खुद नहीं खरीदे जा सकते। इन कामों के लिए बैरों को पैसे देने होते थे और बैरे लाते थे। पाँच-सात कमरों की सफाई, घड़ों में पानी भरने, बिस्तर ठीक कर खाना वग़ैरा देने के लिए एक बैरा रखा जाता है।

यहाँ 'पार्टनर', 'एक्टिविटी', 'खिंचाई' 'इंट्रोडक्शन' शब्द खूब चलते हैं। एक्टिविटी का मतलब नए लड़कों के साथ किए जानेवाले मज़ाक थे। खिंचाई या इंट्रोडक्शन तो एक पूरा 'इंस्टीटियूशन' है। नए लड़कों से परिचय पाने के लिए जो तरीका अपनाया जाता है उसे 'इंट्रोडक्शन' कहते हैं, 'वर्क मारना' भी एक प्रचलित शब्द है जिसका मतलब लड़कियाँ देखना, उनसे दोस्ती करने या उनके करीब आने की कोशिश करना है।

लोगों के उपनाम रखने की भी ट्रेडीशन है। अक्सर नामों के साथ कुछ जोड़कर या नए हास्यास्पद नाम रखकर यह काम किया जाता है। मौलाना घोड़ी इसका एक मिसाल हैं। उनके अलावा सैकड़ों ऐसे नाम हैं और हर साल दिए जाते हैं—एक हैं इक़बाल ऐट्टी। उन्हें इक़बाल ऐट्टी इसलिए कहा जाता है कि उनका रोल नम्बर ऐट्टी है। कमरे का नम्बर ऐट्टी और उनके घर से अस्सी रुपए का मनीआर्डर आता है। उनके घर का नम्बर भी 'ऐट्टी' है। इसलिए इक़बाल ऐट्टी मशहूर हो गए हैं। एक उस्ताद शम्स कहलाते हैं। उस्ताद शम्स हुक्का पीते हैं। अच्छी-खासी उम्र के हैं। बड़े मँजे हुए

आदमी। उस्तादों के रंग में शायरी करते हैं, इसलिए उस्ताद शम्स कहलाते हैं। एक साहब 'बरूला' कहलाते हैं। इस तरह के नामों में कुछ नाम ऐसे होते थे जिन्हें उस आदमी के सामने भी लिया जा सकता है जिसे दिए जाते थे और कुछ नाम जैसे 'बरूला' जो कुछ अपमानजनक है जैसे हमारे हॉस्टल के वार्डेन को 'छिलका' कोई उनके सामने नहीं कह सकता। हाँ उसकी पीठ पीछे उनका असली नाम लेने का सवाल ही नहीं है।

नया 'सेशन' ख़ूब ज़ोर-शोर के साथ शुरू हुआ था। लेकिन हम लोगों को 'इंट्रोडक्शन' में कोई दिलचस्पी न थी। हम तीनों अहमद के कमरे में ख़दीजा के किस्से सुनना ज़्यादा पसन्द करते। अहमद पूरी तरह ख़दीजा के प्यार में डूब चुका था। वह उसके 'पोट्रेट्स' बनता। उसे लम्बे-लम्बे ख़त लिखता जो पहले हम सुनते और राय देते। उसके लिए छोटे-मोटे तोहफ़े खरीदता और इन्तिज़ार करता कि अक्तूबर कब आता है और ख़दीजा दिल्ली कब पहुँचती है।

शाम इतनी ढल गई है कि सूरज की एक किरण भी नहीं बची है। रात आने में बस इतनी ही देर है कि अब तक नक़वी पार्क में इधर-उधर टहलते लोग दिखाई दे रहे हैं। पेड़ों का रंग काला नहीं हुआ है और आसमान पर सितारों की टिमटिमाहट भी शुरू नहीं हुई है।

पार्क के फव्वारे के पास कंक्रीट की बेंचें हमें पसन्द हैं। आजकल हमारे दरम्यिान अगर कोई बात होती है तो सिर्फ अहमद-ख़दीजा के इश्क की। अहमद हमें भी अपने साथ उड़ा ले जाता है। शकील और मैं उसकी कल्पना के पैर पकड़ लेते हैं।

"टी-गार्डेन्स में बड़े ठाठ होते हैं प्यारे। अंग्रेजों के बनवाए हुए शानदार बंगलों में मैनेजर रहते हैं। अच्छी मोटी तन्ख़्वाह मिलती है। नौकर मुफ्त मिलते हैं। बाग़ों के बिल्कुल बीचों-बीच पहाड़ की चोटियों पर जहाँ बादल नीचे तक उतर आते हैं, रहने में मज़ा आ जाएगा। मेरे एक कज़ेन टी-गार्डेन में मैनेजर हैं। मैं उनके पास एक बार गया था। क्या ठाठ हैं यार। दो घोड़े मिलते हैं। एक जीप होती है। सैकड़ों लोगों का स्टाफ होता है। लेकिन काम है यार मेहनत का। बंगले वेल-फर्निशण्ड होते हैं। कील-काँटे से दुरुस्त। शाम को मैं और ख़दीजा घोड़ों पर बैठकर सैर को निकल जाया करेंगे और सर्द रातों में आतिशदान के साम़ने बैठकर धीरे-धीरे विस्की पिया करेंगे।

"विस्की पी है तुमने कभी ?" मैंने अहमद से पूछा।

"हाँ, हाँ यार, कई बार...तुमने ?"

"मैंने तो कभी नहीं पी।"

"अरे तुमने कभी नहीं पी।" शकील हँसकर बोला—"चलो शहर, तुम्हें पिला दें।"

"अभी नहीं यार...आजकल तो कड़की चल रही है...ये बताओ विस्की पीकर कैसा लगता है ?"

"ये तो बेटा पीकर ही पता चलेगा।" अहमद ने हँसकर मेरे कन्धे पर हाथ मारा।

"अच्छा लाओ यार अभी तो सिगरेट पिलाओ।" मैंने कहा।

"सिगरेट है पार्टनर लेकिन माचिस नहीं है।" शकील बोला।

"तुम्हारे पास ?" मैंने अहमद से पूछा।

"नहीं यार, मैं तो सिगरेट और माचिस दोनों कमरे पर छोड़ आया।"

"यार वो जो साहब टहल रहे हैं न...उनसे माँगो। हो सकता है मिल जाए।" मैंने शकील से कहा।

शकील उस आदमी के पास गया और लगने लगा कि उसने सिर्फ सिगरेट ही नहीं जलाई है, किसी लम्बी बातचीत में फँस गया है। थोड़ी देर बाद शकील किसी अधेड़ उम्र आदमी के साथ हमारे पास आ गया। अधेड़ उम्र आदमी ने खड़खड़ाती हुई आवाज़ में कहा—"आप लोग भी तालिबे इल्म हैं ?"

"जी हाँ।" मैंने जवाब दिया।

"नाचीज़ को कुँवर बरकत अली खाँ कहते हैं। वैसे लोग कुँवर साहब छपरकलौती और मीर साहब गढ़ीकोटला भी कहते हैं। छपरकलौती और गढ़ीकोटला हमारी दो जागीरें थीं। दोनों पंजाब में हैं। पटियाला जिले के उत्तर में। मैं बच्चों को पढ़वाने के सिलसिले में यहीं मुक़ीम हूँ। आप लोगों का कहाँ से ताल्लुक है ?"

हम लोगों ने उन्हें अपना परिचय दिया। अहमद ने जब अपने बारे में बताया तो वे अहमद के गले से लिपट गए और उन्होंने कहा—"भाई राजा सर सैयद इक़बाल को तो मैं बड़े भाई साहब कहता हूँ। उनके बड़े एहसात हैं मेरे ऊपर। मेरे वालिद साहब और सर सैयद इक़बाल दोनों ही गवर्नर जनरल की काउंसिल में थे एक जमाने में... तुम तो मेरे छोटे भाई हुए...वाह मियाँ, वाह।"

कुँवर साहब हमसे 'अमीरनिशाँ' में चाय पीने का इसरार करने लगे थे। कड़की के दिनों में हमें क्या चाहिए था। हम तैयार हो गए। कुँवर साहब ने सड़क पर आकर दो रिक्शे किए। न सिर्फ उनकी आवाज़ कड़कदार थी बल्कि उसमें हुकूमत की बू भी काफी मौजूद थी। रिक्शेवालों को उन्होंने जिस कड़कदार आवाज़ में हुक्म दिया वह सुननेवाला था। वे ऊँची आवाज़ में बातचीत करने के भी आदी मालूम होते थे। ज़ाहिर है वे रिक्शे पर अहमद के साथ बैठे, मैं और शकील दूसरे रिक्शे पर सवार हुए।

"यार ये तो अच्छी रही।" शकील बोला।

"शानदार।"

"आदमी बड़े कल्ले-ठल्लेवाले मालूम होते हैं।"

"पुराने जागीरदार जो ठहरे।"

"तुमसे क्या बात कर रहे थे।"

"पूरा शजरा बता दिया यार...बाप का नाम, दादा का नाम, परदादा का नाम... जागीर की आमदनी...

"आमदनी ? अब कैसी आमदनी ?"

"अरे यार, जब थी तब की आमदनी बताई।"

हम दोनों हँसने लगे।

'अमीरनिशाँ' के चायखाने में कुँवर साहब इस तरह घुसे जैसे किसी शानदार होटल

में क़दम रखा हो।

"कहाँ गए मुन्नू मियाँ ?" उन्होंने पता नहीं किससे कड़कदार आवाज़ में पूछा। क्योंकि चायखाने की एक मेज पर तीन लड़कों को छोड़कर कोई न था।

"मुन्नू मियाँ।" उन्होंने फिर एक ज़ोरदार आवाज़ लगाई। एक आदमी हाथ पोंछता हुआ आया, "बैठिए सरकार।"

"पहले मेज़-कुर्सियाँ साफ कराओ।"

चाय देनेवाले लड़के ने बस दिखाने के लिए मेज़ और कुर्सियों पर कपड़ा मारा क्योंकि वे इतनी पुरानी और गन्दी थीं कि उन्हें साफ किया ही नहीं जा सकता था।

कुँवर साहब एक कुर्सी पर अकड़कर बैठ गए। रौशनी में उन्हें मैंने अच्छी तरह देखा। उम्र पचास के ऊपर रही होगी। कद-काठी अच्छी। नाक-नक़्शा भी ठीक-ठाक। बाल हल्के, चाँद के ऊपर से झड़ भी गए थे। चेहरे पर रईसाना शान के साथ-साथ चालाकी और बेवकूफ़ी के भाव एक साथ घुले-मिले लगे। सिल्क की उम्दा किस्म की कमीज़ और हल्के भूरे रंग का पैन्ट। कमीज़ में किसी कीमती पत्थर के कफ बटन लगे थे।

"तीन प्लेट गर्मागर्म समोसे लाओ। उसके बाद गुलाबजामुन तीन प्लेट और फिर चाय।" कुँवर साहब ने आर्डर दिया।

"आप कुँवर साहब ?" शकील ने पूछा।

"नहीं, मैं बाहर कुछ नहीं खाता...सिर्फ़ चाय पीता हूँ...मियाँ अब हमारी खाने-पीने की उम्र नहीं रही। हाँ एक ज़माना था जब हम खाते थे। ये वही खिलाई है जो आज तक चल रही है। और फिर आजकल खाएँ क्या ? बचा क्या है खाने को...आपकी दुआ से आज भी मैं जो चाहूँ खा सकता हूँ और खाता हूँ लेकिन वो चीज़ें ही नहीं मिलतीं। मिलावट ने ऐसी-तैसी कर दी सबकी, आप ही बताइए जो शख़्स दूध पर नहीं सिर्फ बालाई पर पला हो उसका काम इन दूधियों के दूध से चलेगा ? हरगिज़ नहीं ? जिसने आम के बागों में आम खाया हो वो किलो-दो किलो खरीदकर खा सकता है क्या ? बिल्कुल नहीं..."

यह अन्दाज़ा लगाते देर नहीं लगी कि कुँवर साहब 'नॉन स्टाप' बोलने के आदी हैं। अपनी कड़कदार और शानदार आवाज। उन्होंने खाने-पीने की चीज़ों का जो ज़िक्र शुरू किया वह खाना पकाने तक आ गया। उसके वालिद साहब के पास कैसे-कैसे उस्ताद किस्म के बावर्ची थे, ये बताने लगे। अंग्रेजी खाना पकाने और केक पेस्ट्रियाँ बनाने के लिए अंग्रेज़ 'बेकर' था, उन्होंने दर्जनों अंग्रेज़ी खानों के नाम गिनवा दिए। उनको बनाने के तरीक़े भी बताए। फिर खाना पकाने से वो आ गए चमत्कारी किस्म के खानों के किस्सों पर। उनके यहाँ बावर्ची ऐसी पूड़ियाँ बनाता था जिन्हें तोड़ते ही उनमें से लाल निकलकर उड़ जाती थी। ये कैसे किया जाता था उसकी भी उन्होंने पूरी जानकारी दी। खाने के बारे में बताते-बताते उन्होंने बताया कि जाड़ों में कैसे और कितनी गरम तासीरवाले खाने पकते थे। फिर बात को ले आए महाराजा पटियाले के

कुश्तों पर। कितने तरह के क़ुश्ते होते हैं। कौन-सा कुश्ता कैसे बनता है ये सब बताने लगे। कुछ कुश्तों से वो आ गए महाराजा के पटियाला के हरम की तरफ़। और हरम का लगभग आँखों देखा हाल बताने लगे। औरतों की खूबसूरती का ज़िक्र करने लगे। सरापा इस तरह बयान करने लगे कि क्लासिकी उपमाओं जैसे 'केले के तने जैसी चिकनी रानें' से लेकर 'गुलाब की पंखुड़ी जैसे होंठ' तक नहीं रुके बल्कि अपनी मौलिक और निजी उपमाओं जैसे 'चूतड़ ऐसे तने थे जैसे तबला' तक आ गए। वे बड़ी निर्भीकता, हिम्मत और कलात्मकता के साथ नख-शिख वर्णन करते रहे।

वे दूसरों को बोलने का इतना ही मौक़ा दे रहे थे कि हैरत का इज़हार किया जा सके या सवाल पूछे जा सकें, इससे ज़्यादा कोई बोलने लगता तो अपनी कड़कदार आवाज़ में बातें शुरू कर देते जिसके नतीजे में दूसरे को चुप हो जाने के अलावा और कोई रास्ता न सूझता।

कुश्तों, औरतों की खूबसूरती, हरम की जिन्दगी जैसे विषयों पर भी बोलते वक़्त उनकी आवाज़ ऊँची और कड़कदार थी। पास बैठे हुए लड़कों के कान खड़े हो जाते थे। चाय देनेवाला लड़का चाय-वाय देना भूल गया था और खड़ा सुन रहा था कि मुन्नू मियाँ ने उसे एक गाली देकर मज़ा लेने से रोका और बर्तन धोने पर बैठा लिया।

औरतों की खूबसूरती पर बातें करते-करते वे ज़ेवरात और जवाहिरात पर आ गए। सैकड़ों कीमती पत्थरों के नाम और ज़ेवरों की किस्में बताते चले गए। इसी क्रम में उन्होंने बताया कि वे अपनी रखैलों पर कितना पैसा खर्च करते थे। सबसे ज़्यादा पैसा उन्होंने अपनी योरोपियन और एंग्लो-इंडियन रखैलों या प्रेमिकाओं पर खर्च किया था। इसके साथ वे औरतों की मर्दों के बारे में पसन्द-नापसन्द और औरतों को फँसाने या खुश रखने के नुस्ख़ों के बारे में बताने लगे।

हम लोग खा-पी चुके थे। रात के दस बज रहे थे, लगता था मुन्नू मियाँ को चाय-खाना बन्द करना है लेकिन कुँवर साहब रुक ही नहीं रहे थे। उनकी बातें दिलचस्प थीं। कहने का तरीक़ा बड़ा शायराना था और कमाल की बात थी कि एक-एक 'डिटेल' इतने विस्तार से बताते थे कि हैरत होती थी। किस प्रेमिका से मिलने, कब, कहाँ गए थे तो क्या पहने थे, कपड़ों का रंग क्या था, किस तरह का टाई-पिन था। सूट किस दर्ज़ी ने सिया था, जूते कहाँ से खरीदे थे सब उन्हें ज़ुबानी याद था, उनकी याददाश्त गजब की थी।

साढ़े दस बजे के करीब जब मुन्नू मियाँ सामने खड़े होकर जम्हाइयाँ लेने लगे तो कुँवर साहब ने महफिल बर्ख़ास्त करने का हुक्म सुनाया, "चलिए, अब चलते हैं।"

कुँवर साहब ने खड़े होकर कड़कड़ाती आवाज़ में एक झटके के साथ कहा, "मुन्नू मियाँ, पैसे भिजवा दिए जाएँगे।" और वे मुन्नू मियाँ के जवाब या उनकी प्रतिक्रिया का इन्तिज़ार करने के लिए रुके नहीं। मैं सबसे पीछे था। मैंने देखा मुन्नू मियाँ के चेहरे पर अजीब-सी बेचारगी, मजबूरी और कुछ गुस्से के भाव थे।

"अच्छा तो अब हम चलते हैं। आप लोग गरीबख़ाने पर कभी भी तशरीफ़ ला

सकते हैं—'गढ़ीकोटला हाउस' किसी भी रिक्शेवाले से कहेंगे तो पहुँचा देगा। बस दूधपुर के चौराहे के बाईं तरफ सफेद रंग की कोठी है।"

आदाब—खुदा हाफ़िज़ वग़ैरा के बाद कुँवर साहब लम्बे-लम्बे डग भरते चले गए।

"यार, आदमी ग़जब का है।" अहमद ने कहा।

"अच्छी 'हैवी टी' हो गई।" शकील बोला।

"चलो यार किसी दिन चलते हैं कुँवर साहब की कोठी।" मैंने कहा।

"आज फिर ग्यारह बजे हॉस्टल पहुँचेंगे। कल वार्डेन के पास जवाबतलबी होगी।" शकील बोला।

"अपने लिए तो प्यारे चार नम्बर जिन्दाबाद है।" मैं खुश होकर बोला। मेरे हॉस्टल के बड़े गेट की चार नम्बर की सलाख लड़कों ने कुछ और चौड़ी कर दी थी और रात देर से लौटनेवाले उसी से अन्दर आ जाते थे। इस तरह रात के रजिस्टर में नाम लिखने से बच जाते थे।

# 5

मसला टेढ़ा था। ख़दीजा का अहमद के नाम तार आ गया था कि प्रोग्राम बदल गया है, वह अगले हफ्ते दिल्ली पहुँच रही है। यह महीने का आखिरी हफ्ता था यानी घोर कड़की का हफ्ता। इस हफ्ते तो किसी से उधार भी नहीं माँगा जा सकता था। हम तीनों के पास कुछ मिलाकर दस रुपए भी नहीं थे और दिल्ली आने-जाने वग़ैरा के लिए कम से कम पच्चीस-तीस होने चाहिए थे।

"यार किससे उधार माँगा जाए ?" अहमद बहुत घबरा रहा था।

"आजकल पैसे किसके पास होंगे ?" शकील ने कहा।

"तुम यार अपने सीनियर पार्टनर से माँगकर देखो।" अहमद ने मुझसे कहा।

"यार मैं देख चुका हूँ। वो कह रहे थे जिस चीज़ की ज़रूरत हो बताओ, मैं उधार दिलवा सकता हूँ। लेकिन कैश नहीं है।"

"तब क्या करूँ, कुछ समझ में नहीं आता। मैं...मैं अपनी अँगूठी गिरवी रख देता हूँ।"

"पागलपन न करो...कीमती अँगूठी है।"

"हाँ पुखराज है।"

"अरे यार जो रखेगा वो पत्थर बदल लेगा।" शकील ने कहा।

"कुछ भी यार जाना तो है ही।"

"लेकिन बग़ैर पैसे तो नहीं जा सकते ?"

"आइडिया..." वह उछल पड़ा।

"क्या ?"

"यार वार्डेन साहब से माँगता हूँ।"

"पागल हुए हो...वार्डेन साहब क्यों देने लगे ?"

"दे देंगे यार, तुम शर्त लगा लो।" अहमद बोला।

हम तीनों वार्डेन रूम तक साथ-साथ गए। मैं और शकील बाहर खड़े हो गए, वह अन्दर गया। कोई दस मिनट के बाद निकला तो उसके चेहरे पर मुस्कुराहट थी।

"क्या हुआ ?" मैंने पूछा।

"काम हो गया।"

"वाह यार, वाह।"

"कितने लिए ? तीस ?"

"तीस क्यों यार...कर्ज़ ही लेना था—पचास ले लिए।"

"पचास ?"

"हाँ पचास...तुम लोग भी चलो दिल्ली।"

"हम लोग ?" शकील खुशी और बेयकीनी से बोला।

हाँ, तुम लोग भी चलो।" जैसे उसने तय कर रखा हो।

"क्यों पैसे बर्बाद करोगे यार।" मैंने कहा।

"तुम समझे नहीं...ये ज़रूरी है ?"

"कैसे ?"

"यार वो साला कैप्टेन खत्री लौटकर आएगा तो नौकरों से पूछेगा या उसे पता चलेगा कि यहाँ कौन आया था...समझे ? हम तीन होंगे तो कोई बात नहीं...मैं अकेला...फिर मैं अकेला नैनीताल भी गया था।" अहमद बोला।

"यार दूर की कौड़ी लाए हो तुम।" मैंने कहा।

"बात तो सच है।"

"तो प्यारे बाँधो बिस्तर।"

"ये बताओ, वार्डेन साहब को तुमने क्या पट्टी पढ़ाई ?"

वह हँसने लगा।

"यार मैंने कहा अब्बाजान दिल्ली आ रहे हैं। प्राइम मिनिस्टर से उनका एपॉइंटमेंट है। उन्होंने मुझे भी आने के लिए लिखा है लेकिन पता नहीं क्या बात है कि अब तक मनीआर्डर नहीं आया...बस मेरे ये कहते ही उन्होंने कहा कितने पैसे चाहिए होंगे तुम्हें ? मैंने कहा—पचास। बस इतनी सी बात हुई।"

"लेकिन तुम्हें देर तो काफी लगी थी अन्दर।" शकील बोला।

"फिर अब्बाजान के बारे में बातचीत होने लगी। इधर-उधर की दूसरी बातें होने लगीं।" वह बोला।

एहतियात के तौर पर अहमद ने ख़दीजा को जी.पी.ओ. से फोन करके पूछ लिया था

कि वह अपने दो दोस्तों को भी साथ ला रहा है, क्या लाए ? जवाब हाँ में मिला था। मैं और शकील पहली बार दिल्ली जा रहे थे। शकील भी कहीं से दस रुपए ले आया। उसने अहमद को तो नहीं बताया लेकिन मुझसे कहा कि यार अपनी जेब में भी तो कुछ होना चाहिए, तब मुझे अपनी जेब का ख़याल आया, मेरी जेब में पाँच रुपए थे।

दिल्ली स्टेशन पर हम दोनों तो बौखला गए। शकील ने घबराकर मेरा हाथ पकड़ लिया।

"हाथ छोड़ो यार...मैं तुम्हारा अब्बा हूँ क्या ?"

उसने घबराकर हाथ छोड़ दिया।

"देखो बेटा कहीं छुट न जाना...छुटे तो समझो गए।"

अहमद ने पृथ्वीराज रोड के लिए स्कूटर तय किया। हम तीनों बैठे। लाल किला हम पहचान गए। चाँदनी चौक अहमद हमें दिखाने लगा लेकिन स्कूटर तेज़ी से गुज़र गया और हम न देख सके। उसके बाद ऊँची मीनारों की तरफ इशारा करके उसने कहा—वो है जामा मस्जिद...शकील बेटा यहाँ नमाज़ पढ़ ली तो समझो बेड़ा पार है।"

एक चक्करदार मार्केट, जिसे अहमद ने कनॉट प्लेस बताया, से होता स्कूटर एक चौड़ी सड़क पर आ गया। दोनों तरफ ऊँचे-ऊँचे पेड़ों और गोल बड़े-बड़े चौराहों से गुज़रता स्कूटर कुछ देर बाद एक कोठी के गेट पर खड़ा हो गया। अहमद स्कूटरवाले को पैसे देने लगा। मैं और शकील विशाल लोहे के फाटक के अन्दर देखने लगे। लाल बजरी के रास्ते के दोनों तरफ लम्बा-चौड़ा हरा लॉन, दोनों तरफ़ फूलों की क्यारियाँ, सामने गोल खम्भों पर टिका ऊँचा बरामदा नज़र आया। पूरी इमारत सफेद रंग की थी। पीछे पेड़ों के झुरमुट से दिखाई पड़ते थे। गेट पर पीतल की बड़ी-सी चमचमाती प्लेट पर कैप्टेन एच. खत्री।

अहमद ने फाटक के खम्भे पर लगी घंटी बजाई। कुछ ही देर में सामने से एक आदमी आता दिखाई दिया। उसने बग़ैर पूछे कि हम कौन हैं, गेट का ताला खोल दिया।

"आइए।" वह हमारे आगे-आगे चलने लगा।

अब हमें बरामदे में पड़ा केन का सोफासेट, पौधों के गमले, अन्दर जाने का मुख्य दरवाज़ा, बरामदे में लटकते बिजली के हंडे भी नज़र आने लगे।

"यार बड़ी ठाठदार कोठी है।" शकील ने मेरे कान में कहा।

मैंने सिर हिला दिया।

बरामदे में आकर उस आदमी ने बड़ा दरवाज़ा खोल दिया।

"डोरमैट से जूते साफ कर लो।" अहमद ने हमें इशारा किया। हम दोनों ने जूते रगड़ डाले।

"आइए।" वह आदमी अन्दर से बोला।

अन्दर पहला अनुभव चमक का था। हर चीज़ चमक रही थी। चमक ही चमक थी। लकड़ी तक चमक रही थी, कपड़े तक चमक रहे थे, वहाँ जो कुछ था वह झलझला रहा था। सोफों पर बैठते हुए मैं और शकील कुछ झिझके।

"क्या लेंगे ? चाय या कॉफ़ी ? बहूरानी शापिंग के लिए गई हैं। अभी आ जाएँगी।" वह आदमी बोला।

"कॉफ़ी।" अहमद ने कहा।

तले हुए काजू, सादे काजू, मिठाई, नमकीन हमारे सामने रखकर बैरा चला गया। मैं और शकील हाथ बाँधे बैठे रहे। अहमद हमारी तरफ देखकर बोला, "खाओ यार।"

"सब न खा जाना।" मैंने शकील से कहा।

"पता है यार, सब पता है।" शकील चिढ़कर बोला।

बाहर पोर्टिको में एक काले रंग की लम्बी-सी गाड़ी आकर रुकी और अहमद खड़ा हो गया, "यार, लगता है आ गई। तुम लोग बैठो मैं आया।" वह बाहर निकल गया।

हम यह समझ रहे थे कि वह ख़दीजा के साथ ही आएगा लेकिन कुछ देर बाद अकेला अन्दर आया, "यार उसके सिर में कुछ दर्द है, दवा लेने के बाद तुम लोगों से मिलेगी।"

हम क्या कहते। बैठे रहे। इस दौरान बैरा आकर बर्तन ले गया। अहमद कैप्टेन खत्री के बारे में बताता रहा। ड्राइंग रूम के लम्बे-चौड़ें आइनों के बारे में बताया कि ये बेलजियम के लगते हैं। शीशे के बड़े-बड़े चमकते बर्तनों के बारे में कहने लगा यह 'कट ग्लास' है। चेकोस्लोवाकिया के मालूम होते हैं। फर्नीचर के बारे में उसने बताया कि इंग्लिश-विक्टोरियन फैशन का है।

"अहमद !" दूर से एक आवाज़ आई। लगा, ख़दीजा आ रही है। हम लोग खड़े हो गए।

ख़दीजा अन्दर आई। वाक़ई इतनी खूबसूरत कि उससे नज़र मिलाना मुश्किल लगा। मुझे तो लगा कि अगर उसने मुझसे कुछ पूछ लिया तो आवाज़ ही न निकलेगी।

वह अहमद से ही सरसरी बातें करती रही। ज्यादातर अंग्रेज़ी ही बोल रही थी। उसके बाद उसने सामने शीशे की मेज़ पर रखी चाँदी की घंटी बजाई तो वही आदमी आ गया जो हमें अन्दर लाया था।

"इन लोगों को कमरे दिखा दो। सामान कमरों में रख दो। सब चेक कर लेना, गीज़र वग़ैरा ठीक चल रहे हैं या नहीं।"

मुझे और शकील को एक कमरा दिया गया था। अहमद को उसी से मिला हुआ कमरा मिला। ये कमरे कोठी के पिछले हिस्से में थे। चमक इन कमरों में भी वैसी ही थी जैसी हमें ड्राइंग रूम में देखी थी। खिड़कियाँ भी उसी तरह की थीं। कमरों में सबकुछ था। बाथरूम में तौलिया साबुन तक मौजूद था।

"वाह प्यारे वाह, तुमने तो ऐश करवा दिया।" शकील ने अहमद से कहा।

"अभी क्या है नहा-धोकर खाना खा लो तो तुम लोगों को मरसडीज़ से दिल्ली घुमाया जाएगा।" वह हँसकर बोला।

"मान गए यार उस्ताद।" शकील बोला।

खाने की मेज़ पर खामोशी रही क्योंकि छुटपुट बातें अहमद और ख़दीजा ही करते

रहे। दोनों फिर अंग्रेज़ी में बात कर रहे थे। इसलिए न तो मुझमें कुछ बोलने की सलाहियत थी और न शकील में। ख़दीजा शायद समझ गई कि हम दोनों अंग्रेजी नहीं बोल सकते इसलिए उसने हम दोनों से हिन्दी में पूछा कि हम कहाँ के रहनेवाले हैं। हमने सिर्फ शहरों के नाम बता दिए थे। यह देखकर हैरत हो रही थी, खाने की मेज़ पर तरह-तरह के मज़ेदार खानों के बावजूद ख़दीजा सिर्फ दही और फल खाती रही।

खाने की मेज़ पर कई बार निगाहें बचाकर मैंने ख़दीजा को देखा। उसका रंग बड़ा खास लगा। काफी गोरा लेकिन उसी के साथ-साथ दमकता हुआ कुछ सुर्ख सा। चेहरा थोड़ा लम्बा लेकिन नाक और होंठ उसी अनुपात में। उसकी आँखें भी बहुत प्रभावशाली लगीं। उनकी कैफियत बयान नहीं की जा सकती। लेकिन उनमें असर और गहराई बहुत थी। पलकें घनी और भवें बिल्कुल कमान जैसी। अचानक मुझे कुँवर साहब याद आ गए। अगर वो ख़दीजा को देख लेते तो शायद उपमाओं और बिम्बों की झड़ी लगा देते। उसके बाल बिल्कुल काले और चमकीले थे। लम्बे इतने थे कि कुर्सी के पीछे जो चोटी लटक रही थी वह करीब क़ालीन तक आ रही थी। मुझे अहमद से रश्क हुआ। यार क्या तक़दीर है साले की।

खाने के बाद हम सचमुच काले रंग की लम्बी-सी कार में बैठकर घूमने निकले।

रात के खाने के बाद हम तीनों अपने कमरों में आ गए। अहमद ने हमारे साथ बैठकर एक सिगरेट पी और नौ बजे के करीब उठ गया। बीच वाले दरवाज़े से अपने कमरे में जाते वक़्त उसने कहा, "यार, ये दरवाज़ा रात में न खोलना।"

"उधर से बन्द कर लेना।" शकील ने हँसकर कहा।

वह चला गया। उसके जाने के बाद मैंने और शकील ने एक-एक सिगरेट फिर सुलगा ली।

"मज़े हैं साले के।" शकील बोला।

"अपनी-अपनी किस्मत है प्यारे।"

"अपनी भी क्या क़िस्मत है साली...ज़ोया ने 'हॉबीज़ वर्कशाप' में आना बन्द कर दिया है।" वह बोला।

"आती रहती तो जैसे तुमसे फँस जाती।" मैंने कहा, वह हँसने लगा।

"यार ये साले डनलप के गद्दों पर नींद तो नहीं आएगी।" वह कुछ देर बाद बोला।

"क्यों ?"

"लगता है साला झूला झूल रहे हों।"

हम लाइट बन्द करके लेटे ही थे कि कोई दो मिनट बाद शकील उठकर बैठ गया।

"क्या है ?" मैंने पूछा।

"यार उस कमरे में कोई आया है।" वह फुसफुसाया।

"अबे कोई क्या वही होगी।" मैं बोला।

"ये देख, ये आवाज़ सुनी।" वह बोला।

"नहीं यार कोई आवाज़ नहीं है।" अँधेरे में हम धीरे-धीरे बातें कर रहे थे।

"मैंने साफ सुनी है। लकड़ी चरचराने जैसी आवाज़।"

"तुम पागल हो गए हो। सो जाओ।" वह फिर लेट गया।

"यार नींद नहीं आ रही।" कुछ देर बाद बोला।

"कुछ पढ़ लो। लैम्प जलाओ।"

"नहीं, यार पढ़ने का भी मूड नहीं है।"

"तो पड़े रहो, नींद आ जाएगी।"

"देखा...देखा...फिर वही आवाज़...सुनी ?" वह फुसफुसाया।

इस बार तो मैंने भी कुछ आवाज़ सुनी।

"आओ, इधर आओ।" वह बेड से उठकर उस दरवाज़े के पास चला गया जो हमारे और अहमद के कमरे के बीच में था।

"ये क्या कर रहे हो। कोई देख लेगा।"

"कौन देखेगा, अँधेरे में...तुम भी यहीं..."

"नहीं, नहीं, तुम ही बैठो दरवाज़े से सटकर।"

वह वाक़ई दरवाज़े के पास फर्श पर बैठ गया। मुझे भी नींद नहीं आ रही थी। अचानक उधर से सिसकी जैसी कोई आवाज़ आई। मैं भी उठकर बैठ गया।

"सुनी ?" वह मेरे पास आकर खड़ा हो गया।

"हाँ, यार..."

"आओ यहीं बैठो...यहाँ साफ सुनाई देती है।"

कुछ देर बाद फिर वही आवाज़ आई।

"नहीं, ये किसी लकड़ी की-सी आवाज नहीं लगती।"

"नहीं यार...तुम अपने कान साफ करो।"

हम दोनों बीचवाले दरवाज़े से सटे बैठे रहे। चारों तरफ सन्नाटा था। बाहर से किसी कीड़े के बोलने की आवाज़ लगातार आ रही थी।

"ये देखो कोई उठा।" वह बोला।

"हाँ है तो।"

"ये-ये...सिसकी...की आवाज़।"

"हाँ बिल्कुल साफ...बिल्कुल साफ।"

"ये देखो जैसे तेज़ साँसें..."

"हाँ यार...

मेरा चेहरा जलने लगा। साँसें भी तेज़ हो गईं।

"मज़ा उड़ा रहा है साला।"

"धीरे बोल बे, धीरे।" मैंने डाँटा।

"यार हमें यहाँ नहीं ठहरना चाहिए।"

"क्यों ?"

"हालत खराब हुई जा रही है यार।"

"बाथरूम चले जाओ।"

"नहीं यार, मैं यहाँ से हिल नहीं सकता।"

"चुप-चुप...सुन बे...सुना ?" मैंने कहा।

"हाँ यार...कसम खुदा की बिल्कुल साफ़..."

"सुनी...हल्की-सी हँसी...उसी की है।"

"यार, बड़ी धाकड़ औरत लगती है।"

"अब फिर आवाज़।"

"नहीं ये तो कुछ नहीं है।"

"था क्यों नहीं ग़ौर से सुनो।"

"तुम्हारे तो कान बज रहे हैं।"

"सुनने दो यार।"

हम फिर खामोश हो गए।

"ये देखो कोई उठा। चप्पल पहनकर चलने की आवाज़ आई।"

"नहीं यार ये तो बाहर से आ रही है।"

"बाहर कौन चप्पल पहने चल रहा होगा इस वक़्त।"

पता नहीं रात में कितने बजे तक हम दोनों दरवाज़े से कान लगाए बैठे रहे। कभी शकील को कोई आवाज़ सुनाई दे जाती कभी मुझे। कभी-कभी कोई आवाज़ हम दोनों साथ सुन लेते। उसके बाद देर तक सन्नाटा हो गया। मैं बिस्तर पर आकर लेट गया। शकील वहीं बैठा रहा। वह शायद बिल्कुल पागल हो गया था।

सुबह आठ बजे मेरी आँख खुली तो शक़ील सो रहा था। मैंने उसे जगा दिया, "उठो यार, ये हॉस्टल नहीं है।"

"क्या बजा है ?"

"आठ।"

अभी वह उठने भी न पाया था कि अहमद बीचवाला दरवाज़ा खोलकर आ गया। वह स्लीपिंग सूट में था। आँखें लाल थीं। लगता था रात-भर सोया नहीं है। लेकिन चेहरे पर खुशी फूटी पड़ती थी।

"आओ यार आओ।" मैंने कहा। वह कुर्सी पर बैठ गया।

"चाय आ रही है" उसने कहा।

"तुमने तो यार, रात हम दोनों को खूब परेशान किया ?" शकील बोला।

"परेशान ? कैसे ?"

"यार न पूछो तुम्हारे कमरे से साली ऐसी आवाज़ें..."

"पागल हुए हो।" वह बात काटकर बोला—"इस कमरे में तो मैं था ही

नहीं...''

''झूठ क्यों बोलते हो प्यारे।''

''झूठ ? झूठ क्यों बोलूँगा।''

''अरे यार, हमने अपने कानों से आवाज़ें सुनी हैं।''

''मैं तो उधर मास्टर बेडरूम में था...जाने आलम के साथ।'' वह फुसफुसाकर बोला।

''क्यों बनाते हो यार।''

''नहीं कसम खुदा की...इस कमरे में तो रात-भर कोई नहीं रहा।''

मैं और शकील एक-दूसरे की शक्लें देखने लगे। वह समझ गया। उसका एक ज़ोरदार ठहाका गूँजा। उसी वक़्त बैरा चाय की ट्रे लेकर आ गया। हम दोनों शर्मिन्दा से होकर चाय की ट्रे को देखने लगे।

## 6

खूब तगड़ा नाश्ता करने के बाद हम लोग ख़दीजा की कोठी से निकले। प्रोग्राम यह था कि कनाट प्लेस में घूमा जाएगा और दोपहरवाली गाड़ी पकड़ लेंगे। शाम तक वापस पहुँच जाएँगे।

कनाट प्लेस में अहमद रेडीमेड कपड़ों की एक दुकान में घुस गया और उसने अपने लिए दो कमीज़ें खरीद डालीं, 'फिर वह जूतों की दुकान में गया और जूते खरीद लिए। मैं और शकील हैरत से एक-दूसरे को देख रहे थे। बाहर बरामदे में घूमते हुए शकील ने पूछा, ''यार, हम वापस कैसे जाएँगे ?''

''क्यों ?'' अहमद ने कहा।

''ये पैसे...?'' अहमद समझ गया और अपना पर्स खोलकर दिखाया, उसमें कम से कम दो सौ रुपए थे।

''अरे ये कहाँ से लिए ?'' मैंने पूछा।

''लिए नहीं हैं यार, ख़दीजा ने ज़बरदस्ती दिए हैं।'' वह बोला।

''ख़दीजा ने दिए हैं और तुमने ले लिए ?''

''यार मैं तो मना कर रहा था। उसने अपनी जान की क़सम देकर कहा कि ले लूँ।'' अहमद ने कहा।

''कितने दिए।''

''चार सौ।''

अजीब-सा अहसान हुआ, खुशी में, साथ ही साथ यह भी कि ख़दीजा हम दोनों के बारे में क्या सोचती होगी। लेकिन जल्दी ही हम तीनों मौज में आ गए। पैसे का मतलब था आराम से घूमना और खाने-पीने की तरफ से बेफिक्र हो जा।

ख़दीजा की कोठी से निकलने के बाद से ही हम दोनों बेचैन थे कि अहमद से पूछा जाए कि रात कैसी कटी। लेकिन इसका मौक़ा सिर्फ ट्रेन पर मिला।

"अच्छा यार अब बताओ, कैसी कटी ?" शकील ने सामनेवाली सीट पर पैर फैलाकर कहा।

"अच्छी कटी।" वह मुस्कुराया।

"क्या कह रही थी ?" मैंने पूछा।

"यही कि कैप्टेन के आते ही वह तलाक़ की बात करेगी और उसके बाद हमारी शादी हो जाएगी।"

"कैप्टेन आसानी से तलाक दे देगा।"

"हाँ, क्यों न देगा।" वह बोला।

शकील को इससे ज्यादा दिलचस्पी इस बात में थी कि पिछली रात क्या हुआ। वह बोला, "वो तो सब आगे की बात है यार, ये बताओ कि रात क्या हुआ ?"

"वही जो होना था।" वह टालने लगा।

"ज़रा डिटेल में बताओ यार।" शकील ने पूछा।

"क़यामत है यार क़यामत। उसके बाल जब खुलकर बिखरते हैं तो..." वह शब्द तलाश नहीं कर पाया।

"और सब बताओ यार।" शकील बोला।

"यार वो मेरी होनेवाली बीवी है।" अहमद कुछ बुरा मानकर बोला।

"वो हमारी भाभी है।" शकील हँसकर बोला।

"वो तो ठीक है यार लेकिन छोड़ो..."

वह इधर-उधर की बातें करने लगा। कुछ देर बाद शेरो-शायरी शुरू हो गई। फ़ैज की ग़ज़लें हम गुनगुनाने लगे। अक्तूबर की हवा ट्रेन की खिड़कियों से अन्दर आ रही थी। बाहर हरियाली थी। शाम घिर रही थी। कच्चे घरों के गाँव सर्र-सर्र करके गुज़र रहे थे।

"तुमको देखा तो सेर चश्म हुए

तुमको चाहा तो और चाह न की" अहमद ने फैज़ का शे'र सुनाया और बोला, 'कयामत है यार क़यामत, मेरे सीने में सिर छुपाकर रो रही थी। कहती थी, मैंने सब कुछ देख लिया, शान-शौकत, पैसा-दौलत—मुझे सिर्फ तुम चाहिए...सिर्फ़ तुम।"

"फिर तुमने क्या कहा ?" शकील ने पूछा।

"मैं क्या कहता ?" वह ठहाका लगाकर हँसा—"यार तुम बिल्कुल चूतिया हो। अबे लड़की तुम्हारे सीने से लगी ये कह रही है कि उसे सिर्फ तुम ही चाहिए तो तुम क्या कहोगे ?"

शकील झेंप गया। चुप हो गया।

जब हम अलीगढ़ पहुँचे तो रात के आठ बजे थे। अहमद ने प्रस्ताव रखा कि शहर में बिरयानी कबाब खाकर ही हॉस्टल वापस चला जाए क्योंकि डायनिंग हाल बन्द हो

गया होगा और कमरे पर रखा खाना ठंडा हो गया होगा। आइडिया इतना शानदार लगा कि हम दोनों को पसन्द आया। शकील ने कहा—''इनको आज पिला भी दी जाए।''

''चलो ठीक है। आज ये भी करके देखते हैं।'' मैंने कहा।

बहुत दिनों से ये प्रोग्राम बन रहा था कि कहीं पी जाए लेकिन कभी पैसे और कभी मौक़ा और कभी वक़्त आड़े आ जाता था। आज सब कुछ था।

स्टेशन रोड पर आकर हम 'आज़ाद हिन्द रेस्टोरेंट' में बैठ गए। शक़ील यहाँ पहले भी कई बार आ चुका था। उसे मालूम था कि पीछेवाले कैबिनों में बैठकर पी जा सकती है। शकील ने विस्की के एक अद्धे का आर्डर दिया। छह अंडों की आमलेट के लिए कहा। अहमद ने सीख के कबाब भी कह दिए।

''तुम सोडे के साथ लेते हो या पानी के साथ।'' शकील ने किसी एक्सपर्ट शराबी की तरह अहमद से पूछा।

''सोडे के साथ।'' अहमद बोला।

''तो चार-पाँच सोडे लेते आना और बर्फ़।''

बैरे ने बोतल, सोडे, गिलास और बर्फ मेज़ पर रखी तो शकील पेग बनाने लगा, ''पेग बनाना भी आर्ट है प्यारे... वह मुझसे कहने लगा ''देखो 'इस्माल' बनाना हो तो इतनी विस्की डालते हैं। 'लार्ज' बनाना हो तो इतनी। पहला पेग हमेशा 'लार्ज' पीते हैं। उसके बाद 'इस्माल'।'' मैं उसे पेग बनाते देख रहा था। उसके चेहरे से एक अजीब-सी रौशनी फूटी पड़ती थी।

''चेयर्स।'' हम तीनों ने गिलास टकराए।

''अब देखो हल्की-सी चुस्की लो। ये शराब है, साला नींबू का शर्बत नहीं है।'' वह मुझसे बोला।

मैंने एक हल्की चुस्की ली। मज़ा पसन्द नहीं आया। ''यार मज़ा तो अजीब-सा है।''

शकील हँसने लगा—''यार ये शर्बत 'रूह अफ़ज़ा' थोड़े ही है।''

''सिगरेट सुलगा लो, सिगरेट का एक कश लगाओ और फिर पिओ।'' अहमद ने कहा।

''ये 'पेग' कम से कम पन्द्रह मिनट में ख़त्म होना चाहिए। जल्दी न करना।'' शकील ने मुझसे कहा।

मैं उसकी तरफ देखने लगा। दोनों मुझे शराब पीने के कायदे समझाने लगे।

''दिमाग़ को खुला छोड़ दो। ये कोशिश न करना कि नशा रोकना है।'' शकील ने फिर मुझसे कहा।

''अब तुम चुप रहो नहीं तो उसे इतना 'कान्शस' कर दो कि मज़ा ही नहीं आएगा।'' अहमद ने शकील से कहा।

हम तीनों चुस्कियाँ लेने लगे। बातें होने लगीं। अहमद ख़दीजा के बारे में बताने लगा कि वह कैप्टेन के साथ कितनी दुःखी है। वह शादी कैसे केरगा। उसके बाद

हनीमून मनाने कहाँ जाएगा। टी-गार्डेन्स की जिन्दगी कैसी होती है। दार्जिलिंग और कलकत्ते के क्लबों में टी-गार्डेन्सवाले कैसे 'इन्ज्वाय' करते हैं। तरक्की होते-होते उसकी पोस्टिंग लन्दन में भी हो सकती है क्योंकि लन्दन ही चाय का सबसे बड़ा बाज़ार है।

"तो तुम्हारी तो जिन्दगी 'सेट' हो गई प्यारे। अब हम लोगों का क्या होगा।" शकील बोला।

"तुम ज़ोया से मिलने की कोशिश करो।" अहमद ने कहा और शकील बेयक़ीनीवाली खिसियानी हँसी हँसने लगा।

"कहाँ मिलूँ यार 'हॉबीज़ वर्कशाप' वह आती नहीं। घर मैं उसके जा नहीं सकता। यूनीवर्सिटी में पढ़ती नहीं कि वहीं मुलाक़ात हो जाया करे।" शकील ने बेचारगी से कहा।

"रास्ता निकालना पड़ेगा प्यारे।" अहमद ने कहा।

"तो बताओ न ?" शकील बोला।

"ठीक है निकालेंगे रास्ता।" वह विश्वास के साथ बोला।

"और तुम क्या करोगे प्यारे।" शकील मेरे कन्धे पर हाथ मारकर बोला।

"अपना हाथ जगन्नाथ।" अहमद ने कहा और हम तीनों हँसने लगे।

"इन्तिज़ार और अभी, और अभी, और अभी।" मैंने गुनगुनाकर कहा।

"न जाने किसलिए उम्मीदवार बैठा हूँ

"एक ऐसी राह पर जो तेरी रहगुज़र ही नहीं।" शकील ने शे'र पूरा किया।

फिर बातें शेरो-शायरी पर होने लगीं। मुझे लगने लगा कि धीरे-धीरे कुछ है जो मेरे अन्दर खुशी, हिम्मत, बेबाकी और मस्ती पैदा कर रहा था। मैं अपनी पसन्द के शे'र सुनाने लगा। कुछ देर बाद ये लगा कि 'सुरूर' का क्या मतलब है यह आज ही समझ में आया है। सामने जो कुछ भी है अच्छा लग रहा है। प्लाईवुड के कैबिन का गन्दा पार्टीशन, उसके दरवाज़े पर पड़ा गन्दा पर्दा। शकील का चेहरा, मेज़ पर रखे गिलास और खाने की चीज़ें; लगा जो कुछ भी है वह खूबसूरत है। लगता कोई फ़िक्र करने की बात नहीं है, किसी चिन्ता की ज़रूरत नहीं है। सब कुछ अच्छा है, सुन्दर है।

"चलो ख़त्म करो, अब दूसरा पेग बनाते हैं।" शकील ने मुझसे कहा। मैंने गिलास खाली कर दिया।

एक अजीब-सी स्फूर्ति पैदा हो गई, लगता, मैं बिल्कुल नया और ताज़ा हो गया हूँ और बरसों का जो मैल था वह धुल गया है। मस्ती और खुशी का ऐसा अनुभव तो मैंने पहले कभी न किया था। लगता, सब कुछ कितना अपना और कितना प्यारा है। लगता मैं कुछ हूँ। धीरे-धीरे आँखें भारी लगने लगीं लेकिन यह नींदवाला भारीपन न था।

शराब ख़त्म करने के बाद हम लोगों ने बिरयानी और कबाब खाए, उसके बाद खीर खाई गई। बिल आया तो अहमद ने लापरवाही से सौ का नोट ट्रे में डाल दिया। दो रुपए टिप दिया। बैरे ने बहुत झुककर सलाम किया।

बाहर आए तो लगा कि पूरा दृश्य बदल चुका है। तन्दूर में रोटियाँ लगाता आदमी

उस वक़्त इतना सुन्दर न था जब हम यहाँ आए थे। रौशनियाँ इतनी तेज़ न थीं। कैश बक्स पर बैठा मैनेजर भी अच्छा लगा। रात के ग्यारह बज चुके थे।

सड़क पर आए तो लगा पैरों में पंख लगे हैं। जिस्म इतना हल्का है कि उड़ा जा सकता है। मज़ा इतना आ रहा है कि हँसी हर बात पर आ जाती है। लगा ज़बान पर उतना इख़्तियार नहीं है जितना पहले था। सोचा तो क्या होता है, जो हो रहा है होने दें। सब कुछ कितना अच्छा है। हल्की-सी खुनकी बहुत भली लगी।

"चलो यार टहलते हुए लौटें। रिक्शा करने से क्या फ़ायदा।" शकील ने कहा।

"ठीक है यार, चलो।" मैंने कहा। मुझे लगा शकील अगर इस वक्त चाहे जो कहता मैं 'हाँ' ही कहता क्योंकि बुरा और ख़राब तो कुछ है ही नहीं।

हम स्टेशनवाले 'ओवर ब्रिज' से शहर की दूसरी तरफ आ गए। यहाँ सड़कों पर सन्नाटा था। यूनीवर्सिटी वाली सड़क तो बिल्कुल सुनसान थी। बड़े-बड़े पेड़ सड़क के दोनों तरफ़ खड़े थे। बीच में पतली काली सड़क पर कहीं-कहीं पीली रौशनीवाले लैम्प-पोस्ट थे लेकिन अँधेरा ही ज़्यादा था।

हम पता नहीं कैसे 'मजाज़' की नज़्म 'आवारा' गाने लगे। लगा हम तीनों मिलकर इतना अच्छा गाते हैं इसकी जानकारी मुझे पहले न थी। 'आवारा' गाते-गाते मस्ती का आलम अपने उरूज पर पहुँच गया। नज़्म जब ख़त्म हुई तो अहमद ने कहा, "यार अब पुलिया पर बैठकर सिगरेट पी ली जाए।"

हम पुलिया पर बैठ गए।

"कहो कैसा लग रहा है।" शकील ने मुझसे पूछा।

"तुमने मुझे पहले क्यों नहीं पिलाई ?" मैंने साफ-साफ कहा।

अहमद और शकील दोनों हँसने लगे। मैंने उन्हें देखा तो मज़ा आया। दोनों के चेहरे कितने साफ़-सुथरे और उन पर दोस्ती और प्यार के गहरे भाव दिखाई पड़े। सड़क, पुलिया और दोनों तरफ खड़े पेड़ इतने अद्भुत लगे कि जी चाहा उन्हें चूम लूँ।

अहमद कुछ नाक में गुनगुनाने लगा। शायद किसी ग़ज़ल की धुन निकालने की कोशिश कर रहा था। मैं सोचने लगा कि यार शराब है ग़ज़ब की चीज़। इसे क्यों हराम क़रार दिया गया है।

अचानक मैंने शकील की नाक सुड़कने की आवाज़ सुनी जो बाद में कुछ भारी हो गई। लगा शायद सिसकियाँ रोकने की कोशिश कर रहा है।

"क्या हुआ यार...क्या बात है ?" मैंने पूछा।

"यार मैं..." वह सचमुच रोने लगा। उसका गला बन्द हो गया।

"क्या बात है शकील ?" अहमद ने उससे पूछा।

"यार मैं...मैं बहुत दुःखी हूँ यार..." वह रोने लगा।

हम दोनों पहले तो घबराए फिर एक तरफ से अहमद ने उसके गले में बाँह डाल दी और दूसरी तरफ से मैंने।

"वो साला मेरा बाप है न...नाम साले ने रखा हुआ है शरीफुद्दीन...पर है साला

पक्का कमीनउद्दीन। अपनी अय्याशी पर...साला नर्सों के साथ गबड़चौंत करने के लिए बुड्ढा सौ रुपए रोज़ का इंजेक्शन लेता है...और मुझे सौ रुपए महीना..." वह बीच-बीच में सिसकियाँ ले रहा था... "और कहता है तुम्हारी पढ़ाई बहुत महँगी पड़ रही है..."

"ठीक हो जाएगा यार, सब ठीक हो जाएगा।" अहमद ने उसे दिलासा दिया।

म...मेरे दोनों भाई..कितना पैसा मारते हैं...मैं सब जानता हूँ...साले अपनी-अपनी जोरुओं को ज़ेवर बनवाकर देते हैं...मैके में जाकर पहनती हैं...वहीं रख आती हैं...मेरे लिए सौ रुपए महीना उन सबको भारी पड़ता है...डरते हैं साले कि मैं पढ़ गया तो..." वह फिर हिचकियाँ लेने लगा।

"छोड़ो यार, सबको देख लिया जाएगा। क्या साले गवर्नर लगे हैं तुम्हारे घरवाले...तुम्हें किसी चीज़ की कमी है ? तुम यहाँ ठाठ से पढ़ो। पैसे-वैसे की फिक्र न करो...मैं देख लूँगा। बी.एस-सी. करते ही कोई नौकरी पकड़ लो और ठाठ से अलग रहो। मरने दो उन्हें बस्ती में।" अहमद ने कहा।

"सौ रुपए महीना क्या होता यार...तीस-तीस की तीन टियूशनें पकड़ लो तो बन गया काम।" मैंने कहा।

"छोड़ो यार, चलो उठो। बारह बज रहा है।" अहमद बोला।

हम सब उठ गए।

## 7

साइकिलें आँगन में खड़ी करके हम लोग अन्दर आए। इमाम साहब बरामदे में बैठे सफैदा घोल रहे हैं। उनका मुँह लटका हुआ-सा लगा।

उड़ती-उड़ती हम लोगों ने भी सुनी थी यूनीवर्सिटी ने 'हॉबीज़ वर्कशाप' बन्द कर दी है।

"लेकिन ये हुआ कैसे इमाम साहब ?" मैंने पूछा।

" 'हाई लेविल' पर डिसीजन हुआ है। मुझसे तो पूछा भी नहीं गया।"

"तो कब से ताला लग रहा है 'हॉबीज़ वर्कशाप' में ?" शकील ने पूछा।

"बस अगले महीने।"

"तो हम लोग क्या करेंगे अब ?" अहमद बोला।

"भई मेरा घर हाज़िर है। तुम लोग वहाँ आकर मेरे स्टूडियो में काम कर सकते हो।"

"वो तो ठीक है इमाम साहब लेकिन जब 'हॉबीज़ वर्कशाप अच्छी तरह चल रही थी तो बन्द क्यों की जा रही है।"

"तुम लोग 'वाइस चांसलर' से जाकर मिलो। 'डीन स्टूडेंट्स वेलफेयर' से मिलो। मैं तो यूनीवर्सिटी का मुलाज़िम हूँ, मुझे तो बस हुक्म मिलता है। डेढ़ साल पहले हुक्म

मिला था कि 'हॉबीज़ वर्क' के आर्ट्स सेक्शन' का काम देखूँ। देखने लगा। अब हुक्म मिला कि वह बन्द किया जा रहा है। वहाँ न जाऊँ तो न जाऊँगा।'

हम तीनों तो जूनियर ही थे। वाइस चांसलर से मिलने का तरीका क्या है हमें न मालूम था। किसी ऐसे सीनियर की तलाश शुरू कर दी जो हमारी मदद करता। मेरी निगाह रज़ी पर पड़ी। वह मेरे हॉस्टल का कम्युनिस्ट लड़का जो लम्बे सूखे बाल रखता है और काले फ्रेम का चश्मा लगाता है, बहुत धड़ल्ले से बोलता है, निडर है और साथ ही साथ काफ़ी ज़ेहीन भी। मैंने अहमद और शकील से उसके बारे में बताया, वे दोनों भी तैयार हो गए।

रज़ी का यूनीवर्सिटी में नाम है। न सिर्फ हमेशा फर्स्ट आता है बल्कि मुशायरे, अदबी जलसे, मीटिंगें कराने में पेश-पेश रहता है बल्कि इलेक्शन में भी खूब जमकर काम करता है। एक-दो बार कैबिनेट का मेम्बर भी रह चुका है। हॉस्टल में जो बहसें होती हैं उनमें धड़ल्ले से बोलता है, खुदा को नहीं मानता और इस बारे में ऐसी दलीलें देता है कि उनका जवाब मुश्किल हो जाता है।

रज़ी ने हमारी बातें पूरी हमदर्दी के साथ सुनीं। हमें चाय पिलाई। फिर वह हमें लेकर 'डीन स्टूडेंट्स वेलफेयर' के दफ्तर गया। डीन के सामने बातें रखी गईं तो डीन साहब ने एक नई कहानी सुनाई—"देखिए यूनीवर्सिटी में 'जनरल एजुकेशन' का एक बड़ा सेंटर क़ायम हो गया है। वहाँ आर्ट्स क्लब, म्युज़िक क्लब, ड्रामा क्लब, डेबेटिंग क्लब वग़ैरा होंगे। यू.एस. एजूकेश फाउंडेशन ने पूरे प्रोजेक्ट को मदद दी है। फंड्स की वहाँ कमी न होगी। इसलिए एक यूनीवर्सिटी में दो-दो 'आर्ट्स क्लब' तो नहीं हो सकते न ?" आर्ट्स क्लब' वहीं शुरू होगा। उसकी कोआर्डिनेटर डॉक्टर नसरीन रिज़वी हैं। आप लोग जाकर उनसे मिल लें और काम शुरू करें।"

बातचीत लम्बी थी। लेकिन कुल मिलाकर यही बताया गया कि पुराना 'आर्ट्स क्लब' बन्द कर दिया गया है। रज़ी ने हमें बताया कि यह अच्छा नहीं है। 'अमेरिकन इम्प्रीयरलिज़्म' यूनीवर्सिटी में अपनी जड़े जमा रहा है। यह सब सी.आई.ए. की निगरानी में हो रहा है। फिर वह बहुत देर तक हमें अमरीकी साज़िशों के बारे में बताता रहा। उसने वियतनाम की लड़ाई वग़ैरा का भी ज़िक्र किया। लेकिन बाद में यह भी कहा कि डॉक्टर नसरीन रिज़वी बहुत प्रोग्रेसिव ख़यालात की ख़ातून हैं। वह उन्हें अच्छी तरह जानता है, एक जमाने में वो पार्टी की मेम्बर भी थीं। उसने हमसे वायदा किया कि हमें डॉ. नसरीन रिज़वी के पास ले जाएगा।

हम 'डीन' और रज़ी से बात करके इमाम साहब के पास आए और उन्हें पूरी बातें बताईं। इमाम साहब ने कहा कि उन्हें 'जरनल एजुकेशन' के 'आर्ट्स क्लब' के बारे में किसी ने कुछ नहीं बताया है और सवाल यह है कि वे अकेले ही यूनीवर्सिटी में आर्ट के 'क्वालीफाइड' टीचर हैं। 'जरनल एजुकेशन' के क्लब में सिखाएगा कौन ? उन्होंने यह भी कहा कि अब अगर उनसे कहा गया कि वे 'जरनल एजुकेशन' वाले 'आर्ट्स क्लब' में आकर लड़कों को सिखाएँ तो वे मना कर देंगे क्योंकि ये पूरी कार्यवाही इस

तरह हुई है कि वे अपमानित महसूस करते हैं।

बातचीत यहाँ तक पहुँची कि इमाम साहब ने हम लोगों से यह भी कहा कि हम भी नए 'आर्ट्स क्लब' का बायकाट करें और वहाँ न जाएँ। हमने उनसे वायदा कर लिया कि अगर वे कहते हैं तो ऐसा ही होगा।

दूसरी तरफ रज़ी ने डॉ. नसरीन रिज़वी से बात कर ली थी और मुझे आकर बताया कि चलो तुम सबसे डॉ. रिज़वी मिलना चाहती है। अपने घर चाय पर बुलाया है।'' मैंने यह अहमद और शकील को बताया तो वे शशोपंज में पड़ गए।

''यार इमाम साहब से तो हम लोगों ने...'' शकील बोला।

''मिलने में क्या नुक़सान है यार...डॉ. रिजवी फिलासफी डिपार्टमेंट में रीडर हैं। उन्होंने घर बुलाया है तो हम लोगों को इंकार भी नहीं करना चाहिए। ये तो उनकी 'इनसल्ट' होगी यार।''

बात ठीक थी। आमतौर पर प्रोफेसर लोग लड़कों को चाय पर नहीं बुलाते हैं। ये बड़ी बात है।

थोड़ी देर के बहस, मुबाहिसे के बाद यही तय पाया कि चलो चलते हैं।

रज़ी को बोलते रहने की आदत है। हम तीनों उसके कमरे में गए तो चाय बनाने लगा। उसका कमरा सिंगिल सीटेड है। यानी वह अकेला रहता है। उसके कमरे में किताबों की भरमार है। सैकड़ों किताबें, कुर्सी, मेज़, पलँग, फर्श—हर जगह धूल में अटी पड़ी दिखाई पड़ी। एक कोने में मेज़ पर हीटर और चाय की पत्ती और प्यालियाँ वग़ैरा रखी हैं। दीवार पर एक तरफ़ कार्ल मार्क्स की तस्वीर। दूसरी तरफ लेनिन की तस्वीर, सामने लाल रंग से मोटी दफ्ती पर बनाया हसिया-हथौड़ा लटक रहा है।

''चाय में चीनी और दूध तो पीते होगे ? हाँ ! यार माफ करो मेरे यहाँ न चीनी मिलेगी और न दूध...निखालिस चाय...'' वह हँसने लगा। फिर बोला, ''काम बिल्कुल न चले तो मैं किसी से दूध और शकर माँगकर लाऊँ ?''

''नहीं नहीं, चलेगा।'' मैंने कहा।

''ठीक है तो पीते हैं चाय...डॉक्टर रिज़वी ने पाँच बजे बुलाया है। अभी दो घंटे हैं। दस मिनट का साइकिल का रास्ता है। तुम लोगों के पास साइकिलें हैं ?''

''हाँ एक है...एक किराए की ले लेंगे।''

''नहीं तुममें से एक मेरे साथ बैठ सकता है। किराए की साइकिल क्यों लोगे। सिगरेट पीते हो ?'' उसने चारमीनार का पैकेट हमारी तरफ बढ़ाया। हमने सिगरेटें ले ली।

''आप सी.पी.आई में हैं रज़ी साहब ?'' मैंने पूछा।

''यार सी.पी.आई. में होने से तो अच्छा होता अगर कांग्रेस में होता और मज़े करता...'' वह हँसा—''नहीं भाई मैं सी.पी.एम. में हूँ...सी.पी.आई. और कांग्रेस में तो

फ़र्क़ ही नहीं बचा है। सालों ने पूरे 'मूवमेंट' को 'बिट्रे' कर दिया।''

उसने चाय हमें पकड़ा दी। पहला ही घूँट लिया तो आँखों के सामने तारे नाचने लगे। हम तीनों ने एक दूसरे की तरफ देखा, रज़ी समझ गया। बोला, ''तुम लोगों का काम नहीं चलेगा। यार क्यों तकल्लुफ करते हो ये बुर्जुआ आदतें छोड़ दो।'' वह तेज़ी से उठा और बाहर चला गया। कुछ देर बाद एक गिलास में थोड़ा-सा दूध और अख़बार की पुड़िया में शकर लेकर आ गया।

''हाँ अब आएगा मज़ा।'' उसने हमारी चाय में दूध और शक्कर डाली और बोला—''तो यार पूरे मूवमेंट को इन सी.पी.आई. वालों ने चौपट कर दिया। न जाने कितने लोग तो पार्टी के बँटने की वजह से अलग ही हो गए। उनमें बहुत से अच्छे लोग भी थे। डॉ. नसरीन रिज़वी भी एक ज़माने में पार्टी की बड़ी 'डेडीकेटेड वर्कर' हुआ करती थीं। बड़ी निडर और बहादुर औरत हैं। तुम सोचो, आज से बीस साल पहले किस मुसलमान लड़की में हिम्मत थी कि बुर्क़ा न पहने और साइकिल पर यूनीवर्सिटी आया करे। यह काम सबसे पहले डॉ. रिज़वी ने किया था। जब पार्टी 'अंडरग्राउंड' थी तो कामरेडों को जंगल में जाकर खाना पहुँचाया करती थीं। 'डिमांस्ट्रेशंस' में हिस्सा लेती थीं। मैं तो ख़ैर उस ज़माने में यहाँ नहीं था। पुराने लोग बताते हैं कि डॉ. रिज़वी ने कितना 'स्ट्रगल' किया है। पुलिस के डंडे खाना, यार किसी औरत के लिए ये आसान नहीं है।''

डेढ़ घंटे तक वह लगातार बोलता रहा। इस दौरान उसने कई बार 'स्टडी सर्किल' की बात की जहाँ हर 'फ्राई डे' शाम को लेक्चरर्स होते हैं। उसने यह भी बताया कि अब मुसलमानों का मुस्तक़बिल सिर्फ सी.पी.एम. के साथ ही है। उर्दू के बारे में भी काफी देर तक बोलता रहा। बातें जो कह रहा था वे दिल को लगनेवाली लगीं।

हम बाहर बरामदे में आए। रज़ी की साइकिल खड़ी नहीं बल्कि पड़ी थी। उसमें स्टैंड नहीं था। मिडगार्ड नहीं थे। घंटी का तो सवाल ही नहीं है। पैंडिलों के नाम पर दो लोहे की घिसी हुई छड़ें बची थीं। कैरियर नहीं था। गद्दी में सिर्फ स्प्रिंग बचे थे। पूरी साइकिल रंज खाई लोहे की पुरानी मशीन लगती थी।

''ये मेरी साइकिल है यार...टायर-टियूब हमेशा फर्स्ट क्लास रखता हूँ...देखो इस साइकिल का सबसे बड़ा फायदा यह है कि कभी ये ख़याल ही नहीं आता कि चोरी चली जाएगी। ताले का झंझट नहीं है। स्टैंडवालों को पैसे नहीं देता। अगर कोई धोखे से ले भी जाता है तो अगले ही दिन वापस कर जाता है। पूरी यूनीवर्सिटी जानती है कि यह मेरी साइकिल है। अब सुनो इस साइकिल पर बैठ कौन-कौन चुका है। प्रोफेसर इरफ़ान मुजीब को तो जानते होंगे ? नाम तो सुना होगा यार ? अरे यार वही जिन्होंने ऑक्सफोर्ड से पी-एच.डी. किया है। 'हिस्ट्री' के 'यंगगेस्ट' प्रोफेसर हैं...वही जो 'इकोनॉमिक हिस्ट्री ऑफ इंडिया' के 'वर्ल्ड नोन' प्रोफेसर हैं, इस पर बैठ चुके हैं। प्रोफेसर मोहसिन रज़ा, 'राही' सिब्ते रज़ी और जनाब के.पी. सिंह और जनाब जावेद कमाल...'' वह यूनीवर्सिटी के मशहूर लोगों के नाम गिनवाने लगा और फिर बोला,

"तो बोलो यारो तुममें से कौन इस साइकिल पर बैठेगा ?"

"मैं बैठूँगा।" शकील बोला।

"तो ठीक है। तुम मेरे साथ आ जाओ। लेकिन यार इसमें कैरियर नहीं है, डंडे पर ही सबको बैठना पड़ता है।"

'डंडे पर बैठने' वाले मुहावरे का मतलब समझकर हम चारों हँसने लगे।

डॉ. रिज़वी के बँगले में साइकिलें दीवार से टिकाकर हम बरामदे में आ गए। बहुत कायदे से तरह-तरह के 'कैंटस' गमलों में लगे हुए थे। बरामदे में ही अच्छी तरह फ्रेम किया हुआ 'गोया' का प्रिंट दिखाई पड़ा। एक केन की मेज़ और चार कुर्सियाँ एक कोने में सजी थीं। रज़ी ने घंटी बजाई तो शायद काम करनेवाली एक औरत ने दरवाज़ा खोला। हम अन्दर आ गए।

ड्राइंग रूम साफ-सुथरा और बड़े अच्छे 'टेस्ट' के साथ सजाया गया था। कहीं भी कोई सस्ती या चीप चीज़ नज़र न आती थी। दीवारों पर हुसैन के दो प्रिन्ट थे। सोफ़ा नहीं था। बाँद की बुनी बहुत आर्टिस्टिक कुर्सियाँ और लकड़ी की नीची मेज़ थी जिस पर मोहनजोदारो की एक 'रिप्लिका' रखी थी।

हम बैठने भी पाए थे कि डॉ. रिज़वी आ गईं। कोई चालीस साल की दुबली-पतली और आकर्षक महिला, बहुत सादी, सूती साड़ी, बहुत नफ़ासत से बाँधी थीं। बिल्कुल ताज़ा लग रही थीं। जैसे अभी-अभी नहाकर आई हों।

रज़ी ने उन्हें हम तीनों के नाम बताए।

"बैठो।"

"हम बैठ गए।"

"ये लोग 'आर्ट्स क्लब' के बहुत एक्टिव मेम्बर हैं।" रज़ी ने कहा।

"तुम तीनों पेंट करते हो ?" उन्होंने पूछा।

"जी हाँ।" अहमद ने जवाब दिया।

"देखो ऐसा है मैं पेंट तो नहीं करती। सिर्फ शौक है पेंटिंग्स का...मुझे 'जरनल एजुकेशन' वाले आर्ट्स क्लब का कोऑर्डीनेटर बना दिया गया है। ज़ाहिर है तुम लोगों की मदद के बग़ैर कुछ नहीं हो सकता। और फिर होगा भी सब तुम लोगों के लिए।"

हम 'जी हाँ' 'जी हाँ' करते और सिर हिलाते रहे।

"अच्छा तो चाय पियोगे या काफ़ी ?"

"चाय," शकील बोला।

"वह भी दूध और शकर के साथ।" रज़ी बोला।

"ज़ाहिर है, चाय दूध और शकर के साथ ही होगी।" डॉ. रिज़वी बोली।

"इसलिए कह रहा हूँ अभी मेरे कमरे पर इन बेचारों को बग़ैर शकर और दूध की चाय पीनी पड़ी है।" रज़ी बोला।

डॉ. रिज़वी हँसकर कहने लगीं, "हाँ भाई तुम ठहरे 'इंटलैक्चुअल', ये बेचारे इतनी 'तल्ख़ी' कहाँ बर्दाश्त कर सकते हैं।"

हम सब हँसने लगे।

"बेटी ज़ोया चाय ले आओ।" डॉ. रिज़वी ने आवाज़ दी।

ज़ोया के नाम पर हम तीनों चौंक पड़े। पता नहीं, ये कौन सी ज़ोया है।

लेकिन कुछ ही मिनट में सब कुछ साफ हो गया। वही ज़ोया जो 'हॉबीज़ वर्कशाप' आया करती थी चाय की ट्रे लेकर अन्दर आ गई। मैंने शकील को बड़े कायदे से आँख मार दी। वह मुस्कुराने लगा।

"ये ज़ोया है...तुम लोग जानते होगे...यह भी कुछ महीने 'हॉबीज़ वर्कशाप' में गई है।"...मेरी बहन की लड़की है।"

"जी हाँ हम जानते हैं।" अहमद बोला।

ज़ोया चाय बनाने लगी।

डॉ. रिज़वी ने कहा, "आर्ट्स क्लब के लिए अच्छे ख़ासे फंड्स भी हैं। हम लोग 'नेशनल एक्ज़ीबीशन्स' देखने दिल्ली भी जा सकते हैं। तुम लोगों को दूसरे 'नेशनल लेवेल' के आर्टिस्ट का काम देखने को मिल सकता है। सबसे पहले तो मैं चाहती हूँ कि 'इम्प्रेशनिस्ट पेन्टर्स' के 'प्रिंट्स' की एक नुमायश की जाए। क्या राय है तुम लोगों की ?"

"बहुत अच्छा आइडिया है नसरीन आपा।" रज़ी बोला।

"तो भई तुम्हीं लोगों को नुमाइश का पूरा काम करना होगा ?" डॉ. रिज़वी या जैसा कि रज़ी उनको कहता था, नसरीन आपा बोलीं।

"जी हाँ, ज़रूर करेंगे।" हम तीनों ने एक साथ कहा।

चाय-वाय पीकर जब हम लौटे तो बहुत खुश थे। रज़ी वहीं रुक गया था उसे कुछ और बात करनी थी। वापसी पर चूँकि एक ही साइकिल थी इसलिए हम तीनों टहलते हुए अहमद के कमरे तक आए। नसरीन आपा हमें पसन्द आई थीं। शकील तो बहुत ही उत्साह में था। अब मसला ये था कि इमाम साहब ने हमसे कहा था कि हम 'आर्ट्स क्लब' का बॉयकाट करें।

"अरे यार हमें ऊँचे लोगों की 'पॉलिटिक्स' से क्या मतलब..." शकील बोला।

"हाँ बेटा, तुम तो ये कहोगे ही।" अहमद ने हँसकर कहा।

"हाँ, ये तो अब 'आर्ट्स क्लब' के लिए जान तक दे सकता है।" मैंने शकील का कन्धा थपथपाया।

"बेटे तुम्हारे लिए मौक़ा है। लग जाओ जी-जान से।" अहमद ने शकील को राय दी।

"हाँ यार, देखो करता हूँ कुछ।" वह हँसकर बोला।

"कुछ नहीं, बहुत कुछ।" अहमद ने कहा।

# 8

महीने की बीस तारीख़ से लेकर अगले महीने तक हममें से किसी का मनीआर्डर नहीं आ जाता था, कड़की के दिन चलते थे। हालाँकि चायख़ानों, सिगरेट की दुकानों में उधार चलता था लेकिन पैसे न रहने से काफी फ़र्क़ पड़ता था। चायख़ानों में 'चाय-वाय' यानी 'हैवी टी' महँगी पड़ती थी। इसलिए हम लोगों ने अड्डे तलाश कर लिए थे और आमतौर पर कड़की के दिनों में अड्डों पर जाया करते थे। एक अड्डा इमाम साहब का घर था। लेकिन जब से ये 'आर्ट्स क्लब' वाली पॉलिटिक्स शुरू हुई थी वहाँ जाना कम हो गया था। एक दिन इमाम साहब शकील को मिले थे और उन्होंने कहा था कि हम लोगों से उन्हें ऐसी उम्मीद न थी। मतलब हमारे 'आर्ट्स क्लब' में जाने से वे दुःखी थे। इसलिए इमाम साहब से मिलना-जुलना करीब-करीब बन्द हो गया था। उसकी जगह नसरीन आपा के घरवाला अड्डा शुरू होने की प्रक्रिया में था। लेकिन वहाँ अभी इतना औपचारिक माहौल था कि बिना बुलाए न जा सकते थे। एक और अड्डा—कहना चाहिए शानदार अड्डा कुँवर साहब का घर बन गया था। कुँवर साहब कुछ करते-धरते न थे इसलिए कभी ये डर न होता था कि हम जाएँ और वे न हुए तो क्या होगा। कुँवर साहब हम लोगों का खुले दिल से स्वागत करते थे।

दो-चार बार उनकी कोठी पर जाने के बाद हमें उनके बारे में सब कुछ मालूम हो गया था। यानी उन्होंने सब कुछ तफसील से मज़ा ले-लेकर बता दिया था। अपनी तबाही बर्बादी के किस्से भी वे मजा ले-लेकर बताया करते थे क्योंकि अपनी तबाही के वजह वे ख़ुद थे और अपनी अय्याशी के लिए ही उन्होंने अपनी जायदाद फूँक डाली थी। अब उनके पास कुछ ज़मीनें थीं जिन पर बटाई में खेती होती थी। पटियाला में कुछ दुकानें थीं जिनका किराया आता था। एक आम का बाग़ था जिसकी फसल उठती थी। इसके अलावा छोटी-मोटी जायदादें बेच-बेचकर काम चलता था।

दूसरी मुलाक़ात में ही उन्होंने अपने पहाड़वाले मुकदमे का ज़िक्र किया था। उनकी जागीर में एक पहाड़ी इलाका था जिस पर एक मुकदमा चल रहा था। सरकार कहती थी वे पहाड़ियाँ सरकारी हैं और ये कहते थे कि उनकी है। पहाड़ 'रेड सेंड स्टोन' के थे और उनसे लाखों करोड़ों की आमदनी होने की गुंजाइश थी। इसलिए कुँवर साहब मुकदमे में पूरी तरह डूबे हुए थे। उन्होंने शुरू से लेकर अब तक मुकदमे का सारा हाल हमें बता दिया था। हर पेशी की कार्यवाही हमें बताई थी। किसको कहाँ किस तरह रिश्वत दी, यह भी बताया था। एक बार उन्होंने भरी अदालत में डिप्टी कलक्टर को रिश्वत दी थी। इसका किस्सा बहुत दिलचस्प था। किसी कानूनी नुक्ते पर बहस हो रही थी। सरकारी वकील कह रहा था कि ऐसा कानून नहीं है। इनका वकील कह रहा था कि है। इसी दौरान इन्होंने कानून की एक किताब के बीस-पच्चीस पेज फाड़े और उनकी जगह हज़ार रुपए के नोट ठूँसे और डिप्टी साहब से कहा कि हुज़ूर इसकी नज़ीर मिलती है। इलाहाबाद हाई कोर्ट का ऐसा फैसला मौजूद है। मेरा वकील जो प्वाइंट उठा

रहा है सही है। सरकार खुद देख लें।' ये कहकर इन्होंने किताब डिप्टी साहब को पकड़ा दी। उन्होंने जो किताब खोली तो हरे-हरे पत्ते नज़र आए। फौरन किताब बन्द कर दी और कहा कि हाँ, नज़ीर है।

कुँवर साहब के वालिद जब मरे तो छोटा बेटा होने की वजह से आधी जायदाद उन्हें मिली। पंजाब की दो जागीरों के अलावा शिमला की कोठी, बम्बई में मैरीन ड्राइव का फ्लैट, कलकत्ते में चौरंगी पर दुकानें, दार्जिलिंग की कोठी। पटियाला वाला 'महल' और उसके अलावा छपरकलौती की गढ़ी और गढ़ीकोटला का क़िला, सबमें उनका आधा हिस्सा था। उन्हीं के लफ़्ज़ों में—''करोड़ों की जायदाद थी। वालिद साहब, ख़ुदा उन्हें जन्नत बख़्शे, कंजूस ऐसे थे कि उनकी कंजूसी मिसाल बन गई थी। जब तक जिन्दा रहे, हम भाइयों को सूती कुर्ते, पैजामे, एक ठंडी शेरवानी, एक गरम शेरवानी, साल में दो जोड़े जूते और पचीस रुपया महीना जेब खर्च के अलावा कुछ न मिलता था। मेरा हाल ये था साहब कि जवानी थी, दिल में सैकड़ों अरमान थे, जोश था, वलवला था। लेकिन जनाब मुझे पाला-पोसा इस तरह जा रहा था जैसे किसी मोहल्ले की मस्जिद के मौलवी के छटवें लड़के को पाला जाता है। लेकिन मियाँ पानी अपना रास्ता बना लेता है। मेरा रास्ता थीं वालिदा साहिबा। उनकी गोद में सिर रखकर रोने लगता था और मुझे कोई ज़ेवर मिल जाता था। मैं सीधे दिल्ली आकर चन्दनलाल मक्खनदास के यहाँ बेंचता था और बेहतरीन किस्म के विलायती सूट, जूते, टाइयाँ वग़ैरा खरीदता था। इम्पीरियल होटल में रहता था। ऐश करता था। उस ज़माने में दिल्ली एंग्लो-इंडियन लड़कियों से पटी रहती थी। हाँ रेट अलबत्ता हाई होते थे लेकिन जनाब मेरे लिए क्या फ़र्क़ पड़ता था। दस-बारह दिन बाद पटियाला लौटता था। पटियाला रेलवे स्टेशन के वेटिंग रूम में अपनी गाढ़े की शेरवानी चढ़ा लेता था और कोठी पहुँचता था।''

''आपके वालिद साहब नहीं पूछते थे कि आप कहाँ रहे ?''

''ज़रूर पूछते थे बल्कि जाने से पहले मैं इजाज़त भी लेता था। कभी बताता था कि 'ज़यारत' करने जा रहा हूँ। जी हाँ...कभी बताता था कि प्राइवेट इम्तिहान देना है। कभी कहता था कि किसी दोस्त की शादी है। अरे मियाँ बहाने हज़ारों हैं। उनकी कमी कहाँ है। सरकार यानी वालिद साहब के सामने दोज़ानू बैठना पड़ता था। सिर पर टोपी रहती थी। निगाहें नीचे रहती थीं। हर जुमले के आगे-पीछे सरकार जोड़ना ज़रूरी होता था। पाँच मिनट की पेशी के बाद 'डिसमिस'।'' वे हँसने लगे।

''तो आपने बड़े मज़े किए उस जमाने में ?'' अहमद ने कहा।

''अमाँ मियाँ ये साले आजकल के बनिए बक़्क़ाल।'' वे कड़कती आवाज़ में बोले, ''सोच भी नहीं सकते। इनके दिमाग़ों में उतनी ताक़त ही नहीं है। इन सालों को तो डर लगा रहता है कि कारोबार में घाटा न आ जाए। अरे मियाँ जागीरदारों को घाटे की क्या फिक्र थी। जितना आ रहा है उड़ाओ साले को। फिर आएगा। फिर उड़ाएँगे; फिर आएगा...ख़ुदा की क़सम, एक-एक लड़की पर पचास-पचास हज़ार खर्च किए हैं। एक एंग्लो-इंडियन लड़की थी—क्लारा। ग़ज़ब की खूबसूरत थी। किसी कर्नल की रखैल

थी। कर्नल भी साला स्काटलैंड का हूश। ख़ैर साहब मेरी खुशनसीबी से एक बार कर्नल को जाना पड़ा बिल्लोचिस्तान। मुझे पता चला तो क्लारा को 'इम्पीरियल' में डिनर के लिए बुलाया। डिनर के बाद डांस। उसके बाद मैंने उसे एक हीरे की अँगूठी तोहफे में दे दी लेकिन कम्बख़्त कमरे में आने पर तैयार न हुई। चली गई। मैंने कहा, ठीक है तुम्हें भी देखूँगा। मैंने एक से एक को देखा है। अगले दिन साहब मैंने एक फोर्ड किराए पर ली और उसके घर पहुँच गया। क्वीन्स रोड में रहती थी। उसका बाप रेलवे में अफसर था। मेरे पीछे-पीछे दो बैरे तोहफे के टोकरे लिए साथ-साथ। एक टोकरे में फल, दूसरे में मिठाइयाँ, तीसरे में केक पेस्ट्रियाँ। उसकी माँ ने जो तीन टोकरे देखे तो बिछ गई। कहने लगी बेबी कुछ बीमार है। आप बैठिए। अभी आती है। बेबी आई। मैंने फिर रात में डिनर के लिए बुलाया। तैयार हो गई। होते हुआते साहब बात यहाँ तक पहुँची कि मैंने बम्बई चलने का ऑफर दिया। वह बोली कि क्या मेरे पास अपना 'सैलून' है। 'सैलून' 'वैलून' कहाँ था मेरे पास। लेकिन 'नहीं' कहना तो मैंने सीखा ही न था। मैंने कहा हाँ है। मैं सीधा पटियाला हाउस गया। महाराज कुमार ठहरे हुए थे। मुझसे उनकी गहरी छनती थी। मैंने पूरी बात बताई तो महाराज कुमार ने हँसकर कहा कुँवर तुम्हारे लिए कुछ भी कर सकता हूँ। जाओ मेरा सैलून ले जाओ। खर्च भी मैं ही दूँगा। तुम ऐश करो। मैंने महाराज कुमार को झुककर तीन फर्शी सलाम किए और बाहर आ गया। अब जनाब सैलून मिल गया। नौकर-चाकर मिल गए। क्लारा को लेकर निकल खड़ा हुआ बम्बई। क्या लड़की थी मियाँ—ठोस हीरा। पन्द्रह दिन इस तरह गुज़रे कि पता ही न चले। बम्बई में उसने शापिंग शुरू कर दी। नतीजे में मुझे अपना टाईपिन, कफलिंग और अँगूठी बेचनी पड़ी। कम्बख़्त ने कम से कम पन्द्रह हज़ार का सामान खरीदा।''

''सब आपके खाते में ?''

''और नहीं मियाँ क्या वहाँ उसका बाप बैठा था ?''

''वालिद साहब को क्या बताया ?''

''अजमेर शरीफ गया था उर्स में।'' वे हँसने लगे।

कुँवर साहब के लिए अजीबोग़रीब शब्द भी बहुत उचित नहीं माना जाएगा। अतीत के नशे में पूरी तरह डूबे रहते थे। अपने को मल्क-ए-इंग्लिस्तान के प्रति वफ़ादार मानते थे। एक दिन कहने लगे कि सोचता हूँ अपनी कोठी पर इंग्लिस्तान का झंडा फहरा दूँ। हम लोगों ने समझाया कि यह जुर्म होगा। ऐसा नहीं किया जा सकता लेकिन वे किसी तरह न मानते थे। फिर बहुत समझाने के बाद माने।

उनकी कोठी के सामने एक बनिए की कोठी थी। जिसका घी तेल का व्यापार था और ज़ाहिर है कि कुँवर साहब के मुक़ाबले सैकड़ों गुना ज़्यादा आमदनी और ठाठ थे। कुँवर साहब पता नहीं क्यों उस बनिए से अपना 'कम्पिटीशन' ऐसा मानते थे। लेकिन

चूँकि वर्तमान स्थिति में यह 'कम्पिटीशन' ही किया जा सकता था इसलिए अतीत में चले जाते थे। अपने पटियाला के 'महल' की तुलना उसकी कोठी से करते थे और खूब हँसते थे। कहने लगे—"साहब एक दिन साले ने मुझे बुलाया और कहा कि कोठी में उसने 'डबल रूफ' हॉल बनवाया है, मैं आकर देख लूँ। ख़ैर साहब मैं गया। देखा। बनिए ने पूछा कैसा लगा कुँवर साहब। मैंने कहा आपकी कोशिश है। अच्छा है। पटियालेवाले हमारे 'महल' में जो 'मोतीमहल' है उसके 'डबल रूफ़' हॉल में बाईस सोफासेट लगाते थे। पाँच मन का 'शैंडलियर' था। मेरे ये बताते ही बनिए का चेहरा फ़क़ हो गया। कहने लगा, अब राजाओं-महाराजाओं से हमारा क्या मुक़ाबला।"

कुँवर साहब से हम सब बहुत तेज़ी से बेतकल्लुफ हो गए। खासतौर पर शकील की उनसे खूब पटती थी। वह उन्हें 'चचा जान' कहने लगा था। एक दो-बार उन्होंने शकील को 'पिलाई' भी। उसके बाद हालत ये हो गई, जो शकील ने हमें बताई कि कुँवर साहब और वो आधा-आधा पैसा मिलाकर विस्की का अद्धा खरीदा करते थे। पीने के लिए 'जयहिन्द होटल' से अच्छी जगह रामनगर की सुनसान पुलिया लगी थी। वहीं बैठकर दोनों बोतल से मुँह लगाकर अद्धा खाली कर जाते थे। कुँवर साहब घर में पीने-पिलाने की महफ़िलें नहीं करते थे। शायद बीवी से काफी डरते थे। 'जयहिन्द होटल' में खर्च आता था इसलिए पुलिया आदर्श जगह थी।

शकील ने ही बताया था कि कुँवर साहब पैसे से टूटे रहते हैं। माशाअल्लाह से खानदान लम्बा चौड़ा है। दो लड़के, दो लड़कियाँ, एक अदद बीवी और दो रखैलें। आमदनी न तो बँधी हुई है और न ज़्यादा ही है इसलिए घर में बीड़ी पीते हैं और बाहर सिगरेट। घर में तहमत और बनियाइन पहने बैठे रहते हैं। निकलते वक़्त चीफ कोट पहन लेते हैं। 'चीफ कोट' काली मखमल का सुनहरा बेलबूटे से बना एक बन्द गले का कोट है जिसका रंग अच्छा-खासा उड़ गया है लेकिन कुँवर साहब उस कोट को 'रॉयल' समझते हैं और किसी ने उनसे कह दिया है या शायद अपने आप ही लगा है कि वे उस कोट में 'डियूक ऑफ एडेन्बरा' लगते हैं।

सामने वाले बनिए ने एक बार अपनी कोठी के फाटक के दोनों खम्भों पर दो बड़े-बड़े कुछ पुराने जैसे लगनेवाले 'लैम्प केस' लगवा दिए। रात में एक फाटक के लैम्पों के अन्दर से हरी रौशनी आती थी और दूसरे के अन्दर से लाल। यह देखकर कुँवर साहब को आग लग गई। उन्होंने फौरन अपना नौकर भेजकर हमें तलब किया। उन्होंने कहा—"देखा आप लोगों ने, इस साले ने क्या किया है ?"

हम नहीं जानते थे इसलिए उन्होंने सब बताया और बोले—"साला पता नहीं अपने को क्या समझता है। इसके बाप की तेल की दुकान थी। उसी में रहता था और तेल बेचता था। आज ये अपने को क्या समझता है ? मैंने सोचा है शकील मियाँ कि मैं अपनी गढ़ी से दो तोपें ले आऊँ।"

"तोपें ?" हमें हैरत हुई।

"हाँ मियाँ तोपें...पुरानी तोपें...एक तोप इस फाटक पर लगा दूँ और दूसरी तोप

उस फाटक पर...कहो कैसा आइडिया है ?"

"आइडिया तो शानदार है। लेकिन तोपों को बाहर से ही दिखाई देना चाहिए।" शकील ने कहा।

"तोपें रखने के लिए एक-एक चबूतरा बनवाऊँगा। उस पर तोपें रखी जाएँगी। अब देखूँ कि साला बनिया तोपें कहाँ से लाता है।" उन्होंने एक ज़ोरदार कहकहा लगाया। हम सबने उनका साथ दिया। शकील देर तक हँसता रहा।

"एक ट्रक पर दोनों तोपें आ जाएँगी। पटियाला से ट्रक गढ़ीकोटला ले जाना पड़ेगा। ट्रकवाला कम से कम पाँच सात सौ लेगा। समझो चबूतरे बनने में दो-चार सौ लग जाएँगे।" वे बोले।

"रात में तोपों पर रौशनी का इन्तिज़ाम होना चाहिए।" अहमद ने कहा।

"हाँ ये भी ठीक है। दो बड़े-बड़े हंडे लगवा दूँगा।"

तोपों का पूरा खर्च जोड़ा गया तो करीब एक हज़ार आता था। कुँवर साहब का चेहरा थोड़ा उतर गया। लेकिन यही कहते रहे कि तोपें लाएँगे।

पिछले कई महीनों से अहमद के तकरीबन सारे पैसे ख़दीजा को फोन करने में ख़र्च हो जाते थे। लेकिन उसे इसकी फिक्र न थी। वह पूरी तरह प्यार में डूबा हुआ था और हर वक़्त सिर्फ उसके बारे में सोचता था। कैप्टेन खत्री योरोप से लौटकर आ गए थे लेकिन अभी तक तलाक़-वलाक़ की कोई बात शुरू न हुई थी। हर बार टेलीफोन पर जब अहमद ख़दीजा से तलाक की बात करता था तो वह कोई ऐसा जवाब देती थी कि अहमद पूरी तरह सन्तुष्ट हो जाता और फिर अगले महीने का इन्तिज़ार करने लगता। इस बीच वह एक-दो बार दिल्ली गया भी था। हम लोग साथ नहीं गए थे क्योंकि वह खदीजा के घर पर नहीं एक होटल में ठहरा था। ज़ाहिर है होटल का ख़र्च ख़दीजा ने ही दिया होगा। उसने ख़दीजा को जो लम्बी चिट्ठियाँ लिखी थीं वे पढ़कर ख़दीजा ने उसे वापस कर दी थीं क्योंकि उन्हें वह अपने पास न रख सकती थी। अहमद अपनी चिट्ठियों को बार-बार पढ़ता था और ख़यालों में डूब जाता था। उसने टी-गार्डेन्स की नौकरी के लिए अपने अब्बाजान को लिखा था। उनका जवाब आया था कि पहले उसे दिल लगाकर बी.एस.सी. पास करना चाहिए उसके बाद नौकरी वग़ैरा के बारे में सोचना चाहिए।

एक बार वह दिल्ली से वापस आया तो बहुत उदास था। हमने वजह पूछने की बहुत कोशिश की लेकिन उसने कुछ बताया नहीं। उसके बाद उसका ख़दीजा का फोन करना एकदम बन्द हो गया, ख़त भी कम हो गए। हम समझ गए। वजह बेवफ़ाई। लेकिन क्यों ? किस तरह ? किसलिए ? कैसे ? कब ? जैसे सवालों का जवाब वह न देता था। हमने भी सोचा कि कुरेद-कुरेदकर पूछने से क्या फायदा।

ख़दीजा से सम्बन्ध टूट जाने का उसे बेहद दुःख था। उसने क्लास जाना लगभग

छोड़ दिया था और कमरे पर पड़ा-पड़ा कुछ सोचा करता था या पेंटिंग करता था। उदासी ग़म में डूबी ग़ज़लें गुनगुनाता था और पीने ज़्यादा लगा था। एक बार तो 'रम' की पूरी बोतल ले आया था और कमरे में छिपाकर रख दी थी।

हमें इतना मनोविज्ञान पता था कि दुःख को न बताना बहुत खतरनाक साबित हो सकता है। मैंने और शकील ने कई बार कोशिश की कि वह कुछ बताए। तंग आकर उसने सिर्फ इतना कहा कि यार छोड़ो, जो होना था हो गया।

"बात क्या है यार ? कुछ तो बताओ।"

"मुझे यह नहीं मालूम था कि कैप्टेन खत्री ने उसके पूरे ख़ानदान को खरीद लिया है।"

"खरीद लिया है मतलब ?"

"मतलब कैप्टेन उसकी माँ को पालता है, बहनों को खर्च देता है। चचा को नौकरी दी हुई है। और पता नहीं क्या-क्या है।" वह झुँझलाकर बोला।

"ओहो तो ये बात है।" मैंने कहा।

"हाँ यही बात है।"

"तो ये बात तो खदीजा को पहले से ही मालूम होगी।"

"छोड़ो यार छोड़ो...चलो शहर चलते हैं कबाब और गरम-गरम मटरी खाई जाए। क्या राय है ?"

हम दोनों हैरत से उसकी तरफ देखने लगे।

## 9

इमाम साहब इस बात पर अड़े हुए थे कि वो आर्ट्स क्लब आकर लड़कों को पेंटिंग नहीं सिखाएँगे। नसरीन आपा ने कई बार उनसे बात की और हर बार उन्होंने कोई खूबसूरत-सा बहाना बना दिया। जल्दी ही यह तय हो गया कि आर्ट्स क्लब 'हॉबीज़ वर्कशाप' जैसी चीज़ न होगी। नसरीन आपा ने 'वेस्टर्न आर्ट' पर क्लासें शुरू कर दी थीं। हम लोग क्लासों में जाते लेकिन कोई खास मज़ा न आता। अहमद ने कमरे पर ही 'पेंट' करना शुरू कर दिया था। मैंने और शकील ने पेंटिंग लगभग छोड़ दी। हम दोनों 'आजाद शायरी' करने लगे। आज़ाद शायरी की शुरुआत दिलचस्प तरीके से हुई। अहमद के जब ख़दीजा से ताल्लुकात ख़त्म हुए तो मैंने उस पर चार-पाँच लाइनें लिखीं। अहमद को सुनाईं तो वह खुश हुआ और राय दी कि मैं लिखना शुरू कर दूँ। मेरी इन लाइनों का असर शकील पर इतना हुआ कि उसने भी शायरी शुरू कर दी। अब हमारा दस्तूर ये हो गया कि शाम अहमद के कमरे पर कभी अपना-अपना कलाम और कभी दूसरे शायरों खासतौर पर 'फैज़' की नज़्में पढ़ा करते थे। लेकिन और लोगों को सुनाने की हिम्मत न थी।

एक बार रज़ी ने बताया कि 'अल्हमरा' में मुशायरा है। कोई भी वहाँ जा सकता है। हमें वह यह तो पहले ही बता चुका था कि 'अल्हमरा' में एस.एफ. वाले 'क्लासेज़' करते हैं जिनमें मार्क्सवाद के बारे में बातचीत होती है। क्लासों में हम तीनों कभी न गए थे। मुशायरेवाली बात पसन्द आई और हम तीनों 'अल्हमरा' पहुँचे। 'अल्हमरा' पुराने किस्म की एक कोठी थी। अच्छी-खासी उजाड़ और वीरान। उसके एक कमरे में क्लासें होती थीं।

'अल्हमरा' के बरामदे में ही हमें रज़ी मिल गया।

''आओ यारो आओ...अच्छा है तुम लोग जल्दी आ गए। नहीं तो बैठने तक की जगह न मिलती। आज 'जज़्बी' साहब भी आ रहे हैं। मुनीब साहब भी आएँगे। बाकी लोग तो होंगे ही।''

हम लोग खड़े ही थे कि अन्दर से एक दुबले-पतले, लम्बे और काफी काले रंग के एक साहब निकले। रज़ी ने उन्हें देखकर कहा–''के.पी. ...अरे के.पी. तुम इन लोगों से मिले हो...''

वो साहब हमारी तरफ आ गए। हमने अपने-अपने नाम बताए। के.पी. साहब ने बाक़ायदा हाथ मिलाया।

''तुम लोगों के बारे में रज़ी ने बताया था।'' उन्होंने कहा।

''के.पी. को तुम लोग जानते होगे ?' रज़ी ने कहा–''इन्हें यूनीवर्सिटी में कौन नहीं जानता...चपरासियों से लेकर वाइस चांसलर तक इन्हें जानते हैं...जो नहीं जानता वो घाटे में रहता है।'' वह हँसने लगा।

''ये मुझसे एक दिन सीनियर हैं।'' के.पी. ने रज़ी की तरफ़ इशारा किया–''और इसलिए खिंचाई करते रहते हैं।''

''चलो तुम लोग अन्दर बैठो...वहाँ इरफ़ान और मुजीब साहब अकेले बैठे हैं।'' रज़ी ने हमसे कहा।

हम अन्दर आ गए। कमरे में फर्श बिछा था। फर्श क्या सिर्फ एक या दो दरियाँ बिछी थीं। पीछे एक कोने में एक साहब बैठे थे। गोरे रंग के दुबले-पतले चश्मा लगाए। कुछ लम्बे बाल, मामूली कपड़े पहने, कुछ पढ़ते हुए। तो यही इरफ़ान साहब हैं, मैंने सोचा।

''वो पीछे जो बैठे हैं इरफ़ान साहब हैं।'' शकील ने मुझसे पूछा।

''हाँ यार लगता तो यही है।'' मैं फुसफुसाया।

''सुना, बड़े बिर्यलेंट आदमी हैं।'' उसने कहा।

''चुप रहो यार, सुन लेंगे।'' मैंने कहा।

धीरे-धीरे लोग आने लगे। एक अधेड़ उम्र के शेरवानी पहने और हाथ में सिगरेट लिये एक साहब अन्दर आए। उनके साथ रज़ी भी अन्दर आया। रज़ी उन्हें लेकर हमारे पास आ गया।

''इनसे मिलो जावेद कमाल।'' रज़ी बोला–''ये जो आज़ादी के बाद ग़ज़ल में

'मीर' का रंग झलकने लगा था उसकी शुरुआत जावेद कमाल ने ही की थी। बाद में दूसरे लोग उसे ले उड़े।''

''कोई साला कुछ लेकर नहीं भागता...ये सब कहने की बातें हैं रज़ी मियाँ।'' जावेद कमाल बेफ़िक्री से बोले।

''लो, राही साहब भी आ गए।''

'राही' सिब्तेरज़ी को हम लोगों ने पहले भी देखा था। रॉ-सिल्क की शेरवानी, उसके सभी बटन खुले हुए। साँवला रंग और सूखे-सूखे लम्बे बाल। हाथ में पानों की डिबिया और बटुआ। 'राही' साहब के पीछे नसरीन आपा भी आती दिखाई दीं। हमें वहाँ देखकर मुस्कुराईं।

''कभी तुम लोगों को शानदार चाय पीना हो तो जावेद भाई के पास चले जाना।'' रज़ी ने कहा।

''मियाँ ज़रूर आइए...एक छोटी-सी कैंटीन चलाता हूँ। शुक्र है कि यूनीवर्सिटी में नौकरी नहीं मिली।'' उन्होंने जलकर कहा।

मुशायरा शुरू हुआ। नए शायरों ने पहले पढ़ा। उसके बाद सीनियर शायरों का नम्बर आया। हमें उस वक़्त हैरत हुई जब नसरीन आपा का नाम भी पुकारा गया। हमें ये नहीं मालूम था कि वे भी शायरा हैं। सबसे बाद में 'जज़्बी' साहब ने अपनी एक पुरानी ग़ज़ल पढ़ी। उसके बाद लोगों के बहुत इसरार पर अपनी बहुत मशहूर नज़्म 'मौत' जिसे हम तीनों साथ-साथ कई बार पढ़ चुके थे, पढ़ी।

मुशायरे के बाद हम तीनों रज़ी के साथ उसके कमरे पर आ गए। उसने कहा था आज उसके पास दूध और शकर भी है। हम लोगों को वैसी चाय न मिलेगी, जैसी पहले मिली थी।

चाय का पानी हीटर पर रखकर वह कुर्सी के ऊपर दोनों पैर समेटकर बैठ गया और उसने अपने खास स्टाइल में मुट्ठी में बन्द करके चारमीनार का एक लम्बा कश खींचा। हम लोगों ने भी एक-एक सिगरेट सुलगा ली थी।

''कहो यारो, मुशायरा कैसा था ?'' वह बोला।

''बहुत अच्छा...खासतौर पर जावेद कमाल साहब...'' मेरी बात काटकर वह बोला, ''ग़ज़ब के शायर हैं जावेद कमाल...ग़ज़ब। बस उर्दू शायरों की 'पॉलिटिक्स' ने उन्हें मार दिया है। रामपुर के साफगो और अक्खड़ पठान हैं नहीं तो आज उर्दू डिपार्टमेंट में कम से कम रीडर होते...अरे यार ये उन्नीस सौ पचपन के 'टापर' हैं। हर 'टापर' डिपार्टमेंट में लग जाता है और बेचारे जावेद भाई कैंटीन चलाते हैं।''

''उनका कोई मजमुआ है ?'' मैंने पूछा।

''नहीं कोई नहीं...न छपवाते हैं।''

''क्यों ?''

''बस लापरवाही और चिढ़। कहते हैं मजमुआ छपवाने से ही कोई अच्छा शायर हो जाता हो तो दूसरों को हो जाने दो...मैं नहीं होता।'' वह हँसने लगा।

"उनकी और ग़ज़लें कहाँ मिलेंगी ?"

"कहीं नहीं...सिर्फ उन्हें याद हैं...ग़ज़ल कहकर न तो लिखते हैं और न छपवाते हैं। अगर सुननी हैं तो उनके पास ही जाओ। वही सुनाएँगे।" रज़ी ने बताया।

"तीसरे नम्बर पर जिन्होंने ग़ज़ल सुनाई थी वो...क्या नाम बताया..." अहमद ने पूछा।

"शहरयार...वही न दुबले-पतले क्लीन शेव..."

"हाँ, वही।"

"शहरयार हैं यार...अच्छा शायर है। बस ज़रा 'जदीदियों' के चक्कर में फँस गया है।" रज़ी बोला।

"जदीदिए कौन ?" शकील ने पूछा।

"अरे यार हम लोग तरक्कीपसन्द हैं। 'प्रोग्रेसिव' और 'आर्ट फॉर सेक' वाला स्कूल 'जदीद' कहलाता है...कहते हैं अदब का जिन्दगी से कोई रिश्ता ही नहीं है। बेवकूफ़।"

रात ग्यारह बजे तक हम उसके कमरे में बैठे गप्प करते रहे। तीन बार चाय बनी। इस बीच उसका खाना आया जो बैरे ने मेज़ पर रख दिया। लगातार बातों के दौरान उसने बहुत कुछ बताया। अपने बारे में उसने कहा कि उम्मीद है कि वह पॉलिटिकल साइंस में इस साल 'टॉप' करेगा और फिर पी-एच.डी. ज्वाइन करेगा। अहमद के कहने पर मैंने अपनी आज़ाद नज़्में सुनाईं तो वह कहने लगा कि पहले तुमने क्यों नहीं बताया कि कुछ कहते हो। मैं इरफ़ान से कहकर तुम्हें भी सुनाने का मौक़ा दिलवाता। यह सुनकर मैं हैरत में पड़ गया। मेरे लिए तो यह आज़ाद शायरी-वायरी कुछ मज़ाक़ जैसा था। शकील की भी एक नज़्म उसे पसन्द आई।

हमें यह देखकर काफी हैरत हुई कि राजनीति में ही नहीं साहित्य में भी उसे न सिर्फ दिलचस्पी है बल्कि अच्छी समझ और जानकारी है। कहने लगा कि 'क्लासिक्स' ज़रूर पढ़नी चाहिए। 'मीर' और 'ग़ालिब' को पढ़े बग़ैर कुछ नहीं हो सकता। नए प्रोग्रेसिव शायरों में वो भी 'फ़ैज़' का दिलदादा निकला। उसने 'फ़ैज़' की कई नज़्में सुनाईं और नए अन्दाज़ से उन पर बातचीत की।

हम तीनों जब उसके कमरे से निकले तो बहुत खुश थे। अहमद ने कहा—"लो यार अब तुम दोनों तो हो गए पक्के शायर।" मैं और शकील हँसने लगे।

"अब एक एक बयाज़ बना लो। उसमें नज़्में लिखकर रखा करो। कहीं तुम लोगों का हाल भी जावेद कमाल जैसा न हो।" अहमद बोला।

पूरे 'सेशन' में कुछ दिनों, अवसरों और मौक़ों का इन्तिज़ार रहता है। वैसे हंगामे और दिलचस्पियाँ तो लगी ही रहती हैं। सेशन शुरू होता तो एडमीशनों और फिर 'इंट्रोडक्शन' यानी खिंचाई की चहल-पहल शुरू हो जाती। अभी ये सब थमता ही तो इलेक्शनों का हंगामा शुरू हो जाता। पन्द्रह-बीस दिन उसमें निकल जाते। इलेक्शन में

हारनेवालों का जनाज़ा निकलता, जीतनेवाले लेक्चर फाड़ते। हम तीनों इलेक्शन से दूर ही रहते थे। न तो किसी के लिए 'कम्पेन' करते और न नारे लगाते। हाँ, क्लासेज़ 'गोल' रहने का अच्छा बहाना मिल जाता था।

'इलेक्शन' के बाद के हंगामे के बाद 'फाउंडर्स डे' डिनर का इन्तिज़ार रहता था। पूरी यूनीवर्सिटी के लड़के और सभी टीचर एक साथ बढ़िया खाना खाते थे। चीफ गेस्ट आता था। उसकी तक़रीर होती थी। फिर 'मॉक कान्वोकेशन' में कि हँसते-हँसते पेट में बल पड़ जाते।

पता नहीं, मॉक कान्वोकेशन की परम्परा क्यों थी या किसने डाली थी। कान्वोकेशन—यानि डिग्रियाँ दिए जानेवाले सबसे बड़े और पवित्र समारोह का मज़ाक़ उड़ाना अपने आपमें अटपटी लेकिन रोचक और कहीं न कहीं विद्रोही मानसिकता को स्वर देनेवाला कार्यक्रम हुआ करता था।

स्ट्रेची हाल खचांखच भरा हुआ है। यूनीवर्सिटी के सीनियर टीचर्स, पदाधिकारी और यहाँ तक कि वाइस चांसलर तक दर्शकों में बैठे हैं, उनके सामने यूनीवर्सिटी के लड़के कान्वोकेशन यानी जल्स-ए-तक़सीमे सनाद—का मज़ाक़ उड़ानेवाला प्रोग्राम पेश कर रहे हैं। पहले डीनों और हेड ऑफ द डिपार्टमेंट्स का जुलूस जिसमें लड़के मेकअप किए हुए हैं, हाल में दाखिल होता है। इसमें चांसलर भी है। एक लड़का जिसकी शक्ल उनसे मिलती हुई है चांसलर बन गया है। उसने चांसलर की मूँछों की टक्कर की नकली मूँछें भी लगा ली हैं।

एक घंटे तक ये मॉक कान्वोकेशन होती रही। लड़कों के अलावा टीचर्स यहाँ तक कि वाइस चांसलर भी हँसते रहे। लड़के बड़ी शानदार नक़ल उतारते रहे। लेकिन नकल में कोई ऐसी बात न थी जो किसी को बुरी लगती।

गर्ल्स कॉलिज का 'फेट' ऐसा दिन होता था जिसका इन्तिज़ार लोग 'सेशन' शुरू होने के पहले से ही करने लगते थे। उस दिन के लिए दिलदार खास कपड़े खरीदते थे। इतना बनते-सँवरते थे कि हदें ख़त्म हो जाती थीं। दाढ़ी इतनी छीलते थे कि ख़ून तक झलक आता था। लड़कों के हॉस्टल खाली हो जाते थे। लड़कियाँ जो बाज़ार लगाती थीं वहाँ एक पैसे की चीज़ दस में बिकती थी लेकिन खरीदनेवाले धन्य-धन्य हो जाते थे क्योंकि महत्त्व पैसों का नहीं उन हाथों का होता था जिन्होंने उस चीज़ को उठाया है, छुआ है और दी है।

'फेट' के बाद नुमायश एक दूसरा मौक़ा होता था, जहाँ लड़कियों के दीदार होते थे। जाड़ों में नुमायश लगती थी। दुकानों, खाने के होटलों, खेल-तमाशों से एक बड़ा-सा मैदान सज जाता था। जिन लड़कों के लड़कियों से कुछ रोमांटिक सम्बन्ध हुआ करते थे वे नुमायश के दौरान ही पूरे होते थे, परवान चढ़ते थे, बाकी लोग आँखें सेंक लिया करते थे। अक्सर लड़कों के हॉस्टल में ये ख़बर फैलती थी कि आज लड़कियाँ नुमायश देखने आ रही हैं। बस उसी शाम सब लड़के बन-सजकर नुमायश पहुँच जाते थे। अगर किसी लड़के की किसी लड़की से बात तक हो जाती थी तो अपने को 'सिकन्दरे आज़म'

समझने लगता था। वैसे यार लोग सिर्फ़ 'वर्क' मार लेते थे और किराए की साइकिलों पर खुश-खुश लौट आते थे।

नुमायश के बाद कहा जाता था कि अब पढ़ने का मौका आ गया है यानी इम्तिहान के दो महीने ही बचते थे।

एक लड़की है दुबली-पतली, कुछ लम्बी, साँवले से थोड़ा खिलता हुआ रंग, मोटे होंठ, सीधी नाक, कुछ लम्बा चेहरा, बड़ी-बड़ी चमकती हुई आँखें, खूबसूरत हाथ और पतली उँगलियाँ, कटे हुए बाल—बिल्कुल सीधे रेशम जैसे। हँसती ज़रा ज़्यादा है। उम्र यही कोई अट्ठारह के आसपास। मुझे यह जल्दी ही पता चल गया कि मैं उससे प्यार करने लगा हूँ। लगता है सालों से नहीं शताब्दियों से जिस लड़की का मुझे इन्तिज़ार था वही है। जिसके मैं ख़्वाब देखा करता था, जिससे मैं इतनी बातें किया करता था जो मेरी नस-नस में बसी हुई थी, वह यही है। लगता, महबूबा के बारे में जो तसव्वुर मेरे दिमाग़ में है, वह उस पर खरी उतरती है। उसका दुपट्टा जब सरसराता है तो लगता है कि मौसम बदल रहे हैं। जब वह आँखें उठाती है तो लगता है फूल खिल गए हैं। वह जब हँसती है तो लगता है कि दुनिया में सब कुछ सुन्दर है।

नसरीन आपा ने योरोपियन मास्टर्स के प्रिंटस की प्रदर्शनी लगवाई तो हम लोगों के ज़िम्मे काम सौंपा गया कि हम आनेवालों को पेंटिंग्स के बारे में बताएँ। मुझे पीटर ब्रूगल की दो पेंटिंग्स के पास खड़ा होना था और उनके बारे में बताना था। मैं खड़ा ही था कि दो लड़कियाँ पेंटिंग्स के पास आ गईं। अब मेरा काम शुरू होना था। मैंने बताना शुरू किया। कुछ सवाल भी पूछे गए। जिनके जवाब मैंने अपने ख़्याल से ठीक ही दिए। दो लड़कियों में से एक आगे बढ़ गई। एक मेरे पास खड़ी रही।

"आपका नाम क्या है।" मैंने पूछा लेकिन आवाज़ हलक़ में नहीं दिल में कहीं फँसकर निकली है।

"मेरा नाम..." वह हँसी और कुछ नहीं बोली।

"क...क्या..." मैं हकलाने लगा। वह और हँसने लगी और फिर रुककर बोली—"मेरा नाम फ़ैज़ी है।"

"किस क्लास में हैं ?"

"मैं ? मैं बी.ए. फर्स्ट इयर और आप ?"

"म...मैं मैं...तो बी.एस.सी. सेकेंड इयर में।"

"अच्छा तो साइंस पढ़ते हैं आप ?"

"जी हाँ..."

"पेंट भी करता हूँ।"

"आपकी कोई तस्वीर यहाँ नहीं है..."

"नहीं-नहीं, ये तो योरोपियन मास्टर्स की तस्वीरें हैं। हम लोग अपनी नुमायश

फरवरी में लगाएँगे।''

''चलो बस क्या दो ही पेंटिंग्स देखनी हैं।'' फ़ैज़ी के साथवाली लड़की उसका हाथ पकड़कर घसीटने लगी।

ये पहली मुलाक़ात थी। आर्ट एक्जीबीशन काफी सफल रही थी हर तरह से। शकील को इसका खूब मौक़ा मिला था कि ज़ोया से बात कर सके। अहमद से भी एक लड़की की बातचीत हुई थी उसका नाम रौशन था। हम तीनों बैठकर अब अपनी-अपनी महबूबाओं की चर्चा करते थे। आनेवाले मौक़ों का इन्तिज़ार करते थे और भविष्य की शानदार योजनाएँ बनाते थे। अहमद ने पता लगा लिया था कि रौशन कहाँ रहती है। वह यूनीवर्सिटी कैम्पस में ही रहा करती थी। अब वह इस इन्तिज़ार में था कि किस तरह रौशन के घर आना-जाना शुरू करे। रौशन के वालिद यूनीवर्सिटी के रजिस्ट्रार आफिस में काम करते थे और काफी मौलाना किस्म के आदमी थे—नाम था मुहम्मद उमर फ़ारूक़। अहमद ने ही मुझे बताया था कि यार सुना है बड़ा ज़हरीला 'मच्छर' है साला।

## 10

एक नाम दिन-रात गूँजा करता है। एक आवाज़ दिन-रात सुनाई देती है। एक तस्वीर आँखों के सामने तैरती रहती है। मुझे लगता कि किताबों में आशिक़ों की जो परिभाषाएँ हैं उन सब पर मैं पूरा उतर रहा हूँ। नज़्में लिखने की रफ़्तार बढ़ गई है। हर रात एक नज़्म लिखता और अगले दिन अहमद के कमरे में सुनाता हूँ। शकील ने भी कुछ लिखा होता है तो सुनाता है। मैंने अहमद का कहा मानकर एक डायरी खरीद ली है और उसमें नज़्मे लिखने लगा हूँ।

फ़ैज़ी से मिलने का दूसरा मौक़ा गर्ल्स कॉलिज के 'फेट' में मिला। मैं तय करके आया था कि आज उससे बहुत-सी बातें करूँगा क्योंकि पिछली बार तो शायद मेरी घिग्घी बँध गई थी, मैं कुछ बोल न पाया था।

'फेट' के अन्दर हम तीनों एक दूसरे से बिछड़ गए थे। अहमद रौशन की तलाश में भटक रहा था। शकील ज़ोया को ढूँढ़ने लगा। और मेरी निगाहें सब तरफ फ़ैज़ी को खोजने लगीं। जल्दी ही वह मुझे 'टी स्टाल' पर खड़ी दिखाई दी और मैं उधर लपका। उसने दूर से मुझे देखा और कुछ मुस्कुराहट जैसी उसके चेहरे पर आई। 'टी स्टाल' पर भीड़ थी। मैं उसमें घुस गया। जल्दी ही उसके सामने था।

'हेलो !'

''हेलो।'' उसने कहा।

''तुम कैसी हो ?''

"चाय बनाते-बनाते...ये भारी-भारी केतलियाँ उठाते-उठाते हाथ दुख गया।" वह बोली।

"मैं बना दूँ।"

"तब तो शायद ही यहाँ कोई चाय पीने आए।" वह हँसी। मैं कुछ शर्मिन्दा-सा हो गया।

"चाय कितने की है ?"

"एक रुपए की।" वह लापरवाही से बोली।

"अरे इतनी महँगी...ये तो..."

वह बात काटकर बोली—"ऐसी चाय और कहीं न मिलेगी...समझे।"

"हाँ वो तो है।"

"तो, दूँ ?"

"हाँ दो।"

"कितने कप ?"

"कितने का मतलब ?"

"तुम अकेले आए हो ?"

"नहीं।"

"तो तुम्हारे दोस्त चाय नहीं पिएँगे।"

मैं घबरा गया—"ठीक है, तो तीन दे दो।"

उसने तीन कपों में चाय डाल दी। अब मेरे लिए तीनों कपों को उठाना और फिर अहमद और शकील की तलाश मुश्किल काम था। मैंने उसे पाँच का नोट दिया और उसने टीन के बक्से में डाल दिया।

"दो रुपए नहीं हैं।" वह हँसकर बोली।

"अरे मेरे दो रुपए..."

"देखो 'फेट' की सारी 'इन्कम' ग़रीब लड़कियों को 'स्कॉलरशिप' देने में खर्च की जाएगी।"

"हाँ...हाँ, समझ गया।" मैंने बड़ी मुश्किल से तीनों कप उठाए।

"तुम कब फ्री होगी ?"

" 'फेट' के बाद।"

"ये कब तक चलेगा ?"

"सात बजे तक।"

"तो मैं सात से पहले आऊँगा।"

वह कुछ नहीं बोली।

चाय के तीनों कप लिए मैं सँभल-सँभलकर क़दम रखता भीड़ में अहमद और शकील को तलाश करने लगा। किसी लड़के ने फ़िक़रा कसा—"पार्टनर, पूरी केतली ही खरीद लेते। ले जाने में आसानी होती।' मैं हँस दिया। अहमद और शकील कहीं नज़र

न आ रहे थे। मैंने थोड़ा हट कर बड़े आराम से दो चाय की प्यालियाँ फूलों की क्यारियों में खाली कर दीं और सिगरेट सुलगा ली। चाय से ज़्यादा मुझे सिगरेट की तलब लग रही थी। सिगरेट के साथ चाय का एक 'सिप' लिया जो बिल्कुल ठंडी थी।

कुछ देर बाद शकील मिला। वह काफी नाराज़ लग रहा था।

"क्या ज़ोया नहीं आई ?"

"आई है यार।" वह झल्लाकर बोला।

"मिली ?"

"अपने बाप के साथ आई है ?" वह और ज़्यादा झल्लाकर बोला—"ये अब्बाजान के साथ आने का क्या तुक था।" वह बड़बड़ाने लगा। मैं हँसने लगा। शकील ने आज के दिन के लिए ही नई कमीज़ सिलवाई थी।

"कमीज़ बेकार गई।" मैंने उसे चिढ़ाया।

"यार गुस्सा न दिलाओ...जी चाहता है साली को फाड़कर फेंक दूँ।" वह बिगड़कर बोला।

"नहीं ये करना। कमीज़ की कोई ग़लती नहीं है।"

अहमद दूर से तेज़-तेज़ कदम रखता आया और अचानक बोला, "यार, बीस रुपए चाहिए। बीस...तुम लोगों के पास कितने हैं, गिनो जरा।"

"क्या करोगे ?"

"ये तो बाद में बताऊँगा। अभी रुपए निकालो यार।"

"महीने भर क्या होगा..." शकील ने अपनी जेब से बारह-तेरह रुपए निकालते हुए कहा।

"अरे यार, मैं बाहर निकलकर ही दे दूँगा..." अहमद बोला।

गरज़ ये कि शकील से बारह और मुझसे दस रुपए लेकर वह तेज़ी से भीड़ में खो गया।

"क्या चक्कर है ?" शकील ने पूछा।

"खुदा जाने। लगता है लौंडिया पट गई है।"

जरा देर बाद मुझे ज़ोया के अब्बाजान गर्ल्स कॉलिज की प्रिंसिपल के साथ जाते दिखाई दिए और मैंने कहा—"यार शकील, भाग प्यारे। भाग।"

"क्या हुआ ?"

"अबे वो देख" मैंने उसे दिखाया।

वह बग़ैर कुछ कहे तेज़ी से भीड़ में गड़ाप से घुस गया।

मैं घड़ी देखता 'फेट' में इधर-उधर टहलता रहा। लड़के खरीदारी कम और बातें ज़्यादा कर रहे थे। लड़कियाँ सामान बेचने के चक्कर में थीं। मेरे ही हॉस्टल के 'डैडी' को किसी लड़की ने उल्लू बनाकर ढेर सारी चूड़ियाँ बेंच डाली थीं। 'डैडी' चूड़ियाँ छिपाने की कोशिश कर रहे थे और लड़के उन पर जुमलेबाजी कर रहे थे। 'डैडी' बेचारे कुछ ज़्यादा उम्र के थे इसलिए उन्हें आमतौर पर सब 'डैडी' कहते थे। 'डैडी' लड़कियों के

बड़े रसिया थे। आज ख़ूब बन-सँवरकर आए थे।

मैं सात बजे टी स्टाल पर पहुँचा।

''ये देखो इतनी चाय बच गई है।'' फ़ैज़ी ने एक बड़ी केतली मुझे दिखाई। कितना नुक़सान हो गया।'' वह बोली।

मैंने सोचा कि अगर अहमद ने मुझसे बारह रुपए न ले लिए होते तो मैं पूरी केतली खरीद लेता। अहमद पर गुस्सा आया। यार अपना काम बना लेता है। दूसरों का चाहे बने चाहे न बने। अब मेरे पास चार ही रुपए बचे थे।

''और पियोगे चाय ?'' वह बोली।

मेरे हाँ...हूँ करने से पहले ही उसने तीन कपों में चाय डाल दी। और मैं देखता रह गया।

मैंने तीन रुपए उसकी तरफ बढ़ा दिए।

''अब ये चाय पिएगा कौन ?'' मैंने कहा।

''पहले जो तीन कप ले गए थे वो किसने पी थी?''

''चलो ठीक है।'' मैंने ठंडी साँस भरकर कहा। वह हँसने लगी।

कॉलिज से सड़क तक लम्बी और पतली सड़क पर साथ-साथ चलते हुए मैंने फ़ैज़ी से पूछा—''अब तुमसे क्या अगले 'फेट' में ही मुलाक़ात होगी।''

वह हँसने लगी और बोली, ''हाँ।''

''तुम यूनीवर्सिटी लायब्रेरी भी नहीं आतीं ?''

''हमारे यहाँ अपनी अलग लायब्रेरी है।''

''वहाँ कोई किताब न मिले तो...''

''सब किताबें मिल जाती हैं।''

''तुम्हारा कॉम्बीनेशन क्या है ?''

''हिस्ट्री, साइकॉलोजी और होम साइंस।''

''मेरा कैमिस्ट्री, बॉटनी और जिऑलोजी।'' मैंने उसके पूछे बग़ैर बताया।

''क्या करना चाहते हो ? एम.एस-सी. ?''

''हाँ...शायद...'' मैं घबरा गया।

''मैं साइकॉलोजी में एम.ए. करूँगी।'' वह बोली।

''ये बताओ फिर कब मिलोगी...हम लोगों की नुमायश में तो आओगी न ?''

''ठीक है।'' उसने मेन रोड पर आकर एक रिक्शे को रुकने का इशारा किया और बैठ गई। रिक्शेवाला साला पता नहीं कितने उत्साह में था या फ़ैज़ी को देखकर आ गया था कि उसने एक सेकेंड का मौक़ा भी नहीं दिया, टॉप गेयर में पूरा एक्सीलेटर दबा दिया।

फ़ैज़ी के चले जाने के बाद मैं फिर अन्दर आया। बहुत खोजा लेकिन न तो अहमद

का पता था और न शकील का। पता नहीं दोनों कहाँ चले गए। जबकि तय ये हुआ था कि साढ़े सात बजे सब लॉन में मिलेंगे। इन्तिज़ार करते-करते तंग आ गया तो बाहर आया। साइकिल स्टैंड पर अहमदवाली साइकिल और वह जो शकील किराए पर लाया था, नहीं थी। पैसे भी मेरे पास न थे कि रिक्शा करता; लेकिन फिर भी मैं खुश था। पैदल मार्च कर दी और हॉस्टल आ गया।

कपड़े बदलकर बैठा ही था कि अहमद और शकील आ गए।

''चलो यार चलो।'' अहमद बहुत खुश लग रहा था।

''कहाँ चले गए थे।''

''चलो यार सब बताते हैं।'' शकील बोला।

अहमद ने अपने कमरे का दरवाज़ा बन्द करके कोट के अन्दर की जेब से 'रम' की आधी बोतल निकाली और बोला, ''मैं थका-हारा था इतने में जो आए बादल/एक दीवाने ने चुपके से बढ़ा दी बोतल।''

''तो तुम लोग शहर चले गए थे ?''

''हाँ यार।'' शकील बोला।

''बीस रुपए इसी में लग गए।''

''नहीं यार, बीस का तो 'हेयर क्लिप' रौशन को दिलवा दिया। हुआ ये कि मैं रौशन के साथ दुकानें देख रहा था। उसे एक 'हियर क्लिप पसन्द आया। बीस का था। उस वक़्त मेरे पास पैसे नहीं थे। तुम लोगों से लेकर खरीदा और उसे 'प्रेज़ेन्ट' कर दिया।''

'' 'रम' के पैसे कहाँ से आए ?''

''अरे यार तुम पियो...आ गए साले जहाँ से आने थे।'' अहमद ने गिलास रखते हुए कहा।

''डैडी से उधार लिए हैं अहमद ने।'' शकील ने कहा।

''यार ये साले डैडी के पास बड़े पैसे रहते हैं।'' मैंने कहा।

''हाँ जब ही तो पचास रुपए की चूड़ियाँ खरीद लीं। चूतिया है साला।'' शकील ने कहा।

''कहते हैं बी.डी.ओ. था।'' मैंने पूछा।

''हाँ कई साल पहले यहाँ से बी.ए. करके चला गया था। बी.डी.ओ. लग गया था। पता नहीं क्या हुआ, नौकरी छोड़कर अब एम.ए. करने आया है।'' शकील ने बताया।

''तब तो अच्छी कमाई कर ली होगी।''

''साला पीछे पड़ा रहता है कि लौंडिया दिलाओ।'' शकील ने कहा।

''तुम्हें क्या दलाल समझता है ?''

''छोड़ो यार...अब उस बजरबट्टू की बातें करके मूड न खराब करो। पी जाए और बताओ क्या हुआ।''

''तुम बताओ ?'' मैंने अहमद से पूछा।

"यार मामला जम गया है। बड़ी बातें हुईं। वो जानती है कि मैं कौन हूँ...मतलब अब्बाजान के बारे में जानती है। कह रही थी उसके अब्बा ने एक-आद बार घर में जिक्र किया था।"

"लड़की अच्छी है।"

"बहुत अच्छी है। और जानते हो बेटा क्या तय हो गया है ?"

"क्या ?"

"परसों चार बजे लायब्रेरी आएगी।"

"अरे वाह ये हाथ मारा है प्यारे।" मैंने खुश होकर कहा।

"सोचता हूँ एक ख़त दे दूँ।"

"वैसे बातें क्या हुईं ?"

"यार और तो सब ठीक ही था। पता नहीं साला कहाँ से शिआ-सुन्नी का ज़िक्र निकल आया।" वह बोला।

"फिर ?"

"फिर क्या यार मैंने कहा कि मेरे ख़ानदान में ऐसा कोई चक्कर नहीं है। मेरी फूफी की शादी सुन्नियों में हुई है। मेरी अम्माँ का ददिहाल सुन्नी है। हम सबसे मिलते-जुलते हैं। ये शिआ-सुन्नीवाला मामला जाहिलों के लिए बड़ी चीज़ है।"

"फिर क्या बोली।"

"कहने लगी हाँ...मुसलमान तो मुसलमान है वो चाहे शिआ हो चाहे सुन्नी...मुझे अपना 'पोट्रेट' बनाने के लिए एक तस्वीर देगी।" वह एक लम्बा-सा घूँट लेकर बोला।

"तुमने जब 'हेयर क्लिप' दिया तो क्या बोली ?"

"ले नहीं रही थी। मैंने काफी इसरार करके दिया। मैंने कहा इतनी छोटी-सी चीज़ कौन देखेगा..ये भी कहा कि परसों वही 'हेयर क्लिप' लगाकर आए।"

"क्या बोली ?"

"हँसने लगी। हाँ में सिर हिलाया।"

"तो तुम्हारा तो मामला सेट हो गया। अब तुम बताओ प्यारे।" मैंने शकील से पूछा।

"हाँ तो सुनो प्यारे।" वह कन्धे पर हाथ मारकर बोला, "उनके अब्बाजान के चले जाने के बाद मैं पास गया। मैंने पूछा तुम क्या बेच रही हो तो कहने लगी कुछ नहीं। मैं तो खरीदने आई हूँ। सब लोग बेचने लगेंगे तो खरीदेगा कौन।"

"फिर ?" अहमद ने पूछा।

"पेंटिंग और आर्ट्स क्लब के बारे में बातचीत होने लगी। उसने कुछ पेंटिंग्स बनाई हैं। मैंने कहा कैसे देखी जा सकती है तो कहने लगी कि नसरीन आपा के घर ले आएगी। वहाँ मैं देख सकता हूँ।"

"तो तुमने अगली मुलाक़ात भी पक्की कर ली।" अहमद ने कहा।

"हाँ यार वो तो ठीक है लेकिन पता नहीं कब लाएगी।"

“सब्र करो सब्र, ये इश्क़-विश्क़ के मामले जल्दी में नहीं होते।” मैंने किसी अनुभवी की तरह राय दी।

“कुछ दिया तुमने ?” मैंने कुछ देर बाद पूछा।

“देता क्या यार...पैसे तो अहमद ने झटक लिए थे ?”

अहमद हँसने लगा। फिर बात घूम-फिरकर शायरी पर आ गई। शकील ने ‘मजाज़’ की कुछ नज़्में पढ़ीं। रम ख़त्म हो गई। नशा हो गया। हम बाहर निकल आए। हॉस्टल के पीछेवाली पतली सड़कों के दोनों तरफ पाइन के पतले और लम्बे पेड़ों की क़तार दूर तक चली गई है। मलगिजे से अँधेरे में पाइन के पेड़, हॉकी फील्ड, लायब्रेरी की ऊँची इमारत, हॉस्टलों की पुरानी इमारतें धुँधली-धुँधली तस्वीरें लगने लगीं। हवा बिल्कुल रुक गई और झींगुरों की आवाज़ दुहाई देने लगी।

## 11

इम्तिहान के दिन पास आते-आते इतने पास आ गए कि बस एक हफ्ता रह गया। हम तीनों परेशान हो गए। किसी न किसी तरह हाजरी तो पूरी हो गई थी लेकिन तैयारी कुछ न थी। सोचा चलो तीनों साथ बैठकर ‘कम्बाइंड स्टडी’ करते हैं। रात में देर तक जागने के लिए कॉफी लाकर रखी गई। कमरे में फर्श बिछा दिया गया। टेबुल लैम्प एक छोटी मेज़ पर रखा गया ताकि तीनों को रौशनी मिल सके। गरज ये कि बड़ी तैयारियों के साथ पढ़ाई शुरू की गई। लेकिन अहमद का कहना था कि कोर्स इतना ज़्यादा है कि ‘इम्पार्टेंट’ भी अगर पढ़ते हैं तो पूरा नहीं होगा। इसलिए ‘बुलेट’ बनाना चाहिए। मैं और शकील उससे सहमत न थे, यार अगर नक़ल करते हुए पकड़ लिए गए तो क्या होगा ? अहमद को पूरा यक़ीन था कि उसको नक़ल करने की ऐसी तरक़ीबें आती हैं कि वह न पकड़ा जाएगा। उसने हमें भी ये तरकीबें समझाई थीं। पर्चे की तह पर तह लगाकर उसे उँगलियों के बीच दबाकर रखा जा सकता है और फिर एक-एक परत खोलकर नक़ल की जा सकती है। हम दोनों ने ये तरकीब ध्यान से देखी लेकिन डर ख़त्म नहीं हुआ। मैं और शक़ील कम से कम ‘इम्पार्टेन्ट’ तैयार करने लगे और अहमद ‘बुलेट’ बनाने लगा।

इम्तिहान से पहले ‘हॉल टिकट’ का मसला सामने आया। हम तीनों पर अच्छे खासे ‘डियूज़’ निकले। शकील के अब्बा ने किसी तरह रो-गाकर पैसे भेज दिए। मैंने भी अब्बा को सैकड़ों बहाने पेश करके और पैसा माँगनेवाला ख़त लिखा जिसके जवाब में पैसा आ गया। अहमद के पैसे नहीं आए। बाद में रजिस्ट्रार के नाम एक चेक आया। मतलब यह कि उन पैसों में से न तो उधार चुक सकता है और न खर्च के लिए ही मिल सकते हैं। हॉस्टल वगैरा की फीस के जितने पैसे जमा करने थे उससे ज़्यादा उसने राजा साहब को बताए थे और उतने ही पैसों का चेक आ गया था। वह चेक लिए इधर-उधर भागता

रहा लेकिन कोई बात न बनी। इस दौरान उसे बुलेट तैयार करने का मौक़ा भी न मिल सका। फिर वह किराया किसी से उधार लेकर एक दिन के लिए घर गया और चेक वापस करके कैश लाया तब काम चला। इम्तिहान शुरू होने से एक दिन पहले उसे 'हॉल टिकट' मिला।

इम्तिहान में बैठे। हर पेपर जो हाथ में आता इतना अजनबी लगता कि सवाल तक ठीक से समझ में न आते। रटे-रटाए एकआद सवाल फँसते। अहमद को नक़ल करने का मौक़ा भी न मिल पाया क्योंकि 'इन्वेजीलेशन' तगड़ा था। बहरहाल उन दिनों हम तीनों उदास रहा करते थे। लगता था कि किसी तरह इम्तिहान की बाल तो टले। जो होगा, बाद में देखा जाएगा।

जिस दिन आख़िरी पेपर ख़त्म हुआ उसी दिन मैंने और अहमद ने ट्रेन पकड़ ली। वही प्रोग्राम बना था कि मैं उसके यहाँ होता हुआ अपने घर जाऊँगा। शकील रुक गया था। उससे उम्मीद थी कि छुट्टियों में वो नसरीन आपा के घर जाएगा और वहाँ ज़ोया से मुलाक़ात हो सकेगी।

हमें लेने कोई स्टेशन नहीं आया था क्योंकि राजा साहब के पास कोई ड्राइवर न था। जब उन्हें कहीं जाना होता था तो किसी 'पार्ट टाइम' ड्राइवर को बुलवा लेते थे। उन्हें शायद यह मालूम भी न था कि हम लोग आ रहे हैं। स्टेशन से रिक्शे करके जब हम कोठी पहुँचे तो पोर्टिको में ही अहमद ने चिन्ना का नाम लेकर एक ज़ोरदार आवाज़ लगाई। चिन्ना कुछ देर बाद उसी तरह अपने चूतडों पर हाथ फेरता आ गया जैसे आमतौर आता था।

"आ गए मियाँ ?"

"देख नहीं रहे हो। चलो सामान उठाओ। अब्बाजान हैं ?" वह बोला।

चिन्ना सामान लेकर चला गया। हम दोनों राजा साहब के कमरे में आए। वे टाइपराइटर पर झुके कुछ टाइप कर रहे थे। अहमद ने आदाब किया तो मुड़े और बोले—"इम्तिहान दे आए हो।"

"जी हाँ, हो गया !"

मैंने भी आदाब किया तो बोले—"तुम लोगों के पर्चे कैसे हुए।"

"अच्छे हुए हैं अब्बाजान...बस एक...थोड़ा...अच्छा नहीं।" अहमद बोला।

—"तुम पिछले साल इन्हीं दिनों आए थे न ?" उन्होंने मुझसे पूछा।

—"जी हाँ।" मैंने कहा।

—"मेरा ये पूरा एक साल जानते हो किस काम में लगा ?" उन्होंने चश्मे को माथे पर चढ़ाते हुए कहा।

मैं क्या जवाब देता, चुप रहा। उन्होंने उठकर सामने रखी अल्मारी खोली और उसमें से अजीब बेढंगा-सा लगनेवाला चाकू निकाला और मुझे दिखाकर बोले, "ये मेरे

एक साल की मेहनत है...क्या है ये ?'' उन्होंने पूछा।

''चाकू है ये।'' मैंने कहा।

''ये तो कोई अन्धा भी बता देगा, लेकिन ये सिर्फ चाकू नहीं है। इसके कई 'फंक्शन' है। ये दोनों उँगलियाँ जहाँ डाली जाती हैं उस हिस्से को थोड़ा 'शेप' दे दिया गया है। इससे डिब्बे खोले जा सकते हैं। और ये दोनों इसमें 'एडजस्टेबल' 'माइक्रोफाइंग ग्लास' लगा है। और ये एक 'पिन' है और ये छोटा-सा 'स्क्रू ड्राइवर' है। कैंची की चोक पर छोटा-सा 'मैगनेट' लगा है। अगर सुई गिर जाए तो हाथ से उठाने के बजाय 'मैगनेट' के सहारे बहुत आसानी से उठ सकती है और ये देखो पूरी कैंची पर 'इंचों' और 'सेंटीमीटरों' के निशान लगे हैं। यह 'स्केल' का भी काम कर सकती है। अब बताओ इसके कितने 'फंक्शन' हैं ?'' वे मेरी तरफ देखकर मुस्कुराए।

''कई फंक्शन हैं।'' मैंने कहा।

''सात 'फंक्शन' हैं।'' वे लापरवाही से बोले—''सिर्फ़ 'कामनसेंस' की बात है... 'कामनसेंस इज़ द मोस्ट अनकॉमन सेन्स'...समझे...वैसे मैंने इसका 'पेटेन्ट' करा लिया है। यानी पूरी डिजाइन मेरे नाम से 'पेटेंट' है। अब अगर कोई ये चाकू बनाना चाहता है तो उसे मेरी 'परमीशन' लेनी होगी। ...अब किसी दर्ज़ी को ये दिखा दो तो उछल पड़ेगा...समझे ?'' वे बोले।

''जी हाँ, है बड़े काम की चीज़।'' मैंने कहा।—''क्या इसे कोई कम्पनी बनाना चाहती है ?''

''अब आएँ कम्पनीवाले मेरे पास...मैं तो उनके चक्कर काटूँगा नहीं। मेरे पास इतना टाइम कहाँ है ?'' उन्होंने बुरा-सा मुँह बनाकर कहा।

''जी हाँ वो तो है।'' मैंने कहा।

''देखो मोटी-मोटी किताबें चाटकर रख देना और फिर उनमें से कुछ उगल देना अक़लमन्दी नहीं है। औसत दर्जे का काम है जो मामूली से मामूली अक़्ल का आदमी भी कर सकता है। असली बात है 'इन्नोवेटिव' होना...अरे दिमाग़ है तो कुछ नया करके दिखाओ। अंग्रेज इसी में तो हमसे आगे हैं। हम नक़्ल को अक़्ल समझते हैं और वो नई तहक़ीक़ को अक़्ल समझते हैं।''

थोड़ी देर के बाद वे बोले—''बताओ हिन्दुस्तान में इंडस्ट्रियल रिवोल्यूशन' क्यों नहीं हुआ ?''

मैं हैरत में पड़ गया। मैंने इस तरह के रिवोल्यूशन का नाम पहली बार सुना था। लेकिन ये अन्दाज़ा लगाते देर नहीं लगी कि राजा साहब सवाल सिर्फ इसलिए पूछ रहे हैं कि मैं कह दूँगा कि मुझे नहीं मालूम तो मैंने वही किया।

राजा साहब बोले, ''तरक़्क़ी सिर्फ पैसे से नहीं होती। एक नज़रिया दरकार है। वो हमारी सोसाइटी में नहीं था और न है...साले सब लक़ीर के फ़क़ीर बने हुए हैं। 'कास्ट सिस्टम' और 'रिलीजन' ने इस मुल्क को तबाह कर दिया...देखो ये बातें मैं खुलकर कहता, लिखता और मानता हूँ। जब एसेम्बली में था तो मुझे 'फिलॉसफर ऑफ

द हाउस' कहा जाता था। समझे ?''

''जी हाँ।''

''मैं 'बार्न' रिवोल्यूशनरी हूँ। शराब पीने को नहीं झूठ बोलने को गुनाह मानता हूँ...अरे मैं न जाने कहाँ होता...देखो एक दिलचस्प वाक़्या याद आ गया। उत्तर प्रदेश में जब पहली सरकार बनी तो ये सोचा गया कि शिआ मुसलमानों की नुमायन्दगी करने के लिए एक शिआ मिनिस्टर होना चाहिए। ज़ाहिर है मेरा नाम फेहरिस्त में सबसे ऊपर था। शहर के बड़े-बड़े मौलवी मुझसे मिलने आए, उनके साथ मीटिंग हो रही थी। उस जमाने में मेरे पास एक नीम पागल-सा नौकर हुआ था जो रोज़ शाम मुझे विस्की देता था। मीटिंग के दौरान मुझे प्यास लगी। मैंने उससे कहा पानी लाओ, वह पानी का गिलास लाया और अपनी झोंक में बोल गया—''राजा साहब विस्की हाज़िर है।' बस साहब ये सुनना था कि मौलवी हत्ते से उखड़ गए। मैंने बहुत-बहुत समझाया कि देखिए गिलास में पानी है। ये नौकर कुछ दीवाना-सा है। लेकिन जनाब वो नहीं बैठे। और उन्होंने पन्त से जाकर कहा कि कम से कम मैं तो शिओं का नुमायन्दा नहीं हो सकता।'' ये किस्सा सुनाकर राजा साहब हँसने लगे।

''अच्छा अब तुम लोग जाओ। नाश्ता वग़ैरा करो...मैं ये 'लेटर टु एडीटर' लिख रहा हूँ। सामने कैसरबाग़ वाले चौराहे के सामने का हिस्सा तोड़कर किसी ने उसे 'मॉडर्न' बना दिया है। इतने बड़े-बड़े जुर्म यहाँ इतनी आसानी से हो जाते हैं। अरे भाई ये तो 'हिस्टॉरिकल इम्पार्टेन्स' की इमारत है। अगर विलायत में ऐसा होता तो हुल्लड़ मच जाता, यहाँ किसी के कान पर जूँ तक नहीं रेंगती। इसी लखनऊ के अन्दर सैकड़ों शाही ज़माने की तारीख़ी इमारतें बर्बाद कर दी गईं...लेकिन मैं चुप नहीं बैठता, जो कर सकता हूँ करता हूँ...अब कोई सुने या न सुने...''

नाश्ता करने के बाद अहमद ने मुझसे कहा कि चलो गैराज में तुम्हें अपनी 'रोल्स' दिखाऊ'। मैं और वो कोठी के पीछे बने गैरेज में आए। लगा इनमें से कुछ में नौकर वग़ैरा किस्म के लोग रहते हैं।

उसने एक गैरेज का ताला खोला। ताला खुलने में काफी वक़्त लगा क्योंकि वह शायद बरसों से नहीं खुला था और जंग खाया हुआ था। फाटक खोलकर हम अन्दर आए। एक लम्बी चौड़ी कार जो काफी पुरानी लग रही थी, गर्द में अटी खड़ी थी। अहमद एक कपड़ा लेकर उसे साफ करने लगा।

''रोल्स राइस है, सैलून मॉडल।'' वह मेरी तरफ इस तरह देखने लगा जैसे मैं हैरत में पड़ जाऊँगा। फिर मेरे चेहरे के भाव देखकर बोला—''दुनिया की सबसे अच्छी गाड़ियों में गिनी जाती है। ऐसी सिर्फ दो गाड़ियाँ हैं इंडिया में : एक निज़ाम के पास है और दूसरी ये है। दोनों के आर्डर साथ-साथ गए थे। इंजन देखोगे ?''

''हाँ।' मैंने कहा।

वह इंजन खोलकर पुर्जों के बारे में विस्तार से बताता रहा। मुझे न तो कारों के बारे में कुछ मालूम है और न पुर्जों के बारे में। लेकिन उसके बताने से इतना ज़रूर लगा कि कार बहुत ही ख़ास किस्म की है और उस जैसी दूसरी कार किसी के पास है तो निज़ाम हैदराबाद के पास। ड्राइवर और पिछली सीट के बीच पार्टीशन था। डिक्की इतनी बड़ी थी कि उसमें एक आदमी आराम से सो सकता था।

"एक लीटर में पाँच किलोमीटर जाती है।" अहमद बोला।

"इसे चलाते हो ?"

"बिल्कुल ठीक है यार...चलती है...लेकिन इतनी महँगी पड़ती है कि इसे चलाना अब मुश्किल है।" वह बोला।

"आजकल ये कितने की होगी।" मैंने पूछा।

"मिल ही नहीं सकती।" वह हँसा।

"फिर भी कितने की होगी।" मैंने पूछा।

"अब...? अब समझ लो कि अगर ये योरोप पहुँच जाए तो इसकी क़ीमत कम से कम दस लाख होगी। यहाँ चार-पाँच लाख आसानी से मिल सकते हैं।"

हम कार देख ही रहे थे कि चिन्ना आकर बोला–"भइया आपका फोन आया है ?"

"फोन ?"

"हाँ कोई लौंडी है।" चिन्ना बोला और दोनों हँसने लगे।

"किसी औरत के सामने उसे लौंडी न कह देना...समझे ?" अहमद ने उससे कहा।

"अब हम अँगरेजी तो पढ़े नहीं...आप ही लोगों से सीखी है।" वह दाँत निकालकर बोला।

"वाह बेटा...ये लौंडी...तुमने हम ही लोगों से सीखा है।" चिन्ना अपना सिर खुजाने लगा।

अहमद तेजी से फोन सुनने कोठी की तरफ भागा। मैं और चिन्ना रह गए। चिन्ना गैरेज का फाटक बन्द करने लगा।

"यहाँ कितने साल से काम कर रहे हो।" मैंने उससे पूछा।

"यहाँ...जब से पैदा हुए हैं...यहीं हैं।" वह बोला।

"क्या तुम्हारे अब्बा...?"

"अब्बा और अब्बा के अब्बा और उनके अब्बा...सब इसी डियोढ़ी में थे।" वह मेरी बात काटकर बोला। और कहने लगा–"अरे अब क्या है जब रानी साहिबा ज़िन्दा थीं तब देखते आप कोठी को...रजवाड़ा था तब...हमारी ये हालत थोड़ी रहती थी।" वह अपने कपड़ों की तरफ देखकर बोला–"रानी साहिबा साल में चार जोड़े देती थीं।"

"और अब ?"

"अरे अब क्या है।" लगा वह कुछ कहना नहीं चाहता था।

"राजा साहब क्या करते रहते हैं ?" मैंने कोठी की तरफ आते हुए पूछा।

“दिन भर अपने कमरे में रहते हैं ? मसीन में खटपट करते रहते हैं।”

“कहीं बाहर नहीं जाते ?”

“नहीं।”

“कोई मिलने नहीं आता ?”

“नहीं...कभी-कभी सलामत साहब आ जाते...वो भी महीने में एकआद बार...”

“खाना तुम ही पकाते हो ?”

“नहीं, अम्माँ पकाती हैं ?”

“तुम्हारी शादी हो गई है।”

“हाँ हो गई थी...पर अब मैके से नहीं आती...”

मैं और चिन्ना कोठी के अन्दर जा ही रहे थे कि अहमद बाहर आता दिखाई दिया। वह इतना खुश लग रहा था जैसे खज़ाना मिल गया हो। जल्दी से मुझे अलग खींच ले गया और बोला—“यार मज़ा आ गया।”

“क्या हुआ ?”

“यार रौशन का फोन आया था।”

“वो यहाँ है ?”

“हाँ यार...यहाँ अपने चचा के यहाँ आई हुई है।”

“चचा ? यहाँ हैं।”

“हाँ यार हाजी फारूक...चमड़े के सबसे बड़े आढ़तिए उसके चचा हैं। उन्हें यहाँ ‘लेदर किंग’ कहा जाता है। अमीनाबाद में रहते हैं।” वह एक ही साँस में बोल गया।

“तो बात क्या हुई ?”

“कहने लगी आज शाम छह बजे ‘क्वालिटी’ में अपनी ‘कज़ेन’ के साथ आएगी।”

“मज़े हैं।” मैंने कहा।

“तुम भी चलना।”

“मैं ?”

“हाँ, हो सकता है उसकी ‘कज़ेन’ से कुछ मामला ‘सेट’ हो जाए।” वह हँसने लगा।

खाने की मेज़ पर राजा साहब ने अपने विलायत के ज़माने के क़िस्से छेड़ दिए थे। ये भी बताया कि योरोप से जब हिन्दोस्तान वापस आ रहे थे तो सोचा क्यों न पूरी दुनिया घूम ली जाए। वो दुनिया घूमने के दिलचस्प क़िस्से सुनाने लगे। बताया—पीकिंग के रेस्टोरेंट में उन्होंने कुछ खाने का ऑर्डर दिया। खाना जब मेज़ पर लाकर रखा गया तो उसमें से ऐसी सख़्त बदबू आ रही थी कि पैसे रेस्टोरेंट से बाहर आकर दिए।

फिर वो इंगलिश खाने के ‘एटीकेट्स’ पर बातचीत करने लगे। छुरी काँटे से खाने के क्या तरीके हैं। छुरी और काँटे को किस तरह से रख दिया जाए तो उसका क्या

मतलब है। फिर अंग्रेज़ों की नैतिकता का ज़िक्र निकल आया। बताने लगे कि अंग्रेज़ों के ज़माने में जो अंग्रेज़ हिन्दोस्तान आते थे वे वहाँ के सबसे निकम्मे और जाहिल किस्म के लोग हुआ करते थे। मतलब अच्छे खानदान के अंग्रेज़ हिन्दोस्तान नौकरी करने नहीं आते थे। इसके बरख़िलाफ़ हिन्दोस्तान से जो लोग विलायत जाया करते थे वो आला खानदान के हुआ करते थे।

खाने के बाद मैं और अहमद ऊपर कमरे में आकर लेट गए। अहमद ने कपड़े उतारकर लुंगी बाँध ली और पंखे के नीचे लेट गया। गर्मी सख़्त थी और हम दोनों पसीने में डूबे हुए थे। खाना खाने के बाद और ज़्यादा गर्मी लग रही थी।

"अब्बाजान ने बड़े मज़े किए हैं अपने ज़माने में।" वह बोला।

"क्या ?"

"यार मैंने उनकी उस ज़माने की डायरियाँ पढ़ी हैं। जब विलायत में रहते थे।" उसने बड़ी राज़दारी से बताया।

"अच्छा क्या लिखा है।"

"रोज़ की डायरी में सबसे आख़िर में लिखा हुआ है कि उस दिन वह किस लड़की के साथ सोए। और कहीं कहीं लिखा है 'ओह वर्जिन।" समझे ? मतलब कुँवारी..." वह हँसने लगा फिर बोला—"पैसा भी था यार...अब तो साला कुछ नहीं है।" वह चुप हो गया। मैं छत के पंखे की तरफ देखने लगा। अजीब-सी चूँ-चर्र की आवाज़ के साथ पंखा चल रहा था।

लेटे-लेटे अचानक अहमद बोला—"तुम्हें मालूम है मेरा एक सौतेला भाई विलायत में है।"

"तुम्हारे दो भाई...?"

वह मेरी बात काटकर बोला—"हाँ दो तो सगे भाई हैं। लेकिन एक सौतेला भी है। अब्बाजान ने एक अंग्रेज औरत से शादी की थी उसका लड़का है। शादी के कुछ साल बाद तलाक़ हो गई थी। बस अचानक तीन साल पहले इंग्लैंड से एक ख़त आया। लिखनेवाले ने लिखा था कि वह अब्बाजान का लड़का है। उसकी माँ ने तो उसे कभी नहीं बताया था कि वह किसकी औलाद है लेकिन माँ के मरने के बाद उसे माँ की पुरानी डायरी से ये पता मिला।"

"तो राजा साहब ने उसे यहाँ बुलाया ?"

"नहीं...अब्बाजान ने उसे जवाब नहीं दिया।"

"ये सब तुम्हें किसने बताया ?"

"सलामत साहब ने।"

"ये कौन हैं ?"

"अब्बाजान के पी.ए. हैं...मतलब थे...अब भी कभी-कभी जब अब्बाजान को किसी वी.आई.पी. से मिलना होता है तो आ जाते हैं।"

"तो तुम्हारे अब्बाजान ने उसे जवाब क्यों नहीं दिया ?"

"पता नहीं यार क्यों ? शायद यहाँ आ जाता और जायदाद में हिस्सा माँगता।" वह बेदिली से बोला।

"हाँ ये तो होता।"

"हमारी अम्माँ उनकी तीसरी बीवी थीं। दूसरी शादी उन्होंने एक अफ़गान प्रिंसेज़ से की थी।"

"अफ़गान प्रिंसेज़...यानी शहज़ादी..." मैंने हैरत से पूछा।

"हाँ।"

"वो कैसे ? क्या तुम्हारे अब्बाजान वहाँ भी गए थे ?"

"नहीं...यहाँ बम्बई में।"

फिर वह चुप हो गया। मैं समझा शायद बताएगा लेकिन उसने आँखें बन्द कर लीं। शायद नींद का मोटा-ताज़ा झोंका आ गया था। मैं पंखे की तरफ ही देखता रहा। ऊँची छत उसके नीचे लम्बे-चौड़े रोशनदान जिनसे नीले रंग की रौशनी आ रही थी। पंखा जिस लम्बी सलाख से लटका था वह धीरे-धीरे हिल रही थी।

## 12

छह बजने से कोई पन्द्रह मिनट पहले हम दोनों क्वालिटी पहुँच गए। वहाँ कोने पर एक मौक़े की मेज़ भी मिल गई जो बाहर से नज़र नहीं आती। क्वालिटी में बैरे अहमद को जानते हैं। एक दो ने उसे सलाम भी किया।

छह बजे भी जब रौशन नहीं आई तो वह बाहर जाकर देखने के लिए उठा। मैं मेज़ पर बैठा सिगरेट फूँकता रहा। कोई दस मिनट बाद वह लम्बे-लम्बे क़दम रखता आया और फुसफुसाकर बोला–"आ रही है।"

मैंने घबराकर आधी पी सिगरेट बुझा दी और थोड़ा नर्वस हो गया।

रौशन अपनी कज़ेन के साथ अन्दर आई। इधर-उधर देखा और उसे हम नज़र नहीं आए तो अहमद उठकर उनके पास गया और दोनों हमारी मेज़ पर आ गईं।

"इन्हें तो तुम जानती ही हो।" अहमद ने रौशन से मेरे बारे में अंग्रेज़ी में पूछा।

"हाँ इनकी पेंटिंग्स देखी हैं।" वह हँसकर बोली।

"ये तुम्हारी 'कज़ेन' है ?" उसने दूसरी लड़की की तरफ देखकर कहा। वह लड़की बिल्कुल मूली की तरह सफेद थी। ऐसा लगता था जैसे बिल्कुल निचोड़ दी गई हो। उसने हल्का गुलाबी रंग का सूट पहना हुआ था जो उस पर बिल्कुल अच्छा नहीं लग रहा था। अगर गहरे रंग के कपड़े होते तो शायद कुछ अच्छे लगते।

"हाँ अंजुम...मेरी 'कज़ेन' है।...'फर्स्ट कज़ेन'...बी.ए. के दूसरे साल में है।" रौशन बोली।

"क्या पियोगी, चाय या कॉफ़ी ?" अहमद ने पूछा।

"चाय।" वह बोली।

अहमद ने चाय, पेट्टीज़ और पेस्टीज़ का आर्डर दिया। बैरा झुककर आहिस्ता से बोला—"कुँवर साहब आपको, पाइनेपिल पेस्ट्री पसन्द है, वही लाऊँ न ?" अहमद हँसने लगा और बोला—"हाँ वही लाओ।" हिन्दी में कहकर वह फिर रौशन से अंग्रेज़ी में बोला—"जब मैं यहाँ था तो करीब हर शाम यहाँ आया करता था। ये सब मुझे जानते हैं।"

बैरे से हिन्दी में बात करने के बाद रौशन से अंग्रेज़ी में बोलने से ये साफ हो गया कि हिन्दी नौकरों-चाकरों से बोलने-बात करने की ज़बान है। मैं काफी घबरा गया क्योंकि अंग्रेज़ी न बोल सकता था। मुझे लगा कि अगर मैंने हिन्दी में कोई बात की तो मुझे 'बैरे' वाली श्रेणी में गिना जाएगा। एक अजीब मुसीबत में फँस गया। अगर कुछ नहीं बोलता तो वो भी ठीक नहीं है। हिन्दी मैं बोलता हूँ तो वो ठीक नहीं है। अंग्रेजी में बोल नहीं सकता।

वे तीनों फर्राटे से अंग्रेज़ी में बातचीत करने लगे। अंजुम भी बड़ी अदा के साथ अंग्रेजी बोल रही थी।

सिर्फ सिगरेट मेरी मदद कर रही थी। मैं एक के बाद दूसरी और दूसरी के बाद तीसरी सुलगा रहा था। फिर चाय-वाय आ गई तो खाने और चाय पीने लगा।

"तुम्हारे दोस्त बहुत कम बोलते हैं।" आख़िरकार रौशन ने अहमद से मेरे बारे में कहा।

"हाँ ये शायर हैं...बहुत अच्छा लिखते हैं।" ये भी उसने अंग्रेजी में ही कहा था।

मैं हँस दिया। लेकिन मेरी उलझन बढ़ गई। वे तीनों बातचीत भी ऐसी चीज़ों या लोगों के बारे में कर रहे थे जिनके सिलसिले में मुझे कुछ न मालूम था। पहले 'बीटल्स' के बारे में बात होती रही। उसके 'एल्विस प्रिस्ले' की गानों की चर्चा चल पड़ी। ये बात होने लगी किसके पास 'एल्विस' को कौन-से गाने का रिकार्ड है। मैं ये सब न जानता था। मुझे गुस्सा आने लगा कि मैं अंग्रेज़ी स्कूल में क्यों नहीं पढ़वाया गया। ये कोई नया गुस्सा न था जब से मैं यूनीवर्सिटी गया था और वहाँ मैंने देखा था कि अंग्रेजी स्कूलों में पढ़े लड़कों की दुनिया कितनी अच्छी, ऊँची और शानदार है तब से ये गुस्सा दिमाग़ में बैठ चुका था कि मुझे पब्लिक स्कूल में क्यों नहीं पढ़वाया गया। शायद इसलिए कि अब्बा तहसीलदार थे। नायब तहसीलदारी से तरक्की करते-करते तहसीलदार हुए थे। नौकरी के आख़िरी दिनों में उन्हें डिप्टी कलक्टरों के छुट्टी जाने पर डिप्टी कलेक्टरी करने का भी मौक़ा मिलता था। इसलिए मैं लोगों से यही कहता था कि मेरे वालिद डिप्टी कलेक्टर थे। अब रिटायर हो गए हैं। लेकिन ये हक़ीक़त न थी। अब्बा के तबादले होते रहते थे। जहाँ पहुँचते थे वहीं के सरकारी स्कूल में मेरा नाम लिखवा दिया जाता था। कस्बे में मेरी इज़्ज़त और आव भगत भी खूब होती थी कि मैं तहसीलदार का एकलौता लड़का था। अब्बा को शायद पब्लिक स्कूलों के बारे में पता भी न था। और फिर उनकी हैसियत भी ये न थी कि मुझे महँगे पब्लिक स्कूल

के बोर्डिंग हाउस में पढ़वाते।

उन तीनों के दरमियान अब बातचीत कारों के बारे में हो रही थी। अहमद उन दोनों को अपनी 'रोल्स राइस' के बारे में बता रहा था। दोनों लड़कियाँ बहुत प्रभावित लग रही थीं। फिर बातचीत अहमद के अब्बाजान के बारे में होने लगी।

सात बजे दोनों लड़कियों ने कहा कि अब उन्हें जाना है क्योंकि वे हज़रतगंज में शापिंग का बहाना करके आई हैं।

"तुम लोग जाओगे कैसे ?" अहमद ने पूछा।

"रिक्शा ले लेंगे।" रौशन ने कहा।

"चलो मैं गाड़ी से छोड़ देता हूँ।"

"नहीं नहीं, लोग देख लेंगे।" रौशन ने घबराकर कहा।

"गाड़ी में पर्दे लगे हैं। और फिर हाजी साहब की कोठी तक गाड़ी थोड़ी ले जाऊँगा। तुम लोगों को चौराहे पर कहीं उतार दूँगा। शाम का वक़्त है कौन देखेगा।"

काफी बहस-मुबाहिसे के बाद लड़कियाँ इस बात पर तैयार हो गईं। ये भी तय पाया कि चारों साथ-साथ बाहर नहीं निकलेंगे। अहमद ने उन्हें गाड़ी का नम्बर बताया और कहा कि गाड़ी रॉयल कैफे के सामने खड़ी है। तुम दोनों वहीं चलो, हम आते हैं।

उन दोनों के चले जाने के बाद हम लोग उठे। लड़कियाँ उधर के फुटपाथ पर खड़ी थीं। अहमद ने जल्दी से कार के दोनों दरवाज़े खोले और लड़कियाँ फुर्ती से पिछली सीट में ग़ड़ाप से घुस गईं। हम दोनों आगे बैठे।

अहमद गाड़ी अच्छा चलाता है। खासतौर पर इस वक़्त और अच्छी चला रहा है। रिक्शों के जंगल से गाड़ी इस तरह निकली जैसे नाव तैर रही हो।

"अरे ये तुम किधर से जा रहे हो।" अंजुम ने अंग्रेज़ी में अहमद से कहा।

"थोड़ी हवा खा ली जाए।" वह पहली बार हिन्दी में बोला।

"नहीं नहीं, देर हो जाएगी।" अंजुम बोली।

"कोई देर नहीं दस मिनट लगेंगे। वैसे भी तुम लोग रिक्शे से जातीं तो बीस-पच्चीस मिनट लगते।" वह बोला।

गाड़ी जल्दी ही भीड़-भाड़ से दूर शहर से बाहर निकल गई।

"चिनहट रोड है।" अहमद ने मुझसे कहा।

गर्मियों की शाम थी। सूरज डूबने के काफी देर बाद भी आसमान के एक हिस्से में कुछ रौशनी नज़र आ रही थी। सीधी सपाट और काली सड़क के दोनों तरफ आम के बड़े-बड़े पेड़ अँधेरे में डूब जाने को तैयार खड़े थे। कटे हुए चटियल खेतों का सिलसिला दूर-दूर तक फैला था। कहीं-कहीं बीच में गन्ने के हरे खेतों के अलावा कुछ हरा न था। खेतों के सिलसिले कच्चे घरों के छोटे-छोटे गाँवों तक जाकर ख़त्म हो जाते थे। घरों के ऊपर से धुआँ उठ रहा था। कभी सड़क पर एकआद बैलगाड़ी चूँ चर्र करती गुजरती और फिर सन्नाटा छा जाता।

शहर से निकलते ही खिड़कियों पर से पर्दे हटा दिए गए थे और सारी खिड़कियाँ

खुल गई थीं। शाम की हवा बेधड़क अन्दर आने लगी। अहमद के लम्बे बाल हवा में उड़ने लगे। लड़कियों ने सिर ढक लिए थे ताकि उनके बाल न उड़ें।

उन तीनों के बीच फिर वेस्टर्न म्युज़िक पर अंग्रेज़ी में बातचीत शुरू हो गई। मैं खामोशी से बाहर देखता रहा। अहमद ने मुझसे कहा—"यार एक सिगरेट जलाओ।" मैंने सिगरेट जलाकर उसे दे दी।

एक जगह उसने गाड़ी रोक दी। सामने एक विशाल तालाब था। मलगिजे से उजाले में उसका पानी चमक रहा था।

"यहाँ से तालाब को देखो।" वह गाड़ी से उतरता हुआ बोला। हम सब उतर आए। पता नहीं कैसे वह रौशन से बातें करता आगे बढ़ गया और कार के पास मैं और अंजुम खड़े रह गए।

"आप और अहमद क्लासफेलो हैं।" अंजुम ने मुझसे हिन्दी में पूछा। शायद वह समझ गई थी कि मैं अंग्रेज़ी नहीं बोल सकता। यह सोचकर मुझे काफी शर्मिन्दगी हुई। लेकिन क्या कर सकता था। मैंने कहा—"हाँ, हमारे 'सब्जेक्ट' एक हैं। हम एक ही क्लास में हैं।"

फिर वह खामोश हो गई। मैंने दिल ही दिल में सोचा कि इस लड़की से क्या बात करूँ ? उसकी पढ़ाई के बारे में ? नहीं पढ़ाई-वढ़ाई की बात करने का माहौल नहीं है। फिर क्या पूछूँ उसके घर के बारे में ? घर के बारे में क्या पूछूँ ? फिर और क्या पूछ सकता हूँ, उसकी 'हॉबीज़' के बारे में ? लेकिन ये सवाल काफी बचकाना हो जाएगा। तब-तब क्या बात करूँ ? मैं यह सब सोच ही रहा था कि अहमद आ गया।

हम गाड़ी में बैठे। लेकिन इस बार अहमद ने रौशन को आगे की सीट पर अपने साथ बिठाया। और मैं पीछे अंजुम के साथ बैठा। सिमटकर एक कोने में बैठ गया। वह भी सिमटकर दूसरे कोने में बैठ गई।

काफी देर तक हम दोनों खामोश बैठे रहे। मैं लगातार बाहर देख रहा था जबकि अब बाहर कुछ न दिखाई दे रहा था। अगली सीट पर मेरे ख़याल से अहमद ने रौशन का एक हाथ पकड़ रखा था क्योंकि 'स्टेयरिंग' पर उसका एक ही हाथ नज़र आ रहा था। मुझे लगा कि मुझे अब अंजुम से बातचीत शुरू करना चाहिए। वह क्या सोचेगी कि मैं कैसा अहमक़ आदमी हूँ।

मैंने झुककर उससे पूछा—"लखनऊ की कितनी आबादी है।"

उसने अजीब-सा मुँह बनाया और कन्धे उचका दिए। कुछ बोली नहीं।

मुझे लगा ये सवाल मैंने बहुत ग़लत पूछा है। लेकिन अब क्या हो सकता है। मैं घबराकर ऐसा खामोश हो गया कि उस वक़्त तक कुछ नहीं बोला जब तक कि दोनों लड़कियाँ चौराहे पर उतर न गईं।

लड़कियों को विदा करने के बाद अहमद बोला, "यार बात पक्की हो गई।"

"क्या ?"

"शादी करेगी।"

''मुबारक हो।''

''आओ यार इसी खुशी में कुछ हो जाए।''

हम 'काल्टन' में आ बैठे। मैं पहली बार वहाँ गया था। काफी शानदार किस्म का 'बार' लगा। हल्की-हल्की रौशनियाँ और हल्का-हल्का संगीत।

''आज तुम्हें एक नई किस्म की चीज़ पिलवाते हैं।'' वह बोला।

''क्या ?''

''जिन, कार्डियल लाइम, सोडा और बर्फ़।''

''अच्छा। देखते हैं।''

''गिमलेट कहते हैं...बेटा मज़ा आ जाएगा पीकर...लेकिन शर्बत की तरह न पी डालना...उलट जाओगे।''

पहला घूँट लेकर देखा तो यही लगा कि शर्बत की तरह पी जाऊँ।

''वाह यार वाह, क्या चीज़ है।''

''है न ?''

वह लम्बा घूँट लेकर बोला—''अब बताओ यार...कह रही थी कि यहाँ दस दिन रहेगी। फोन करने को मना किया है। वही करेगी। मैंने कहा कि दोपहर में करें जब अब्बाजान आराम करते हैं। चिन्ना भी साला सोने चला जाता है। तब फोन करें।

''और शिआ-सुन्नीवाली बात ?''

''यार देखो अब्बाजान तो इन सबको मानते नहीं। उनकी तरफ से कुछ न होगा...अब उसके अब्बाजान क्या कर सकते हैं अगर लड़की ही...समझे।''

''साला तीन पाँच करे तो भगा ले जाना।''

''हाँ ये भी हो सकता है।'' वह बड़े आत्मविश्वास से बोला।

कुछ ठहरकर वह बोला—''यार देखो अब्बाजान की भी दो शादियाँ ग़ैरशिओं में हुई थीं। पहली बीवी अंग्रेज़ थीं। उनके शिआ होने का कोई सवाल ही नहीं उठता। दूसरी सुन्नी थीं।

''ये अफ़गान शहज़ादी से तुम्हारे अब्बाजान की शादी कैसे हो गई थी।''

''यार अफ़गानिस्तान के शाही ख़ानदान की पालीटिक्स में शाही ख़ानदान के लोग वहाँ से इधर-उधर भागे। उन दिनों अब्बाजान विलायत से नए-नए लौटे थे। मौलाना मुहम्मद अली ने उनसे कहा कि तुम एक अफ़गान शहज़ादी से शादी क्यों नहीं कर लेते। अब्बाजान तैयार हो गए।''

''अच्छा तो शादी मौलाना मुहम्मद अली ने कराई थी।''

''कराई क्या थी, बताया था। शहज़ादी बम्बई आ गई थी, लेकिन ये तय नहीं था कि अब्बाजान से ही शादी करेंगी। उनकी नज़र में निज़ाम हैदराबाद का शाही खानदान था। उनके ख़ानदान की कुछ शहजादियों की शादियाँ निज़ाम के यहाँ पहले भी हो चुकी थीं...।

''तो वे यहाँ रहीं'।' मैंने पूछा।

"ये लम्बी कहानी है।" वह एक घूँट लेकर बोला।

"अब्बाजान के सेक्रेटरी सलामत साहब बताते हैं।" अहमद ने किस्सा शुरू करते हुए उसे प्रामाणिक ज़ाहिर करने के लिए सलामत साहब का नाम लिया—"जब अब्बाजान को मालूम हुआ कि शहज़ादी बम्बई आ रही हैं और 'ताज' में ठहरेंगी तो अब्बा जान भी बम्बई पहुँचे। रोल्स राइज़ को जो तुमने देखी, ड्राइवर के साथ पहले ही बम्बई रवाना करा दिया गया था। अब्बाजान के साथ सलामत साहब और तीन नौकर ट्रेन से गए। अब्बाजान भी 'ताज' में ठहरे। शहज़ादी से उनका तारूफ़ मौलाना मुहम्मद अली ने कराया। उस ज़माने में अब्बाजान के ठाठ थे। विलायत में रह चुके थे। तस्वीरों में तुमने 'पर्सनाल्टी' देखी ही होगी। सौ फीसदी अंग्रेज़ लगते थे। सारे योरोपियन मैनर्स' 'एटीकेट्स' समझते थे। उन्होंने प्रिंसेज़ पर ऐसा जादू कर दिया कि मामला पट गया। प्रिंसेज़ समझीं कि अब्बाजान किसी स्टेट के रूलिंग प्रिंस हैं। ठाठ भी उनके उसी तरह के थे...सलामत साहब बताते हैं कि प्रिंसेज़ भी उस गिरी हालत में जो ज्वेलरी पहनती थीं, उसे देखने बम्बई के जौहरी आते थे और उन्हें अपनी आँखों पर यक़ीन न आता था। प्रिंसेज़ अंग्रेजी, फ्रेंच और जर्मन फर्राटे से बोलती थीं और सौ फीसदी योरोपियन लगती थीं...तुमको शादी की तस्वीरें दिखाऊँगा...तब पता चलेगा।"

"अच्छा फिर क्या हुआ ?" मैंने पूछा।

"उसके बाद अब्बाजान से बम्बई में ही उनका निकाह हुआ। उनको लखनऊ लाने के लिए अब्बाजान ने दो फर्स्ट क्लास के डिब्बों को सैलून में कनवर्ट कराया। एक डिब्बे में स्टाफ नौकर और डाइनिंग कार का बन्दोबस्त था, दूसरे में बेडरूम और सीटिंग रूम बना था।"

"यार बड़ा पैसा खर्च हुआ होगा !"

"पैसा तो ज़ाहिर है खर्च हुआ होगा...लेकिन उस ज़माने में अब्बाजान को पैसे की क्या कमी थी...बहरहाल पूरा काफ़िला लखनऊ पहुँचा। यहाँ हिन्दोस्तानी तरीक़े से सारी रस्में पूरी हुईं। अब मुश्किल ये थी कि प्रिंसेज़ के साथ अब्बाजान रहें कहाँ। अपनी जो कोठी है वो किसी रूलिंग प्रिंस के स्टैंडर्ड से कुछ कम है। अब्बाजान ने सोचा जब तक कोई अच्छी इमारत नहीं बनवा लेते तब तक बल्हेड़ा महाराज के 'मोतीमहल' में रह सकते हैं। बल्हेड़ा महाराज ने बड़े शौक से अपने मेहमानखाने के तौर पर 'मोती महल' बनवाया था...देखा होगा तुमने अब वहाँ पाँच सरकारी दफ़्तर हैं। पचास एकड़ का रक़बा है। अब तो वो सब वीरान पड़ा है या लोगों ने इधर-उधर झोंपड़ियाँ डाल ली हैं लेकिन उस ज़माने में बीच में 'मोती महल' था और चारों तरफ फूलों के तख़्ते, फलों के बाग़, तालाब, गोल्फ का मैदान, स्वीमिंग पूल, रेसकोर्स और न जाने क्या-क्या था। कहते हैं अपने जमाने में 'मोती महल' इतना खूबसूरत था कि कभी-कभी गवर्नर तक यहाँ ठहरा करते थे।" वह साँस लेने और पानी पीने के लिए रुका।

"तो वहाँ रहे ?"

"बल्हेड़ा महाराज यानी बड़े महाराज जो आजकल हैं उनके दादा, उस जमाने में

जिन्दा थे...बड़े अज़ीबोगरीब आदमी थे, सिर्फ धोती बाँधते थे। ऊपर नंगे बदन रहते थे और हर वक़्त हाथ में एक छोटी-सी कुल्हाड़ी रखते थे। अवधी बोलते थे। अंग्रेज़ों से मिलने-जुलने में बहुत घबराते थे क्योंकि उनसे हाथ मिलाना पड़ता था...अब्बाजान महाराज के पास गए। सलामत साहब भी साथ थे। बताते हैं, महाराज अपनी छोटी कुल्हाड़ी से नाती-पोतों के लिए गुल्ली-डंडा बना रहे थे। अब्बाजान ने सलाम किया तो महाराज ने दुआएँ दीं। हालचाल पूछा। अब्बाजान ने कहा कि महाराज, अब इज़्ज़त आपके हाथ में है।...पूरा किस्सा बताया...महाराज ने कहा—"भला कियो जो सहजादी ब्याह लायो...मौज से 'मोती महल' म रहो। छोटा पड़त होय तो बता देव...ओसे बड़ा बनवा देई... बहरहाल अब्बाजान मोती महल में आ गए।"

"तो वो लखनऊ में रहीं ?" मैंने पूछा।

"हाँ यार..." वह घड़ी देखता हुआ बोला—"लो अब उठा जाए। ग्यारह बज रहा है। चिन्ना सो जाएगा तो साले को उठाना मुश्किल होगा।

## 13

अहमद तो यही चाहता था कि मैं लखनऊ में और ठहरूँ लेकिन चार-पाँच दिन के बाद मैंने सामान बाँध लिया।

"अरे यार अभी तो दो महीने की छुट्टियाँ पड़ी हैं।"

"नहीं प्यारे, अब जाता हूँ। अब्बा और अम्माँ इन्तिज़ार कर रहे होंगे। उन्हें मैं लिख चुका हूँ कि यूनीवर्सिटी कब बन्द हो रही है।"

अहमद मुझे छोड़ने बस अड्डे आया। चलते वक़्त ये भी कहा कि अगर कभी दिल चाहे तो मैं आ सकता हूँ। फिर वह रौशन की बातें करता रहा और बताता रहा कि अब उसके साथ कहाँ-कहाँ घूमने का प्रोग्राम बन सकता है।

बस अड्डे पर रुकी तो सामान मैंने हाजीजी की दुकान पर रखवा दिया और पैदल घर आ गया।

'रिटायरमेंट' के बाद अब्बा ने रायबरेली में ही रिहायश इख़्तियार कर ली। वैसे पुराना पुश्तैनी घर वहाँ से कुछ दूर केसरियापुर में है। गाँव में अब कोई नहीं रहता। ज़मीन बटाई पर उठा दी जाती है। शहर में दादा ने सड़क के बिल्कुल किनारे मकान बनवाया था। सड़क से कुछ हटकर नाली के बाद कद्दे आदम दीवार है जिसके बीच में लोहे की सलाख़ोंवाला छोटा फाटक है। उसके अन्दर छोटा-सा आँगन जिसमें ईंटें जड़ी हैं। सामने बाईं तरफ डियोढ़ी है और उससे मिला टीन का लम्बा बरामदा है। बरामदा बहुत चौड़ा नहीं है। उसके पीछे तीन दरवाज़ोंवाला एक कमरा बैठक कहा जाता है।

बैठक के एक तरफ कोठरी और दूसरी तरफ पाख़ाना और गुसलखाना है। बैठक में बेंत और कपड़ेवाली कुर्सियों के अलावा एक मेज़ और दो ऊँची कुर्सियाँ और एक मसहरी है। दीवारों में पटोंवाली अल्मारियाँ हैं। अब्बा का इरादा था कि रिटायर होने के बाद वकालत करेंगे लेकिन उनके अनुसार पेशा इतना गन्दा हो गया है कि अब करने में इज़्ज़त नहीं है। दीवारों पर कुरान शरीफ की कुछ आयतें और तुग़रे लगे हैं। ताक़ों में कागज़ के फूल पता नहीं कब लगाए गए जिनका रंग अब उड़ चुका है। कुरान की आयतों और तुग़रों के अलावा 'अंजुमन वज़ीफ़ा सादात मोमनीन' का उर्दू अंग्रेजी कलेंडर और अब्बा की दो तस्वीरें लगी हैं जिनमें वे डिग्रियाँ हाथ में लिए बहुत गम्भीर खड़े दिखाई देते हैं।

मर्दाने हिस्से से मिला हुआ ही अन्दर का घर है। उसका रास्ता डियोढ़ी से होकर जाता है। डियोढ़ी के एक कोने में सूखी लकड़ियाँ और दूसरे में तीन-चार लालटेनें और मिट्टी के तेल का पीपा रखा रहता है। अन्दर बीच में आँगन है और तीन तरफ बरामदे और कमरे हैं। एक तरफ के बरामदे के पीछे कमरा न है। वह बौरचिखाना है। उसके पास राशन और अल्लम-ग़ल्लम रखने की एक कोठरी है। दो बरामदों के पीछे दो कमरे और बग़ल की कोठरियाँ हैं। बौरचिख़ाने के पास से एक ज़ीना छत के लिए जाता है लेकिन चोरी होने के डर की वजह से इस ज़ीने के ऊपरवाले दरवाज़े में हमेशा ताला लगा रहता है। छत पर एक कमरा है जो हवादार है क्योंकि उसमें दो तरफ खिड़कियाँ हैं।

बाहर की फटकिया के दाहिनी तरफ दीवार में जड़े एक संगमरमर के पत्थर पर मकान के नाम 'ममलूकुल अली मंज़िल' की तख़्ती लगी है। तख़्ती पर नाम अंग्रेज़ी और उर्दू में लिखा है। नीचे तारीख पड़ी थी 1938। तख़्ती के हुरूफ के अन्दर से काली स्याही ख़त्म हो गई है लेकिन फिर भी नाम पढ़ा जा सकता है। यह मेरे दादा का नाम है। ये बात दीगर है कि शहर में कुछ ही लोग हमारे मकान को इस नाम से जानते हैं या उसका नाम ले पाते हैं। दादा का नाम सैयद ममलूकुल अली था। लेकिन लोग मल्लू मियाँ के नाम से जानते थे। कुछ लोग इस घर को मल्लू मंजिल भी कहते हैं। ज़्यादातर लोग 'डिप्टी साहब का घर' के नाम से याद करते हैं।

परदादा केसरियापुर गाँव में मौलवी थे। उन्होंने दादा को उर्दू, फारसी, अरबी की तालीम देने के बाद सरकारी इलजास में दफ्तरी लगवा दिया था क्योंकि वो जानते थे कि बदलते हुए हालात में मौलवीगिरी के काम से घर नहीं चल सकता। थोड़ी-बहुत ज़मीन ज़रूर थी लेकिन उस पर खेती करवाने के लिए हर आदमी का मुँह ताकना पड़ता था। दादा दफ्तरी से तरक्की करते-करते पेशकार हो गए थे और उन्होंने अच्छा खासा पैसा कमाया। अंग्रेज़ों का ज़माना था और सरकारी नौकर को देखते ही अच्छे-अच्छे लोगों को पसीना आ जाता था। दादा ने अब्बा को अच्छी तरह से पढ़वाया। बी.ए. करने के बाद जब उन्हें नायब तहसीलदारी ही मिली तो अब्बा उदास हो गए थे। लेकिन दादा ने कहा कि कर लो, सरकारी नौकरी में पत्थर तक आगे बढ़ जाता है। किस्मत ने साथ

दिया तो डिप्टी कलक्टर हो जाओगे। बुझे दिल से अब्बा ने नायब तहसीलदारी ज्वाइन कर ली थी।

परदादा चूँकि मौलवी और अरबी फारसी के विद्वान थे इसलिए उन्होंने दादा का नाम सैयद ममलूकुल अली और अब्बा का नाम सबग़तुल अली रखा था। दादा मल्लू मियाँ के नाम से पुकारे जाते थे और अब्बा का नाम सब्बू मियाँ पड़ गया। शुद्ध अरबी में रखे गए नाम किताबों और दस्तावेज़ों तक ही सीमित हो गए थे। यही वजह थी कि अब्बा ने मेरा नाम साजिद अली रखा था।

दादा दूरअन्देश किस्म के आदमी थे। उन्होंने न सिर्फ शहर में मकान बनवाया था बल्कि गाँव में ज़मीनें भी खरीदी थीं। एक आम का बाग़ भी लगवाया था। इस तरह उन्होंने खानदान को मौलवियों के खानदान के बजाय सरकारी नौकरीपेशा लोगों के खानदान में तब्दील कर दिया था।

दादा के मर जाने के बाद अब्बा ने 'मल्लू मंजिल' को कुछ और ठीकठाक कराया था। बाहरवाले कमरे के सामने छप्पर की जगह टीन का शेड लगवा दिया था और सामनेवाला आँगन पक्का करा दिया था। अब्बा ने शहर में बस अड्डे के पास चार दुकानें भी बनवाई थीं। हाजी साहब की दुकान उन्हीं में एक थी। यानी हाजी साहब हमारे किराएदार थे। हम लोग जब कहीं से आते थे और सामान ज़्यादा होता था तो हाजी साहब की दुकान पर छोड़ देते थे। हाजी साहब किसी आदमी के हाथ घर भिजवा देते थे।

मैं फटकिया से अन्दर आया तो बाहरवाले कमरे में कोई न था। हालाँकि कमरा खुला हुआ था। डियोढ़ी में आया और एक पुरानी जानी पहचानी खुशबू से मुलाक़ात हुई। लकड़ियों और मिट्टी के तेल और दीवारों की सीलन की खुशबू जो घर का पर्याय बन गई थी।

अन्दर आया। कमरे में अम्माँ लेटी थीं। दूर से ही मैंने उन्हें आदाब किया तो उठकर बैठ गईं।

"जीते रहो...अल्लाह तुम्हें हर इम्तिहान में कामयाब करे...आओ बैठो..."

मैं कमरे में बिछे तख़्तों के चौके पर बैठ गया। कमरा वैसा ही था जैसा मैं बचपन से देखता आया था। ज़र्रा बराबर भी कोई तब्दीली न हुई थी।

"कैसी हैं अम्माँ।"

"ठीक हूँ। मुझे क्या होगा। तुम्हारे अब्बा को ज़रूर काली खाँसी हो गई थी। अब ठीक हैं।" अम्माँ ने पानदान अपनी तरफ घसीटते हुए कहा।

"तुम कैसे रहे। पर्चे कैसे हुए ?"

"ठीक हो गए।"

"पास हो जाओगे न ?" उन्होंने इस तरह पूछा जैसे शक हो। शक तो मुझे भी

था। मैं डरा और मेरे चेहरे का रंग कुछ उड़-सा गया। अम्माँ ने उसे भाँप लिया और बोलीं—"पहले हाथ मुँह धो डालो। खाना तैयार है।"

मैं उठने ही वाला था कि ख़ाला आ गईं। ख़ाला काफी साल से हम ही लोगों के साथ रहती हैं क्योंकि खालू खालिस निकम्मे किस्म के शायर हैं और शादी के बाद खाला को बड़ी तकलीफ़ें उठानी पड़ी थीं। इसलिए अम्माँ ने उन्हें अपने साथ ही रख लिया है।

"कैसे हो सज्जू मियाँ ?" ख़ाला मेरी बलाएँ लेती हुई बोलीं। मैं शरमा गया।

"ठीक हूँ ? आप कैसी हैं।"

"ऐ मुझ बुढ़िया को क्या होगा ?"

"ख़ालू कैसे हैं।"

ख़ाला का चेहरा उतर गया। बोलीं—"ऐ उनका क्या है, मुशायरों के चक्कर में आज यहाँ तो कल वहाँ।"

"तुमने सुना साजिद, दूल्हा भाई पाकिस्तान जा रहे हैं मुशायरे में...अख़बारों में छपा है...'सियासत जदीद' में तो मैंने पढ़ा है।" अम्माँ बोलीं और ख़ाला के बेरौनक चेहरे पर कुछ जान आ गई।

"क्यों सज्जू मियाँ, पाकिस्तान से तो रुपया-पैसा आ नहीं सकता न ?" उन्होंने मुझसे पूछा।

"कानूनी तौर पर तो नहीं लेकिन शायद और कई रास्ते होंगे।" मैंने बताया।

"कह रहे थे हज़ार रुपए मिलेंगे। दो मुशायरे पढ़ने हैं।" ख़ाला ने बताया।

ख़ाला की जब शादी हुई थी तो ख़ालू शायर होने के अलावा 'सप्लाई ऑफिस' में क्लर्क भी थे। लेकिन बाद में पता नहीं क्यों मुशायरों में जाना इतना बढ़ गया कि नौकरी छूट गई। शुरू-शुरू में उन्होंने सोचा कि चलो ठीक है, मुशायरों से ही अच्छी आमदनी हो जाया करेगी। लेकिन वैसा न हुआ। नौबत यहाँ तक आ गई कि घर में चूल्हा तक न जल पाता था। ख़ालू तो मुशायरों या यारों दोस्तों की महफिलों में खा-पी लेते थे लेकिन खाला को दो-दो वक़्त तक का फ़ाक़ा करना पड़ जाता था। एक बार अम्माँ उनके पास गईं और ये हाल देखा तो अपने साथ ले आईं। अब्बा को कोई ऐतराज़ न हुआ। वैसे भी पूरे घर में अम्माँ और अब्बा अकेले थे। ख़ाला के आने से न सिर्फ दुसराहट हो गई थी बल्कि घर के कामों में भी उनसे मदद मिल जाती थी। खाने पकानेवाली बड़ी बी भी खुश रहती थी कि ऊपर के बहुत से कामों जैसे गोश्त धोना, सब्जी काटना, चावल-दाल बीनने वगैरा की जिम्मेदारी ख़ाला ले ली है। जाड़ों में लिहाफ गद्दों में डोरे डालना, आचार डालना, बड़िया डालना और इस तरह के तमाम कामों में खाला पेश-पेश रहतीं। अम्माँ से सिर्फ दो साल बड़ी हैं लेकिन उन्हें अपने बड़प्पन का हमेशा ध्यान रहता है।

मुशायरे करते-कराते खालू महीने-दो महीने में एकआद बार टपक पड़ते हैं। उनकी शेरवानी की जेब में जितने पैसे होते हैं ख़ाला झटक लेती हैं और खालू बज़ाहिर झड़-पुँछकर लौट जाते हैं। लेकिन खालू इतने तो समझदार हैं ही कि कुछ रुपए नेफ़े में घुड़स लेते हैं। वही उनके चायपानी या जहाँ जाना होता वहाँ के किराए के काम आते हैं।

एक-दो बार मैंने उन्हें नेफे से पैसे निकालते देखा था।

अब्बा को भी शायरी का वाजबी वाजबी शौक है। इसलिए जब खालू आते हैं तो बाहर की बैठक में कभी-कभी महफ़िलें आरस्ता हो जाती हैं। 'महरूम सुल्तानपुरी' हीरो होते हैं। अब्बा उनकी गज़लों पर तब्सिरा करते हैं। कई बार अब्बा ने उन्हें सलाह दी है कि 'महरूम' साहब आजकल मज़ाह का ज़माना है। मज़ाहिया शायर हज़ारों कमाते हैं। आपका रंग उस्तादाना है। उसकी आजकल माँग क्या ? समझनेवाले ही नहीं बचे हैं। आप कुछ 'मज़ाहिया' कहिए। ख़ालू जान देने पर तैयार हैं लेकिन मज़ाहिया शायरी पर तैयार नहीं हैं। फिर ये भी दिक़्क़त है कि उनका तख़ल्लुस 'महरूम' मज़ाहिया शायरी में नहीं चलता। वैसे ख़ालू अपने को पाए का शायर मानते हैं और 'जिगर मुरादाबादी' को अपना उस्ताद बताते है। जिगर' के रंग को उर्दू ग़ज़ल का असली रंग समझते हैं और उसी अन्दाज़ की शायरी करते हैं।

"ख़ालू ने कुछ 'मज़ाहिया' भी कहना शुरू किया ?" मैंने ख़ाला से पूछा।

"अरे कहाँ बेटा..." वो उदासी से बोलीं—"बूढ़े ठूँठ हो गए हैं और वही आशिक़ माशूक़ीवाली शायरी कर रहे हैं।" अम्माँ और मैं हँसने लगे। ख़ाला बोलीं—"कितनी बार समझाया कि कुछ रंग बदलो...कहते हैं 'रंग' कोई शेरवानी तो है नहीं कि आज इस रंग की पहन ली, कल उस रंग की।"

"हाँ ये तो ठीक कहते हैं ख़ालू।" मैंने कहा।

खाना लगने से पहले खरबूज़ों का थैला लिए अब्बा आ गए। अब्बा को ख़रबूज़े खाने से ज़्यादा खरीदने में मज़ा आता है। हमेशा खुद ख़रबूज़े खरीदते हैं। उसे एक कला या आर्ट समझते हैं। और कुछ खरीदने कभी बाज़ार न जाते लेकिन ख़रबूज़े खरीदने पर हमेशा तैयार रहते हैं। घर में एक लड़का सामान खरीदने के काम के लिए है जो सुबह गोश्त तरकारी लाता है। उसे साथ ले जाते हैं सिर्फ थैला उठाने के लिए।

"आदाब अब्बा।" मैंने उन्हें आदाब किया। थैला लड़के से लेकर वो अन्दर आ गए।

"तुम कब आए ?"

"दो घंटे हुए।"

"यूनीवर्सिटी तो शायद चार-पाँच दिन पहले बन्द हो गई है।"

"जी हाँ।"

"तो तुम कहाँ थे ?"

"लखनऊ में था, अहमद के साथ।" मैंने दबी जबान से कहा।

"रईसों के लड़कों की सोहबत अच्छी नहीं है।" उन्होंने वेद-वाक्य जैसा बोला।

"अरे उनका तो बड़ा मशहूर और अच्छा खानदान है।" अम्माँ ने मेरे बचाव में कहा।

"बेग़म..." अम्माँ को अब्बा हमेशा बेग़म कहकर मुख़ातिब करते हैं और 'ग़' पर ख़ास ज़ोर देते हैं ताकि 'बेग़म' साफ सुना जा सके।..."बाहर के लोगों और चीज़ों के बारे में आप ज्यादा जानती हैं या मैं ?"

अम्माँ को चुप कराने या अपनी बात मनवाने का ये एक अचूक नुस्ख़ा है अब्बा के पास। अम्माँ ये नहीं कह सकतीं कि वो बाहर की चीज़ों या लोगों के बारे में अब्बा से ज़्यादा जानती हैं।

"पेपर कैसे हुए तुम्हारे ?"

"ठीक हुए हैं।"

"ठीक हुए हैं ?" उन्होंने कुछ हैरत से पूछा और कहा—"अच्छे नहीं हुए।"

"एक अच्छा नहीं हुआ ?" मैंने दबी जबान से कहा।

"क्यों अच्छा नहीं हुआ ? पढ़ाई करने के अलावा तुम्हें और क्या काम है वहाँ।" उन्होंने पूछा और मैं सोचने लगा कि अगर मैं उन्हें वह सब बता दूँ जो मैं वहाँ करता हूँ तो अब्बा का क्या हाल हो।

"तबीयत खराब हो गई थी।" मैंने बहुत पुराना लेकिन पक्का बहाना बड़ी मासूमियत से पेश किया।

"क्या हो गया था सज्जू ?" अम्माँ घबराकर बोलीं।

"बुख़ार हो गया था।"

"कितने दिन रहा ?"

"दो दिन।"

"अब तो नहीं रहता ?"

"जी नहीं।"

"चलो भाई खाना लग गया। आइए दूल्हा मियाँ।" खाला डुपट्टे के आँचल से हाथ पोंछती आईं और बोलीं।

तख़्त पर खाना लगा था। सब बैठ गए। अब्बा रिटायर होने के बाद कुछ मज़हबी हो गए हैं। उन्होंने खाने से पहले एक दुआ पढ़ी और दोनों हाथ अपने चेहरे पर फेरे। तब खाना शुरू हुआ।

खाने के दौरान अब्बा का टेप किया हुआ लेक्चर शुरू हो गया जो ज़माने की खराबी से चालू हुआ और मेरे कैरियर पर आ गया। उन्होंने कहा कि अगर पी.यू.सी. में मेरी थर्ड डिवीज़न न आ गई होती तो मैं पी.एम.टी. में बैठ सकता था और पाँच साल बाद डॉक्टर हो सकता था। उसके बाद फर्स्ट इयर में भी मेरी 'परसेंटेज' थर्ड के आसपास ही रही और अब मैं कह रहा हूँ कि पेपर ठीक हुए हैं तो मतलब फिर थर्ड डिवीजन नम्बर आएँगे। अगर मैंने बी.एस.सी. थर्ड डिवीज़न में पास किया तो एम.एस-सी. में दाखिला तक न मिलेगा, थर्ड डिवीजन में बी.एस.सी. करके मेरा क्या

होगा।

मैं सिर झुकाए पूरा लेक्चर सुनता रहा। आख़िर अम्माँ से नहीं रहा गया। उन्होंने कहा—"अभी-अभी तो आया है। ये बातें तो बाद में भी हो सकती हैं।"

अब्बा चुप हो गए।

"तुम्हारे लिए ऊपर का कमरा साफ करा दिया है।" अम्माँ ने कहा।

मैं जब भी घर आता था ऊपरवाले कमरे में ही रहता था। घर से अलग और तन्हाई में हवादार कमरा मुझे अच्छा लगता है। यह बात दूसरी है कि वहाँ गर्मी बहुत होती है। गर्मी मुझे बर्दाश्त है लेकिन अपनी तन्हाई नहीं खोना चाहता।

शहर में अब कोई दोस्त नहीं है। तीन साल से मैं बाहर हूँ। स्कूल के ज़माने का एकमात्र दोस्त सत्यप्रकाश आर्य जिसने कानपुर में फर्नीचर की दुकान खोल ली थी, वहीं रहने लगा है। हाजी साहब का लड़का अतहर अपनी ननिहाल हमीरपुर में है। इसलिए शहर में मेरा कोई दोस्त नहीं है। दिन-दिन भर मैं घर पर किताबें पढ़ा करता। अम्माँ 'जासूसी दुनिया' पढ़ने की शौकीन हैं। उसका बड़ा खज़ाना गर्मियों की छुट्टियों में काम आता है। कभी-कभी बस अड्डे के पासवाली मैगज़ीन की गुमटी से कुछ किराए पर ले आता। अकेले बैठकर फ़ैज़ी को ख़त लिखता और फाड़ता। अहमद के दो ख़त आए थे। उनमें उसने तफसील से तो नहीं लेकिन लिखा था कि रौशन से बाद में लगातार मुलाक़ातें हुईं।

रात के खाने के बाद टहलने, बाहर सिगरेट पीने और फिर रेडियो सुनने का प्रोग्राम बना लेता था। फिर सो जाता था। ख्वाब में अक्सर फ़ैज़ी दिखाई देती थी।

गर्मियों की इन्हीं छुट्टियों के दौरान एक दिन यूनीवर्सिटी से ख़त आया कि कैमिस्ट्री में मेरी 'सप्लीमेंट्री' आ गई है। यानी इतने कम नम्बरों से फेल हुआ हूँ कि दोबारा इम्तिहान दे सकता हूँ।

## 14

'सप्लीमेंट्री' मेरी ही नहीं आई थी। अहमद का ख़त आया कि उसकी और शकील की भी 'सप्लीमेंट्री' आ गई है। गर्मियों की छुट्टियों के आख़िर में इम्तिहान देने हम तीनों को यूनीवर्सिटी पहुँचना था।

अब्बा को जब पता लगा कि मेरी 'सप्लीमेंट्री' आ गई है तो बड़े जिज़बिज़ हुए। लेकिन उन्हें ज़्यादा गुस्सा नहीं आया क्योंकि ख़ालू आए हुए थे। उन्होंने पाकिस्तान के 'हिन्द-पाक मुशायरे' में जाने के लिए पासपोर्ट बनवा लिया था। पासपोर्ट में पेशा शायरी लिखवाने के बारे में पासपोर्ट ऑफिसर से उनकी कहासुनी हो गई थी। पासपोर्ट आफिसवाले शायरी को पेशा मानने पर तैयार न थे लेकिन ख़ालू इस बात पर अड़े हुए थे कि उनका पेशा शायरी है और पासपोर्ट में यही लिखा जाए। फिर किसी क्लर्क ने

उनके साथ मज़ाक़ किया और पेशे के 'कॉलम' में मुंशी लिख दिया। इस पर ख़ालू नाराज़ हो गए और पासपोर्ट आफीसर से मिले। काफी बकबक और परेशानी के बाद मुंशी काटकर उनका पेशा 'शायरी' लिखा गया। अब उन्हें इन्तिज़ार था वीज़ा आने का। लेकिन वीज़ा के बजाय एक दिन रेडियो से ख़बर आई कि रनकच्छ के इलाक़े में भारत-पाकिस्तान के बीच लड़ाई शुरू हो गई है। ख़ालू बहुत परेशान हो गए। न सिर्फ पाकिस्तान जाना टल गया और हज़ार रुपए का ख़ून हो गया बल्कि यह भी कि लाहौर और कराची के मुशायरों में सुनाने के लिए उन्होंने जो ग़ज़लें लिखी थीं वो भी बेकार हो गई थीं। हालाँकि उन ग़ज़लों में हिन्द-पाक दोस्ती को क़ायम करने का 'मैसेज' बहुत पुराने प्रतीकों के जरिए दिया गया था लेकिन इतना साफ था कि बात 'हिन्द-पाक' दोस्ती के बारे में हो रही है। अब जबकि जंग छिड़ गई थी तब उन ग़ज़लों को सुनाया क्या छपवाया तक न जा सकता था। लेकिन 'हिन्द-पाक' मुशायरों के आयोजक फौरन रुख़ बदलकर एक दूसरा मुशायरा कराने की ठान ली जो हिन्दोस्तानी फौजी भाइयों की 'इमदाद' के लिए था। इसलिए ख़ालू को अब 'हिन्द-पाक' दोस्ती नहीं बल्कि हिन्दोस्तानी सिपाहियों की बहादुरी पर कुछ लिखना था।

'सप्लीमेंट्री' देने के लिए यूनीवर्सिटी जाना था। पैसा खर्च होना था। अब्बा के पास उन दिनों पैसा नहीं था। हाजीजी से उधार लेकर उन्होंने मुझे पैसे दिए और मैंने सोचा कि लखनऊ होता हुआ जाऊँ ताकि अहमद का साथ हो जाए। ये बात मैंने अब्बा को नहीं बताई। ज़ाहिर है वो बिगड़ते। उनका यही मानना था कि बड़े लोगों के लड़कों के साथ रहने से मेरी आदतें बिगड़ गई हैं।

अहमद के यहाँ जब मैं पहुँचा तो वह नहीं था। चिन्ना ने सामान कमरे में रख दिया और मुझे राजा साहब के पास पहुँचा दिया। राजा साहब मुझे देखकर न तो खुश हुए और न नाराज़। वो अपने कमरे में बैठे कुछ टाइप कर रहे थे। मैंने आदाब किया तो मुड़कर देखा और बोले, "साजिद तुम्हारी भी सप्लीमेंट्री आ गई है।"

"जी हाँ।" मैंने दबी ज़ुबान से कहा।

"तुम लोगों के साथ दिक़्क़त ये है कि 'फिलासफी' पढ़े बग़ैर साइंस पढ़ रहे हो। ये तो वही हुआ कि जड़ें ज़मीन में नहीं हैं और चाहते हैं पेड़ में फूल-फल आएँ। समझे ?"

"ज...जी..." मैं हकलाया।

"फिलासफी पढ़ी है तुमने...?"

"ज...ज... मैं और हकलाने लगा। और फिर अचानक ख़याल आया कि कार्ल मार्क्स भी फिलासफर था। मैंने कहा—"जी मार्क्स।"

"अरे अकेले मार्क्स को पढ़ने से क्या होगा ? हीगल और फायरबाख़ को पढ़े बग़ैर मार्क्स को पढ़ना बेकार है समझे ?

"जी..."

"कैम्ब्रिज में मेरा सब्जेक्ट फिलासफी था...समझे ?"

मैनें आश्चर्य और प्रसन्नता प्रगट की।

"साइंस को फिलासफी की तलछट समझता हूँ...समझे ?"

"जी हाँ।" मैंने सिर हिलाया।

"क्या समझे ?"

मैं घबरा गया। राजा साहब पूछने के लिए नहीं पूछ रहे थे। उन्होंने मेरे जवाब देने का इन्तिज़ार नहीं किया और बोले—" 'आइडिया' बड़ा है या 'मैटर' ?"

मैं फिर घबरा गया। लेकिन समझ चुका था कि मुझे कुछ नहीं बोलना। बस सुनना है। वे बोले—'साइंस कहेगी 'मैटर'; मैं कहूँगा 'आइडिया'...अरे आइडिया न होता तो 'मैटर' कहाँ से आता ? समझे ?"

"जी हाँ बात तो बिल्कुल ठीक है।"

"दूसरी बात ये ज़ेहन में बिठा लो कि जो पढ़ा है उसे उगल देना, हम्तिहान में कापियों पर कापियाँ भर देना 'नॉलिज' नहीं है बेवकूफ़ी है। 'इडियट' ऐसा करते हैं। समझे ?"

"जी हाँ।"

"यह वजह है कि मैं यहाँ के पूरे 'ऐजूकेशन सिस्टम' को ग़लत समझता हूँ।" राजा साहब उँगली उठाकर बोले।

"सब रटकर लिख देते हैं।" मैंने कहा।

"अरे दिमाग़ नहीं खुलते दिमाग़..." वे उत्तेजित होकर बोले—"इतना पढ़ लेने के बाद भी जाहिल के जाहिल रह जाते हैं। अभी पिछले हफ्ते मेरे एक मुकदमे की तारीख थी। अदालत में पहुँचा तो देखा जज साहब माथे पर बड़ा-सा तिलक लगाए बैठे हैं। मैंने अपने वकील से कहा कि फौरन दरखास्त लगाइए कि मैं इस अदालत में अपना मुकदमा नहीं लड़ना चाहता। जो आदमी 'सुपर नेचुरल पावर्स' पर यक़ीन करता हो वो इंसाफ नहीं कर सकता...अरे जब वो 'ट्रुथ' को जानता ही नहीं, मानता ही नहीं तो इंसाफ क्या करेगा...वकील ने कहा—राजा साहब ये तो फिलासफी का मामला है...मैंने उन्हें डाँटा और कहा—'इडियट' पूरी दुनिया ही फिलासफी है। उससे क्या खाली है... बहरहाल साहब मैंने दरखास्त लिखी। जज साहब के सामने रखी तो हत्ते से उखड़ गए। कहने लगे ये आपने कैसे लिखा कि 'सुपर नेचुरल' को माननेवाला इंसाफ नहीं कर सकता ? मैंने कहा, ठीक है तो एक मुकदमा इसी पर हो जाने दीजिए लेकिन ये आपकी अदालत में नहीं होगा...तो जनाब नया मुकदमा शुरू हो गया...चल रहा है...चलेगा।... उसमें बहस और जिरह मुझी को करनी पड़ेगी क्योंकि कोई वकील तो ऐसा है नहीं जो फिलासफी इतनी जानता हो।...लोगों ने मुझसे कहा राजा साहब आपने जज को नाराज़ कर दिया है...मुकदमा गिरा देगा...अरे मैंने कहा देखो जज के बाप में भी इतनी हिम्मत नहीं है कि सच को सच न मानें। और फिर नुक़सान-फायदे की मैंने फ़िक्र कभी नहीं की। हमेशा खुलेआम कहा है कि मैं 'एग्नास्टिक' हूँ...समझे ?

मैं नहीं समझ पाया कि 'एग्नास्टिक' क्या होता है। लेकिन सिर हिला दिया।

“अब मैं कोई पॉलीटिशियन या मिनिस्टर तो हूँ नहीं कि अपने ख़्यालात का इज़्हार न कर सकूँ...यही आज़ादी मैंने ‘अर्न’ की है। अरे नेहरू से बात होती थी तो प्राइवेटली मानते थे कि ‘एग्नास्टिक’ हैं लेकिन पब्लिकली कहने की हिम्मत न थी। कहते थे राजा साहिब आप खुशनसीब हैं कि आज़ाद हैं। मेरा एक हाथ तो बड़े पत्थर के नीचे दबा हुआ है।”

ये बातें हो ही रही थीं कि अहमद आ गया। वह मेरे आने से बहुत खुश लगा। गर्मजोशी से हाथ मिलाया।

“तो अब दोनों मिलकर ‘सप्लीमेंट्री’ की तैयारी करोगे ?” राजा साहब बोले।

“जी हाँ अब्बाजान।” अहमद चहककर बोला।

“नहीं, ऐसा बिल्कुल न करना।” उन्होंने गम्भीरता से कहा।

“क्यों अब्बाजान ?”

“अरे कम से कम कोई एक तो पास हो जाए।” उन्होंने कहा और हमारे चेहरे उतर गए। उन्होंने एक छोटा-सा ठहाका लगाया।

दोपहर के खाने के बाद अहमद ने मुझे रौशन से मुलाक़ातों के किस्से सुनाए। मामला काफी ‘सीरियस’ हो गया था। दोनों कई बार मिले थे। अहमद उसे गाड़ी में दूर-दूर ले गया था और एक-दूसरे को दोनों खूब ‘किस’ भी कर चुके थे। उन्होंने क़समें खा ली थीं कि शादी करेंगे तो एक-दूसरे से ही करेंगे नहीं तो नहीं करेंगे। वह रौशन की बड़ी तारीफ़ें कर रहा था। उसने रौशन की तस्वीरें भी दिखाईं जो उसने खींची थीं।

“तो शादी कब करोगे ?” मैंने पूछा।

“यार कम से कम एक साल और इन्तिज़ार करना पड़ेगा। अगले साल बी.एस-सी. हो जाने से पहले तो कर नहीं सकता।”

“तुम्हारे अब्बाजान ?”

“अरे यार अब्बाजान खुले ख़्यालात के आदमी हैं। वो कुछ न कहेंगे।” फिर वह कुछ सोचने लगा।

“क्या सोचने लगे।” मैंने पूछा।

“यार उसके घरवाले कहीं गड़बड़ न करें।”

“वही शिआ-सुन्नीवाला चक्कर ?”

“हाँ यार।”

“कुछ कह रही थी।”

“कह रही थी उसके अब्बा थोड़ा कट्टर किस्म के...”

“देखा जाएगा यार। अभी से क्यों परेशान हो।” मैंने दिलासा दिया।

फिर वह हस्बेदस्तूर ख़्वाबों में डूब गया। बताने लगा कि शादी के बाद उसकी जिन्दगी कैसी होगी। वह रौशन के लिए खुद कपड़े डिज़ाइन करेगा। उसके बालों का स्टाइल तय करेगा, शादी के बाद हनीमून मनाने कश्मीर जाएगा। शादी के बाद अपने भाइयों के पास इंग्लैंड जाएगा। वहाँ से अमेरिका निकल जाएगा। खूब घूमघामकर

लौटेगा। उसके सामने आनेवाली जिन्दगी की बहुत साफ़ और ख़ूबसूरत तस्वीर थी। मुझे भी अच्छा लगा।

''सुनो उसने इससे पहले कभी किसी से प्यार नहीं किया था ?'' वह बोला।

''और तुमने तो नहीं बताया अपने बारे में ?''

''नहीं यार वो बतानेवाली चीज़ ही नहीं है।''

''तो कुछ और भी हुआ या सिर्फ 'किस'...''

''कुछ और नहीं हुआ यार...मना करने लगी। कहने लगी वह सब शादी के बाद।''

''समझदार है।''

''आवाज़ बहुत अच्छी है। अँधेरे में गाड़ी की पिछली सीट पर हम दोनों साथ लेट जाते थे। वह बिल्कुल मेरे सीने से चिपककर फ़ैज़ की ग़ज़ल–''रंगे पैरहन...'' वाली ग़ज़ल धीरे-धीरे गाती थी। बाहर से हवा चलने की आवाज़ आती तो लगता था बैक ग्राउंड म्युज़िक है।''

''तुम्हारे अब्बाजान को तो पता नहीं चला ?''

''चल भी जाए तो क्या है ? हाँ चिन्ना को साले को मालूम हो गया है।''

''कैसे ?''

''एक दिन दोपहर को मैं उसे घर लाया था। अब्बाजान तो सो रहे थे, ये साला पता नहीं कहाँ से आ गया।''

''कितनी देर रही यहाँ।''

''ज़्यादा नहीं...घबरा रही थी कि कहीं अब्बाजान न उठ जाएँ।''

''और कहाँ-कहाँ ले गए उसे ?''

''यार गाड़ी में बिठा लेता था, कभी किसी तरफ निकल जाता था, कभी किसी तरफ।''

''और उसकी 'कज़ेन' ?''

''वो तो बड़ी बुक़रात है यार...काफी सीरियस बातें करती है।''

''अब यूनीवर्सिटी में तुम्हारे मज़े होंगे।''

''नहीं यार वहाँ पूरी एहतियात करनी होगी। अगर उसके घरवालों को पता चल गया तो मुसीबत हो जाएगी।''

''यहाँ तो तुम दोनों को बहुत लोगों ने साथ देखा होगा।''

''अरे यार ये बड़ा शहर है। वहाँ सब साले एक दूसरे को पहचानते हैं।''

क़ायदे से लखनऊ में मुझे ज़्यादा नहीं रुकना चाहिए था और यूनीवर्सिटी जाकर 'सप्लीमेंट्री' की तैयारी करनी चाहिए थी लेकिन अहमद बार-बार कहता कि यार इतनी जल्दी क्या है, अभी तो बीस दिन पड़े हैं और एक ही पेपर तो तैयार करना है, हो जाएगा। फिर हम इसलिए भी ज़्यादा रुक गए कि शकील का ख़त आया कि वह कुछ दिन बाद पहुँच रहा है। हमने भी वैसा ही प्रोग्राम बना लिया।

अहमद को घर में बैठने से उलझन होती है। मैं पूरे एक महीने घर में बैठे-बैठे तंग

आ गया हूँ। नाश्ता-वाश्ता करके वह गाड़ी निकालता और वह सब जगहें दिखाता जहाँ रौशन के साथ गया था। काफी रोमांटिक किस्म की जगहें थीं। उन जगहों पर गाड़ी रोककर वह बताता कि यहाँ वह रौशन के साथ कब आया था, क्या बातें हुई थीं। क्या-क्या किया था। वग़ैरा-वग़ैरा।

दोपहर के खाने के बाद हम सोते और शाम फिर निकल जाते घूमने फिरने। किसी 'बार' में बैठ जाते। इस मामले में राजा साहब का जवाब न था कि वे कभी न पूछते थे कि हम लोग रात देर तक कहाँ रहते या जाते हैं।

## 15

हॉस्टल बन्द थे क्योंकि यूनीवर्सिटी खुलने में अभी बीस दिन बाकी थे। हम तीनों साथ ही साथ पहुँचे। तय पाया कि अलग-अलग रहने से अच्छा है, तीनों साथ रहें क्योंकि हास्टल बन्द होने की वजह से नाश्ते खाने वग़ैरा का पूरा बन्दोबस्त ख़ुद ही करना है। इसलिए अहमद और शकील भी मेरे कमरे में आ गए क्योंकि वह बड़ा है। हॉस्टल बिल्कुल सुनसान। रज़ी को छोड़कर और कोई हॉस्टल में न था। रज़ी के बारे में मशहूर है कि वह गर्मियों की छुट्टियों तक में घर नहीं जाता। रज़ी से मुलाक़ात हुई तो उसने बताया कि जैसी उम्मीद थी उसने 'टॉप' किया है और उसे रिसर्च में 'एडमीशन' मिल जाएगा। फिर जैसे ही कोई जगह खाली होती है या 'लीव वैकेन्सी' निकलती है वह 'लेक्चरर' लग जाएगा। हम तीनों की 'सप्लीमेंट्री' के बारे में सुनकर वह थोड़ा उदास हो गया, उसने यह भी कहा था कि हम लोगों ने अपनी पसन्द के 'सब्जेक्ट्स' नहीं लिए हैं।' हमें दिलचस्पी तो 'आर्ट्स' में है और हम पढ़ साइंस रहे हैं। ये बात सौ फीसदी सच थी। लेकिन क्या किया जा सकता था। अब तो ओखली में सिर दे दिया था।

शकील ने बड़ी मुश्किल से घर में महीना गुज़ारा था। उसका कहना था कि पता नहीं क्यों उसके भाई और वालिद उसे इतना नापसन्द क्यों करते हैं। घर में उसकी वजह से बड़ा 'टेंशन' रहता है। माँ को छोड़कर कोई उसे पसन्द नहीं करता। 'सप्लीमेंट्री' देने के लिए भी उसके वालिद पैसा देने पर तैयार नहीं थे। किसी तरह माँ ने समझा-बुझाकर पैसा दिलवाया था। बहरहाल शकील अपने बाप को और ज़्यादा गालियाँ देने लगा था। अपने बाप की अय्याशी के नए किस्से अपने साथ लाया था। लेटेस्ट ये था कि एक जवान नर्स के साथ उसके बाप ने ज़ोर-जबर्दस्ती करने की कोशिश की तो नर्स ने उन पर 'तेज़ाब' डाल दिया। तेज़ाब सही जगह तो नहीं पड़ा, जिसका शकील को अफ़सोस था, लेकिन पेट पर पड़ा और वहाँ घाव हो गया, जिसका इलाज होता रहा। उसके भाइयों ने दुकान पर पूरा कब्ज़ा कर लिया है और बाप को सिर्फ अय्याशी लायक़ पैसे देते हैं। वो इसी में खुश है। बहरहाल शकील अपने बाप से इतनी ज़्यादा नफ़रत करने लगा था कि कहना मुश्किल है। उसने तय किया था कि रज़ी की तरह वह भी गर्मियों में

घर न जाया करेगा, जहाँ तक पैसे का सवाल था वो कहता कि दवाओं के बारे में उसे इतनी मालूमात है और अपने बाप की दुकान पर इतना काम कर चुका है कि किसी दवा की दुकान में 'सेल्समैन' के तौर पर लग सकता है। अगर सिर्फ इतवार को ही काम करेगा तो ख़र्चे लायक पैसे निकल आएँगे।

हम लोगों का प्रोग्राम कुछ इस तरह रहा करता था—सुबह उठते हाथ-मुँह धोकर चचा के होटल में गर्मागर्म जलेबी और लस्सी का नाश्ता करते। वापस आकर पढ़ते थे। हम लोगों ने टॉपिक्स' आपस में बाँट लिए थे। एक 'टापिक' पर एक तैयारी करता और फिर 'नोट्स' आपस में 'एक्सचेंज' कर लेते। दोपहर में फिर चचा के होटल जाते। खाना खाकर वापस लौटते और सो जाते। शाम को चाय के चक्कर में इधर-उधर निकल जाते। अहमद ने आते ही किसी तरीक़े से रौशन से 'कान्टैक्ट' कर लिया था। लेकिन यहाँ उसे रौशन से मिलने का ज़्यादा मौक़ा न मिलता था। नसरीन आपा के घर के भी हमने एक-दो चक्कर लगाए थे। उन्होंने बताया था कि ज़ोया वग़ैरा नैनीताल गए हैं। कुँवर साहब के यहाँ भी आना-जाना लगा रहता था। उन्होंने गर्मियों की वजह से सिर मुँड़वा लिया था और बार-बार ये शिकायत करते रहते थे कि उन्हें गर्मियों में पहाड़ों में रहने की जो पुरानी आदत है वो अभी तक छूटी नहीं है।

शाम को जब हम लोग कुँवर साहब के यहाँ पहुँचते थे तो चाय-वाय पीने के वाद टहलने का प्रोग्राम बन जाता था। पार्क में बैठकर उनके किस्से शुरू हो जाते। पता नहीं उनमें कितना सच था कितना झूठ। लेकिन वो जिस विश्वास और जितनी 'डिटेल्स' के साथ सुनाते उससे यही लगता कि बिल्कुल झूठ शायद न हों। एक दिन अपनी एक रखैल नसरीन का किस्सा मज़े ले-लेकर सुनाया—"जनाब जिसे अय्याशी कहते हैं, सौ फीसदी अय्याशी वह भी सबके बस की बात नहीं है। उसके लिए सिर्फ पैसा ही नहीं चाहिए। पैसा तो सामनेवाले बनिए के पास भी है लेकिन वह अय्याशी का 'ऐन' नहीं जानता। वालिद साहब मरहूम, अल्लाह उन्हें जन्नत नसीब करें, जब मरे तो उस ज़माने में मेरे पास नसरीन थी। उसे मैंने नैनसुखपरी का खिताब दिया था।"

बीच-बीच में हम लोग टुकड़े जोड़ते जाते जिससे आग और भड़क जाती थी। शकील ने कहा—"वाह कुँवर साहब वाह, क्या शायराना खिताब दिया था आपने।"

"मियाँ वो थी भी किसी शायर का तसव्वुर। क़द बूटे जैसा। काले बाल कमर से नीचे तक। जब बिखरते थे तो लगता था रात हो गई। आँखें ऐसी कि हिरनी भी शरमा जाए। जिस्म ऐसा गुदाज़ कि देखने से ही जिस्म में हलचल मच जाती थी। वल्लाह क़यामत थी क़यामत..."

"तो वो आपकी रखैल थी।"

"हाँ मियाँ अल्लाह ने छप्पर फाड़कर दे दिया था। बस परेशानी ये थी कि शुरू-शुरू में बेहिजाब न थी। यानी शरमाती थी। और मियाँ उस औरत के साथ आप अय्याशी नहीं कर सकते जो शरमाती हो। क्योंकि ये तो दोतरफा चीज़ है न ? अरे आप लाख अय्याशी करना चाहें औरत न चाहे तो सिर्फ ब्याहता बीवी बनकर रह जाएगी और मज़ा

ख़ाक़ न आएगा।''

''तो आपने उसका हिजाब या शर्म कैसे ख़त्म की ?'' अहमद ने पूछा।

जवाब में कुँवर साहब हँसने लगे। उनके चेहरे पर किसी घाघ और अय्याश आदमी के भाव आए और बोले, ''मियाँ तुम लोगों को ये बातें बताता हूँ खुदा की क़सम किसी किताब में न मिलेंगी। कामसूत्र तक पढ़ डालो उसमें भी न पाओगे। ये मेरी जिन्दगी का निचोड़ है। लाखों करोड़ों बर्बाद करके मैंने ये सब सीखा है समझे ?''

सो तो है लेकिन ये बताइए...'' मेरी बात उन्होंने काट दी और बोले—''देखो, औरत को बेहिजाब बनाती है रौशनी।''

''रौशनी ?'' हम तीनों ने कहा।

''हाँ, रौशनी। समझे ?''

''नहीं समझे।'' अहमद बोला।

''देखो जो काम इंसान अँधेरे में करता है वही रौशनी में करने लगे तो बेशर्म कहलाता है।'' वो किसी माहिर की तरह बोले।

''अच्छा तो आपने...'' शकील ने कुछ कहना चाहा लेकिन उन्होंने हाथ उठाकर बड़े शाहाना तरीक़े से रोक दिया।

''हाल मियाँ ये हो गया था कि बरसात के दिनों में जब काले-बाले बादल छाते थे, हल्की-हल्की फुहार पड़ती थी तो मैं आम के बाग में झूला डलवा देता था। मैं और नसरीन कुदरती लिबास में झूला झूलते थे। और मज़ेदार बात ये कि उसका भाई वहीं बैठकर हमारे लिए गर्म-गर्म फुलकियाँ तलता था। अब ज़रा सोचो...''

''लेकिन उसका भाई...'' मैंने पूछना चाहा और सवाल पूरा होने से पहले ही उन्होंने जवाब दिया—''मियाँ मैं उसे उस सस्ती के ज़माने में वो तन्ख़्वाह देता था जो डिप्टी कलक्टर को मिला करती थी, समझे ?

''तो पैसा भी आदमी को बेशर्म बना देता है।'' शकील ने कहा।

''हाँ ये भी सच है...अब ज़रा तसव्वुर करो...पूरा बाग़ पानी में नहाया साफ शफ़्फ़ाफ़ नज़र आता है। ऊपर काले बादल उमड़-घुमड़ रहे हैं। बिजली चमक जाती है। मलगिजा-सा अँधेरा तैर आया है। फुहार पड़ रही है और मैं नसरीन के साथ झूले पर बैठा हल्की-हल्की पेंगें ले रहा हूँ। हर पेंग के साथ उसके जिस्म में नए-नए ख़म और पेंच पैदा हो रहे हैं। पानी की बूँदें उसके जिस्म पर मोतियों जैसी चमचमा रही हैं और फिर लुढ़क जाती हैं...अब ये सब इन बनियों को नसीब होगा ?''

''हरगिज़ नहीं।'' हमने एक साथ कहा।

''मियाँ इसे अय्याशी कहते हैं। 'मुँह काला कर लेना' अय्याशी नहीं है, ये तो जानवर तक कर लेते हैं।''

कुँवर साहब की बातें सुन-सुनकर कभी उनके ऊपर रश्क आता था। लगता यार कितना खुशक़िस्मत आदमी है कि इतनी औरतों के साथ इसने मज़े किए हैं। कभी सख़्त गुस्सा आता और महसूस होता कि ये निहायत कमीना और ज़लील टाइप का आदमी

है। लेकिन मेरी दूसरी राय से शकील और अहमद सहमत न थे। शकील कहता था ये कोई बुरी बात नहीं है। अगर औरत भी तैयार है और आपके साथ मज़ा करना चाहती है तो क्या बुरा है। अहमद कहता था, 'अब तुम सबको अपने पैमाने से नापने लगोगे तो हो चुका। ठीक है यार, हैं एक तरह के आदमी। हमसे क्या मतलब। हमें तो ठीक-ठाक चाय पिला देते हैं। थोड़ा अच्छा वक़्त कट जाता है, ये बहुत है। और नहीं तो क्या...''

सामनेवाले बनिए से उनका 'कम्पिटीशन' लगातार चलता रहता था। एक बार उन्हें पता चला कि सामनेवाले बनिए ने कलक्टर साहब को चाय पर बुलाया है। उन्होंने तय किया कि वो कलक्टर साहब को खाने पर बुलाएँगे। कलक्टर साहब को पिलाने के लिए जो विस्की की बोतल आई थी उसमें शकील के पैसे भी शामिल थे क्योंकि वह भी उस दावत में शामिल था। हम दोनों को कुँवर साहब ने काट दिया था और शकील से मना कर दिया था कि हमें इस दावत के बारे में न बताया जाए। कलक्टर को खाना खिलाने के लिए कुँवर साहब ने पुराने चीनी के बर्तन निकाले थे जिनमें से कुछ इतने पुराने थे कि घिस तक गए थे लेकिन शकील के मना करने के बावजूद उन बर्तनों में खाना खिलाया गया था क्योंकि हर बर्तन की अपनी अलग तारीख़ थी। कोई बर्तन इंग्लैंड की किसी खास कम्पनी का था तो किसी बर्तन का इस्तेमाल गवर्नर की दावत में हुआ था। कोई बर्तन निज़ाम के यहाँ का था तो कोई महाराजा पटियाला का निजी बर्तन था। शकील के मुताबिक कुँवर साहब ने कलक्टर को इतना बोर कर दिया था कि वह खाना खाते ही भागा था। उसने विस्की भी नहीं पी थी। खाने के बाद विस्की कुँवर साहब ने अल्मारी में बन्द कर दी थी और कहा था कि अगली किसी दावत में काम आएगी। शकील को ये बुरा लगा था क्योंकि बोतल में उसके पैसे भी शामिल थे।

'सप्लीमेंट्री' इम्तिहान हुए और उसमें हम तीनों पास हो गए। इस खुशी में एक दिन जश्न मनाया गया। हॉस्टल खुल गए थे। शकील और अहमद अपने-अपने हॉस्टलों में चले गए। मेरे रूम पार्टनर आ गए थे।

अहमद का इश्क़ ज़ोर-शोर से चल रहा था। रौशन इतवार के दिन अपनी सहेलियों से मिलने के बहाने गर्ल्स कॉलिज आ जाती थी और वहाँ अहमद पहुँच जाता था। वह चपरासी के हाथ पर्चा भिजवाता था जिसमें रौशन की दोस्त तज़ीन का नाम होता था। रौशन तज़ीन के कमरे में होती थी वह बाहर आ जाती थी। कभी-कभी अहमद हम दोनों को भी ले जाता था। गर्ल्स कॉलिज के हॉस्टल में मुलाक़ात करने का वक़्त इतवार के दिन दस बजे से चार बजे तक हुआ करता था। जो लड़के हॉस्टल में लड़कियों को जानते थे या जिनकी रिश्तेदार लड़कियाँ पढ़ती थीं वे मिलने जाते थे। वैसे जिनकी रिश्तेदार नहीं भी होती थीं वो भी लड़कियों को रिश्तेदार यानी 'कज़ेन' ही कहकर मिलने का रास्ता निकालते थे। गर्ल्स कॉलिज के फाटक के बाहर दस बजे बड़ी चहल-पहल हो

जाया करती थी। कुछ ऐसे भी साहसी लड़के और लड़कियाँ थीं जो इतवार के मुलाक़ात वाले वक़्त में बाहर निकल जाते थे। आसपास के रेस्टोरेंट्स में चाय वग़ैरा पीते थे।

जब अहमद रौशन के साथ किसी पेड़ के नीचे खड़े होकर बात करता था तो हम दोनों साइकिल स्टैंड के करीब खड़े होकर लड़कियाँ देखा करते थे। लड़कियाँ खूब बन-सँवरकर निकलती थीं और लड़के भी अच्छा खासा 'मेकअप' करके आते थे।

इन दिनों एक बार लायब्रेरी के सामने शकील को ज़ोया से मिलने का भी मौक़ा मिला और ज़ोया ने उससे पूछा कि वह कहाँ का रहनेवाला है, उसके वालिद क्या करते हैं वग़ैरा वग़ैरा। शकील का ये मानना था कि उसके ख़ानदान के बारे में पूरी मालूमात हो जाने के बाद ज़ोया कुछ बुझ-सी गई थी, शकील मानता था कि अगर उसका भी ख़ानदान अहमद के ख़ानदान जैसा होता तो शायद ज़ोया उसे ज़्यादा 'लिफ्ट' देती। लेकिन जाहिर था कि ऐसा नहीं था। लायब्रेरी के सामने मिलने के बाद शकील ने एक-आद बार उससे मिलने की कोशिश की लेकिन बात कुछ बनी नहीं।

मेरा मामला भी ढीला-ढाला ही चल रहा था। कभी-कभी मीटिंग में फ़ैज़ी से मुलाक़ात हो जाती लेकिन वो हमेशा जल्दी में रहती और कहीं और मिलने पर तैयार न होती थी। पता नहीं क्या बात थी। एकआद बार उसने ये भी कहा कि अभी मुझे पूरा ध्यान पढ़ाई में लगाना चाहिए। उसे मालूम था कि मेरी 'सप्लीमेंट्री' आ गई थी और बी.एस-सी. में 'थर्ड डिवीजन' वाली 'परसेंटेज' है।

अहमद एक दिन बड़ा परेशान आया और बोला, "यार ग़ज़ब हो गया है। मैंने रौशन के नाम एक ख़त लिखा था वो उसके अब्बा को मिल गया।"

"कैसे ?"

"यार हुआ ये कि मैंने ख़त तज़ीन को दिया था। तज़ीन रौशन के घर गई। रौशन घर में थी नहीं। माँ के साथ बाज़ार गई थी। तज़ीन को भी कहीं जाने की जल्दी थी उसने ख़त रौशन के तकिए के नीचे रख दिया और चली गई। बड़े मियाँ ने पता नहीं देखा या उनके दिमाग़ में क्या आया कि तकिया उठाकर देखा और ख़त निकाल लिया।"

"ये सब तुम्हें किसने बताया ?"

"यार तज़ीन ने बताया है...ये भी बताया है कि रौशन कॉलिज भी नहीं आ रही है। मैं तो बहुत परेशान हूँ यार।"

"हो सकता है बड़े मियाँ तुम्हारा ख़त 'प्राक्टर' को दे दें।"

"मुझे अपनी फ़िक्र नहीं है यार...मगर रौशन..." वह सोच में डूब गया।

"अब क्या किया जाए ?" वह थोड़ी देर बाद बोला।

"किया भी क्या जा सकता है। रौशन से मिलने या बात करने का कोई तरीक़ा निकालो।" मैंने कहा।

"कोई तरीका नहीं है। तज़ीन बहुत डरी हुई है। वह भी रौशन के घर नहीं जा रही।"

"ख़त में तुमने क्या लिखा था।"

"यार सब ही कुछ लिखा था।"

"क्या तुम्हारे ख़त से पता चलता है कि वह भी तुमसे प्यार करती है ?"

"पक्का सौ फीसदी।"

"तब तो मामला सीरियस है।"

"सोचो यार कोई रास्ता निकालो।" वह गिड़गिड़ाया।

"अब कुछ समझ में नहीं आता।" मैं सिर खुजाने लगा।

"चलो शकील के पास चलें।" वह सोचता था कि शायद शकील कुछ बता सकेगा।

हम शकील के पास आए। उसे पूरी बात बताई गई। वह भी कोई अच्छी राय न दे सका। अहमद की हालत वाक़ई खराब हो रही थी। बस कसर ये थी कि रो नहीं रहा था।

"यार उसने रौशन के साथ कुछ ऐसा-वैसा किया तो मैं उसे मार डालूँगा।" वह बिगड़कर बोला।

"उससे क्या होगा।"

"अरे यार एक बात समझ में आती है।" शकील ने कहा।

"क्या ?" अहमद बेताबी से बोला।

"अपना बैरा है न कल्लू खाँ...वो प्रोफेसर फारूक़ यानी तुम्हारे ससुर साहब की कोठी के सर्वेन्ट क्वार्टस में रहता है। उससे पूछा जाए।"

"क्या पूछोगे ?" अहमद ने कहा।

"प्रोफेसर साहब के बारे में पूछेंगे। अगर कुछ गड़बड़ है तो बताएगा।"

"चलो यार पूछें ?" अहमद खड़ा हो गया।

"कमाल करते हो यार, रात का दस बजा है। कल सुबह वह जब चाय लेकर आएगा तो पूछूँगा और तुम्हें क्लास में बताऊँगा। कल पहली क्लास में तो तुम आओगे न ?

"आता तो न, लेकिन अब ज़रूर आऊँगा।" अहमद बोला।

अहमद इतना परेशान था कि उसने मुझे अपने कमरे में ही रोक लिया। हम दोनों काफी रात गए तक बातें करते रहे। वह डरता रहा। मैं उसे समझाता रहा। फिर मेरी आँख लगी तो वह जगा जगाकर मुझसे अजीब-अजीब सवाल करता रहा। उसे डर था कि शायद रौशन को उसके घरवालों ने बन्द कर रखा है, मार-पीट कर रहे हैं, खाना नहीं दे रहे हैं। वग़ैरा...वग़ैरा...

पता नहीं वो रात में सो पाया या नहीं। लेकिन जब मैं उठा तो वह तैयार हो रहा था।

"जल्दी तैयार हो जाओ यार...शकील के हॉस्टल चलते हैं ?" वह बोला।

"लेकिन उससे पहले पीरियड में मुलाकात होगी।"

"नहीं यार...चलो चलते ही हैं..."

मैं समझ गया वह ज़रा भी इन्तिज़ार नहीं कर सकता।

हम दोनों साढ़े छह बजे शकील के कमरे में आए तो वह सो रहा था। अहमद ने उसे झिंझोड़कर जगा दिया। वह आँखें ही मल रहा था कि अहमद ने सवाल किया—"बात की तुमने ?"

"यार अभी तो तुमने उठाया है। क्या मैं बैरे से ख़्वाब में बात कर लेता।"

"चलो उठो।"

कुछ देर बाद हम तीनों डायनिंग हॉल में आए। बैरा कल्लू खाँ किचन में था। हम वहाँ गए। उससे बहाना ये किया कि हम लोग प्रोफेसर फ़ारूक़ से मिलने उनके घर जाना चाहते हैं। कितने बजे तक वो कोठी में रहते हैं।

"लेकिन साहब तो चले गए कल रात।" उसने बताया।

"कहाँ ?" शकील ने पूछा।

"दिल्ली।"

"अकेले गए ?" अहमद बोला।

"नहीं, बेग़म साहिबा और रौशन बीबी भी गई हैं।"

## 16

अहमद की हालत कुछ दीवानों जैसी हो गई थी। क्लास जाना उसने छोड़ दिया था। कभी मैं और कभी शकील उसकी 'प्राक्सी' बोल दिया करते थे ताकि हाज़रियाँ कम न हों और कम से कम इम्तिहान में बैठ सके। वह ज्यादातर कमरे पर ही रहता। रौशन के ख़त पढ़ा करता या उसे ख़त लिखा करता। पता नहीं क्यों उसने दाढ़ी बनानी छोड़ दी थी। रोज़ शाम को 'रम' की बोतल ले आता और हम दोनों उसके साथ बैठकर 'ग़म गलत' करते। पीने के बाद हम हस्बेदस्तूर टहलने निकल जाते। रास्ते में शेरो-शायरी होने लगती या कभी नशा ज़्यादा होता तो मिलकर मजाज़ की 'आवारा' गाने लगते। यूनीवर्सिटी कैम्पस से शहर जानेवाली सड़क रात में बिल्कुल वीरान होती थी। एकआद रिक्शों को छोड़कर सड़क पर कभी कुछ न होता था। सुनसान और लगभग अँधेरी सड़क पर टहलते हुए अहमद ने हम लोगों को बताया था कि उसका दिल टूट गया है और अब वह जिन्दगी में कभी शादी न करेगा। वैसे इस बात का पता भी चल चुका था कि रौशन के साथ क्या हुआ। प्रोफेसर फ़ारूक़ रौशन और बेगम साहिबा के साथ दिल्ली गए और वहाँ पता नहीं कैसे रौशन की चट मँगनी और पट ब्याह हो गया। उसकी शादी एक आई.एफ.एस. ऑफिसर से कर दी जिसकी पोस्टिंग 'कैरो' में है। शादी के फौरन बाद रौशन 'कैरो' चली गई। ये सब बातें तज़ीन से पता चली थीं। तज़ीन को रौशन

की अम्माँ ने काफी कुछ सुनाया था क्योंकि उन लोगों को पता चल गया था कि अहमद का ख़त उसी ने तकिए के नीचे रखा था।

एक रात शराब पीकर अहमद ने कहा कि चलो 'रेडलाइट एरिया' में चला जाए। शकील तो फौरन तैयार हो गया क्योंकि वह एकआद बार वहाँ जा चुका था और वहाँ के क़ायदे-क़ानून जानता था। लेकिन मैं कभी न गया था। मैंने मना किया। लेकिन अहमद और शकील के बहुत ज़ोर डालने पर मैंने कहा कि ठीक है मैं चलूँगा लेकिन किसी रंडी के साथ कुछ नहीं करूँगा।

यह इलाक़ा चूँकि शहर में आगे था इसलिए साइकिलें किराए पर ली गईं और शकील के नेतृत्व में हम वहाँ पहुँचे। एक पतली सड़क से दाहिनी तरफ जो गलियाँ निकलती थीं उसी में रंडियों का मोहल्ला था। शकील बहुत आत्मविश्वास के साथ हम लोगों को 'गाइड' करने लगा। पतली अँधेरी गलियों के दोनों तरफ दरवाज़ों में रंडियाँ खड़ी थीं। मैं ज़िन्दगी में पहली बार रंडियाँ देख रहा था। बिल्कुल बच्चियों जैसी से लेकर अधेड़ उम्र तक और बिल्कुल दुबली-पतली से लेकर बहुत मोटी-ताज़ी तक, वो अपने-अपने दरवाज़ों में खड़ी थीं। उनके कपड़े अजीब थे। चमकीले-भड़कीले होने के साथ-साथ गन्दे और फटे हुए भी। मज़दूरों या कारीगरों के गिरोह भी गलियों में गालियाँ बकते घूम रहे थे। एकआद थोड़ा शरीफ किस्म का आदमी दिखाई देता जो सिर झुकाए तेज़ी से निकल जाता। कुछ रंडियाँ हम तीनों को देखकर सीटी बजा रही थीं और कुछ अजीब इशारे कर रही थीं। एक-दो ने बुलाया भी और कुछ हमारे ऊपर हँसीं। मुझे काफी घबराहट होने लगी।

''यार कोई देख लेगा।'' मैंने डरकर अहमद से कहा।

''देख लेने दो...कोई साला क्या कर सकता है।'' वह निडर होकर बोला।

''प्यारे यहाँ जो देखेगा वह भी इसी काम से आया होगा और ज़ाहिर है कुछ न कहेगा।'' शकील हँसकर बोला।

''लेकिन तुम जा कहाँ रहे हो।'' मैंने शकील से पूछा।

''नेपालिन के पास जा रहे हैं जिसके पास मैं एक बार आ चुका हूँ।'' वह आत्मविश्वास से बोला।

अँधेरे में नालियों और कीचड़ से बचते और साइकिलें सँभाले हम आगे बढ़ते रहे। कुछ देर के बाद एक दरवाज़े पर शकील रुक गया। वहाँ एक बुढ़िया बैठी थी।

''चम्पाकली है क्या ?'' शकील ने उससे पूछा।

''हाँ है, आओ...अन्दर आ जाओ।'' वह बोली और खड़ी हो गई।

हमने दीवार से टिकाकर साइकिलें खड़ी कर दीं।

''ताला लगाना न भूलना...समझे।'' शकील बोला।

''कोई न ले जाएगा, यहाँ चोर-डाकू नहीं आते।'' बुढ़िया बोली।

हमने फिर भी ताले लगा दिए और अन्दर आ गए। दरवाज़े के पास से सीढ़ियाँ ऊपर जाती थीं। हमारे अन्दर आते ही सीढ़ियों पर से एक अपराधी जैसा लगनेवाला

आदमी तेज़ी से उतरता हुआ आया। उसके पीछे एक नेपालिन-सी लगनेवाली औरत थी जिसने पता नहीं क्यों, बड़ी सी नथ पहन रखी थी। दोनों जब नीचे आ गए तो आदमी ने झपटकर नेपालिन को पकड़ा और उसका गाल काट लिया।

नेपालिन अपने आपको छुड़ाकर बोली—"सा जी ये न करो..." बुढ़िया बोली—"काम-धन्धे का टैम है। अभी दस जने आएगा और तुम..." उस आदमी ने एक सिक्का शायद अठन्नी बुढ़िया को पकड़ाते हुए कहा—"ले लो बहुत बातें न बना।" वह तेज़ी से बाहर निकल गया।

"तीनों बैठोगे ?" नेपालिन ने पूछा।

"नहीं दो।" शकील ने अपनी और अहमद की तरफ इशारा किया।

"ये तीसरा क्या यहाँ सड़का मारने आया है ?" नेपालिन ने मेरी तरफ देखकर कहा।

शकील और अहमद हँसने लगे। मैं घबरा गया।

नेपालिन कोई चालीस के आसपास रही होगी। वह मोटी नहीं थी। उसने एक ऊँचा ब्लाउज़ और लहँगा किस्म की चीज़ पहन रखी थी। चेहरे पर लगा सफेद पाउडर कहीं-कहीं से हट गया था। बालों में तेल इतना लगाए थी कि करीब-करीब बह रहा था।

"लाओ तीन-तीन छः रुपए निकालो।" बुढ़िया बोली।

शकील ने दस का नोट दिया। बुढ़िया ने उसे अपने ब्लाउज़ में घुड़स लिया।

"चार रुपए तो दो।"

"भागे नहीं जा रहे हो। बैठ लो...मिल जाएँगे।"

"तुम नहीं 'बैठोगे' ?" नेपालिन ने मेरे गाल में चुटकी काटी और हँसने लगी।

शकील नेपालिन के साथ ऊपर चला गया। मैं और अहमद नीचे खड़े रहे।

"यार बड़ी गन्दी जगह ?" मैंने धीरे से कहा ताकि बुढ़िया न सुन ले।

"हाँ है तो।" वह ख़यालों में खोया हुआ था।

मुझे पता नहीं क्या शौक चर्राया कि मैंने बुढ़िया से पूछा—"माताजी, आप कब से यहाँ हैं ?"

बुढ़िया ने मेरी तरफ अजीब नज़रों से देखा और बोली—"अरे अपना काम करो और जाओ...समझे ?"

मैं चुप हो गया। अहमद ने इशारा किया कि मैं चुप ही रहूँ।

शकील के आने के बाद अहमद ऊपर गया और जब वह भी वापस आ गया और बुढ़िया से पैसे माँगे तो उसने एक रुपया साइकिलों की तकाई के नाम पर काट लिया। उस पर शकील में और उसमें बड़ी तू-तू मैं-मैं हुई लेकिन बुढ़िया नहीं मानी, उसका कहना था कि यही यहाँ का दस्तूर है।

वहाँ से हम सीधे देशी शराब के ठेके गए और डेढ़ पाव लेकर बैठ गए। छोकरे से भुनी कलेजी मँगाई और दौर चलने लगा।

"कैसा लगा ?" मैंने अहमद से पूछा।

"बस वैसा ही था यार।" वह बोला।

"नेपालिन उस इलाक़े की 'टाप चीज़' है।" शकील ने कहा।

"लेकिन यार थी कितनी गन्दी।"

"अँधेरे में गन्दगी और सफाई नहीं दिखाई देती।" वह हँसकर बोला।

"मैं सोचता हूँ 'कैरो' चला जाऊँ।" अहमद ने बहुत गम्भीरता से कहा।

हमें मालूम था कि शादी के बाद रौशन अपने शौहर के साथ 'कैरो' चली गई है।

"वहाँ क्या करोगे ?" मैंने पूछा।

"यार मैं रौशन से सिर्फ ये पूछना चाहता हूँ कि अगर वो मुझे सिर्फ बता देती..."

"क्या बातें करते हो यार...वो तुम्हें कैसे बता देती ? माँ-बाप की निगरानी में थी। तुम्हें बताती कैसे ?" शकील ने कहा।

"ठीक है यार तो एक बार देख लूँगा।" वह ठंडी साँस लेकर बोला।

"उसके लिए 'कैरो' जाओगे ?" मैंने कहा।

"कहीं और दिल लगाओ प्यारे।" शकील हँसकर बोला और अहमद उसे घूरने लगा।

डेढ़ पाव के बाद शकील के इसरार पर हमने एक पाव और ली और वह भी ख़त्म करने के बाद लल्लनटाप नशा आया।

बिल्कुल मस्त होकर हम बाहर निकले। इंडिया अपने बाप का लगने लगा। हर कदम पर मस्ती। हर क्षण मज़े में डूबा लगने लगा। नई सड़क पर रहीम मियाँ के होटल की गैस बत्ती जल रही है। खपरैल और सिर्फ खपरैल—यही रहीम मियाँ का होटल है। एक दर में तन्दूर लगा है और उसके पास बड़े से तख़्त पर रहीम मियाँ दो-तीन अल्मुनियम के बड़े-बड़े भगोनों के बीच बैठते हैं। रकाबियाँ उनके सामने रखी हैं। दूसरे दर के बाहर हैंड पम्प लगा है जहाँ लड़का रकाबियाँ और बर्तन धोता है।

बढ़िया तरतराता हुआ गोश्त जिसके ऊपर भाप और ख़ुशबू के बादल मँढ़रा रहे हैं, हमारे सामने आ गया। तन्दूर में लाल शोले फड़फड़ाए और रोटी की सुगन्ध खपरैल में भर गई—'गर्मागर्म लो मियाँ...गर्मागर्म..." रहीम मियाँ ने रोटियाँ सामने रख दीं। गर्म सुर्ख और कहीं-कहीं उन पर तिल जैसे छोटे धब्बे रोटियों पर नुमायाँ थे। मैंने रोटी का एक टुकड़ा तोड़ा और सोचा, यह मज़ा और कहाँ है। भूख लगी हो, खाना, अच्छा खाना सामने हो तो इसका क्या मुक़ाबला है। रोटी का टुकड़ा शोरवे में डुबोया तो शोरवा उसके अन्दर इस तरह समाता चला गया जैसे तपती हुई ज़मीन पर बरसात का पहला पानी। पहला निवाला मुँह में रखा तो लगा केवल मुँह ही जिस्म के हर हिस्से पर निवाला रख दिया हो। दूसरा टुकड़ा तोड़ा-शोरवे और गोश्त को उसमें समेटा और भाड़ जैसा मुँह खोलकर रखा तो रोटी बहुत गर्म लगी, मुँह शायद जल-सा गया लेकिन जल्दी ही ताप के ऊपर स्वाद की विजय हो गई और मैं रोटी तोड़ने लगा। एक मुहावरा याद

आया—'कल्ला चले और हज़ार बला टले।' हाँ कल्ला चलना तो ऐसा ही है। हर निवाले का मज़ा एक दूसरे से बहुत निकट होते हुए भी कुछ न कुछ अलग लगा। रोटी शोरवे, गोश्त और मसालों के मज़े कभी अलग-अलग और कभी साथ-साथ। हजार 'परम्युटेशन कम्बीनेशन' बनाने लगे। मुँह का छोटा-सा हिस्सा भी मुँह बन गया। मज़ा इस तरह आने लगा जैसे खाना हज़ारों-लाखों-करोड़ों मुँहों से खाया जा रहा हो और मज़ा सिर्फ मुझे आ रहा हो। रोटी की गर्मी उस मज़े को बदलती थी। शोरवे के मसाले और गोश्त का स्वाद उसे एक नयापन देते थे। दाँतों से चबाने पर उसका स्वाद बदलता और ऐसा लगता जैसे मुँह का मज़ा और खाने का मज़ा एक हो गए हैं और फिर निगले पर यह मज़ा एक आत्मीय सन्तोष में बदल जाता। धीरे-धीरे दाँत इस तरह चलते जैसे किसी कोमल त्वचा पर हाथ का स्पर्श। जुबान एक-एक कण को उन दिशाओं में ले जाती जहाँ वे नए अनुभवों से गुजरते। मैं सिर झुकाए खाने में डूबा हुआ था। तीसरी गर्म रोटी की भाँप ने मुझे आकर्षित ही किया था कि अचानक अहमद की तरफ देखा, वह खा नहीं रहा था।

''अरे तुम खा नहीं रहे हो ?''

''नहीं यार...'' वह उदासी से बोला।

''खाओ-खाओ...नहीं तो कैसे 'कैरो' जाओगे।'' शकील ने कहा।

अहमद घूरकर उसे देखने लगा और सख़्ती से बोला, ''तुम हमेशा बेतुकी बातें करते हो। 'कैरो' का यहाँ क्या ज़िक्र था।''

''अरे छोड़ो यार...तुम खाओ।'' मैंने बीच-बचाव कराना चाहा।

''नहीं यार इसने मूड खराब कर दिया।'' अहमद बोला।

''नशे में है छोड़ो।'' मैंने धीरे से कहा। शायद शकील ने भी सुन लिया था। लेकिन वह कुछ बोला नहीं।

करीब एक महीने के बाद धीरे-धीरे अहमद सँभलता चला गया। वह क्लासों में भी आने लगा और दूसरे कामों में भी दिलचस्पी लेने लगा। हम लोगों का नसरीन आपा के पास आना-जाना बढ़ गया था क्योंकि वे हिन्दोस्तानी कलाकारों की एक नुमाइश लगवाना चाहती थीं और उसका उद्‌घाटन करने के लिए एम.एफ. हुसैन को बुलवाने का ख़याल था। अहमद हुसैन का बड़ा प्रशंसक था और इसलिए बड़ी लगन से हम सब नुमाइश की तैयारी में लग गए थे।

नसरीन आपा के साथ काम करने के बाद हम इस नतीजे पर पहुँचे थे कि अच्छी-ख़ासी सनकी हैं। चाहती हैं कि हर काम अपने हाथ से करें। दूसरे हाथों से किया हुआ कोई काम उन्हें पसन्द नहीं आता। हम लोग एक प्रिंट किसी जगह लगाते थे तो उनको पसन्द नहीं आता था उसे उठाकर अक्सर खुद अपने हाथ से ठीक उसी जगह रख देती थीं जहाँ हम लोगों ने रखा होता था और कहतीं थीं कि अब ठीक है। सनक

के अलावा उनमें कोई ऐसी बुराई न थी जो हम लोगों को खलती। काम करने जाते थे तो हमारे खाने-पीने का पूरा ख़याल रखती थीं। कुछ खाना अपने साथ लाती थीं। चाय कैन्टीन से आ जाती थी। आर्ट्स गैलरी के फर्श पर बैठकर हम खाते-पीते थे। नसरीन आपा ये ख़याल रखती थीं कि हम लोगों को कहीं से ये न लगे कि वो हमें सिर्फ मामूली स्टूडेंट समझ रही हैं।

नुमाइश के उद्घाटन के लिए दिल्ली से हुसैन को बुलाने के सिलसिले में उन्हें दिल्ली जाना था। उनके साथ ये मुश्किल थी कि दिल्ली तक गाड़ी चलाना उन्हें कठिन लगता था। इसलिए उन्होंने अहमद से कहा और अहमद तैयार हो गया। वह उनके साथ दो दिन के लिए दिल्ली गया। इस तरह धीरे-धीरे वह रौशन प्रसंग को ऐसा भूल गया कि फिर उसका नाम भी न लेता था। हम लोग भी खुश थे कि चलो अच्छा हुआ।

नुमाइश का उद्घाटन करने के लिए हुसैन आए और खूब चहल-पहल रही। उनकी कार देखने ही बहुत से लोग जमा हो गए थे। कार पर भी उन्होंने पेंटिंग बनाई थी। उनका हुलिया बिल्कुल आर्टिस्टोंवाला था। नंगे पैर चलते थे। उनके ऑनर में वाइस चांसलर ने अपनी कोठी में एक डिनर दिया जिसमें नसरीन आपा की मेहरबानी से हम लोग भी आमन्त्रित थे। नसरीन आपा ने डिनर में हम लोगों को बुलाए जाने की ख़ातिर वाइस चांसलर से सख़्त बातचीत भी की थी। कहा था जिन लड़कों की वजह से यह नुमाइश कामयाब हुई है उन्हें ही डिनर में न बुलाया जाए यह नहीं हो सकता। अगर लड़के न बुलाए जाएँगे तो मैं भी नहीं आऊँगी।

वाइस चांसलर की कोठी पर डिनर के लिए जाने का हम लोगों का पहला मौक़ा था। सीनियर से सीनियर लड़के और हद ये है कि कुछ लेक्चरर्स तक ये सुनकर सकते में रह जाते कि हम लोगों को वाइस चांसलर के यहाँ डिनर पर बुलाया गया है। डिनर में रज़ी को भी बुलाया गया था। लेकिन वह रिसर्च स्कॉलर था। उसका बुलाया जाना इतनी हैरत की बात न थी।

डिनर के दौरान हम लोगों की हुसैन से बड़ी दिलचस्प बातचीत हुई थी। हालाँकि कम बोलते थे लेकिन जो बोलते थे मज़ेदार होता था। उसी दौरान यह भी पता चला कि वे दिल्ली में एक बड़ा 'म्युरल' बनानेवाले हैं और उन्हें ऐसे लोगों की तलाश है जो इस काम में उनकी मदद कर सकें। ज़ाहिर है कि हम सब निहायत जूनियर किस्म के लोग थे और हम सोच भी नहीं सकते थे कि हुसैन के साथ काम करने का कोई मौक़ा मिलेगा।

नुमाइश एक हफ्ते तक लगी रही। काफी लोग देख आए। एक दिन सुबह के वक़्त सिर्फ गर्ल्स कॉलिज की लड़कियों के लिए खोली गई। ज़ाहिर है तब लड़कों के लिए आना मना था। लेकिन हम लोग तो 'आर्गनाइज़र्स' में से थे। हम तो मौजूद थे। फ़ैज़ी भी आई। उस दिन वह बहुत खुश लग रही थी। कासनी रंग के कपड़े पहने थी जो उस पर फबते थे। मैंने उससे बहुत-बहुत कहा कि मेरे साथ कैन्टीन चलकर चाय पी ले लेकिन वो राज़ी न हुई। दरअसल अहमद और रौशनवाला किस्सा मशहूर हो चुका

था और लड़कियाँ कुछ डर-सी गई थीं। नुमाइश देखते हुए ही उससे थोड़ी बहुत बातचीत हो पाई। वह भी सब तस्वीरों के बारे में थीं।

नुमाइश की एक दूसरी उपलब्धि ये रही कि उसमें यूनीवर्सिटी के करीब-करीब नामी लोग आए। हद ये है कि इरफ़ान साहब तक आए। उनके आने पर लोगों को ऐसी हैरत हुई जैसे आसमान फट पड़ा हो। इरफ़ान साहब के बारे में ये तय था कि इस तरह की नुमाइशों में नहीं जाते। उन्हें अपने काम से सिर उठाने से फुर्सत नहीं है। रोज़ सबसे पहले डिपार्टमेंट आते हैं और सबसे बाद में जाते हैं। अपनी रिसर्च और पढ़ाई के कामों के अलावा फोर्थ ग्रेड कर्मचारियों की यूनियन के काम में इतने डूबे रहते हैं कि उन्हें अपनी डाक तक देखने का समय नहीं मिलता और बहुत से 'चेक' लिफाफों में पड़े रह जाते। उनको जमा करने की तारीख़ें निकल जाती हैं और फिर वे वापस भेजे जाते हैं। इरफ़ान साहब के बारे में यह भी मशहूर था कि वो अकेले प्रोफेसर हैं जो चपरासियों के लिए कुर्सी से खड़े होते हैं। वो अकेले प्रोफेसर हैं जो खुल्लमखुल्ला कहते हैं कि वो कम्युनिस्ट पार्टी मार्क्सवादी के 'कार्ड होल्डर' हैं। और इस पर उन्हें फ़ख्र है। उनके बारे में यह भी मशहूर है कि आज तक उन्होंने कभी छुट्टी नहीं ली है। आज तक एक क्लास 'मिस' नहीं की है और आज तक नक़ल करनेवाले लड़कों को कभी छोड़ा नहीं है।

'राही' सिब्ते रज़ी भी आए। के.पी. सिंह भी आए और हम लोगों को शाबाशी दी। रज़ी तो कई बार आया और कहा कि वह इसी तरह की एक नुमाइश 'वियतनाम' पर करना चाहता है। क्या हम लोग उसकी मदद कर सकते हैं। मैं तो तैयार था लेकिन अहमद का कहना था कि यार हम लोगों को 'पॉलिटिक्स' में नहीं पड़ना चाहिए।

नसरीन आपा खोद-खोदकर पूछती रहीं कि फलाँ आया या नहीं आया। अगर पता चलता कि कोई नहीं आया है तो हम लोगों से कहतीं कि खासतौर पर जाकर उन्हें बुलाकर लाओ। जब उन्हें ये पता चला कि जावेद कमाल नहीं आए तो मुझे उनके पास भेजा। मैं गया तो जावेद कमाल कैन्टीन में मौजूद थे। मेरे कहने पर बोले कि ठीक है, तुम बुलाने आए हो तो चलता हूँ लेकिन अगर डॉ. नसरीन ने बुलवाया है तो नहीं जाऊँगा।

पूरी यूनीवर्सिटी के वो सब लोग जिन्हें आर्ट या अदब से कुछ भी दिलचस्पी हो सकती थी, नुमाइश देखने आए लेकिन कई बार बुलाने पर भी नहीं आए तो इमाम साहब।

## 17

सुबह क्लास जाने के लिए तैयार ही हो रहा था कि धड़धड़ाता हुआ शकील आ गया। उसे इतनी सुबह देखकर हैरत हुई क्योंकि सवा आठ बजे क्लास में तो उससे मिलना होता ही। मैं समझा शायद किसी बड़ी परेशानी में है। उसके चेहरे से घबराहट किस्म

की चीज़ ज़ाहिर थी।

"क्या अभी तक तैयार नहीं हुए ?"

"यार सात बजा है। अभी से तैयार होकर क्या करूँगा ?"

"तुमसे कुछ ज़रूरी बातें करनी हैं।"

"वो मैं तुम्हें देखते ही समझ गया था। बात क्या है ?"

"चलो चचा के होटल में नाश्ता करते हैं। वहीं बात होगी।" वह सिगरेट सुलगाते हुए बोला।

हॉस्टल के नाश्ते यानी दो मठरी बिस्कुटों, आधे मक्खन और चाय के मुक़ाबले चचा के होटल का नाश्ता यानी दो टोस्ट दो कबाब मुझे आकर्षित करने के लिए काफी थे। मैंने कहा, "ठीक है।"

चचा के होटल पहुँचने से पहले ही वह शुरू हो गया। कहने लगा, "यार ये कुँवर साला बड़ा अजीब आदमी है। कल रात इसने बड़ी मुसीबत में फँसवा दिया।"

"क्यों क्या हुआ ?"

"सुनो पूरा किस्सा। नाश्ते का ऑर्डर देकर हम आराम से बैठ गए। ये तय था कि पहला पीरियड मिस हो जाएगा।"

शकील उतावला हो रहा था। कहने लगा, "यार ये कई महीने से कुँवर अपनी किसी बड़ी ख़ास रखैल का ज़िक्र कर रहे थे। तीन-चार दिन पहले कहने लगे कि वह रखैल आजकल यहीं आ गई है। उसने कहलवाया है।"

"रखैल यहाँ नहीं थी।"

"यार पुरानी रखैल है। पहले यहीं रहती थी फिर कहीं बाहर चली गई थी, उसके बाद फिर यहाँ आ गई।"

"तो ?"

"कहने लगे चलो भतीजे..." कुँवर साहब प्यार में शकील को कभी-कभी भतीजा कहते थे..."तुम्हें तरवा देते हैं। तुम भी क्या याद करोगे क्या औरत है। खुदा की क़सम कमाल है, वग़ैरा-वग़ैरा सैकड़ों तारीफ़ें की। जब मैंने पैसे वैसे की बात पूछी तो बोले-अरे वो दस साल मेरी रखैल रही है, पैसे क्या लेगी। खैर तय पाया कि उसके यहाँ चलें और उसे लेकर कुँवर साहब की कोठी के पीछे सर्वेंट क्वार्टर में ले आएँ। वहीं 'मुँह काला' किया जाए। आजकल उनका नौकर रहीम अपने घर गया हुआ है।"

"फिर ?" मैंने पूछा। शकील रुककर कबाब खाने लगा।

"ये भी तय पाया कि आधे-आधे पैसे मिलाकर अद्धा खरीदा जाएगा। रखैल को लेकर 'जयहिन्द होटल' के केबिन में पी जाएगी और फिर रहीम मियाँ के क्वार्टर में..."

मैं उसकी बात काटकर बोला, "मुँह काला किया जाएगा।" वह हँसने लगा।

हम नाश्ता कर ही रहे थे कि आँधी-तूफान की तरह अहमद आ गया।

"अच्छा तो तुम लोग यहाँ बैठे हो ?"

''क्लास नहीं गए।'' शकील ने पूछा।

''गया था, तुम लोग नहीं थे तो दिल नहीं लगा। प्रेक्टिकल की क्लास थी, मुईन साहब ने एक-एक स्लाइड थमा दी थी और खुद अपने कमरे में चले गए थे। मैं भाग निकला। पहले तुम्हारे कमरे पर गया वहाँ ताला बन्द था तो सोचा कि अब तुम दोनों सिवाय यहाँ के और कहीं हो नहीं सकते।''

''नाश्ता किया ?''

''किया है लेकिन और करूँगा।''

''हाँ कर लो कबाब मज़ेदार हैं और शकील के 'एकाउंड' में है क्योंकि कल कुँवर साहब ने इसका 'मुँह काला' कराया है।''

''वाह बेटा अकेले-अकेले।''

''अच्छा चुप रहो क़िस्सा चल रहा था।''

शकील ने जहाँ तक मुझे बताया था वहाँ तक अहमद को फिर से बताया और बात आगे बढ़ी।—''तो साहब रिक्शा किया। कुँवर साहब अपना 'चीफ कोट' पहने थे।

''साला बैंड मास्टर लगता है उसमें।'' अहमद बोला।

''वह तो अपने आपको उस चीफ कोट में जॉर्ज पंचम की दुम समझता है।'' शकील ने कहा, ''तो ख़ैर रिक्शा किया, रेलवे रोड आए, रुपए मिलाकर अद्धा खरीदा और फिर टहलते हुए मदार गेट में आ गए। वहाँ पहुँचते ही कुँवर ने जेब से निकालकर काला चश्मा लगा लिया।''

''रात के वक़्त काला चश्मा ?''

''तुमने पूछा नहीं क्यों ?''

''पूछा तो बोला कि मैं चाहता नहीं लोग यहाँ मुझे पहचानें। मैं कभी यहाँ नहीं आता।''

''और चीफ कोट जो डाँटे हुए था। पूरा शहर जानता है वह साले की खाल है।''

''अब मैं क्या कहता। ख़ैर सड़क पर एक गली के बराबर पान की दुकान पर रुक गया। मैंने सिगरेट खरीदी और उसने पान खाया। फिर उसने एक लड़के को चवन्नी दी और कहा जाओ, गली से अज़ीमन को बुला लाओ।''

''रखैल का नाम अज़ीमन है।''

''हाँ...पान की दुकान पर चश्मा लगाए चीफ कोट पहने और ऊँची आवाज़ में बोलते आदमी को लोग कैसे 'निग्लेक्ट' कर सकते हैं। जल्दी ही दो-चार लोग खड़े हो गए। पानवाला भी कुँवर की हाँ में हाँ मिलाने लगा। कुँवर पुराने और नए ज़माने की रंडियों की तुलना कर रहे थे। बोलता तो मज़ेदार तरीके से है और उसे मज़ा भी आता है अगर सुननेवाले दिलचस्पी लें। ख़ैर एक दो बार मैंने धीरे से कहा कि ठीक है, ठीक है...आगे चलकर बात करेंगे। लेकिन वह नहीं रुका। लगातार अनाप-शनाप बोलता रहा। लोग मज़ा लेते रहे। इतने में गली से निकलकर अज़ीमन आ गई। चालीस के करीब की एक औरत। अब जनाब हरामीपन देखिए कि रंडियों के मोहल्ले में पान की

एक दुकान पर खड़े होकर वह चीख़-चीख़कर रंडी से मेरा तार्रुफ़ करवाने लगा। कहने लगा—'इनसे मिलो ये शकील अहमद हैं। इनके वालिद का नाम शरीफ़ अहमद है। ये बस्ती के रहनेवाले हैं। इनके वालिद का वहाँ दवाओं का कारोबार है। इनकें दो भाई हैं। ये यहाँ यूनीवर्सिटी में पढ़ते हैं।...' अब यार मेरे ऊपर तो जैसे मटकों पानी पड़ गया हो। मैं लाख-लाख रोक रहा हूँ। कह रहा हूँ कि छोड़िए कुँवर साहब...अब चलते हैं। लेकिन पट्ठा चीख़े चले जा रहा है। कहने लगा—'ये यहाँ यूनीवर्सिटी हॉस्टल में रहते हैं, शायरी भी करते हैं। इनके एक भाई ने यहाँ से ही पढ़ाई पूरी की है।' भीड़ में लोग इस तरह खड़े थे जैसे तमाशा हो रहा हो। खैर बड़ी मुश्किल से भीड़ से निकले। मैंने कहा रिक्शे ले लें, कहने लगा—रिक्शे क्या होंगे एक रिक्शा लेते हैं।' ख़ैर एक रिक्शा किया। बीच में अज़ीमन बैठी इधर-उधर हम दोनों बैठे और जैसा कि तुम जानते हो रिक्शेवालों से उसे बातें करने का बड़ा शौक है। वह अब चीख़-चीख़कर रिक्शेवाले से बातें करने लगा कि पहले इस सड़क पर रिक्शे नहीं 'फिटन' 'टमटम' और मोटरें चलती थीं। फिर समझाने लगा कि 'फिटन' 'टमटम' और 'विक्टोरिया' में क्या फ़र्क़ है।''

''औरत कैसी थी ये बताओ।'' अहमद ने मतलब की बात पूछी।

''रंडी थी यार रंडी।''

''तो उसकी रखैल नहीं थी।''

''अरे कभी रही होगी...अब तो पेशा ही करती है।''

''अच्छा तो जयहिन्द होटल आए।''

''हाँ, जयहिन्द में आकर पीछेवाले कैबिनों में बैठ गए। तीन गिलास मँगवाए। सोडा मँगवाया और पीना शुरू हो गया। यार वह औरत लम्बे-लम्बे पेग खींचने लगी। मुझे लगा कि पूरी बोतल होती तब भी कम पड़ जाती।''

''केबिन में क्या बातें कर रहा था ?''

''उस जमाने की बातें करने लगा जब वह उसकी रखैल हुआ करती थी।''

''ये वही औरत है जिसके साथ वह नंगा झूला झूलता था।''

''पता नहीं यार...झूठ भी तो साला खूब बोलता है। कल ही बता रहा था कि उसने पैमिला माउंटबेटेन के साथ भी हमबिस्तरी की है।''

''अमाँ नहीं।'' अहमद अविश्वास और खुशी से बोला।

''हाँ यार कहता तो है पता नहीं कितना सच है कितना झूठ...लेकिन बताता 'डिटेल' में है। सच न भी हो तो यक़ीन आने लगता है। कह रहा था मैंने ज़िन्दगी में दो औरतों के साथ पैंतालीस मिनट 'किया' है। एक पैमिला माउंटबेटेन और दूसरी आपकी भाभी।''

हम दोनों अपने ठहाके रोक नहीं पाए।

''भाभी मतलब जो आजकल बीवी है।''

''हाँ वही।''

''कमाल की चीज़ है यार।''

"ज़िन्दा लोगों का कोई म्युज़िम हो तो साले को वहाँ रखवा दें।"

"ख़ैर तुम अपनी कहानी आगे बढ़ाओ।"

"शराब जब ख़त्म हो गई तो रंडी ने कहा, कुँवर साहब खाना मँगवाइए। खाने के नाम पर ये सन्नाटे में आ गया क्योंकि खाने के पैसे न इसके पास थे न मेरे पास। अब जनाब पहले तो ये ऐक्टिंग करने लगा जैसे बहुत नशा आ गया हो। कहने लगा, खाना ? कैसा खाना ? किसका खाना ? खाना क्या होता है ? छोड़ो खाना वाना ? लेकिन वो घाघ रंडी उसने कहा क्या। आपको भूख नहीं लगी। इसने कहा नहीं मैं नहीं खाऊँगा। रंडी ने कहा लेकिन मैं खाऊँगी। उसने जनाब मेज़ पर गिलास बजाया। वेटर आया तो उसने पूरे खाने का ऑर्डर दे दिया। चिकन तन्दूरी, सीख कबाब और दालमक्खनी और नान और रायता। मैं घबरा गया कि यार ये बिल कौन चुकाएगा। लेकिन कर क्या सकता था। जरा देर में खाना आया। अब देखिए इस साले का कमाल, कहाँ कह रहा था कि भूख नहीं लगी और जैसे ही खाना आया ये सबसे पहले खाने पर टूट पड़ा। जब मैंने देखा कि ये खा रहा है तो मैं क्यों न खाऊँ। मैंने भी शुरू कर दिया। जितना कम पड़ा और मँगवा लिया गया।"

"फिर क्या हुआ ?"

"सुनो तो यार, मैंने सोचा कि अब खाना आ ही गया और खाया ही जा रहा है तो किसी न किसी तरह बिल तो चुकेगा ही। मैंने भी दबाकर खाया। लेकिन काफी 'टेंशन' में खाया। खैर खाने के बाद...सबसे पहले खाना कुँवर ने ख़त्म किया और कहा हाथ धोकर आता हूँ। यह कहकर वह कैबिन के बाहर निकल गया। दो मिनट हो गए। चार हो गए। दस हो गए...अब तो साहब मेरे हवास गुम। मैं समझ गया कि साला चूतिया बनाकर निकल गया और फँसा मैं। मैंने रंडी से कहा कि मैं भी हाथ धोकर आता हूँ तो वो भी खड़ी हो गई। कहने लगी—मैं भी हाथ धोना चाहती थी। ख़ैर हाथ धोकर हम दोनों कैबिन में फिर आकर बैठ गए। पन्द्रह मिनट हो गए और उसका पता नहीं। बैरा आया और बिल रख गया। वह तो जनाब सौंफ खाने लगी और मेरा अजीब हाल। मरता क्या न करता मैं बिल लेकर बाहर आया मैनेजर के पास। उसे बताया कि मैं यूनीवर्सिटी स्टूडेंट हूँ, इत्तिफ़ाक से पैसे लाना भूल गया। मेरा आइडेंटिटी कार्ड रख लीजिए। मैं कल सुबह पैसे दे जाऊँगा। मैनेजर ने दराज़ खोलकर पाँच-सात आइडेंटिटी कार्ड निकाले और मुझे दिखाकर बोला—'ये देख लीजिए। कोई पैसे देने नहीं आता। पहले पैसे दीजिए तब जाइए।' "

"फिर क्या किया तुमने ?"

"यार अल्लाह ने मदद की।" वह हँसा।

"हुआ क्या ?"

"सामने फुटपाथ पर 'डैडी' नज़र आ गया।

"कौन ?"

"वही यार तुम्हारे हॉस्टल वाला 'डैडी' जो पहले बी.डी.ओ. था।"

"वही जिसने पचास रुपए की चूड़ियाँ खरीद ली थी।"

"हाँ वही...वह मुझसे अक्सर कहता था यार लौंडिया दिलाओ। उसे मैंने आवाज़ देकर बुलाया। अन्दर आया तो मैंने कहा लौंडिया केबिन में है। लेकिन ये बिल भी है। इसे चुका दो तो लौंडिया लेकर कहीं चलते हैं। मज़ा करेंगे। 'डैडी' ने खटाक से बिल दे दिया। मैं और डैडी रंडी को लेकर सड़क पर आए ही थे कि पता नहीं कहाँ से कुँवर आ गया। शायद किसी पेड़ के पीछे खड़ा था। कहने लगा—'अरे आपने बिल क्यों दिया।' मैंने कहा आप तो भाग गए थे फिर मैं क्या करता ? कहने लगा, आपको चाहिए था मैनेजर से मेरा नाम ले लेते, कहते कुँवर बरकत अली खाँ ऑफ छपरकली एंड मीरसाहब गढ़ीकोटला के हिसाब में पैसे डाल दो। वो डाल देता। उसके ये कहने पर मुझे सचमुच गुस्सा आ गया। मैंने कहा—अगर ये हो सकता होता तो आप वहाँ से भागते नहीं। बिल मेरे दोस्त ने चुकाया है। अब आपकी 'इसे' लेकर हम जा रहे हैं। इस पर वह बिफर गया। कहने लगा—ये मेरी पुरानी रखैल है। उसे कोई नहीं ले जा सकता। अब साहब सड़क के किनारे मेरे, उसके और डैडी के बीच तू-तू मैं-मैं शुरू हो गई। डैडी कह रहा था कि ठीक है वह अपना हक़ छोड़ देगा लेकिन उसके रुपए वापस मिलने चाहिए।"

"राह चलते जमा हो गए होंगे।"

"न पूछो यार कुछ लोग जमा हो गए। पूछने लगे क्या बात है ? अब उन्हें कौन बताता। 'डैडी' को पता नहीं कुँवर की किस बात पर गुस्सा आ गया और वह हाथापाई करने आगे बढ़ा। मैंने बीच-बचाव किया। इस बीच रंडी ने कहा आप लोगों के बीच फैसला ही नहीं हो चुकता। मुझे रिक़्शे का किराया दीजिए मैं जाऊँ। ये सुनते ही डैडी आपे से बाहर हो गया। उसे लगा उसके रुपए डूब गए। उसने झपटकर रंडी का हाथ पकड़ लिया। कुँवर ने ये देखा तो रंडी का दूसरा हाथ पकड़ लिया।"

"वाह अच्छा-खासा ड्रामा हो गया।"

"अरे यार कसर यही रह गई कि कोई पुलिस का सिपाही नहीं आया। इसी चपक़लिश में रंडी ने झपटकर कुँवर की जेब में हाथ डाल दिया। उसे पाँच का एक नोट मिल गया। वह जल्दी से अपना हाथ छुड़ाकर भागी और एक जाते हुए रिक्शे पर बैठ गई। हम तीनों देखते रह गए और वह निकल गई। अब तो लड़ाई बढ़ गई। कुँवर से डैडी पैसे माँगने लगा। उसके पास कहाँ थे। बहरहाल तसफिया करने के लिए मैंने डैडी से कहा कि पैसे मैं दे दूँगा। झगड़ा ख़त्म हो गया। डैडी ने यूनीवर्सिटी की तरह आने के लिए रिक्शा किया। कुँवर कहने लगा मुझे रिक्शे पर बिठा लो मैं अपनी कोठी के करीब उतर जाऊँगा। चूँकि कुँवर के पास पैसे न बचे थे उसका पाँच का आख़िरी नोट रंडी लेकर चल दी थी इसलिए उसे डर था कि कोठी तक पैदल ही जाना पड़ेगा। डैडी ने कहा कुछ भी हो जाए वह कुँवर को रिक्शे पर नहीं बैठाएगा। रिक्शा चल दिया। मैं और डैडी यूनीवर्सिटी आ गए।"

"तो कुँवर को परेड करनी पड़ गई।" अहमद हँसकर बोला।

''हाँ अपना चीफकोट पहने वह मार्च करता हुआ घर पहुँचा होगा।''

''लेकिन यार क्या उसकी 'माली हालत' इतनी ही खराब है कि पचास रुपए न निकले उसके पास।'' अहमद ने पूछा।

''अब मुझे क्या मालूम...पर 'टूटा' रहता है। कहता है पहाड़ोंवाला मुकदमा जीत गया तो करोड़पति हो जाएगा।''

''चलो एक उम्मीद तो है जिस पर जी रहा है।''

''अब यार मैंने तय किया है कि कुँवर के पास कभी न जाऊँगा।'' शकील कान पकड़कर बोला।

''चलो देखते हैं, वैसे तुम्हारे उसके सितारे बहुत मिलते हैं।'' अहमद हँसकर बोला।

ये सच था क्योंकि तीन-चार दिन बाद शकील ने हम लोगों को बताया कि कुँवर उसके कमरे में आया था। पचास रुपए भी दिए और घर ले जाकर खाना भी खिलाया। उस दिन के बारे में कहने लगा कि दरअसल उसकी पैंट की जेब में तीन सौ रुपए थे। वह बिल्कुल भूल गया था। चीफ कोट की जेब में पैसे न थे।

बहरहाल शकील और कुँवर का मिलना-जुलना फिर शुरू हो गया था। हम लोग भी कड़की के दिनों में चाय-वाय पीने चले जाते थे।

रज़ी वियतनाम पर नुमाइश लगाने के सिलसिले में कई बार हम लोगों से मिल चुका था। उसने काफी मैटीरियल भी जमा कर लिया था। मैंने और शकील ने कई पोस्टर बनाए थे। अहमद उस काम में ज़्यादा दिलचस्पी नहीं ले रहा था। वह पहले ही कह चुका था कि 'पॉलिटिक्स' में नहीं पड़ना चाहता।

नुमाइश शुरू होने के कोई एक हफ्ता पहले पता चला कि नुमाइश नहीं होगी। कुछ समझ में नहीं आया कि क्या बात है। रज़ी का कहना था कि चूँकि इम्तिहान नज़दीक आ गए हैं इसलिए नुमाइश अब अगले 'सेशन' में होगी। लेकिन उड़ती-उड़ती यह भी पता चला था कि रज़ी के हेड ऑफ डिपार्टमेंट प्रोफेसर फ़ारूक़ ने रज़ी से कह दिया है कि वह नुमाइश न लगाए। प्रोफेसर फ़ारूक़ जमाते इस्लामी ग्रुप के हैं और कैम्पस में कम्युनिस्टों के बढ़ते प्रभाव को पसन्द नहीं करते। दूसरी तरह कम्युनिस्ट प्रोफेसरों और टीचरों का गिरोह यह चाहता था कि वियतनाम पर नुमाइश लगाई जाए। अब रज़ी का ये मामला था कि वह दो पाटों के बीच आ गया था। अगर नुमाइश लगाता तो हेड ऑफ डिपार्टमेंट नाराज़ हो जाते। उसकी पी.एच-डी. और लेक्चररशिप ख़तरे में पड़ जाती। न लगाता तो कम्युनिस्ट प्रोफेसर नाराज़ हो जाते। इसलिए वह यह कहता घूम रहा था कि अगले 'सेशन' में नुमाइश होगी।

वियतनामवाली नुमाइश के सिलसिले में ये भी पता चला कि यूनीवर्सिटी में दो बड़े ग्रुप हैं। एक तरफ सी.पी.आई. और सी.पी.एम. के लोग हैं और दूसरी तरफ बड़ा ग्रुप जमाअते इस्लामी का है। ये लोग इस्लामी हुकूमत बनाना चाहते हैं। इन लोगों के

समर्थक यूनीवर्सिटी में उटंगे पायजामे और लम्बी शेरवानियाँ पहने, दाढ़ी रखे और टोपी लगाए दिखाई पड़ते हैं। रज़ी इन लोगों से सख़्त नफ़रत करता है। कहता है ये लोग मुस्लिम लीग के नुमाइंदे हैं, जिसने पाकिस्तान की पूरी कम्पेन चलाई थी। पाकिस्तान बनाने में रज़ी के मुताबित दिमाग़ था मुहम्मद अली जिन्ना का, पैसा लगा था महाराजा महमूदाबाद का और काम किया था अलीगढ़ के उन छात्रों ने। यहाँ से उस जमाने में स्टूडेंट्स के ग्रुप के ग्रुप पेशावर और बिलोचिस्तान तक मुस्लिम लीग का प्रचार करने जाया करते थे।

पाकिस्तान बन जाने के बाद मुस्लिम लीग तो ख़त्म हो गई या केरल तक सिमट गई लेकिन जमाअते इस्लामी अपनी जड़ों को फैलाती रही।

"ये लोग क्या चाहते हैं रज़ी साहब ?"

"यार साजिद अब क्या बताएँ...कुल मिला-जुलाकर इस्लामी हुकूमत कायम करना चाहते हैं।"

"इस्लामी हुकूमत...हिन्दुस्तान में ? आजकल ?"

"हाँ...अब समझ लो।"

## 18

जाड़ों की छुट्टियों के बाद शकील जब घर से लौटकर आया तो उसने मोहल्ले की एक घटना बताई। उसके मोहल्ले में एक ग़रीब औरत अपनी लड़की के साथ रहती थी। औरत बीमार पड़ गई। उसके पास इलाज तक के पैसे न थे। उसकी लड़की को माँ के इलाज के लिए पेशा करना पड़ा। मोहल्ले के सारे इज़्ज़तदार लोग जानते थे कि औरत बीमार है, उसके पास पैसे नहीं इलाज नहीं, करा सकती। लेकिन किसी के कान पर जूँ न रेंगी। जब उसकी लड़की पेशा करने लगी तो मोहल्लेवालों ने एकजुट होकर माँ-बेटी को मोहल्ले से निकाल दिया।

इस घटना पर मैंने एक कहानी लिख मारी। कहानी सबसे पहले शकील को सुनाई। उसे पसन्द आई। सवाल ये पैदा हुआ कि इसे कहाँ छपवाया जाए ? उन्हीं दिनों मेरे ही हॉस्टल के एक साहब नक़ी ज़ैदी उर्दू का एक साप्ताहिक निकाल रहे थे। दो-तीन अंक निकले थे। मैं कहानी उन्हें दे आया। उन्होंने कहानी छाप दी। कहानी छपने के बाद रज़ी मेरे पास आया। उसे कहानी बहुत पसन्द आई थी। उसने मुझसे कहा कि मुझे और कहानियाँ लिखनी चाहिए। लेकिन मेरे सामने दिक़्क़त ये थी कि कहानी शुरू करने के लिए पहला शब्द क्या लिखा जाए। लगता था लाखों श़ब्द हैं उनमें से एक शब्द को चुनना आसान नहीं है। फिर ख़याली पुलाव पकाना भी मुझे अच्छा न लगता था। इसी उधेड़-बुन में रहा। कुछ हफ्तों बाद एक और घटना पर कहानी लिखी। रज़ी को पढ़ाई तो उसे वह भी पसन्द आई और उसने मुझसे कहा कि चलो तुम्हें के.पी. से

मिलाते हैं। के.पी. सलाह देंगे कि कहानी छपने के लिए कहाँ भेजी जाए।

"के.पी. से तो मैंने तुम्हें मिलाया है न ? याद है अल्हमरावाले मुशायरे में ?"

"हाँ याद है।"

"यार के.पी. ग़ज़ब का आदमी है। हिन्दी में पी.एच-डी. कर रहा है। अपनी थीसिस नहीं लिखता, बाक़ी जो रोता हुआ उसके पास चला जाता है उसके काम में जुट जाता है। यानी दूसरे उसके बलबूते पी.एच-डी. कर करके चले गए लेकिन अपना के.पी. छह साल से थीसिस नहीं लिख पाया।"

"ये तो अजीब बात है।"

"यार वो भी क्या करे। अल्हमरा में क्लासेज़ आर्गनाइज़ करने का काम उसके ज़िम्मे है। 'संगम' वही चलाता है। एस.एफ. की जो कुछ बची-खुची 'पॉलिटिक्स' है उसी के ज़िम्मे है। एन.आर.एस.सी. क्लब का सेक्रेटरी है। कभी बाढ़ पीड़ितों के लिए चन्दा जमा कर रहा है, कभी अकाल-पीड़ितों के लिए। फोर्थ ग्रेड एम्प्लाइज़ यूनियन का काम भी कम नहीं है।"

लायब्रेरी के एक कमरे में बड़ी सी मेज़ पर किताबें इधर-उधर रखी हैं। सामने एक कुर्सी पर सफेद कमीज़ पहने के.पी. बैठे हैं। देख मैं उन्हें पहले भी चुका था इसलिए पहचानने में दिक़्क़त नहीं हुई। औपचारिक बातचीत के बाद रज़ी ने बताया कि मेरी एक कहानी छप चुकी है और दूसरी अभी कहीं नहीं छपी। के.पी. बोले—"वो भी छप जाएगी। छपना ऐसी कौन-सी बड़ी बात है। बड़ी बात तो अच्छी कहानी लिखना है।"

"तो यार तुम कहीं छपवाओ।"

"लखनऊ भेज देते हैं। 'किताब' वाले छाप देंगे।"

"वाह 'किताब' में छप जाए तो क्या कहना...'किताब' अच्छा पर्चा है।"

"वो कहानी का खास नम्बर निकाल रहे हैं। वहीं भेज देते हैं। कहानी लाए हो ?" के.पी. ने मुझसे पूछा।

"जी हाँ।" मैंने कहानी दे दी।

के.पी. कहानी देखते हुए बोले, "हिन्दी तो लिख लेते होगे ?"

"जी हाँ, यू.पी. बोर्ड से हाई स्कूल किया है।"

"तो रामः रामाः रामहु वाले आदमी हो।" के.पी. हँसकर बोले—"तो ऐसा है कि उर्दू में तो इसे जाने दो...इसे हिन्दी में लिख डालो...तरजुमा न करना, जैसी है वैसी ही देवनागरी में लिख डालो। हिन्दी में भी छप जाए तो क्या बुरा है।"

"यार के.पी., चाय नहीं पिलाओगे ?" रज़ी बोला।

"आओ चलो कैन्टीन चलते हैं।"

कैन्टीन में घुसते ही सामने नज़र आए जावेद कमाल। रॉ सिल्क की शेरवानी, बटन खुले हुए, नीचे लखनवी कुर्ता, आधे सफेद आधे काले और कुछ लम्बे बाल, ताम्बई रंग,

खड़ा-खड़ा नाक-नक़्शा, हाथ में सिगरेट और सोच में डूबी गहरी आँखें।

हम कैन्टीन की किसी मेज़ पर बैठने के बजाय सीधे जावेद कमाल के पास गए। उनके चेहरे पर बहुत आत्मीय मुस्कुराहट आ गई।

''आदाब जावेद भाई।'' के.पी. बोले।

''आओ यार आओ...आज तुम्हें देर हो गई।''

''हाँ, ये लोग आ गए थे।''

''साजिद को तो आप जानते हैं।'' के.पी. ने जावेद भाई से मेरा परिचय कराया।

''हाँ भाई, आर्टिस्ट हैं, शायरी करते हैं।''

''नहीं साहब, अब कहानीकार हो गए हैं।''

''ये अच्छा है। शायरी करोगे तो मेरे जैसा हश्र होगा।''

''अरे तो आपका क्या खराब हश्र है। कैन्टीन के मालिक हैं।''

''ज़रा यहाँ दिन-भर बैठकर देखो। शाम जब घर लौटता हूँ तो पूरी रात दिमाग़ में चमचे बजा करते हैं। इन साले बेटीचोद बैरों से चिकचिक करने में ही अपनी ज़िन्दगी गुज़र रही है। ख़ैर मियाँ ये दुखड़ा तो पुराना है। तुम लोग किसी मेज़ पर बैठो। मैं अभी आता हूँ ज़रा दूधवाले का हिसाब कर दूँ।'' जावेद कमाल ने कहा।

हम एक मेज़ पर बैठ गए। जावेद कमाल अपनी मैनेजरवाली मेज़ पर बैठे दूधवाले का हिसाब करते रहे।

''क्या ट्रेजडी है, उर्दू का इतना बड़ा शायर चाय बेच रहा है।'' रज़ी बोला।

''यही अच्छा है कि तेल नहीं बेच रहा।'' के.पी. हँसकर बोले, ''उर्दू पढ़ ली है तो चाय बेच रहे हैं, फारसी पढ़ ली होती तो तेल बेचना पड़ता।''

ज़रा ही देर में हमारी मेज़ पर चाय और गर्मागर्म समोसे आ गए। अपनी मेज़ पर बैठे ही जावेद कमाल ने कहा–''तुम लोग शुरू करो नहीं तो सब ठंडा हो जाएगा।''

रज़ी चाय बनाने लगा।

कुछ देर बाद जावेद कमाल आए। बैठते ही बोले, ''यार के.पी. कल तुम्हारे प्राक्टर साहब यहाँ दौरे पर आए थे।''

''अच्छा। कैसा रहा।''

''बहुत मज़ा आया,'' मुझसे कहने लगे खाँ साहब आपकी कैन्टीन में लड़के-लड़कियाँ साथ-साथ बैठते हैं ये ठीक नहीं है।''

''क्या ये कहा प्राक्टर ने ?'' रज़ी हैरत से बोला।

जावेद कमाल ने उसकी हैरत पर कोई प्रतिक्रिया व्यक्त नहीं की और अपनी बात जारी रखी–मैंने कहा। आप बिल्कुल ठीक कहते हैं जनाब। लेकिन ये कैन्टीन तो यूनीवर्सिटी की है। मैं तो सिर्फ ठेकेदार हूँ। यहाँ के उसूल कायदे बनाना तो यूनीवर्सिटी का काम है। और फिर मैं अगर लड़कों से कहूँगा कि लड़कियों के साथ न बैठें तो मेरी बात कौन मानेगा ? आप एक ऐसा नोटिस निकलवा दें। मैं यहाँ दीवार पर चिपकवा दूँगा और फिर मैं देखूँगा कि उस पर अमल हो।''

के.पी. हँसने लगे, "आपने फँसा दिया प्राक्टर को।"

"अरे यार, ये साले जाने क्या समझते हैं अपने को।"

"ऐसी नोटिस वो क्या निकालेगा। 'डिस्क्रिमनेशन' हो जाएगा। सज़ा हो जाएगी उसे।" रज़ी बोला।

"तो प्राक्टर ने आपसे कहा क्या ?" के.पी. ने पूछा।

"अपनी गोल-गोल आँखों से देखता रहा। कहेगा क्या ?"

फिर बातचीत यूनीवर्सिटी राजनीति पर होने लगी। जावेद कमाल लगातार बोलते रहे। यह अन्दाज़ा लगाते देर नहीं लगी कि उन्हें बोलने में मज़ा आता है। दूसरों को सुनने में भी मज़ा आता था क्योंकि उनकी बातचीत का तरीक़ा बहुत दिलचस्प था।

फिर शायरी पर बात होने लगी। जावेद कमाल ने बताया कि उन्होंने एक नई ग़ज़ल लिखी है। बहुत कहने पर भी सुनाई नहीं। कहा—इस वक़्त नहीं। ग़ज़ल सुनना हो तो शाम को आना। कैन्टीन बन्द हो जाने के बाद।

जब हम चलने लगे तो के.पी. ने डरते-डरते कहा, "जावेद भाई बिल मँगा दें।"

"क्या तुम्हारा दिमाग़ खराब हो गया है या आज जेब में बहुत पैसे हैं ?" उन्होंने आँखें निकालकर कहा।

"अरे आज मैं अकेला कहाँ हूँ। तय तो ये है न कि आप मुझे चाय पिलाया करेंगे न कि मेरे मेहमानों को।"

"जाओ जाओ, बहुत बातें न बनाओ। ये दोनों मुझसे मिलने आए हैं। तुम्हारे मेहमान नहीं हैं।" जावेद कमाल बोले।

हम बाहर आ गए। रज़ी बोला, "जावेद भाई भी कमाल के आदमी हैं।"

"हाँ इसीलिए तो नाम जावेद कमाल रखा है।" के.पी. बोले।

"अच्छा तो ये इनका असली नाम नहीं है।" रज़ी ने कहा।

"नहीं, असली नाम है मुहम्मद अली खाँ। खास रामपुर के पठान हैं।"

"वो तो लगता है।" रज़ी बोला, "पैसे नहीं देने दिए।"

"अगर वो साथ हैं तो पैसे किसी को नहीं देने देते। ये सिर्फ कैन्टीन की ही बात नहीं है।"

मैं और रज़ी आर्ट्स फैकल्टी की तरफ चले आए। के.पी. लायब्रेरी चले गए।

इसके बाद रज़ी से मेरी मुलाक़ातें बढ़ गईं। वह एक-दो बार मुझे स्टडी सर्किल में भी ले गया। एक बार 'हिन्दू-मुस्लिम' समस्या पर किसी का भा।षण था। बातें जितनी कही गईं सब मुझे ठीक लगीं। इस मीटिंग के बाद रज़ी ने मुझसे कहा कि अब मुझे मार्क्सवाद पढ़ लेना चाहिए। बल्कि ये अच्छा होगा कि मैं मार्क्सवाद पर इरफ़ान साहब वाले क्लासेज़ कर लूँ। हर 'सेशन' में वो 'स्टडी सर्किल' में इसके लिए पाँच् लेक्चर्स मार्क्सइज़्म पर देते हैं। लेकिन इस साल वो लेक्चर्स हो चुके हैं।

रज़ी से राजनीति और समाज पर विस्तार से बातें होती थीं। वह मुझे बताता था कि असली मसला आर्थिक है। जिन लोगों के हाथ में आर्थिक शक्ति है वे उसे अपने

हित में बनाए रखना चाहते हैं और हमारी सरकार उन लोगों की ही सरकार है। सी.पी.आई. सरकार के साथ मिल गई है और उसने वर्किंग क्लास स्ट्रगल के साथ गद्दारी की है। जबकि सी.पी.एम. ने समझौता नहीं किया है। वह 'क्लास स्ट्रगल' के सिद्धान्त को मानती है। रज़ी ने मुझे बहुत कुछ बताया था। लेकिन वह सिलसिलेवार बात न करता था। शायद उसे यह अन्दाज़ा था कि मैं बहुत कुछ जानता हूँ। लेकिन ये ग़लत था। मुझे कुछ न मालूम था।

मेरे साथ परेशानी ये भी थी कि अंग्रेज़ी कमज़ोर थी। मार्क्सवाद पर ज़्यादातर किताबें अंग्रेजी में थीं। रज़ी ने कहा था कि वह हिन्दी की किताबें तलाश करेगा। लेकिन बहुत खोज करने पर भी उसे हिन्दी की किताबें न मिल सकीं। आखिरकार "मार्क्सवाद क्या है ?" नाम की एक 'बुकलेट' मिली थी जिसे मैं पढ़ गया था। कहीं-कहीं समझ में न आई थी। लेकिन जो समझ पाया था ठीक लगा था। मैं यह मानता था कि गरीबों और अमीरों के बीच जो खाई है उसे कम होना चाहिए। यह भी मानने लगा था कि दुनिया की भलाई मार्क्सवाद को अपनाने में है। रज़ी मुझे सोवियत यूनियन और चीन के समाज के बारे में ऐसे तथ्य बताता था कि मैं आश्चर्य में पड़ जाता था और लगता था वैसा समाज अपने देश में भी बनना चाहिए।

मैं मार्क्सवाद पर अहमद से बात करता था तो वह कहता था—यार, सब ठीक है। लेकिन कभी दिलचस्पी न लेता था। शकील ज़रूर बातचीत करता था और 'स्टडी सर्किल' में भी जाने के लिए तैयार था।

## 19

"यार चलो नसरीन आपा ने मुझे और तुम्हें बुलाया है।" अहमद शाम को मेरे पास आकर बोला। इम्तिहान क़रीब आ गए थे इसलिए आजकल हम लोग बराबर क्लास जाते थे। दो बजे तक साथ-साथ थे और उसके बाद मैं अपने हॉस्टल चला आया था, अहमद अपने यहाँ चला गया था।

"क्यों बुलाया है।" मैंने पूछा।

"ये तो नहीं पता। लेकिन उनके डिपार्टमेंट का चपरासी आया था। मेरे कमरे में उनकी स्लिप पड़ी थी। ये देखो।" उसने जेब से निकालकर स्लिप दिखाई। डॉ. नसरीन की डॉक्टरोंवाली राइटिंग में लिखा था कि हम लोग आज शाम उनके यहाँ चाय पिएँ।

"चलो शाम की चाय तो पक्की हुई।" मैंने कहा।

"बड़े 'सेल्फिश' आदमी हो यार।"

"इसमें 'सेल्फिश' की क्या बात है। मैं सोच ही रहा था कि आज शाम के लिए कहाँ धावा बोला जाए। और कोई न बचता तो साले कुँवर के यहाँ जाना पड़ता। ये बताओ शकील को नहीं बुलाया ?"

"उसका नाम तो नहीं लिखा है।"

"तो यार वो ढूँढ़ता हुआ आएगा। मैं और तुम दोनों ग़ायब होंगे तो क्या करेगा।"

"कुँवर के यहाँ चला जाएगा।"

हम दोनों हँसने लगे।

नसरीन आपा के यहाँ आए तो उनकी बुआ ने दरवाज़ा खोला और ड्राइंगरूम में आ गए। कुछ ही देर बाद नसरीन आपा आ गईं। उन्होंने चिकन की काम की एक हल्की नीली साड़ी पहन रखी थी और बहुत हल्का मेकअप किया था। आँखों में काजल था। चूड़ियाँनुमा चीज़ें वो कभी नहीं पहनती थीं। शायद उसे बहुत ज़्यादा ज़नाना प्रतीक समझती होंगी।

हम उन्हें देखकर खड़े हुए तो वे बोलीं, "बैठो...बैठो...कैसे हो ?"

"ठीक है सब।" अहमद बोला।

"भई तुम लोगों को बुलाया इसलिए है मेरी दोस्त की बेटी न्यूयार्क से आ गई है। दो दिन यहाँ रहेगी और इन्हीं दो दिनों डिपार्टमेंट में एक सेमीनार है जिसे मैंने ही 'आर्गनाइज़ किया है। तो दो दिन तक मुझे साँस लेने तक की फुर्सत न होगी। अगर तुम लोग उसे वक़्त दे सको तो बड़ा अच्छा हो...कहीं दूर नहीं यहीं कैम्पस में घुमा दो। पुराना किला वग़ैरा दिखा लाओ।"

अन्धे को क्या चाहिए दो आँखें। हमारे चेहरे इस तरह खिल गए जैसे पूरे जोबन पर गुलाब।

"अगर गाड़ी की ज़रूरत समझो तो ले लेना। क्योंकि दिन भर 'डिपार्टमेंट' के सामने खड़ी ही रहेगी।" वो बोलीं।

"जी हाँ अच्छा रहेगा।"

इतने में चाय की ट्रे आ गई। बुआ ने ट्रे मेज़ पर रख दी। आज कुछ खास ही इन्तिज़ाम था।

"बुआ...वो जो आई हैं न, मेहमान, उन्हें भेज दो चाय पीने।" नसरीन आपा ने बुआ से कहा।

"अब हम कसत भेजी...हमका अँगरेजी आवत है का ?" बुआ ने कहा और नसरीन आपा हँसने लगीं।

"इशारे से तो कह सकती हो ? 'टी' तो कह सकती हो। जाओ कहो, समझ जाएँगी।" वो हँसकर बोलीं।

ज़रा ही देर में एक ख़ालिस विलायती आवाज़ सुनाई पड़ी—"नसरीन ऑर यू कालिंग मी फॉर टी।"

"यस कैथी।" नसरीन आपा ने भी कुछ ऊँची आवाज में कहा।

अगले मिनट लम्बे क़द और लम्बे सुनहरे बालोंवाली एक बीस-बाईस साल की लड़की कमरे में आ गई। उसने नीले रंग की जीन्स और सफेद ऊँची शर्टनुमा चीज़ पहन रखी थी। उसका रंग फीका सफेद नहीं बल्कि कुछ तपता हुआ सफेद या कहना चाहिए

गुलाबी-सा था। बाल खुले हुए थे जो बड़े बेतरतीबी से कन्धों और कमर पर फैल गए थे। नाक कुछ छोटी थी। आँखें और खासतौर पर पलकें बहुत सुन्दर थीं। टाइट कपड़ों में उसके जिस्म के सारे उतार-चढ़ाव अच्छी तरह देखे जा सकते थे। कमर पतली थी, कूल्हे कुछ भारी और उसी अनुपात में सीना सुडौल और खूबसूरत था। हम दोनों उसे देखकर हड़बड़ाकर खड़े हो गए।

"इन लोगों से मिलो, अहमद और साजिद।" नसरीन आपा ने अंग्रेजी में परिचय कराया। और फिर लड़की की तरफ देखकर बोलीं, "ये कैथी हैं...फ्लोरिडा यूनीवर्सिटी में पढ़ रही हैं। तीन महीने के लिए हिन्दोस्तान आई हैं।"

लड़की ने पहले मेरी तरफ हाथ बढ़ाया। किसी लड़की से हाथ मिलाने का ये मेरा पहला मौक़ा था। मेरा चेहरा इतना सुर्ख़ हो गया मुझे भी पता चल गया। हाथ क्या था लगता था मक्खन की गर्म टिकिया। फिर उसने अहमद से हाथ मिलाया। हम तीनों बैठ गए।

"कैथी की माँ और मैं न्यूयार्क में साथ-साथ एक अपार्टमेंट में रहते थे।" उन्होंने अंग्रेजी में ही बातचीत शुरू की और मैं नर्वस होने लगा। सोचा यार फिर वही चक्कर हो गया ! मुझे रौशन, उसकी दोस्त और अहमद के साथ बिताई शाम याद आ गई जब मैं एक जुमला भी नहीं बोल पाया था और बड़ा नर्वस हो गया था।

"इनकी माँ पॉलिटिकल साइंस में रिसर्च कर रही थीं और मैं इंग्लिश में।" वो बताने लगीं।

"ये कब की बात है ?" अहमद ने अंग्रेजी में पूछा।

"आज से कोई सत्तरह साल पहले की।"

"तब ये कहाँ थीं ?" अहमद ने कैथी के बारे में पूछा।

"ये अपने डैडी के साथ फ्लोरिडा में थी।" नसरीन आपा बोलीं। उसके बाद बातचीत उन्हीं दिनों के बारे में होने लगी जब कैथी की माँ और नसरीन आपा साथ रहते थे। उन दोस्तों की जो कैथी की माँ और नसरीन आपा के 'कॉमन फ्रेंड्स' थे। उनमें से कौन अब कहाँ है ? क्या कर रहा है ? या किसके बारे में कैथी को कुछ पता नहीं, वग़ैरा वग़ैरा।

मैं खामोश बैठा चाय पीता रहा। बीच-बीच में मुस्कुरा देता था। या चेहरे पर ऐसे भाव लाता था जैसे बातचीत बहुत ग़ौर से सुन रहा हूँ और मुझे मज़ा आ रहा है, मैं समझ रहा हूँ लेकिन अक्सर कैथी जो बोलती थी वह समझ में न आता था। काफी देर तक हम बैठे रहे। उसके बाद प्रोग्राम ये बना कि अहमद और मैं कल सुबह आठ बजे आएँगे और कैथी को घुमाने ले जाएँगे।

रात में देर तक नींद नहीं आई। उसकी वजह कैथी भी थी और अंग्रेज़ी भी।

साढ़े सात बजे मैं अहमद के कमरे पर पहुँचा तो वह दो बार शेव कर चुका था और तीसरी बार कर रहा था। कहने लगा, "यार साला ब्लेड ठीक नहीं है। कहीं-कहीं बाल रह जाते हैं।" ठीक से खुरचो। मैंने जलकर कहा। वह दिल लगा कर शेव करता

रहा। उसके बाद नहाने लगा। उसने अपने सबसे अच्छे और नए कपड़े पहने। कई जोड़े जूते निकालकर बैठ गया और तय करने लगा कि कपड़ों के साथ कौन से जूते चलेंगे। कुछ देर बाद उसने काले स्वेट के जूते पहने। बाहर निकलने से पहले 'आफ्टर शेव' चेहरे पर और लगाया।

अहमद को कपड़े पहनने और बनने-सँवरने का शौक कुछ लड़कियों जैसा था। दो बातें हो सकती हैं इसके पीछे, मैंने सोचा, एक तो वह वाक़ई अच्छा लगता है घुँघरियाले काले बाल जिनकी एक लट कभी-कभी माथे पर आ जाती है, सुर्ख रंग और खड़ा नाक-नक़्शा, बहुत गहरी और संवेदना भरी बड़ी आँखें और दूसरी वजह ये भी कि अच्छा पहनने के लिए उसके पास पैसा भी है अगर नहीं भी रहता तो कपड़े जूते वग़ैरा उधार खरीदने में कोताही नहीं करता। आम लड़कों के मुक़ाबले उसके पास दस गुना ज़्यादा कपड़े थे। साथ आठ जोड़ा जूते सैंडिलें थीं।

नसरीन आपा के घर पहुँचे तो उनकी गाड़ी बाहर ही खड़ी थी। हम ये समझे कि शायद अब तक गई नहीं। लेकिन बुआ ने दरवाज़ा खोलने के बाद गाड़ी की चाबी अहमद को दी तो हम समझ गए कि बेचारी खुद रिक्शे से चली गई हैं और हम लोगों की आसानी के लिए गाड़ी छोड़ गई हैं।

ड्राइंग रूम में कैथी तैयार बैठी थी। आज भी वह जीन्स ही पहने थी लेकिन ऊपरवाला टॉप दूसरा था। हल्के गुलाबी रंग की कालरदार टीशर्ट थी जो उस पर खूब फब रही थी। बाल आज भी खुले और फैले हुए थे। लगता था छूने पर इतने रेशमी और मुलायम और फिसलनेवालों होंगे कि उँगलियाँ उन पर ठहर नहीं पाएँगी।

अहमद ने उससे कहा–"तुम तैयार हो, चलें ?"

"हाँ बिल्कुल, अभी फौरन।" वह हँसकर बोली।

गाड़ी में वह अहमद के साथ आगे बैठी और मैं पीछे। एक तरह से यह अच्छा ही हुआ क्योंकि मैं अंग्रेज़ी बोलने के झंझट से कुछ बच गया हालाँकि यह भाव लगातार बना रहा कि मुझे अंग्रेज़ी नहीं आती और मैं बातचीत में हिस्सा नहीं ले सकता।

"बहुत अच्छी सुबह है।" वह बोली।

गाड़ी कैम्पस में थी। सड़क के दोनों तरफ अशोक के घने पेड़। लोहे की रेलिंगों के पीछे हॉस्टलों की इमारतें और उनके आगे लम्बे-चौड़े हरे लॉन। बीच-बीच में बेगन-बेलिया की फूलों से लदी झाड़ियाँ। चमकता हुआ सूरज और नीला आसमान। पहली बार मुझे अपना कैम्पस इतना अच्छा लगा जितना पहले कभी नहीं लगा था।

हम पुराने कैम्पस की तरफ आए तो वह कहने लगी–यह बिल्कुल कैम्ब्रिज जैसा लगता है, बस एक छोटी-सी नदी की कमी है।

कैम्पस में कारें कम हैं। ज़्यादातर लोग साइकिलों पर चलते हैं। हमारी कार और कार में बैठी कैथी को सभी देख रहे थे। ख़ैर मेरे ख़याल से उन्हें देखना भी चाहिए था क्योंकि इतनी खूबसूरत योरोपियन लड़कियाँ यहाँ कम ही आती होंगी। जो लड़के हम लोगों को जानते थे वे अजीब नज़रों से देख रहे थे। एक-दो जाननेवाले टीचरों ने भी

देखा और जल्दी ही नज़रें हटा लीं। शायद वे यह 'इम्प्रेशन' नहीं देना चाहते थे कि हम लोगों की कार में किसी अंग्रेज़ लड़की के साथ होने को महत्त्व दे रहे हैं।

एक बजे घूमते-घुमाते और बीच में 'कैफे डी फूस' में चाय पीते हम लोग नसरीन आपा के घर लौटे। बुआ ने बताया कि नसरीन आपा ने हम लोगों के लिए भी खाना पकवाया है और हम खाना यहीं खाएँ।

दोपहर को हम दोनों हॉस्टल आ गए। शाम का प्रोग्राम बन गया था लेकिन अहमद ने मुझसे कहा, "यार तुम शाम को न आओ तो अच्छा।"

"क्यों ?" मुझे काफी बुरा लगा।

"यार बुरा न मानो प्लीज़...यार लगता है कुछ 'खिंच' रही है।"

"मतलब तुम्हारी तरफ ?"

"हाँ।"

"तो ठीक है...मौज करो।"

"यार प्लीज़..."

"हाँ-हाँ यार...तुम जाओ। रात में आकर बता देना।"

"पक्का।"

रात में ग्यारह बजे अहमद आया। उसे देखने से ही लगता था कि काम बन गया है। बताने लगा कि वह शाम पुराने क़िले ले गया था वहाँ बुर्जी के ऊपर जहाँ से दूर-दूर तक हरे खेत और बहुत फैला आसमान दिखाई देता है। वहाँ उसने कैथी से 'किस' के लिए कहा और वह तैयार हो गई। उसके बाद तो फिर कई बार कहीं-कहीं गाड़ी रोककर और गाड़ी चलाते हुए।

अगले दिन भी वह कैथी के साथ डॉ. नसरीन की कार में घूमता रहा। शाम को फिर पुराने किले ले गया। उसी दिन कैथी को दिल्ली जानेवाली सुबह चार बजे की गाड़ी पकड़नी थी। अहमद रात ग्यारह बजे मेरे पास आया और मुझसे कहा कि मैं उसके कमरे पर चलूँ। मैं समझ गया कि बात क्या है। वह 'रम' की बोतल ले आया था। हम रात देर तक पीते और कैथी के बारे में बातें करते रहे। वह विस्तार से बताता रहा कि क्या-क्या हुआ; क्या बातें हुईं; क्या वादे हुए और कि उसने उसे दिल्ली बुलाया है। हम रातभर जागते रहे। वह सुबह तीन बजे डॉ. नसरीन के घर की तरफ पैदल निकल गया क्योंकि वहाँ से कैथी को लेकर स्टेशन जाना था। मैं उसके जाने के बाद सो गया।

"तुम भाषा अच्छी लिखते हो।" के.पी. मेरी नई कहानी पढ़ने के बाद बोले। मैं चक्कर में पड़ गया। भाषा तो मैं समझता था लेकिन ये अच्छी या बुरी कैसे हो सकती है ये मुझे न मालूम था। मुझे लगा शायद अच्छी या बुरी भाषा की पहचान बहुत मामूली बात

है और अगर मैं पूछूँगा कि वह क्या है तो यह सवाल बहुत साधारण माना जाएगा और मेरी नाक कट जाएगी। इसलिए ख़ामोश रहा। लेकिन कोई काम मैं अच्छा करता हूँ यह सोचकर खुश था। यह दूसरी बात थी कि मुझे मालूम ही न था कि उसमें अच्छाई क्या है ? बहरहाल कुछ न कुछ ज़रूर रही होगी जो कहा जा रहा है। न होती तो वो क्यों कहते।

"तुम्हारी कहानी 'सिरदर्द' किताब वाले छाप रहे हैं। उन्होंने लिखा है ये देखो।" के.पी. ने एक ख़त मेरी तरफ बढ़ाया। मैंने लिफाफा खोला। खत उर्दू में था। उसमें लिखा था कि मेरी कहानी अगले किसी शुमारे में छपेगी।

"अब इसे हिन्दी में कर दो तो कहीं और भेज दूँ।" वे बोले।

"ज़रूर कर दूँगा।"

"और तुमने हिन्दी साहित्य में क्या-क्या पढ़ा है ?" उन्होंने पूछा।

"म...म...मैं..." मैं हकलाने लगा। दरअसल मैंने कुछ नहीं पढ़ा था। हाई स्कूल तक हिन्दी पढ़ी थी। वही जो किताब कोर्स में थी। उसके बाद यूनीवर्सिटी में आकर 'एडवांस हिन्दी' ली थी तो 'कोर्स' की किताबें ही पढ़ी थीं। उसके अलावा कहीं कोई पत्रिका मिल जाती थी तो पढ़ लेता था। इसके अलावा मैंने कुछ न पढ़ा था।

"ठीक है तो पढ़ो।" वो मेरे हकलाने से समझ गए कि मैंने कुछ नहीं पढ़ा है।

मैं ये न पूछ सका कि क्या पढ़ूँ ? किसकी ? कौन-सी किताब ? कहाँ से मिलेगी ?

"जो लिखता है उसके लिए पढ़ना बहुत ज़रूरी है। पिछले साल यहाँ सेमीनार हुआ था उसमें एक साहब ने कहा कि मैं किसी दूसरे का लिखा कुछ नहीं पढ़ता। क्योंकि मुझे डर है कि मैं उससे प्रभावित हो जाऊँगा। उसी सेमीनार में इस्मत चुग़ताई भी थीं। उन्होंने कहा ज़रा-सोचिए अगर एक इंजीनियर अपने आपको 'लैब' में बन्द कर ले और दुनिया से बिल्कुल बेख़बर होकर काम करता रहे और बीस साल बाद 'लैब' से निकले और कहे कि मैंने बड़ी नई खोज कर ली है। रेलगाड़ी का इंजन बना दिया है, तो लोग क्या कहेंगे ? यही न कि बेवकूफ़ ये तो दो सौ साल पहले बन चुका है...तो मतलब जब तक तुमको पता नहीं होगा कि कैसा लिखा जा रहा है, कैसा लिखा जा चुका है तब तक तुम खुद कैसे लिख सकते हो ?" उन्होंने बताया।

बात बिल्कुल ठीक थी, मैं समझ भी गया। लेकिन फिर भी यह पूछने की हिम्मत न हुई कि क्या पढ़ूँ ? कहाँ मिलेगा ?

"मेरे पास लघु पत्रिकाएँ आती हैं। तुम ले लिया करो।" के.पी. ने कहा, "लायब्रेरी कार्ड तो तुम्हारे पास होंगे। किताबें निकलवाओ। प्रेमचन्द को ही पढ़ डालो।"

प्रेमचन्द का नाम तो मैंने सुना था। शायद कोर्स की किताबों में एक-दो कहानियाँ भी पढ़ी थीं।

साहित्य पढ़ने का वक़्त नहीं बचा था क्योंकि इम्तिहान सिर पर थे और फेल हो जाने का मतलब होता कि शायद पढ़ाई ही बन्द हो जाती। इसलिए मैं पढ़ने में जुट गया।

अहमद दो दिन के लिए 'कैथी' के पास दिल्ली गया था। वहाँ कैथी के साथ ही ठहरा था और खूब अच्छी तरह मज़े किए थे, कहता था–कैथी को उसकी आँखें गौतम बुद्ध जैसी लगती हैं। उसे भी कैथी बहुत पसन्द आई थी। खासतौर कैथी के साथ 'मुँह काला' करने में उसे अद्भुत मजा आया था। वह विस्तार से मुझे और शकील को बता चुका था। हम दोनों उसकी किस्मत पर रश्क करते थे। कैथी ने उसे अमेरिका भी बुलाया था, लेकिन अभी उसकी तरफ से अमेरिका जाना पक्का नहीं था।

पिछले साल वाले चक्कर फिर शुरू हो गए थे। अहमद के ऊपर यूनीवर्सिटी के पाँच सौ रुपए के 'डियूज़' निकलते थे। उसने घर ख़त लिखा था लेकिन पैसे नहीं आए थे। आख़िरी तारीख़ आने पर उसने नसरीन आपा से यह ख़त लेकर रजिस्ट्रार ऑफिस में जमा करा दिया था कि उनकी तन्ख़्वाह से यह पैसा काट लिया जाए। अहमद ने उनसे कहा था कि पैसा आते ही वह उनको नक़द दे देगा। शकील के पैसे आ गए थे। मैंनें और शकील ने हॉल टिकट पहले ही ले लिया था। अहमद का हॉल टिकट मिलने के बाद हमने पढ़ाई शुरू की। अहमद ने कमरे की चारपाई खड़ी कर दी। फर्श बिछ गया। हीटर और चाय का सामान आ गया। सिगरेटों का कोटा खरीद लिया गया। सफेद कागज और कलम लाए गए। किताबों का जुगाड़ हुआ और काम बाँटकर पढ़ाई चालू हो गई–तूफान मेल की रफ्तार से।

## 20

इम्तिहान की तैयारियों के बीच कभी-कभी 'रिलैक्स' करने के लिए पढ़ाई बन्द हो जाती और गप्पशप्प का सिलसिला शुरू हो जाता। अहमद 'कैथी' के साथ अपने प्रयोगों की चर्चा विस्तार से करता और हम दोनों बुत बने ध्यान से सुनते। अहमद हम दोनों की तुलना में काफी अनुभवी और लड़कियों के मामले में समझदार हो गया था। वह अपने को गुरु जैसा समझता था। कहता–लड़कियों को काबू में करने के लिए पहले उनकी 'साइकोलॉजी' को समझना पड़ता है, यह देखना पड़ता है कि लड़की कब क्या चाहती है। उसकी आँख के इशारे ये बता देते हैं कि वह क्या सोच रही है।

अहमद को हम दोनों सचमुच इस फ़न में उस्ताद मानने लगे थे। पिछले दिनों नुमाइश में उसने कमाल कर दिया था। हम तीनों टहल रहे थे। दूसरी तरफ से ताहिरा अपनी दो-तीन सहेलियों के साथ आती दिखाई दी। ताहिरा इंग्लिश डिपार्टमेंट की सबसे खूबसूरत लड़की है और लड़कों ने उसे मिस यूनीवर्सिटी और ब्यूटी क्वीन किस्म के खिताब दे रखे हैं। जूनियर लड़के क्लासें गोल करके ताहिरा को देखने इंग्लिश डिपार्टमेंट जाया करते हैं।

ताहिरा को देखकर शकील ने अहमद से कहा था, "यार अहमद, अगर तुम ताहिरा के साथ हम लोगों को चाय पिलवा दो तो मानें कि उस्ताद हो।"

"अच्छा चैलेंज कर रहे हो ?" अहमद ने कहा।

"उससे भी ज़्यादा। तुम ये नहीं कर सकते हो। कहते हैं 'राही' साहब तक कोशिश कर चुके हैं।"

"अरे यार 'राही' साहब का अपना तरीका है, मेरा अपना।" वह चारमीनार सिगरेट का लम्बा कश खींचकर बोला।

"तो जाओ।" शकील हँसकर बोला।

"अच्छा, क्या शर्त लगाते हो ?"

"चाय वग़ैरा के पैसे मैं दूँगा।"

"दूँगा क्या, दे दो...लड़कियों को चाय पर मैं बुलाऊँगा और पैसे तुम दोगे ये उन्हें अच्छा नहीं लगेगा।"

"हाँ बात तो ठीक कह रहा है।" मैंने कहा।

"कितने होंगे।"

"कम से कम बीस तो दो।"

शकील से बीस रुपए लेकर उसने जेब में रखे और सिगरेट का ठुर्रा मुझे पकड़ाकर लड़कियों की तरफ बढ़ गया। हम डर रहे थे कि अब हंगामा होने ही वाला है। लेकिन पाँच मिनट बाद वह आया और बोला, "आधे घंटे बाद 'आज़ाद गेट' के सामनेवाले रेस्टोरेंट में आएँगी।" हमें यक़ीन नहीं आया। लेकिन आधे घंटे के बाद ताहिरा दो और लड़कियों के साथ आई। चाय पी। बातें कीं। और चली गई।

तब से हम दोनों अहमद को इस काम में गुरु मानने लगे। खासतौर से मैं चकित था कि वह क्या जादू करता है। पूछने पर वह खासा फलसफ़ा बघारने लगता है। सीधे-साधे तरीक़े से कुछ नहीं बताता। क्या कहता लड़कियों के सामने अपने को बच्चा ज़ाहिर करो। कभी कहता यार किसी लड़की का बाप बनकर काम चलता है और किसी का आशिक़। बहरहाल अजीब तरह की उलझी-उलझी बातें करता है।

कैथी के बाद उसने ज़ोहरा से अपना सिलसिला जोड़ लिया। और लगता वहाँ भी सीरियस होनेवाला है। लेकिन दो-चार मुलाक़ातों के बाद अहमद ने उसे खुद ही ख़त्म कर दिया पता नहीं क्यों।

एक अहमद है और एक हम दोनों या सिर्फ मैं। शकील तो फिर भी रंडीबाज़ी कर लेता था। मैं वह भी नहीं कर सकता था। हाल ये था कि लड़कियाँ जान की मुसीबत बन गई थीं। उठते-बैठते, जागते-सोते, चलते-फिरते, पढ़ते-लिखते, टहलते-दौड़ते, नहाते-धोते, खाते-पीते, रोते-गाते, हँसते-हँसाते, मरते-खपते लड़कियाँ दिखाई देतीं। फ़ैज़ी को लेकर तो तरह-तरह के ख़्वाबों में डूबा ही रहता लेकिन उसके अलावा वो तमाम लड़कियाँ जिन्हें लड़कियाँ कहा जा सकता है बुरी तरह घेरे रहती थीं। ये लगता था कि एक अपार सुख का स्रोत हैं लड़कियाँ। लेकिन यह सुख क्या है इसका पता न था। लड़कियाँ क्या होती हैं इसकी भी तस्वीर बहुत साफ न थी। ज़ाहिर है कि किसी से पूछा भी न जा सकता था। अहमद हँसता और कहता—बेटा, तुमको इतना भी नहीं मालूम।

लड़कियों और औरतों की नंगी तस्वीरें कहीं-कहीं मिल जाती थीं। लेकिन उनसे भी पूरी बात न बनती थी। अपना हाथ जगन्नाथ ही रास्ता था और अधिकतर लड़के इस पर चलते थे। लेकिन लगता था कि यह कोई हल नहीं है, हल तो यही है कि लड़कियाँ हों। कभी-कभी ऐसी स्थिति आती कि लड़कियों की परिभाषा में विस्तार हो जाता था। इतना विस्तार, इतना विस्तार कि बुढ़ियाँ, अधेड़ औरतें, बच्चियाँ जो लड़कियाँ नहीं हैं वे भी लड़कियाँ लगने लगतीं। लेकिन परिभाषा को इतना विस्तार देने से भी काम न चलता। कल्पना करना ही एकमात्र रास्ता था लेकिन उसके लिए जो न्यूनतम आधार चाहिए वह भी नहीं था। इसलिए एक अजीब-सा रहस्य बना रहता और मैं उसमें खोया रहता। कुछ लड़कों के लड़के प्रेमी थे। लेकिन यह काम भी जोखिम भरा था। इसके लिए मारपीट और चाकू-छुरी तक निकल आते थे। ऐसे लड़कों पर जो लड़कियों की भूमिका अदा कर सकते थे आमतौर पर दादा किस्म के लड़कों का अधिकार होता था। इसलिए सब ही उनसे दूर-दूर रहा करते थे। कुल मिला-जुलाकर स्थिति गम्भीर थी और आशा थी कि बनी रहेगी।

इम्तिहान हुए और आश्चर्य की बात यह कि हम लोगों का 'गेस' कम से कम सत्तर फीसदी सही साबित हुआ। पर्चे ऐसे हो गए कि फेल होने की सम्भावना ख़त्म हो गई। अहमद तो बड़ा खुश था कि यह उसकी जिन्दगी का आख़िरी इम्तिहान है। शकील न तो खुश था और न दुःखी। उसे पता ही न था कि आगे क्या होगा। मैं परेशान था। इतना तय था कि बी.एस-सी. में थर्ड डिवीज़न आएगी और फिर एम.एस-सी. में दाखिला न मिलेगा। किसी तरह मिल भी गया तो फिर वही साइंस से सिर फोड़ना पड़ेगा। और रो-पीटकर एम.एस-सी. कर भी लिया तो नौकरी उसी किस्म की मिलेगी, काम वैसा ही होगा जिसमें मुझे रुचि नहीं है। ऐसे 'क्रीटिकल' मौक़े पर के.पी. सिंह काम आए। उनसे मैंने ये सब कुछ बताया तो वे कहने लगे, "तुम हिन्दी एम.ए. क्यों नहीं कर लेते ?"

"हिन्दी में एम. ए. ?" मेरे ऊपर आश्चर्य का पहाड़ टूट पड़ा।

"हाँ क्यों नहीं ?" वे बोले।

"मैंने तो सिर्फ पी.यू.सी. तक हिन्दी पढ़ी है।"

"तो उससे क्या होता है जानते तो हो।"

मैं सोच में पड़ गया। दरअसल यूनीवर्सिटी में सबसे ज़्यादा क़द्र इंजीनियरिंग पढ़नेवाले लड़कों की होती थी। सब जानते थे कि उन्हें अच्छी और पक्की नौकरियाँ मिलेंगी। ऊपरी आमदनी का भी अच्छा बन्दोबस्त होगा। उसके बाद साईस में एम.एस-सी. करनेवालों का नम्बर आता था। आर्ट्स फैकल्टी में साइकोलॉजी, इंग्लिश, हिस्ट्री, इकोनॉमिक्स, वग़ैरा के डिपार्टमेंट्स में पढ़नेवाले लड़कों को भी अच्छी नज़र से देखा जाता था लेकिन उर्दू, फारसी, अरबी, संस्कृत और हिन्दी पढ़नेवालों को तो लोग ऐसा समझते थे कि जैसे ये बिल्कुल नाकारा और निकम्मे लोग हैं। उनकी पीठ पीछे हँसना और उन्हें कमतर समझना आम बात थी। इन सब्जेक्ट्स में भी संस्कृत और हिन्दी की हालत ज़्यादा ही गिरी हुई थी। उसकी वजह ये थी कि आमतौर पर हिन्दी

में एम.ए. करने निहायत 'तलछट्टी' लड़के और लड़कियाँ जाते थे। यानी सूखे, मरियल, दुबले-पतले, कुछ मन्द बुद्धि, निम्न मध्यवर्गीय परिवारों या गरीब घरों के लड़के-लड़कियाँ जिनकी परसेंटेज इतनी खराब होती थी कि कहीं किसी और सब्जेक्ट में दाखिला न मिल सकता था। उन लड़कों का भविष्य आमतौर पर इतना अँधकारमय माना जाता था कि लोग उसकी चर्चा भी नहीं करते थे। सब ये मानते थे कि हिन्दी में एम.ए. करने के बाद किसी स्कूल में हिन्दी टीचर लग जाने के अलावा और कोई रास्ता नहीं है। हिन्दी पढ़ानेवाले भी अधिकतर बाँगड़ू टाइप के लोग थे। सूट टाई में अगर कोई घबराया हुआ प्रोफेसरनुमा आदमी बालों में बेतहाशा कड़वा तेल लगाए जाता दिखाई देता तो लोग कहते कि हिन्दी डिपार्टमेंट का मालूम होता है।

"किस सोच में डूब गए।" के.पी. सिंह ने पूछा।

"मैं...मैं किसी में नहीं।" मैंने घबराकर कहा।

"अच्छे रहोगे...कर लो भाई, कोई ऐसा खराब सब्जेक्ट नहीं है। एम.ए. के बाद पी-एच.डी. कर सकते हो। हिन्दी में आमतौर से अच्छे स्टूडेंट्स नहीं आते हैं लेकिन जो आ जाते हैं उनका कैरियर बन जाता है। वैसे भी तुम बी.एस.सी. के बाद करोगे क्या ?"

मैंने 'हाँ' कर दी। अहमद को बताया तो उसने सिर पीट लिया। कहने लगा, "यार तुम अपने पैरों पर कुल्हाड़ी मार रहे हो। हिन्दी में एम.ए. करने से क्या होगा ! तुम मेरे साथ कलकत्ते चलो। टी-गार्डेन्स में तुम्हें भी..."

मैं उसकी बात काटकर बोला—"यार तुम्हारा तो तगड़ा सोर्स है। मुझे वहाँ कौन पूछेगा और फिर मैं पब्लिक स्कूल का पढ़ा हुआ भी तो नहीं हूँ।"

"हाँ ये तो तुम ठीक कहते हो।" वह चुप हो गया।

शकील की प्रतिक्रिया अजीब थी। उसने कहा, "कर लो यार, कहीं कमा खा मरोगे।"

आख़िरी पर्चा होने के बाद हम कुछ दिन रुके। अहमद ने अपनी साइकिल बेच डाली और उस पैसे से हम लोगों ने जश्न मनाया। शकील का कहना था कि वह 'कैमिस्ट्री' में एम.एस-सी. के लिए ट्राई करेगा।

वापसी का रास्ता मैंने वही पकड़ा। यानी पहले अहमद के साथ उसके यहाँ आया। राजा साहब वैसे ही थे जैसा मैंने पिछली बार देखा था। उन्होंने अपने कुछ और 'वचन' छपवा लिए थे जिनमें अधिकतर दार्शनिक मुद्दे थे। कुछ धार्मिक विश्वासों के बारे में क्रान्तिकारी किस्म की धारणाएँ थीं जैसे एक पर्चे में लिखा था 'जन्म से धर्म को माननेवाले धार्मिक नहीं हैं।' इस तरह के पर्चों पर उन्हें जो विरोधपत्र मिलते थे उन्हें बहुत सँभालकर रखते थे और अक्सर लोगों को सुनाते थे। उनका मानना था कि वे एक 'बार्न रिवोल्यूशनरी' हैं और मरते दम तक ऐसे ही रहेंगे।

उनकी कोठी में कई कमरे के बीच एक छोटा-सा आँगन था जो चारों ओर ऊँची दीवारों से घिरा हुआ था। उसे उन्होंने हरे रंग से पुतवा दिया था और शाम को कुर्सी डालकर वहाँ बैठते थे। कहते थे चारों तरफ हरा-हरा दिखाई देता है और लगता है कि

जैसे बाग़ में बैठे हैं। उस कुएँ जैसे हरे आँगन में बैठकर वे बहुत खुश होते थे। कुछ गुनगुनाने भी लगते थे। ये बात दूसरी है कि वहाँ उनके अलावा कोई और बैठना न पसन्द करता था।

एक दिन खाने की मेज़ पर उन्होंने अपने चश्मे के पीछे से झाँकती तेज़ आँखों से घूरकर देखा और बोले–"साजिद, अगर तुम रेल के पहले दर्जे में सफर कर रहे हो और खिड़की ऊपर करते हो ताकि हवा आ सके। खिड़की के नीचे अपना हाथ रखकर आराम से बैठ जाते हो और अचानक खिड़की नीचे गिरती है और तुम्हारी उँगली कुचल जाती है तो तुम क्या करोगे ?"

"जी मैं रेलवेवालों से शिकायत करूँगा।"

"और ?" वे बोले।

मेरे जवाब देने से पहले ही वो बोले–"देखो एक 'एलर्ट माइंड' क्या करता है। मैं दो महीने पहले फर्स्ट क्लास में सफर कर रहा था। शीशा ऊपर चढ़ाया लेकिन वह कुछ ही देर में गिरा और मेरी उँगली कुचल गई। मैंने फौरन एक एफ.आई.आर. टाइप की। मैं सफर में भी टाइपराइटर साथ रखता हूँ। उसके बग़ैर मेरा गुज़र नहीं है। फिर अपना एक बयान टाइप किया उस पर साथ बैठे दो मुसाफिरों की गवाही लिखाई। फिर गार्ड को बुलाया। उसने देखा खिड़की खराब थी। मैंने गार्ड का बयान लिया। उसके दस्तख़त कराए। अगले स्टेशन पर उतरकर सीधे कोर्ट गया और रेलवे पर मुकदमा ठोंक दिया। काग़ज़ी सुबूत इतने पक्के थे कि रेलवे से मुझे पाँच हज़ार रुपए मुआवज़ा मिला...समझे पाँच हज़ार..."

"ये तो बड़ा अच्छा किया आपने।" मैं बोला।

"मैंने क्या किया ? कुछ नहीं। ये तो 'एलर्ट माइंड' का काम है। अरे भाई पूरी दुनिया घूमकर कुछ तो सीखा है।" वे खाना खाने लगे और कुछ देर बाद फिर बोले, "जमींदारी ख़त्म होने के बाद एक ही जमीन के मुआवज़े मैंने छह-छह बार लिये। माल ऑफिस जाता था तो लोग कहते थे राजा साहब ये तो उसी ज़मीन का मुआवज़ा आपको चौथी बार मिल रहा है। मैं कहता था भाई कोर्ट का कागज़ देख लो। कागज़ ये कहता है कि मुआवज़ा मिलना चाहिए तो दो और नहीं कहता तो मना कर दो। मैं तो जो भी काम करता हूँ कानूनी करता हूँ।"

"एक ज़मीन का मुआवज़ा छः बार कैसे मिला ?" अहमद ने पूछा।

"ये सब कानूनी नुक़्ते हैं। कानून क्या है 'इंटरप्रेटेशन' है। 'इंटरप्रेटेशन' कौन कर सकता है ? वही जिसके पास दिमाग़ होगा। तो ये तो सीधा खेल है। अब जंगलवाले मुकदमे में जो हुआ वह कमाल है या नहीं ?" उन्होंने इस तरह कहा कि मैं पूछूँ और मैंने पूछा, "ये जंगलवाला मुकदमा क्या है ?"

"दो हज़ार एकड़ का एक जंगल था मेरे ताल्लुके में। ज़मींदारी ख़त्म होने से पहले मैंने अहमद मियाँ की माँ के नाम लिख दिया था। उस पर मुकदमा चला। ज़मीन चली गई लेकिन दो हज़ार एकड़ पर जो पेड़ थे उनका तो मुआवज़ा मिलना चाहिए था। और

चूँकि वो जंगल था मुआवज़ा आज कुछ है, कल कुछ होगा, परसों कुछ होगा। इसलिए मैंने जज से कहा कि योर ऑनर मुआवजे की रक़म पर ब्याज भी दिया जाए। क्योंकि आज आपने मुआवज़ा पचास लाख बताया है और अगर मुझे रक़म दस साल बाद मिलती है तो ये मेरे साथ नाइंसाफी होगी। ख़ैर साहब जज झटके में आ गए। फैसला दे दिया। अब उस फैसले को दस साल हो गए हैं। मुआवज़ा वाला मुकदमा लटका हुआ है लेकिन मुझे क्या परवाह है उस पर ब्याज लग रहा है, पचास लाख पर बैंक की दर से ब्याज जोड़ डालो।''

''ये तो बड़ी लम्बी रक़म हो जाएगी।''

''अरे भाई तो मेरी इसमें क्या ग़लती है।'' वे हँसे।

''अब तक कितना हो गया होगा।'' अहमद ने पूछा।

''देखो ब्याज पर भी ब्याज लग रहा है। बैठ जाओ, कागज़ और कलम लेकर हिसाब लगाओ।'' वे हँसे।

खाने के बाद मैं और अहमद ऊपर आकर लेट गए। सामने शहज़ादी का बड़ा सा 'पोट्रेट' लगा था। कलकत्ता के किसी फोटोग्राफर 'पीटर एंड संस कलकत्ता' का नाम भी एक कोने में चमक रहा था। मुझे याद आया कि वह कहानी अधूरी ही छूट गई है। मैंने अहमद से पूछा, ''यार पिछली बार तुमने अपने अब्बाजान की पहली शादीवाला किस्सा पूरा नहीं सुनाया था।''

''पहली शादी...अंग्रेज औरत के साथ।''

''नहीं नहीं, अफ़गान शहज़ादी के साथवाली।''

''वो तो दूसरी थी यार।''

''हाँ तो फिर क्या हुआ था ? शादी के बाद 'मोती महल' में आ गए थे।''

वह करवट लेकर लेट गया और बताने लगा—''तो शादी के बाद अब्बाजान प्रिंसेज़ के साथ 'मोती महल' में रहने लगे। गर्मियों में चार महीने के लिए योरोप जाते थे। उन्हें पेरिस बहुत पसन्द था। लेकिन धीरे-धीरे हुआ ये कि अब्बाजान कर्ज़ में रहने लगे। ताल्लुक़े से उन्हें आमदनी किसी 'रूलिंग प्रिंस' जैसी तो थी नहीं। धीरे-धीरे प्रिंसिज़ को भी लगने लगा कि उन्होंने जिससे शादी की है वो 'रूलिंग प्रिंस' नहीं है। दूसरी तरफ यहाँ की रस्में, तकल्लुफ़ात और औरतों पर जो पाबन्दियाँ हैं वो उनके लिए 'अनबियरलेबुल' हो गईं। मर्दों से मिल नहीं सकती थीं। सिर्फ अब्बाजान के साथ कभी-कभी ऊँचे अंग्रेज अफसरों की पार्टियों में ही जा सकती थीं। उन्हें पर्दा करना पड़ता था। ज़ाहिर है कि योरोप में पढ़ी प्रिंसिज़ के लिए ये कितना मुश्किल रहा होगा तुम सोच सकते हो। अब्बाजान की तो अपनी सोशल पॉलीटिकल लाइफ थी लेकिन वो यहाँ क्या करतीं। होते-हुआते सेकेंड वर्ल्ड वार शुरू होने से पहले वो 'प्रैगनेंट' हुईं तो उन्होंने कहा कि उन्हें इंडिया के डॉक्टरों पर भरोसा नहीं है पेरिस में ही बच्चा होना

चाहिए। अब्बाजान इलेक्शन की वजह से नहीं जा सकते थे। उन्होंने पहले प्रिंसेज़ को भेज दिया और तय पाया कि बाद में खुद जाएँगे। इस बीच 'सेकेंड वर्ल्ड वार' शुरू हो गई। फ्रांस पर जर्मनी का कब्ज़ा हो गया। अब न तो उनसे 'कांटेक्ट' हो सकता था, न पैसा भेजा जा सकता था। और न वहाँ से कोई ख़त ही आ सकता था।''

''फिर ?''

''फिर क्या यार सब तरह के कान्टेक्ट ख़त्म हो गए। लड़ाई ख़त्म होने के बाद अब्बाजान ने उन्हें पेरिस में बहुत तलाश कराया। खुद भी गए लेकिन कोई पता न चला। दुनिया इधर की उधर हो गई थी। हज़ारों लोग मरे थे। पता नहीं किसका क्या हुआ ?

# 21

मैं डर रहा था कि अगर अब्बा को ये बताऊँगा कि मैंने हिन्दी में एम.ए. करने का फैसला किया है तो ज़रूर नाराज़ होंगे। लेकिन हैरत की बात यह कि ऐसा नहीं हुआ। जब मैंने उन्हें पूरी बात बताई तो पहले सोच में डूब गए। यानी मेरे 'साइंटिस्ट' बनने की उन्होंने जो कल्पना की थी उससे मुक्ति पाने में कुछ समय लगा। फिर बोले ठीक है। अब तुम समझदार हो। जो करना चाहो करो।''

अम्माँ को कुछ भी 'आइडिया' न था कि हिन्दी में एम.ए. करने का क्या मतलब है। उन्हें बस ये मालूम होना चाहिए था कि नौकरी मिलेगी या नहीं। जब मैंने उन्हें बताया कि नौकरी मिल जाएगी तो उन्होंने कहा, ''ठीक है, करो।'' खालू ने कहा, ''ये तुमने अच्छा फैसला किया है। अदब पढ़े वग़ैर इंसान इंसान नहीं बनता।'' उनके इसे कमेन्ट पर खाला ने उन्हें काफी खींचा और कहा कि वे शायर होकर किस तरह के इंसान बन गए हैं।

इधर खालू ने इन्दिरा गांधी की शान में क़सीदा लिखा था जिस पर वो खुद बहुत मुग्ध थे और उसे उस्तादों के क़सीदों के टक्कर का बताते थे।

घर पहुँचते ही सबसे अच्छी ख़बर ये मिली कि हाजी साहब का लड़का अतहर इलाहाबाद की आई.टी.आई. में 'फिटर' कोर्स करके लौट आया है। अतहर हालाँकि मुझसे दो साल बड़ा है लेकिन पढ़ाई में इतना चालू था कि इंटर नहीं पास कर पाया और इंटर में दो बार इम्तिहान देने के बाद हाजी साहब ने उसे 'फिटर' का कोर्स करने भेज दिया था।

अतहर का क़द लम्बा है। जिस्म दुबला-पतला, चेहरा लम्बा। मुँह पर मुँहासों की वजह से तरह-तरह के निशान पड़ गए हैं। अतहर और मैं कभी एक क्लास में न पढ़े थे। लेकिन हमारा स्कूल एक ही था। जब मैं हाई स्कूल में आया तो वह इंटर का प्राइवेट इम्तिहान दे रहा था। मेरे यूनीवर्सिटी में चले जाने के बाद भी उसने इंटर का इम्तिहान दिया। एक साल अपनी दुकान में बैठा, उसके बाद बाँस-बल्ली का कारोबार शुरू किया

फिर आई.टी.आई. पहुँचा।

अतहर को अपनी दुकान से ही पता लगा होगा कि मैं आ गया हूँ और मेरे घर पहुँचने के एक घंटे के अन्दर ही मेरे पास आ गया।

"सलाम अलैकुम।" वह लहककर बोला।

"वालेकुम, आओ। खाना खाओ।" मैंने कहा।

"अल्ला कसम खा के आया हूँ।" वह बोला। अतहर बात-बात में अल्ला क़सम बोलने का आदी था। अम्माँ उससे कई बार कह चुकी थीं कि छोटी-छोटी बातों में अल्ला क़सम न खाया करो। लेकिन उसकी यह पुरानी आदत थी और छूटती न थी।

"कहो ट्रेनिंग पूरी हो गई।"

"हाँ यार हो गई।" वह खीझकर बोला।

"क्यों क्या मुश्किल थी ?"

"यार हाथों में छाले पड़ गए। यार काम करा-कराके जान ले ली।'

"नौकरी भी तो अच्छी मिलेगी।"

"देखो, यहाँ के, लखनऊ के, इलाहाबाद के इम्प्लायमेंट एक्सचेंजों में नाम तो लिखा दिया है।"

"कारोबार नहीं करोगे ?"

"यार उसके लिए पैसा कहाँ है ?"

खाना खाकर मैं और अतहर ऊपरवाले कमरे में आ गए। अतहर ने जेब से बीड़ी का बंडल निकाला।

"पियोगे ?"

"हाँ पिलाओ।"

उसने दो बीड़ियाँ निकालकर दो उँगलियों के बीच दबाईं और माचिस की तीली सुलगाकर उन्हें जलाने और धुँआने लगा। बीड़ी जलाने का ये उसका अपना तरीका था। कहता था कि बीड़ी थोड़ी सिंक जाती है तो ज़्यादा मज़ा देती है।

अलीगढ़ में तो तुम बीड़ी न पीते होगे।" वह बीड़ी देते हुए बोला।

"हाँ यार वहाँ तो सब ही सिगरेट पीते हैं।"

"यूनीवर्सिटी में साला कौन बीड़ी पिएगा।" वह लम्बा कश खींचकर बोला।

"और सुनाओ, कैसी कटी ?"

वह अपना 'टॉप किस्सा' सुनाने को शायद बहुत पहले से बेचैन हो रहा था। फौरन शुरू हो गया—यार परेशानी और मेहनत तो जो कुछ पड़ी सो पड़ी ही। लेकिन जिन्दगी का मज़ा आ गया।" वह ख़ुश होकर बोला।

"क्या हो गया !"

"सुनो यार...अल्ला कसम बिल्कुल सच है।" अतहर को झूठ बोलने की काफी आदत है। सब ऐसा मानते हैं।

"अरे मैंने कब कहा कि तुम झूठ बोल रहे हो।"

"बात ही ऐसी है साजिद मियाँ कि मुझे तक यक़ीन नहीं आता।"

"अच्छा क्या ऐसी बात है।" मैं 'एलर्ट' होकर बैठ गया।

"यार आई.टी.आई. नैनी में है न, तो हम वहाँ पहुँचे। एक लड़का तो यहीं का था—रामचन्द्र। दूसरा फतेहपुर का था और एक उन्नाव जिले का गोपाल...तो हम सबने सोचा कि यार मिल-जुलकर एक कमरा ले लें। सस्ता पड़ेगा। खाना भी मिल-जुलकर पका लिया करेंगे। तो नैनी बाज़ार में पता लगाने लगे कि किराए का कमरा कहाँ मिल सकता है। किसी ने बताया कि एक बनिया है सामने उसकी दुकान है, ऊपर रहता है और पीछेवाला कमरा किराए पर उठा देता है। उससे बात कर लो। ख़ैर साहब पूछते-पूछते बनिए की दुकान तक पहुँचे। एक ही साला कंजूस, मक्खीचूस। हजार कंजूस मरे होंगे, तब वो पैदा हुआ होगा। नहाता रोज़ था। धोती महीना-महीना भर नहीं धोता था। रात में दो बजे भी कोई जाकर दो पैसे का नमक माँगता था तो खुश हो जाता था। बहुत ऊँची चीज़ था। तो साला कहने लगा पचास रुपए में होगा। हम जानते थे कि तीस से ज़्यादा किराया नहीं हो सकता। लेकिन वह टस से मस न हुआ। खैर हम चार थे, सोचा बाँट लेंगे तो ठीक रहेगा। सो कमरा ले लिया। वो बनिया साठ से ऊपर रहा होगा। उसकी औरत थी वह भी पचास से ऊपर रही होगी और एक लड़की थी। कहता था उसके ससुरालवाले मारते-पीटते हैं इसलिए यहाँ रहती है। लेकिन पड़ोसी कहते थे कि बनिया लड़की को ससुराल इसलिए नहीं भेजता कि वही दुकान का काम करती है। बनिए और उसकी औरत के बस की बात ये नहीं है कि एक-एक मन का बोरा उठाकर इधर से उधर रखें। ख़ैर तो हम लोग राशन पानी उसी के यहाँ से लेते थे। रामचन्द्र सलोना टाइप का लौंडा है। पता नहीं कैसे उसने बनिए की लौंडिया को पटा लिया। किया ये कि लौंडिया से कहा तुम रोज़ अपने घर के लिए तो रोटी डालती ही हो, दो-चार रोटी हम लोगों के लिए भी डाल लिया करो तो हम तुम्हें दस रुपया महीना दे देंगे। जब यह बात बनिए को पता चली तो खुश हुआ। पर बाद में सोचा कि लकड़ी ज़्यादा खर्च होगी। कहने लगा तुम लोग स्टोप खरीद लो। शीला उसी पर रोटी डाल दिया करेगी। तो साहब चन्दे से स्टोव खरीदा गया। शीला हमारे कमरे में आकर रोटी डालने लगी। हम तीनों तो पढ़ने चले जाते थे। रामचन्द्र वहाँ बैठा रहता था। वह रोटी डालती थी, रामचन्द्र उस पर डोरे डालता था। बहरहाल पक्का पटा लिया। एक दिन काम भी हो गया। उसने बताया बड़ी धाकड़ लौंडिया है।"

"अरे यार दूसरों की बात छोड़ो। अपनी बताओ। तुमने भी बहती गंगा में हाथ धोए।" मैंने पूछा।

"सुनो तो यार...पूरा किस्सा सुनो।" अतहर ने बीड़ी का बुझा टुकड़ा खिड़की के बाहर फेंकते हुए कहा। मैं पलँग पर लेट गया। वह सामनेवाली चारपाई पर बैठा रहा।

"तो यार एक दिन रामचन्द्र से गोपाल ने कहा कि साले तुम अकेले ही मज़ा लूटते रहोगे ? रामचन्द्र और गोपाल में गाढ़ी छनती है। रामचन्द्र ने प्लान बनाया। गोपाल से कहा कि वह अगले दिन क्लास छोड़कर ग्यारह बजे कमरे पर आ जाए। समझ गए।

तो प्लान शानदार था। गोपाल ने दोनों को रँगे हाथों पकड़ लिया। अब उसे भी हिस्सा दिया जाने लगा। मुझे खबर न थी। पर क्लास से दोनों साथ-साथ ग़ायब होते और पूछते कि कहाँ गए थे तो दोनों टाल जाते। मैं भी तुम जानते ही हो अब्बल नम्बर का हरामी हूँ। एक दिन उसी वक़्त कमरे पर पहुँच गया जब ये दोनों 'लगे' हुए थे।''

''तो तुम्हारा भी हिस्सा लग गया।''

''हाँ, यार।'' वह खुशी से फूला नहीं समा रहा था। ''समझ लो धीरे-धीरे हालत ये हो गई कि हम चारों यानी सिराज भी शामिल हो गया। क्या फन्ने खाँ लौंडिया है यार। बाद में, रात में आने लगी थी। बनियऊ जब सो जाते थे तो आ जाती थी। कमरे में घुसते ही साड़ी उधर फेंकती थी, ब्लाउज़ उधर जाता था और दरी पर पसर जाती थी। बारी-बारी से हम चारों साली की कमर तोड़ते थे और वह उफ़ न करती थी। रात भर यही होता रहता था। साली कहाँ की पढ़ाई और कैसी पढ़ाई...कभी-कभी 'फुल थ्रू' हाथ में लेकर कहती थी कि जी चाहता है कच्चा चबा जाऊँ।'' वह हँसने लगा।

''ये सिलसिला कब तक चलता रहा ?'' मैंने पूछा। मुझे साले अतहर पर रश्क हो रहा था। अपनी क़िस्मत पर रोना आ रहा था।

''बस ये समझ लो कि आने से एक दिन पहले तक चलता रहा।''

''बच्चा-वच्चा तो नहीं ठहरा।''

''नहीं यार...''

''और कुछ हो गया तो।''

''किसे फिक्र है यार।'' वह हँसने लगा।

मैं अतहर से बहुत से सवाल पूछना चाहता था। मुझे लड़कियों के साथ कुछ करने का कोई मौक़ा कभी न मिला था और मेरे लिए वह सब कुछ एक जटिल रहस्य था। लेकिन मैं यह भी सोच रहा था कि अतहर से सब कुछ पूछने या जानने का मतलब ये होगा कि मैं अनाड़ी हूँ और अतहर दिल ही दिल में मेरे ऊपर हँसेगा।

''तुम्हारा क्या रहा यार ?'' अतहर ने मुझसे पूछा।

मैंने उसी फैज़ी के बारे में बताया। सब कुछ सुनने के बाद वह कहने लगा, ''यार ये शहर की पढ़ी-लिखी लड़कियाँ इस काम में दो कौड़ी की होती है।''

''हाँ, तुम ठीक कहते हो। ये बताओ कि यहाँ भी कोई जुगाड़ है ?''

''यहाँ।'' वह हँसने लगा। ''नहीं यार अब तक तो नहीं है।''

अतहर के चले जाने के बाद भी मैं दिन भर उसके किस्से के बारे में सोचता रहा। रात में भी वही ख़याल आते रहे। सोचता रहा कि कोई लड़की मुझे कैसे मिल सकती है ? कहाँ, किस तरह ? कौन ? और इस सवालों का कोई जवाब न था। लेकिन ख्वाहिश इतनी तेज़ थी कि किसी भी तरह पूरी होना चाहती थी। लेकिन रास्ते बन्द थे। शहर में वेश्याओं का मोहल्ला तो था लेकिन न वहाँ कभी गया था और न जाने की हिम्मत थी क्योंकि जान-पहचानवाले हर जगह थे। हर गली में हर आदमी दूसरे आदमी को जानता था। लड़कियों के बारे में सिर्फ सोच सकता था।

# 22

गर्मियों के दिन बहुत लम्बे होते हैं। और अगर करने को भी कुछ न हो तो और भी। हिन्दी के जो उपन्यास साथ लाया था वो दो ही हफ्ते में ख़त्म हो गए। घर में ऐसी किताबें न थीं जिन्हें पढ़ा जा सकता। वकालत की अंग्रेज़ी में लिखी किताबें या उर्दू में शिआ मज़हब का लिटरेचर मुझे देखना तक पसन्द न था। हाजीजी की दुकान के पास यानी बस अड्डे पर एक गुमटी में अख़बार वाले रमज़ान की दुकान से कुछ पत्रिकाएँ और किताबें किराए पर ले आता हूँ। जासूसी दुनिया का तो पूरा सेट है उसके पास। मेरा वही एक सहारा है। शाम को नहा-धोकर बस अड्डे चला जाता हूँ। वहाँ से जासूसी दुनिया ले आता और अगली सुबह कट जाती।

खालू यानी महरूम सुल्तानपुरी मुशायरे 'पीटते' कभी-कभार धमक जाते हैं। 'महरूम' सुल्तानपुरी मुशायरे करने या मुशायरों में जाने और शामिल होने को मुशायरा 'पीटना' कहते हैं। जब वो आसपास के मुशायरे पीटकर आते हैं तो दो-चार दिन रहते हैं। बाहरवाले कमरे या शाम के वक़्त बाहरवाले कमरे के सामनेवाले आँगन में महफिलें जम जाती हैं। शायरी के शौकीन और कुछ शायर जमा हो जाते हैं। अब्बा इन महफिलों में पेश-पेश रहते हैं। चाय, सिगरेट, बीड़ी और पान वग़ैरा का ख़र्चा बढ़ जाता है लेकिन अब्बा को ये मौक़ा खूब मिलता कि अपनी 'शेरी काबलियत' की धाक जमा सकें। कभी-कभी तो अब्बा 'महरूम' सुल्तानपुरी तक को टोक देते हैं कि शे'र 'बहर में नहीं है।' अब्बा जो एतराज़ करते हैं वो अगर कोई और करता या करने की हिम्मत करता तो महरूम सुल्तानपुरी उसे कच्चा चबा जाते। लेकिन अब्बा के एतराज़ को सिर आँखों पर लेते हैं और मानते हैं कि अब्बा 'फ़न्ने उरूज़' में महारत रखते हैं। मैं इन महफिलों में शामिल होता हूँ लेकिन कोई खास मज़ा नहीं आता। अब्बा की वजह से बिल्कुल ख़ामोश रहना पड़ता है। दूसरी वजह ये कि मुझे जिस तरह की शायरी पसन्द है जैसे फैज़, मख़दूम, मजाज़ वग़ैरा इन लोगों की नज़र में पाए के शायर नहीं हैं। जोश, फ़िराक़ और जिगर तक आते-आते ये लोग रुक जाते हैं। तरक्कीपसन्द शायरी को बच्चों का खेल मानते हैं और अक्सर उसका मज़ाक़ उड़ाते हैं।

अतहर जब शहर में होता है तो उसके साथ शाम को घूमने का प्रोग्राम बन जाता है। उसके शहर में खूब दोस्त हैं। चायखाने वालों से उसकी दोस्ती है और वहाँ बैठकर मलाईवाली चाय पीता है। एक दिन उसने अपने एक दोस्त उमाशंकर से मिलवाया जो उसके साथ मुस्लिम हाई स्कूल में पढ़ता था। हाई स्कूल पास करने के बाद उसे इलाहाबाद के एग्रीकल्चर कॉलिज में दाख़िला मिल गया था लेकिन दो साल वहाँ फेल होकर घर वापस आ गया और अपने बाबूजी के कारोबार में लग गया। उसके बाबूजी का बाँस-बल्ली का बिज़नेस है।

औसत क़द और साँवले रंग के उमाशंकर की उम्र अतहर से एक-दो साल ज़्यादा है। अतहर का कहना है कि उमाशंकर को कॉलिज के ज़माने में दादागिरी का भी शौक

था लेकिन अब सिर्फ दादाओं को पालने का शौक रह गया है। उसकी बड़ी पक्की दोस्ती शाहिद मियाँ से है जो शहर के एम.एल.ए. नूरू मियाँ के भतीजे हैं। उमाशंकर और अतहर अक्सर शाहिद मियाँ के बारे में बातचीत किया करते हैं। शाहिद मियाँ के परदादा को अंग्रेज़ों ने माल्टा में काले पानी की सज़ा दी थी और वो शहीदे माल्टा कहलाते हैं। शाहिद मियाँ की क्या पर्सनाल्टी है। लम्बे-चौड़े और गोरे-चिट्टे। हड्डी चौड़ी है। मोटी कलाई में सुनहरी 'रौलेक्स' घड़ी चमका करती है। उनके पास हज़ार एकड़ जमीन है। दो सौ बीघा का आम का बाग़ है। एक फसल लाख रुपए में उठती है। कस्बे में उनकी ऐसी धाक है कि बड़े से बड़े डकैत से लेकर थाने का दरोग़ा तक सलाम करने डियोढ़ी पर हाज़िर होते हैं। एक बार थाने में एक अकड़ू किस्म का दरोग़ा आया और कहने लगा—मैं क्यों जाऊँ नूरू मियाँ की डियोढ़ी पर उन्हें सलाम करने। तो हुआ ये कि उसका मुँह काला किया गया। बाल मूँड़े गए। गधे पर बैठाकर पूरे कस्बे में घुमाया गया और नूर मियाँ ने उसे मुअत्तल करा दिया। दरोग़ा को 'ज़िना' के केस में फँसा दिया था। नूर मियाँ सी.बी. गुप्ता के दाहिने हाथ माने जाते हैं।

मैं शाहिद मियाँ से कभी न मिला था। लेकिन मिलना चाहता था। उमाशंकर और अतहर ने वायदा किया था कि मिलवाएँगे। उमाशंकर के अलावा अतहर का दूसरा पक्का दोस्त मुख़्तार है। मुख़्तार सिलाई की दुकान में काम करता है। वह भी अतहर के साथ मुस्लिम स्कूल में पढ़ता था लेकिन छठवीं के बाद पढ़ाई छोड़कर सिलाई का धन्धा करने लगा और चौक में उसने अच्छी दुकान जमा ली है।

अक्सर शाम को अतहर मेरे पास आ जाता है और हम दोनों स्टेशन की तरफ निकल जाते हैं। उमाशंकर उसी तरफ रहता है। उमाशंकर को साथ लेकर हम लोग प्लेटफार्म पर आ जाते और खुले में किसी बेंच पर बैठ जाते। कैन्टीन से तीन कुल्लढ़ चाय मँगा लेते। चाय पीते और गप्प-शप्प चलती। उमाशंकर कभी-कभी अपने जंगलों में बिताए दिनों के किस्से सुनाया करता था। वह अपने बाबूजी के कारोबार के सिलसिले में मध्य प्रदेश के जंगलों से बाँस और बल्ली खरीदने जाता था जहाँ उसे कभी-कभी कई-कई दिन रहना पड़ता था।

कभी ऐसा होता कि उमाशंकर हम लोगों की तरफ यानी बस अड्डे पर हाजी साहब की दुकान पर आ जाता। हाजी साहब उसे बहुत मानते हैं। उमाशंकर उन्हें चचा कहता है। अतहर शाम को दुकान पर ही होता था। वह मुझे बुला लेता था और हम तीनों मुख़्तार के पास चले जाते थे। वह भी दुकान बन्द करके हमारे साथ इमलिया टोले आ जाता था। मामू के चायखाने में हम चारों बैठ जाते थे।

अतहर कड़क चाय का शौकीन है और मामू कड़क चाय बनाने में माहिर माने जाते हैं। कहा जाता है एक बार जिसने मामू के हाथ की चाय पी ली वह उनका गुलाम हो जाता है। मामू के होटल में उर्दू का अख़बार 'सियासत' आता है। सुबह से लेकर शाम तक अख़बार इतने लोग पढ़ते हैं कि शाम होते-होते वह चीथड़ा जैसा हो जाता है। लेकिन मुख़्तार फिर भी उसमें पूरी दिलचस्पी लेता है। उमाशंकर पक्का कांग्रेसी है।

शायद इसलिए भी कि शाहिद मियाँ के चचा नूर मियाँ के इलेक्शन में वह उनका विश्वसनीय कार्यकर्त्ता होता है। मुख़्तार भी कांग्रेसी है लेकिन मुस्लिम लीग और पाकिस्तान के लिए उसके मन में गहरी ललक है। साम्प्रदायिक दंगों पर पह भड़क उठता है और खूब तेज़-तर्रार बहस-मुबाहिसे करता है। उसे अंग्रेज़ी नहीं आती। ज्यादातर उर्दू के अख़बार और रिसाले पढ़ता है लेकिन फिर भी उसे काफी मालूमात है और अपना दृष्टिकोण बहुत अच्छी तरह सामने रखता है। कभी-कभी उमाशंकर और मुख़्तार में साम्प्रदायिकता को लेकर बहस छिड़ जाती है और आखिर में दोनों एक-दूसरे पर जनसंघी और मुस्लिमलीगी होने का इल्ज़ाम लगाते हैं। अतहर को राजनीति में कोई दिलचस्पी नहीं है। वह राजनीति को चुतियापा कहता। लेकिन नूर मियाँ के इलेक्शन में काम करवाता है।

एक दिन मामू के चायखाने में पाकिस्तान पर बहस होने लगी। मुख़्तार बहुत उत्तेजित हो गया। उमाशंकर भी अच्छा खासा गम्भीर हो गया। अतहर ने बीड़ी सुलगा ली और टाँग पर टाँग रखकर इस तरह बैठ गया जैसे कह रहा हो कि तुम सालो चाहे लड़ो चाहे मरो। मैं तो ऐश कर रहा हूँ।

बहस के गाली-गलौज या 'तुम जनसंघी हो,' 'तुम मुस्लिमलीगी हो' वाले अन्त पर पहुँचने ही वाली थी कि मैं बीच में कूद पड़ा। मैंने कहा, "भई तुम लोग इजाज़त दो तो मैं कुछ बोलूँ।"

"हाँ-हाँ बोलो साजिद मियाँ।" उमाशंकर ने मुझसे कहा।

"देखो पाकिस्तान क्यों बनाया गया था ?" मैंने मुख़्तार से पूछा।

"मुस्लिम मुल्क है...मतलब यहाँ हिन्दू और मुसलमान साथ-साथ नहीं रह सकते।" मुख़्तार ने कहा।

"हिन्दू और मुसलमान क्यों साथ नहीं रह सकते ?" मैंने पूछा, "और क्या शर्त है हिन्दू ही हिन्दू होंगे तो आराम से साथ रहेंगे या अगर कहीं मुसलमान ही मुसलमान हों तो बड़े प्यार से मिल-जुलकर रहेंगे ?"

"हाँ इस सवाल का जवाब दो।" अब अतहर को भी बहस में मज़ा आने लगा। चाय बनाते हुए मामू शायद हमारी बातें सुन रहे थे। उन्होंने चौकी पर बैठे-बैठे चाय गिलासों में डालते हुए कहा, "अरे भइया लड़ना-झगड़ा, मारपीट, दंगे-फ़साद किसे पसन्द हैं ? न हिन्दू को न मुसलमान को...ये तो नेताओं का खेल है...जब जहाँ चाहे फ़साद करा दें।"

"सुना, मामू ने सवा लाख टके की बात की है।" मैंने मुख़्तार से कहा।

"हाँ ये ठीक है।" उमाशंकर बोला।

"तो ये फसाद क्यों होते हैं ? गरीब मुसलमानों का ख़ून क्यों बहता है ?" मुख़्तार उत्तेजित होकर बोला।

"तो सवाल ये है कि फ़साद क्यों होते हैं ? सवाल ये नहीं है कि हिन्दू-मुसलमान साथ क्यों नहीं रह सकते।" मैं बोला।

"हाँ सवाल तो यही है।" अतहर ने कहा।

"देखो पुलिस, एडमिनिस्ट्रेशन, सरकार अगर न चाहे कि दंगे हों तो नहीं हो सकते। सन् पैंसठ में जब पाकिस्तान के साथ जंग हो रही थी तो कोई फ़साद क्यों नहीं हुआ ?"

"तब बड़ी सख़्ती थी मियाँ।" मामू बोले।

"तो कौन कहता है ढील दे दी जाए ? एक शहर में फसाद करनेवाले कितने होते हैं ?"

"सौ दो सौ...और क्या ?" उमाशंकर ने कहा।

"उनसे निपटना मुश्किल है क्या ?" मैंने पूछा।

"अरे भइया पचास लोगों को अन्दर कर दिया जाए तो परिन्दा पर नहीं मार सकता।" मामू फिर बोले।

"तो फसाद होते नहीं, करवाए जाते हैं।"

"करवाए जाते हैं ? कौन करवाता है ?"

"सोचो, फसाद से फ़ायदा किसको होता है। जिनको फ़ायदा होता है, वही करवाते होंगे।" मैं ख़ामोश हो गया। मेरे पास के.पी. सिंह, इरफ़ान साहब और रज़ी के दिए हुए तर्क थे।

"ये बताओ, एक मामूली ग़रीब मुसलमान और एक गरीब मामूली हिन्दू किसान का आपस में क्या झगड़ा है ?"

"कोई नहीं।" उमाशंकर बोला।

"दोनों की दिक़्क़तें एक हैं। दोनों की परेशानियाँ एक हैं। दोनों के सपने एक से हैं।"

"हाँ यार, मैकू और मन्ना में क्या फ़र्क है ? कुछ नहीं।" अतहर ने कहा।

"तो अब तो बताओ कि फिर ये क्यों कहा जाता है कि हिन्दू-मुसलमान साथ नहीं रह सकते।" मैं कुछ क्षण को चुप हो गया।

"ये तो कहा जा सकता है जवाहरलाल नेहरू और मुहम्मद अली जिन्ना साथ-साथ नहीं रह सकते। लेकिन हिन्दू किसान-मुसलमान किसान साथ-साथ क्यों नहीं रह सकते ?"

"अरे जिन्ना कांग्रेस में नहीं थे क्या ?" उमाशंकर बोला।

"हाँ थे, ज़रूर थे। लेकिन जब उन्हें अपनी बात बनती नहीं नज़र आई और लगा कि मुस्लिम लीग का मंच उन्हें क़ायदे आज़म बना सकता है तो उधर कूद गए। कांग्रेस में रहते तो उनकी हैसियत मौलाना आज़ाद से भी कम होती।"

"नेहरू और लियाक़त अली खाँ में भी बड़ी दोस्ती थी।" मुख़्तार बोला।

"तो भाई बात ये नहीं है कि हिन्दू-मुसलमान साथ नहीं रह सकते। बात है राजनीति की; आर्थिक हालात की। जानते हो पाकिस्तान क्यों बना ? पहला फैक्टर अंग्रेज़ों की पॉलिसी—'फूट डालो और राज करो,' दूसरा और सबसे अहम फैक्टर ये था कि उभरता हुआ मुस्लिम पूँजीपति वर्ग और पुराना बड़ा मुस्लिम ज़मींदार वर्ग यह नहीं

चाहता था कि आज़ादी के बाद उसे हिन्दू पूँजीपतियों से सीधा मुकाबला करना पड़े। तुम्हें पता है पाकिस्तान में अब तक जमींदारियाँ ख़त्म नहीं हुई हैं। अगर मुल्क एक रहता तो क्या वे ज़मींदारियाँ बचतीं ? दूसरी तरफ़ पाकिस्तान के सेठ आदमजी या हबीब बैंक वाले 'अनडिवाइडेड' हिन्दोस्तान में क्या उतनी ही तरक्की कर पाते जितनी उन्होंने पाकिस्तान में कर ली ? हिन्दोस्तान में बिड़ला और टाटा से उनका मुक़ाबला होता। तब ज़ाहिर है उनका वो दर्जा न हो पाता जो आज पाकिस्तान में है।'' मैं चुप हो गया।

''बात तो समझ में आती है।'' उमाशंकर बोला।

''इस नजरिए से लिखा तो कहीं नहीं पढ़ा।'' मुख़्तार कुछ सोचकर बोला।

''अख़बार किसके हैं ?''

''बड़े सेठों-साहूकारों के।'' उमाशंकर ने कहा।

''रेडियो किसका है ?''

''सरकार का।''

''तो बड़े सेठ-साहूकार हमें-तुम्हें ये क्यों बताएँगे कि पाकिस्तान इसलिए बना कि हिन्दू-मुस्लिम उच्च वर्ग के हित टकराते थे।''

चाय के कुछ और दौर चले। एक-दो और लोग भी बहस होती देखकर आ गए और उसमें शामिल हो गए।

''ये बताओ साजिद मियाँ कि इन साले फसादों का भी कोई इलाज है कि नहीं।'' अलीउद्दीन ने पूछा। अलीउद्दीन की मामू के होटल के सामने साइकिल की मरम्मत करने की छोटी सी दुकान है।

''इलाज है और शर्तिया है।''

''क्या ?''

''लोगों के अन्दर वर्गीय चेतना पैदा की जाए।''

''वर्गीय चेतना क्या होती है ?''

मैं उन्हें विस्तार से वर्गीय चेतना के बारे में बताने लगा। इसी दौरान हाजी रज्जू आ गए। वो भी सुनने लगे। हाजी रज्जू सड़कें बनाने के छोटे-मोटे ठेके लिया करते हैं।

हाजी रज्जू बोले, ''मियाँ, ये सब बातें तो कम्युनिस्ट करते हैं।''

''तो उसमें क्या बुरा है ?'' मैंने पूछा।

''मियाँ कम्युनिस्ट खुदा और मज़हब को नहीं मानते।'' वे बुरा-सा मुँह बनाकर बोले, ''मुलहिद की बात का क्या एतबार।''

''देखिए ये ग़लत है, कम्युनिस्ट खुदा या मजहब को नहीं मानते। वे सिर्फ...''

मेरी बात काटकर हाजी रज्जू बोले, ''मियाँ कामरेड शुक्ला है न। अरे वही पगला कामरेड...ईश्वर-अल्ला, मन्दिर-मस्जिद सबकी ऐसी-तैसी करता रहता है।''

''देखिए हाजीजी होंगे कोई कामरेड शुक्ला। लेकिन एक आदमी के कुछ कहने को आप ये क्यों मान लेते हैं कि पूरी पार्टी के यही यक़ीन है।''

''भई हमने तो यही सुना था।'' रज्जू, हाजी चाय पीकर उठ गए।

रात का ग्यारह बज रहा है। हालाँकि मामू का होटल बारह से पहले बन्द न होता और गर्मियों के दिन हैं, चौराहे पर चहल-पहल है लेकिन फिर भी मैंने सोचा कि यार देर हो गई। इतनी देर से घर जाना ठीक नहीं है।

"चलो यार, उठें।"

"आओ। मुझे तो दूर जाना है।"

वे तीनों मुझे छोड़ने घर तक आए और फिर चौराहे की तरफ़ मुड़ गए।

## 23

अतहर के जरिए अपना ही शहर मेरे ऊपर खुलने लगा। स्कूल के ज़माने में तो बस घर था और स्कूल था। उसके बाद यूनीवर्सिटी चला गया तो शहर छुट ही सा गया। छुट्टियों में आना और लौट जाना। लेकिन इस बार की छुट्टियों में अतहर के साथ शहर खुलने लगा। हालाँकि ये डर लगा रहता कि शहर के अनाप-शनाप लोगों से मिलने और चायख़ानों में बैठकें करने की बात अब्बा को पता लग जाएगी तो अच्छे ख़ासे नाराज़ हो जाएँगे।

उमाशंकर और मुख़्तार के अलावा जो लोग हम लोगों के ग्रुप में आए, उनमें अंडे-मुर्ग़ी का कारोबार करनेवाले कलूट औसत क़द और हल्के डीलडौल के आदमी हैं। कभी जवानी के दिनों में चमड़े का कारोबार करते थे तब उनकी हालत बहुत अच्छी थी लेकिन वह कारोबार ख़त्म हो गया और कलूट अंडे-मुर्ग़ी के कारोबार में लग गए। कलूट जवानी के ही दिनों में कलकत्ते में भी रह चुके थे और एक बार किसी आन्दोलन में वहाँ जेल भी गए थे। कलूट के छः बच्चे हैं और कोई स्कूल नहीं जाता। किसी को वे दर्ज़ी का काम सिखवा रहे हैं तो किसी को बढ़ई का और किसी को मोटर का। कलूट भी शाम को मामू के चायख़ाने के परमानेंट मेम्बर हैं। वहीं उनसे मुलाक़ात हुई। कलूट सीधे-साधे आदमी हैं लेकिन सियासत में उन्हें दिलचस्पी है। कलकत्ते के दिनों में कम्युनिस्टों के सम्पर्क में आए थे और पार्टी को अच्छा समझते हैं।

कलूट के बिल्कुल बरख़िलाफ़ नन्हें खाँ हैं। उनकी गिनती शहर के शातिर चार-सौ-बीसों में होती है। पक्के घाघ और छँटे हुए आदमी हैं। उनकी शोहरत एक लौंडेबाज़ के रूप में दूर-दूर तक है। नन्हें खाँ के पास सड़क के किनारे एक अच्छी-खासी जायदाद है। जो उन्होंने बड़ी चार-सौ-बीसी करके हासिल की है। उसका किस्सा ये है कि उस जायदाद के मालिक गुल मुहम्मद खाँ जब पाकिस्तान जा रहे थे तो नन्हें खाँ ने उनसे कहा कि चचा मियाँ आप तो जा रहे हैं आपकी जायदाद पर कस्टोडियन का कब्ज़ा हो जाएगा। मुफ़्त में हाथ से निकल जाएगी। ऐसा करें कि कस्टोडियन के बजाय मेरा भला हो जाए।

नन्हें खाँ बातें करने और बातें बनाने और जालसाज़ी की कला में माहिर हैं। उन्होंने

एक पुराने स्टैम्प पेपर पर गुल मुहम्मद खाँ के दस्तख़त करा लिए और पुरानी ही तारीख में जायदाद का बैनामा लिखवा लिया। गुल खाँ के जाते ही कस्टोडियन और नन्हें खाँ में मुकदमा छिड़ गया। नन्हें खाँ चूँकि वकीलों और मुंशियों को अच्छी तरह जानते थे और कानून की असली पहचान और परख भी थी इसलिए उन्होंने कस्टोडियन के वकील को एक हज़ार रुपए नक़द दिए और नतीजे में मुकदमा जीत गए। सड़क किनारे बना गुल खाँ का लम्बा-चौड़ा मकान उन्हें मिल गया। मकान के एक हिस्से में एक किराएदार रख लिया और सड़क की तरफ फोकट में तीन दुकानें बनवा लीं। फोकट में इस तरह कि जिन लोगों को दुकानें किराए पर लेनी थीं उन्होंने 'दुकानें बनवाईं' और किराए में धीरे-धीरे लागत कटती रही और कुछ साल बाद दुकानें नन्हें खाँ की हो गईं। इसी तरह उन्होंने मकान के कुछ और हिस्से भी बनवाए और होते-हुआते चार सौ रुपए महीना किराए का आने लगा। नन्हें खाँ की बीवी मर चुकी है। लड़की की शादी कर चुके हैं। इसलिए पूरा मकान किराए पर उठाकर ऊपरी मंजिल के एक कमरे में रहते हैं। खाना-पीना होटल से चलता है। चाय मामू के होटल में पीते हैं। पान कन्हई की दुकान से खाते हैं। करने-धरने को कुछ है नहीं। इसलिए सुबह कचहरी चले जाते हैं। कुछ मुकदमों की पैरवी का काम, कुछ गवाहियाँ वग़ैरा देने के काम में वक़्त भी अच्छा कट जाता है और कुछ आमदनी भी हो जाती है।

नन्हें खाँ पाकिस्तान बनने से पहले पक्के मुस्लिमलीगी थे लेकिन उन्हें स्वतन्त्रता सेनानी वाली पेंशन मिलती है। जब ये बात मुझे मालूम हुई तो अजीब-सा लगा। नन्हें खाँ से पूछा तो उन्होंने साफ-साफ बताया। नन्हें खाँ झूठ नहीं बोलते। कहने लगे, "अरे मियाँ लम्बा किस्सा है। आज़ादीवाले आन्दोलन के दिन थे। हम जवान थे। उन दिनों एक मालदार रस्तोगी के लड़के पर दिल आ गया। किसी तरह बहला-फुसलाकर साले के साथ 'क़व्वाली' हो गई। बहरहाल होने को तो 'क़व्वाली' हो गई। लेकिन साले लौंडे ने घर जाकर अपने बाबूजी को बता दिया। रस्तोगी सेठ, सोने-चाँदी का व्यापारी। मेरा क्या कर लेता। न तो मुझसे लड़ सकता था न मारपीट कर सकता था। लेकिन पैसे की ताक़त तो थी ही साले के पास। दरोग़ाजी के पास गया। उस ज़माने में अब्दुल क़ादिर नाम के एक सख़्त दरोग़ा थे। रस्तोगी ने दरोग़ा जी को ठनाठन पाँच सौ रुपए गिन दिए और कहा कि साले ने मेरे लड़के के साथ ऐसा-ऐसा कर दिया है। साले के हाथ पैर तोड़ डालो दरोग़ा जी। दरोग़ा के लिए क्या मुश्किल था। उस ज़माने में असहयोग आन्दोलन था। तार-कटिंग में कांग्रेसियों के चालान होते थे। मुकदमे चलते थे। गिरफ्तारियाँ होती थीं। दरोग़ा जी ने मुझे भी तार-कटिंग में धर लिया और थाने में पकड़ बुलवाया। अच्छी-खासी धुनाई की और चालान कर दिया। मुकदमा चला और तीन महीने की सज़ा हो गई। फिर मियाँ जब आज़ादी आई तो मुझे लोगों ने बताया कि स्वतन्त्रता सेनानियों को वज़ीफ़ा मिलेगा। मैंने भी तार कटिंग वाले मुकदमे के कागज़ जमा करा दिए। दरख़ास्त लगा दी समझे ?" वे हँसने लगे। "तो आपको 'क़व्वाली' करने की पेंशिन मिल रही है।"

"हाँ, देखो, सरकार तक मेरे 'फ़न' की क़द्र करती है।"

नन्हें खाँ और कलूट के अलावा शमीम से भी मेरी मुलाकात हुई। उसकी साइकिल मरम्मत की एक मामूली सी दुकान है और किराए पर एक रिक्शा चलवाता है। बकरीदी घोसी भी हमारी मंडली में शामिल हो गया। उसका वही काम है जो घोसी करते हैं। यानी दूध देनेवाले जानवर पालना और दूध बेचना।

इन सब लोगों से मिलने के बाद मुझे लगा था कि मैं उस शहर को नहीं जानता था जो मेरा शहर है।

इन्हीं दिनों अहमद का एक ख़त मिला जिसमें उसने विस्तार से लिखा था कि वह अब बी.एस-सी. के आगे नहीं पढ़ना चाहता और उसे कलकत्ता में एक नौकरी मिल सकती है। उसने लिखा था कि उसके अब्बाजान के एक दोस्त मशहूर बंगाली नेशनलिस्ट सर आशुतोष मुकर्जी के लड़के हिन्दोस्तान कार्पोरेशंस के मैनेजिंग डायरेक्टर हैं और वे उसे नौकरी दिलाने में मदद कर सकते हैं इसलिए वह कलकत्ता जा रहा है। मुझे भी उसने यही राय दी थी कि मैं आगे पढ़ने का इरादा छोड़ दूँ। खासतौर पर हिन्दी में एम.ए. करने का चूतियापंथी का इरादा छोड़ दूँ और किसी कम्पनी में घुस जाऊँ। लेकिन मुझे मालूम था कि उसके अब्बाजान की तरह मेरे अब्बा के न तो ऐसे ताल्लुक़ात हैं और न इतनी ऊँची पहुँच कि मुझ थर्ड डिवीज़न बी.एस-सी. को किसी कम्पनी में नौकरी मिल सके।

शकील ने लिखा था कि वह अपने अब्बा की दुकान में काम कर रहा है। थर्ड क्लास आने के बाद उसके अब्बा ने उसे आगे पढ़वाने से इंकार कर दिया है। उसने लम्बे ख़त में लिखा था कि अब्बा की वही हालत है। रोज़ सौ रुपएवाला इंजेक्शन लेते हैं और अस्पताल की नर्सों में से जो भी पटी होती है उसके साथ गुलछर्रे उड़ाते हैं। सुबह ग्यारह बजे तक सोते हैं और नाश्ते पर चार अंडे दूध शहद में फेंटकर पीते हैं। ख़त में उसने अब्बा को वो तमाम गालियाँ दी थीं जो दिया करता था।

उसने लिखा था घर बड़ा है लेकिन इतने लोगों के साथ रहने की वजह से रोज़ किसी का किसी से घमासान होता रहता है। माहौल बड़ा अजीब है। दोनों भाई इस चक्कर में लगे रहते हैं कि दुकान से कितना माल उड़ा सकते हैं। अब्बा अपनी अय्याशियों में मस्त रहते हैं। जब भी उन्हें पैसे की ज़रूरत होती है दुकान से पैसा उठा ले जाते हैं। अकेली बूढ़ी माँ पूरे घर का खाना पकाती और बर्तन धोती है। बहुएँ बहाने बनाए अपने-अपने कमरों में पड़ी रहती हैं। बल्कि बहाने बनाने में दोनों के दरम्यान कम्पिटीशन चला करता है।

छुट्टियाँ ख़त्म होने को थीं और यूनीवर्सिटी जाने ही वाला था कि एक अजीब वाक़या हो गया। अतहर के अब्बा हाजी जी गिरफ्तार हो गए। हाजी जी बेचारे के माथे पर बढ़ा-सा गट्टा है। दिन रात रोज़ा, नमाज़, तिलावत, इबादत में गुज़रता है। उन्हें क़ानून

तोड़ने या जुर्म करने से क्या सरोकार ? लेकिन फिर भी गिरफ्तार हो गए। हुआ यह कि जिले के परिवार नियोजन विभाग के एक नया उत्साही अफसर ने तय किया कि परिवार नियोजन के लिए हर दुकानदार को निरोध बेचने का काम करना चाहिए। उसने अपने कर्मचारियों की कई टीमें बना दीं और कहा कि शहर की हर दुकान में निरोध रखवाओ। कर्मचारियों में कुछ अच्छे थे तो कुछ बदमाश थे। दुकानदारों में जो समझदार थे उन्होंने मुफ्त की चीज़ ले तो ली लेकिन उसे किसी कोने में डाल दिया या फेंक दी या लड़कों को गुब्बारा फुलाने के लिए दे दी।

लेकिन एक टीम, जिसमें एक शरारती आदमी था, जब हाजी जी के दुकान पर पहुँची तो बड़ा तमाशा हो गया।

"हम न रखबे अपनी दुकान म य शैतानी चीज़।" हाजी जी ने साफ इंकार कर दिया। हाजी जी अवधी ही बोलते थे। उर्दू बोलने में उन्हें खासी तकलीफ होती थी और खास-खास मौक़ों पर ही उर्दू बोलते थे।

"हाजी जी यह सरकारी आदेश है।" शरारती और बदमाश कर्मचारी बोला।

"होइए सरकारी आदेस। हम सरकार के गुलाम हैं का ?"

"अरे आप सरकार के गुलाम नहीं तो क्या बादशाह हैं ? आबादी आप ही लोगों के कारण बढ़ रही है और आप निरोध न रखेंगे ? देखें कैसे नहीं रखते ?"

"देखे, तुम कैसे रख देत हो ?"

कर्मचारी ने निरोध का एक बंडल उठाकर हाजी जी की दुकान के अन्दर फेंक दिया।

तमाशा देखने खासे लोग जमा हो गए थे। हाजी जी ने निरोध का बंडल और अपनी डेढ़ पाँव की खड़ाऊँ कर्मचारी के मुँह पर मारी। कर्मचारी गुस्से में दुकान में घुस गया और हाजीजी को मारने लगा। लोग दौड़ पड़े और दोनों को छुड़वाया। लेकिन कर्मचारी ने हाजी जी की अच्छी-ख़ासी दाढ़ी नोंच डाली थी और हाजी जी ने उसके चेहरे पर अपने लम्बे नाखूनों की खरौंच डाली दी थीं।

काफी गाली-गलौज और तुक्का-फज़ीती होने के बाद कर्मचारी लौट गया और थोड़ी ही देर बाद दो सिपाहियों के साथ आया। उसने थाने में रपट लिखाई थी कि हाजी जी ने उसके सरकारी काम में बाधा डाली है तथा उसके साथ मारपीट की है। सिपाही हाजी जी को घसीटते हुए थाने ले गए और बन्द कर दिया।

दोपहर का कोई तीन बजा होगा। मैं ऊपर कोठे में लेटा 'जासूसी दुनिया' पढ़ रहा था कि अचानक मुझे शमीम की आवाज़ सुनाई दी जो 'डिप्टी साब-डिप्टी साब' कहर कर अब्बा को पुकार रहा था। मैं तेज़ी से नीचे गया। अब्बा सो रहे थे। वो भी उठ गए।

हम दोनों को शमीम ने पूरा क़िस्सा बताया। अब्बा बोले, "ये साले जनसंघी दिमाग़ के लोग हर जगह शरारत करते हैं। अरे शहर में अकेले हाजी जी न रखते तो क्या

क़यामत आ जाती। हाजी जी भी पक्के बेवकूफ़ हैं।''

''डिप्टी साब थाने चलो। हाजी जी के साथ मारपीट न कर रहे हों।'' शमीम बोला।

''देखो थाने तो मैं नहीं जाऊँगा। दरोग़ा भी उसी ज़ेहनियत का आदमी है। मैं तो सीधा कलक्टर के पास जाऊँगा।''

''तो चलिए कलक्टर के पास।'' मैंने कहा।

''अभी कलक्टर न मिलेंगे। पाँच बजे से पहले किसी से नहीं मिलते।''

''कोई ज़रूरी बात हो तब भी नहीं मिलते ?'' मैं बोला।

''मियाँ वो सोते हैं। सोते से उन्हें कौन जगा सकता है।'' अब्बा शमीम से बोले, ''तुम जाओ, हाजी जी के घर में कह देना कि मैं शाम कलक्टर साहब के पास जाऊँगा। घबराएँ नहीं।''

''लेकिन थाने में अगर पुलिस हाजी जी के साथ मारपीट...'' मेरी बात काटकर अब्बा बोले, ''अब क्या किया जा सकता है ? मैं थाने जाना तो अपनी तौहीन समझता हूँ।'' मैं अब्बा से कहना चाहता था कि मान लीजिए मैं गिरफ़्तार हो जाऊँ तो तब भी थाने जाना आपके लिए तौहीन होगा। लेकिन खामोश ही रहा।

''मियाँ सर्विस के ज़माने में ये साले इंस्पेक्टर और दरोग़ा मेरी कोठी के बरामदे में घंटों बैठे रहते थे। ख़ैर अब वक़्त बदल गया है।'' वे ठंडी साँस लेकर बोले।

शमीम चला गया। मैं ऊपर कोठे में आकर लेट गया। 'जासूसी दुनिया' पढ़ने का बिल्कुल मूड नहीं था। मैं अपनी आँखों के सामने हाजी जी को पिटते देख रहा था। उन्हें डंडों से, जूतों से, ठोकरों से पीटा जा रहा है। पुलिस किस तरह मारती है उसके सारे किस्से जो मैंने सुने थे सब आँखों के सामने आ गए। सोचा ऐसा क्यों है ? आज़ाद होने के बाद भी पुलिस इतना जुल्म क्यों करती है। लोगों की बात सुनने और उन्हें जुल्म से निजात दिलानेवाला कोई क्यों नहीं है। जालिम को सज़ा क्यों नहीं मिलती ? मज़लूम की मदद क्यों नहीं होती ? कलक्टर ऐसा क्यों है कि पाँच बजे से पहले कोई जगा नहीं सकता। कलक्टर तो लोगों की सेवा करने के लिए है ? नहीं है तो फिर लोग कुछ क्यों नहीं करते ? संगठन–बात वहीं आ गई जहाँ से के.पी. सिंह और इरफ़ान साहब अपनी बात शुरू करते हैं। संगठन और चेतना।

अब्बा ने शाम को मुझे पुकारा–''आओ तुम भी चलोगे।''

कलक्टर की कोठी शहर से बिल्कुल बाहर थी। सिविल लाइन के एक कोने में। एक सुनसान और सायादार सड़क पर बनी कोठी तक रिक्शे से पहुँचने में हमें पैंतालीस मिनट लगे। कोठी के शानदार गेट पर एक सिपाही खड़ा था। रिक्शा गेट पर रोक लिया गया। हम दोनों पैदल अन्दर आए। लम्बे-चौड़े हरे लान और इधर-उधर फूलों की क्यारियों के तख़्तों के सामने सफेद झक्क कोठी खड़ी थी। लगता था अंग्रेजों के ज़माने की है। ऐसी शानदार इमारतें आजकल नहीं बनतीं। ऊँचे गोल खम्भों पर टिका लम्बा-चौड़ा बरामदा जिस पर पर्दे पड़े थे। खस की टट्टियाँ लगी थीं। दस-पन्द्रह सीढ़ियाँ चढ़कर हम बरामदे तक आए। दाहिनी तरफ आफिस था। आफिस के बाहर

बेंच पर दो बावर्दी अर्दली बैठे थे। दोनों शायद अब्बा को पहचानते थे। वे उठ गए और सलाम किया।

"साहब हैं ?"

"नहा रहे हैं डिप्टी साहब ?"

"भई मुलाक़ात हो सकती है।"

"अरे क्यों नहीं डिप्टी साहब। बस साहब नहाकर चाय पिएँगे। उसके बाद आफिस में आ जाएँगे। आप मुलाकातियोंवाले कमरे में बैठिए।"

हम आफिस में आए। यहाँ एक बाबूनुमा आदमी कुछ कागज़ देख रहा था।

"आदाब अर्ज़ है बाबू जगदीश।" अब्बा ने उससे कहा।

"आदाब अर्ज़ है। आइए-आइए डिप्टी साहब।" वह हाथ मिलाते हुए बोला।

मुलाक़ातियों के कमरे में दो नेतानुमा लोग बैठे थे। एक पुलिस इंस्पेक्टर था। ये सब अब्बा को जानते थे। अब्बा ने उन सबसे मेरा परिचय काफी विस्तार से कराया और इस बात पर ज़ोर दिया कि मैं हिन्दी में एम.ए. करने जा रहा हूँ। फिर हिन्दू-मुस्लिम एकता विषय पर बड़ी आदर्शवादी क़िस्म की बातें होने लगीं।

मैं अब्बा के पीछे-पीछे कलक्टर के आफिस में आया तो बड़ी हैरत हुई। आफिस क्या था पूरा दरबार हाल था। एक शानदार लम्बी-चौड़ी मेज़ थी, उसके पीछे एक ऊँची कुर्सी थी जिस पर कलक्टर साहब बैठे थे। मुलाक़ातियों के बैठने के लिए जो कुर्सियाँ थीं वे मेज़ से थोड़ा हटकर लगाई गई थीं और नीची थीं। यानी कलक्टर साहब ऊपर लगभग सिंहासन पर बैठे दिखाई पड़ते थे।

इधर-उधर की मिज़ाजपुर्सी और मेरे विस्तृत परिचय के बाद अब्बा हाजी जी वाली बात पर आए। वे कलक्टर को 'हुजूर' कहकर सम्बोधित कर रहे थे। यह बात मुझे अच्छी नहीं लगी। मैंने सोचा कुछ कहना ही था तो 'सर' कह सकते थे।

"ऐसा होना तो नहीं चाहिए।" कलक्टर बोले, "मैं देखता हूँ।"

"ऐसी छोटी-मोटी बातों से ही हिन्दू-मुस्लिम फ़साद..." अब्बा की बात काटकर कलक्टर बोले, "आइ विल लुक इन टु दी मैटर...अच्छा ठीक है।"

यह हमारे जाने के लिए इशारा था। हम उन्हें सलाम करके बाहर आ गए।

"कलक्टर साहब ने कहा तो कुछ नहीं।"

"ये लोग बस इतना ही कहते हैं।"

"कुछ नोट वग़ैरा भी नहीं किया।"

"अरे इतना तो याद रहता है।"

"कहीं भूल गए तो हाजी जी का क्या होगा।"

"कुछ न होगा। तुम बेकार परेशान हो।"

हम बस अड्डे लौटकर आए। हाजी जी की दुकान पर उनका साला सिराज बैठा था। उसने बताया कि दोपहर अतहर कानपुर से माल लेकर लौटा तो सब पता चला था और वह किराए की टैक्सी लेकर नूरू मियाँ एम.एल.ए. को लेने खजुआ गया है।

अब्बा ने बताया कि वे अभी कलक्टर से मिलकर आ रहे हैं और शायद नूरू मियाँ के आने से पहले ही हाजी जी छोड़ दिए जाएँगे।

अभी हम वहीं थे कि अतहर नूरू मियाँ के साथ आ गया। नूरू मियाँ ख़द्दर का मैला कुर्ता-पजामा पहने थे। मोटे से आदमी। तोंद ख़ूब निकली हुई। चेहरे पर कई दिन की बढ़ी दाढ़ी और आँखें कुछ लाल। पैरों में चप्पलें। हाथ में चारमीनार सिगरेट के दो पैकेट। नूरू मियाँ कड़क आवाज़ में बातें करने लगे। अड्डे पर लोग उनके इर्द-गिर्द जमा हो गए और पुलिस की शिकायतें करने लगे।

अब्बा ने नुरू मियाँ को बताया कि वे अभी कलक्टर से मिलकर आ रहे हैं।

"अरे डिप्टी साहब...ये शराफत का जमाना ही नहीं रहा। मैं तो अभी उस साले इंस्पेक्टर को मुर्ग़ा बनाता हूँ जिसने हाजीजी को गिरफ्तार किया है।"

"चचा थाने चलिए। कहीं साले अब्बा के साथ..." अतहर बोला।

"चलो मियाँ चलो।" नूरू मियाँ पैदल ही थाने की तरफ रवाना हो गए। अब्बा घर लौट गए। मुझसे अतहर ने कहा कि मैं भी थाने चलूँ।

नूरू मियाँ के साथ चालीस-पचास आदमी हो गए, जब वे थाने पहुँचे।

थाने के अन्दर पीपल के पेड़ के नीचे कुर्सियाँ पड़ी थीं और दो-चार सिपाही, एक दरोग़ानुमा आदमी बैठा था। वे नूरूमियाँ को आता देखकर खड़े हो गए।

"जय हिन्द सर !" दरोग़ा बोला।

"तुम मुझे पहचानते हो ?" नूरू मियाँ आँखें तरेरकर बोले।

"सर आपको कौन नहीं..."

"नहीं जानते तुम मुझे...मैं तुम्हारा बाप हूँ।" नूरू मियाँ ज़ोर से गरजे। उनके साथ आए लोगों के चेहरे रौशन हो गए।

"हद होती है साली। अब शहर की पुलिस जनसंघियों के इशारों पर चलेगी। तुम सी.बी. गुप्ता को फोन मिलाओ।"

"स...सर..."

"मिलाओ सी.बी. गुप्ता को फोन।"...वे दहाड़े।

"सर आप कहिए तो..."

"तुमसे मैं क्या बात करूँ। कप्तान पुलिस को बुलाओ। उसका ट्रांसफर मैंने झाँसी से यहाँ इसीलिए कराया था कि मेरे आदमियों के साथ ज़्यादती करे। उससे पूछो कि अब कहाँ जाना चाहता है। एटा भिजवा दूँ या इटावा या सस्पेंड होना चाहता है।" नुरू मियाँ की आवाज़ का वही 'पिच' था।

"सर आप बताइए..."

"कहाँ है हाजी जी लाओ उन्हें। मेरे साथ जाएँगे।"

"सर एफ.आई.आर. है उनके खिलाफ़..."

"उसे बत्ती बनाके तुम अपनी गाँड़ में डाल लो। समझे ? लाओ हाजी जी को।"

नूरू मियाँ जब थाने से निकले तो हाजी जी उनके साथ थे। कहीं से कोई गेंदे के

फूलों की दो मालाएँ भी ले आया। देखते-देखते ही चार-पाँच सौ लोग भी जमा हो गए। और नूरू मियाँ ज़िन्दाबाद, सी.बी. गुप्ता ज़िन्दाबाद कांग्रेस पार्टी ज़िन्दाबाद, के नारे लगने लगे।

## 24

हाजी जी वाले वाक़ये की चर्चा शहर के मोहल्ले-मोहल्ले और गली-गली में होने लगी। कन्हई पानवाला कहता था–'नेता चहि नूरू मियाँ जस धाकड़'। नन्हें खाँ कहने लगे–"नूरू मियाँ तो शेर हैं शेर।" चायख़ानों और पान की दुकानों पर इसी वाक़ये के अलग-अलग पक्षों को लेकर खूब बातचीत होती रही। मामू का कहना था कि नूरू मियाँ न हों तो ग़रीबों की सुनवाई करनेवाला कोई न हो। मुख़्तार का कहना था कि जनसंघियों का कोई जवाब है तो नूरू मियाँ हैं। अब्बा का मानना था कि यह ज़माना ही नेताओं का है। वही काम करा सकते हैं।

मैंने पूरे प्रसंग के नोट्स अपनी डायरी में लिए : लोगों में राजनीतिक चेतना नहीं है। वे ये नहीं जानते कि उनकी और देश की बर्बादी की पूरी जिम्मेदारी कांग्रेस पर है। राजनीति या नीतियों की उन्हें न तो जानकारी दी जाती है और उस आधार पर वे अच्छे-बुरे का फैसला करते हैं। उनके सामने व्यक्ति होता है और व्यक्ति के काम होते हैं। मान लीजिए, नूरू मियाँ बड़े अच्छे आदमी हैं। लेकिन वे हैं किस पार्टी के आदमी ? उनकी पार्टी एक राजनीतिक पार्टी के रूप में क्या कर रही है ? महँगाई, बेरोज़गारी, भ्रष्टाचार, ग़लत नीतियाँ, भाई-भतीजावाद सब क्या कांग्रेस की देन नहीं है ? पूँजीवाद और सामन्तवाद के संरक्षण का काम क्या कांग्रेस नहीं कर रही है ? तो ऐसी पार्टी का कोई एक सदस्य चाहे जितना भी अच्छा क्यों न हो कैसे आदर्श बन सकता है ? दूसरी बात यह कि लोग मूल समस्या पर नहीं सोचते। मान लीजिए, हाजी जी के लड़के अतहर मियाँ नूरू मियाँ एम.एल.ए. को न जानते होते तो क्या होता ? या पता नहीं कितने ग़रीब, मासूम लोगों को पुलिस सताती और पकड़ लेती है। अदालतें सज़ाएँ सुना देती हैं। वे लोग किसी नूरू मियाँ को नहीं जानते, तो क्या सबका किसी न किसी नूरू मियाँ को जानना ज़रूरी है ? क्या यही लोकतन्त्र है ? एक ऐसी व्यवस्था बनाने की कोशिश क्यों नहीं की जाती जिसमें किसी भी नूरू मियाँ के बग़ैर लोग सुख और शान्ति से रहते रहें। लेकिन लोगों को ये सब बताए कौन ? ज़ाहिर है नूरू मियाँ तो बताएँगे नहीं। वे लोग भी नहीं बताएँगे जिनको इस व्यवस्था से पूरा फ़ायदा पहुँच रहा है। फिर कौन बताएगा ? वे जो व्यवस्था को बदलना चाहते हैं। लेकिन अब सवाल ये पैदा होता है कि अगर मैं लोगों को ये बताने लगूँ कि देखो नूरू मियाँ या किसी और मियाँ को छोड़कर एक नई व्यवस्था बनाने का प्रयास करो तो लोगों पर मेरी बात का क्या असर पड़ेगा ? नाराज़ हो जाएँगे। मैं अकेला हो जाऊँगा और फिर चाहे जितनी अच्छी बातें करता रहूँ

कोई नहीं सुनेगा। कोई नहीं मानेगा। तो फिर क्या मैं लोगों को वह न बताऊँ जो सच है ? यह भी नहीं हो सकता। तो कोई रास्ता निकालना पड़ेगा। रास्ता एक ही हो सकता है कि किसी व्यक्ति या पार्टी की आलोचना किए बिना मुख्य मुद्दों की तरफ लोगों का ध्यान आकर्षित करना। क्या यह सम्भव है ?

मामू के होटल में हाजी जी वाला मामला बातचीत का विषय बना हुआ है। मुख़्तार, उमाशंकर, अतहर, नन्हें खाँ, शमीम, बकरीदी, कलूट वग़ैरा सब बाहर बेंचों पर बैठे हैं।

''अब साला छोटा इंस्पेक्टर मुँह छिपाए-छिपाए घूमता है।''

''अरे यार मुझसे तो साला नज़रें ही नहीं मिलाता।'' अतहर बीड़ी का लम्बा कश लेकर बोला।

''भूसा भर दिया सालों को। अरे माँ की गाली दे दी थाने में।''

''ये तो सब ठीक है यार। नूरू मियाँ धाकड़ आदमी हैं लेकिन ये सोचो कि अगर अतहर नूरू मियाँ को न जानते होते तो क्या होता।'' मैं बोला।

''अरे साले सड़ा डालते। ज़मानत करानी पड़ती। मुकदमा चलता। हज़ारों रुपए ख़र्च हो जाते। कहो साली सज़ा हो ही जाती।'' मुख़्तार बोला।

''तो पुलिस ऐसे मासूम लोगों को भी पकड़ती ही होगी जो नूरू मियाँ या किसी और असरदार आदमी को न जानते हों।'' मैंने कहा।

''होगी क्या है ही है। साजिद मियाँ शहर के दस-बीस कोस इधर-उधर निकल जाओ। क्या साला पुलिस का आतंक है। जिस किसान के पास थोड़ा बहुत पैसा आ जाता है उसे डकैती में धर लेते हैं। खूब खाते हैं।'' उमाशंकर ने बताया।

''अरे इतनी दूर क्यों जाते हो। यहीं शहर के न जाने कितने केस हैं।'' नन्हें खाँ बोले।

''तो मतलब पुलिस का अत्याचार एक समस्या है।''

''बड़ी भारी समस्या है।''

''तो उससे कैसे निपटा जाना चाहिए ? क्या हर मामले में नूरू मियाँ को लाना चाहिए। वही होना चाहिए जो हुआ या कोई और तरीक़ा भी हो सकता है ?'' मैंने सवाल उछाल दिया। सब ख़ामोश हो गए। शायद उन्होंने इसके बारे में कभी सोचा तक न था।

''अरे अब हम लोग दुनिया ज़माने का ठेका न लेंगे। जो साले पकड़े जाते हैं, निपटें।'' नन्हें खाँ बोले।

''वाह खाँ साहेब वाह, ये तुमने अच्छी कही। मतलब मोहल्ले में आग लगी हो तो अपना ही घर ताके बैठे रहो।'' उमाशंकर बोला।

''अरे मोहल्ले में आग लगी हो और सब अपना-अपना ताके बैठे रहें तो किसी का घर न बचेगा।'' मामू चाय बनाते हुए बोले।

''यार पुलिस का अत्याचार बढ़ तो बहुत गया है। चौराहे पर हर ट्रकवाले से पुलिस पाँच रुपया ट्रक वसूल करती है और समझो तीन-चार सौ ट्रक रोज़ निकलता होगा।''

मुख़्तार बोला।

"तो नूरू मियाँ को डालो इस मामले में।" मैंने कहा। फिर सबको साँप सूँघ गया। सब चुप हो गए।

"अब नूरू मियाँ क्या-क्या करें।" नन्हें खाँ बोले।

"ये बात नहीं है खाँ साहब। बात ये है कि ट्रकवाले उनके वोटर या कार्यकर्त्ता नहीं हैं।" मैंने कहा।

"हाँ ये बात तो है।"

"मान लो हाजी जी भी नूरू मियाँ के वोटर और अतहर मियाँ उनके कार्यकर्त्ता न होते तो क्या होता।" मैं फिर बोला।

मैं ये नहीं चाहता था कि सवालों के जवाब भी उनको देने लगूँ या जल्दी ही किसी निष्कर्ष पर पहुँच जाऊँ इसलिए सवाल खड़े करके चुप हो जाया करता था। और बातचीत फिर इधर-उधर निकल जाती थी। लेकिन इस बार कलूट ने एक ऐसा अनुभव बताया कि बात 'क्लिच' हो गई।

"चचा मियाँ कलकत्ता में तो पब्लिक अकड़ जाती है। पब्लिक में बड़ी एकता है। बस में कोई किसी लड़की को छेड़ दें, कोई जेबकतरा पकड़ लिया जाए तो पुलिस के आने से पहले ही पब्लिक कसके थपड़िया देती है। उलिस-पुलिस की वहाँ हिम्मत नहीं पड़ती।"

"तो रास्ता यही है जो कलूट भाई बता रहे हैं।" मैंने कहा।

"पर साजिद मियाँ, यहाँ की पब्लिक, आप तो जानते हैं।" मुख़्तार बोला।

"कलकत्ता की पब्लिक वैसी क्यों है और यहाँ की ऐसी क्यों है ?"

"जगह-जगह की बात है।" नन्हें खाँ बोले।

"जगह से उसका कोई मतलब नहीं। दरअसल जहाँ सही किस्म की राजनीतिक पार्टियाँ संगठन बनाती हैं और जनतन्त्र की भावना मज़बूत होती है वहाँ की जनता 'वैसी' हो जाती है।"

"अब यहाँ तो संगठन-वंगठन कुछ नहीं है।"

"तो किसी ने रोका है संगठित होने से ?"

"नहीं रोका तो नहीं।"

"ये तो लम्बा काम है साजिद मियाँ।" उमाशंकर बोला।

"तो समाज में बदलाव पलक झपकते तो आता नहीं। आज़ादी की लड़ाई सौ साल के क़रीब चली कि नहीं।"

"हाँ, चली।"

फिर बात पार्टियों पर होने लगी। कांग्रेस पर भी बात आई। मैंने कहा, "किसी पार्टी को परखने का एक ही रास्ता है कि उसके सत्ता में रहते हुए किसको फ़ायदा पहुँचा और किसको नुक़सान हुआ या फ़ायदा नहीं पहुँचा।"

## 25

बातचीत दुनिया ज़माने की चीज़ों के बारे में होती थी। कोई टापिक किसी भी तरह, कहीं भी सामने आ जाता और बातें होने लगतीं। उमाशंकर के पास जंगल के जीवन के अनुभव थे। मुख़्तार ज़्यादातर राजनीति पर बातें करता था। अतहर को लड़कियों की बातों में मज़ा आता था। मामू के चायखाने में मंडली व्यापक होती जा रही थी।

इन्हीं दिनों एक दिन मैं और अतहर स्टेशन से लौट रहे थे तो चौराहे पर शमीम दिखाई दिया। वह काफी परेशान लग रहा था। हमें देखते ही बोला, ''सलाम अलैकुम भइया...चार बजे से आप लोगों को खोज रहे हैं।''

''बताओ क्या बात है ?''

''बात लम्बी है।''

''मामू के होटल में चल के बैठिए तो बात हो।''

हम तीनों मामू के होटल आ गए। होटल के बाहर कुर्सियों या बेंचों पर नहीं, बल्कि सामने पड़ी ईंटों के ढेर के करीब एक बहुत ग़रीब-सा देहाती बैठा था। वह हमें देखकर खड़ा हो गया। शमीम ने उससे कहा, ''तुम बैठो...तुमसे कुछ पूछे का होई तो बुला लेबे।''

हम तीनों अन्दर आ गए। चाय आने से पहले ही शमीम ने बात शुरू कर दी—''य जो बाहर बैठा है न भइया...य रामदीन है। जात का लोध है। उसरियापुर गाँव का है। मजूरी करत है। आजकल मजूरी नहीं मिलत तो रिक्सा चलावत है। हमार रिक्सा चला रहा है। सोवे के लिए जगह नहीं है तो दुकान के सामने रिक्सा खड़ा करके वही म सोत है। कल रात दो पुलिसवाले आए। अलीपुर चौकी के। गाली देकर जगा दिहिन और रातभर रिक्सा में बैठे-बैठे गस्त करिन। ओके बाद सुबह जब रामदीन पैसा माँगिस तो गाली दिहिन और मारिन।''

''पुलिसवालों के नाम मालूम हैं ?''

''हाँ भइया एक तो रामसिंह है और दूसरा गयाप्रसाद।''

''क्या पुलिसवाले ऐसा अक्सर करते हैं ?''

''अरे ये तो इन सालों का रोज़ का धन्धा है। अपनी गश्त रिक्शे में बैठकर करते हैं फोकट में।'' अतहर बोला।

''रामदीन को चोट कितनी लगी है।''

''बूट से ओका पैर कुचलिन हीं। एक पैर की उँगली फट गई हैं। और पीठ म डंडा मारिन हैं। ओका निसान है।'' शमीम बोला—''बुलाइ रामदीन का ?''

''हाँ बुलाओ।'' मेरा ख़ून खौलने लगा था।

रामदीन अन्दर आ गया। हड्डियों का ढाँचा। अन्दर को धँसी हुई आँखें जिनमें सिर्फ भय और निरीहता। मैला शलूका और ऊँची फटी हुई धोती। उसके एक पैर की

उँगलियाँ कुचली हुई थीं। वह हल्का-सा लँगड़ा रहा था।

"पीठ दिखाओ अपनी।" शमीम बोला।

वह घूम गया और शलूका हटाकर झुक गया। एक गीले रंग की मोटी सी लकीर थी उसकी पीठ पर।

उसने हाथ जोड़कर फिर पूरी बात बताई।

"ये साले आदमी हैं या जानवर ?" मैंने पता नहीं किससे पूछा।

"नं पूछो भइया। ऐके चार ठो बच्चा हैं। एक बूढ़ी अन्धी है। खेत एक बिस्वा नहीं है। जुताई बुवाई और ओके बाद कटाई के समय मजूरी मिल जात है पर साल भर खाए के लिए पूरा थोड़ी पड़त है।" शमीम बोला।

"मालिक और न मारें पीटें..." वह हाथ जोड़कर गिड़गिड़ाया।

"डरोगे तो बार-बार मारेंगे न डरोगे तो सिर्फ एक बार ही मार पड़ेगी। समझे ?"

"हौव मालिक।" वह कुछ समझा नहीं। पर 'हाँ' बोल दिया।

"कल चल के तुम्हारी डॉक्टरी जाँच कराते हैं। उसके बाद तुम्हें लेकर कप्तान पुलिस की कोठी चलेंगे।"

"बने रहो मालिक।" वह गिड़गिड़ाकर बोला।

अगले दिन सबसे पहले तो अस्पताल ही में झंझट शुरू हो गए। पहले डॉक्टर ने कहा कि वह डॉक्टरी जाँच उसी वक़्त करते हैं जब पुलिस साथ होती है। उन्हें पता चल गया था कि हम लोग पुलिस के खिलाफ ही कार्यवाही करने जा रहे हैं। बहस-मुबाहिसे के बाद डॉक्टर बोले कि जाँच तो वे कर लेंगे लेकिन प्रमाण पत्र सिविल सर्जन ही देता है जो एक हफ्ते की छुट्टी पर है। यह पूछने पर कि उसकी जगह कौन डियूटी पर है। उन्होंने एक डॉक्टर का नाम बताया। उसके पास गए तो वह कहने लगा कि यह पुलिस केस है। पहले एफ.आई.आर. की कापी लाओ तो रिपोर्ट दी जाएगी। इस बीच अस्पताल में हम लोगों के साथ दो-चार और लोग हो गए थे। किसी ने कहा—"अरे ये साले ऐसे नहीं मानेंगे किसी वकील को ले आओ।" अतहर और मुख़्तार कचहरी की तरफ भागे। दोनों अपने साथ वकील निसार कोड़वी को ले आए। निसार कोड़वी ने डॉक्टरों को दफ़ा और कानून बताए। बड़ी हील-हुज्जत हुई। तब कहीं जाकर दोपहर होते-होते मेडिकल जाँच हुई और रिपोर्ट मिली। लेकिन रिपोर्ट में यह भी लिखा था कि चोटों का कारण दुर्घटना भी हो सकती है।

निसार कोड़ंवी ने कहा कि एफ.आई.आर. लिखाने के चक्कर में न पड़ो। सीधे एस.पी. के बँगले चले जाओ। निसार कोड़वी को मैं कुछ फीस आदि देना चाहता था लेकिन उन्होंने नहीं ली। बोले—"मैं आपके वालिद साहब को जानता हूँ। उनसे हम लोगों के बहुत पुराने ताल्लुक़ात हैं।" निसार कोड़वी भले आदमी लगे। जाने से पहले कहते गए, "न हो तो सालों पर मुकदमा दायर करा दो। मैं केस लड़ दूँगा। वैसे पुलिस के खिलाफ वकील आसानी से न मिलेगा।"

दौड़ते-भागते तीन रिक्शों में लदा हमारा कारवाँ जब शाम होते-होते एस.पी. की

कोठी पर पहुँचा तो पता चला कि वे दौरे पर चले गए हैं। कल मिलेंगे। सुबह आठ बजे।

अगले दिन सुबह एस.पी. साहब की कोठी के कम्पाउंड में लगभग एक मेला लगा हुआ था। एक पेड़ के नीचे एक आदमी कपड़े में कुछ छिपाए बैठा था। पता चला कि उसके पास नीलकंठ पक्षी है और आज नागपंचमी का दिन है। आज के दिन नीलकंठ का दर्शन शुभ माना जाता है। वह एस.पी. साहब को नीलकंठ का दर्शन कराना चाहता है। उसके साथ एस.ओ. भी था, निश्चित रूप से इलाक़े के थानेदार ही ने यह व्यवस्था की होगी। बँगले की सीढ़ियों के पास एक और आदमी बैठा था जिसे कोई ठाकुर साहब लाए थे। एक आदमी कवि था और उसने एस.पी. साहब की प्रशस्ति में एक महाकाव्य लिखा था। वह ज़ोर-ज़ोर से महाकाव्य सुना रहा था। दो-चार सिपाही सुन-सुनकर प्रसन्न हो रहे थे। उसे जो ठाकुर साहब लाए थे वे खड़े मूँछों पर ताव दे रहे थे।

दूर एक पेड़ के नीचे एक औरतों का जत्था बैठा था। बताया गया या पता चला था कि वे बलात्कार के किसी मामले में एस.पी. साहब से मिलना चाहती हैं। उनका नेता भूदानी झोला डाले एस.पी. साहब की प्रशस्ति सुन रहा था और नाक में उँगली डाले गेजुए निकाल-निकालकर ऐसी जगहों पर फेंक या चिपका रहा था जहाँ वे हमेशा के लिए सुरक्षित रह सकें।

मुलाक़ातियों के कमरे में भी भीड़ थी। सबका कोई न कोई मामला था। ऐसा लगता था जैसे अदालतें नहीं हैं, कानून नहीं है। व्यवस्था नहीं है, संविधान नहीं है। अगर कुछ या कोई है तो केवल एस.पी. साहब हैं।

सब लोगों को पता नहीं कैसे यह पता चल जाता था कि अब एस.पी. साहब क्या कर रहे हैं। कुछ खुसफुस होती थी। कोई सिपाही अन्दर से आता था। वह आफिस में कहता था, ''साहब स्नान कर रहे हैं।'' यह वाक्य पूरे मजमे में फैल जाता था। फिर ''साहब पूजा कर रहे हैं।'' फिर 'साहब नाश्ता कर रहे हैं। फिर ''साहब तैयार हो रहे हैं।'' ''और अन्ततः सुनने को मिला—साहब आ रहे हैं।''

''हम लोग एस.पी. साहब से मिलना चाहते हैं ?'' मैंने बड़े बाबू से कहा।

बाबू ने ऊपर से नीचे तक मुझे देखा और बोले, ''साहब के पास केवल बीस मिनट हैं और पैंतीस लोग हैं जो मिलना चाहते हैं।''

''बहुत आवश्यक काम है।''

''काम तो सभी के आवश्यक हैं।''

''एक मिनट का समय भी नहीं मिल सकता ?''

''आफिस से निकलकर जब गाड़ी में बैठने लगें तो मिल लीजिएगा। वैसे काम क्या है ?''

''उन्हीं को बताना है।''

बड़े बाबू ने बेदिली से मुँह फेर लिया।

साहब आफिस में आ गए थे। मुलाक़ाती जा रहे थे। निकलकर आने के बाद वे सिपाहियों की मुट्ठियाँ गरम कर रहे थे। यानी उनकी मुट्ठी सिपाहियों की मुट्ठी से मिलती थी और सिपाहियों की मुट्ठी जेब में चली जाती थी।

"एस.पी. साहब के बँगले पर रिश्वत चल रही है।" अतहर ने मेरे कान में कहा, "अब तुम क्या-क्या बदलोगे।"

मैं कुछ नहीं बोला।

"कहते हैं एस.पी. साहब के घर का ख़र्चा तो सिर्फ इसी से चल जाता है।" वह फिर बोला।

कोई एक घंटे बाद एस.पी. साहब आफिस से निकले तो सबसे पहले नीलकंठवाला दौड़कर उनके पैरों पर गिर पड़ा और इलाक़े के दरोग़ा ने कहा, "सरकार, आज नागपंचमी है। यह आपको नीलकंठ के दर्शन कराने आया है।"

एस.पी. साहब ने दर्शन किए या दर्शन दिए।

फिर ठाकुर साहब का चाणक ज़ोर-ज़ोर से साहब की प्रशस्ति में महाकाव्य की पंक्तियाँ गाने लगा। औरतों का जत्था लपका। कुछ लोग अपने प्रार्थना पत्र साहब के हाथ में देने में सफल हो सके। कुछ के प्रार्थना पत्र गिर गए। कुछ के प्रार्थना पत्र सिपाहियों ने झटक लिए।

मैंने सोचा यही मौक़ा है। नहीं तो ये गाड़ी में बैठ जाएँगे। मैं आगे बढ़ा।

"आपसे एक कंप्लेन करनी थी।"

एस.पी. साहब ने मुझे घूरकर देखा।

"आपके दो सिपाहियों ने एक ग़रीब रिक्शेवाले के साथ..."

"जो भी कहना है लिखकर दे जाइए।" वे कार के अन्दर बैठ गए। कार लगभग लोगों को कुचलती या उन्हें सूखे पत्तों की तरह उड़ाती झटके से बाहर निकल गई।

'ये हिन्दोस्तान है प्यारे।' मैंने अपने आपसे कहा। अब क्या किया जाए ? दो रास्ते हैं पहला यह कि मुकदमा दायर कर दिया जाए। और दूसरा यह कि आन्दोलन चलाया जाए। लेकिन मैं तो चला जाऊँगा यूनीवर्सिटी। मुकदमा कौन लड़ेगा ? पैसा कहाँ से आएगा। आन्दोलन कौन चलाएगा ? कितने लोग हैं हमारे साथ ?

रात मैंने के.पी. सिंह को लम्बा पत्र लिखा। उन्हें सब बताया और पूछा कि अब क्या करना चाहिए। पाँचवें दिन ही उनका जवाब आया, उन्होंने लिखा कि पुलिस अत्याचार की ख़बर अख़बारों में छपवाओ। उन्होंने लखनऊ से निकलनेवाले दो अख़बारों के पते भी लिखे। यह भी कहा कि ख़बर छपने के बाद उसकी कटिंग लगाकर एक शिकायत डी.आई.जी. और एक मुख्यमन्त्री के पास भेजो।

ख़बर लिखी। भेजी। छपी। उनकी कटिंग के साथ शिकायतें भी रजिस्ट्री से भेजीं। कुछ न हुआ। लेकिन इतना हुआ कि रामदीन का नाम और तस्वीर अख़बार में छप गई। यह चर्चा का विषय बन गया। मामू ने अख़बार की एक कटिंग अपने होटल की

दीवार से चिपका दी। रामदीन की ख्याति शहर में फैल गई। पुलिस के सिपाहियों ने भी ख़बर पढ़ी और रामदीन की तस्वीर देखी।

## 26

अहमद और शकील के बग़ैर यूनीवर्सिटी एक वीराना लगी। हालाँकि दाख़लों की चहल-पहल थी। हॉस्टल में रौनक थी। नए आए मासूम लड़के बकरियों की तरह सहमे-सहमे बरामदे में सबको 'सलाम अलैकुम', 'सलाम अलैकुम' करते घूमा करते थे। मैं सीनियर था, लेकिन मुझे न तो 'खिंचाई' में मज़ा आता था और न बेचारे जूनियरों को डराने-धमकाने में। हॉस्टल में जाननेवाले तो बहुत थे लेकिन दोस्त न था।

अहमद का एक ख़त घर के पते पर मिला था जिसमें उसने बताया था कि कलकत्ते की एक 'एडवरटाइज़िंग एजेंसी' में नौकरी मिल गई है। उसने लिखा था कलकत्ते में सब कुछ है लेकिन उर्दू शायरी का कोई माहौल नहीं है। उसने सुप्रिया नाम की एक बंगाली लड़की के बारे में भी लिखा था जिस पर वह आशिक़ हो गया था। उसने विस्तार से उसकी अपनी मुलाक़ातों के बारे में लिखा था। उसका नाक-नक़्शा बताया था। यह भी लिखा था कि उसके साँवले सलोने चेहरे पर चाँदी के आर्टिस्टिक जेवर बहुत फबते हैं। वह चाहता था कि मैं जाड़ों की छुट्टियों में कलकत्ते आ जाऊँ।

अहमद जब साथ न था तब मुझे लगा कि वह मेरा कितना प्यारा और करीबी दोस्त है। चार साल साथ-साथ गुज़र गए और ये पता ही न चल सका कि हमारी दोस्ती कितनी गहरी होती जा रही है। ये बात दूसरी है कि इस दोस्ती में ऐसे मौक़े बहुत से आए थे जब मैंने ये महसूस किया था कि वह कुछ खुदग़र्ज़ किस्म का आदमी है। अपना उल्लू सीधा करने के चक्कर में ही रहता है और अपने फ़ायदे के लिए कुछ भी कर सकता है। उसे अपनी आलोचना भी बिल्कुल पसन्द न थी। मैं अगर कभी मज़ाक़ ही मज़ाक़ में उसकी आलोचना करता तो वह बहुत नाराज़ हो जाता था। हम लोगों के बीच जो छोटे-मोटे झगड़े या मनमुटाव हुआ करते थे वे जल्दी ही ख़त्म हो जाते थे। आमतौर पर वही मेरे पास आता था और दोस्ती इसी तरह जारी हो जाती थी जैसे कुछ हुआ ही न हो। शकील का मामला बिल्कुल दूसरा था, उससे दोस्ती का स्तर अलग था। उसे वह और मैं बनाए रखते थे। आमतौर पर मनमुटाव की स्थिति न आती थी। लेकिन अहमद के मुक़ाबले शकील मुझसे ज़्यादा करीब न था। ये बात दूसरी है कि मैं शकील को अहमद से अच्छा आदमी मानता हूँ। अहमद से मैंने बहुत कुछ सीखा है। उसकी व्यावहारिक बुद्धि और काम निकालनेवाले रवैए ने मुझे भी यह सिखाया था कि अपने फ़ायदे को सदा नहीं तो कभी-कभी ध्यान में रखना चाहिए। काम सम्पर्कों के कारण ही होते हैं। उसने भी मुझसे बहुत कुछ सीखा था। खासतौर पर जब वह नया-नया आया था तो उर्दू बिल्कुल न जानता था। शायरी के बारे में कुछ पता न था। मैं उसे पढ़-पढ़कर

ग़ज़लें सुनाता था। वह लफ़्ज़ों के मतलब पूछता था और उन्हें याद करता था। धीरे-धीरे शायरी में उसकी दिलचस्पी इतनी बढ़ गई थी कि उसने 'फ़ैज़' की एक आध नज़्म का अंग्रेजी में तरजुमा करने की भी कोशिश की थी। उसके बाद शहरयार की ग़ज़लें उसे बहुत पसन्द आई थीं और उन्हें अक्सर गुनगुनाया करता था। कलकत्ता में उसे इसी माहौल की कमी खटकती थी और दिल की भड़ास ख़त लिखकर पूरी कर लेता था। ख़तों में अक्सर शहरयार की नई ग़ज़लों की फरमाइश किया करता था। मैं नई ग़ज़लें नक़ल करके भेज देता था। मुझे अफसोस ये था कि जिस तरह उसने मुझसे 'उर्दू सीख ली उस तरह मैं उससे अंग्रेज़ी न सीख सका। यह मेरी सरासर नालायक़ी थी। अंग्रेजी न आने की वजह से अक्सर ख़िफ़्फ़त उठानी पड़ती थी। लेकिन अब जब कि मैं हिन्दी में एम.ए. ज्वाइन करने जा रहा था तो अंग्रेज़ी और दूर की चीज़ लगने लगी थी।

रज़ी मस्त है। उसके पास अब भी वही ऐतिहासिक साइकिल है। हालाँकि उसे पी.एच-डी. के लिए अच्छी स्कालरशिप मिल रही है लेकिन बताता है कि वह पैसा घर भेज देता है जहाँ दो छोटे भाइयों और एक बहन का ख़र्च उसके वालिद अपनी पेंशन से पूरा नहीं कर सकते। रज़ी जब भी मिलता है बातचीत को खींचकर राजनीति पर ले आता है और हम अक्सर बहसें करते हैं।

हिन्दी में एडमीशन लेने के लिए मैंने फार्म भर दिया था। लेकिन के.पी. सिंह ने कहा कि पंडित जी से मिलना भी ज़रूरी है। पंडित जी हिन्दी विभाग के अध्यक्ष हैं और उनकी सहमति के बग़ैर एडमीशन नहीं हो सकता।

''कल तुम हिन्दी में छपी अपनी कहानियों की 'कटिंग' वग़ैरा लेकर विभाग में आ जाना।''

''जो नहीं छपी हैं ? जैसे मैंने उस रिक्शेवाले पर भी एक कहानी लिखी है।''

''वो भी लेते आना। अरे भाई उन्हें यही कन्विंस करना होगा कि तुम हिन्दी जानते हो। तो हाथ की लिखी चीज़ें भी लेते आना।''

मैं अगले दिन सुबह एक फाइल लेकर हिन्दी विभाग पहुँच गया। हिन्दी विभाग फैकल्टी बिल्डिग के पिछले विंग में है और आमतौर पर ऐसा हिस्सा है जहाँ तक लोग नहीं जाते। के.पी. सिंह ज़्यादातर लायब्रेरी में बैठते हैं। लेकिन अपने सुपरवाइज़र डॉ. कल्याण 'कुसुम' से मिलने विभाग जाते थे।

''क्या बहुत देर से खड़े हो।'' वे लम्बे-लम्बे क़दम बढ़ाते सेमीनार रूम के सामने आ गए। मैं ज़रा हिस्ट्री डिपार्टमेंट में इरफ़ान साहब के पास चला गया था। आओ, चलो देखें, पंडित जी खाली हों तो मिला जाए।''

पंडित जी के कमरे के सामने एक पहाड़ी-सा लगनेवाला चपरासी बैठा था। दरवाज़े पर चिक पड़ी थी।

''पंडितजी खाली हैं ?''

''नहीं जी, अभी शुक्ला जी बैठे हैं।''

''आओ तो 'कुसुम' जी के पास चलते हैं। शुक्ल जी कम से कम पन्द्रह-बीस मिनट

तो ले ही लेंगे।''

डॉ. कुसुम के कमरे में चिक उठाकर पहले के.पी. सिंह अन्दर गए और फिर मैं। डॉ. कुसुम का नाम मैंने सुना था। एकआद कवि सम्मेलन में उन्हें सुना भी था। एकआद बार 'धर्मयुग' में बसन्त या किसी और मौसम पर लिखा उनका गीत भी पढ़ा था।

''आओ, के.पी. आओ।''

''ये साजिद हैं। हमारे यहाँ हिन्दी में एडमीशन लेना चाहते हैं। कहानियाँ भी लिखते हैं।''

''साहित्यकार हैं। तब तो प्रवेश मिलना ही चाहिए। पर के.पी. तुम जानते ही हो पंडित जी रचनाकारों के साथ कैसा व्यवहार करते हैं ? यहाँ तो असभ्य, अनपढ़ और साहित्य विरोधी लोगों की पूछ होती है। अरे भाई ये जलते हैं। पर मैं कर क्या सकता हूँ। अब 'धर्मयुग' के अगले अंक में चित्र सहित मेरी कविता छप रही है। इन सबके सीनों पर साँप लोट जाएगा...अरे अब क्या करूँ, अगर मैं राष्ट्रीय ख्याति का कवि हूँ। पंडित जी को कितने लोग जानते हैं देश में ?''

''उन्हें कोई क्यों जानेगा !''

''जबलपुर वाले कवि सम्मेलन में के.पी. अगर तुम होते तो देखते...अब मैं क्या बताऊँ...चार बार मुझे मंच पर आना पड़ा। और 'सागर में लहरें कितनी हैं...' वाला गीत सुनकर लोग पागल हो गए। अगले दिन मध्य प्रदेश के अख़बारों में मैं ही मैं था।''

जब तक हम दोनों वहाँ बैठे रहे डॉ. कुसुम इसी तरह की बातें करते रहे। उन्होंने यह शिकायत भी की कि उन्हें बी.ए. फर्स्ट इयर की क्लास दे दी गई है जो सुबह आठ बजे होती है।

पंडित जी के कमरे में मैं के.पी. सिंह के पीछे-पीछे घुसा तो काफी डरा हुआ था। लगा अगर एडमीशन देने से मना कर दिया तो क्या होगा। बड़े से कमरे के बीचोबीच एक बड़ी मेज़ थी जिस पर शीशा चमक रहा था। दूसरी तरफ एक कुर्सी पर करीब पचास साल का एक छोटा-गोरा और दुबला-पतला आदमी बैठा था। वह शेरवानी पहना था और टोपी लगाए हुए था। उसके चेहरे पर नाक ही नाक थी। दाँत बड़े-बड़े और पीले थे। कमरे की दीवारों पर हिन्दी के प्रसिद्ध साहित्यकारों के चित्र लगे थे।

अचानक कागज़ों पर से पंडित जी ने नज़र उठाई और हमें देखा।

''हूँ, बोलो।'' उन्होंने हमारे नमस्ते वग़ैरा के जवाब में कहा।

के.पी. सिंह ने सब कुछ बताया।

''तुम हिन्दी में एम.ए. क्यों करना चाहते हो ?'' पंडित जी की आवाज़ पतली, कुछ नाक से निकलनेवाली और ज़नानी जैसी थी।

''ये कहानियाँ लिखते हैं, इनकी कहानियाँ हिन्दी पत्रिकाओं में छपी हैं।'' के.पी. बोले।

मैंने छपी कहानियाँ आगे बढ़ा दीं। पंडित जी ने सिर्फ उल्टा-पुल्टा और कहा, ''परिश्रम करना पड़ेगा।''

"करेंगे क्यों नहीं," के.पी. बोले।

"ठीक है जाओ। एडमीशन हो जाएगा।" वे बोले।

हम दोनों बाहर आ गए।

"चाय पिओगे ?"

"चलिए।"

हम लोग कैन्टीन आ गए। हम लोग खड़े जगह की तलाश में आँखें दौड़ा ही रहे थे कि एक बैरे ने आकर कहा, "आप लोगों को मियाँ बुला रहे हैं।"

यूनीवर्सिटी कैन्टीन में मियाँ का मतलब होता है जावेद कमाल। काउंटर के पास एक सोफे पर जावेद कमाल बैठे थे। हम लोगों को हाथ से इशारा भी किया। एक बार फिर लगा कि जावेद कमाल की शख़्सियत पुरकशिश है। देखने से भी शायर लगते हैं। सफेद शफ़्फ़ाश शेरवानी और चौड़ी मोहरी का पायजामा, सलीमशाही जूते उन पर पूरी तरह फबते हैं।

"आओ डॉ. आओ।" वे तपाक से बोले। मैं समझ न पाया कि वे डॉक्टर किसे कह रहे हैं क्योंकि के.पी. सिंह तो पी.एच-डी. कर ही रहे थे। मेरी हैरानी वे ताड़ गए और बोले, "मियाँ, मैं के.पी. को डॉक्टर कहता हूँ हालाँकि उसे अब तक पी.एच-डी. नहीं मिली है लेकिन ये कम ही लोग जानते हैं कि इसे दो पी.एच.डियाँ मिल चुकी है।" उन्होंने ज़ोरदार क़हक़हा लगाया—"समझे ?"

"जी नहीं।"

"मियाँ पिछले साल नसरीन को जो पी.एच.डी. मिली है वो किसे मिली है और उससे पहले हमीदा को जो पी.एच-डी. मिली थी वो किसे मिली थी ? अपने के.पी. को। तो भाई जिसे दो पी.एच-डी. मिली हों उसे तुम डॉक्टर न कहो तो नाइंसाफ़ी है। है न ? अब ये बात दूसरी है कि उन पी.एच.डियों पर इनका नाम नहीं है। लेकिन हम तो नाम नहीं देखते।"

"नाम कहीं किसी के चेहरे पर लिखा होता है ?" के.पी. सिंह कुछ झेंप गए और बोले—"जावेद भाई कुछ चाय-वाय भी पिलाएँगे या खिंचाई ही करते रहेंगे।"

"मियाँ, तुम लोगों को शानदार काफी पिलवाता हूँ।" उन्होंने एक बैरे को बुलाया और विस्तार से काफी बनाने के निर्देश दिए। समोसे और गुलाब जामुन लाने के लिए भी कहा।

"इतनी ख़ातिर न कीजिए जावेद भाई।" के.पी. बोले, "ये तो दोपहर का खाना ही हो जाएगा।"

"मियाँ, देखो हम पठान हैं। ख़ातिर तो हमारे ख़ून में है। ये बात दूसरी है कि कभी-कभी पठानों की ख़ातिर महँगी पड़ जाती है। एक क़िस्सा सुनो। एक भूले-भटके सैयद साहब पठानों के गाँव पहुँच गए। पठान साले अव्वल नम्बर के जाहिल गँवार। सैयद साहब की गाँव में बड़ी क़द्र हुई। बड़ी ख़ातिर होती रही। रोज़ उनके खाने हो रहे हैं। कुछ हफ़्ते तो सैयद साहब को ये सब अच्छा लगा। लेकिन उसके बाद उन्होंने

पठानों से कहा कि भाई अब मैं घर वापस जाना चाहता हूँ। पठानों ने कहा—वाह जी वाह, आप सैयद हैं। आपकी ख़िदमत करने से तो हमें जन्नत मिलेगी। हम आपको न जाने देंगे। अब तो सैयद साहब परेशान। कुछ दिनों बाद सैयद साहब ने सोचा कि किसी दिन रात में चुपचाप निकल जाएँगे। उनका ये प्रोग्राम पठानों को पता चल गया। सबने आपस में राय-मशविरा किया कि सैयद साहब को हमेशा के लिए गाँव में रोकने और उनकी लगातार ख़ातिर मदारात करने के लिए क्या किया जाए ? सबकी राय यही बनी कि सैयद साहब को मारकर गाँव में ही दफ़न कर दिया जाए और सैयद बाबा का मक़बरा बना लिया जाए।"

"तो कैन्टीन में आप हम लोगों का मक़बरा बनाना चाहते हैं।" के.पी. बोले।

"नहीं मियाँ, ये कैन्टीन तो मेरा मक़बरा है। यार दिन भर यहाँ दफ़न रहने के बाद रात ग्यारह बजे जब घर लौटता हूँ तो कान में रात भर चमचे बजा करते हैं। कसम खुदा की तीन साल से एक शे'र नहीं हुआ। रोज़ साला कोई न कोई झगड़ा खड़ा रहता है।

इधर-उधर की बातचीत और काफी वग़ैरा पीने-खाने के बीच के.पी. सिंह ने उन्हें बताया कि मेरा दाख़ला हिन्दी में हो गया है तो बोले—"बड़ा अच्छा है मियाँ। साइंस का पीछा तुमने छोड़ दिया ये अच्छा ही हुआ नहीं तो जाहिल रह जाते।"

"अच्छा ये कमाल की बात है जावेद भाई कि पूरी यूनीवर्सिटी में जितने भी जमाअते इस्लामी टाइप लोग हैं सब साइंस के लोग हैं। जितने भी कट्टरपंथी हैं सब साइंस फैकल्टी के हैं।"

"यार देखो ये लोग साइंस को साइंस की तरह नहीं कुरान या रामायण की तरह पढ़ते हैं।" वे हँसकर बोले।

## 27

एडमीशन मिल गया। लिस्ट में सात नाम थे। दो लड़कियाँ थीं जिनमें से एक के बारे में पता चला कि बहुत सुन्दर है। कम से कम नाम तो सुन्दर था—किरन धर। दूसरी कोई मुसलमान लड़की थी—शमीम बानो।

हॉस्टल में या दूसरे जाननेवालों को जैसे ही ये पता चला कि मैंने हिन्दी में दाख़ला लिया है, उन पर जैसे बम गिरा।—अरे क्या हिन्दी ? यार पागल हो गए हो ? लिटरेचर में ही एम.ए. करना था तो अंग्रेज़ी में करते। हिन्दी भी कोई सब्जेक्ट है। या लोग हँसते और मज़ाक़ उड़ाते थे। कुछ समझाते थे कि अब भी वक़्त है, मैं कम से कम उर्दू में तो ट्रांसफर करा ही सकता हूँ। कुछ जो आवारा किस्म के लड़के थे मुझे छेड़ने लगे। मैं परेशान हो गया। दसियों बार सोचा कि यार ये मैंने क्या कर डाला। अब क्या होगा। नौकरी कहाँ मिलेगी। फिर धीरे-धीरे मैं समझता गया कि हिन्दी से नफ़रत की वजहें

दो हैं। एक तो हिन्दी को हिन्दुओं की ज़ुबान माना जाता है। एक ऐसी ज़ुबान जो पिछड़ी हुई है। जाहिलों, अनपढ़ों और देहातियों की ज़ुबान है। और इस भावना के पीछे साम्प्रदायिक मानसिकता भी काम करती है। वैसे हिन्दी में एम.ए. करने के बाद नौकरियाँ मिलने के ज़्यादा मौक़े न थे। ये तो ख़ैर उर्दू, फारसी और अरबी के साथ भी था लेकिन लोग कम से कम उन भाषाओं से वैसी नफ़रत नहीं करते जैसी हिन्दी से करते हैं। लेकिन फिर भी उर्दू-फारसी पढ़नेवालों की भी कोई ख़ास पूछ नहीं है।

क्लासें शुरू हो गईं। सीनियर जूनियर लड़कों से मिले और दो ही चार दिन में सभी अध्यापकों के आमा-लनामे सबके सामने रौशन हो गए। कौन कैसा पढ़ाता है ? कौन हमेशा लेट आता है ? कौन लड़कियों पर कृपा दृष्टि रखता है ? कौन बहुत सख़्त है ? कौन नोट्स लिखवा देता है ? कौन अपने निजी काम कराता है ? कौन कहाँ से आता है ? कौन खाने-पीने का शौकीन है ? किसको कैसे नौकरी मिली थी ? कौन सिफारिशी है ? किससे किसकी नहीं पटती ? किससे किसकी पटती है ? कौन पढ़ाने के अलावा क्या धन्धा करता है ?

पहले दिन पहली डॉ. सुमन वर्मा की क्लास में हम सब मिले। जिन दो लड़कियों के नाम नोटिस बोर्ड पर देखे थे उनमें से एक किरन धर अपने नाम से ज़्यादा खूबसूरत नहीं लगी। दूसरी लड़की बड़े फौलादी बुर्क़े की वजह से दिखाई नहीं दी।

डॉ. वर्मा ने पहली क्लास में पहले दिन हमसे कहा कि हिन्दी में एम.ए. करने आए हो...चलो ककहरा लिखो। हम सब हैरान हो गए। डॉ. वर्मा ने कहा, "क्यों ककहरा तो पहले दर्जे में सिखाया जाता है ? तुम लोग तो एम.ए. करने आए हो ?"

पूरी क्लास ने डॉ. वर्मा के अनुसार ग़लत ककहरा लिखा और डॉ. वर्मा ने कहा कि मैं यही बताना चाहता था कि तुम लोगों को कुछ नहीं आता। शून्य से पढ़ाई शुरू करो। कम से कम यह क्लास मुझे अच्छी लगी क्योंकि मुझे तो शून्य से ही शुरू करना था। बाक़ी लड़कों ने डॉ. वर्मा की क्लास के बाद उन्हें कुछ बुरा-भला कहा।

हॉस्टल और हॉस्टल के बाहर मुझे गिरी नज़र से देखनेवालों ने मेरे अन्दर एक अजीब हीन भाव और अविश्वास-सा पैदा कर दिया। मैं कुछ दबा-दबा-सा रहने लगा। फ़ैज़ी से भी एकआद बार मुलाक़ात हुई और उसने भी ये ख़बर काफी मुस्कुराकर सुनी कि मैं हिन्दी में एम.ए. कर रहा हूँ।

हिन्दी डिपार्टमेंट के बारे में लोगों की कुछ अजीब तरह की धारणाएँ थीं। इन धारणाओं की कुछ वजहें भी थीं। आमतौर पर हिन्दी विभाग में पढ़ानेवाले यूनीवर्सिटी के दूसरे प्रोफेसरों या यूनीवर्सिटी के मामलात में कोई दिलचस्पी न लेते थे। इसकी ये भी वजह हो सकती है कि चूँकि लगभग सभी हिन्दी पढ़ानेवाले हिन्दू थे इसलिए वे यहाँ के माहौल में खप न पाते थे। या उन्हें यह अहसास था कि यह यूनीवर्सिटी तो दरअसल मुसलमानों की है, हम तो यहाँ सिर्फ अजनबी की तरह नौकरी कर रहे हैं। यूनीवर्सिटी का माहौल भी उन्हें रास न आता था। वे पीछे से ही विभाग आते थे और अपनी क्लासें लेकर जल्दी ही घर लौट जाते थे। उनकी शक्लें और हुलिए भी यूनीवर्सिटी के दूसरे

प्रोफेसरों से अलग थे। लोग मज़ाक़ में कहा करते कि हिन्दी के प्रोफेसर की सबसे बड़ी पहचान यह है कि वह सरसों का इतना तेल लगाता है कि तेली नज़र आता है। उसके चेहरे पर उजड्ड, गँवारपन बरसता रहता है और वह अंग्रेज़ी का एक जुमला नहीं बोल सकता। वह कुछ करे चाहे न करे एक भैंस ज़रूर पालता है और जल्दी ही अपना निजी मकान बनवाता है। यूनीवर्सिटी कैम्पस में रहना पसन्द नहीं करता।

लेकिन हिन्दी विभाग के दो लोग अपवाद माने जाते हैं। उनमें सबसे बड़े अपवाद तो के.पी. सिंह हैं जो सुसंस्कृत हिन्दीवाले कहे जाते हैं क्योंकि न तो सरसों का तेल लगाते हैं न घबराए-घबराए नज़र आते हैं। न दूसरे लोगों से मिलने-जुलने में घबराते हैं। इन सबके बरख़िलाफ़ के.पी. सिंह बहुत सोशल हैं। हर डिपार्टमेंट में उनके दसियों दोस्त हैं–एस.एफ. की राजनीति और कम्युनिस्ट पार्टी मार्क्सवादी के महत्त्वपूर्ण स्तम्भ हैं। यूनीवर्सिटी की सांस्कृतिक गतिविधियों में आगे-आगे रहते हैं 'राही' से ही नहीं दूसरे उर्दू के अदीबों से भी उनकी अच्छी दोस्तियाँ हैं। रहते भी यूनीवर्सिटी कैम्पस में हैं और वो भी 'राही' के साथ हैं जो यूनीवर्सिटी के सांस्कृतिक जीवन की जान माने जाते हैं। कहा जाता है कि 'मजाज़' के बाद अगर कोई दूसरा लोकप्रियता की इस मंजिल पर पहुँचा है तो वह 'राही' है।

हिन्दी विभाग के दूसरे व्यक्ति डॉ. कुसुम हैं जो यूनीवर्सिटी के दूसरे लोगों में घुले-मिले हैं। मुशायरों और अदबी नशिस्तों में बराबर जाते हैं और अपने हल्के-फुल्के गीत सुनाते हैं। लेकिन डॉ. कुसुम की आत्म-प्रशंसा की आदत और अस्थिरता उन्हें वह सम्मान नहीं दिला पाती जो के.पी. सिंह को मिलता है, जबकि के.पी. सिंह केवल शोध-छात्र हैं और डॉ. सुमन प्राध्यापक हैं।

पंडित जी के अलावा विभाग में कई लोग हैं। दो मिश्र बन्धु हैं, एक को बड़े मिश्राजी और दूसरे को छोटे मिश्राजी कहा जाता है। बड़े मिश्राजी पंडित जी के बाद सबसे वरिष्ठ हैं। वे मस्त भाव से रहते हैं। कभी-कभी तिलक लगाकर चले आते हैं। पहनते सूट वग़ैरा हैं लेकिन पूरे हाव-भाव भक्तोंवाले हैं। कहते भी हैं कि यह नौकरी अच्छी है। सुबह घर में कृष्ण भक्ति रहती है और यहाँ क्लास में भी कृष्ण भक्ति काव्य पढ़ाता हूँ। बड़े मिश्राजी स्पष्टवादी भी हैं। कहते हैं कि पंडितजी यानी विभाग के प्रोफेसर अध्यक्ष ने सूरसागर पर शोध कार्य किया। लेकिन उनको गंगाजी में गले-गले पानी में डालकर पूछो कि 'सूर सागर' पूरा पढ़ा है तो इंकार कर देंगे। बड़े मिश्राजी के पढ़ाने का तरीक़ा भी सीधा-साधा है यानी 'सूर सागर' के पदों का सस्वर पाठ करते हैं और मस्त हो जाते हैं। अर्थ बताने या व्याख्या करने वग़ैरा के झंझट में नहीं पड़ते। लेकिन क्लास बराबर लेते हैं। वे अपने अत्यधिक धार्मिक होने की बात भी छिपाते नहीं।

छोटे मिश्राजी अपने बड़े भाई से कोई सात-आठ साल छोटे हैं और उन्हें अपने आधुनिक होने पर गर्व है। क्लास में अंग्रेज़ी भी बोलने लगते हैं। अंग्रेज़ी की नवीनतम पुस्तकों और लेखकों के नाम गिनवाते नहीं थकते। कहते उन्होंने सभी आधुनिक दर्शन पढ़े हैं और भारतीय दर्शन की नई व्याख्या की है। छोटे मिश्राजी हम लोगों के साथ

कुछ दोस्ताना व्यवहार करते हैं और छात्र आमतौर पर उनसे खुश रहते हैं।

डॉ. शिवशंकर शर्मा 'शिखर' भी रीडर हैं। उन्हें आमतौर पर लोग 'चार एस' कहा करते हैं। 'चार एस' जैसा कि उनके नाम से ज़ाहिर है, कवि भी हैं। पर कवि सम्मेलनों में नहीं जाते तथा वहाँ जानेवालों यानी परोक्ष रूप से डॉ. सुमन पर खूब छींटाकशी करते हैं। कहते हैं कवि सम्मेलनों में तो भाँड़ और मसख़रे जाते हैं। 'चार एस' पचास के आसपास हैं। काफी बने सँवरे रहते हैं। बाल खूब जमाकर बनाते हैं। सूट वग़ैरा पहनते हैं और क्लास में 'सेक्स' की चर्चा बहुत सैद्धान्तिक तथा निर्लिप्त भाव से करते हैं। उन्होंने हाल में ही एक युवा लड़की से शादी की है लेकिन उससे कोई सन्तान नहीं हो रही है। 'चार एस' छायावाद पढ़ाते हैं और पढ़ाते-पढ़ाते भाव-विभोर हो जाते हैं। जहाँ कहीं भी मौक़ा मिलता है नारी सौन्दर्य और फिर 'सेक्स' पर बात ले आते हैं। 'सेक्स' वाली बातों में लड़के तो खूब आनन्द लेते हैं लेकिन लड़कियाँ कुछ झेंप जाती हैं। वैसे 'चार एस' यह बार-बार कहते हैं कि वे हर छात्रा को अपनी बहन और बेटी के बराबर समझते हैं। लेकिन जिन 'नज़रों' से वे अपनी तथाकथित बहन-बेटियों को देखते हैं उससे यह साफ पता चल जाता था कि उनके लिए इन शब्दों का क्या अर्थ है।

डॉ. पांडेय तीसरे रीडर थे। पहलवाननुमा व्यक्तित्व है। लेकिन सूट आदि पहनते हैं। उन्होंने शहर के कुछ बाहर एक ज़मीन के बड़े टुकड़े पर चौहद्दी ख़िंचवाकर कोठरियाँ जैसी बनवा दी हैं जिनमें से अधिकतर में कुछ छात्र किराए पर रहते हैं। इसी चौहद्दी में एक तरफ टीन के शेड में से पाँच-सात भैंसें पाली हैं। कोठरियों से मिले एक मकान में डॉ. पांडेय रहते हैं। दूध के व्यवसाय और कोठरियों के किराए से उन्हें तनख्वाह से ज़्यादा आमदनी हो जाती है। विभाग में असली घी और दूध के वही सप्लायर हैं। खासतौर पर पंडित जी के लिए वे असली घी अपनी निगरानी में निकलवाते हैं। डॉ. पांडेय का एक प्रिय वाक्य है—''हिन्दी में एम.ए. पास करना दुनिया का सबसे सरल काम है।'' उनकी पहली क्लस होती है। जाड़ों के दिनों में क्लास के अन्दर बैठकर उनके आने की प्रतीक्षा करने के बजाय हम लोग लॉन में खड़े होकर उनके आने का इन्तिज़ार करते हैं। वे हमेशा दस-पन्द्रह मिनट लेट आते हैं जो कोई आश्चर्य की बात नहीं है। हम लोगों को लॉन के एक कोने में धूप खाते देखकर वे भी लॉन के दूसरे कोने में किसी प्राध्यापक के साथ धूप खाने लगते हैं। यह ज़रूर पूछ लेते हैं कि क्यों सब आ गए हैं न ? हम जवाब देते कि जी अभी वो नहीं आया। वे कहते ठीक है आ जाए तो मुझे बता देना। मैं नहीं चाहता कि किसी छात्र का अहित हो। बहरहाल घंटा ख़त्म होने में जब दस मिनट रह जाते हैं तो छात्रों के नुक़सान फायदे की चिन्ता छोड़कर रजिस्टर हाथ में लिए क्लास की तरफ आते हैं। हम लोग पीछे-पीछे जाते हैं। हाज़री और मौसम को बुरा-भला कहने में पाँच-सात मिनट निकल जाते हैं। घंटा खत्म हो जाता है। डॉ. पांडेय अपना प्रिय वाक्य बोलकर हम लोगों का दिल बढ़ा देते हैं।

विभाग के एकमात्र मुसलमान प्राध्यापक डॉ. करीमउद्दीन को सब पंडित करीमउद्दीन कहते हैं। छोटे कद के दुबले-पतले शरीर और निरीह से चेहरेवाले पंडित

करीमउद्दीन 'रत्नाकर' पढ़ाते हैं और उनकी क्लास में बड़ी नींद आती है। पंडित करीमउद्दीन कभी नाराज़ नहीं होते। कभी खुश नहीं होते। वे लगातार एक से रहते हैं। पढ़ाने के अलावा किसी अन्य विषय पर कोई बात नहीं करते। क्लास शुरू होते ही पढ़ाना शुरू कर देते हैं और घंटी न बजने तक पढ़ाते रहते हैं। अपनी उपस्थिति को अनुपस्थिति में बदल देने की कला वे जानते हैं।

इन सब अध्यापकों के अलावा पंडितजी भी हम लोगों को पढ़ाते हैं। लेकिन चूँकि प्रायः उनकी मीटिंगें होती रहती हैं, सेलेक्शन कमेटियों में जाया करते हैं। सेमीनारों और सम्मेलनों में हिस्सा लेते रहते हैं। वाइस चांसलर या डीन के पास आते-जाते रहते हैं। इसलिए प्रायः उनकी क्लासें नहीं हो पातीं। उनकी क्लास के दौरान हम लोग सेमीनार रूम में बैठकर स्वतः अध्ययन करने का आनन्द उठाया करते हैं। महीने में एकआद बार जब वे क्लास लेते हैं तो अक्सर बातचीत या विषय किसी दीगर चीज़ की तरफ मुड़ जाता है। जैसे यूनीवर्सिटी में छात्रों को क्या-क्या सुविधाएँ दी जाती हैं और वे फिर भी हड़तालें करते हैं। तोड़-फोड़ करते हैं। पंडित जी कहते–"तुम लोगों को क्या कष्ट है ? कुछ नहीं। हॉस्टल से निकले क्लास आ गए। डायनिंग हॉल गए वहाँ खाना मिल गया। लायब्रेरी आ गए वहाँ पुस्तकें हैं पढ़ो। पढ़ाई में क्या कष्ट उठाने पड़ते हैं, तुम लोगों को क्या पता ? हमारे ज़माने में तो ये सब था नहीं। गाँव से स्कूल सात मील दूर था। सुबह चार बजे उठना पड़ता था। रोटी साथ में ले जाते थे। बीच में नदी पड़ती थी। नदी पर पुल नहीं था। जब पानी कम होता तो कोई बात नहीं। लेकिन जब ज़्यादा होता था तो तैरकर जाना पड़ता था। चूक जाते तो रोटियाँ नदी में गिर जातीं या गीली हो जातीं। बिल्कुल आटा हो जातीं। पर क्या करते उन्हीं को खाते थे। रास्ते में बन्दर बहुत थे। कभी-कभी बन्दर रोटियों की थैली छीन ले जाता तो दिन भर भूखा रहना पड़ता। घर में मार पड़ती सो अलग। और पाठशाला पहुँचते तो पंडित जी सबसे पहले सबको अलग-अलग काम बता देते। मैं छोटा था तो मुझे लकड़ियाँ बीनने भेजते थे। गाँव में किसी के घर कंडे लाने भी जाना पड़ता था। बड़े लड़कों से चूल्हा जलवाते। किसी से पानी भरकर लाने को कहते। किसी को अपने कपड़े धोने तालाब भेज देते। जब यह सब काम निपट जाता तो पंडित जी भोजन करते। उसके बाद पढ़ाई आरम्भ होती। समझे तुम लोग ? तुम्हें क्या कष्ट है ?" हम लोग उनकी बातों के जवाब में नहीं बल्कि सहमति में लगातार सिर हिलाते रहते।

पढ़ाते समय पंडित जी अपने पैर मेज़ पर रख लेते और कुर्सी पर ऐसा पसर जाते जैसे पलँग पर लेटे हों। टोपी उतारकर मेज़ पर रख देते। वे हमें हिन्दी साहित्य का इतिहास पढ़ाते हैं। लगभग एक महीने के बाद एक बार क्लास हुई तो रामचन्द्र शुक्ल का इतिहास लेकर बैठ गए और बोले–"हिन्दी साहित्य का इतिहास बिल्कुल स्पष्ट है। देखो पहला काल आदि काल है। इसे वीरगाथा काल भी कहते हैं। वीरगाथा मतलब वीरों की गाथाएँ। तो इस काल में वीरों की गाथाएँ लिखी गई थीं।" फिर वे तेज़ी से पन्ने पलटने लगे। "अब देखो भक्तिकाल। भक्ति के बारे में तुम सब जानते हो। कुछ

तो रोज़ सुबह 'रामचरितमानस' का पाठ करते होंगे ? क्यों त्रिवेदी तुम पाठ करते हो ? उन्होंने क्लास के एक ब्राह्मण लड़के से पूछा जो बहुत आधुनिक, भूखी पीढ़ी कविता का बड़ा प्रशंसक था और स्वयं कविताएँ लिखता था।

"करता हूँ।" वह धीरे से बोला। पर हम सब जानते थे कि वह नहीं करता।

"ठीक है। मैं तो समझता था कि तुम आधुनिक हो...और आधुनिक लोग क्या करते हैं ? क्या करते हैं ?" उन्होंने हम लोगों से पूछा।

"सिनेमा देखते हैं।" उन्होंने स्वयं कहा और स्वयं ही हँसे। हम लोग भी मुस्कुराए। "तो देखो भक्ति तो आज भी हमारे जीवन का हिस्सा है। किसी मन्दिर चले जाओ। किसी घाट पर चले जाओ। भक्ति ही भक्ति है।" वे फिर रामचन्द्र शुक्ल के इतिहास के पन्ने पलटने लगे। "अब आता है रीतिकाल।" रीतिकाल कहकर वे मुस्कुराए और उनके बड़े पीले दाँत दिखाई पड़े।

"रीतिकाल मैं तुम लोगों को पढ़ाता। अवश्य पढ़ाता यदि कक्षा में कन्याएँ न होतीं।" वे और ज़ोर से हँसे। हम लोगों की समझ में नहीं आया कि हमें इस बात पर हँसना चाहिए या नहीं। वैसे शमीम बानो के लिए स्थिति अधिक सुविधाजनक थी क्योंकि वह बुर्क़ा पहने थी जिसमें से उसकी सिर्फ दो काली आँखें ही नज़र आती थीं।

"इसलिए मैं रीतिकाल नहीं पढ़ाऊँगा। आगे बढ़ो।" वे किताब के पन्ने फिर पलटने लगे, "अब आता है आधुनिक काल। तुम सब आधुनिक हो। मुझसे अधिक आधुनिक हो तो मैं तुम्हें आधुनिक काल क्या पढ़ाऊँगा ? समझे ? जाओ। मुझे एक मीटिंग में वाइस चांसलर के यहाँ जाना है।"

हिन्दी विभाग में हिन्दी साहित्य पढ़ते हुए मैं बड़ा हैरान हुआ। साइंस छोड़कर आर्ट्स में आने की सबसे बड़ी वजह यह थी कि साइंस में मेरा दिल न लगता था साहित्य में लगता था। पर यहाँ जिस तरह साहित्य पढ़ाया जा रहा था उससे लगता था कि मेरे लिए साइंस और साहित्य में कोई अन्तर न रह जाएगा। मैं तो समझा था कि हिन्दी साहित्य के तहत मुझे कविताएँ, कहानियाँ, उपन्यास, नाटक, संस्मरण, और नई-नई दिलचस्प रचनाएँ पढ़ाई जाएँगी। खूब मज़ा आएगा। उन पर बहस-मुबाहिसा होगा। वैसा ही जैसा गोष्ठियों में होता है। लेकिन यहाँ तो हाल ही अजीब था। ऐसी-ऐसी कविताएँ पढ़ाई जाती थीं जो लगता था कि कम से कम हिन्दी की तो नहीं हैं। समझ में बिल्कुल न आती थीं। हर शब्द के अर्थ देखने के बाद कुछ पल्ले पड़ता था। कभी ब्रज की कविता पढ़ाई जाती तो कभी अवधी की। कभी राजस्थानी की और कभी कुछ और। अब राजस्थानी या ब्रज तो मुझे आती न थी। इसलिए कविता समझने में काफी समय लग जाता। पढ़ानेवाले ये मानते थे कि हम लोग अवधी, ब्रज, राजस्थानी सब जानते हैं और वे धकाधक पढ़ाए जाते। पढ़ाने का ढंग भी निराला।

आधुनिक साहित्य में केवल छायावाद पढ़ाया जाता था। उसके बाद जो कविता

लिखी गई उसके प्रति प्राध्यापकों के मन में अजीब-सी घृणा थी। वे उसे साहित्य ही न मानते थे। इसी तरह प्रेमचन्द के बाद कोई अन्य कहानीकार या उपन्यास कोर्स में न था। आख़िरकार मुझे यहाँ भी वही करना पड़ा जो साइंस पढ़ते हुए करना पड़ता था। यानी क्लास की पढ़ाई को अलग माना और अपनी रुचि की पढ़ाई को अलग।

क्लास के लड़कों में आमोद त्रिवेदी मुझसे सहमत था। कहता था कि ये पोंगा पंडित बदल नहीं सकते। अगर एम.ए. लेनी है तो वही करो जो ये लोग करते हैं। अगर तुमने इनसे राजकमल चौधरी या रमेश बक्षी का नाम ले लिया तो फेल ही कर देंगे। आमोद मुझे पसन्द है। धीरे-धीरे हम दोस्त बन रहे हैं। हालाँकि वह जो बातें करता है वे भिन्न हैं। वह मार्क्सवादी नहीं है। सन्त्रास, कुंठा, निराशा, मोहभंग और इसी तरह के तमाम शब्द उसकी ज़ुबान पर रहते हैं जो मेरे मार्क्सवादी चौखटे में कहीं फिट नहीं होते हैं। अगर कहीं होते भी और उनकी व्याख्या करता तो वह उससे सहमत न होता है। हमारे बीच खूब बहस होती थी। लेकिन वह है मस्त। उसकी मस्ती मुझे पसन्द है। अक्सर शेव नहीं बनाता है। लम्बे बाल रखता है। पैंट और बुश्शर्ट पहनकर आता है और बहस में उत्तेजित हो जाता है। लेकिन है दोस्त किस्म का आदमी।

धीरे-धीरे किरन धर से उसकी दोस्ती हो रही थी। मैं भी उनके साथ रहता था। ख़ाली पीरियड में किरन धर हम दोनों को चाय पिलाने कैन्टीन ले जाती और कभी-कभी घर से लाए पराँठे खिलाती जो कम से कम मुझे 'न्यामत' से कम न लगते थे।

किरन के पास पैसे भी रहते थे। उसके पिता का कारख़ाना था और घर में पैसों की कमी न थी। किरन के साथ हम लोगों की बातचीत का विषय साहित्य या अध्यापकगण होते थे। अक्सर, जब वह हम लोगों से ज़्यादा खुल गई तो अपने घरवालों के बारे में भी बातचीत किया करती थी। अपनी दादी के बारे में बताती थी जिन्हें संसार की एकमात्र और सबसे बड़ी चिन्ता यह थी कि किरन की जल्दी से जल्दी शादी हो जाए। लेकिन किरन शादी न करना चाहती थी। हाँ, वह प्रेम अवश्य करना चाहती थी। लेकिन उसे अब तक कोई ऐसा व्यक्ति न मिला था जिससे वह प्रेम कर सकती। बहरहाल हम तीनों ने एक दूसरे को अपने निजी जीवन में भी शामिल कर लिया था। बाद में किरन और आमोद कुछ ज़्यादा करीब हो गए। ये मुझे अच्छा ही लगा। लेकिन उनकी निकटता प्रेमवाली न थी। किरन को फिर भी प्रेमी की तलाश रही।

क्लास में करीम नाम का भी एक लड़का था जो पूरा मौलवी या जमाअते इस्लामी किस्म का आदमी था। यानी दाढ़ी रखता था। ऊँचा पाजामा और काली शेरवानी पहनता था। वह क्लास में शमीम बानो के साथ बैठता था। मुझे यह देखकर हैरत होती थी कि वह हिन्दी में एम.ए. करने क्यों आया है। एक दिन बातचीत में मैंने उसे खोल ही लिया। उसने बताया कि उसके चचा यू.पी. के किसी छोटे शहर के इस्लामिया इंटर कॉलेज के मैनेजर हैं। कॉलेज में हिन्दी टीचर की एक जगह है। कोई मुसलमान 'कंडीडेट' नहीं मिल रहा है।

# 28

जावेद कमाल दोपहर को घर चले जाते हैं। उसके बाद शाम को चार बजे के करीब कैन्टीन वापस आते हैं। छह बजे कैन्टीन बन्द हो जाती लेकिन दरअसल कुछ लोगों के लिए उसी वक़्त खुलती है। इन लोगों की लिस्ट लम्बी है। के.पी. सिंह, राही साहब, बलदेव मिर्ज़ा, शहरयार, जज़्बी साहब, मुनीबुर्रहमान साहब वग़ैरा के अलावा दीगर शायर, अफ़सानानिगार या जावेद कमाल के दोस्त इस लिस्ट में शामिल हैं। यहाँ खुली अदबी नशिस्त होती है या सिर्फ गप्पशप्प या लोगों की बुराइयाँ या कभी-कभी किसी की तारीफ़ें या कभी सियासी बहसें या यूनीवर्सिटी के हॉल पर रोना-धोना या कभी जावेद कमाल की कोई शानदार गप्प या रामपुर के लतीफ़े।

मैं भी पता नहीं धीरे-धीरे कैसे उस ग्रुप में शामिल हो गया। मैं चूँकि सबमें छोटा हूँ इसलिए ख़ामोशी से बैठा बातें सुना करता हूँ। कभी कोई मुझसे कुछ पूछता है तो जवाब दे देता हूँ। अहमद और शकील के न होने की वजह से शामें गुज़ारने का इससे अच्छा तरीक़ा न था। रज़ी भी कभी-कभी इन महफ़िलों में शामिल होता था, लेकिन वह अपनी पी.एच-डी. पर पूरे ज़ोरों से लगा हुआ था इसलिए कम ही आता। राही साहब भी पी.एच-डी. कर रहे थे लेकिन उनका तरीक़ा बिल्कुल दूसरा था। सुबह ग्यारह बजे डिपार्टमेंट आते थे। डिपार्टमेंट की लड़कियों को जमा करते थे और उन्हें चाय पिलाने कैन्टीन आ जाते थे, दोपहर को वापस घर जाते थे और शाम फिर कैन्टीन आ जाते थे। जहाँ ग्यारह बजे तक महफिलें जमा रहतीं। किसी को ये पता न चलता था कि राही काम कब करते हैं।

एक बार राही साहब के सुपरवाइज़र ने उनसे कहा, "तुमने मुझे अपना काम नहीं दिखाया।"

राही साहब को बात लग गई। ये बात दीगर है कि वे पी.एच-डी. कर रहे थे लेकिन मशहूर शायर थे। नाविल निगार थे। राही ने कहा—"जनाब कल काम ले आऊँगा। देख लीजिएगा।"

अगले दिन 'राही' दो रिक़्शों पर तीन-चार टीन के बड़े-बड़े बक्से रखवाकर फैकल्टी बिल्डिंग पहुँचे और चपरासियों से कहा कि ये सारे बक्से 'हेड' के कमरे में ले चलो। चपरासी हटो, बचो करते, बक्से लिए 'हेड साहब' के कमरे में आए तो उन्होंने हैरत से पूछा—"भई यह क्या है ?"

पीछे-पीछे 'राही' थे, उन्होंने कहा—"जनाब ये मेरा काम है। मेरे नोट्स हैं। कल आपने फरमाया था कि आप मेरा काम देखना चाहते हैं। मेहरबानी फरमाकर देख लीजिए।" उन्होंने बक्से खोल दिए। कागज़ और फाइलें भरी हुई थीं।

"ठीक है भई ठीक है...ले जाओ इन्हें...मैं समझ गया तुम काम कर रहे हो।"

"एक नज़र तो डाल लें जनाबेवाला।" राही बोले।

"नहीं-नहीं ठीक है। अब तुम थीसिस ही लाना...इन्हें वापस ले जाओ।"

'राही' का ये प्रैक्टिकल लतीफ़ा लोगों ने बहुत पसन्द किया और सुपरवाइज़र साहब ने उनसे काम के बारे में पूछना बन्द कर दिया।

इन बैठकों में कुँवर अनवर 'इल्मी' भी आते हैं। कुँवर इल्मी का पूरा नाम तो कुँवर अनवर अली खाँ है। लेकिन साहित्यिक नाम था कुँवर अनवर 'इल्मी'। यूनीवर्सिटी के उर्दू डिपार्टमेंट में पढ़ाते हैं और किसी पुराने जागीरदार घराने से ताल्लुक है। उर्दू में कहानियाँ और अफसाने लिखते हैं। अच्छे खासे मशहूर आदमी हैं। आमतौर पर लोग उन्हें डॉ. 'इल्मी' कहकर सम्बोधित करते हैं। डॉ. इल्मी की उम्र कोई पचास के आसपास रही होगी। उनकी आवाज़ काफी बनावटी है और बोलते भी ऐसे ठस्से से हैं जैसे कोई मुग़ल बादशाह बोल रहा हो। कुछ उनका अन्दाज 'मुगले आज़म' फिल्म में पृथ्वीराज कपूर के संवाद बोलने के स्टाइल से मिलता-जुलता है। डॉ. इल्मी लोगों की बुराई दिल खोलकर करते हैं। सामने बैठे आदमी की तारीफ उस वक़्त करते हैं जब उसके सामने अपनी तारीफ़ों के पुल बाँध चुके होते हैं।

डॉ. इल्मी के दो उपन्यास 'पसे पर्दा' और 'बाअदब' छप चुके हैं। 'पसे पर्दा' अवध के ज़मीदारों की पृष्ठभूमि पर आधारित है जिसका हिन्दी रूपान्तर मैंने पढ़ा है। 'बाअदब' कुछ ऐतिहासिक किस्म का उपन्यास है जो पाकिस्तान के एक मशहूर रिसाले में छपा है। उनकी कहानियों का एक संकलन हिन्दी में 'आग का खेल' नाम से छपा है। उन्हें पद्मश्री भी मिल चुकी है।

डॉ. इल्मी का क़द औसत है। रंगत कुछ स्याह है। नाक-नक़्शा वाजबी-वाजबी है। लम्बे सूखे बाल रखते हैं। क्लीन शेव रहते हैं। लेकिन चलने, उठने-बैठने का अन्दाज़ काफी सामन्ती जैसा बना रखा है। उर्दू भी खूब बोलते हैं। अपने आपको उर्दू का सबसे बड़ा नाविल निगार मानते हैं। हद ये है कि अपने सामने कुर्तुल-ऐन-हैदर तक को कुछ न समझते। 'राही' साहब से उनकी चोंचें चला करती हैं। 'राही' उन्हें कभी न छोड़ते और वे 'राही' पर लगातार हमले करते रहते। ये भी एक उड़ती-उड़ती ख़बर थी कि डॉ. इल्मी अपनी एक रिसर्च स्टूडेंट से इश्क़ फरमा रहे हैं।

वैसे प्रेम, शादियों और तलाक़ों के किस्से 'राही' साहब के खूब प्रचलित थे जो कभी-कभी काफी अफसानवी मालूम होते थे। लेकिन इसमें कोई शक नहीं कि राही के पास कोई जादू था जो लड़कियाँ खिंची हुई उनकी तरफ चली आती थीं। डॉ. इल्मी इस वजह से भी 'राही' से ख़फ़ा रहते थे।

जावेद कमाल को कैन्टीन से अच्छी आमदनी हो जाती थी। लेकिन परिवार बड़ा था। दो भाई और उनकी पत्नियाँ बच्चे जावेद भाई के साथ रहते थे। दो भाइयों में से एक कैन्टीन के काम में उनकी मदद करते थे और तीसरे 'बॉडी बिल्डर' थे। मिस्टर

यूनीवर्सिटी रह चुके थे। बड़ी-बड़ी मूँछें रखते थे। यूनीवर्सिटी का बड़ा से बड़ा दादा उनके नाम से काँपता था। यूनीवर्सिटी की 'खेल राजनीति' में उनका काफी दख़ल था। हॉकी, फुटबॉल और क्रिकेट की टीमों के कप्तानों की नियुक्ति में उनकी प्रभावशाली भूमिका रहा करती थी।

परिवार के ख़र्चों के अलावा जावेद कमाल के निजी ख़र्च भी कम न थे। लोगों की दिल खोलकर मदद करने के अलावा कम से कम दस पैकेट 'विल्स फिल्टर' की सिगरेटें एक दिन में पी जाते थे। मतलब दोस्तों के साथ, पान भी खाते थे। क़िमाम्, लखनऊवाला और पत्ता देसी। पानों का बड़ा-सा बंडल भी उनके साथ चलता था और उसमें से कोई भी दोस्त पान खा सकता था। मित्र-मंडली की चाय-वाय का ख़र्च तो ख़ैर उनके ज़िम्मे था ही। इसके अलावा महीने दो महीने में कभी कोई अच्छी फिल्म लगती थी तो जावेद कमाल दोस्तों की पूरी मंडली के साथ जा धमकते थे और किसी में हिम्मत न थी कि अपना टिकट ले ले। इंटरवल में चाय के ख़र्च से लेकर चार-पाँच रिक्शों के आने-जाने का किराया भी वही दिया करते थे। साल में एक बार अपने घर 'पाए' खाने की दावत देते थे। साल में एक बार आम और बिरही रोटी की दावत होती थी। मतलब पैसा दिल खोलकर ख़र्च करते थे और ये न सोचते थे कि कहाँ से आएगा। कहते, "यार पठानों की यही प्रॉब्लम है। सालों के अक़्ल नहीं होती। इसी बात पर अब सुनो एक किस्सा। एक खाँ साहब ने मजबूर होकर पता नहीं कैसे गाँव में दुकान खोल ली। लेकिन बेचारे हर पठान की तरह हिसाब-किताब ज़ीरो। जिस बोरे से जो कुछ बिकता था उसके पैसे बोरे के आगे रख देते थे। शकर, गेहूँ, तेल, दालों वग़ैरा के बोरों और कनस्तरों के आगे पैसे का ढेर लग जाता था। शाम को ख़ाँ साहब गिन लेते थे कि बोरा इतने का आया था। इतने में बिक गया। इससे ज़्यादा हिसाब न आता था। एक दिन एक आदमी सौ का नोट लाया। खाँ साहब ने कहा जाओ टूटे पैसे लेकर आओ तो सामान दूँगा। वह आदमी बोला—'खाँ साहब ये हर बोरे के सामने जो रुपयों-पैसों का ढेर लगा है इसमें से दे दीजिए।' ख़ाँ साहब बोले—"साले दे दूँ लेकिन शाम को हिसाब क्या तेरा बाप आकर करेगा।' "

जावेद कमाल लतीफ़ों की खान थे। उसके अलावा उनके पास दिलचस्प अनुभवों का खज़ाना था। बातचीत में गालियों का इस्तेमाल धड़ल्ले से करते थे। उन्होंने दासियों तरह के धन्धे किए थे। कहते थे शायरी उस वक़्त तक समझ में नहीं आती जब तक जिन्दगी का तजरूबा न हो। एक बार मीर तकी 'मीर' का शे'र सुनाया—'ले साँस भी आहिस्ता कि मुश्किल है बहुत काम / आफ़ाक़ की इस कारगहे शीशगरी का।' और बोले वह आदमी यह शे'र नहीं समझ सकता जो ये न जानता हो कि शीशे के बर्तन और बोतलें वग़ैरा कैसे बनती हैं। उसके बाद विस्तार से शीशागरी का मतलब समझाने लगे। अक्सर कहते थे 'मीर' का ऐसा शे'र सुनाता हूँ जो तुम्हें इन्तिख़ाब में न मिलेगा। सिर्फ कुल्लिमात में है। और मियाँ 'मीर' की कुल्लिमात किसने पढ़ी है। मेरे जैसे चन्द पागलों ने। शे'र वाक़ई अच्छा सुनाते थे। जैसे एक शे'र सुनाया था—

*"लोना लग-लग के गिरती है माटी*
*कैसी बेकैफ़ ज़िन्दगी काटी।"*

जब सबके साथ कोई अच्छी फ़िल्म देखकर आते थे तो हफ़्तों उसकी चर्चा करते थे। फिल्म के एक-एक फ्रेम पर उनकी अपनी अलग राय हुआ करती थी। अभिनय की बारीकियाँ समझाते थे और संगीत पर पूरी बहस करते थे। कभी अपने 'इश्क़ों के किस्से छेड़ देते हैं। बातचीत करना उन्हें इतना पसन्द था कि दोस्तों की खासतौर पर के.पी. सिंह की राय ये थी कि जावेद भाई का कोटा तय है। पूरे दिन में जब तक वे दो लाख शब्द नहीं बोल लेते तब तक चैन नहीं पड़ता। उनके क़िस्सों-कहानियों में एक पगला पात्र हब्बी आया करता था। हब्बी के किस्से मज़ेदार थे—एक बार हब्बी के दिल में न जाने क्या आई कि शहर के चौराहे पर जाकर दरोग़ा को माँ-बहन की गालियाँ देने लगा। रामपुर जैसी जगह। नवाबी दौर। दरोग़ा को पता चला तो उसने दो सिपाही भेजकर हब्बी को पकड़ बुलाया और थाने में खूब कटाई की। हब्बी घर आ गए। बिस्तर पकड़ लिया। फिर उन्हें कोई देखने गया और पूछा कि हब्बी अब फिर दरोग़ा को गालियाँ दोगे ? हब्बी ने कहा—दूँगा, ज़रूर दूँगा। लेकिन अपने झोंपड़े में।"

कुल मिला जुलाकर जावेद भाई फक्क़ड़, मस्त, बातूनी, गप्पी, हमदर्द, मेहमाँनवाज़, वज़ादार, लापरवाह, ज़ेहीन, गुस्सेवर, क़नाअतपसन्द, यारबाज़, मोहज़्ज़ब और शरारती आदमी थे। उर्दू में फर्स्ट क्लास एम.ए. करने के बाद पी.एच-डी. में दाख़ला लिया था लेकिन अपनी आनबान की वजह से काम पूरा न कर सके। सुपरवाइज़र से कहासुनी हो गई और उन्होंने फाइल उसके मुँह पर दे मारी। उसके बाद ज़िन्दगी के पापड़ बेलने लगे। कभी कलकत्ते में चमड़े का कारोबार किया। कभी ट्रेड यूनियन की राजनीति में हिस्सा लिया। कभी बम्बई आ गए और 'बिसाते' का काम किया। कभी रामपुर चले गए और लकड़ी का काम शुरू कर दिया। हैदराबाद में उन्होंने एक चायख़ाना भी खोला था। एक दो छोटी-मोटी नौकरियाँ भी की थीं। शादी के बाद थोड़ा जमे थे। लेकिन शादी से पहले उन्होंने जो अजीबोग़रीब किस्म की जिन्दगी गुज़ारी थी उसके किस्से सुनाते थे—भई मैंने तो हर काम इस तरह किया है कि हदें ख़त्म कर दी हैं। शराब पीने पर आया तो छह महीने नशा ही नहीं उतरने दिया। हॉकी खेला करता था तो दिन-दिन-भर अकेला खेलता रहता था। ये सिलसिला दो साल चला। अँधेरे का शौक चर्राया तो कमरे में काले पर्दे लगा दिए और महीनों सिर्फ अँधेरे में रहा। इश्क़ करने पर आया तो ऐसा इश्क़ किया कि माशूक़ा के वालिद साहब क़िब्ला की पिटाई कर दी। ये किस्सा मज़ेदार है। सुनो—जवानी के दिन थे। रामपुर में मेरा इश्क़ हुआ। मियाँ, उस ज़माने के इश्क़ों में छतों और कोठों की बड़ी अहमियत थी यानी इश्क़ के 'मैदान' वही हुआ करते थे। तो मैं छत पर चला जाता था। महबूबा साहिबा भी अपनी छत पर आ जाती थीं। बीच में एक दीवार थी जिसकी मैंने दो ईंटें निकाल दी थीं। बातें होती थीं, नहीं तो दूर से इशारे हुआ करते थे। महबूबा के अब्बाजान ने एक दिन मुझे इशारे करते देख लिया। मैं उन्हें नहीं देख पाया। ख़ैर जनाब वो मेरे घर की डियोढ़ी पर आ गए। लगे औलफौल

बकने। घर में सिर्फ़ अम्माँ थीं। वो डियोढ़ी में गईं और उनसे कहा–'भाई मेरा लड़का तुम्हारी लड़की को इशारे करता है तो उसमें तुम्हारी लड़की की भी तो मर्ज़ी या रज़ा होगी। तुम पूरा इल्ज़ाम मेरे बेटे पर कैसे लगा सकते हो।' ये सुनकर वो साला टर्राने लगा। मैं कोठे पर था। उसकी आवाज़ सुनी तो नीचे आया। अम्माँ ने बताया–क्या बात है। मैं बाहर निकला तो महबूबा के वालिद साहब बड़े गुस्से में थे। मैंने कहा–'चचा ये गर्मी यहाँ न दिखाओ और ज़ुबान बन्द रखो। अपनी लड़की पर इल्ज़ाम लगाते तुम्हें शर्म नहीं आती ?' इस पर साहब उसने मुझे गाली दे दी। मैंने आव देखा न ताव झपटकर धोबिया पछाड़ लगाया तो मियाँ चारों ख़ाने चित गिरे। उठे तो मैंने चूतड़ पर दो लातें मारीं और कहा कि साले अब किसी लड़की पर ये इल्ज़ाम लगाया तो जान ले लूँगा। मियाँ चूतड़ साफ करते चले गए। मैं ऊपर छत पर आ गया। महबूबा नहीं थीं। थोड़ी देर के बाद आईं तो मैंने पूछा–'कहाँ थीं ?' कहने लगीं–'अब्बा गिर पड़े हैं। उन्हें काफी चोट आई है। लगाने को मैं हल्दी पीस रही थी।' मैंने कहा–'तुम्हारे अब्बा गिरे नहीं हैं। मैंने उन्हें पीटा है। तो मियाँ ऐसे इश्क़ किए थे हमने।'

## 29

"कहो भई के.पी., तुम्हारे कामरेड लालसिंह तो अभी आए नहीं हैं और तीन बजे से मेरी क्लास है।" इरफ़ान साहब घड़ी देखते हुए बोले।

"आता ही होगा इरफ़ान साहब...आप तो जानते हैं बसें घड़ी के हिसाब से नहीं चलतीं।" के.पी. बोले।

"ठीक है तो मैं दस मिनट और देखता हूँ। उसके बाद तुम उसे लेकर डिपार्टमेंट आ जाना वहीं बात हो जाएगी।" इरफ़ान साहब उठने लगे।

"अरे इरफ़ान साहब चाय तो पीते जाइए।" जावेद कमाल बोले।

"सुबह से चाय ही पी रहे हैं जावेद भाई।"

"तो कुछ 'और' मँगवाऊँ ?" वे मुस्कुराए।

"क्या कैन्टीन में ताला लगवाना चाहते हैं ?" इरफ़ान साहब बोले।

"इरफ़ान साहब ताला तो यहाँ कुछ लोग लगवा ही देना चाहते हैं। अगले महीने कैन्टीन का फिर ठेका उठनेवाला है। सुनते हैं वाइस चांसलर साहब के कोई रिश्तेदार भी उम्मीदवार हैं।" जावेद कमाल बोले।

"जावेद भाई फिक्र न कीजिए। वाइस चांसलर ने जो कमेटी बनाई है उसमें मतलूब साहब भी हैं। जहाँ मतलूब हों वहाँ कम से कम धाँधली के चांस तो ख़त्म हो जाते हैं।" के.पी. बोले।

"चलो देखते हैं यार।"

इरफ़ान साहब वग़ैर चाय पिए उठकर चले गए।

"यार के.पी. तुम क्या एक काम कर सकते हो ? बड़े साले तीसमारखाँ बनते हो। एक काम करके दिखा दो तो मानें।"

"क्या काम है जावेद भाई ?"

"क्या ऐसा करवा सकते हो कि इरफ़ान साहब कभी एक क्लास छोड़ दें।"

"ये तो आप वही बात कह रहे हैं जावेद भाई कि सूरज को पश्चिम से निकाल दूँ।

"यार इरफ़ान साहब भी बिल्कुल मुल्ला क़िस्म के आदमी हैं।"

"मुल्ला ?" के.पी. ने हैरत से पूछा।

"अरे नहीं तो क्या। जैसे मुल्ला एक वक़्त की नमाज़ क़ज़ा नहीं कर सकता उसी तरह इरफ़ान साहब एक क्लास नहीं छोड़ सकते।"

"आपका भी जवाब नहीं जावेद भाई। क्या-क्या लॉजिक देते हैं।"

"लो वो तुम्हारे नेताजी आ गए।"

हम सबने कैन्टीन के दरवाज़े की तरफ देखा। एक चौबीस-पच्चीस साल का लड़का-नुमा आदमी अन्दर आता दिखाई पड़ा। क़द लम्बा, जिस्म छरैरा, चेहरा दुबला-पतला और यहाँ तक कि सूखा हुआ जैसा लगा। कमीज़ और पैंट पहनने के बावजूद भी पक्का देहाती लगा क्योंकि बालों में ख़ूब तेल लगा था। वह हाथ में एक चमड़े का पुराना ब्रीफ केस लिए था। उसके चेहरे पर एक अजीब तरह की सख़्ती और अनुशासनप्रियता का भाव था। वह हम लोगों की मेज़ के पास आकर खड़ा हो गया और उसने बहुत स्पष्ट और पक्के ढंग से मुट्ठी बाँधकर हाथ उठाया और बोला, "लाल सलाम।"

"आओ भई कामरेड आओ।" जावेद कमाल खिसकते हुए बोले।

"क्या पिओगे कामरेड।" के.पी. बोले।

"पहले तो कुछ खाऊँगा। कल रात ही खाना खाया था। उसके बाद समय ही नहीं मिला।" वह लापरवाही से बोला।

"आमलेट तो खाते हो न कामरेड ?" जावेद कमाल ने पूछा।

"जो भी खाने-पीने की चीज़ है सब खाता-पीता हूँ।" वह हँसकर बोला।

"इनसे मिलो ये साजिद हैं। हिन्दी में एम.ए. कर रहे हैं।" के.पी. ने उनसे मेरा परिचय कराया।

उसने पहले हाथ उठाकर लाल सलाम किया और उसके बाद हाथ मिलाया। उसके हाथ बहुत सख़्त, मज़बूत और गर्म थे।

"कल तो जिला कमेटी की मीटिंग रही होगी ? क्या हुआ ?" के.पी. सिंह ने पूछा।

"बताएँगे सब बताएँगे। अभी भाई लोगों से बातचीत तो कर लें।" वह आमलेट और स्लाइस चबाता हुआ बोला। मैं समझ गया कि वह पार्टी की बातें हमारे सामने नहीं करना चाहता।

"अच्छा देखिए।" वह के.पी. सिंह से बोला, "आपका बैग कहाँ है ? मैं उसे ले

जाऊँगा। मेरा बैग इतना फट गया है कि उससे चीज़ें निकल-निकलकर गिर जाती हैं।"

"ठीक है कामरेड ले जाना। और बताओ।"

"और तो सब चल ही रहा है। खेत मज़दूरों का आन्दोलन अच्छा चल रहा है। पर मेरे जेल जाने से कुछ कमज़ोर पड़ गया था। पर..."

"तो ये तुम्हारी कौन सीवीं जेल यात्रा थी कामरेड।" जावेद कमाल ने पूछा।

"आठवीं।" वह कुछ शरमाकर बोला।

"कितने दिन रहे ?"

"एक महीना।"

"कोई तकलीफ तो नहीं थी।"

"तकलीफ क्या होती। वज़न बढ़ गया था।" वह हँसा।

कुछ क्षण के बाद के.पी. सिंह मुझसे बोले, "कामरेड लालसिंह हम लोगों का नेता है।"

"नेता-वेता कुछ नहीं कामरेड...हम सब कामरेड हैं।"

"देखो हक़ीक़त तो ये है कि जो काम करे वही नेता है। हम लोग यहाँ यूनीवर्सिटी में क्या करते हैं ? कुछ मीटिंगें और प्रस्ताव वग़ैरा पास करने के अलावा, काम तो तुम ही करते हो।" के.पी. बोले। वह खामोश रहा। उसने चाय तश्तरी में डाल ली थी और उसे ज़ोर-ज़ोर से सुड़क रहा था। दो-चार आसपास बैठे लोग कुछ हँस या मुस्कुरा रहे थे।

"तुमने आपका एक्सरे कराया कामरेड ?" के.पी. ने पूछा।

"हाँ करा लिया।" वह लापरवाही से बोला। और थैले से एक्सरे के कागज़ और रिपोर्ट निकालकर के.पी. सिंह को पकड़ा दिए। के.पी. सिंह ने कागज़ पढ़ा और उनके चेहरे का रंग उतर गया।

"तो तुम्हें टी.बी. है कामरेड।" उन्होंने मरी हुई आवाज़ में कहा।

"हाँ, टी.बी. बताई है।" वह लापरवाही से बोला।

"ये तो बहुत खतरनाक बात है।" जावेद भाई बोले।

"अब क्या किया जा सकता है कामरेड।" वह चाय पीता रहा।

"सबसे पहले तो तुम साइकिल चलाना छोड़ दो।" के.पी. सिंह ने राय दी।

"साइकिल छोड़ दूँ ? नहीं, ये नहीं हो सकता। बस का किराया मैं दे नहीं सकता। वैसे भी हर गाँव तो बस जाती नहीं। साइकिल नहीं चलाऊँगा तो संगठन का काम हो चुका।" वह फिर चाय सुड़कने लगा। फिर कुछ ठहरकर बोला—"चलिए इरफ़ान साहब के पास चलते हैं।" वह फौरन उठ गया। "रात में ही मुझे वापस जाना है। कल सुबह सतौली में मीटिंग रखी है।"

के.पी. सिंह और कामरेड लालसिंह चले गए। मैं जावेद भाई के पास बैठा रहा। जावेद भाई लालसिंह के बारे में बताने लगे। उनसे मालूम हुआ कि लालसिंह सी.पी. एम. का पूरे ज़िले में अकेला 'होल टाइमर' हैं। 'किसान सभा' का काम देखता है। उसे

यूनीवर्सिटी के सी.पी.एम. सदस्य और समर्थक मिलकर 'लेवी' देते हैं जो इतनी काफी नहीं होती कि उसका काम चल सके। "पन्द्रह-पन्द्रह बीस-बीस मील साइकिल से आता जाता है। उस पर कभी-कभी खाने तक के पैसे नहीं होते। लेकिन है हिम्मती आदमी। 'चाइना वार' के ज़माने में उस पर वारंट था। पुलिस पीछे पड़ गई थी तो ये ट्रेन से कूदकर छह मील भागा था। पीछे-पीछे पुलिस थी। लेकिन यह हाथ नहीं आया। मेहनती ऐसा है कि थकता ही नहीं। यही लोग दरअसल काम करते हैं मियाँ और इन्हीं के सहारे गाड़ी चलती है। ऐसे लोग कभी कांग्रेस में भी हुआ करते थे। लेकिन अब वहाँ सिर्फ हरामख़ोर बचे हैं। लालसिंह का छोटा भाई किसान है अपने हाथ से काम करता है। सात-आठ बीघा खेत है बेचारे के पास। यार इतनी ज़मीन में क्या होता है। यूनीवर्सिटी के सभी सी.पी.एम. वाले लोग लालसिंह को बहुत मानते हैं। उसके एक इशारे पर इरफ़ान साहब खड़े हो जाते हैं। के.पी. भी बेचारा सब कुछ करने के लिए तैयार रहता है। सब इसे मानते हैं। देखो बेचारे को टी.बी. हो गई है। मियाँ टी.बी. में 'होल टाइमरी' का मतलब है मौत। अब देखो यार मैं सी.पी.एम. या कहो कम्युनिस्टों का समर्थक हूँ। लेकिन मेरी समझ में यह बात नहीं आती कि कामरेड लालसिंह की जैसी हालत में रहनेवाले क्रान्तिकारी क्या क्रान्ति कर सकते हैं ?"

"क्यों ?" मैं उनकी बात नहीं समझा।

"देखो...उसके पास खाने तक के पैसे नहीं होते। टी.बी. हो गई है। शादी-वादी की बात तो दूर रही, उसे औरत या लड़की के दर्शन तक न होते होंगे। ऐसे हालात में क्या वह नार्मल रह सकता है ? अगर नहीं तो क्या एबनार्मल आदमी क्रान्ति कर सकते हैं या क्रान्ति को लीडरशिप दे सकते हैं। अगर तुम मानो, हाँ दे भी सकते हैं तो वह लीडरशिप कैसी होगी।"

"लेकर मुझे तो कामरेड लालसिंह ठीक-ठाक आदमी लगे।"

"ठीक-ठाक ही नहीं वह बहुत बढ़िया आदमी है। लेकिन आदमी है। तुम यह मानने से तो इंकार नहीं कर सकते कि वह आदमी नहीं है।"

"नहीं ये मानने से कौन इंकार करेगा ?" मैंने कहा।

"तो भाई ये भी मानो कि अगर आदमी है तो उसे खाना चाहिए। काम के साथ-साथ आराम चाहिए। उसे सेक्स चाहिए। उसे परिवार चाहिए ताकि वह नार्मल आदमी के तौर पर रह सके। मैं तो ये भी मानता हूँ कि 'बिटरनेस' रिव्योल्यूशन की पूरी स्प्रिट को ख़त्म कर देती है।"

"मैं समझा नहीं।"

'मियाँ देखो अगर तुम्हारे अन्दर इन्तिक़ाम का जज़्बा है तो तुम क्या करोगे ? इन्तिक़ाम लोगे न ? और रिवोल्यूशन का मतलब 'रिवेंज' लेना नहीं है। अब सुनो बात 'बिटरनेस' की। यहाँ तो खैर वह नहीं है। अपने लालसिंह अकेले होल टाइमर हैं और कम से कम यूनीवर्सिटी के कम्युनिस्टों में सब ही उन्हें औलाद की तरह चाहते हैं। लेकिन मैं तुम्हें कम्यून का हाल बताता हूँ। बम्बई में मैं कम्यून में रह चुका हूँ। रणदिवे के ज़माने

में। मैंने वहाँ देखा था कि अगर ज़िन्दगी गुज़ारने की बुनियादी ज़रूरतें पूरी न हों तो आपस में कैसी 'बिटरनेस' पैदा होती है और वह सिर्फ आपसी मार-काट की तरफ ले जाती है...मियाँ बुरा न मानना, ये तुम्हारे अस्सी फीसदी कम्युनिस्ट जो हैं न, ये कम्युनिज़्म का मतलब ही नहीं समझते। क़सम से इनमें से कुछ का हाल वही है जो 'तब्लीग़ी जमात' वालों का है। एक जमातवाले मुझसे बहस-मुबाहिसा कर रहे थे। मैंने उनसे कहा—मियाँ अगर आज रसूले ख़ुदा होते तो मैं उनके साथ होता और आप काफ़िरों में होते। इस पर नाराज़ हो गए। कहने लगे—कैसे ? मैंने कहा, मैं बताता हूँ। सुनो पैग़म्बर मुहम्मद अपने जमाने के सबसे बड़े रिवोल्यूशनरी, इन्क़िलाबी थे। उनका ज़माना देखो और उनकी ज़िन्दगी देखो तो साफ पता चलता है कि हज़रत अपने ज़माने से कितना आगे थे। तो जनाब आज अगर आँ हज़रत होते तो अपने ज़माने के हिसाब से कितना आगे होते। और ये तब्लीग़ी जमातवाले लकीर के फ़क़ीर उनकी मुख़ालफ़त करते और मैं उनका साथ देता।''

मैं हँसने लगा, ''ये आपकी लॉजिक तो शानदार है।''

''मियाँ खुद ग़ौर करो। इस्लाम ने तेरह सौ साल पहले मसावात पर ज़ोर दिया था, इल्म पर ज़ोर दिया था, इंसाफ पर ज़ोर दिया था, और ये लकीर के फ़क़ीर आज यानी तेरह सौ साल बाद किस पर ज़ोर दे रहे हैं ?''

मैं फिर हँसने लगा।

''ख़ैर मियाँ लो...सिगरेट लो।''

मैं कुछ झिझका।

''पीते तो हो न ?''

''जी हाँ।''

''तो पिओ।''

मैंने सिगरेट सुलगा ली।

सिगरेट का एक लम्बा कश लेकर जावेद कमाल बोले, ''मियाँ हम शायरों, कलाकारों की क़िस्मत ही खराब होती है।''

''क्यों ?'' मैंने पूछा।

''मियाँ हमारे मुकद्दर में लिख दिया जाता है कि हम हमेशा 'अपोज़ीशन' में रहेंगे। देखो आज मैं कम्युनिस्टों के साथ हूँ। लेकिन कल अगर उनकी सरकार बन जाएगी तो मैं 'अपोज़ीशन' में चला जाऊँगा।''

''क्या 'रिक्शनरी' हो जाएँगे ?''

''खूब कही।'' वे ज़ोर से हँसे।

''मियाँ ये लफ़्ज़ भी खूब हैं। इन्हें छोड़ो। इनके सहारे बातें नहीं हो सकतीं।''

''फिर ?''

''देखो इंसानी फ़ितरत तो आगे और आगे जाना चाहती है न ?''

''जी हाँ।''

"और हुकूमतें जब बनती हैं और फलसले जब अमलीजामा पहनते हैं तो हुकूमतों की ख़ातिर या फलसले के खातिर उनका भज़बूती से जमना ज़रूरी माना जाता है। यानी वे इस्टैबलिशमेंट हो जाते हैं। और जहाँ इस्टैबलिशमेंट हुए वहाँ उनकी रूह मर जाती है। रूस में लेनिन की मौत के बाद क्या हुआ ?"

"तो इसका मतलब है रिवोल्यूशन हो ही नहीं सकता ?"

"नहीं इसका ये मतलब नहीं है।"

"फिर ?"

"इसका मतलब है हर रिवोल्यूशन के अन्दर एक अगले रिवोल्यूशन के बीज होते हैं उन्हें पूरी तरह पनपने का मौक़ा मिलना चाहिए। नहीं मिलेगा वो बेढ़ंगे तरीके से बढ़ेंगे और फूटेंगे पर तब उसका नतीजा खराब होगा।"

## 30

क्रान्तिकारियों के बारे में क़िस्से-कहानियाँ सुनी थीं। फिल्में देखी थीं। किताबें पढ़ी थीं। लेकिन लालसिंह का पूरा परिचय पाकर लगा था कि मैं जीवित इतिहास के साथ हूँ। मतलब भगत सिंह कुछ इसी तरह गोश्त-पोश्त के आदमी रहे होंगे जैसे कामरेड लालसिंह हैं। चन्द्रशेखर 'आज़ाद' भी तो मनुष्य थे। वे कैसे रहे होंगे ? उनसे मिलकर कैसा लगता होगा ? क्या झुरझुरी-सी आती होगी कि आप जिस आदमी से मिल रहे हैं वह इतिहास का एक अंश है। जो लोगों के दिलों को गरमाता रहेगा। लालसिंह का पूरा व्यक्तित्व कुछ-कुछ ऐसा ही लगा था। जो आदमी पच्चीस साल की उम्र में आठ बार जेल जा चुका हो, जिसने तीन दिन बिना खाए-पिए लगातार काम किया हो, जो पुलिस के सिपाहियों की गिरफ्त से बचने के लिए आठ-दस मील दौड़ा हो, जो अपना जीवन क्रान्ति को समर्पित कर चुका हो उसके इतना निकट आना मामूली बात नहीं थी, जितना मैं आ चुका था।

शुरू-शुरू में मुझे लगा था कि कामरेड लालसिंह कुछ सख़्त किस्म का आदमी है लेकिन जैसे-जैसे मैं उसके पास आया, यह रहस्य खुलता चला गया कि वह अन्दर से बिल्कुल बच्चों जैसा सहज है। कामरेड लालसिंह को मेरे बारे में भी काफी ग़लतफ़हमियाँ थीं। जैसे मैं खाते-पीते घर का पढ़ा-लिखा महत्त्वाकांक्षी युवक हूँ जिसे अपने कैरियर के अलावा किसी दूसरी चीज़ से कोई मतलब नहीं है। लेकिन जैसे-जैसे हम लोगों की ग़लतफ़हमियाँ दूर हो रही थीं। हम एक दूसरे के पास आ रहे थे। इसका मौक़ा भी मिला था।

कामरेड लालसिंह को के.पी. अपने साथ मेडिकल कॉलिज ले गए थे जहाँ डॉक्टरों ने साफ कह दिया था कि कामरेड लालसिंह जिस तरह की ज़िन्दगी जीते हैं यदि पाँच-सात साल उसी तरह जीते रहे तो बच पाना नामुमकिन होगा। यूनीवर्सिटी यूनिट ने इस बात पर गम्भीरता से विचार किया था और लालसिंह को यह सलाह दी थी कि

वह कुछ साल के लिए विश्वविद्यालय में दाख़ला ले लें और पढ़ें। उसके बाद फिर होल टाइमर हो सकते हैं। पहले तो यह बात लालसिंह को बहुत ही बुरी लगी क्योंकि उसका उद्देश्य पढ़-लिखकर मध्यवर्गीय जीवन जीना न था। लेकिन जब उसे इरफ़ान साहब जैसे मार्क्सवादी बुद्धिजीवियों ने घेरा तो वह कन्विन्स हो गया। अब सवाल ये था कि वे पढ़ने के अलावा करेंगे क्या ? इसका जवाब यह दिया गया कि छात्रों यानी एस.एफ. में काम। उनके ख़र्चे-पानी के लिए यह तय पाया कि जिस तरह उन्हें पहले लेवी के पैसे दिए जाते थे उसी तरह दिए जाएँगे और उन्हें सिटी ब्रांच से यूनीवर्सिटी ब्रांच में ले लिया जाएगा।

कामरेड लालसिंह को यूनीवर्सिटी में जमाने के काम में रज़ी आगे-आगे था। रज़ी ने ही लालसिंह को बहुत सस्ते किराए का कमरा खोजा था। कई घरों से फालतू बरतन बटोरे थे। एक पुराना स्टोव ठीक कराया था और अपनी साइकिल दे दी थी। बिस्तर का बन्दोबस्त किया था और कामरेड लालसिंह को जमा दिया था। उनका एडमीशन बी.ए. में करा दिया गया था। लेट एडमीशन के लिए भी भागदौड़ रज़ी ने की थी।

अहमद और शकील के यूनीवर्सिटी छोड़ जाने के बाद वैसे भी मैं लगभग ख़ाली था। लालसिंह के कमरे पर चला जाता था और बातचीत की महफिल जमती थी। लालसिंह पीता न था। उसका कहना था कि वह पीने को गुनाह या अपराध नहीं समझता लेकिन यह भी नहीं मानता कि पीना उसके लिए आवश्यक है। मेरी दिलचस्पी लालसिंह के पूरे व्यक्तित्व में थी। वह मुझे इस्पात का ढला हुआ आदमी लगता था। उसके हाथ वास्तव में मज़दूरों के हाथों जैसे चौड़े और सख़्त थे।

एक दिन बातों ही बातों में मैंने उससे पूछा—''ये बताओ, तुम पार्टी में आए कैसे ?''

''पुरानी बात है।''

''कब ?''

''पन्द्रह साल पहले।''

''लेकिन आए कैसे ?''

''क्या करोगे जानकर।''

''क्या करोगे छिपाकर।''

वह हँसने लगा।

''नहीं छिपाने की क्या आवश्यकता है। बात ये है कि मैं लड़का ही था कि एक बार गाँव में किसान सभा वाले आए। उनका कार्यक्रम था, उसमें संगीत मंडली थी। बड़े अच्छे लोकगीत और क्रान्तिकारी गीत गानेवाले उसमें थे। गाँववाले भी उसमें गा रहे थे। किसी ने कहा कि मैं भी गाता हूँ तो एक कामरेड ने मुझे भी मंच पर बुलाया। गाया तो सबको पसन्द आया। कामरेड ने कहा कि हम तुम्हें गाने के लिए किसी और गाँव बुलाएँ तो आओगे ? मैंने कहा, हाँ, आएँगे। तब कामरेड आसपास के इलाके में कोई कार्यक्रम करते तो सन्देश भिजवा देते थे।''

"तो मार्क्सवाद से परिचय...?"

"उन्हीं कार्यक्रमों में क्लास भी होती थी।"

"ये कब की बात है।"

"समझ लो सन् सत्तावन-अट्ठावन की।"

"तब से तुम लगातार पार्टी में हो।"

"हाँ।"

मुझे अचानक ध्यान आया कि कामरेड लालसिंह से पूछूँ कि हिन्दी में मार्क्सवाद पर किताबें कहाँ मिलेंगी। क्योंकि रज़ी अब तक मुझे किताबें न दे पाया था। मैं यह भी जान गया था कि कामरेड लालसिंह को भी अंग्रेज़ी उतनी नहीं आती कि उसमें मार्क्सवाद पढ़ सकें। इसलिए ज़रूर ही उन्होंने हिन्दी में पढ़ा होगा और हिन्दी की किताबों के बारे में जानते होंगे।

"ये बताओ कामरेड मार्क्सवाद पर हिन्दी में किताबें कहाँ मिलेंगी ?"

"कम हैं हिन्दी में..."

" 'मार्क्सवाद क्या है' तो मैंने पढ़ी है।"

"देखो कभी लखनऊ जाऊँगा तो वहाँ से तुम्हारे लिए लाऊँगा।"

"तुमने कहाँ से ली थीं।"

"देखो 'पार्टी कैम्प अटेंड' कर डालो।"

"अच्छा, वो काफी है।"

"हाँ...और देखो समझना तो यही है कि वर्ग संघर्ष क्या है ? पूँजीवाद क्या है ? सर्वहारा की जीत कैसे निश्चित है ? शोषण क्या है ? और फिर तो काम के दौरान सब पता अपने आप चल जाता है...किसी भी दार्शनिक विचार से बड़ा है काम...समझे ?"

"हाँ मैं मानता हूँ ?"

"कुर्सीतोड़ मार्क्सवादी हो भी गए तो उससे क्या ?" वह हँसा।

"हाँ ठीक कहते हो।"

हम बातें कर ही रहे थे कि रज़ी आ गया। वह एक कनस्तर लिए था।

"लाल सलाम कामरेड।"

"लाल सलाम...बोलो कामरेड ये ठीक है आटा रखने के लिए।" रज़ी ने कहा।

"हाँ, बढ़िया है।"

"और ये खाली नहीं है। आटा है इसमें।"

"बस समझो पन्द्रह दिन की छुट्टी।"

"तुम्हें मालूम है कामरेड लालसिंह बड़े बढ़िया पराँठे बनाते हैं।" रज़ी ने मुझसे कहा।

"अच्छा..."

"पराँठे ही नहीं पूरा खाना...लेकिन गोश्त-वोश्त बनाना नहीं आता इन्हें।"

"खाते तो हैं।" मैंने कहा क्योंकि मैं जानता था कि लालसिंह गोश्त खाता है।

"हाँ, खाते हैं।" फिर रज़ी लालसिंह से बोला, "ये बताओ हर क्लास में तुम्हारा नाम लिख गया है।"

"हाँ...हर क्लास में।"

"अगली बात ये कि लखनऊ से कामरेड शुक्ला का फोन आया था, राज्य सम्मेलन अब अक्टूबर में है।"

"तारीख़ें ?"

"वो अभी तय नहीं हुईं। जैसे ही तय होती हैं बताएँगे।"

मुझे लग रहा था अब ये दोनों कुछ ऐसी बातचीत करना चाहते हैं जिसमें मेरी आवश्यकता नहीं है।

"मैं चलता हूँ कामरेड।"

"ठीक है कामरेड...तो परसों अल्हमरा में मिलते हैं।"

"हाँ, ज़रूर।"

'चार एस' की क्लास शुरू होनेवाली थी। किरन और आमोद को छोड़कर बाकी लड़के-लड़कियाँ 'चार एस' के केबिन में थे। दो ही मिनट बाद किरन ने चिक हटाई और पूछा—"आज्ञा है, हम आ सकते हैं।" उसके पीछे आमोद था।

"आओ।" 'चार एस' बोले और उनके बैठने से पहले लहककर बोले, "तुम कनक किरण के अन्तराल में लुक-छिपकर चलते हो, क्यों ?" और उन्होंने एक ठहाका लगाया। फिर सामान्य हो गए और पढ़ाने लगे।

क्लास के बाद सेमीनार रूम में किरन की आँखों में आँसू और चेहरे पर गुस्सा था। वह बोली—"ये अपने को समझता क्या है कमीना...खुद तो बुड्ढा जवान लड़की से शादी किए बैठा है और दूसरों को सताता है।"

"यह तो मानसिक यन्त्रणा है। निश्चित रूप से मैं अपनी प्रतिक्रिया व्यक्त करूँगा।" आमोद बोला।

"जाओ जाकर बात करो।" मैंने कहा।

दरअसल हो ये रहा था कि किरन खाली समय में मेरे और आमोद के साथ कैन्टीन जाने लगी थी, ये बात विभाग के वरिष्ठ प्राध्यापकों को बुरी लगती थी। सबसे ज्यादा बुरी लगती थी 'चार एस' को।

"सवाल ये है कि कहोगे क्या ? वह तो कह देगा यह प्रसाद की पंक्ति है जो मैंने पढ़ी थी। वह पढ़ा भी छायावाद रहा है। कोई क्या करेगा।"

"फिर क्या करें।" किरन इतना गुस्से में थी कि अपने को रोक नहीं पा रही थी।

"देखो एक आइडिया है। मैं 'चार एस' पर कहानी लिखता हूँ और इसी शुक्रवार को सेमीनार रूम में सुना दूँगा।"

"हाँ ये तो अच्छा रहेगा।" आमोद बोला। लेकिन किरन को शान्ति नहीं मिली।

"मेरा तो जी चाहता है, हरामजादे का मुँह नोच लूँ।"

"ऐसा मत करो। केस उलझ जाएगा।"

"तो वाइस चांसलर से शिकायत करूँगी।"

"सवाल यही है कि वह क्या जवाब देगा...चलो गोली मारो...आओ चाय पीएँ।"

कैन्टीन में हम तीनों कहानी 'डिस्कस' करने लगे। कुल मिलजुलकर जो विचार-विमर्श हुआ उससे कहानी की रूपरेखा यह बनी कि एक अधेड़ उम्र का आदमी है, वह जवान लड़की से शादी कर लेता है। पर बच्चा नहीं होता। वह छिपकर अपना इलाज भी कराता है पर फिर भी सफलता नहीं मिलती। इस गुस्से और फ्रस्ट्रेशन में वह अपनी पत्नी की पिटाई करने लगता है। पत्नी जानती है कि वह क्यों पिटती है, पर कह नहीं पाती। पर एक दिन वह कह देती है।

"वह क्या कहती है। यानी 'पंच' लाइन क्या है, ये बताओ।" किरन बोली।

"सोचना पड़ेगा।"

"इसी पर कहानी का आधार होगा।" आमोद बोला।

"तुम ही लोग बताओ।"

"देखो पत्नी कह सकती है, 'खिसियानी बिल्ली खंभा नोचे।' " किरन ने राय दी।

"हाँ मुहावरा तो अच्छा है पर बात साफ नहीं होती।" आमोद बोला।

"तो, 'डरपोक ही अपनी बहादुरी दिखाते हैं।' " किरन ने कहा।

"हाँ ये तो अच्छा वाक्य है।"

"देखो ये कैसा रहेगा—'आपके मन में चोर है। उसे मन में ही रहने दो। मैंने तो कभी नहीं कहा कि वहाँ चोर है' बोलो।" मैंने राय दी।

"ठीक है यार, पहले कहानी लिखो। तब डिस्कस कर लेंगे। जो ठीक लगेगा, रख लेंगे।" आमोद बोला।

पिछले कई सप्ताह से किरन हम दोनों को चाय पिला रही थी क्योंकि हम दोनों 'कड़क' थे। किरन के पास पैसे की कभी कमी नहीं होती। उनके पिता शहर के जाने-माने उद्योगपति हैं। चाय और पराँठे। हम दोनों उसे दुआएँ देते हैं। कहते—किरन तेरी सभी इच्छाएँ पूरी हो जाएँ। ऐसा पति मिले जो तुझे पलकों पर बिठाए। शादी और पति के नाम पर वह बिगड़ जाती थी क्योंकि यही एक विषय था जो उसे चिढ़ा सकता था। कारण यह था कि उसके घर में प्रायः यही बातें होती रहती थीं और वह इस ज़िक्र से तंग आ चुकी थी। वैसे किरन को 'सेक्स' पर बात करना अच्छा लगता था। लेकिन जब हम तीनों साथ होते थे तब नहीं। वैसे उसे यह नहीं मालूम था कि मैं और आमोद दोनों ये जानते हैं कि वह हमसे अलग-अलग सेक्स पर बात करती है। वजह साफ थी। और कोई ढँकी-छिपी वजह न थी। वह जवानी की उस मंजिल के उस मोड़ पर थी जहाँ औरत को मर्द की आवश्यकता 'आक्सीजन' से ज्यादा 'सेक्स' होती है।

हम चाय पीकर जा रहे थे कि एक 'वेटर' तेज़-तेज़ आया और मुझसे बोला, "मियाँ बुला रहे हैं।"

मैं समझ गया। जावेद कमाल याद कर रहे हैं।

"तुम लोग चलो, मैं आता हूँ।"

"आराम से आओ। अगली क्लास डॉ. कुसुम की है।"

"सलाम अलैकुम जावेद भाई।"

"आओ बैठो।" हाथ उठाकर उन्होंने सलाम का जवाब दिया। जल्दी में तो नहीं हो न ? सोचा कुछ हाल-अहवाल पूछ लूँ।"

"नहीं-नहीं, कोई जल्दी नहीं है। डॉ. कुसुम की क्लास है।"

"यार क़सम से, ये डॉ. कुसुम है क्या चीज़ मेरी तो आज तक समझ में नहीं आया। एक दिन मुँह उठाए यहाँ चला आया और बोला, 'जावेद भाई हमने ग़ज़ल लिखी है। ग़ज़ल को ऐसे बोला जैसे गाजर कह रहा हो। मैंने कहा आइए बैठिए डॉक्टर साहब, ये बताइए ग़ज़ल कहने से पहले आपने 'मीर' को पढ़ा है ? 'ग़ालिब' को पढ़ा है ? 'फ़िराक़' को पढ़ा है। कहने लगा हमने हिन्दी ग़ज़ल लिखी है।' अब बताओ यार मैं उससे क्या बहस करता कि 'ग़ज़ल' 'ग़ज़ल' होती है, न हिन्दी की होती है न उर्दू की।"

"सुनाकर माने होंगे।"

"नहीं जनाब...मैंने साफ कह दिया कि डॉक्टर साहब मैं न तो ग़ज़ल सुनाता हूँ न सुनता हूँ। लिखकर दे जाइए तो पढ़ लूँगा और आपको राय दे दूँगा।"

"बड़ा ग़ज़ब किया आपने।"

"यार, हमने बड़े-बड़ों की धौंस नहीं सही...इसी वजह से कलाबत्तू बने बैठे हैं। वरना आज रीडर या प्रोफेसर होते...अब डॉक्टर कुसुम की धौंस क्यों सहूँ।...अरे भाई भूल ही गया, चाय पिओगे।"

"अभी पी है।"

"अभी अपनी पी है। अब मेरी पी लो।"

"ठीक है साहब। मँगवाइए।"

"अमाँ इन शायरों से अच्छे तो हमारे रामपुर के मसख़रे हुआ करते थे। नवाबी दौर में एक बड़ा मशहूर मसख़रा था नौमी। एक दिन नवाब अपनी लायब्रेरी में थे। कुछ मूड अच्छा न था। नौमी लगातार मज़ाक़ कर रहा था कि नवाब को हँसी आ जाए तो कुछ इनाम-कराम मिल जाए। नतीजा ये हुआ कि नवाब को ग़ुस्सा आ गया। बोले, नौमी, मैं सीढ़ियाँ उतर रहा हूँ। अगर आखिरी सीढ़ी तक मुझे हँसा न दिया तो तोप से उड़वा दूँगा।' अब तो जनाब नौमी का सिट्टी-पिट्टी गुम हो गई। सीन ये बना मियाँ कि नवाब सीढ़ियाँ उतर रहे हैं और नौमी उसके सामने उल्टे पैरों सीढ़ियाँ उतर रहा है और जिन्दगी के बेहतरीन लतीफ़े सुना रहा है लेकिन नवाब को हँसी ही नहीं आ रही। पाँच सीढ़ियाँ रह गईं। चार और तीन और फिर दो और नवाब है कि हँस ही नहीं रहा। जब आख़िरी सीढ़ी बची और नौमी को मौत नज़र आने लगी तो बोला, "भोसड़ी के, अब तो हँस दे...नहीं तो क्या जान लेगा। नौमी का ये कहना था कि नवाब को बेसाख़्ता हँसी आ गई।

# 31

शकील का तार मिला—बीस मार्च को मेरी शादी है। बस्ती पहुँच जाओ।

अहमद का लम्बा ख़त आया कि अब उसे एक नई बंगाली लड़की मिल गई है जिसका सोने का जैसा दमकता रंग है...हॉस्टल के कमरे में और कोई न था। मेज़ पर तार और ख़त रखे थे। मैंने तार और ख़त मेज़ की ड्रार में रखे और अपने आपसे पूछा—और मैं ? ये एक सरगोशी थी—और मैं ये एक सिसकी थी—और मैं—ये एक शिकायत थी।—और मैं, ये एक चीख़ थी। मेरा जी चाहा कि इतनी ज़ोर से चिल्लाऊँ कि दुनिया की हर औरत के कान में मेरी आवाज़ पहुँच जाए—'और मैं।'

वैसे तो यह शाश्वत समस्या जैसी थी लेकिन उस दिन लगा कि बस अब हद हो गई। मतलब हद ख़त्म हो गई। ये क्या बात है कि मैं दस साल से और 'मैं और मैं कर रहा हूँ लेकिन आवाज़ कहीं नहीं पहुँचती।

जेब में हाथ डाला तो सवा तीन रुपए थे। बिल्कुल पागलों की तरह शमशाद मार्केट गया। किराए की साइकिल ली और शहर की तरफ रवाना हो गया। अँधेरा हो गया था। मैं उन गलियों से अच्छी तरह परिचित था जहाँ अहमद और शकील के साथ जाता था। एक-दो बार अकेला भी गया था लेकिन हिम्मत न पड़ी थी। इस बार हिम्मत नहीं; हिम्मत का टोकरा था मेरे सिर के ऊपर। अँधेरी-पतली बदबूदार गलियाँ जिनके दोनों तरफ दरवाज़ों में खड़ी बदसूरत औरतें और लड़कियाँ जिनके चेहरे लालटेनों या मिट्टी के तेल की ढिबरियों की रौशनी में बदहैबत लग रहे थे। मैं एक-एक चेहरे को देखता और आगे बढ़ जाता और फिर अपने आपको डाँटता कि क्यों हिम्मत नहीं है। देखते-देखते पूरे इलाक़े के कई चक्कर लगा लिए। कई जगह पैर कीचड़ में गया, कई जगह साइकिल फँसी; कई जगह जुमले सहे; आख़िरकार एक जगह ठहरा। साँवली, दुबली-पतली औरत थी कुछ बीमार-सी। मामूली साड़ी बाँधे थी। साइकिल मैंने उसके दरवाज़े पर टिका दी। अन्दर आया। एक पलँग उसके पायतियाने, एक बाल्टी-लोटा और लकड़ी का पटरा। लालटेन की मद्धिम रौशनी में और कुछ न दिखा।

"क्या लोगी ?"

"तीन रुपए।"

उसने तीन रुपए ले लिये।

"कपड़े उतारो।" वह रुपयों को अल्मारी में रखे सन्दूक में रख रही थी—"और साइकिल तकाई के चार आने।"

"ये लो।" अब मेरे पास कुछ न था।

वह लेट गई और साड़ी कमर के ऊपर तक खिसका ली। मेरी साँस रुकने लगी। डर ऐसा लग रहा था जैसा कभी न लगा था।

"जल्दी करो...जल्दी।"

पर जल्दी का क्या सवाल, मेरा तो हाल ही बुरा था।

"ये क्या गन्दगी करते हो.."

"पर ये..."

"वह भी हो जाएगा...पर उसका एक रुपया होगा।"

"रुपया ?"

"हाँ।"

"नहीं है।"

"तो हटो ऊपर से।"

मैं बाहर गली में साइकिल लिए चला जा रहा था। अब गोश्त और रोटी और साइकिल का किराया और सिगरेट ? पर ये हुआ क्या ? क्या मैं ? पता नहीं क्या बात थी। शायद डर। सीधे 'मदीना होटल' पहुँचा। एक प्लेट बड़े का भुना गोश्त और दो ख़मीरी–अब कुछ मत सोचो। खाओ। भूख लगी है। खाने लगा।

"चचा पैसे कल दे जाऊँगा।" मैं किसी तरह का जवाब सुने बग़ैर साइकिल पर बैठ चुका था।

काश ! ये हिम्मत पहले आ गई होती मेरे अन्दर।

सेमीनार रूम का बातावरण तनावपूर्ण था। जो अध्यापकगण थे वे खामोश थे। छात्र खुसुर-फुसुर कर रहे थे। फाइनल इयर के लड़के तो खुलकर मुस्कुरा रहे थे। किरन बहुत गम्भीर थी। आमोद कापी पर कुछ गोंच रहा था। मैं 'चार एस' पर लिखी कहानी 'गधे के कान' सुना रहा था। प्रारम्भ में शीर्षक से सब यही समझे थे कि यह कोई हास्य कहानी होगी लेकिन धीरे-धीरे हास्यवाला माहौल ख़त्म हो गया था।

सप्ताह में एक बार 'सेमीनार रूम' में कुछ रचनात्मक लेख, कहानियाँ या कविताएँ वग़ैरा पढ़ने की परम्परा थी। आमतौर पर 'चार एस' वहाँ अवश्य आते थे क्योंकि स्वयं कवि थे।

कहानी समाप्त हो गई।

अगले दिन 'चार एस' की क्लास में कहानी फिर शुरू हुई। वे बहुत दुःखी थे। उन्होंने पूरे पैंतालीस मिनट भाषण दिया–छायावाद पर नहीं। विषय था युवकों में बढ़ती अनैतिकता, अराजकता, बड़ों का अपमान करने का प्रचलन, निडरता, आदि आदि आदि।

उनका भाषण यानी तोप का मुँह सीधे मेरी तरफ था। मैं सीना ताने खड़ा था। मुझे मालूम था कि जो मैंने किया है उसका नतीजा भी मैं ही भुगतूँगा। वे बोले, "तुम्हारी उम्र क्या है ? तुम्हारे अनुभव कितने हैं ? तुम जानते क्या हो ? तुमने दुनिया कितनी देखी है ? तुम्हारी उम्र से ज़्यादा तो मेरी सर्विस है। तुम्हारे अन्दर यह हिम्मत कैसे आई कि सेक्स पर कहानी लिखो, सेक्स की एक जटिल समस्या पर और फिर उसे सुनाओ। हम लोग अपने जमाने में एक तो ऐसा काम करते नहीं थे और यदि करते थे तो पहले

गुरुजनों को दिखा लेते थे।'' मैं खामोशी से सुनता रहा। सब खामोश थे। किरन और आमोद खुश थे कि तीर ठीक निशाने पर लगा है।

क्लास जब ख़त्म हो गई तो 'चार एस' ने मुझे रोक लिया और सबके जाने के बाद कहा—''अब मैं देखता हूँ कि मेरे पेपर में तुम्हारे साठ नम्बर कैसे आते हैं।''

बाहर आया तो किरन पूछी, ''क्या कह रहा था ?''

''असली बात की।''

''क्या ?''

''कहा कि अपने पेपर में मुझे फर्स्ट क्लास नम्बर नहीं देगा।''

''अच्छा ? यह तो कमीनापन है।''

''मैं भी देखूँगा कि वह फर्स्ट क्लास कैसे नहीं देता।''

''कैसे देखोगे।''

''देख लेना।''

''चलो चाय पीते हैं। आज मैं पराँठे लाई हूँ।''

''ज़िन्दाबाद...चलो।''

हम तीनों कैन्टीन आ गए। जावेद भाई सामने ही बैठे थे। इशारे से अपने पास बुलाया।

''चाय पीकर चले न जाना। तुमसे कुछ बात करनी है।''

''कुछ ख़ास है ?''

''हाँ भाई, ख़ास ही है। रामपुर ग्रेहाउंड का क़िस्सा सुना है।''

''नहीं ये क्या है ?''

''वही सुनाऊँगा।''

मैं किरन और आमोद के साथ मेज़ पर आकर बैठ गया।

''मज़ा आ गया प्यारे।'' आमोद ने कहा।

''अब कुछ गड़बड़ न करो।'' फिर बोली।

''देखो, ऐसा नहीं है कि जिसकी जो मर्ज़ी हो वो कर ले।''

''हाँ, तुम भी तो छोटे-मोटे नेता हो।'' किरन हँसकर बोली।

''नहीं नेता न कहो।''

''क्यों ?''

''गाली जैसा लगता है।''

''लो पराँठे खाओ और एक ताज़ा ख़बर सुनो'' किरन बोली ?

''क्या ?''

''डॉ. इल्मी को जानते हो।''

''हिन्दोस्तान-पाकिस्तान में कौन नहीं जानता डॉ. इल्मी को।'' मैं मुग़ले आज़म में पृथ्वीराज कपूर के अन्दाज़ में बोला।

''वही जो अपने को प्रेमचन्द के हिन्दी-उर्दू का सबसे बड़ा लेखक मानते हैं।''

आमोद ने पूछा।

"हाँ वही।" किरन बोली, "आजकल अपनी एक रिसर्च स्टूडेंट से इश्क़ फरमा रहे हैं।"

"मतलब आग एक तरफ से लगी हुई है या..."

"पिछले साल उस लड़की ने एम.ए. किया है। बिहार के किसी गाँव में घर है। डॉ. इल्मी के साथ पी-एच.डी. में रजिस्ट्रेशन हुआ है। अब तुम समझ सकते हो।"

"मतलब ये कि–सलीम तुम्हें मरने नहीं देगा और हम तुम्हें जीने नहीं देंगे अनारकली।"

"डॉ. इल्मी ने उसे अपने 'इंटरनेशनल फेम' का राइटर होने के प्रभाव में ले लिया है।"

"तुम्हें ये सब कैसे पता।"

"लड़कियों का हॉस्टल। इस लड़की के कमरे के बराबर सुग़रा रहती है। वह कल मेरे घर आई थी।"

"चलो ठीक है। देखते हैं।"

आमोद और किरन के चले जाने के बाद जावेद भाई के पास आया तो बोले, "आओ, रामपुरी ग्रेहाउंड का किस्सा सुनो।"

"सुनाइए।"

"दूसरे नवाबों, राजों, महाराजाओं की तरह रामपुर के नवाब को भी कुत्ते पालने का शौक था। उन्होंने ग्रेहाउंड की एक नई नस्ल डेवलप की थी जिसका नाम 'रामपुर ग्रेहाउंड' रखा था। एक दिन नवाब कुत्तेख़ाने में गए तो देखा कि एक ही रामपुर ग्रेहाउंड बचा है और वह भी बूढ़ा और कमज़ोर हो गया है। नवाब को बड़ी फिक्र हो गई कि रामपुर ग्रेहाउंड की पूरी नस्ल ही तबाह हो जाएगी। उन्होंने कहा कि रामपुर ग्रेहाउंड की नस्ल बचाने की कोशिश करो। ख़ैर साहब, हुक्मे सरकारी, बूढ़े रामपुरी ग्रेहाउंड को क़ीमती कुश्ते दिए जाने लगे और दो ही तीन महीने में वह इतना तगड़ा तन्दुरुस्त हो गया कि नस्ल बचाने लायक़ बन गया। तो जनाब एक जवान कुतिया लाई गई। नवाब खुद कुर्सी पर बैठकर रामपुर ग्रेहाउंड की नस्ल बचने की हिम्मत, जोश, सुपुर्दगी का जायज़ा लेने लगे। जैसी कि उम्मीद की जाती थी रामपुर ग्रेहाउंड ने पूरी मर्दानगी से हालात का सामना किया लेकिन बाद में जवान कुतिया की पीठ पर सिर रख दिया। नवाब और दूसरे लोगों को लगा कि बूढ़े रामपुरी ग्रेहाउंड को जवान और खूबसूरत कुतिया पर प्यार आ गया है जो कोई हैरत की बात नहीं है। लेकिन जब बूढ़े आशिक़ ने अपना सिर काफी देर तक न हटाया तो पता चला कि आशिक़ दुनियाए सराएफ़ानी से कूच कर गया है...तो मियाँ ये है क़िस्सा।"

"अब बताइए आज ये आपको याद क्यों आया ?"

"आज नहीं कल आया था।"

"क्यों ?"

''कल...शाम मालूम हुआ कि अपने डॉ. इल्मी जिनकी उम्र ख़ुदा झूठ न बुलाए तो पचपन से कम नहीं है। अपनी एक शागिर्दा जिसकी उम्र सिर्फ तेईस साल है, से इश्क़ फ़रमा रहे हैं।''

''लेकिन शागिर्दा भी कर रही है।''

''मियाँ ये तो झटकेबाज़ी है। अमाँ गाँव-वाँव की लड़की है उसे 'इम्प्रेस' करना और तबाह करना क्या मुश्किल काम है।''

''तो ये खबर पक्की है।''

''हाँ क्यों ? तुमने कहीं और भी सुनी ?''

''जी हाँ, किरन बता रही थी।''

''इसका मतलब है सच ही है।''

''डॉ. इल्मी आपके तो दोस्त हैं ?''

''मेरे दोस्त...नहीं मियाँ लाहौलविला कुव्वत।''

''तो किसके दोस्त हैं ?''

''मियाँ ये तो मैं बता सकता हूँ कि कौन-कौन उनका दुश्मन है लेकिन ये नहीं बता सकता कि दोस्त कौन है।''

''दुश्मन कौन हैं ?''

''पहले तो अपने 'राही' ही हैं।''

''क्यों हैं ?''

''अमाँ 'राही' को तो कोई खींचनेवाला चाहिए। एक दिन उसने डॉ. इल्मी से कहा कि इल्मी साहब यार यह 'एबिड' कोई बहुत बड़ा स्कॉलर मालूम होता है। बड़ी किताबें लिखी हैं कम्बख़्त ने। अंग्रेजी की जो किताब उठाकर देखो उन पर कम्बख़्त का नाम है। 'राही' जानता है कि ऐसी कोई भी बात डॉ. इल्मी पचा नहीं पाते। अगले दिन उन्होंने स्टाफ मीटिंग में प्रोफेसर एबिड का नाम लिया। सब हैरान। लेकिन जब डॉ. इल्मी को पता चला कि ये उनके साथ प्रेक्टिकल जोक किया गया था तो 'राही' के दुश्मन हो गए।''

चाय-वाय फिर पिलाने के बाद जावेद भाई बोले, ''अपने दोस्त रज़ी को मुबारकबाद दे देना।''

''क्यों, क्या हुआ।''

''अरे भई तुम्हें पता नहीं।''

''नहीं बिल्कुल नहीं।''

''लेक्चरर लग गया भाई।''

''कैसे...अभी तो शायद पी.एच-डी. भी पूरी नहीं हुई।''

''मियाँ लीव 'वेकैंसी' पर है। एक साल के लिए डॉ. सलमान अमेरिका चले गए हैं।''

''तब तो मज़े हैं रज़ी के।''

मैं वहाँ से सीधा लायब्रेरी आया और के.पी. सिंह के कमरे पर गया। वे मिल गए।

"क्या रज़ी को एप्वाइन्टमेंट मिल गया है ?"

"हाँ, तुम्हे किसने बताया।"

"जावेद भाई ने।"

"कल से ज्वाइन कर लिया है।"

मैंने महसूस किया कि उनकी आवाज़ में खुशी न होकर कुछ दुःख ही था। मैंने पूछना ठीक न समझा। पर इतना ज़रूर लगा कि मामला कुछ गड़बड़ है।

अगले दिन कामरेड लालसिंह से उसके कमरे पर बात हुई तो बात और उलझती चली गई।

"रज़ी को नौकरी मिल गई है।"

"हाँ," लालसिंह ने कहा।

"कामरेड ये तो अच्छी बात है।"

"हाँ अच्छा है।"

"लेकिन मैं देख रहा हूँ कि..."

"क्या ? क्यों रुक गए। बोलो।"

"एक अजीब-सी खामोशी है माहौल में।"

"भाई खुलकर बात करो।"

"लोग खुश नहीं लगते।"

"कौन लोग।"

"तुम या तुम्हारे दोस्त।"

"हाँ, ये सच है।"

"क्यों ?"

"देखो तुम कोई बड़ा फैसला करते हो तो क्या करते हो ?"

"मतलब सलाह-मशविरा...लेकिन ये तो इतनी बड़ी बात..."

"हाँ ये इतनी बड़ी बात न होती अगर..."

"अगर प्रोफेसर फ़ारूक़ जिन्होंने रज़ी को नौकरी दी है जमाते इस्लामी के नेताओं में न होते।"

"तो उससे क्या हुआ।"

"देखो ऐसा है रज़ी हम लोगों को बताता तो हम उसे मना तो न करते।"

"फिर ?"

"सवाल यह है कि उसने बताया नहीं...यह सोचकर कि हम लोग मना कर देंगे।"

"तो इसका मतलब ?"

"इसका मतलब यह कि वह हमारे मना करने पर भी ज़्वाइन करने की ठान चुका था।"

"अच्छा तो ये बात है।"

"अब प्रो. फ़ारूक़ ने वैसे ही तो उसे नौकरी दी नहीं है।"

"क्या मतलब ?"

"मतलब तो बाद में ही पता चलेगा...देखो, रज़ी चाहे और किसी को न बताता कम से कम मुझे तो बताता। मैं उसे लम्बे समय से जानता हूँ। काफी पहले उसके भाई से मिल चुका हूँ। हम एक-दूसरे के इतना करीब हैं कि कह नहीं सकता।"

"तो तुम क्या सोचते हो, कामरेड"

"मध्यवर्गीय अवसरवाद।"

"तो क्या होगा।"

"कुछ नहीं...होगा क्या..." वह बहुत विश्वास के साथ मुस्कुराने लगा।

मुझे लगा वह ठीक कह रहा है और उसके विश्वास का आधार है। वह विश्वविद्यालय की सी.पी.एम. यूनिट का इतना चहेता आदमी है जिसकी कल्पना तक नहीं की जा सकती। कौन है जो उससे प्यार नहीं करता ? वही है जो इरफ़ान साहब से उनका प्यारा क़लम माँग लेता है और वे हँसते-हँसते दे देते हैं। के.पी. की जेब में हाथ दे देता है कि यू.पी. किसान सभा के सम्मेलन में जाना है। डॉ. अतिया खान से रात दो बजे पराँठे डलवा लेता है। प्रो. माबूद उसकी बात कभी टाल नहीं सकते। 'लेवी' की बात तो दूर रही...उसे सब इस तरह देते हैं जैसे उनका अपना भाई या बेटा हो। के.पी. कहते हैं—"भाई लालसिंह जैसा कोई है नहीं...कौन पार्टी को अपनी जिन्दगी देता है, बताओ ?" प्रो. आबाद से उसने एक बार कहा था—कामरेड आपका बैग अच्छा है। प्रो. आबाद ने बैग उसे ज़बर्दस्ती दे दिया। कहा, 'मैं दूसरा ले लूँगा।' तक़ी साहब उसके लिए कपड़े बनवाते हैं। महमूदउद्दीन ने तो एक बार उसे कालीकट पार्टी कान्फ्रेन्स में जाने के लिए अपनी घड़ी बेच डाली थी। सब कहते या मानते थे—ठीक है कामरेड लालसिंह जो हम करना चाहते थे, पर नहीं कर सके। तुम वह कर रहे हो...करो।"

## 32

जाड़ों की छुट्टियों के बाद 'सेशन' ने कुछ गति पकड़ी ही थी और यूनीवर्सिटी कैम्पस पर बहार आई ही थी कि एक दिलचस्प वाक़या हुआ जिस पर सबका ध्यान गया। यह डॉ. इल्मी का प्रेम-प्रसंग न था। वह तो अपनी सामान्य गति से चल रहा था और डॉ. इल्मी ने नसरिया शायरी शुरू कर दी थी। शाम को चुसकी लगाकर वे सुनसान सड़कों पर अकेले टहला करते थे और क्लास में सिर्फ अपने बारे में बोलते थे। वजह यह थी कि उनके बहुत आग्रह करने पर भी उर्दू के आधुनिक गद्यवाले पेपर में उनका कोई उपन्यास नहीं लगाया गया था। वे इसे षड्यन्त्र मानते थे और चूँकि गद्यकार होने के कारण पेपर वे ही पढ़ाते थे इसलिए उनसे कोई यह पूछनेवाला न था कि वे हर गद्यकार से अपनी तुलना क्यों करते हैं और फिर अपनी रचनाओं को श्रेष्ठ क्यों सिद्ध करते हैं। क्लास में कृशन चन्दर से लेकर अनवर अज़ीम तक के साथ वे अपनी कहानियों की

तुलना करते थे। और लड़कों को यह समझते देर नहीं लगती थी कि वे ही उर्दू के सबसे बड़े गद्यकार हैं।

बहरहाल, मामला डॉ. इल्मी का नहीं है। मामला है डॉ. कुसुम का। जाड़ों की एक सुबह मैं और आमोद सेमीनार रूम में पहुँचे तो देखा, रेखा भटनागर एक कोने में बैठी साड़ी के पल्लू से आँसू पोंछ रही हैं। रेखा भटनागर के पिता स्थानीय म्युनिसिपल बोर्ड में क्लर्क थे और तीन-चार साल हुए गुज़र गए थे। माँ बच्चों के किसी स्कूल में सौ-पचास रुपए महावार पर काम करती थी। तीन भाई-बहन और थे जो चुंगी के स्कूलों में पढ़ते थे। रेखा भटनागर ने डी.एस. कॉलेज से हिन्दी में एम.ए. किया था और अब डॉ. सुमन के साथ पी-एच.डी. कर रही है। वह एक साँवली कमज़ोर और बहुत घरेलू-सी लड़की है। हफ्ते में एक-दो बार आती है और सब जानते हैं कि वह बड़ी मेहनत से काम कर रही है क्योंकि यह उसके लिए अस्तित्व का सवाल था।

रेखा को रोते देखकर हम दोनों हैरान रह गए।

''क्या बात है रेखा ?'' आमोद ने पूछा।

''कुछ नहीं।'' उसने जल्दी से आँसू पोंछ डाले, पर आँसू फिर आ गए।

''कुछ तो है रेखा।''

वह और फूट-फूटकर रोने लगी।

''बताओ न ?''

हिचकियाँ ले-लेकर वह बताने लगी, ''मेरी थीसिस के तीन 'चैप्टर' पूरे हो गए हैं। डॉ. सुमन ने देख लिए हैं। आगे के दो 'चैप्टर्स' के नोट्स तैयार हैं। आज मैंने डॉ. सुमन...'' वह चुप हो गई।

''बताओ...बताओ।''

''डॉ. सुमन कह रहे हैं अब तुम्हारा काम घर पर ही देखूँगा...''

''क्यों यहाँ देखने में क्या प्राब्लम है ?''

''कह रहे हैं...'' वह फिर रोने लगी।

तभी किरन आ गई। उसने जो ये सब देखा तो हम लोगों से कहा—''तुम लोग बाहर जाओ मैं पूछती हूँ।'' हम दोनों बाहर चले गए। कुछ ही क्षण बाद किरन बाहर आई। उसके चेहरे पर गुस्सा और हँसी के भाव एक साथ तैर रहे थे।

''क्या हुआ ?''

''यार, ये डॉ. सुमन।''

''क्या किया नवगीत के जनक कवि सम्मेलन मारक कवि ने।''

''रेखा से कह रहे हैं कि वे उसे साड़ी बाँधना सिखाएँगे।''

''वाह-वाह-वाह-वाह, क्या कल्पना है। यह तो अपने आपमें कविता है, इसी को छन्द में कर दो तो कवि सम्मेलन की कविता बन जाएगी। और इसे गद्य में लिख दो तो साठोत्तरी कहानी।''

''मज़ाक़ मत करो। वह बेहद परेशान है।''

"यार इसको लज्जा नहीं आती।"

"उसका नाम लज्जा राम शर्मा नहीं है समझे।"

"तुम ज़रा सीरियस हो जाओ।" किरन ने मुझे चेतावनी दी।

"ठीक है बताओ।"

"क्या किया जाए।"

"पंडित जी से शिकायत करें।"

पहले तो रेखा के अन्दर इतनी हिम्मत ही नहीं थी कि वह पंडित जी से जाकर यह कह सके। पर किरन के बहुत हिम्मत दिलाने और यह कहने पर कि इस तरह उसकी पी-एच.डी. पूरी नहीं हो सकेगी या उसे डॉ. सुमन के सामने समर्पण करना पड़ेगा। वह पंडित जी से कहने पर तैयार हो गई।

दोपहर को हम सब फिर मिले। रेखा अब भी रो रही थी। पंडित जी ने भी वेदान्ती जवाब दिया था। उन्होंने रेखा से कहा था कि तुम स्त्री हो, डॉ. सुमन पुरुष हैं। मैं बीच में कहाँ आता हूँ। यही वाक्य बोलकर उन्होंने फाइल बन्द कर दी थी।

"चलो लायब्रेरी।"

"कहाँ ?"

"अरे चलो तो।"

"वही सौ मर्ज़ों की एक दवा।"

"हाँ..."

"के.पी.।"

"हाँ।"

"आओ।"

हम सब के.पी. के पास गए। उन्होंने कहा, "पंडित जी को पता नहीं है कि नया वाइस चांसलर बड़ा तगड़ा 'ब्यूरोकेट' है। अगर उसे यह पता चल गया तो मुसीबत आ जाएगी। वह फैसले सेकेंडों में करता है और उसने अपने आफिस को 'इंस्ट्रक्शंस' दे रखे हैं कि 'स्टूडेंट्स' के मामले तत्काल उसके सामने लाए जाएँ। तुम लोग रेखा को लेकर वी.सी. ऑफिस जाओ। मैं उनके पी.ए. आफताब साहब को फोन करता हूँ। फौरन मिलवा देंगे।"

सब काम उसी तरह हो गया जैसा होना चाहिए था।

अगले दिन सुबह विभाग में खलबली मची थी। वी.सी. ने रेखा का लिखित बयान ले लिया था और वी.सी. के पी.ए. आफताब साहब ने पंडित जी से फोन पर कहा था कि वी.सी. कह रहे हैं कि इस सन्दर्भ में उनको और डॉ. कुसुम को क्यों न सस्पेंड कर दिया जाए। इसका जवाब वी.सी. ने चार घंटों के अन्दर माँगा था।

"कहो बात बन गई।" के.पी. बोले।

"पक्की।"

"फँस गए।"

"दोनों।"

"डॉ. सुमन आपके भी तो सुपरवाइज़र हैं।"

"हाँ हैं।"

"कहीं समझ न जाएँ कि आपने ही..."

"समझ जाए तो बहुत अच्छा है।"

"क्यों ?"

"डरेगा।"

"तो उसने।"

"ख़राब आदमी का डरना अच्छा है। उसका निडर बनना खतरनाक है।"

पूरे विभाग में रेखा की तलाश हो रही थी। आखिरकार पंडित जी की गाड़ी उसके घर गई और वह आई।

बन्द कमरे में जो बैठक हुई उसका पूरा विवरण रेखा ने हमें बाद में दिया वह एक छोटा-सा 'एकांकी' था।

पंडित जी—"मूर्ख व्यक्ति अपनी भी नौकरी लेगा और मेरी भी।"

डॉ. सुमन—(हाथ जोड़कर) "क्या भूल हो गई श्रद्धेय ?"

पंडित जी—"अभी ग्यारह बजा है। एक बजे तक अगर वी.सी. को यह स्पष्टीकरण न दिया गया कि तुमने इस लड़की से...समझते हो, सस्पेंड हो जाओगे...तुम भी और मैं भी।"

डॉ. सुमन—"यह तो मेरी बहन है।" मान्यवर !

पंडित जी—"बहन नहीं...माता है। भारतीय संस्कृति में हर स्त्री...मतलब पत्नी (और प्रेमिकाओं ले.) को छोड़कर बाकी सब नारियाँ माता समान हैं।"

डॉ. सुमन—"अवश्य।"

पंडित जी—"माता के पैर छुओ।"

एकांकी जल्दी समाप्त करना पड़ा क्योंकि वी.सी. को उत्तर दिया जाना था। पूरे बतंगड़ का कारण—ग़लतफ़हमी यानी 'मिसअंडरस्टैंडिंग' बताया गया। कहा गया कि साड़ी बाँधनेवाला प्रसंग एक नवगीत के सन्दर्भ में था जिसके बारे में डॉ. सुमन बता रहे थे और यह बाला समझी कि उसे...तौबा तौबा...तौबा...बाला का बयान दर्ज है जिसमें वह कहती है...हलफ़िया कहती है कि डॉ. सुमन के विरुद्ध उसे कोई शिकायत नहीं है। डबल हलफ़िया बयान डॉ. सुमन का यह है कि बाला को वे बहन समझते हैं आदि-आदि...फिर भी ऐसी ग़लती भविष्य में न होगी।

इस पूरे प्रकरण का प्रभाव यह पड़ा कि पूरे एक सप्ताह हर कक्षा में हर प्रोफेसर ने नैतिकता पर बहुत विद्वत्तापूर्ण भाषण दिए और हम लोग काफी बोर हुए। लेकिन इतना पता चल गया कि हमारे सभी प्राध्यापक फरिश्ते नहीं तो उनसे बस आध एक इंच ही कम हैं।

शाम को मैं लालसिंह के कमरे पर चला जाता था। अब न तो कॉमन रूम में दिल लगता था और न चाय के चक्कर में मारे-मारे फिरने में मज़ा आता था। फ़ैज़ी का ख़याल भी छोड़ दिया था। वह समझ चुकी थी कि हिन्दी में एम.ए. ज्वाइन करके मैंने आत्महत्या कर ली है और ज़ाहिर है अब...कुँवर साहब के चुतियापे बर्दाश्त से बाहर थे। अहमद और शकील के साथ तो वे चल जाते थे लेकिन अब नहीं चलते। इसके अलावा और कोई पुराना दोस्त या परिचित न था। लालसिंह कभी-कभी कहीं गया हुआ होता था तो जावेद भाई की कैन्टीन में शामवाली महफ़िल का हिस्सा बन जाता था।

लालसिंह को मैं जितने ज़्यादा करीब से देख रहा था उतना अधिक प्रभावित हो रहा था। किसी के साथ कहीं अन्याय हो रहा हो, लालसिंह उसे बर्दाश्त नहीं कर सकता था। जो सच है वह उसके लिए कभी झूठ में नहीं बदल सकता। मतलब पक्का, खरा और तराशा हुआ हीरा। मेहनत, तकलीफ़, सख़्ती और अभाव को हँसकर झेलनेवाला। कहा करता है—यहाँ क्या तकलीफ है, कुछ नहीं। रहने को कमरा है, खाने को कनस्तर में आटा है, दाल है, पहनने को कपड़े हैं।

लालसिंह को देखकर अपने ऊपर शर्म आती है।

अक्सर इस बात की चर्चा होती कि क्या किया जाना चाहिए। उसकी राय थी जहाँ जो है, वहाँ उसकी भूमिका है। यहाँ हमें 'स्टूडेंट्स फेडरेशन' में काम करना चाहिए। पर दिक़्क़त यह है कि जब से पार्टी बँटी थी यहाँ स्टूडेंट फेडरेशन नाम की चीज़ ही नहीं बची। एक-दो को छोड़कर उसके नामलेवा नहीं है। इसलिए हमने तय किया कि पहले एस.एफ. को ज़िन्दा किया जाए। छात्रों में रज़ी ही एस.एफ. का पुराना कार्यकर्ता है। लालसिंह ने कहा कि मैं उसके पास जाऊँ और बात करूँ। तब हम तीनों मिलकर बैठें और सोचें कि काम कैसे शुरू किया जाए। मैं रज़ी के कमरे पर गया तो वह मिल गया। लेक्चरर हो जाने के बाद भी उसने हॉस्टल नहीं छोड़ा था।

"आओ यार आओ..." वह तपाक से बोला।

"मुबारक हो।" मैंने कहा।

"फिर वही बुर्जुआ एक्सप्रेशंस।"

"खुशी की बात है।"

"हाँ सो तो है।"

"तो नौकरी एक साल के लिए है।"

"हाँ लीव...वैकेंसी...पर देखो होता क्या है...हो सकता है बात न बन सके...मतलब काफ़ी..."

मैंने महसूस किया कि वह इस अन्दाज़ में कभी पहले नहीं बोलता था।

"चाय पीओगे ?"

"हाँ।"

वह केतली में पानी रख रहा था कि मैंने अपने आने का मक़सद बताया। कुछ क्षण तक तो वह कुछ न बोला। फिर कहने लगा—

"देखो मैं आजकल थीसिस को 'फाइनल टचेज़' दे रहा हूँ।"

"पूरी हो गई है।"

"पूरी ही समझो।"

"सुपरवाइज़र के साथ रोज़ चार-चार घंटे बैठना पड़ता है।"

"ओह..."

और मुझे बाईस क्लास दिए गए हैं...जी जनाब, हफ्ते में बाईस क्लास...समझे ?"

"हाँ...ये तो बहुत है।"

"मैं वक़्त कैसे निकालूँ।"

"मैं लालसिंह..."

वह बात काटकर बोला, "नहीं, तुम ये मत कहना। हमारे कामरेडों में कमी यह है कि वह दूसरे की प्रॉब्लम्स समझे बग़ैर नतीज़ों पर पहुँच जाते हैं। मैं आ सकता हूँ शुरू में एक-दो घंटे के लिए। उसके बाद तुम लोग जो चाहे करो...यार मैं तो पिछले दो हफ़्तों से 'अल्हमरा' भी नहीं जा पाया। इरफ़ान साहब का लेक्चर था।"

"ठीक है तो मैं चलता हूँ।" मैंने कप रख दिया।

"नहीं बैठो। ये बताओ कामरेड के क्या हाल हैं ?"

"ठीक हैं।" मैं सूँघ चुका था कि वह यह जानना चाहता है कि उसके बारे में लालसिंह क्या सोचता है।

"दिल्ली कब जा रहा है ?"

"शायद अगले हफ़्ते।"

"यार देखो...मैं उससे मिलकर...अब तुम शायद न जानते हो। कुछ लोग आजकल मेरे ख़िलाफ़ बिला वजह की मुहिम चलाए हुए हैं। ये बताओ बड़ा से बड़ा कम्युनिस्ट नौकरी कर रहा है। लाखों कमा रहा है। मैं अगर लेक्चरर लग गया तो कौन-सी 'काउंटर रिव्युल्यूशनरी' बात हो गई ?"

मैंने सोचा, बता ही दूँ। लालसिंह के साथ रहने की वजह से मेरे अन्दर सच्चाई और कड़वी बात कहने की हिम्मत आ चुकी थी। मैंने कहा, "नहीं, तुम्हारे नौकरी करने पर शायद किसी को कोई एतराज नहीं है।"

"फिर क्या शिकायत है ?"

"तुमने अगर राय-मशविरा कर लिया..."

"राय-मशविरा...?" वह चिढ़ गया—"प्रो. इरफ़ान मुजीब को ऑक्सफोर्ड जाने की स्कॉलरशिप मिली थी तो क्या पार्टी से पूछकर ली थी ? के.पी. को स्कॉलरशिप मिलती थी तो क्या उस पर पार्टी की मुहर लगी थी ? मुझे बताओ यार...ये लोग इतनी नासमझी की बातें क्यों करते हैं ?"

"देखो असली मामला ये है कि प्रो. फ़ारूक़..."

"ठीक है...ठीक है।" गुस्से में उसने मेरी बात काट दी। प्रो. फ़ारूक़ जमाते इस्लामी के हैं और ऑक्सफोर्ड यूनीवर्सिटी क्या सी.पी.एम. के हाथ में है ? क्यों भई

बताओ...अभी इरफ़ान साहब अमेरिका के 'टुअर' पर विज़िटिंग प्रोफेसर होकर गए थे, क्यों ? सिर्फ इरफ़ान साहब ही क्यों, मैं किस-किसका नाम लूँ।"

"तुम चलकर लालसिंह से बात क्यों नहीं कर लेते।"

"देखो मुझे बात ही करनी होगी तो पार्टी से करूँगा...इनडिविजुवल से नहीं करूँगा।"

"उसमें क्या नुकसान है।"

"मेरा उसूल है। और यहाँ किस शातिरपने से 'कैरेक्टर एसीसिनेशन' किया जा रहा है उस पर मुझे हैरत है। जावेद भाई पूरे न्यूज़ एजेंसी बने हुए हैं।"

मैं कुछ नहीं बोला।

"देखो लोग पार्टी से क्यों भाग जाते हैं ? भागते नहीं, भगा दिए जाते हैं। डॉ. नसरीन रिज़वी के साथ क्या हुआ ? अब्बास हैदर के साथ क्या हुआ ? तालिब साहब क्यों अलग हो गए। मुस्तफ़ा क्यों कांग्रेस में चले गए...यार एक लम्बी लिस्ट है—लाल सिद्दीक।"

"मुझे याद आया कि जावेद भाई ने कभी बताया था कि एक बार कामरेड लाल सिद्दीक ने नसरीन आपा को 'मैंडेट' दे दिया था कि अड़तालीस घंटे के अन्दर मुझसे शादी कर लो।"

"अरे यार, वो मेरे आने से पहले की बातें हैं। पर वह तो मज़ाक़ क्या बेवकूफ़ी थी।

रणदिवे का ज़माना था। आज़ादी झूठी है वाली लाइन थी। तो अपनी नसरीन आपा जवान थीं। लाल सिद्दीकी पार्टी सेक्रेटरी थे। उन्होंने नसरीन आपा को 'मैंडेट' दिया कि अड़तालीस घंटे के अन्दर मुझसे शादी कर लो।"

"वाह, ये क्यों ?"

"लाल सिद्दीक की लॉजिक यह थी कि वे क्रान्ति को समर्पित हैं लेकिन सेक्स की बुनियादी आवश्यकता पूरी न हो पाने की वजह से क्रान्ति के काम में रुकावट आती है।"

"वाह-वाह...तो फिर क्या हुआ ?"

"अरे यार, बहुत लोग बीच में पड़े। लाल सिद्दीक से 'मैंडेट' वापस कराया गया था।

## 33

यूनीवर्सिटी की दुनिया कामरेड लालसिंह के लिए नई न होते हुए भी नई है। मुझे कभी-कभी लगता कि कामरेड को मध्य या उच्च-मध्यवर्गीय दुनिया के बारे में कुछ पता नहीं है। वह बच्चे की तरह जिज्ञासु होकर सवाल पूछता है। उसी तरह जैसे उसकी

दुनिया के बारे में मैं जिज्ञासु हूँ।

"साजिद भाई मैं दोपहर को पहुँचा कामरेड इस्हाक़ के घर तो ऐसी गरमी थी कि न पूछो। कामरेड इस्हाक़ आजकल डीन हो गए हैं न...तो देर से आते हैं। आए तो हमें बाहर बरामदे में बैठा देखा तो कहने लगे—अरे कामरेड तुम यहाँ क्यों बैठे हो। अन्दर ले गए...और अन्दरवाले कमरे में ले गए...वहाँ भाई इतनी ठंड थी कि न पूछो। हम घबरा के इधर-उधर देखने लगे। हमने कहा—कामरेड यह कमरा इतना ठंडा कैसे है ? उन्होंने बताया ए.सी. लगा है। फिर हम चुप हो गए।"

मैं हँसने लगा—"अरे कामरेड तुम ए.सी. नहीं जानते ?"

"अब कैसे जानेंगे...जब हमने आज तक नहीं देखा।"

"ये एक मशीन होती है जो जाड़े में कमरों को गरम और गर्मी में ठंडा कर देती है।"

"गरम भी कर देती है।"

"हाँ।"

"बड़ा अच्छा है। आती कितने की है ?"

"पचास-साठ हजार की आती है।

"पचास-साठ..." कामरेड लालसिंह उछल पड़ा।

"हाँ-हाँ, क्यों ?"

"पचास-साठ हज़ार रुपए।"

"और नहीं तो क्या पैसे ?" मैं फिर हँस दिया।

"पचास हज़ार रुपए में तो दस बीघा खेत आ जाए साज़िद भाई।"

"अब ये मैं नहीं जानता।"

"और ये ए.सी. काम कितने साल करता है ?"

"आठ-दस साल तो चलता होगा।"

"बस ?"

"हाँ और नहीं तो क्या ?"

"तो ये तो पैसे की बड़ी बर्बादी है।"

ए.सी. ही नहीं इस तरह की तमाम चीज़ें उसकी नज़र में जो फिजूलखर्चियाँ थीं, कामरेड लालसिंह के मन में इनके प्रति गुस्सा था। एक दिन कहने लगा, "कामरेड जलील ने साइकिल में गद्दी लगवाई है। अस्सी रुपए में...अरे पचास और लगा के तो नई साइकिल आ जाती है।" मैंने कहा—"कामरेड जलील तो रीडर हैं यार...चार-पाँच हज़ार रुपए महीना पाते हैं..."

"चार-पाँच हज़ार..." वह मेरी बात काटकर बोला।

"हफ्ते में सिर्फ आठ क्लास लेते हैं।"

"पैंतालीस मिनट के आठ क्लास मतलब हफ्ते में चार घंटे और महीने में सोलह घंटे। और चार हज़ार रुपया...किस हिसाब से पड़ा..."

"अरे यार, कामरेड, ये तुम्हें अजीब लगता होगा पर ऐसा ही होता है...यही नियम-कानून है।"

"अच्छा..." वह अविश्वास से बोला।

ए.सी., कूलर, स्कूटरों, कारों, महँगे कपड़ों, बड़े-बड़े घरों या विश्वविद्यालय द्वारा दी गई कोठियों, लम्बी तनख़्वाहों, सुविधाजनक जीवन और पैसे की बर्बादी पर कामरेड लालसिंह की जिज्ञासाएँ बढ़ते-बढ़ते यहाँ तक पहुँचीं कि वह उनका सख़्त विरोध करने लगा।

"इरफ़ान साहब कोठी में रहते हैं।"

"अरे कामरेड तो तुम क्या चाहते हो ? इरफ़ान साहब झोंपड़ी में रहें। क्या झोंपड़ी में रहनेवाला ही क्रान्तिकारी हो सकता है ?"

"कामरेड माबूद ने लाख रुपए की एम्बैसडर कार खरीदी है।"

"तो ठीक है, हम क्या करें।"

एक दिन के.पी. ने कामरेड लालसिंह को बिठाकर बहुत अच्छी तरह समझाया। देखो यह मध्य या उच्च-मध्यवर्ग हैं; बुद्धिजीवी हैं। ये लोग 'होल टाइमर' नहीं हैं। इनसे तुम यह आशा नहीं कर सकते कि ये अपनी सामान्य सुख-सुविधाएँ छोड़कर क्रान्ति में कूदे लेकिन क्रान्ति और उसकी तैयारी में बुद्धिजीवियों की महत्त्वपूर्ण भूमिका होती है।

"पर जो लोग पार्टी मेम्बर हैं।"

"ठीक है। पार्टी मेम्बर हैं, पर हैं तो उसी वर्ग के...उन्हें रहना तो अपने वर्ग के साथ है।"

"तो विचारधारा का क्या प्रभाव पड़ा ?"

"यह प्रभाव पड़ा कि सैद्धान्तिक रूप से अब वे लोग तुम्हारे साथ हैं।"

लालसिंह चुप रहा।

"देखो, ये लोग जो कमाते हैं मेहनत से कमाते हैं..."

"मेहनत ?" लालसिंह आश्चर्य से बोला।

"तो क्या तुम मानते हो उनकी हराम की कमाई है ?"

"नहीं...नहीं...फिर भी मेहनत..."

"तुम क्या चाहते हो...वे खेत में हल चलाया करें।"

"नहीं..."

"अरे उनकी मेहनत अलग तरह की है...और उनका पैसा ब्लैक का नहीं...पूरा टैक्स देते हैं...तो जैसे चाहेंगे अपने पैसे को खर्च करेंगे...देखो कामरेड आमतौर से होता ये है कि स्टूडेंट लीडर किसान सभा या ट्रेड यूनियन में 'होल टाइमर' बनते हैं...तुम्हारे

साथ उलटा हुआ है। इसलिए तुम्हें 'एड्जस्ट' करने में प्राब्लम आ रही है। पर धीरे-धीरे ठीक हो जाएगा। देखो यहाँ हम प्रोफेसरों पर 'होल टाइमरों' के सिद्धान्त लाद देंगे तो टीचर्स में हमने जो भी काम किया है सब एक दिन में चौपट हो जाएगा।''

केन्द्रीय विश्वविद्यालयों के लिए पैसे की क्या कमी हो सकती है ? यू.जी.सी. प्रति छात्र जो ग्रांट देती है वह इतनी होती है कि कभी-कभी विश्वविद्यालय के अधिकारियों की समझ में यह नहीं आता कि पैसा कैसे और कहाँ खर्च करें। यह विश्वविद्यालय चूँकि कुछ अल्पसंख्यक किस्म का विश्वविद्यालय है इसलिए उसका राजनीतिक महत्त्व भी है। सरकार यह नहीं चाहती कि अल्पसंख्यकों के वोट तितर-बितर हो जाएँ।

पैसा और हुस्न छिपता नहीं। तो विश्वविद्यालय को जो मिलता है वह जगह-जगह छलकता दिखाई देता है। उसके अतिरिक्त विश्वविद्यालय के कुछ पुराने सामन्ती और साम्राज्यवादी जीवन-मूल्य सौ साल बाद भी यहाँ-वहाँ झलकते रहते हैं।

प्रोफेसरों के रहने के लिए बड़ी-बड़ी शानदार कोठियाँ हैं जैसी छोटे ज़िलों में कलक्टरों की होती हैं। भव्य और विशाल लॉन, गार्डेन, सर्वेन्ट क्वार्टर, गैराज और क्या नहीं। नए बने आवास भी शानदार हैं। छोटी कोठियाँ—इतनी प्यारी जैसी केक का टुकड़ा रखा हो। चारों तरफ से हरी-भरी और अन्दर से सुसज्जित—जैसे नई-नवेली दुल्हन। सुख और सुविधाओं के वे तमाम साधन जो हो सकते हैं।

जीवन बहुत प्यार से, बड़े आराम से, बहुत मज़े में, बड़े क़ायदे से, बड़ी शान्ति के साथ, बिना पैसे के अभाव के, बिना कल की चिन्ता किए गुज़र रहा है। यह कैसा जीवन है ? ये कौन लोग हैं ? कामरेड लालसिंह की समझ में यह नहीं आता। वह बार-बार बातचीत के दौरान मुझसे अपनी हैरानी ज़ाहिर किया करता और मैं हँसता—''साजिद भाई कल आफ़ाक़ साहब की कोठी पर गया तो भाई उनकी पत्नी सामने आ गईं। पैंट पहने थीं। मैंने तो पहली बार किसी औरत को पैंट पहने देखा। मैं तो उन्हें देख न पाया।

मैं बहुत देर तक इस बात पर हँसता रहा कि किसी लड़की या औरत को इसलिए नहीं देखा जा सकता कि वह पैंट पहने थी।''

''वह पैंट नहीं कहलाता कामरेड।''

''फिर क्या कहते हैं ?''

''स्लैक्स कहते हैं।''

''नाम भी साला टेढ़ा है।''

''साजिद भाई, कल रात कामरेड इफ्तिख़ार के यहाँ लेवी लेने गया तो भाभी जी भी बैठक में आ गईं। कामरेड इफ्तिख़ार ने मेरा परिचय करा दिया। मैं खड़ा हो गया। मैंने भाभीजी से हाथ मिला लिया।''

''हाथ मिला लिया ?'' मैंने हैरत से कहा।

"क्यों ?"

"अरे कामरेड तुम्हें क्या यह नहीं मालूम कि औरतों से हाथ नहीं मिलाते।

"फिर...।"

"नमस्ते कर लेते...लाल सलाम कर लेते। पर हाथ मिलाना तो..." मैं हँसने लगा।

"तो साजिद भाई...?"

"अरे तो अब क्या हो सकता है।"

"बहुत बुरी बात है।" मैं जान-बूझकर उसे डराकर मज़े लेने के मूड में आ गया।

"क्षमा माँगनी पड़ेगी।" वह शर्मिन्दा होकर बोला।

"नहीं यार..."

"पर कामरेड इफ्तिख़ार क्या सोचते होंगे।"

"यही कि तुम नहीं जानते कि महिलाओं के साथ कैसा व्यवहार किया जाना चाहिए।"

"यह तो साजिद भाई..."

"छोड़े कामरेड...अब आगे से ऐसा न करना...और क्या हो सकता है।"

ग्यारह बजा है और कैन्टीन पूरी भरी है। बैठने तक की जगह नहीं है। मैं पता नहीं क्यों कुछ उदास-सा 'चार एस' की क्लास गोल करके चाय पीना चाहता हूँ। ये यूँ ही आदमी कुछ उदास-सा क्यों हो जाता है ? मेरे पास क्या कोई जवाब है ? नहीं। सोचा चलो जावेद भाई से पूछते हैं। वैसे भी कैन्टीन में बैठने की कोई जगह नहीं और जावेद भाई काउंटर पर बैठे किसी दूधवाले या बनिए या बैरे का हिसाब कर रहे हैं।

"सलामअलैकुम जावेद भाई।"

"वालेकुम...आओ मियाँ...इन हज़रत को निपटा दूँ तो बात करूँ...अबे देख उस मेज़ पर चमचा बज रहा है।" उन्होंने मुझे जवाब देने के लपेटे में पास खड़े 'वेटर' से उस मेज़ पर जाने को कहा जहाँ चमचा बज रहा था। वेटर को बुलाने के लिए प्याली पर चमचा बजाना यहाँ घंटी बजाने जैसा है। कभी-कभी एक साथ इतने चमचे बजते हैं कि जी चाहता है इन लोगों को कम से कम लकड़ी के चमचे दिए जाएँ।

कुछ देर बाद जावेद भाई फ्री हो गए। "लो मियाँ सिगरेट..."

मैंने और उन्होंने सिगरेट सुलगाई।

"आज साला सुबह-सुबह मूड खराब हो गया।" वे बोले।

"क्यों ख़ैरियत..."

"अमाँ ख़ैरियत होती तो मूड खराब होता।"

"क्या हुआ जावेद भाई।"

"छोड़ो मियाँ..."

"क्यों कोई राज़ है।"

"राज़ क्या है मेरे लिए शर्मिन्दगी की बात है।"

"हुआ क्या ?"

"लो अब सुनना ही चाहते हो तो सुनो...तुम भी मेरे ऊपर हँसो।"

"नहीं...नहीं...हसूँगा नहीं।"

"मियाँ पता नहीं साली हँसने की बात है या रोने की।"

"बताइए तो...आप तो पेंच उलझा रहे हैं।"

"यार प्रो. शाकिर को तो जानते हो न ?"

"हाँ-हाँ उन्हें क्यों न जानूँगा...प्रो. शाकिर अली 'शाकिर'...जो पहले लाहौर में..."

"हाँ-हाँ, वही यार जो 'फ़ैज़' वग़ैरा के साथ..." एक लम्बा कश लेने के लिए वे रुक गए।

"तो जनाब मुझे नवाज़ते रहते हैं...हफ़्ते में एक दो बार कैन्टीन आ जाते हैं। ज़हे नसीब...बड़ी अच्छी बात है...लेकिन मियाँ किसी जवान से खूबसूरत बैरे को कोई ऐसा काम बताते हैं कि वह किसी सूरत से अगले दिन उनके घर चला जाए...समझे ?"

मैं समझ रहा था। ख़ासतौर पर 'जवान से खूबसूरत' का मतलब दो तरह से निकल रहा था।

"कुछ-कुछ समझ रहा हूँ।"

"कुछ-कुछ ?"

" 'बुरे फेल' की पुरानी आदत है पुराने प्रोफेसर को।"

" 'एक्टिव' हैं ?"

"अरे यार 'एक्टिव' होते तो रोना काहे का था। ये तो मर्दों का काम है। वह तो साला मर्द होकर चाहता है कि लौंडे उसे छोकरी समझें।"

"ओ-हो...ये बात है...।"

"यार ये साले हरामज़ादे वेटर प्रो. शाकिर के पास से होकर जब वापस आते हैं तो मादरचोद झुक-झुककर मुझे सलाम करते हैं।"

मैं हँसने लगा।

"सीने पर साला साँप लोट जाता है। बहरहाल, यार प्रो. शाकिर मेरे दोस्त हैं... अब बताओ इस 'ग़म का मदावा' है कोई ?"

"कोई नहीं।"

"बासठ साल की उम्र है। रिटायर हो चुके हैं। उर्दू अदब की तारीख में नाम लिखवा चुके हैं...अब उन्हें हम तो समझा नहीं सकते...जन्नत में फरिश्ते ही समझाएँगे।" जावेद भाई बोले।

"के.पी. भाई कैसे हैं ?" मैंने पूछा।

"बीमार हैं।"

"बीमार ?"

"हाँ वही पुरानी बीमारी।"

"क्या ?"

"लोगों की मदद करना।"

मैं फिर हँसने लगा।

"मैं कल मिला था। यहाँ एक लड़का हुआ करता था नवीन। बी.ए. फर्स्ट डिवीजन करने के बाद नौकरी करने लगा था। प्राइवेट कम्पनी थी परेशान हो गया है। अब हिस्ट्री में एम.ए. करना चाहता है। तो के.पी. उसी के लिए परेशान हैं। कमरा ढूँढ़ रहे हैं। के. पी. के मर्ज़ का कोई इलाज नहीं है। सात साल में अपनी थीसिस नहीं पूरी कर सके और ज़माने भर का दर्द दिल में है। सेहत पर ग़ौर फरमाइए तो हड्डियों का ढाँचा रह गए हैं...भाई लोग उसे काम में भी जोते रहते हैं...मरता है के.पी. लीडरी पक्की होती है दूसरे लोगों की...उस बेचारे को इन लोगों ने सब सिखा दिया है 'पेड़ पर चढ़ना' नहीं सिखाया–यानी सब कर लेता है लीडरी नहीं कर पाता...अब क्या करें हम लोग तो शहनाई वाले हैं।"

"शहनाई वाले ?"

"वो लतीफा नहीं सुना...भाई एक सुल्तान के दरबार में म्यूजीशियन बजा रहे थे। सुल्तान को संगीत बहुत पसन्द आया। उसने हुक्म दिया कि इनके वाद्य सोने की गिन्नियों से भर दिए जाएँ। तबलेवाले ने दोनों तबले भरवा लिए। हारमोनियमवाले ने, सितारवाले ने; गरज़ ये कि सबने खूब गिन्नियाँ भरवा लीं। जब शहनाईवाले का नम्बर आया तो दो-चार गिन्नियों के बाद ही शहनाई का मुँह बन्द हो गया। ख़ैर साहब एक दिन फिर सुल्तान म्यूज़िक सुन रहा था। उसे पता नहीं किस बात पर गुस्सा आ गया। उसने हुक्म दिया कि इन सबके बाजे इनके ठूँस दिए जाएँ। तबलेवाले के तबला नहीं गया, सितारवाले के सितार नहीं गया। हारमोनियमवाले बच गए लेकिन शहनाईवाले के अन्दर पूरी शहनाई घुसेड़ दी गई। तो यार हम लोग तो शहनाईवादक हैं।

## 34

वह बहुत गुस्से में लग रहा था।

"बाहर चलो।"

"ठीक है कामरेड, कपड़े तो पहन लूँ।" मैं बाथरूम से लौटकर आया तो देखा कि कामरेड लालसिंह मेरे कमरे के सामने टहल रहे हैं। हालाँकि मेरे रूम पार्टनर अली ने उनसे अन्दर बैठने के लिए कहा था।

"बात क्या है ?"

"सब बताएँगे...आओ चलें।"

'कैफे डी फूस' में चाय पीते हुए कामरेड लालसिंह ने बात शुरू की–"कल एहसान मिला था।"

"कौन एहसान ?"

"फोर्थ ग्रेड एम्प्लाइज़ यूनियन का सेक्रेटरी।"

"अच्छा तो फिर।"

"कह रहा था रज़ी की तो शादी हो रही है।"

"शादी।"

"कहाँ ?"

"प्रो. फ़ारूक़ की भतीजी के साथ।"

"क्या ?" मैं उछल पड़ा।

"हाँ।"

"तो ये चक्कर था।"

"एप्वाइन्टमेंट वैसे ही नहीं मिला था।"

"यार ये तो कमाल हो गया।"

रास्ता साफ है। प्रोफेसर हेड की भतीजी से शादी...पक्की नौकरी। चार साल बाद रीडर, उसके बाद प्रोफेसर...इस बीच विदेशी विश्वविद्यालयों में क्या कहते हैं विज़िटिंग प्रोफेसर...कोठी, कार...ये होता है...ये।" वह बहुत उत्तेजित लग रहा था।–"ये लोग क्रान्ति करेंगे...पहले ईमानदार तो रह लें...टुकड़ों पर बिकनेवाले लोगों की पार्टी में कोई आवश्यकता नहीं है...जाएँ सी.पी.आई. ज़्वाइन कर लें और प्रोफेसर अनवारुल हसन की तरह कांग्रेस के हाथ मज़बूत करें...या प्रोफेसर मोहसिन रज़ा की तरह कैरियर बनाएँ, मैं इस बात को पार्टी में उठाऊँगा...।"

मैं उसकी बात काटकर बोला, "कामरेड गुस्सा थूको...सब यही कहेंगे कि यह बुरा हो रहा है।"

"नहीं कहेंगे..."

"क्यों ?"

"क्योंकि यहाँ किसी को सच्चाई का पता नहीं है।"

"कैसी सच्चाई ?"

"रज़ी तो विवाहित है।"

"नहीं।" मैं उछल पड़ा जैसे बिच्छू ने काट लिया हो।

"हाँ मैं जानता हूँ।"

"कैसे ?"

"मैं रज़ी के साथ उसके छोटे भाई से मिला हूँ। रज़ी को मालूम नहीं मैं एक बार उसके छोटे भाई से लखनऊ रेलवे स्टेशन पर मिला था। वहीं बातचीत में पता चला था। वह बार-बार भाभी-भाभी कह रहा था।"

"हो सकता है रज़ी का कोई बड़ा भाई भी हो।"

"नहीं...मेरे विचार से..."

"विचार छोड़ो...है या नहीं।"

"पक्का नहीं कह सकता।"

"हो सकता है वह रिश्ते के किसी भाई की पत्नी को कह रहा हो।"

"हाँ ये भी...पर मुझे लगता है कि रज़ी विवाहित है।"

"लगने से क्या होता है।"

"पर मैं यह नहीं होने दूँगा।"

"मतलब रज़ी की शादी।"

"हाँ।"

"तुम कैसे रोक सकते हो।"

"मैं उसे पार्टी से निकलवा दूँगा।"

मैं चुप हो गया। क्या बोलता।

"साजिद भाई तुम मेरा साथ दोगे ?" कामरेड ने पूछा।

"साथ, मतलब ?"

"मेरे साथ रज़ी के घर चलो।"

"रज़ी के घर चलूँ ? क्यों ?"

"वहाँ हम पता लगाएँगे कि रज़ी की शादी हो चुकी है या नहीं ?"

"उसके बाद।"

"यहाँ आकर मैं पार्टी में यह बात उठाऊँगा।"

"तो फिर..."

"वह निकाल दिया जाएगा।"

"देखो बात तुम्हारी बिल्कुल ठीक है लेकिन..."

"लेकिन क्या चलो।"

"पर देखो..."

मैं बोलते-बोलते रुक गया। वह हैरत से मेरी तरफ देखने लगा। मैं बता सकता हूँ, वह क्या सोच रहा है।

"हाँ करो या ना। अगर तुम नहीं जा सकते तो मैं अकेला ही चला जाऊँगा।"

"ठीक है चलूँगा।"

"पक्का।"

"हाँ पक्का।"

"तो जल्दी करनी होगी।"

"मतलब कब तक ?"

"आज रात।"

"आज रात ?"

"हाँ...नहीं तो क्या फ़ायदा"...

अब मैं समझा कि कामरेड रज़ी को न सिर्फ पार्टी से निकलवाना ही चाहता है बल्कि यह भी चाहता है कि उसकी शादी प्रो. फ़ारूक़ की भतीजी से न हो। वैसे ये

बात मेरे ख़याल से ठीक है। अगर कोई सिद्धान्त बघारता है तो उन्हें व्यवहार में भी लाए। रज़ी दुनिया ज़माने का ज्ञान पेलता रहता है लेकिन अपने फायदे के लिए मासूम लड़की की ज़िन्दगी बर्बाद कर सकता है।

"सोचो उस लड़की का क्या होगा ?"

"मैं यही सोच रहा हूँ।"

"साजिद भाई, हो सकता है वह कम पढ़ी-लिखी हो...यहाँ के वातावरण में खप न सके...क्या कहते हैं स्लैक्स न पहन सके...लेकिन उससे क्या होता...हमारे कामरेड ही इतनी हिम्मत नहीं दिखाएँगे तो हम लोग किससे क्या कह सकते हैं।"

"ठीक है। मैं तैयार हूँ।" गुस्सा मुझे भी था। पर उतना नहीं जितना कामरेड को था।

"तो रात में मेल से चलते हैं।"

"रज़ी का घर कहाँ है ?"

"लखनऊ के पास सीतापुर है न..."

"समझ गया।"

"तो लखनऊ मेल पकड़ते हैं।"

"ठीक है...मैं यार यहाँ सबको यही बताऊँगा कि घर जा रहा हूँ एक ज़रूरी काम से...अब्बा का ख़त मिला है।"

"ठीक है।"

जैसा कि तय था ट्रेन पर जगह नहीं मिली। हमारा रिज़र्वेशन तो था नहीं। हम तीसरे दर्जे के साधारणवाले डिब्बे में चादर बिछाकर पाखाने के पास बैठ पाए। सोने का कोई सवाल नहीं था। बातचीत कम्युनिस्ट पार्टियों, आन्दोलनों, आदि पर हो रही थी। लेकिन उसी के साथ कामरेड लालसिंह में यह ज़बर्दस्त विश्वास था कि भविष्य अच्छा होगा। क्रान्ति होगी। शोषण समाप्त होगा। सर्वहारा की सत्ता स्थापित होगी पर इसके लिए कुर्बानियाँ कम नहीं देनी होंगी। उसका आत्मविश्वास मुझे भी प्रेरित कर रहा था।

"लेकिन कामरेड, ये बताओ हमारे इतने बड़े देश में क्रान्ति कैसे आएगी।"

"रूस हमसे बड़ा देश है। जैसे वहाँ आई।"

फिर बात घूम-फिरकर रूस और चीन के सामाजिक जीवन पर आ गई। कामरेड कुछ ऐसी बातें बताने लगा जो हैरत में डालने के लिए काफी थीं। मास्को में एक फ्लैट का किराया वही है जो अमेरिका में एक सिगरेट के पैकेट की कीमत है। चीन में किसी चीज़ का दाम पिछले बीस साल से नहीं बढ़ा। चीन में पॉयलेट और किसान की आमदनी बराबर है। मास्को शहर में स्थानीय यातायात लगभग मुफ्त है। दोनों देशों में सौ फीसदी लोग पढ़े-लिखे और नौकर हैं। उन्होंने 'बेकारी' शब्द शब्दकोश से निकाल दिया है। चीन में सारी नदियों को आपस में मिलाकर ऐसा कर दिया गया है कि वहाँ कभी बाढ़ नहीं आ सकती—एक अमरीकी प्रोफेसर मास्को के स्कूल गए और बच्चों से पूछा कि अगर

तुमने एक पेन्सिल एक रूबल में खरीदा है और चार में बेचते हो तो तुम्हें क्या मिलेगा। सारे बच्चों ने एक साथ कहा—जेल।

इस तरह रास्ते भर बातें होती रहीं। मुझे यह लगने लगा कि नौकरी करने, सुख-सुविधाएँ जुटाने और शादी करने, बच्चे पालने की तुलना में कहीं ज़रूरी और बड़ा काम समाज को बदलना है। मतलब ऐसा समाज बनाना, निश्चित रूप से क्रान्ति द्वारा, जिसमें मनुष्य मनुष्य का शोषण न कर सके।

लखनऊ स्टेशन पर पहुँचकर हम लोगों ने नाश्ता किया। और बस अड्डे आ गए जहाँ से सीतापुर के लिए बस मिलती है। बस से सीतापुर पहुँचे तो मेरे दिमाग़ में ख़याल आया कि रज़ी का पता तो हमारे पास है ही नहीं।

"अरे यार कामरेड, रज़ी का पता तो हम लाए ही नहीं।"

वह हँसने लगा।

"क्यों ? क्या तुम्हारे पास है।"

"नहीं।"

"फिर क्या करोगे।"

"देख लेना...क्या करते हैं।"

"जब पता नहीं है तो घर कैसे पहुँचेंगे।"

"कह रहा हूँ न...देख लेना।"

"लेकिन कैसे कामरेड ?"

"रज़ी के घर तो मैं तुमको पहुँचा ही दूँगा लेकिन तुमने मुझे एक बात की याद दिला दी। गाँव में एक नहर की पटरी पर हम दो मित्र चले जा रहे थे। बातचीत क्रान्ति के बारे में हो रही थी। मित्र ने मुझसे कहा—कामरेड, हथियार कहाँ से आएँगे ? मैंने कहा—जहाँ हैं वहाँ से आएँगे। उसने कहा—वे लोग क्यों देंगे जिनके पास है। मैंने कहा—देता तो कोई कुछ नहीं लेना पड़ता हैं।" उसने कहा—कैसे लोगे। 'मैंने कहा—ठीक है कभी तुम्हें बता दूँगा। संयोग से कुछ ही देर बाद साइकिल पर दो आदमी आते दिखाई पड़े। एक चला रहा था एक कैरियर में बैठा था और कन्धे पर राइफल टँगी थी। साइकिल जब मेरे पास से निकली तो मैंने बाएँ हाथ से राइफल पकड़कर दाहिने हाथ से एक भरपूर चाँटा साइकिल चलानेवाले को मारा। वह गिरा, साइकिल गिरी, कैरियर पर बैठा आदमी गिरा और बन्दूक तथा कारतूसों की पेटी मेरे हाथ में आ गई। चटाक से राइफल खोलकर देखी और इससे पहले कि वे दोनों सँभलते, 'लोड' कर ली और दोनों की तरफ तान दी। उन्होंने हाथ उठा दिए। मैंने अपने साथी से कहा—कामरेड, तुम पूछ रहे थे न कि हथियार कहाँ से आएँगे। तो देखो हथियार ऐसे आएँगे।"

"फिर क्या किया।"

"करना क्या था। कारतूस चेक किए, चार थे। दो जो लोड किए थे और दो अलग से थे। चारों कारतूस रख दिए। राइफल वापस कर दी और उन दोनों से कहा, "सीधे आगे बढ़ जाओ। किसी से कुछ न कहना।"

“और...?”

“भागे...इतना डरे हुए थे कि बोल नहीं निकल रहा था मुँह से।”

रज़ी का घर पता लगाना मेरे ख़याल से कामरेड लालसिंह का—मेरी नज़र में व्यावहारिक इम्तिहान था। क्रान्ति की बड़ी-बड़ी बातें करनेवाला यदि यह भी न कर सका तो...?

बस अड्डे पर कामरेड एक मुसलमान से लगनेवाले रिक्शेवाले के पास गए और बोले, “जुमा मस्जिद चलना है।” “

चलबे...एक रुपया।”

जुमा मस्जिद पहुँचे और लोगों से पूछा तो पता चला कि रज़ीउद्दीन खाँ का पता महाजरी मोहल्ले में लगेगा जहाँ पठानों के कई घर हैं। वहाँ से महाजरी आए। पठानों के घरों में पूछने पर पता चला कि रज़ीउद्दीन खाँ के भाई का नाम वसीउद्दीन खाँ है और वो शहीद कालोनी में रहता है। वहाँ उसने अपना निजी मकान बनवाया है। गाड़ियों की मरम्मत का काम करता है और पीछे रहता है। शहीद कालोनी में वसीउद्दीन खाँ का गैराज खोजना कोई मुश्किल काम न था। वसीउद्दीन घर पर या गैराज में न था। उसकी वर्कशाप के लड़कों ने चारपाई नीम के नीचे डाल दी। लोटे में पानी दिया। बाल्टी रख दी। हाथ-मुँह धोकर हम बैठ गए। वसीउद्दीन कोई गाड़ी घसीटवाकर लाने गया था। हम बैठे ही थे कि घर के अन्दर से निकलकर एक बच्ची आ गई। कामरेड ने उसे फौरन बुलाया—“यहाँ आओ बेंटी...तुम्हारा नाम क्या है ?”

“अंजुम...”

“अब्बा का क्या नाम है।”

“वसीउद्दीन ख़ान।”

“रज़ीउद्दीन खान तुम्हारे कौन हैं ?”

“चाचा हैं।”

“यहाँ रहते हैं...”

“नहीं...पढ़ते हैं...दूर हैं।”

“उनकी बेगम यहीं रहती हैं।”

“बड़ी चचीजान ?”

“यही रहती हैं।”

“जी हाँ...”

“रज़ीउद्दीन के साथ नहीं रहतीं ?”

“नहीं...वो तो अभी पढ़ते हैं...”

“तुम भी पढ़ती हो।”

“हाँ...चौथी में...”

“क्या अच्छा लगता है।”

"आर्ट।"

कुछ देर बाद एक खटारा-सी जीप में बँधी एक कार आकर रुक गई। बिल्कुल रज़ी से मिलता-जुलता एक नौजवान-सा लड़का उतरा। हमें देखकर वह पहचान नहीं सका।

"पहचाना नहीं...रज़ी का दोस्त हूँ...लालसिंह...एक बार तुमसे लखनऊ स्टेशन पर मिला था।"

"हाँ...हाँ..." वह लालसिंह के गले से लिपट गया।

बहाना यह बनाया कि हम लखनऊ एक मीटिंग में आए थे। सोचा रज़ी के घर हो लें क्योंकि वापसी का रिज़र्वेशन हमें दो दिन बाद का मिला था। वसी ने हमें खूब खिलाया-पिलाया। लगा उसका धन्धा अच्छा चल रहा है। अगले दिन सुबह वापस होने से पहले कामरेड लालसिंह ने कहा, "भाभीजी से कहो रज़ी के नाम चिट्ठी-पत्री देनी हो तो..."

"भाभी तो..."

"कोई बात नहीं। बता देंगे कि सब खैरियत है।"

"रज़ी भाई कब आएँगे...अब तो सालों हो गए हैं।"

"बस पी.एच-डी. पूरी करते ही।"

वापसी पर रास्ते भर यही बातें होती रहीं। कामरेड लालसिंह का कहना था—रज़ी को यह करने का कोई अधिकार नहीं है।

मैंने कहा, "मुस्लिम पर्सलन लॉ ?"

"रज़ी क्या उसकी शरण लेगा ?"

"यूनिवर्सिटी में बहुत से ऐसे..."

"पर रज़ी बहुतों जैसा नहीं है।"

"तो तुम करोगे क्या ?"

"पहले तो रज़ी से ही बात करूँगा।"

"उसके बाद ?

"दूसरे लोगों से।"

"अब मैं यूनीवर्सिटी यूनिट में ही हूँ...मुजीब साहब से कहूँगा कि मामले को ब्रांच में लाएँ।"

हाँ, ये तो होना ही चाहिए।"

"सालों से घर नहीं जा रहे। पत्नी घर में पड़ी सूख रही है, आप कैरियर बनाने के लिए शादी रचा रहे हैं। यही कम्युनिस्ट नैतिकता है ?"

# 35

डॉ. सुमन एक महीने बाद फिर विश्वविद्यालय की अफ़वाहों की सुर्ख़ियों में आ गए। साड़ी बाँधना सिखानेवाले प्रसंग की रौशनाई सूखी भी न थी कि बहुआयामी व्यक्तित्व ने लोगों का ध्यान एक नई तरह से खींचा। हो सकता है यह लोगों के ख़ुराफ़ाती दिमाग़ की पैदावार हो और सच्चाई से इसका उतना भी सम्बन्ध न हो जितना गधे का घोड़ा हो सकता है; पर अफ़वाह या ख़बर फैली। सबने उसमें अपनी तरह से मज़ा लिया। ख़बर यह फैली कि डॉ. सुमन शहर में जिस किराए के मकान में रहते हैं वह तीसरी मंजिल पर है। और मकान मालिक या मकान बनानेवालों की मूर्खता के कारण तीसरी मंज़िल में रहनेवालों के लिए जो शौचालय है वह खुली छत पर बना है। शौचालय भारतीय मुक्त शौचालय पद्धति का एक विकसित संस्करण है। यानी दीवारें उठाकर अन्दर खुड्डियाँ बना दी गई हैं। छत डालना आवश्यक नहीं समझा गया है। तो एक छुट्टी के दिन चाय-वाय पीने के बाद डॉ. सुमन प्रकृति की पुकार सुनकर शौचालय गए। जैसा कि सब जानते हैं डॉ. सुमन गर्मियों में घर के अन्दर, केवल पटरे की जाँघिया पहनते हैं। शौचालय के अन्दर जाकर उन्होंने जाँघिया उतारकर दीवार पर रख दी और बैठकर फारिग़ होने लगे। पता नहीं किस सोच में थे कि कुछ पता न चला कि बन्दर कब आया और दीवार पर पड़ी उनकी जाँघिया ले गया। पौन घंटे रचना-प्रक्रिया में लीन रहने के बाद उन्होंने शौच किया और जाँघिया उठाने के लिए हाथ बढ़ाया तो हाथ में केवल दीवार आई। उठकर देखा तब भी कम्बख़्त जाँघिया नज़र न आया। अब दिक़्क़त यह थी कि यदि बाहर निकलते हैं तो नंगे हैं। पड़ोस के मकानों की औरतें, बच्चे, लड़के, आदमी एक-दो मिनट के लिए आँखें तो बन्द नहीं कर लेंगे। कोई यह घोषणा तो करेगा नहीं कि बाअदब बामुलाहिजा...। इस कारण उनके सामने और कोई रास्ता न था सिवाय इसके कि 'वाणी प्रतिभा' का सहारा लेते। वे 'मुन्नू की अम्माँ', 'मुन्नू की अम्माँ'' कहकर बहुत चीखे पर मुन्नू की अम्माँ रसोई में कचौड़ियाँ बना रही थी। और मुन्नू अपने आधा दर्जन बहन-भाइयों के साथ खा रहा था इसलिए उनकी आवाज़ दीवारों से टकराकर लौटती रही। चिल्लाते-चिल्लाते वे थककर हाँफने लगे। धूप बढ़ रही थी। विसर्जित पदार्थ भी रंग और गन्ध बदल रहे थे। मेहतरानी के आने का भी समय हो गया था। कितना नाटकीय होता यदि मेहतरानी शौचालय में घुसती तो डॉ. सुमन को प्राकृतिक रूप में देखकर चीख़ मारती और फिर दमकलवालों को बुलाया जाता। पर ऐसा न हुआ। भारतीय लोक साहित्य में, ऐसे कठिन क्षणों में तोते, मैना आदि जिस प्रकार मदद करते हैं उसी तरह डॉ. सुमन की भी मदद हुई। यानी एक बन्दर उनकी जाँघिया लेकर उनके घर के आँगन की दीवार पर जाकर बैठ गया और जाँघिया का 'पोस्ट मार्टम' करने लगा। पकौड़िया खाने के बाद मुन्नू का चौथा भाई सन्नू आँगनवाली नाली में पेशाब करने आया तो बन्दर के हाथों में बापू की जाँघिया देखकर चिल्लाया और श्रीमती सुमन ने देखा और उसके बाद क्या हुआ यह बताना आवश्यक नहीं है। डॉ. सुमन यह

शिकायत बहुत दिन तक करते रहे कि उनकी पत्नी कुछ ऊँचा सुनने लगी है।

यहाँ कुछ लोग इतने धूर्त, कपटी और पता नहीं क्या-क्या हैं कि उन्हें इस ख़बर या अफ़वाह से जितना मज़ा मिला वह उन्हें पर्याप्त न लगा और उन्होंने डॉ. सुमन से बहुत गम्भीर चेहरा बनाकर बिल्कुल आत्मीय क्षणों में पूछा कि उन्हें चोट-वोट तो नहीं आई ?"

"कैसी चोट।"

"सुना बैतुलख़ला में आपके दुश्मन फिसल गए।"

"नहीं...नहीं।"

"तो कुछ और हुआ होगा। कोई कह रहा था।"

कभी कोई और उनसे पूछता—डॉ. सुमन क्या आपके मोहल्ले में बन्दर बहुत हो गए हैं ?"

बहरहाल जितने मुँह उतनी बातें।

सीतापुर से लौटकर आने के बाद मैं और कामरेड लालसिंह अपने मुहिम पर लग गए। मैंने यह ज़रूरी समझा कि सबसे पहले के.पी. भाई से बात की जाए। उन्हें भी यह जानकर अच्छा नहीं लगा कि रज़ी इस तरह 'आपरेट' कर रहा है। कामरेड ने सीधे रज़ी से बातचीत की। सात-आठ घंटे लम्बी इस बातचीत का नतीजा यह निकला कि दोनों में बातचीत बन्द हो गई। रज़ी को यह भी मालूम हो गया कि मैं भी कामरेड के साथ उसके घर गया था इसलिए वह मुझसे भी खिंचा-खिंचा रहने लगा। इसके बाद एक हफ्ते के लिए ग़ायब हो गया। किसी को पता न था कि वह कहाँ गया है ? वापसी पर भी उसने साफ नहीं बताया था कि वह कहाँ गया था।

कामरेड लालसिंह ने मुद्दा बहुत ढंग से उठाया। चूँकि मैं पूरी तरह इस मामले में उसके साथ था इसलिए मैं जानता था कि कब क्या हो रहा है। पहले वह अलग-अलग उन सबसे मिला जो यूनीवर्सिटी ब्रांच के सदस्य थे। प्रो. आबाद, प्रो. माबूद, डॉ. अहमद, तक़ीसाहब, डॉ. इरफान, डॉ. अतिया खान, के.पी. और महमूदउद्दीन से उसने बात की और लगभग सभी उससे सहमत थे। सबका मानना था कि रज़ी या तो अपनी पत्नी को स्वीकार करे, दूसरी शादी न करे या पार्टी छोड़े। मतलब यह नहीं हो सकता कि "रिन्द के रिन्द रहे, हाथ से जन्नत न गई।" लेकिन प्रो. माबूद का कुछ-कुछ यह भी मानना था कि इन मामलों को पार्टी में लाना बड़ी हद तक ठीक नहीं है। कल कोई कहेगा कि फलाँ कामरेड अपनी पत्नी को दाल देता है और ख़ुद मुर्ग खाते हैं। परसों शिकायत आएगी कि फलाँ कामरेड ने पत्नी को ससुराल भेज दिया। लेकिन इसी के साथ-साथ उनका मानना था कि पार्टी सदस्यों का आचरण ऐसा नहीं होना चाहिए कि अनैतिक लगे। इस मामले में सहमत थे कि रज़ी को दूसरी शादी नहीं करनी चाहिए। दो पत्नियाँ रखना अनैतिक है। लेकिन धीरे-धीरे पार्टी यूनिट में यह राय भी उभर रही थी कि क्या तलाक़ देना भी अनैतिक है ? मतलब अगर पति-पत्नी की नहीं पटती और

वे तलाक़ लेते हैं तो क्या यह अनैतिक माना जाएगा। और तलाक़ के बाद वे शादी करते हैं तो क्या उस पर पार्टी को 'आब्जेक्शन' होगा ? अगर तलाक को अनैतिक माना जाता तो उसकी लपेट में डॉ. महमूदउद्दीन भी आते थे जिन्होंने करीब दस साल पहले पहली पत्नी को तलाक़ देकर दूसरी शादी की थी। और फिर गड़े मुर्दे उखाड़े जाते। यह भी सामने आता कि किन-किन कामरेडों ने लड़कियों से शादियों के वायदे किए थे, मज़े लिए थे और फिर मुकर गए थे। एकआद लड़की ने तो ज़हर भी खाने की कोशिश की थी लेकिन यह मसला जब पार्टी में आया था तो यही राय बनी थी कि इतनी निजी और व्यक्तिगत चीज़ों में पार्टी को दख़ल नहीं देना चाहिए। बहरहाल कामरेड लालसिंह मसले को जितना सुलझाने की कोशिश करते थे, उतना उलझता जाता था। प्रो. आबाद को वाइस चांसलर ने 'डेवलपमेंट कमेटी' का मेम्बर बना दिया था। इस कमेटी के अन्य दो सदस्यों में प्रो. फ़ारूक़ भी थे और यह अफ़वाह भी गरम थी कि प्रो. फ़ारूक़ और प्रो. आबाद में बहुत बन रही है। दोनों मिलकर वाइस चांसलर पर ज़ोर डालते हैं तो काम हो जाता है। यह भी खबर थी कि शायद प्रो. आबाद यू.जी.सी. में 'ट्राई' कर रहे हैं और इस काम में प्रो. फ़ारूक़ उन्हें पूरी मदद दे रहे हैं। फिर यह भी अफवाह उड़ी कि वाइस चांसलर ने एक डिनर दिया था जिसमें कांग्रेस के दो 'पावरफुल' एम.पी. थे और प्रो. आबाद भी उसमें शामिल थे। बहरहाल अब मसला यह था कि पार्टी यूनिट में रज़ीवाला मामला कैसे आए।

रज़ी ने दूसरा ही रुख़ अपना लिया था। वह सभी पार्टी मेम्बरों को अपना तलाक़नामा दिखाता घूम रहा था। तलाकनामा रजिस्टर्ड था। वह कह रहा था कि इस 'डाक्यूमेंट' को आप लोग या पार्टी ऑनर करती है या नहीं। अगर नहीं तो पार्टी कानून और संविधान को नहीं मानती। और अगर पार्टी संविधान को नहीं मानती तो चुनाव क्यों लड़ती है ? वह बहुत साफ लफ़्ज़ों में यह भी कहता कि यदि पार्टी में उसका मुद्दा उठाया गया तो वह भी अन्य लोगों के इसी प्रकार के मुद्दे उठाएगा। यानी वह आसानी से पार्टी छोड़ने पर तैयार न था। पार्टी यूनिट की सचिव डॉ. अतिया खान परेशान थीं कि क्या किया जाए। अब सवाल यह था कि 'कनसेन्सेस' तैयार हो। उसके लिए प्रो. आबाद के घर पर एक गुप्त बैठक हुई जिसमें कामरेड लालसिंह और रज़ी को नहीं बुलाया गया।

अगले दिन पता नहीं कैसे कामरेड लालसिंह को इस मीटिंग का पता लग गया जिसमें उसे नहीं बुलाया गया था। वह सीधा डॉ. अतिया खान के पास गया। वे क्लास ले रही थीं। वह उस समय तक इन्तिज़ार करता रहा जब तक क्लास ख़त्म नहीं हुई। जैसे ही डॉ. अतिया खान बाहर आईं वह बिना किसी भूमिका के शुरू हो गया।

"कल रात प्रो. आबाद के घर कोई मीटिंग थी ?"

"मीटिंग...? नहीं, कोई मीटिंग नहीं थी।"

"आप वहाँ थीं ?"

"हाँ मैं थी।"

"प्रो. माबूद थे ?"

"हाँ थे।"

"इरफान साब, के.पी. थे ?"

"हाँ थे।"

"डॉ. अहमद और तकी साहब ?"

अब डॉ. अतिया के माथे पर शिकनें पड़ गईं।

"कामरेड, ये तुम उन्हीं से पूछो।"

"आप पार्टी सिक्रेटरी हैं।"

"हाँ हूँ...लेकिन हर पार्टी मेम्बर के रात-दिन का हिसाब नहीं रखती।"

"कामरेड मैं सिर्फ यह पूछना चाहता हूँ कि कल रात कोई मीटिंग थी ?"

"नहीं थी।"

"फिर आप सब क्यों जमा थे...और क्या बात हुई थी ?"

"देखो कामरेड ऐसा कुछ नहीं हुआ कि तुम इतने गुस्से में आओ।"

"लेकिन हुआ क्या ?"

"हम सब इधर-उधर की बातें..."

"जहाँ पूरी यूनिट हो...वहाँ इधर-उधर की बातें होंगी ?" वह काफी जलकर बोला।

"तुम कहना क्या चाहते हो...घर आओ...अभी इस क्लास के बाद भी मेरी क्लास है।" वे चली गईं।

वहाँ से वह सीधा प्रो. आबाद के पास गया। वे कमेटी ऑफ कोर्सेज़ की मीटिंग में थे।

"डॉ. साहब, एक बात करनी थी।"

"तुम दो बजे के बाद आओ...अभी मीटिंग...।"

"बस एक मिनट की बात है।"

प्रो. आबाद को कमेटी ऑफ कोर्सेज़ की मीटिंग से उठाना कोई ऐसी-वैसी बात न थी, वह भी एक बी.ए. प्रथम वर्ष के छात्र द्वारा—कामरेड लालसिंह विश्वविद्यालय में तो वही थे।

"कहो क्या बात है ?"

"पार्टी के अन्दर पार्टी बनाने के प्रयास हो रहे हैं।"

"दो बजे के बाद आओ तो..."

"मैं तो केवल यही कहना चाहता था कि आपके घर पर यह सब हुआ जो..."

"शाम को आओ तो बात..."

"ठीक है आऊँगा...पर इतना तय है कि यह 'एंटी पार्टी' काम था और..."

"कामरेड...अन्दर मेरे इन्तिज़ार में सारा काम रुका पड़ा है। बाहर से जो प्रोफेसर आए हैं उन्हें ढाई बजे की ट्रेन पकड़नी है...सॉरी..." वे अन्दर चले गए।

पूरे दिन बिना खाए-पिए कामरेड लालसिंह रज़ी की साइकिल पर उन सबके पास

गया जो पार्टी-मेम्बर थे। वह इतना गुस्से में था कि उसे पता ही नहीं चलता था कि उसके मुँह से क्या निकल रहा है। आज तक उसके साथ यह न हुआ था कि उसे अलग करके यूनिट की मीटिंग की गई हो। शहर की यूनिट का तो वह बरसों सचिव था। राज्य की कार्यकारिणी का सदस्य है। यू.पी. किसान सभा का ज्वाइंट सेक्रेटरी है। वह यह सोच भी न सकता था कि एक छोटी यूनिट उसके साथ यह करेगी।

रज़ी को भी यह पता चला कि मीटिंग हुई थी। और यह भी पता चला कि उसमें कामरेड को भी नहीं बुलाया गया था। इतना तय है कि मीटिंग में उसका मामला ही डिस्कस हुआ होगा। वह भी चाहता था कि डॉ. अतिया खान से पूछे कि क्या ऐसी मीटिंग हुई थी। पर उसने सोचा कि वह शाम को जाएगा। या जाने से पहले फोन कर लेगा कि डॉ. अतिया के पास 'टाइम' है या नहीं।'

शाम को जब मैं कामरेड के कमरे पर पहुँचा तो वह भरा बैठा था। चेहरे पर गुस्सा ही गुस्सा था। दोपहर को वह मुझे आर्ट्स फैकल्टी में मिला था।

''कहो कामरेड किस-किससे बात हुई।''

''सबसे तो नहीं मिल पाया...के.पी. भाई से नहीं मिल पाया। चार बार गया...चलो अभी चलते हैं...अब तो कमरे पर होंगे।''

''तुमने दोपहर को कुछ खाया ?'' मैंने उससे पूछा। मैं जानता था कि वह अक्सर भागदौड़ में खाना टाल जाता है।

''नहीं खाया...कल सुबह खा लूँगा।''

''नहीं, पहले तुम खाओ...''

''खाना बनाने में टाइम लगेगा।''

''तो आओ मेरे साथ।''

हम 'पैराडाइज़' गए और दो-दो अंडों की आमलेट-स्लाइस के बाद चाय पी।

''ऐसे लोगों को मैंने कभी छोड़ा नहीं है।''

''कैसे ?''

''यही रज़ी जैसे।''

''तुम गुस्से में ज़्यादा ही हो।''

''उस लड़की के बारे में सोचो...तलाक़ के बाद उसका क्या भविष्य है ? उसकी क्या ग़लती है ?...हाँ मैं कह रहा था मैंने रज़ी जैसे लोगों को कभी छोड़ा नहीं है। एक बार स्टडी कैम्प में एक सज्जन आए। दाढ़ी रखे। लम्बे-लम्बे सूखे बाल, पैंट-कुर्ता पहने...हम तीस-चालीस लोग थे। छः-सात लड़कियाँ भी थीं। इलाहाबाद में शहर के बाहर नहर विभाग के रेस्ट हाउस के बराबर टैंटों में सबके रहने की व्यवस्था थी। ये जो सज्जन आए थे इनसे किसी ने कहा, 'कामरेड चाय पी लीजिए...' वे कहने लगे हम दूधवाली चाय नहीं पीते, क्योंकि दूध पीना शोषण है। 'दूध पर अधिकार है बछड़े का...उसे मनुष्य क्यों पिए ? हम सबको बड़ा प्रभावित कर रहा था। अपने बड़े-बड़े आदर्श रख रहा था। चलो...ये सब पूरे दिन होता रहा। लड़कियों के रहने की अलग

व्यवस्था थी। रात में खा-पीकर जब सब सो गए तो लड़कियों के कमरे में शोर मचने लगा। जाकर देखा तो भाई साहब...वही जो दूध तक नहीं पीते थे, लड़कियों के कमरे में घुस गए थे। उसी समय पकड़कर उनकी की गई अच्छी बढ़िया पिटाई और मैंने कहा कि अपना झोला-झंडा उठाओ और फूट लो। भाई वह तो रोने लगा कि रात का बारह बजा है। स्टेशन चार किलोमीटर दूर है...सुबह चला जाऊँगा। कोई सवारी नहीं मिलेगी...पर मैंने कहा कि अभी तुरन्त तुम यहाँ से न गए तो जितनी पिटाई हुई है उससे चौगुनी होगी...तो मरता क्या न करता।" कामरेड लालसिंह हँसने लगा।

## 36

बातचीत आठ बजे रात शुरू हुई थी और अब सवा दो बज रहा था। मुझे लगता था कि सब कुछ घूम रहा है। न सिर्फ बातचीत, न सिर्फ हम लोगों के सिर, न सिर्फ कमरा और किताबें बल्कि पूरी दुनिया। इन छह घंटों की बातचीत में कई रंग आए थे और कई रंग गए थे। के.पी. भाई और कामरेड लालसिंह में बहस-मुबाहिसा हुआ था; एक-दूसरे को सख्त-तुर्श कहा था; सैद्धान्तिक बयानबाजी और चीख-चिल्लाहट हुई थी। तीन बजे के आसपास बिना किसी फैसले पर पहुँचे मीटिंग ख़त्म हुई थी। कामरेड और मैं साइकिल पर बाहर निकले थे।

"यार कामरेड, रात हो गई।"

"हाँ..." वह कुछ और ही सोच रहा था।

"सुनो...चलो स्टेशन चलते हैं। पूड़ी-सब्ज़ी खाते हैं, चाय पीते हैं।" मैंने सलाह दी।

रेलवे स्टेशन के बाहर कुलियों के लिए पूरी रात पूड़ी सब्जी बनती रहती है। चाय और सिगरेट का खोखा खुला रहता है। पुराने ज़माने में यानी जब अहमद और शकील यहीं थे तो हम लोग अक्सर रात गए स्टेशन आते थे या मदारगेट से वापसी पर यहाँ रुककर पूड़ी सब्ज़ी खाया करते थे।

"ठीक है चलो।"

"अब नींद किसे आएगी।"

"ठीक है..." वह फिर खोए-खोए अन्दाज़ में बोला।"

"क्या सोच रहे हो ?"

"कुछ नहीं।"

"नहीं कामरेड...ये ग़लत है।"

हाँ..." वह मुस्कुराया।

"बताओ ?"

"के.पी. के बड़े उपकार हैं मेरे ऊपर।"

"तो उनसे लड़कर तुम्हें..."

"नहीं...यह बात नहीं है।"

"फिर।"

"देखो के.पी. या कामरेड अतिया खान या तक़ी साहब मेरे लिए इतना क्यों करते हैं ? इसलिए तो नहीं कि मेरा नाम लालसिंह है...लालसिंह या पीलेसिंह नाम के न जाने कितने होंगे देश में..."

"हाँ ये तो है।"

"तो ये लोग मेरे साथ जो कुछ अच्छा करते हैं उसका एक सैद्धान्तिक और वैचारिक आधार है।"

"ठीक है।"

"यदि उन्हें यह लगने लगे कि मैंने वह आधार छोड़ दिया है तो उन्हें कितना दुःख होगा।" लेकिन...

"...ठहरो...यदि मैं उनके विश्वास को तोड़ूँगा तो मुझे लगेगा कि मैं विश्वासघात कर रहा हूँ।"

"ठीक है।"

"पर यदि उन्हें लगेगा कि मैं ग़लत हूँ तो...?"

"ग़लत तो कोई भी हो सकता है।"

"हाँ यही बात है। मैं ग़लती पर हो सकता हूँ पर मैं विश्वासघाती या मक्कार नहीं हूँ।"

"ये कहने की बात नहीं है।"

दो दौनों में पूरियाँ-सब्ज़ी तथा कुल्लड़ में चाय लेकर हम बेंच पर बैठ गए। ऊपर आसमान में हल्की-सी लाली आ गई थी। कौव्वों का दल सामनेवाले काले टीन के शेड पर बैठा था। और दूर शटिंग करते इंजन की आवाज़ यहाँ तक आ रही थी। किसी गाड़ी के आने-जाने का समय न था। रिक्शेवाले अपने रिक्शे की सीटों को एक विशेष ढंग से रखे सो रहे थे।

"हाँ में हाँ मिलाना बहुत सरल है।"

"मुश्किल भी है।" मैंने कहा।

"हाँ यही बात है...नहीं तो मेरे लिए क्या कठिनाई थी। पर मैं यहाँ हाँ में हाँ मिलाने के लिए तो नहीं हूँ। यदि मैं वैसा करूँगा तो इन लोगों को, साथियों को कितना बुरा लगेगा।"

"लेकिन कामरेड...मैं ये मानता हूँ कि हम दोनों बात को पूरी तरह समझ नहीं पाए थे।"

"क्या मतलब है तुम्हारा।"

"हम भावावेश में आ गए थे।"

"कैसे ?"

"अब देखो मामला कितना जटिल हो गया है।"

"क्या यह स्पष्ट नहीं है कि यह—रज़ी का अवसरवाद है।"

"कहने से काम नहीं चलेगा।"

"मेरे पास तर्क है।"

"दूसरों के पास भी तर्क हैं। देखो कुल मिलाकर बात यहाँ आती है कि क्या रज़ी को तलाक़ देने का अधिकार है ? तो उत्तर है कि हाँ है। तुम कैसे यह अधिकार छीन सकते हो ?"

"तुम सरलीकरण कर रहे हो।"

"देखो तुम जानते हो कि यह रज़ी का अवसरवाद है लेकिन यह भी समझते हो कि इसे साबित करना टेढ़ी खीर है। दूसरी बात यह भी है कि रज़ी की जड़ें यहाँ गहरी हैं। वह फोर्थ ग्रेड एम्प्लाइज़ यूनियन का ज्वाइंट सेक्रेटरी है। उसका कर्मचारियों पर प्रभाव है। वह दूसरे पार्टी के लोगों..."

"और उनकी नसों को जानता है।"

"नसों का मतलब ?"

"किसकी कोर कहाँ से कैसे दबती है या दबाई जा सकती है।"

"नहीं, मैं ये नहीं मानता।"

"देखते रहो...यही होगा...यही होना है।"

के.पी. ही नहीं दूसरे लोग और जावेद कमाल तक ये मान रहे थे कि लालसिंह कुछ ज्यादा ही 'हार्ड लाइन' ले रहा है। ये सब बातें यूनीवर्सिटी ब्रांच में नहीं चलतीं। हो सकता है किसान सभा या ट्रेड यूनियनों में चलती हों या चल जाए पर विश्वविद्यालय में 'स्तालनी डिसिप्लिन' कैसे चल सकता है। अगर हम आपस में लड़ने-मरने पर ही पूरी ताक़त लगा देंगे तो संगठन क्या बनाएँगे ? इरफान साहब ने साफ कहा था कि रज़ी की तलाक़ से बड़ा मसला यह है कि पार्टी यूनिट 'फोर्थ ग्रेड एम्प्लाइज़ यूनियन' में सकारात्मक भूमिका निभा सकती है या नहीं। रज़ी के तलाक़ या शादी से क्या फ़र्क़ पड़ता है। प्रो. आबाद, प्रो. माबूद, डॉ. अतिया ख़ान सब ही इससे सहमत थे पर मुश्किल यह थी कि कामरेड लालसिंह की समझ में यह बात न आ रही थी। ये लोग समझते थे कि शायद कामरेड लालसिंह चूँकि पार्टी में ऊँचे पदों पर रह चुका है इसलिए यह चाहता है कि वह 'लाइन दे।' कामरेड का कहना था कि यह बात नहीं है, वह चाहता है—'झूठ का मुँह काला और सच का बोलबाला'—जैसा कुछ हो। पर यहाँ दिक़्क़त थी सच को समझने की।

मैं इस पूरे प्रसंग में 'बेगानी शादी में अब्दुल्ला दीवाना' वाले ढंग से फँस गया था। रज़ी मेरे पास आया था और बहस-मुबाहिसा किया था। उसका कहना यह था कि मैं लालसिंह के साथ उसके घर गया क्यों ? ज़ाहिर है मैं उससे बहस नहीं कर पाया। उसके पास अकाट्य तर्क थे। मैं केवल इतना कह पाया कि उस समय मुझे यही लगा था कि

कामरेड लालसिंह जो करने जा रहा है बहुत अच्छा और आवश्यक है लेकिन अब लगता है कि ऐसा नहीं है। रज़ी बहुत समझदारी और प्रेम से बहस करता है, वह दूसरे पर यह साबित नहीं करता कि बहस दुश्मनी या पूर्वाग्रह के चलते की जा रही है। इस कारण चार-पाँच घंटे की बातचीत में ही उसने मुझे 'विन ओवर' कर लिया। चाय-वाय पिलाई और समझाया कि कामरेड ने मुझे अपने साथ इस मसले में घसीटकर पार्टी 'डिसिप्लिन' तोड़ा है। क्योंकि मैं पार्टी का मेम्बर नहीं हूँ इसलिए मुझे कोई पार्टी सदस्य किसी अन्य पार्टी सदस्य के बारे में की जा रही जाँच का हिस्सा कैसे बना सकता है ? और फिर जाँच की वैधानिकता भी क्या थी ?

जावेद भाई की अपनी अलग ही मौलिक लाइन थी।

''यार देखो जैसे कुछ जमाते इस्लामी वाले इस्लाम को नहीं समझते न...उसी तरह बहुत से कम्युनिस्ट मार्क्सवाद को नहीं समझते।''

''कामरेड लालसिंह...''

मेरी बात काटकर वे बोले—''कामरेड लालसिंह से पूछो उसने 'दास कैपिटल' पढ़ी है। मैं अच्छी तरह जानता हूँ उसका हिन्दी तर्जुमा अब तक नहीं हुआ है। और यह भी जानता हूँ कि वह अंग्रेज़ी या जर्मन में पढ़ नहीं सकता...तो यार जब 'दास कैपिटल' ही नहीं पढ़ी तो कैसे मार्क्सवादी...उसी तरह कि कुरान समझा नहीं रट लिया और मुसलमान हो गए...मियाँ कुराने पाक को समझना हँसी-खेल है ? और क्या ये मुल्लाओं के बस की बात है ? नहीं मियाँ तौबा करो...कहते हैं न 'नीम हकीम खतर-ए-जान...नीम मुल्ला खतर-ए-ईमान।' यानी आधा या कम पढ़ा-लिखा हकीम जान के लिए खतरा होता है और आधा-पढ़ा मौलवी ईमान के लिए ख़तरा है...मियाँ 'दास कैपिटल' की बात छोड़ दो...पूछो लेनिन को पढ़ा है ?...'सुभानअल्लाह सुभानअल्लाह क्या आदमी था' बातचीत के दौरान जावेद भाई के चेहरे पर जो भाव आते हैं वे बहुत प्रभावशाली होते हैं। लेनिन का नाम लेते ही उनके चेहरे पर ऐसे भाव आए जैसे किसी सन्त, महात्मा, वलीउल्लाह का नाम लिया हो। उनकी आँखों के कोने भींग गए और श्रद्धा के कारण आवाज़ में कँपकँपी-सी आ गई...'मियाँ दुनियाँ की तारीख़ में चन्द लोग हैं जिन्हें मैं मानता हूँ... चन्द...उनमें से लेनिन भी है।...तो पूछो ज़रा लेनिन को पढ़ा है' ?''

अभी ये बातें हो ही रही थीं कि सामने से किरन और आमोद आते दिखाई दिए। मैं उन्हीं का इन्तिज़ार कर रहा था। चाय पीकर मैं जावेद भाई के पास से उठना चाहता था पर वे लेनिन के बारे में बड़े उत्साह...इतने उत्साह से बोल रहे थे कि उठना मुश्किल लगा। दूसरी तरफ आमोद इशारे कर रहा था कि मैं उनके पास आऊँ। आखिर किरन ने बैरे से कहा कि मुझे बुला लाए। बैरा आया और बोला—साहब, आपको उधर बुला रहे हैं ? जावेद भाई के लेनिन सम्बन्धी व्याख्यान में बैरे द्वारा रुकावट आई जिसे वे सहन न कर सके और अचानक बोले, 'बेटीचोद बोलने से पहले बात तो ख़त्म कर लेने दिया कर। कौन किसको बुला रहा है ? कह दे आ रहे हैं...' वे फिर शुरू हो गए—'तो मियाँ लेनिन जिन्दा न रह सका...और स्तालिन के हाथ में ताकत चली गई...वहीं से

कम्युनिस्ट पार्टी और आन्दोलन का बंटाढार हो गया..."

खैर कुछ देर बाद मैं उठ पाया और सीधा किरन और आमोद के पास आया जो बड़े खुश लग रहे थे।

"क्यों चिपके हुए थे ?"

"यार जावेद भाई को तो तुम लोग जानते ही हो।"

"कितने लाख शब्दों का कोटा है।"

"कुछ कहते हैं ढाई लाख...कुछ कहते हैं साढ़े तीन लाख।"

"तो कितने हो गए।"

"पता नहीं...ये बताओ तुम दोनों के चेहरों से खुशी क्यों फूटी पड़ रही हो।"

"तुम्हें भी खुश कर दें।"

"हाँ-हाँ, खुश कौन नहीं होना चाहता।"

"क्या दोगे हमें ?"

"यार मेरे पास क्या है। अभी तक मनीआर्डर नहीं आया। देश की तरह कर्ज़ पर चल रहा हूँ।"

"तो नेशनलिस्ट मुसलमान हो।"

"हाँ बिल्कुल पक्का।"

"बोलो तो इसे खुश करें।" किरन ने आमोद से पूछा।

"हाँ, कर ही दो।"

किरन ने अपने थैले से 'दैनिक डंका' की एक प्रति निकाली।

"क्या आजकल 'दैनिक डंका' पढ़ रही हो।" मैंने कहा।

'दैनिक डंका' एक घटिया स्तर का स्थानीय समाचार पत्र है जिसके सम्पादक जगन्नाथ 'तोप' हैं। लेकिन सब उन्हें तोप जी ही कहते हैं। तोप जी राष्ट्रीय आन्दोलन के दौरान सक्रिय पत्रकार और हास्य कवि के रूप में विख्यात थे।

"पढ़ो।"

उसने एक किसी ख़बर नहीं बल्कि सम्पादक के नाम छपे एक पत्र की ओर इशारा किया।

मैं पढ़ने लगा। यह पत्र था। नीचे देखा तो नाम लिखा था डॉ. कल्याण 'कुसुम'...मतलब अपने डॉ. कुसुम का पत्र छपा था। पत्र था—प्रिय श्री तोपजी, आशा है सानन्द होगे। मैंने अपना निवास स्थान बदल लिया है। कृपया 'दैनिक डंका' में यह खबर प्रकाशित कर दें कि हिन्दी के प्रसिद्ध कवि और चिन्तक, नवगीत के अग्रणी हस्ताक्षर, विचारशील आलोचक और विश्वविद्यालय में हिन्दी के वरिष्ठ प्रवक्ता डॉ. कल्याण कुसुम ने अपना निवास बदल दिया है...

"अरे ये क्या ?"

"यही तो मज़ा है।" वे हँसे।

"तोप जी की शरारत।" मैंने कहा।

"समाचार बनाने में समय लगता...तोप जी ने पत्र ही छाप दिया।"

"ये तो यार डॉ. कुसुम के साथ बड़ी चोट हो गई। बिगड़े तो बहुत होंगे।"

"तोप जी बता रहे थे कि फोन किया था...तोपजी अंग्रेज़ों की मार खाए घाघ पत्रकार, कहने लगे—ठीक है डॉ. सुमन भूल सुधार छाप देंगे...और ये देखिए..." किरन ने दूसरा अख़बार निकालकर दिखाया। उसमें मुख्य पृष्ठ पर बीचोबीच भूल सुधार छपा था। यानी डॉ. कुसुम का पूरा पत्र था और नीचे लिखा था कि यह निजी पत्र भूल के कारण सम्पादक के नाम पत्रों के कालम में छप गया था। सम्पादक को इसका खेद है।"

मेरे लिए हँसी रोकना मुश्किल हो गया।

"यार ये तोप जी भी कमाल के आदमी हैं।"

"स्वतन्त्रता सेनानी हैं यार...मामूली बात है।"

"अब ?"

"डॉ. कुसुम ने फिर फोन किया और नाराजगी ज़ाहिर की तो तोप जी बोले..."ठीक है आप अपना विरोध पत्र भेज दें, उसे छाप दूँगा...अब बताओ ?" आमोद बोला।

"चारों तरफ से फाँस लिया है।"

"डॉ. कुसुम मुक़दमा करेंगे ?"

"काहे का मुक़दमा ?"

"और मुकदमें की पूरी कार्यवाही 'डंका' में छपा करेगी।"

हम तीनों ही हँसने लगे।

## 37

"यार तुम्हारे पास एस.एस. हाल से कोई ज़ैदी आए थे...कमरा नम्बर सत्तर बता रहे थे। कह रहे थे—मिलना चाहते हैं कोई अदबी अंजुमन बना रहे हैं।" मुझसे अली ने कहा।

मुझे अच्छा लगा। मतलब यूनीवर्सिटी में मेरी अदबी पहचान बन गई है। आज़ाद शायरी, लोगों को चौंकाने के लिए मैं इतना प्रयोगात्मक या कहें अंट-शंट लिखता कि किरन के पल्ले कुछ न पड़ता था लेकिन लोग ये कैसे कहते कि यह सब बकवास है। हाँ कहानियों में कुछ अलग बात थी। 'वह बिक गई' के बाद जो कहानियाँ लिखी थीं वे सभी के.पी. भाई ने छपवा दी थीं। हिन्दी में ज़्यादा छपी थीं। और अब मैं कहानियाँ हिन्दी में लिखता था और आज़ाद शायरी उर्दू में करता था क्योंकि ऐसा करना ही ठीक लगता था।

खाना खाकर मैं एस.एस. हाल गया और ज़ैदी से मिला—अज़हर अब्बास ज़ैदी—औसत क़द, गोरा रंग, खड़ा नाक-नक्शा, पुरकशिश आँखें जिनसे टपकती ज़ेहानत, घुँघरियाले बाल मतलब किसी लड़की के आशिक़ होने के पूरे सामान थे।

“हाँ पार्टनर बताओ।”

“चाय पियोगे।”

“हर वक़्त पी सकता हूँ।” मैं बोला। वह चाय का पानी रखते हुए बोले।

“तो यार एक अंजुमन बनाना चाहते हैं हम लोग...अदबी अंजुमन। नए लोगों की ‘संगम’ वग़ैरा तो बड़ी इस्टैबलिश’ हैं...नए लोग...।”

“और कौन हैं नए लोग ?”

“रियाज़ को जानते हो ?”

“कौन रियाज़ काश्मीरी।”

“हाँ।”

“कहानियाँ लिखता है।”

“नक़ी जाफ़री-तन्क़ीद निगार हैं।”

“और”

“मुल्ला वासेह...”

“ये कौन है पार्टनर ? मुल्ला को अदब से क्या...?”

“यही’ उनकी ट्रेजडी है। ग़ज़लगो हैं।”

“सतीश को भी ले लो, इंजीनियरिंग में है और हमारे यहाँ से आमोद...जानते होंगे ?”

“हाँ...यानी सात आठ लोग हो जाएँगे...ठीक है हमें इलेक्शन तो लड़ना नहीं।”

“हमें कुछ भी नहीं लड़ना...ये बताओ कि ‘आइडियॉलाजी ?”

“सबकी अपनी-अपनी।”

“मतलब अपनी ढफली अपना राग़। ये चलेगा ?”

“क्यों नहीं।”

“मतलब कहीं जूतों में अदब न बँटने लगे?

“देखो हम लोग तो बहुत ‘क्लियर’ हैं। हम सब अदीब हैं। हमारी ‘आइडियॉलाजी’ अलग-अलग हैं। हम उसे मानते हैं, उसके मुताबिक़ लिखते हैं। अंजुमन की कोई अपनी ‘आइडियॉलाजी’ नहीं होगी। देखो तुम कम्युनिस्ट हो, रियाज़ शेख अब्दुल्ला की अवामी कान्फ्रेन्स का है, मैं किसी पार्टी में नहीं हूँ लेकिन ‘सेक्युलर’ डेमोक्रेटिक हूँ। नक़ी जाफरी कुछ सूफी किस्म के तरक्क़ीपसन्द मुसलमान हैं। मुल्ला वासेह जमाअतवालों के नज़दीक है। सतीश कांग्रेसी है और आमोद ?”

“आज़ाद ख़याल है। जदीदया।”

“चलो...अब सोचो हम साथ बैठेंगे...लिखें-पढ़ेंगे...बहस-मुबाहिसा करेंगे...सबको बोलने और अपनी बात सामने रखने का पूरा मौक़ा दिया जाएगा।”

“चलो देखते हैं...कोई बहुत ‘सेंटीमेंटल’ किस्म का आदमी तो नहीं है ?”

“अरे यार होगा तो देख लेंगे...”

“नाम क्या सोचा है।”

''नाम के लिए कल मीटिंग है...तुम आओ...आमोद को भी लाना...बाकी लोगों को पता है। मीटिंग यहीं है...सात बजे...खाना-वाना खाने के बाद...और एक ख़ातून भी हमारी मेम्बर होंगी।''

''क्या मतलब ?'' मैंने पहलू बदला।

''चेतन सेठी...अंग्रेज़ी में एम.ए. कर रही हैं...कविताएँ हिन्दी में लिखती हैं...दिल्ली की हैं।'' वह मुस्कुराकर बोला।

''मतलब काफी 'होमवर्क' हो चुका है।''

''रियाज़ एक दो और लड़कियों से बात कर रहा है।''

''चलो अच्छा है 'सोर्स ऑफ इन्स्प्रेशन' भी होना चाहिए।''

पता चला कि यूनीवर्सिटी ब्रांच की एक बहुत हंगामी मीटिंग हुई थी जिसमें बहुत तू-तू मैं-मैं हुई। सीनियर लोगों की हज़ार कोशिशों के बाद भी रज़ी और कामरेड लालसिंह में बड़ी गहरी तकरार हुई। कई घंटे तक यह मीटिंग चली। खास बात यह थी कि कामरेड लालसिंह अकेला पड़ गया था। बाक़ी लोग रज़ी के साथ थे, यह तो नहीं कहा जा सकता लेकिन उन्होंने इस बात की कड़ी आलोचना की थी कि लालसिंह मुझे लेकर रज़ी के घर चला गया था। रज़ी की भी आलोचना हुई कि उसने नौकरी ज्वाइन करने से पहले साथियों से बातचीत क्यों नहीं की थी। रज़ी अपनी आलोचना पर सहमत था और कारण यह बताता था कि उससे प्रो. फ़ारूक़ ने ऑफिस में बुलाकर पूछा था और यह भी कहा था कि वह अभी 'हाँ' या 'नहीं' में जवाब दे। जब यह स्थिति उत्पन्न हो गई तो उसे 'हाँ' करनी पड़ी और जब 'हाँ' कर दी तो साथियों से उसकी चर्चा करने से क्या फायदा था।

कामरेड लालसिंह की लाइन यही रही कि रज़ी के अन्दर अवसरवादी और समझौता-परस्त प्रवृत्तियाँ पैदा हो गई हैं और उनका विरोध करना आवश्यक है। पार्टी को हमेशा ही ऐसे लोगों से बड़ा नुकसान पहुँचा है। उसने कई लोगों के उदाहरण भी दिए थे और बाक़ी लोगों के तर्क मानने से इंकार कर दिया था। स्थिति यह बन रही थी कि उसके विरोध के बावजूद ब्रांच निर्णय ले सकती थी, वह अपना विरोध दर्ज करा सकता था। लेकिन सब यही चाहते थे कि यह रुझान और प्रवृत्ति एक बार पूरी तरह 'सेटेल' हो जाए तो अच्छा है। ऐसी विवादास्पद स्थितियों में लीडरशिप का हस्तक्षेप कोई नई बात न था। इसलिए तय पाया कि दो महीने बाद दिल्ली में होनेवाली कान्फ्रेन्स में भाग लेने के लिए लखनऊ से कामरेड के.के. जाएँगे तो वापसी पर उन्हें यहाँ बुलाया जा सकता है और मसला तय किया जा सकता है।

ज़ैदी के कमरे पर मीटिंग के लिए सब आ गए हैं लेकिन ज़ैदी साहब ग़ायब हैं। बताया जा रहा है कि चेतन को लेने गए हैं।

''यार ये छोटा-सा काम तो किसी के भी ज़िम्मे डाला जा सकता था।'' किसी ने कहा और सब मुस्कुराए।

''जिम्मेदारी महसूस कर रहे होंगे।''

''पार्टनर हम लोग भी मेरे ख़याल से गैरजिम्मेदार नहीं हैं।''

''ज़िम्मेदारी उठाने के लिए भी क़िस्मत होनी चाहिए।''

कमरे में इधर-उधर कुर्सियों, पलँगों और मेज़ों से टिके हम सब ज़ैदी साहब से ज़्यादा चाय का इन्तिज़ार कर रहे थे जो बन ही रही थी।

ज़ैदी साहब चेतन के साथ कमरे के अन्दर आए। दुबली-साँवली लड़की। चेहरे पर एक ऐसा भाव कि लगातार मुस्कुरा रही है। खड़ा नाक-नक्शा, कुछ स्वप्न देखनेवाली-सी आँखें। सीधी-साधी साड़ी और माथे पर लाल कुछ बड़ी-सी बिन्दी। ज़ैदी ने सबसे परिचय कराया। पता चला अंग्रेजी में एम.ए कर रही है और नक़ी जाफ़री की क्लासफेलो है।

बात शुरू हुई। सबसे पहले ज़ैदी ने आइडिया सामने रखा और लगभग वही बातें कीं जो वह शायद सबसे अलग कर चुका था। लोगों ने वही शंकाएँ उठाईं जो शायद उन्होंने पहली बार ज़ैदी के सामने उठाई थीं। शंकाओं का ज़ैदी ने वही जवाब दिया जो शायद उसने पहले भी दिया था।

बात साफ थी। सब विचारधारा के स्तर पर अलग होते हुए भी मानते हैं कि रचनात्मकता का महत्त्व है और इन सब लोगों के बीच अगर कुछ 'कामन' है तो 'क्रीटिविटी' है। ठीक है। फिर सवाल उठा नाम। इधर-उधर के दो चार नामों के बाद 'हमराही' नाम पर फैसला हो गया। अब चाय शुरू हुई और सोचा गया कि वक़्त को हाथ से क्यों निकलने दिया जाए क्यों न कुछ हो जाए। शायरी करनेवाले तो 'बयाज़' तक के मोहताज न थे क्योंकि उनका कुछ न कुछ जबानी याद था। लेकिन कहानियाँ लिखनेवाले तड़पकर रह गए कि पहले से यह क्यों नहीं बताया गया था।

कुछ शेरो-शायरी हुई। मुल्ला वसी ने एक बहुत ही दक़ियानूसी किस्म की ग़ज़ल सुनाई। जैदी ने एक नज़्म सुनाई। मैंने अपनी ट्रेडमार्क नज़्म यानी 'एक लड़की' सुना दी। और ज़्यादातर बातचीत हुई। थोड़ी हैरत ये हुई कि मुल्ला वसी जैसा आदमी इन लोगों के बीच कैसे आ गया। मुल्ला बाक़ायदा अलीगढ़काट ऊँचे शरअई पायजामे, शेरवानी टोपी में थे। चेहरे पर दाढ़ी भी पक्की मुसलमानोंवाली थी।

अगले दिन पूरे हॉस्टल में हर किसी की ज़बान पर यह बात थी कि ज़ैदी किसी लड़की को हॉस्टल ले आया था। आमतौर पर लड़कियाँ लड़कों के हॉस्टल में नहीं आती थीं। इसका यह मतलब नहीं कि लड़के लड़कियों के हॉस्टल में जाते थे। लेकिन कभी-कभी कोई लड़की अगर लड़कों के हॉस्टल में आ जाती थी तो लाने या बुलानेवाले का नाम कुछ इस तरह लिया जाता था जैसे 'एवरेस्ट विजेता' हो। तो अपने ज़ैदी साहब हीरो बन गए।

सेशन खिंचाई से शुरू होकर अन्त में यहाँ-वहाँ से होता हुआ पढ़ाई के दौर में दाखिल हो चुका था। यानी इम्तिहानों के सिर्फ दो महीने रह गए थे। अब न तो चायख़ानों में उतनी रौनक हुआ करती थी और न सड़कों पर बिलावजह टहलते लोग दिखाई देते थे। लायब्रेरी भरी रहती थी। मैंने और आमोद ने कोशिश करके सेमीनार रूम की चाबी ले ली थी। और हम रात का खाना-वाना खाने के बाद आठ बजे से पढ़ाई शुरू करते थे। यह कार्यक्रम बारह-एक और कभी-कभी दो-तीन बजे तक चलता था। चाय बनाने का भी इन्तिज़ाम था और धूम्रपान निषेध न था। यानी खूब सिगरेट पीते थे। चाय की चुस्कियाँ और हिन्दी साहित्य। जरा फुर्सत मिलती थी तो अपने-अपने सपनों नहीं, बल्कि चिन्ताओं की चर्चा करते थे। सामने लॉन में टहलते थे।

परीक्षाओं की गर्मी के कारण या कामरेड के.के. के न आ पाने के कारण रज़ीवाला मामला लगभग ठंडा पड़ चुका था। मैं इस बीच कामरेड लालसिंह से कम ही मिल पाता था लेकिन जब भी मुलाक़ात होती थी तो उसके पास ऐसे प्रसंग होते थे जिन पर उसके ख़याल से मुझे आश्चर्य करना चाहिए था पर मुझे कुछ हास्यास्पद से लगते थे। जैसे एक बार उसने कहा कि "पंडितजी यानी हमारे प्रोफेसर साहब के यहाँ जो भैंस है उसके लिए एक कूलर लगवाया गया है। जहाँ-जहाँ बाँधी जाती है उस जगह को ठंडा रखने के लिए...वह कहने लगा—हद है भाई हद है..."

"इसमें हद की क्या बात है।" प्रोफेसर साहब के पास पैसा है और वे अपने को मार्क्सवादी भी नहीं कहते।

"पर देखो तो देश में लोगों को...अब तुम्हें क्या बताऊँ साजिद भाई, बिहार और मध्य प्रदेश की बात छोड़ दो। हमारे सिर पर ऐसे गाँव हैं जहाँ साल में छः महीने रोज़ चूल्हा नहीं जलता..."

एक बार उसने बड़े आश्चर्य से बताया था कि वह कामरेड अतिया खान के घर गया और भिंडी की सब्ज़ी खाने को मिली। भिंडी का मौसम न होने के कारण यह बात कुछ बातचीत करने लायक थी! कामरेड ने जब पूछा कि क्या हिसाब मिली भिंडी ? तो बताया गया बीस रुपया किलो। कामरेड के हाथ से कौर छूट गया और उसने मुझसे बाद में कहा—"साजिद भाई समझ में नहीं आता...जब हमारे कामरेड..."

"यार कामरेड तुम बिलावजह इतने 'एजीटेटेड' हो जाते हो...यहाँ यही होता है...कामरेड अतिया के लिए बीस रुपए का वही महत्त्व है जो तुम्हारे लिए दो रुपए का है।"

इस तरह के पचासों प्रसंग थे जो कामरेड लालसिंह के अन्दर गुस्से और आश्चर्य के लिए मिले-जुले भाव पैदा कर देते थे और उन्हें वह केवल मेरे साथ 'शेयर' कर सकता था। इसलिए साइकिल पर मेरे पास आ जाता था। एक बार वह एक सुझाव लेकर आया। उसने कहा कि साइकिल के बजाय अगर उसके पास एक मोटरसाइकिल हो तो वह आसपास गाँवों में किसान सभा का काम भी अच्छी तरह देख सकता है। उसने किसी मोटर-मैकेनिक से बात भी कर ली थी और दो हजार की एक पुरानी मोटर-

साइकिल मिल रही थी। अब सवाल था पैसे का। जो स्पष्ट ही था कि कामरेड के पास नहीं था। अब अगर लोग दो-दो चार-चार सौ चन्दा कर देते तो बात बन सकती थी। एकआद महीने बाद उसने मोटरसाइकिल की चर्चा करना बन्द कर दिया था।

एक दिन बातचीत के दौरान उसने कहा कि प्रो. आबाद हवाई जहाज़ से कलकत्ता जा रहे हैं और दिल्ली से कलकत्ते का किराया हज़ार रुपए होगा। उसने जब प्रो. आबाद से पूछा कि वे ट्रेन से क्यों नहीं जा रहे हैं तो वे बोले कि जहाज़ से जल्दी पहुँच जाऊँगा। सुविधाजनक होगा और वापस भी जल्दी आना है। इस बात पर भी कामरेड लालसिंह हैरान था कि जहाँ सौ रुपए में काम चल सकता है, सीधी गाड़ी जाती है, वहाँ अधिक पैसा खर्च करना कहाँ की अक़्लमन्दी है। सबसे ज़्यादा आश्चर्य तो उसे इस बात पर हुआ था कि तक़ी साहब ने अपने नाती के लिए अमेरिका से एक खिलौना मँगवाया था जो केवल दो हज़ार सात सौ रुपए का था।

इस तरह की बातों पर वह बेचैन हो जाता था। मैं उसे समझाता था। फिर या तो वह पराँठे डालने लगता था या हम लोग 'पैराडाइज़' में खाना खाते थे। वह जनान्दोलनों, संगठनों, परिवर्तनों, संघर्षों तथा अपनी भावी योजनाओं के बारे में विस्तार से बताता था। वह कहता था कि केवल मौत उसे वह करने से रोक सकती है जो वह करना चाहता है। मैं भी उत्साह में भर जाता था और कई बार सोचता था कि अपने लिए तो जनावर भी ज़िन्दा रहते हैं। अपने से आगे जो दुनिया है वही असली, महत्त्वपूर्ण और टकराने लायक़ है। खाना कमाना तो क्या ऐसी बड़ी चीज़ है...पढ़ाई, नौकरी, शादी, बच्चे, बच्चों की पढ़ाई, बीमारियाँ और मृत्यु...क्या निकला ऐसे जीवन से ? यदि ऐसा ही जीवन जीना है, जिया ही क्यों जाएँ ? क्या ऐसा जीवन जीवन है ? उसे मौत क्यों न कहें ?

## 38

''साजिद अब तुम पक्के सीनियर हो गए हो।'' हॉस्टल में मुझसे एक सीनियर ने कहा। परीक्षाएँ ख़त्म हो चुकी थीं। लेकिन फिर भी मैं हॉस्टल में बस पड़ा था। घर नहीं जा रहा था। ज़्यादातर लड़के चले गए थे। हॉस्टल में लगभग सन्नाटा हो गया था। आज से 'डाइनिंग हॉल' भी बन्द हो रहा था। मतलब कल से खाने का इन्तिज़ाम बाहर करना होगा।

''कैसे ?'' मैंने सीनियर से पूछा।

''देखो सीनियर की सबसे बड़ी पहचान यह है कि वह हॉस्टल में उस वक़्त तक रहता है जब तक बिजली-पानी बन्द नहीं होता...क्या छुट्टियों में घर नहीं जाओगे ?''

''जाऊँगा...पर कब जाऊँगा ये अभी तय नहीं किया।''

''अगले हफ्ते तक बिजली-पानी बन्द नहीं होगा...मैंने 'छिलका' से बात कर ली

है। प्यार से ठहरो...यार हॉस्टल में रहने का मज़ा ही उस वक़्त आता है जब ज़रा सन्नाटा हो..."

ये सच था। अगले दिन से मैंने कामरेड के साथ खाने का इन्तिज़ाम कर लिया। मतलब राशन-पानी में साझा। पाँच किलो आटा ले आया। आलू-प्याज़ और जो कुछ कामरेड ने कहा। अब कामरेड के यहाँ सुबह चला जाता था। पराँठे-अंडे का शानदार नाश्ता—कुछ अच्छी-बुरी बातचीत; गाँव के अनुभव, अंडरग्राउंड जीवन की रोचक बातें। कभी कुछ वैसे ही लोगों के बारे में कमेंट्स। इसी दौरान वह हुआ जिसका इन्तिज़ार था। यानी लखनऊ से कामरेड के.के. आए और उनके साथ ब्रांच कमेटी की बैठक हुई। इतवार के दिन दस बजे से शाम साढ़े चार बजे तक मीटिंग चली जिसकी रूदाद तो नहीं पर मोटी-मोटी जानकारी मुझे कामरेड से मिली। कामरेड के.के. ने भी कामरेड लालसिंह से कहा कि उसकी लाइन उचित नहीं है। उसे विश्वविद्यालय की पार्टी यूनिट में काम करने का अनुभव नहीं है। इस कारण समझ-बूझकर कोई क़दम उठाना चाहिए। लेकिन कामरेड लालसिंह ने अन्त तक अपना 'स्टैंड' छोड़ा नहीं था। पर जब बहस होते-होते शाम हो गई और कामरेड के.के. का ट्रेन पकड़ने का समय हो गया तो उन्होंने यही आदेश दिया कि कामरेड लालसिंह अपने को सुधारें। कामरेड को प्रो. माबूद के ड्राइवर ने स्टेशन छोड़ दिया था।

कामरेड के.के. के फैसले के बारे में कामरेड लालसिंह का पहला विचार यही था कि वे उससे सहमत नहीं हैं। पर पार्टी में बहुमत तथा नेतृत्व जो फैसला करते हैं उसे मानना ही चाहिए क्योंकि ऐसा न करने से अराजकता फैलती है। फैसले को मानने के बाद भी उसे स्वीकार न कर पाने के कारण लालसिंह के मन में कुछ अजीब तरह की 'बिटरनेस' आ गई थी जो वह काफी कोशिश करके दबा लेता था।

छुट्टियों में जावेद भाई की कैन्टीन बन्द हो गई थी। लेकिन शाम को वहाँ बैठक जमती थी। वे आते थे। एक बैरा आता था। चाय बनती थी। मित्रमंडली जुटती थी और प्रायः चाँदनी रात में टहलने का प्रोग्राम बनता था। मैं भी उन मंडलियों में शामिल होता था। वहीं एक दिन बड़ी चर्चा रही थी कि डॉ. इल्मी ने अपनी बीवी को घर से निकाल दिया है। कैसे निकाला, इस पर बहस अधिक थी। क्योंकि निकाला पर सब सहमत थे—मतलब नया प्रेम, मतलब बाईस साल की लड़की ज़ोहरा—मतलब सिर्फ मतलब।

एक रवायत जो काफी आँखों देखी-सी लगती थी और जो जावेद भाई तक पता नहीं कहाँ-कहाँ से होती पहुँची थी, कुछ ये थी। रात के करीब बारह बजे खूब पिए हुए हर दिन या हर रात की तरह डॉ. इल्मी जुमेरात के दिन या रात घर पहुँचे। बीवी बिल्कुल शरीफ बीबियों जैसी अँगीठी के सामने खाना रखे बैठी अल्लाहताला से दुआ माँग रही थी कि या खुदा इस हरामज़ादी ज़ोहरा से बड़कू के अब्बा का पीछा छुड़ा दे। उनके दिल में कुछ ऐसा समा जाए कि ज़ोहरा की तरफ से आँखें फिर जाएँ और दिल में ब्याहता

बीवी के लिए मोहब्बत जाग उठे। वे अभी दुआ माँगने भी न पाई थीं कि डॉ. इल्मी चर्रमर्र करते घर में आ गए।

"हम अब ख़ासा नौश फरमाएँगे...हाज़िर किया जाए।" उन्होंने बिल्कुल मुग़लई शैली में खाना माँगा। हाज़िर किया गया। पर दुर्भाग्य से रोटियाँ ठंडी थीं। इस पर वे जलालउद्दीन अकबर बन गए और खाने की सीनी उठाकर फेंक दी। पहले तो ऐसा करने के बाद बीवी को सिर्फ दो ही चार थप्पड़ लगाते थे लेकिन इस बार लातें भी चलाईं। बच्चे जाग गए जो खड़े थरथर काँप रहे थे और रो रहे थे।

"हरामज़ादी कुतिया अपना सामान बाँध...बाँध अपना सामान।"

वह गरीब डॉ. इल्मी के पैरों से लिपटी कह रही थी, "मुझे माफ कर दीजिए मेरे आक़ा...मुझसे बड़ा कुसूर हो गया मेरे मालिक..." लेकिन मालिक और आक़ा लातें चलाए जा रहा था। बच्चे रोए चले जा रहे थे। आख़िर उस बेचारी से जबर्दस्ती सामान बँधवाया...उसका ही नहीं दोनों बच्चों का भी। रहमत रिक्शेवाले को बुलवाया जो तिराहे पर प्रो. मंज़र अली के सर्वेंट क्वार्टर में रहता है और किराए के पैसे देकर उन्हें चलता किया। अब कहा जाता है कि वे अपने बड़े भाई के पास चली गई हैं जो कानपुर में चमड़े की तिजारत करते हैं।

जावेद भाई की इस रवायत के अलावा कम से कम तीन रवायतें और थीं। 'डिटेल्स' कुछ अलग थीं। पर कुल मिलाकर बात यहीं आकर गिरती थी कि डॉ. इल्मी ने रात के दो बजे पत्नी को घर से निकाल दिया। पत्नी को चार घंटे स्टेशन पर ट्रेन का इन्तिज़ार करना पड़ा पर यह मारे-पीटे जाने और अपमानित होने के सामने कुछ न था।

"तो तलाक़ नहीं दी।"

"तलाक देने की तकलीफ क्यों उठाएँ...अरे मियाँ अभी तो और कर सकते हैं।"

"मतलब तीन शादियाँ अभी और कर सकते हैं।"

"हाँ...पहलीवाली तो मरहूमा हो गई हैं।"

जावेद भाई की रवायत और 'राही' साहब की सूचनाओं में अन्तर था। उर्दू विभाग के चपरासी ने शुजा साहब को जो बताया था और उन्होंने असलम साहब से जो कहा वह बशीर साहब के ज़रिए रहमत साहब को पता चला था, वही राही साहब बता रहे थे।

"देखो जावेद भाई मेरे इल्म के मुताबिक़ तो बारह बजे रात को रिक्शा आया है और उन्होंने ढाई बजेवाली गाड़ी पकड़ी है।"

"अरे राही मियाँ ये तुम क्या कह रहे हो। खुदा की क़सम ये तो हो ही नहीं सकता, क्योंकि रहमत रिक्शेवाला जो उन्हें स्टेशन ले गया था खुद बताता है कि कोई ढाई बजे स्टेशन पहुँची थीं। डॉ. इल्मी के घर से स्टेशन तक का रास्ता, वह भी रात में, कोई आध घंटे का है।" जावेद भाई बोले।

"लात मारनेवाली बात भी ग़लत है।"

"नहीं रहमत ने ही बताया है कि उनके माथे पर दाहिनी तरफ चोट का निशान था।"

"चोट किसी और चीज़ से भी तो लग सकती है ?"

"मतलब छड़ी ?"

"मियाँ डॉ. इल्मी के पास छड़ी कहाँ है ? क्या किसी ने उन्हें कभी छड़ी लिए देखा है।"

रात काफी देर तक यही बातें होती रहीं। एक-एक 'डिटेल' पर इतनी विस्तार से चर्चा हो रही थी कि लगता था शायद किसी को रिसर्च पेपर लिखना है। बारह के करीब सब उठे थे और चाँदनी में टहलते हुए इधर-उधर यानी अपने-अपने रास्ते निकल गए थे। जावेद भाई ने मुझसे कहा—"तुम्हें जल्दी तो नहीं है ?"

"नहीं।"

"तो आओ ज़रा चौराहे तक मुझे छोड़ दो।"

मैं साइकिल हाथ में लिए उन्हें चौराहे तक छोड़ने आया। चौराहे पर खड़े होकर वे बातें करते रहे ऐसी बातें जो ख़त्म होने पर ही नहीं आ रही थीं। रात का एक बजा, दो बजा और ढाई बजे जब मैं नींद से बिल्कुल लाचार हुआ जा रहा था तो उन्होंने छोड़ा। दरअसल बातें वे अपनी समस्याओं के बारे में कर रहे थे जो अपार थीं।

फ़िलवक़्त उनकी समस्या यह थी कि कैन्टीन का ठेका उठनेवाला था। यह ठेका यूनीवर्सिटी हर साल उठाती थी और हर साल जावेद भाई को ही मिलता था लेकिन इस साल यूनीवर्सिटी की राजनीति कुछ नया रंग ले रही थी।

नए वाइस चांसलर के पास कैन्टीन की इतनी शिकायतें पहुँचा दी गई थीं कि बक़ौल जावेद भाई वी.सी. आफिस में अब और कोई कागज़ रखने की जगह ही नहीं है। जमाते इस्लामीवाले जावेद भाई को बर्दाश्त नहीं करते। दो-चार प्रभावशाली प्रोफेसर कैन्टीन का ठेका अपने रिश्तेदारों को दिलाना चाहते हैं। एक-दो तो ऐसे हैं जो खुद ही किसी और के नाम से लेने के इच्छुक हैं। अगर जावेद भाई को ठेका न मिला तो इतने लम्बे-चौड़े परिवार के ख़र्चे-पानी के लिए न जाने कौन से पापड़ बेलने पड़ें। दो भाई है, दोनों शादीशुदा बाल-बच्चेदार, एक भाई कुँआरा है। जावेद भाई का पूरा परिवार कुल मिलाकर बारह लोग और हर तरह का खर्च...यह कैन्टीन की आमदनी ही है जो पूरा पड़ता है। नौकरी से क्या होता...या नौकरी है कहाँ। वे भाइयों के आलसी होने से भी परेशान थे। कहने लगे—"मियाँ पैंतालीस साल का हो गया हूँ, न तो कोई ठौर है न ठिकाना। न तो नौकरी या आमदनी ही पक्की है और न मकान-वकान ही बनवा सका हूँ...सोचता हूँ कल मुझे कुछ हो जाए तो क्या होगा। ख़ैर मियाँ अब इसी की फ़िक्र में घुल-घुलकर मरना तो है नहीं। जो साला होगा देखा जाएगा। देखो ग़ालिब का शे'र है न—'रात-दिन गर्दिश में हैं सात आस्माँ / हो रहेगा कुछ न कुछ घबराएँ क्या ?' तो वही हाल है। और देखो इसी ख़याल को 'मीर' ने..." और वे इसी ख़याल के 'मीर' के शे'र सुनाने लगे। फिर 'इक़बाल' पर आ गए।

बात होते-हुआते के.पी. भाई पर आ गई। मैंने पूछा, "आप आए नहीं। क्या बात है ?"

"भाई, अपना के.पी. आजकल कमरे तलाश कर रहा है।"

"क्यों राही साहब के साथ तो...?"

" 'राही' अब 'राही' नहीं रहे। मंज़िल पर आ पहुँचे हैं।"

"मतलब 'कोठी आलम बाग़' में उन्हें कमरा मिल गया है।"

"मिल गया है या ले लिया है।"

जावेद भाई हँसने लगे।

"मियाँ सब ही कुछ सुनना चाहते हो तो सुनो...'राही' साहब का इश्क़ चला है सफिया बेगम से..."

"ये कौन हैं ?"

"अरे यार डॉ. अब्दुल अज़ीज़ की बीवी और दीवान रहमत उल्ला की बेटी...इसी सड़क पर आगे चलकर उनकी शानदार कोठी है...दीवान साहब की बनवाई हुई...मियाँ दीवान रहमत अली राजस्थान की कई रियासतों के दीवान थे।"

"तो क्या डॉ. अब्दुल अज़ीज..."

"मियाँ आदमी है...तो 'राही' साहब कोठी के एक कमरे में आ गए हैं बहैसियत किराएदार...इसलिए अपने के.पी. को दूसरा कमरा चाहिए और किराए हो गए हैं ज़्यादा...देखो मिल ही जाएगा...वैसे 'राही' के मज़े हैं नौकरी लग ही गई है उर्दू डिपार्टमेंट में...इश्क़ जोरों पर है हो सकता है, शादी ही कर लें।"

"क्या राही साहब शादी शुदा...?"

"मियाँ ये तो अल्ला भी नहीं जानता कि 'राही' ने कितनी शादियाँ की हैं और शादीशुदा हैं या नहीं।"

## 39

बिजली-पानी बन्द हो जाने के बाद कामरेड लालसिंह का 'ऑफर था कि मैं उसके कमरे में आ जाऊँ पर मैं नहीं गया और मरता क्या न करता, टिकट कटाया और घर आ गया। घर में लगा सब कुछ सामान्य है। अब्बा का वही हाल है। नई बात यह थी कि उन्होंने एक छोटा-सा मकान काफी सस्ते में खरीद लिया था और उसकी मरम्मत आदि कराके किराए पर उठा दिया था। इससे उनकी आमदनी बढ़ गई थी। गाँव यानी केसरियाखेड़ा की ज़मीनें बटाई में ही जोती-बोई जा रही थीं। उनसे साल में पाँच-सात हज़ार की आमदनी तथा खाने भर को ग़ल्ला हो जाता था। अब्बा कई बार यह ज़िक्र कर चुके थे कि आजकल खेती में लोग अच्छा पैसा बना रहे हैं और अगर कोई करनेवाला हो तो ज़मीनें सोना उगल सकती हैं—सोना। मगर सवाल ये था कि करे कौन।

खालू मुशायरे पीटते-पाटते आ धमकते थे। इन्दिरा गांधी पर उनकी नज़्म बहुत कामयाब हुई थी। 'क़ौमी आवाज़' में न सिर्फ छपी थी बल्कि 'एडीटर' ने उन्हें इस बात पर भी तैयार कर लिया था कि वो इन्दिरा गांधी की शान में एक पूरा क़सीदा कहेंगे। यह क़सीदा कुछ महाकाव्य जैसा होगा। खालू ने शायद इस बाबत कुछ पैसा भी झटक लिया था क्योंकि दो नई शेरवानियाँ सिलवाई थीं और खाला के कपड़े भी बने थे। लेकिन खालू बताते न थे—कम से कम पैसे के बारे में खामोश थे। क़सीदेवाली बात पर लोगों ने उनसे कहा था कि वे बिरला, टाटा वग़ैरा का क़सीदा क्यों नहीं लिखते। 'गालिब' अगर नवाबों, महाराजाओं के कसीदे लिखते थे और रक़म पीटते थे तो 'महरूम' सुल्तानपुरी क्यों महरूम रहें, खालू के दिमाग़ में यह बात पूरी तरह बैठी नहीं थी।

अतहर के बारे में पता चला था कि वह माल खरीदने कानपुर गया है। आने के अगले ही दिन मैं मुख़्तार के साथ स्टेशन गया और उमाशंकर से मुलाक़ात हुई। ये दोनों मध्यावधि चुनावों को लेकर बड़े जोश में थे। 'इंडीकेट' और 'सिंडीकेट' की राजनीति ज़ोरों पर 'डिस्कस' हुई। पता चला कि नूरू मियाँ को शहर से टिकट मिला है और उनका इलेक्शन एक महीने बाद है। जी.टी. रोड पर इलेक्शन ऑफिस बन गया है और प्रचार का काम दो ही चार दिन में शुरू होनेवाला है।

मुझे कांग्रेस पार्टी से कोई लगाव न था। न तो चुनाव से और न नूरू मियाँ की हारजीत से। पर मैं इतना जानता था कि मैं यह साफ-साफ मुख़्तार, अतहर और उमाशंकर को बता दूँगा तो ये लोग उसे बिल्कुल न मानेंगे। शायद बहस न कर सकें पर स्वीकार न करेंगे। चुनाव में नूरू मियाँ का काम करेंगे और मुझसे दूर हो जाएँगे। तो मैंने सोचा क्यों न मैं भी चुनाव में शामिल होकर देखूँ। और फिर जाहिर है कि मैं सी.पी.एम. का मेम्बर तो हूँ नहीं। हमदर्द हूँ। किसी का आदेश मेरे ऊपर नहीं चल सकता। तो मैंने तय कर लिया कि चुनाव में जाऊँगा।

अतहर नूरू मियाँ के इलेक्शन के बारे में बहुत उत्साह में था। हाजीजीवाले केस में नूरू मियाँ अगर बीच में न आए होते तो पता नहीं हाजीजी का कितना अपमान होता और न जाने कितना पैसा ख़र्च करना पड़ता। अतहर को मैंने जब यह बताया कि मैं भी नूरू मियाँ के इलेक्शन में काम कर सकता हूँ तो वह उछल पड़ा।

"अल्ला क़सम, मज़ा आ गया साजिद मियाँ।"

उसे यह डर था कि कम्युनिस्ट ख़यालात का होने के कारण शायद मैं नूरू मियाँ के चुनाव में काम न करूँगा।

"चलो तुम्हें आज ही नूरू चच्चा से मिला दें।" वह दो बीड़ियाँ सुलगाने लगा।

"ठीक है चलो...पर जल्दी क्या है यार..."

"नहीं नहीं...अभी टाइम है थोड़ा...जब प्रचार का काम ज़ोरों पर शुरू हो जाएगा तो नूरू चच्चा मशीन बन जाएँगे...सोने तक का वक़्त न मिलेगा। मैं तो उनका तीसरा चुनाव लड़वा रहा हूँ"—वह बड़े आत्मविश्वास से बोला।

“ठीक है तो चलो।”

नूरू मियाँ मतीन वकील के यहाँ ठहरे थे। बाहर बरामदे में कुर्सियाँ पड़ी थीं और पलँग बिछे थे। एक कुर्सी पर नूरू मियाँ अधलेटे से बैठे सिगरेट पी रहे थे।

“चच्चा सलाम अलैकुम” अतहर ने नारा लगाया।

“आओ अतहर आओ...कहाँ थे... मैंने आते ही तुम्हें पूछा था।”

“कानपुर चला गया था सामान लेने...अब अब्बा से आया-जाया नहीं जाता।”

“हाँ ये तो ठीक है...अब ये तुम्हारी जिम्मेदारी है।”

“चच्चा ये साजिद मियाँ है। डिप्टी साहब के लड़के...यूनीवर्सिटी में पढ़ रहे हैं। ये आपके चुनाव में रहेंगे।”

“आओ मियाँ आओ...” नूर मियाँ बड़ी मुश्किल से आरामकुर्सी से उठे। मुझे गले लगाया, “अरे डिप्टी साहब तो शहर की नाक हैं। उनके जैसे पढ़े-लिखे शरीफ़ आदमी कहाँ है ?”

“चच्चा ये आपके चुनाव में काम करेंगे।” अतहर फिर बोला। वह चाहता था कि यह साबित कर दे कि उसने मुझे नूरू मियाँ के चुनाव में काम करने के लिए तैयार किया है और इस तरह नूरू मियाँ पर एक अहसान किया है। जाहिल-जपट कार्यकर्त्ताओं के बीच यूनीवर्सिटी का ग्रेजुएट।

“अरे तो इन्हें डिग्री कॉलेज के प्रोफेसरोंवाली टीम के साथ कर देंगे।” वे बोले।

“नहीं चच्चा ये तो हमारे साथ रहेंगे...शाहिद मियाँ वाले गुट में।”

“अब ये तुम लोगों की मर्ज़ी है।”

“शाहिद मियाँ कब आ रहे हैं ?”

“देखो गेहूँ की मढ़ाई हो रही है। तीन-तीन थ्रेशर लगे हैं पर काम निपटता नहीं दिखाई देता। जैसे ही काम पूरा हो जाएगा, आएँगे।” नूर मियाँ ने सिगरेट का लम्बा कश लिया।

नूरू मियाँ मुझे दूसरी बार में अच्छे आदमी लगे। पहली बार मैंने उन्हें ‘एक्शन’ में देखा था तो कुछ बनावट थी। लेकिन आज बहुत सामान्य लग रहे थे। खाते-पीते जमींदार और राजनीतिज्ञ; फक्कड़ और मस्त तबीअत। मैला कुर्त्ता, मैला पजामा। हाथ में चारमीनार के दो पैकेट। बाल सफेद, लगता है बरसों से कन्धे को तरसे हुए हैं। बीच में गंजी चाँद। मोटी नाक, छोटी आँखें, साफ रंग, औसत कद, अच्छी खासी तोंद।

नूरू मियाँ पूरे संस्थान हैं अपने आपमें। नेशलिस्ट मुसलमानों की वह पीढ़ी जो अपने अतीत पर गर्व कर सकती है। कांग्रेसियों की वह पीढ़ी जो अपने त्याग की चर्चा कर सकती है। भ्रष्टाचार नूरू मियाँ को छू नहीं गया। क्या करेंगे ? हज़ार, दस-बीस-पचास या लाख दो लाख लेकर...क्योंकि उनके आम के बाग़ ढ़ाई लाख सालाना के उठते हैं, दो हजार मन गेहूँ होता है। दो सौ मन लाही और पता नहीं क्या-क्या। नूरू मियाँ ख़ुद खेती कराते हैं। ट्रैक्टर से लेकर टियूबवेल तक सब अपने हैं। तो इतनी आमदनीवाला भ्रष्टाचार क्या करेगा। कम से कम सौ रुपए रोज़ उनका

अपना निजी खर्च है। कम से कम पन्द्रह बीस पैकेट सिगरेट, जो वही नहीं सब पीते हैं यानी कोई भी उनकी सिगरेट के पैकेट से सिगरेट पी सकता है। जब वे खाना खाते हैं तो जितने लोग साथ होते हैं सब खाते हैं। वे चाय पीते हैं; दिन में दस बार और हर बार बीस पच्चीस लोग साथ चाय पीते हैं। जहाँ तक चुनाव के लिए पैसे का सवाल है नूरू मियाँ खुले आम कहते हैं—घर का पैसा चुनाव में कोई नहीं लगाता। उसके लिए पार्टी पैसा देती है। नूरू मियाँ के लिए पार्टी का मतलब सी.बी. गुप्ता हैं जिनके हाथ में कानपुर के सेठों की नकेल है। कहते हैं सी.बी. गुप्ता और नूरू मियाँ में एक अलिखित समझौता है। दोनों एक-दूसरे से किसी काम के लिए पहले तो कहते नहीं और अगर धोखे से कह देते हैं तो जिससे जिस काम के लिए कहा जाता है वह उसे करता ही है, चाहे करनेवाला काम हो या न हो। बीरा को पुलिस ने डकैती डालते गिरफ़्तार किया था। मुकदमा चला और छूट गया। कहते हैं नूरू मियाँ ने कुछ कहीं इशारा कर दिया था।

सी.बी. गुप्ता नूरू मियाँ को दो बार मन्त्री पद ऑफर कर चुके हैं। नूरू मियाँ का कहना है—"मियाँ क्यों झंझट में पड़ें। भई हमें तो काम होने से मतलब...मन्त्री हो या सन्त्री, हमारा काम करता है। हमें और क्या करना है। मन्त्री बने उल्लुओं की तरह घूमने से क्या मिल जाएगा, कद्दू ?"

दो-तीन दिन बाद शाहिद मियाँ आ गए। वैसे ही जैसा उमाशंकर वग़ैरा ने उनके बारे में बताया था। उमाशंकर शाहिद मियाँ का लंगोटिया यार है। दोनों मुस्लिम स्कूलों में पढ़ा करते थे। शाहिद मियाँ हाईस्कूल में फेल हो जाने के बाद पढ़ाई छोड़ चुके हैं।

शाहिद मियाँ को जब पता चला कि मैं यूनीवर्सिटी में एम.ए. कर रहा हूँ तो वो कुछ सकुचा से गए। पर उन्हें जल्दी ही यह भी पता चल गया कि यूनीवर्सिटी में पढ़ने या एम.ए. करने के कारण मैं उनके लगभग अनपढ़ होने का मज़ाक़ बनाना तो बड़ी बात, ज़िक्र तक नहीं करता तो वे आश्वस्त हो गए।

शाहिद मियाँ का क़द लम्बा है। रंग साफ़ है, हड्डी चौड़ी है। बदन कसरती है, सीना चौड़ा है, कमर पतली है लेकिन चेहरा-मोहरा कुछ ऐसा आकर्षक नहीं है। आँखें छोटी हैं नाक कुछ छोटी और चपटी-सी है। कान छोटे-छोटे हैं, ठोड़ी पर चोट का निशान है। चेहरा वैसे गोल है। आँखों में बेफ़िक्री, मस्ती, ग़ुस्सा, सादगी की भावनाएँ हैं। इतना तय है कि वे बहुत समझदार या बुद्धिजीवी नहीं लगते—सो हैं भी नहीं। उनका जो क्षेत्र है यानी खेती-बाड़ी का इन्तिज़ाम और राजनीति—उसके लिए वे सौ फीसदी फिट हैं। जिस्म पर कीमती कपड़े, कीमती घड़ी, कीमती अँगूठियाँ और कीमती जूते और विल्स फिल्टर की सिगरेट उनकी सम्पन्नता को बहुत सरलता से दर्शाते।

उमाशंकर शाहिद मियाँ के सामने इतना गद्‌गद रहता है जैसे शाहिद मियाँ उसके सब कुछ यानी माता-पिता, गुरु, पंडित, संरक्षक, दोस्त, प्रेमी, प्रेमिका हों। वह उनकी

तरफ प्रशंसात्मक नज़रों से देखता है और मुग्ध हो जाता है। उनका हर वाक्य इस तरह सुनता है जैसे वेदवाक्य हों। जाहिर है वह शाहिद मियाँ का तगड़ा 'फैन' है। अतहर भी शाहिद मियाँ के लगभग 'फैन' हैं लेकिन उतने नहीं जितना उमाशंकर। मुख़्तार का मामला दूसरा है। वह इस्लामी भावनाओं के तहत शाहिद मियाँ की मदद करता है। नूरू मियाँ के इलेक्शन में इसलिए काम करता है कि मुसलमान हैं। उसे कांग्रेस, देश या संविधान से कोई लेना-देना नहीं है। बस 'इस्लाम' ज़िन्दाबाद' उसका नारा है। वह अपने विचार छिपाता भी नहीं। कहता है–''इन दो-चार ज़िलों में नूरू मियाँ अकेले मुसलमान एम.एल.ए. हैं, न रहेंगे तो जनसंघी मुसलमानों की गाँड़ में डंडा कर देंगे।'' इन ज़िलों में कांग्रेस की सीधी टक्कर जनसंघ से होती है और मुसलमान हर हालत में कांग्रेस को वोट देते हैं।

मुझसे मिलने के बाद शाहिद मियाँ को यह तो अवश्य ही लगा कि मैं उनका वैसा प्रशंसक नहीं हूँ जैसा उमाशंकर है। लेकिन यह भी लगा कि एक यूनीवर्सिटी स्टूडेंट का चुनाव-प्रचार में काम कराना बड़ी बात है।। बातचीत आगे बढ़ाने के लिए शाहिद मियाँ उन लड़कों के नाम लेने लगे जो मेरी यूनीवर्सिटी में पढ़ते और वे उन्हें जानते हैं। मैं दुर्भाग्य से उनमें से किसी को नहीं जानता। मैंने विश्वविद्यालय के बड़े होने और फैक्लिटयों, विभागों के अलग होने का रोना रोया।

शाहिद मियाँ नेताओंवाले ढंग में बातचीत करते हैं। यह वह शैली है जो नई-नई विकसित हुई है, धाकड़ शैली। वे ज़ोर से बोलते हैं। एक साथ कई लोगों से बात करते हैं और लोगों के उत्तर की चिन्ता नहीं करते। बातचीत के दौरान बड़े-बड़े नाम लुढ़का देते हैं और कुल मिलाकर नतीजा यही निकलता है कि वे कितने प्रभावशाली, अच्छे और समझदार आदमी हैं। प्रायः उमाशंकर उनसे विशेष प्रसंगों के बारे में पूछता है और वे उत्साह के साथ बातें शुरू कर देते हैं। अपने लतीफ़ों पर बा-आवाज़ हँसते हैं। हँसते समय आँखें कुछ सिकुड़ जाती हैं और वे अधिक सुन्दर लगने लगते हैं।

उमाशंकर की दुकान से हम लोग चाय के होटल में आ गए। इस बीच रास्ते में उमाशंकर को जो भी परिचित दिख जाता उसे चाय के लिए बुला लेते–''आओ, लाला आओ, शाहिद मियाँ आए हैं...चाय पियो।'' होते-हुआते जब चाय का आर्डर दिया गया तो तेईस चाय हो गईं। तीन पैकेट विल्स फिल्टर ख़त्म हो गए। चायखाने में शाहिद मियाँ की आवाज़ गूँजने लगी। वहाँ जो भी है वह उनका वोटर है। उसे प्रभावित करना उनका काम है।

## 40

खाना पकानेवाली बुआ के साथ एक लड़की आने लगी है जो उनकी भतीजी है। पहले किसी गाँव में रहती थी, उसके बाप के पास दो-चार बीघे ज़मीन थी। ज़मीन हाथ से

निकल गई। आजकल शहर में रिक्शा चला रहा है। बुआ के घर के पास ही वह रह रहा है। बुआ की भतीजी का नाम सल्लो है। पता नहीं पूरा नाम क्या है पर सब सल्लो-सल्लो कहते हैं। बोलने में साला बड़ा 'सेक्सी' लगता है। सल्लो जैसे रसीला फल; सल्लो जैसे किसी चिकनी चीज़ पर उँगलियाँ फिसल गई हों। सल्लो, जैसे मुँह में कैरी का टुकड़ा आ गया हो। सल्लो, जैसे घनघोर घटा फट पड़ी हो; सल्लो जैसे किसी लड़की ने भरपूर अँगड़ाई ली हो।

"अम्माँ ज़रा एक कप चाय बनवा दीजिए।" मैंने कोठे पर से अम्माँ को आवाज़ दी। ये ज़ाहिर है कि अम्माँ मना नहीं करेंगी। यह भी जाहिर था कि चाय बन जाएगी तो उसे ऊपर मुझे देने बुआ नहीं आएँगी। उनके पैरों में गठिया है। अम्माँ भी नहीं आएँगी। खाला नहा रही हैं। अब अगर कोई आएगा तो सल्लो आएगी।

इधर-उधर बिखरी 'जासूसी दुनिया' की प्रतियाँ मैंने क़ायदे से लगा दीं। खिड़की से बाहर देखा। दूसरे घरों की छतें हैं। नीचे गली में नंग-धड़ंग बच्चे खेल रहे हैं। एक फेरीवाला साइकिल पर पीछे बड़ा-सा टोकरा लगाए कहीं जा रहा है। धूप इतनी तेज़ नहीं हुई है कि बुरी लगती।

चाय लेकर सल्लो ही आई—"लीजिए..."

"मेज़ पर रख दो।"

मेज़ पर चाय रखकर वह जाने लगी।

"रुको।"

"जी।"

"क्या जल्दी में हो।"

"जी क्या ?" वह समझी नहीं।

उम्र यही कोई सत्तरह के आसपास। क़द छोटा। दुबली-पतली लेकिन शरीर के उतार-चढ़ाव बहुत साफ और आकर्षक। रंग गहरा साँवला। चेहरा पतला। आँखें अच्छी। होंठ पतले।

सोचा, यह स्वयं अपना नाम लेती होगी तो कैसा लगता होगा।

"तुम्हारा नाम क्या है ?"

"आपको नहीं मालूम ?"

"मालूम है।"

"फिर क्यों पूछ रहे हैं।"

"तुम कैसे लेती हो अपना नाम।"

"जैसे सब लेते हैं।"

"लो।"

"सल्लो।"

"हाँ, ये कुछ बात हुई।"

वह जाने के लिए मुड़ी।

"रुको।"

वह ठहर गई।

"चाय पीकर देखता हूँ। शकर कितनी डाली है।"

"दो चम्मच।"

"तो शायद कम लगे।"

पीने के बाद मैंने कहा—"हाँ, कम है...ज़रा जाकर शकर का डिब्बा और चमचा ले आओ।"

वह चली गई। वाह क्या लौंडिया है। 'परफेक्ट' लेकिन पता नहीं क्या हो ? डर ? गाँव की है, चालू होगी।

वह शकर का डिब्बा और चमचा लेकर आई। मैंने शकर का डिब्बा खोलकर चमचे से शकर निकाली और उससे कहा—"यहाँ आओ सल्लो, मुँह खोलो।"

"नहीं, नहीं हम न खाएँगे।" वह डर और शरमाकर बोली।

"खाओ मत, इसे मुँह में डालने दो।"

वह हँसने लगी—"तो क्या उगल देंगे बाद में ?"

"नहीं खा जाना...आओ देखो गिर रही है।"

वह पास आ गई। मैंने शकर उसके मुँह में डाल दी।

"तुम यहाँ क्या करती हो ?"

"करेंगे क्या ? जो अम्माँ कहती हैं कर देते हैं। खाला जो कहती हैं वो कर देते हैं।"

मुझे अपना सवाल बेवकूफ़ी का लगा।

"गाँव में स्कूल जाती थीं।"

"नहीं।"

"क्यों ?"

"स्कूल दूसरे गाँव में था—धनवाखेड़ा में।"

"तुम क्या-क्या काम जानती हो।"

"सब काम जानते हैं...अब हम जा रहे हैं।"

"ठीक है जाओ...कल भी चाय लेकर आओगी ?"

"हाँ, खाला कहेंगी तो लाएँगे।"

"मैं कहूँगा तो ?"

"नहीं।" वह शरमा गई।

शहर का सीना चीरती जो मुख्य सड़क गुज़रती है उस पर एक बरामदा है जिसके पीछे हॉलनुमा बड़ा कमरा और दाएँ-बाएँ दो छोटे कमरे हैं। इमारत के सामने कम्पाउंड जैसा है जिसमें नीम का एक बड़ा पेड़ है। इमारत उतनी ख़स्ता हालत में नहीं है जितनी लगती

है क्योंकि उसने रंगो-रौग़न की शक्ल शायद बरसों से नहीं देखी। वह इलाही मियाँ की बैठक के नाम से जानी जाती है। इलाही मियाँ किसी ज़माने में बड़े जबर्दस्त वकील थे, उनका नाम ही मुक़दमा जितवाने के लिए काफी माना जाता था। इलाही मियाँ ने खूब पैसा कमाया था लेकिन उनकी मौत के बाद इलाही मियाँ के इकलौते बेटे जानी मियाँ ने उसी तरह उड़ाया और यहाँ तक कि इलाही वकील की किताबे तक बेंच डालीं। बहरहाल अब इस इमारत में यहाँ आजकल नूरू मियाँ का चुनाव कार्यालय है, कोई रहता नहीं। बरामदें में खजहे कुत्ते पड़े रहते थे जिन्हें भगा दिया गया है। जानी मियाँ बैठक के बराबर पुश्तैनी घर में रहते हैं।

बरामदे में एक बड़ा बैनर लगाया गया है जिसमें नूरू मियाँ का 'आफीशियल' नाम यानी 'सैयद नूरूउद्दीन' लाल रंग में लिखा है। उसके ऊपर 'आपके चुनाव क्षेत्र से कांग्रेस के उम्मीदवार' और नीचे 'को भारी मतों से विजयी बनाएँ।' ऊपर नीचे की लाइनें काले रंग में हैं। चुनाव चिन्ह नीले रंग में बना है। बरामदे के खम्भों पर नूरू मियाँ के पोस्टर चिपके हैं और नीम की एक डाल पर किसी ने झंडा इस तरह लगाया है कि वह सलामी के लिए झुका-सा मालूम होता है।

"बड़े मौक़े की जगह है...बड़े मौक़े की..." अतहर मियाँ बीड़ी के लम्बे-लम्बे कश लेकर मुझसे कई बार कह चुके हैं। उनका मतलब है कि चुनाव कार्यालय बनाने के लिए बड़े मौक़े की जगह मिल गई है।

बरामदे में नंगा तख़्त पड़ा है। तीन-चार काठ की कुर्सियाँ हैं। अन्दर हॉल में फर्श है जिसके बीचोबीच एक मुंशियोंवाली फर्शी मेज़ है जहाँ काली शेरवानी पहने एक सज्जन बैठे हैं। इलेक्शन इंचार्ज नब्बू मियाँ—वकील। मोटा चश्मा लगाए हैं। दरी पर इधर-उधर मैली धोतियों-कुर्तों में लोग लेटे-बैठे या सो रहे हैं। बीड़ी का धुँआ भरा हुआ है। साइड के कमरे में पलँग पड़ा है। दूसरे साइड के कमरे में स्टोर है। स्टोर में शाहिद मियाँ ने पाँच-सात बोरे आटा भरवा दिया है। घर के गेहूँ का है। आर.आर. इक्कीस...तराजू मार्क़ा घी के कनस्तर हैं और वह सब जो पूड़ी-सब्जी और सूजी का हलवा बनाने के लिए आवश्यक है। स्टोर के इंचार्ज शफी साहब हैं। रसोइया दीनू है, दो लड़के उसकी मदद करने के लिए।

"कितना खाएँगे साले...खाएँ..." खाने-पीने के इफ़रात इन्तिज़ाम का विवरण देते हुए शाहिद मियाँ ने कहा था—"सब कुछ घर का है...आलू प्याज़..." मतलब सब कुछ इतना ज़्यादा था कि कार्यकर्त्ताओं के मुँह से यह नहीं निकल सकता कि यह चीज़ कम है।

"गाँव की तरफ से कोई आए तो दो बोरी गुड़ मँगवा लेना।" स्टोर इंचार्ज शफी साहब ने शाहिद मियाँ से कहा।

"हाँ शफी भाई...और एक कनस्तर अचार...बढ़िया अचार...घर का डला मँगवा लूँगा।"

"देखो शाजिद मियाँ..." स्टोर इंचार्ज शफी साहब बोले, "तुमने सुनी होगी अंग्रेज़ी

की कहावत कि फौज अपने पेट के बल पर मार्च करती है। तो भइया ये भी तो कार्यकर्त्ताओं की फौज है। लोकल शहर के कार्यकर्त्ताओं की तो कोई बात नहीं। वो सब अपने-अपने घर में खाते हैं...'' उनकी बात काटकर शाहिद मियाँ बोले, ''या चाहें तो यहाँ खाएँ...''

''...तो भइया तीन हफ़्ते के लिए कम से कम सौ कार्यकर्त्ता यहाँ रहेंगे...नीम के पेड़ के नीचे तम्बू भी लगवा रहा हूँ...।''

''बहुत अच्छा है...अन्दर तो इतनी जगह न होगी।''

हॉल की दूसरी तरफवाला कमरा आराम करने के लिए है, वहाँ दो-चार चारपाइयाँ पड़ी हैं। एक नूरू मियाँ के लिए और एक शाहिद मियाँ के लिए। लेकिन शाहिद मियाँ इलेक्शन के टाइम में एक ठौर सोनेवालों में नही हैं। कभी यहाँ सो गए तो कभी वहाँ सो गए। वैसे उन्हें ग़फ़ूर की बैठक पसन्द है। ग़फ़ूर अकेला है। बीवी बच्चों का झंझट ही नहीं है। बूढ़ी माँ है जो ऊँचा सुनती है। ग़फ़ूर की वर्कशाप है जहाँ गाड़ियाँ-वाड़ियाँ ठीक होती हैं। 'केकड़ा' ग़फ़ूर की ही गाड़ी है जो शाहिद मियाँ के चार्ज में रहती है।

चूँकि चुनाव-प्रचार के बाद रात में रोज़ ही 'पीने का प्रोग्राम' बन जाता है इसलिए शाहिद मियाँ ग़फ़ूर की बैठक में ही सोते हैं। कार्यकर्त्ताओं और नूरू मियाँ के सामने ऐसी हालत में आना पसन्द नहीं करते।

नूरू मियाँ कमरे में लेटे हैं। दूसरे पलँग और कुर्सियों पर जानी मियाँ, नब्बू मियाँ, शफी और शुक्लजी बैठे हैं। शुक्लजी के मुँह में सुपारी, तम्बाकू पान इतना भरा है कि ठीक से बोल नहीं पा रहे हैं। शुक्ल जी जिला कांग्रेस कमेटी के अध्यक्ष हैं। शहर के जाने-माने पंडित ज़मींदार—पंडित सीताराम शुक्ल के बड़े पुत्र...

''तो जनाब...बारह हज़ार कुर्मी वोट हैं, अट्ठारह के करीब अहीर हैं, पासी छः हज़ार हैं, चमार भी समझ लीजिए उतने ही, चमार वोट भी अच्छा-खासा है...केवटों के दो गाँव पड़ते हैं...''

''ठाकुर वोट ?'' जानी मियाँ ने पूछा।

''ठाकुर वोट पाँच हज़ार हैं...'' नब्बू मियाँ ने रजिस्टर में देखकर बताया।

''तो ये हुआ ग्रामीण क्षेत्र...अब शहर का वोट...''

''नहीं पहले गारामीन को ही तय कर लो पंडित जी''...शुक्ल जी की बात काटकर नूरू मियाँ बोले।

''चलो ठीक है...वही कर लेव।''

''कुर्मी समाज में तीन बाअसर आदमी हैं...उनमें से दो तो पूरी तरह हमारे साथ हैं। तीसरे रामखिलावन को जनसंघियों ने तोड़ लिया है।''

''पैसा दिया है ?''

''दिया होगा।''

''पंडित जी, तुम ज़रा पता लगाओ... वाजपेयी से पूछो।''

''रामखिलावन का तुम हमरे ऊपर छोड़ देव। हम जानित हन कि रामलाल बजाज

से ओका लेन-देन चलत है...रामलाल की बात व न टाल सकी...हम आजै रामलाल से बात कर लेब।''

''ठीक है, आगे बढ़ो।''

''अहीर वोट हैं अट्ठारह।''

''क्या पोज़ीशन है ?''

''अहीर कार्यकर्त्ता तो आ गए हैं। उन्हें जीप भी दे दी गई है। कल से काम कर रहे हैं।''

''लेकिन पोज़ीशन क्या है ?''

''अहीर वोट अपना पक्का है।''

''कैसे ?''

''बीरा...''

जल्दी से नूरू मियाँ ने कहा, ''हाँ-हाँ समझ गया। आगे बढ़ो।'' नूरू मियाँ बीरा डकैत की नाम की चर्चा न करना चाहते थे।

''पासी वोट ?''

''बिरादरी के मुखिया से बात हो गई है...पंचायत बुलाने के लिए हज़ार रुपया दिया गया है।''

''अपने ख़ास आदमी पंचायत में ज़रूर रहें...''

''कल्लू पासी तो रहेगा ही।''

''हाँ ठीक है, अब...''

''देखो नूरू मियाँ, तुम ग्रामीण वोट की चिन्ता न करो...जनसंघी वहाँ क्या करेंगे...उनके बूते की बात ग्रामीण वोट तोड़ना नहीं है।'' शुक्ल जी बोले। वे अपनी मर्ज़ी से कभी अवधी और कभी खड़ी बोली बोलते हैं।

''शहर के वोट का का होई ?''

''मुस्लिम वोट तो तुम्हार पक्का है।''

''सिआ वोट ?'' शुक्ल जी ने पूछा।

''वोट ही कितने हैं...वैसे शिआ भी तो जनसंघ को वोट न देंगे...पर करीम रिजवी और वाजपेयी में बड़ी छन रही है।'' शफी साहब बोले।

''करीम रिज़वी क्या बेचता है साला...गाँड़ छोड़ बर्तन नहीं है उसके पास...वाजपेयी से चार-पाँच सौ ले मरेगा...वैसे उसके कहने से उसके घरवाले तक वोट नहीं डालेंगे।'' जानी मियाँ ने कहा।

''चमार वोट का क्या होगा ? कोई बड़ा चमार नेता आ जाता तो...'' नूरू मियाँ ने वाक्य अधूरा छोड़ दिया।

''चमार नेताओं में सुखरामजी तो बहुतेन 'बिजी' हैं, अब और केका बुलावा चहत हो ?'' शुक्लजी ने पूछा।

''बलीराम आ जाएगा ?''

"बलीराम से चमार बिरादरी खुश नहीं है...उससे अच्छा है दयाराम को बुला लेव।"

"ठीक है शुक्ल जी...तो फोन पर बात कर लोगे लखनऊ ?"

"हाँ, काहे नहीं।"

"काज़ी ग़नी कुछ रूठे हुए हैं...कल कह रहे थे कि जब काम होता है तो हमारी याद आती है नहीं तो..."

"बात क्या है ?"

"उनके नाती की नौकरी नहीं लगी न..."

"बुलवा लो अभी। मैं सेठ रतनलाल के पास कानपुर भेजे देता हूँ। ख़त दे दूँगा। अपने यहाँ लगा लेंगे...और क्या कर सकता हूँ।"

"ऐसा हो जाए तो काज़ी ग़नी दिलो-जान से इलेक्शन में लग जाएँ।"

"तो ये तो हो जाएगा।"

"चार गाँवों में पुलियाँ बननी हैं।"

"पी.डब्लू.डी. वालों से कहा ?"

"हाँ, इंजीनियर सुनता नहीं।"

"नब्बू मियाँ, याद रखना, कल कलक्टर से कहूँगा।"

"जी हाँ।" नब्बू मियाँ ने डायरी में नोट कर लिया।

"परसों तुम्हें लखनऊ जाना पड़ेगा।"

"जी हाँ...गिरी हालत में यहाँ पाँच सौ रुपए रोज़ का ख़र्चा है। पौने तीन सौ रोज़ का तो गाड़ियों का किराया और पेट्रोल का ख़र्चा अलग है।"

"कितनी टोली जाती हैं ?" शुक्ल जी ने पूछा।

"चार जीपें हैं, एक केकड़ा है।"

"ब्लाक वाइज़ कर रहे हैं न ?"

"हाँ, अभी तो अखौटा ब्लाक चल रहा है।"

"काम ने अभी ज़ोर पकड़ा नहीं है।"

"अगले हफ़्ते से जब हरिजन कार्यकर्त्ता आ जाएँगे तो काम चलेगा।"

## 41

"तैयार हो साजिद मियाँ।" अतहर नीचे से चिल्लाया।

"हाँ, ऊपर आ जाओ।" वह सीढ़ियों पर से बोला, "आठ बजे निकलना है। शाहिद मियाँ ने कल कहा था।"

"ठीक है चलते हैं।"

वह ऊपर कमरे में आ गया।

"बैठो यार एक सिगरेट तो पी लो...चाय पिओगे..."

"नहीं, अल्ला क़सम अभी पीकर आया हूँ।"

"यार, अतहर...सल्लो को जानते हो।"

वह मन्द-मन्द मुस्कुराने लगा और बड़े प्यार से बोला—"कंटाप की चीज़ है।"

"कुछ शुरू करूँ ?"

"दबोच लो साली को...चबा जाओ।" वह बहुत आक्रामक भाषा बोलने लगा।

"यार, उसका बाप रिक्शा चलाता है। उसे नूरू मियाँ के इलेक्शन में काम दिलवा दो।"

"कल से लो...नहीं तो अभी चलें...पन्द्रह रुपए रोज़ पक्के हैं। खाना अलग मिलेगा।"

"तो उसे कैसे..."

"उसे कहला दो कि कल सुबह साढ़े सात बजे इलेक्शन आफिस आ जाए। वहाँ मैं शाहिद मियाँ से कह दूँगा।"

सिगरेट खत्म करके हम लोग नीचे आए। बुआ से मैंने कहा कि सल्लो के अब्बा को पन्द्रह रुपए रोज का काम नूरू मियाँ के इलेक्शन में मिल सकता है। बुआ दुआएँ देने लगीं।

इलेक्शन आफिस के सामने चार जीपें खड़ी हैं। सबसे पीछे 'केकड़ा' खड़ी है। उसके ऊपर ग़फ़ूर लाउडस्पीकर बाँध रहा है । दो लड़के नूरू मियाँ वाले पोस्टर चिपका रहे हैं। उमाशंकर खादी के कुर्ते-पाजामे में लैस काला चश्मा लगाए खड़े हैं। मुख़्तार सिगरेट फूँक रहा है। कलूट लाउडस्पीकर लगवाने में ग़फ़ूर की मदद कर रहा है। जीपवाले लाउड स्पीकर से कोई बोल रहा है—"बहनो और भाइयो—ठक ठक ठक...हाँ ठीक है। भाइयो और बहनो आनेवाले मध्यावधि चुनाव में आप अपने क्षेत्र से कांग्रेस के उम्मीदवार श्री नूरू मियाँ को अधिक से अधिक वोटों से विजयी बनाएँ।" 'एनाउंसमेंट' के बाद देश प्रेमवाला फिल्मी गीत लगा दिया गया।

हर जीप को अलग-अलग क्षेत्रों में जाना है। हर जीप पर एक 'लीडर किस्म' का कार्यकर्त्ता है। इलेक्शन इंचार्ज बता रहे हैं कि कौन-सी जीप किधर जाएगी।

"बावन अट्ठावन को ठाकुर गजेन्द्र जी अपने क्षेत्र में ले जा रहे हैं। चौबीस बयालीस धमनियापुर ब्लाक जाएगी। और..."

'केकड़ा' शाहिद मियाँ के नेतृत्व में परधनीपुर ब्लाक के गाँवों में जा रहा है।

"लौंडों चलने से पहले ये चेक कर लेना कि पोस्टर, लेई, झंडियाँ, झंडे, डोरियाँ, बिल्ले, छोटेवाले झंडे सब हैं या नहीं। जो चीज़ न हो, आफिस से जाकर ले लो...अगर दिन में किसी ने कहा कि पोस्टर नहीं हैं तो उल्टा खड़ा कर दूँगा।" शाहिद मियाँ ने जीप की लौंडा पार्टी के नेता अनवर से कहा, "लौंडा पार्टी 'जिन्दाबाद' के नारे लगाने के लिए हर जीप में रहती है।"

''सब है शाहिद भाई।''

''अच्छा ग़फ़ूर निकलने से पहले यार सिगरेट और पान लेना है। और पूड़ी-सब्जी के बीस पैकेट रखवा लेना। गाड़ी में लोटा-डोर तो होगा ही।''

''चिन्ता न करो शाहिद मियाँ...सब है।''

जब केकड़ा पूरी तरह दुल्हन की तरह सज गया यानी सामने दाईं-बाईं तरफ झंडे लग गए, बोनट पर पोस्टर चिपका दिए गए, इधर-उधर के दरवाज़ों में भी पोस्टर चिपक गए, माइक फिट कर दिया गया, झंडियाँ लगा दी गईं तो शाहिद मियाँ ग़फ़ूर के बराबर बैठ गए जो 'स्टियरिंग' पर बैठा है। शाहिद मियाँ के बराबर उमाशंकर बैठा क्योंकि उसने लक़दक खादी का कुर्त्ता-पजामा पहना हुआ है और काला चश्मा लगाए है। दूर से पता चल जाता है कि कोई 'टाप क्लास' नेता है। उमाशंकर के बराबर मुझे बैठाया गया। मुख़्तार, अतहर, कलूट, अनवर और लौंडा पार्टी पीछे आ गई।

''लौंडा पार्टी सालों दम लगाकर चीख़ना...चलो नूरू मियाँ।'' शाहिद मियाँ ने नारा लगाया।

''ज़िन्दाबाद'' लौंडा पार्टी चीखी। और लाउडस्पीकर घिरघिराने की-सी आवाज़ आने लगी।

''ये साला मादरचोद लाउडस्पीकर तो यहीं बोल गया।''

''नहीं शाहिद मियाँ...लगता है, बस थोड़ा कनेक्शन ढीला है।'' कलूट उतरकर 'कनेक्शन' ठीक करने लगे।

शहर की पतली सड़कों, चौक, लालाबाजार, स्टेशन रोड, जी.टी. रोड पर 'केकड़ा' किसी पगलाए पहलवान की तरह दौड़ने लगा और माइक से लगातार 'ज़िन्दाबाद' के नारे उबलने लगे। शहर के ख़त्म होने के बाद ही माइक रुका पर केकड़ा मस्ती में आ गया। गफ़ूर ने 'एक्सीलेटर' कुचलकर रख दिया। हवा भरभराकर अन्दर आ गई।

''शाहिद मियाँ 'गुना' चलत हन...ओके बाद अहेरी खेड़ा...ओके बाद अलीपुर...'' ग़फ़ूर ने सलाह दी।

''हाँ, ठीक है।''

इधर-उधर खेत खाली पड़े हैं, कहीं-कहीं गन्ने के खेतों की हरियाली दिखाई पड़ जाती है। बहुत जल्दी केकड़ा ने पक्की सड़क छोड़ दी। अब जिस तरह की सड़क पर केकड़ा चल रहा है उसे न तो पक्की कहा जा सकता है न कच्ची। वह बस सड़क है।

'गुना' गाँव में घुसने से पहले ही लाउडस्पीकर फिर दहाड़ने लगा। गाँव के बच्चे बड़ी तादाद में केकड़ा के पीछे भागने लगे। पतली-कच्ची गलियों और खुली हुई नालियों से बेधड़क गुजरता 'केकड़ा' सीधे परधान के घर के सामने जाकर रुका।

''परधान का क्या नाम है उमाशंकर ?'' शाहिद मियाँ ने पूछा।

''ठाकुर गजेन्दर सिंह।''

ठाकुर खलिहान में थे। वहाँ उन्हें खबर मिली तो आए। सिर और कानों में अँगोछा लपेटे थे।

''साहिद मियाँ तुम काहे इतनी गरमी म तकलीफ कियो...''

''चाचा तुम्हारे द्वार आए बिना कौनो काम हुइ सकत है ?'' उमाशंकर ने कहा।

प्रधान बहुत प्रसन्न हो गए। कहने लगे, ''सेंट-परसेंट इस गाँव का वोट तुम्हें पड़ेगा।''

''तुम क्या कर रहे हो अनवर...इन सालों को ले जाओ...गाँव में पोस्टर लगाएँ।''

लौंडा पार्टी अनवर के नेतृत्व में पोस्टर, झंडियों के बंडल और लेई की पतीली लेकर निकल गई। हम लोग प्रधान जी के लम्बे-चौड़े दल्लान में पलँगों पर बैठ गए। सामने नीम के पेड़ों के नीचे 'चरहियाँ' बनी हैं। बाईं ओर कुआँ है। एक औरत लम्बा-सा घूँघट निकाले पानी खींच रही है।

हम लोगों के लिए पानी आया। गुड़ आया। बीड़ी का बंडल आया। खैनी मली गई। बातें होती रहीं जो खेती-किसानी, चुनाव, पड़ोस के गाँव में पड़े डाके और प्रधान के ट्रक पर केन्द्रित रहीं।

चलते-चलाते प्रधानजी ने फिर सौ परसेंटवाली बात दोहराई और 'केकड़ा' गाँव की गलियों में दनदनाने लगा। माइक चीखने लगा।

''अब अहेरीखेड़ा...''

''देख लियो...रास्ते म एक ठो टूटी पुलिया है।'' कलूट ने कहा। वे अंडे मुर्ग़ी का कारोबार करने के सिलसिले में गाँव-गाँव घूमा करते हैं—पर साइकिल से।

अहेरीखेड़ा में भी वही हुआ यानी हम प्रधान के घर गए। इसी प्रधान के घर डाका पड़ा था। वहाँ चुनाव से ज़्यादा बातचीत डाके पर होने लगी। शाहिद मियाँ ने कहा कि वे कप्तान पुलिस से बात करेंगे। डाके में प्रधान की बन्दूक भी चली गई थी। वह घर पर नहीं था, जब डाका पड़ा था। यह सब जानते थे कि डाका आसपास के किसी गिरोह ने नहीं डाला था। लगता था, इटावा का कोई गिरोह है जो इधर आ गया था।

अहेरीखेड़ा से निकले तो एक आम के बाग़ में जहाँ पक्का कुआँ भी था खाना खाने के लिए रुक गए। कुएँ के पास कुँजड़े की मड़इया थी। सब सीधे वहीं पहुँचे। अलैक सलैक के बाद कुँजड़े ने खटोले बाहर डाल दिए।

ये कुँजड़ा ग़फ़ूर कुँजड़े के किसी रिश्तेदार का जाननेवाला निकला। और कुँजड़े को जो उम्र में बड़ा लगता था सब चचा कहने लगे। चचा खुश हो गया और हमारे लिए 'कैरी की चटनी' पिसवाने लगा। उसकी बहू को देखकर मुख़्तार ने अतहर को आँख मारी और अतहर ने उसकी रान पर ज़ोर का हाथ मारा। मेरे कान में मुख़्तार ने कहा, ''देख लो साजिद भाई, ऐसा-ऐसा माल पड़ा है गाँवों में।''

''अबे साले वो अहमद्दीपुरवाले ठाकुर की बहू याद है ?'' अतहर ने मुख़्तार से कहा।

दूसरे तरफ खटोले पर लेटे शाहिद मियाँ चचा से आम की फसल पर विचार-विमर्श कर रहे थे। उनका आम का बाग़ भी इस साल जिस कुँजड़े ने लिया है वह चचा का रिश्तेदार है।

"हाँ, लू तो ठीक है...आँधी न चले...आँधी चल गई तो समझ लेव कि किया-धरा रह जाएगा।"

"अब चचा तुम आँधी को तो रोक नहीं सकते।" ग़फ़ूर बोला।

"अरे हम कहाँ रोक सकते हैं ? हम तो अपने को नहीं रोक सकते...। रोकने और छोड़नेवाला तो 'वो' है।" चचा ने आसमान की तरफ उँगली उठाई। दशहरी आम के पेड़ से बँधी एक बकरी ने लम्बी 'में' की और चचा की बहू चटनी ले आई।

"हाँ ऊपरवाला तो है ही है।" ग़फ़ूर बोला।

"अब देखो पिछले साल आम की फ़सल कमज़ोर गई।"

"इस साल न जाएगी...अगर ऊपरवाले ने चाहा।" चचा बोले।

"आओ शाहिद मियाँ—हाथ-मुँह धो लेव।" कलूट पानी की बाल्टी भर लाया था।

चटनी ने खाने में मज़ा ला दिया। उसी के साथ आँखें भी सिकती रहीं। यानी चचा की बहू दिखाई पड़ती रही। चचा काफी दार्शनिक बातें करने लगे तो शाहिद मियाँ ने उन पर से ध्यान हटा लिया। दिल में सोचा होगा, साला चुतियापा बघार रहा है।

गर्मियों की दोपहरें वैसे ही सन्नाटे के लिए मशहूर हैं और उस पर अगर गर्मी की दोपहर ऐसी हो जब घर में लोग भी न हों तो सन्नाटे का क्या पूछना। अम्माँ, खाला अब्बा के साथ फतेहगढ़ गए हैं किसी रिश्तेदार की शादी में।

मैं दोपहर घर में आया तो किवाड़ सल्लो ने खोला। पता चला बुआ कमरे में सो रही हैं और सल्लो बावर्चीखाने में आम का अचार डालने जा रही है।

"तुम्हारे अब्बा को काम मिल गया न ?"

"हाँ," वह बहुत खुश लग रही है।

"पन्दरह रुपए रोज़ मिलेंगे।"

"पर कल तो नहीं दिए।"

"रोज़-रोज़ तो देते भी नहीं...दो-चार दिन में हिसाब करते हैं।"

"दोपहर को खाना भी अब्बा वहीं खाते हैं।"

"अच्छा है...क्या हरज है...आओ ऊपर आओ तो कुछ बातें करें।"

"नहीं।"

"क्यों ?"

"किसी को पता चल गया तो क्या होगा।"

"किसे पता चलेगा।"

"चच्ची को।"

"अरे वो तो सो रही हैं। पता चले तो कह देना पानी देने गई थी।"

"नहीं।"

"अरे आ जाओ...अच्छा दो मिनट के लिए ही सही...आ तो जाओ न।"

उसने आँख से इशारा किया कि मैं जाऊँ, वह आएगी। ऊपर पहुँचकर मैं सोचने लगा कि देखो आती भी है या नहीं।

कोई दस मिनट के बाद वह आई। मुझे लगने लगा कि मेरा चेहरा सुर्ख़ हो गया है। जलने लगा है।

''इधर आओ।'' मैंने उसे मसहरी में बिठा लिया।

''आपको क़सम है...'' वह बात ख़त्म भी न करने पाई कि मैंने या कह नहीं सकता किसने क्योंकि मैं होश में ही न था, उसे पूरी तरह घसीट लिया।

मुझे कुछ नहीं मालूम लेकिन इतना लग रहा है कि उसे चूमने और उसके शरीर के उतार-चढ़ाव महसूस करने में बहुत मज़ा आ रहा हैं ऐसा मज़ा जो इससे पहले कभी न आया था। उसकी आँखें बन्द हैं और वह खामोश लेटी है। यह ज़रूर लगा कि उसकी साँसें कुछ तेज़ हो गई हैं।

''नहीं...नहीं...ये मत...'' वह दोनों हाथों से मुझे रोकना चाहती है।''

वह फिर खामोश हो गई। उसकी आँखें बन्द ही थीं।

मुझे अतहर के शब्द याद आ रहे हैं। मैं उसे कसकर दबा और भींच रहा हूँ। मैं क्या कर रहा हूँ ये सब क्या है ? ऐसा ये ऐसे ही होता है ? या नहीं होता या थोड़ा रुकना चाहिए या धीरे-धीरे या नहीं...मैं कुछ नहीं सोच सकता...कुछ भी नहीं...थोड़ा-सा डर है, जल्दी है, बुआ सो रही हैं। अगर उठ गईं तो क्या...लेकिन जल्दी-जल्दी...लेकिन मुझे तो यह भी पता नहीं कि...पर इतना मालूम है कि पत्थरों के रगड़ने से ही आग पैदा होती है...तो ठीक है अपना काम करो...करते रहे...करते रहो...ग़लत है तो सही हो जाएगा...सही है तो...सही है...पर है क्या...ये क्या है, ऐसा ही होता है...नहीं...पर कैसे कह सकता हूँ मुझे तो मालूम ही नहीं...हो सकता है यही सही है...पर इतना समय कहाँ है...दो-चार-पाँच मिनट और उसके बाद में उसके बराबर लेट गया। वह पसीने से भींग चुकी थी। उसने जल्दी से हाथ बढ़ाकर शलवार ऊपर खींची और बाँध ली।

अब मेरा डर शुरू हो गया। ये मैंने क्या कर डाला ? इसके कितने ख़राब और भयानक नतीजे हो सकते हैं। बदनामी...अपमान...इज़्ज़त लूटना इसी को कहते हैं...यही है जिसे 'रेप' कहा जाता है। कानून बलात्कार करनेवाले को अच्छी खासी सज़ा देता है। अख़बारों में केस छपता है और गली-कूचों में चर्चा होती है...बेचारी अम्माँ क्या सोचेंगी ? अब्बा तो शायद उसी तरह छड़ी से पीटने लगें जैसे बचपन में पीटा करते थे। मेरे माथे पर ठंडा पसीना आ गया।

मैंने देखा वह लेटी है। मैं उसकी तरफ करवट लेकर लेट गया। मेरी समझ में नहीं आया कि उससे क्या कहूँ ? माफी माँगू या नहीं...पर अब माफी माँगने से भी क्या होगा। जो होना था वह हो चुका है। हो सकता है मैं ही वह पहला आदमी हूँ ?

कुछ जल्दी ही वह उठ गई। अपने कपड़े झाड़ने लगी। हाथ से बाल ठीक किए। दुपट्टा सीने पर कायदे से लगाया और चलने को हुई।

''देखो...'' मैं कुछ काँपती-सी आवाज़ में बोला, ''किसी से मत कहना।''

''सबसे कह दूँगी।'' वह बड़ी बेबाक हँसी हँसती हुई चली गई।

मैं हैरान-परेशान-सा उसके अन्तिम वाक्य की गुत्थियाँ सुलझाता रहा पर समझ में ख़ाक कुछ न आया। बजाय सुलझने के सब कुछ उलझता चला गया। उलझन के डोरे का रंग काला था। काला सियाह। और उस डोरे का कोई सिरा मेरे हाथ में न था। पर फिर भी मैं कोशिश में लगा हुआ था।

## 42

एक हफ्ते बाद चुनाव प्रचार गरमा गया। एक तो प्राकृतिक गर्मी और ऊपर से राजनीति की तपिश—पूरा शहर जलने लगा। बड़े नेताओं की आवाजाही ने धूम मचा दी। पूरा चौक झंडियों और पोस्टरों से पुत गया। सड़क क्या गली-कूचों में कूड़े के अलावा अगर कुछ था तो पोस्टर थे। झंडियाँ थीं, बिल्ले थे, झंडे थे जिन्हें हाथ में लिए गली के आवारा लौंडे 'चुनाव खेल' खेलने लगे। नारेबाज़ी और भाषणबाज़ी का मुक़ाबला शुरू हो गया।

जी.टी. रोड और चौक के चौराहे पर कन्हई पानेवाले की दुकान राजनीतिक बातचीत का अखाड़ा बन गई। यहाँ चौक के जनसंघी समर्थक भी पान खाने आते और कांग्रेस के कार्यकर्त्ता भी। नन्हें खाँ ने कांग्रेस की तरफ़ से मोर्चा सँभाला हुआ है। वे ऐसे-ऐसे जुमले कसते हैं कि जनसंघियों का क़ाफ़िया तंग हो जाता है। नन्हें खाँ उन्हें ऐसा 'डाउन' करते हैं कि वे पान खाते ही भाग खड़े होते हैं। कुछ लोग ये कहते हैं कि नन्हें खाँ को सिर्फ पान की दुकान पर खड़े होकर नूरू मियाँ का प्रचार करने के लिए अच्छा-ख़ासा पैसा मिलता है। लेकिन नन्हें खाँ कहते हें ये साले जनसंघियों का ग़लत प्रचार है।

नन्हें खाँ कहते थे, ''और ये जनसंघी तो पैदायशी देशद्रोही हैं साले। अंग्रेज़ों की 'चाटते' रहे। महात्मा गांधी को सालों ने शहीद कर दिया।—अबे देशभक्ति देखनी है तो नूरू मियाँ के ख़ानदान की देखो...अबे तीन पीढ़ियों से...नूरू मियाँ के दादा शहीदे आज़ादी, बाप की जायदाद ज़प्त की गई। नूरू मियाँ जेल में सड़ते रहे। अरे ये है देशभक्ति...''

नन्हें खाँ शाम हम लोगों के साथ चचा के होटल में चाय पीने भी बैठ जाते हैं।

एक बार मैंने अपनी जानकारी बढ़ाने के ख़याल से नन्हें खाँ से पूछा, ''यार खान साहब यह बताओ कि तुम मुस्लिम लीग के पक्के सपोर्टर थे कि नहीं ?''

''अल्लाह जानता है, पक्के से भी पक्का सपोर्टर था।'' वे बोले।

''उस ज़माने में ये तो सब जानते होंगे कि पाकिस्तान बन भी गया तो सब मुसलमान उसमें न जा सकेंगे...फिर यहाँ के मुसलमान, खासतौर पर जिनको यक़ीन था कि पाकिस्तान कभी न जाएँगे, पाकिस्तान का समर्थन क्यों करते थे ?''

"साजिद भाई...सुनो हम मानते थे कि देखो पहली बात यह कि एक इस्लामी मुल्क वजूद में आ जाएगा...ठीक है तुम वहाँ न रह पाओगे...न जाओगे। पर तुम्हारा दूसरा मुसलमान भाई तो वहाँ सुख-चैन से रहेगा...तो अपने एक मुसलमान भाई के सुख-चैन के लिए लीग को वोट भी न दोगे ? अब बताओ इस बात की क्या काट थी ?" उन्होंने विजेताओं की तरह मेरी तरफ देखा।

नन्हें, खाँ के लिए ही यह मुहावरा बना था—'पढ़े न थे कढ़े थे।' वे अच्छे-अच्छे वकीलों के कान काट लेते थे।

"नन्हें, पॉलिटिक्स छोड़ो...आजकल ससुरी रात-दिन पॉलिटिक्स चलत है...य बताओ, 'कव्वाली' हुई कि नहीं ?"

"चच्चा कहाँ हुई...एक ठो ससुर लौंडा रहे...ओका भोपाल म नौकरी मिल गई... चला गवा।"

"बस एक ही लौंडा था खाँ साहब ?" मैंने पूछा।

"अरे चच्चा सहीर तम्बाकूवाले का बुला लाई ?" मुख़्तार बोला।

सब हँसने लगे। सहीर तम्बाकूवाले के बारे में पूरा शहर जानता है कि वह पक्का गाँडू है। उसकी शादी भी नहीं हुई है, इमलिया बाग में उसकी तम्बाकू की छोटी-सी दुकान है जिसकी आमदनी उन लौंडों के पेट में जाती है जो सहीर तम्बाकूवाले के पेट में 'कुछ' डालते हैं। सहीर का 'ऑफर' खुला हुआ होता है, जिसे शहर के आवारा और बेकार लौंडे जानते हैं सहीर 'काम-वाम' के बाद दो अंडे की आमलेट, एक गिलास दूध के अलावा एक रुपया नगद देता है।

"खाँ साहब अपनी 'कव्वाली' का कुछ कमाल तो दिखाओ न ?" मैं भी नन्हें खाँ से उनकी 'कव्वाली' कला के बारे में बहुंत सुन चुका था।

"अरे तो बुला ही लो सहीर तम्बाकू वाले को।" अतहर ने सिगरेट का लम्बा कश खींचकर कहा।

"कल हो जाए चच्चा...अल्ला क़सम...मुख़्तार नन्हें खाँ से लिपट गया।

"हटो यार बूढ़ा है ससुरा।"

"तो 'डिमांस्ट्रेशन' मतलब दिखाने के लिए क्या बुरा है ?" मैंने कहा।

"देखो अब साजिद मियाँ की तो बात रख लेव।" मुख़्तार नन्हें खाँ के गले में हाथ डालकर बोला।

"तो कल सुबह कहि देबे कि रात में तुम बुलाय हो।" मुख़्तार ने नन्हें खाँ से पूरी बात या प्रोग्राम पक्का करने के लिए कहा।

"ठीक है। अब कल यही हुइ जाए।"

रात का ग्यारह बज रहा है। चचा ने बर्तन-वर्तन समेटने शुरू कर दिए हैं। जी.टी. रोड पर ट्रकों की आवाजाही बढ़ गई है। हमारे उठने का यही वक़्त है। हम चारों उठ गए। नन्हें खाँ को उनके घर के सामने छोड़ा। वहाँ से मुख़्तार और अतहर मेरे घर की तरफ आए।

"तो कल मिलेंगे...वहीं इलेक्शन ऑफिस नौ बजे।"

"हाँ...ओ.के.।"

"अच्छा...साजिद मियाँ।"

"अच्छा..."

वे दोनों चले गए। मैं फटकिया खोलकर अन्दर आया। डियोढ़ी का दरवाज़ा खुलवाने के लिए मैंने बाहरवाली कुंडी हल्के से खटखटाई...रोज़ ऐसा करने पर खाला दरवाज़ा खोलती थीं। आज अँधेरे में ख़ाला ख़ाला नहीं लगीं...अरे ये क्या मैं फड़क गया। ये तो सल्लो है।

"आज तुम घर नहीं गईं।"

"आपकी अम्माँ रोक लिहिन...सुबह सहरी देनी होगी।...कल उनका रोज़ा होगा।" वह बोली।

"तो ऐसा करो...रात में ऊपर आ जाओ।"

"नहीं..."

"क्यों आ जाओ न ?" डियोढ़ी में ज्यादा देर रुककर बात भी नहीं हो सकती थी।

"ज़रूर आना।" मैं आगे बढ़ गया।

आमतौर पर जैसा कि रोज़ होता है, अम्माँ-अब्बा और खाला के पलँग आँगन में बिछे हैं और वे सब सो रहे हैं। मैं बावर्चीख़ाने में गया। न्यामतख़ाने से अपना खाना निकाला और कोठे पर आ गया। कोठे पर छत पर मेरा बिस्तर लगा है। पास ही घिगौंची एक छोटी मेज़ और कुर्सी है। मैंने खाना खाया, पानी पिया और लेटकर सल्लो का इन्तिज़ार करने लगा। चाँदनी रात नहीं है। पर हल्का-सा उजाला है। पता नहीं वह आएगी या नहीं ? यही एक सवाल है जो बार-बार, बार-बार गूँज रहा है।

कोई एक घंटा बाद वह दबे पाँव आ गई। मैंने हाथ पकड़कर बिस्तर पर बिठा और फिर लिटा लिया।

"सब सो रहे हैं न ?"

"हाँ।"

"तुमने किसी से 'वो' कहा तो नहीं।"

वह हँसने लगी। धीरे-धीरे दबी-दबी-सी हँसी।

"हँस क्यों रही हो ?"

"कौन लड़की किसी से कहेगी।"

हाँ, मुझे अपनी बेवकूफ़ी पर हँसी आई।

"और पास आ जाओ।"

वह खिसक आई। मैं धीरे-धीरे उसके जिस्म पर हाथ फेरने लगा। वह खामोश थी।

"सहरी के लिए तो चार बजे उठते हैं न ?" मैंने पूछा।

"हाँ।" वह बोली।

"तब तक तुम यहीं रहो।"

"ठीक है।" वह फुसफुसाई।

मैं उसके कपड़े हटाने लगा।

"नहीं..."

"सुनो...यहाँ कोई नहीं आएगा।"

वह खामोश हो गई। बल्कि कपड़े उतरवाने में सहयोग भी देने लगी।

चाँदनी रात नहीं है। फिर भी कुछ उजाला है। मैं जिन्दगी में पहली बार किसी लड़की को अपनी आँखों से पूरा का पूरा नंगा देख रहा हूँ। उसने आँखें बन्द कर लीं। मैं उठकर बैठ गया और उसे देखने लगा। औरतों की जो नंगी तस्वीरें देखी थीं सब बेकार लगने लगीं, क्योंकि इस जिस्म में गर्मी है, जिस तरह यह काँपता है और इस पर हाथ फेरने से ऐसा मज़ा आता है वह तस्वीरों में कहा ? उसका जिस्म बिल्कुल ताज़ा लगा जैसे नई निकली हुई कोंपल या पानी में धुला हुआ कोई पौधा। आँखें पतले चेहरे से होती हुई गर्दन पर ठहर गईं। एक अजीब-सी लय है उसकी लम्बी और पतली गर्दन में। वह ऊपर यानी गले की तरफ से पतली, बीच में कुछ थोड़ी सी उभरी और उसके अनुपात में नीचे की तरफ कुछ अधिक चौड़ी और ढलानदार। जैसे बच्चों के फिसले के झूले होते हैं।

उसकी छातियाँ तो मैं देखता ही रह गया। मुझे लगा कि उतार-चढ़ाव का अनुपात, कटाव; नशेबो-फ़राज़ ही नहीं बल्कि एक बिन्दु से दूसरे बिन्दु तक आकार के बदलने की पद्धति सुव्यवस्थित ही नहीं है, उसमें अद्‌भुत क्रमिक सामंजस्य भी है। कहीं भी ऐसा कुछ नहीं, आँखों को अटपटा लगे। कहीं ऐसा कुछ नहीं लगा जिसे रूप आकार और आकृति के समाधार पर सांगीतिक एकता न माना जा सके। सुन्दरता कला के हर तर्क को परास्त कर देती है उसी तरह उसके वक्ष थे। सबसे ऊपरी भाग का आकार एक अनुपात में नीचे फैलता चला गया है। एक सीमा तक रंग और आकार अपना अलग अस्तित्व स्थापित करते दिखाई देते हैं परन्तु धीरे-धीरे वे दूसरे रंग और आकार में इस तरह घुलते-मिलते नज़र आते हैं जैसे पानी में शकर घुल जाती है।

मैंने उसके वक्ष पर हाथ रखा—मैं अन्दर तक हिल गया...यह ताप और छूने की अनुभूति कितनी सुखद है कि वैसा सुख दूसरा कोई शायद है ही नहीं। मैं धीरे-धीरे हाथ फेरने लगा। मेरा चेहरा जो पहले ही जल रहा था अब अलाव-सा हो गया। वह कई बार काँपी मगर आँखें नहीं खोलीं।

"आँखें खोलो।" मैं उसके कान में फुसफुसाया।

"सरम लगती है।"

"अँधेरा है।"

"नहीं है।"

सिर्फ हमारे होंठ हिल रहे थे। एक दूसरे के कान के अन्दर न बोले होते तो ये शब्द हवा में खो गए होते।

"तुम्हें अच्छा लग रहा है ?" मैंने सरग़ोशी की।

वह न तो कराही न सिसकी ली बल्कि इन दोनों आवाज़ों से अलग एक ऐसी आवाज़ स्वतः उसके मुँह से निकली जिसने साफ़ बताया कि वह इतने मज़े में है कि कुछ कहना सरल नहीं है।

एक बार फिर मेरे हाथ उसके शरीर पर इस तरह सरसराने लगे जैसे सरकंडे के जंगल में साँप सरसराते हैं। अब उसने निचला होंठ दाँतों से दबा लिया।

वक्ष के उभारों से होते हुए हाथ नीचे आए तो कमर के तीखे घुमाव पर ठहर गए और फिर आगे एक नया घुमाव, मोड़, वक्र और वक्राकार कूल्हों पर...और फिर रूप और आकार की आकर्षक भूल-भुलइयाँ। लगा कि सबसे बड़ा कलाकार प्रकृति है और यहाँ प्रकृति की श्रेष्ठ कलाकृति के साथ भावनाओं का एक सामंजस्य एक नई अनोखी दुनिया।

वक्ष हाथ से छूने पर जैसे लगे उससे बहुत भिन्न उस समय लगे जब मेरा सीना उन पर आ गया। अब फुसफुसाना भी बन्द हो गया। मलगिजे अँधेरे में भी साँवले शरीर पर उसकी टाँगों के बीच काली फ़सल का एक उर्वरा प्रदेश साफ दिखाई दिया।

वह थोड़ा कसमसाई। मुझे यह समझते देर नहीं लगी कि वह मेरी सहायता करना चाहती है। उसके हाथ बहुत सरलता से नीचे तक आ गए। उसने अपनी टाँगों को थोड़ा हटाया। उसके बाद अपने हाथों की सहायता से मुझे रौशनी दिखाई। मुझे लगा कि यह कुछ वैसा ही हुआ है जैसे कोई इंजन की अच्छी तरह सफाई करे, उसे तेल-पानी दे, उसके हर पुर्ज़े की जाँच करे, उसे पटरी पर लाकर खड़ा करे, सिगनल गिरा दे या हरी बत्ती जला दे और ड्राइवर से कहे कि बस अब इस बटन पर उँगली रख दोगे तो इंजन स्टार्ट हो जाएगा। और सीधी पटरी पर चल निकलेगा। तुममें जितना साहस हो उतनी तेज़ी से चलाओ।

मैं तो बिल्कुल नावाक़िफ़ या अनाड़ी था। लेकिन मुझे वह नहीं लगी। यह अच्छा ही लगा।

ये आज सब कुछ नया और इतना अद्‌भुत हो रहा है। मेरे साथ निस्सीम पटरियाँ और निस्सीम साहस है। ले चलो जहाँ तक शौक का यह सामान चले।

उसकी साँसें तेज़ होने लगीं। और साथ-साथ मेरी भी। उसी समय पता नहीं क्यों उसने मेरे कन्धे पकड़ लिए और मुझे रोकना चाहा। मैं समझ न पाया।

"क्या है ?"

"हू...हाँ...अ..." वह कुछ ऐसा बोली जो मेरी समझ में नहीं आया।

"क्या है ?" मैं रुक गया था। मुझे लगा कि इसको उसूल क़ायदे मुझसे ज़्यादा मालूम हैं। इसलिए मुझे रुकना चाहिए।

मैंने पता नहीं क्यों अपने होंठ उसके होंठों पर रखकर जबान उसके मुँह में डालनी चाही लेकिन उसने मुँह घुमा लिया।

"क्या है ?"

उसने जवाब में मेरे कन्धों पर फिर कुछ ऐसी थपकी दी जैसे कह रही हो—"चलो।"

मैं सही समझा हूँ या नहीं ?

"चारपाई ढीली है।" वह बोली।

हम दोनों शायद सेकेंड के हज़ारवें हिस्से में चारपाई से नीचे आ गए। यहाँ सख़्त फ़र्श है। छत ही छत है। यही पटरियाँ हैं। जिनका इन्तिज़ार था।

वह मेरे लिए जगह बनाती चली गई और मैं जगह भरता चला गया।

सुबह जब मैं उठा तो देखा कि दोनों पैरों के घुटने बुरी तरह छिले पड़े हैं।

## 43

सिगरेट विल्स फिल्टर चलती है, पान मगही और चाय समोसा गर्मागर्म, दोपहर में पूड़ी सब्ज़ी, चाहे जितनी खाओ और रात में खास-खास लोगों के लिए 'प्रोग्राम'। जिस तरह नन्हें खाँ की शब्दावली में 'कव्वाली' और 'मुशायरे' के अलग-अलग और दूसरे अर्थ हैं। उसी तरह शाहिद मियाँ और उनकी निकटतम मंडली के बीच 'प्रोग्राम' का मतलब ग़फ़ूर मिस्त्री के घर के अन्दरवाले कमरे में बैठकर विस्की पीना है।

दिन-भर गाँवों की ख़ाक छानने के बाद और प्रधानों, पंचों, सरपंचों, छुटभइया नेताओं की 'ख़ुट्टेबरदारी' करने के बाद शाम को थके हारे शाहिद मियाँ जब लौटते हैं तो सबसे पहले इलेक्शन आफिस में नब्बू मियाँ इंचार्ज को रिपोर्ट देते हैं। जितनी पार्टियाँ प्रचार पर जाती हैं वे सब जो रिपोर्टें पेश करती हैं वे रात में नूरू मियाँ के सामने पेश होती हैं।

रिपोर्ट देने के बाद पूरी पार्टी बिखरती है। जाननेवाले जानते हैं कि अब कब कहाँ मिलना है। न जाननेवाले यही समझते हैं कि कल सुबह तक के लिए सभा विसर्जित हो गई। वैसे तो सब बिखर जाते हैं लेकिन ग़फ़ूर के घर रात सात बजे पहुँचनेवालों में अतहर, मुख़्तार, उमाशंकर के साथ मैं भी शामिल हो गया हूँ। शाहिद मियाँ बहुत कम चीज़ों से इतना डरते हैं जितना इस बात से कि उनके शराब पीने के बात कहीं पब्लिक को न मालूम हो जाए। एक तो जनाब मुसलमान; उस पर सैयद और उस पर मुसलमानों के नेता और उस पर पीर फ़क़ीरों के ख़ानदान में रिश्ते-नातेदारी—अगर धोखे से भी लोगों को यह पता चल गया कि शाहिद मियाँ चुस्की लगाते हैं तो बंटाढार हो जाएगा। इज़्ज़त गई, नेतागिरी गई तो बचेगा क्या बचकद्दू ? इसलिए प्रोग्राम मंडली बहुत छोटी और खास है। प्रोग्राम के बाद शाहिद मियाँ बाहर नहीं निकलते। आराम से ग़फ़ूर के घर में गोश्त रोटी खाते हैं और पड़कर प्यार से सो जाते हैं। पीने के दौरान अगर कहीं से बुलाहट होती है तो हरगिज़ नहीं जाते। कह दिया जाता है नहा रहे हैं, सिर या पेट में दर्द है या खाना खा रहे हैं या पाख़ाने में हैं और जो बात करना चाहता है वह नब्बू मियाँ से बात कर ले।

"साले सौ बार कहा कि बर्फ़ मँगा लिया कर लेकिन..." शाहिद मियाँ ने प्यार से

ग़फ़ूर को डाँटा और पाँच रुपए का नोट सामने रख दिया।

"सब पैसे की मँगा लें," ग़फ़ूर अपने पीले-पीले दाँत निकालकर हँसा।

"अरे क्या ठंडे पानी से नहाना है।" उमाशंकर बोला।

"करने दो साले को जो करे।" शाहिद मियाँ बोले, "जाओ बर्फ़ लाओ...और अंडे हैं ? नमकीन भी ले लेना...ये पकड़ो"...उन्होंने पाँच का एक और नोट थमा दिया।

ग़फ़ूर चला गया।

"यार ये खल जाता है।" उमाशंकर बोले जो चुनाव-प्रचार के बाद घर से नहा-धोकर सफेद झलमलाता कुर्त्ता-पाजामा पहनकर आए हैं।

"पाँच मिनट इन्तिज़ार नहीं हो सकता...यही तो इन साले 'कान्दुओं' की आदत बुरी है।" मुख़्तार ने उमाशंकर को छेड़ा। दोनों में चलती रहती है। मुख़्तार को उमाशंकर कभी-कभी 'कटुआ' कहकर पुकारता है और जवाब में मुख़्तार उसे 'कान्दू' कहता है।

"अबे चुप बैठ...साला 'कटुआ' होकर दारू पीता है।" उमाशंकर ने उसे झिड़का।

"तो ?"

"अबे इस्लाम में मना है।"

"तुमसे किसने कहा है इस्लाम में मना है ?" मैंने उमाशंकर से पूछा।

"सब ही कहते हैं।"

"क़ुरान में तो शराब का नाम तक नहीं है।" मैं इतने विश्वास के साथ बोला जैसे मैंने पूरा क़ुरान पढ़ा हो।

"तो फिर ?"

"क़ुरान में लिखा है कि ऐसी चीज़ें हराम हैं जिनसे इतना नशा हो जाए कि आदमी अपने होश-हवास खो बैठे...तो क्या अफीम से इतना नशा नहीं हो सकता ? फिर अफीम, चरस, गाँजा हलाल क्यों है और शराब हराम क्यों है," मैंने सबसे पूछा।

"ये पक्की बात है।" शाहिद मियाँ ने पूछा।

हाँ तुम बड़े से बड़े आलिम से कहो कि तुम्हें कुरान में यह लिखा दिखा दे कि शराब हराम है तो मैं जो शर्त कहो हार जाऊँ।"

"अच्छा यार..." शाहिद मियाँ को हैरत हुई।

"अब तो मज़ा है...खूब पियो।" मुख़्तार ने शाहिद मियाँ से कहा।

"नहीं यार...पब्लिक को पता चल गया तो..."

उमाशंकर को सजावट का शौक है। पहले क़ायदे से सबके सामने एक-एक गिलास रखा, बीच में बोतल रखी। दाहिनी तरफ उबले हुए अंडे बाईं तरफ दालमोट, हर एक के लिए एक-एक चमचा, दो प्लेटों में कटी हुई प्याज़ और ककड़ी, नमकदानियों में नमक और लाल मिर्च—एक सेट इधर और एक सेट उधर।

"यार ये अपना उमाशंकर काम क़ायदे से करता है।"

"सलीका समझत हो ? बुरा से बुरा काम भी करो तो कायदे से—सलीके से..."

"जब ही साले तुम स्कूल के पीछेवाले तालाब के पास बेशर्मा की झाड़ियों में घुसकर

मल्लू की मारा करते थे।'' शाहिद मियाँ ने उमाशंकर को स्कूल का प्रसंग याद दिलाया। वह झेंप गया।

''अरे लड़कपन की बात है शाहिद भाई।''

''तुम साले बुढ़ापे तक चूतिया रहोगे।'' अतहर बोला।

''कैसा चुतियापा ?''

''यार उमाशंकर का फलसला निराला है। कह रहा था पानी धीरे-धीरे पीना चाहिए और पेशाब ज़ोर से करना चाहिए।'' अतहर ने कहा।

''अब इसमें क्या फलसफा ?'' शाहिद मियाँ ने पूछा।

''अब इसी से पूछो।''

''अबे हम नहीं कहा य सब।'' उमाशंकर झुंझला गया।

''अल्ला क़सम कहा है...और दूसरीवाली बात भी बता दूँ बेटा ?'' उसने धमकी देनेवाले अन्दाज़ में उमाशंकर से पूछा।

''कौन-सी बात ?''

''वही भाभीवाली।''

''भाभी...मतलब उमाशंकर की बीवीवाली बात ?'' शाहिद बोला।

''हाँ...'' अतहर ने कहा।

''छोड़ बे छोड़...'' उमाशंकर झेंप गया।

''बात क्या है ?''

''अरे यार कुछ नहीं।''

''चलो छोड़ो प्राइवेट बातें हैं।'' मैंने कहा।

''प्राइवेट कुछ नहीं साजिद भाई...ये साला बड़ा हरामी है। बता बे क्या बात है ?''

''ये क्या बताएगा...मैं बताता हूँ, कह रहा था ये जब भाभी के साथ 'काम' करता है तो 'ऊपर' हाथ तक नहीं लगाता...कहता है 'शेप' खराब हो जाती है।''

शाहिद मियाँ ने एक छतफाड़ कहकहा लगाया।

''चूतिया साले।'' अतहर ने कहा।

''अबे वही तो 'स्टार्ट प्वाइंट' होता है।'' मुख़्तार ने कहा।

''लौंडेबाजी करते उमर गुज़र गई....हमें साले बता रहे हैं स्टार्ट प्वाइंट।'' उमाशंकर ने मुख़्तार पर व्यंग्य किया।

''अबे ये बर्फ़ लेने कलकत्ता चला गया क्या ?'' शाहिद ने कहा।

''कभी-कभी चौक में ही मिल पाती है।'' मुख़्तार बोला।

बर्फ़ आने के बाद दौर चले। बोतल खोलने का काम चूँकि सम्मान देनेवाला समझा जाता है इसलिए वह मेरे ज़िम्मे किया गया। गिलासों में डालने का काम उमाशंकर ने किया और एक-एक रत्ती की चिन्ता में लग गया।

''यार सबको बराबर मिलना चाहिए।''

''अबे कम्युनिस्ट हो गया है क्या ?'' शाहिद मियाँ बोले। मैं यह अन्दाज़ा लगा

चुका था कि शाहिद मियाँ को कम्युनिस्ट पसन्द नहीं हैं। जहाँ कहीं होता था वे कम्युनिस्टों पर व्यंग्य करते थे लेकिन उससे इतना ज़रूर पता चलता था कि उन्हें कम्युनिज़्म के बारे में कुछ भी पता नहीं है। इस वक़्त मैंने सोचा क्यों न बात उठाई जाए।

"कम्युनिस्ट कहाँ कहते हैं कि बग़ैर किसी तर्क या कारण के सबको सब कुछ बराबर मिलना चाहिए ?" मैंने शाहिद मियाँ से कहा।

"अच्छा ? कामरेड शुक्ला तो यही कहता है।"

"कम्युनिस्ट कहते हैं कि सबको समान अवसर मिलना चाहिए और उसके बाद हर आदमी को उसकी लियाक़त के हिसाब से ही पैसा या सुविधाएँ आदि मिलनी चाहिए।" मैंने शाहिद मियाँ से कहा।

"हाँ, ये बात तो समझ में आती है।" उमाशंकर बोला।

"क्या रूस में ऊँच-नीच नहीं है।" शाहिद मियाँ बोले।

"ऊँच-नीच से तुम्हारा क्या मतलब ?"

"मतलब मालदार या गरीब लोग।"

"देखो एक आदमी है जो बहुत बड़ा वैज्ञानिक है। दूसरा मज़दूर है। लेकिन दोनों को ही यह मौक़ा दिया गया था कि वे जो चाहते वे बन सकते थे। अब एक की क्षमता कम थी दूसरे की ज़्यादा। तो निश्चित रूप से वैज्ञानिक मज़दूर की तरह नहीं रह सकता और मज़दूर वैज्ञानिक की तरह नहीं रह सकता। रूस में यह अन्तर है। लेकिन ऐसा अन्तर नहीं है जैसा अपने यहाँ है। जैसे कोई तो सड़क पर मर रहा है और कोई ऐश में डूबा हुआ है।" मुझे लग रहा था कि शाहिद मियाँ को इतनी गम्भीर बातचीत पसन्द नहीं आ रही है।

"यार कामरेड शुक्ला कहाँ है ? साला दिखा नहीं बहुत दिन से।" अतहर ने कहा।

"यार बड़ी बुरी हालत है बेचारे की...अफसोस होता है..."

"क्यों ?" मैंने पूछा।

"यार पहले तो उसे बिरादरी से निकाला गया।"

"क्यों ?"

"खुलेआम चमारों के घर जाकर खाया था और ब्राह्मणों, ठाकुरों को बड़ी गालियाँ दी थीं।" मुख़्तार ने बताया।

सलीम अस्ती—सलीम तो एक नाम है और अस्ती भी एक नाम है। फ़र्क़ यह है कि सलीम अली सलीम साहब का नाम है अस्ती उनके गाँव का नाम है जो शहर से दस-बारह किलोमीटर दूर है। सलीम अस्ती अपने गाँव के नेता हैं। और लम्बे समय से गाँव के नेता हैं, गाँव से आगे नहीं बढ़े यानी अपनी जड़ें मज़बूती से पकड़े हुए हैं। गाँव में उनका एक पुराना पक्का घर है, एक कुआँ है, एक बगिया है और एक बीस बीघा खेत है जो बेहने बटाई में जोतते हैं। सलीम अस्ती की दो बीवियाँ हैं। थोक में साले हैं। बच्चा कोई नहीं है जो गाँव में बहुत ही बुरी बात समझी जाती है। यदि बच्चे

की उम्मीद होती तो सलीम अस्ती तीसरी शादी भी कर सकते थे लेकिन अट्ठावन साल की उम्र तक जब दो बीवियों ने चूहा तक नहीं जन्मा तो सलीम अस्ती तीसरी किस बलबूते कर लाते।

अस्ती शहर के पास वाले विकास खंड का ही गाँव है और जी.टी. रोड के बिल्कुल किनारे है यानी बरसात की कीचड़ और कच्चे रास्तों की ख़ाक-धूल से घबरानेवाले लेकिन ग्रामीण विकास में रुचि लेनेवाले अधिकारियों या नेताओं के लिए एक आदर्श गाँव है। अस्ती के आदर्शता बढ़ानेवाली लगभग सारी सरकारी स्कीमें भी इसमें योगदान दे रही हैं। आप किसी योजना का नाम लें वह यहाँ है। रेशम के कीड़ों से लेकर पक्के शौचालय और धुआँ रहित चूल्हों से लेकर मछली पालन तक।

साधारण दिनों में सलीम अस्ती रोज़ कचहरी जाते हैं। कचहरी की भाषा में वे पैरवकार कहलाते हैं—मतलब पैरवी करनेवाले। पैरवी में शुद्ध व्यावसायिक नहीं बल्कि सेवाभाव भी शामिल है, यही कारण है कि पैरवी सलीम अस्ती को पसन्द है। गाँव या आसपास के गाँवों के मुकदमों की पैरवी करने का पूरा ज़िम्मा सलीम अस्ती लेते हैं। वकील की फीस के अलावा घूस का पूरा पैसा उन्हीं के हाथ से खर्च होता है। वे एक पैसा अपने लिए नहीं लेते। सस्ते से सस्ता वकील तय करते हैं, कम रिश्वत देते हैं क्योंकि बहुत अर्से से दे रहे हैं, लगातार देते हैं और देते रहेंगे इसलिए अहलकार उनकी बात टाल नहीं सकते। सस्ते में मुक़दमा लड़वा देते हैं। हार-जीत तो अल्लाह के हाथ में है।

चूँकि आजकल साधारण दिन नहीं हैं, सलीम अस्ती नूरू मियाँ के चुनाव में काम कर रहे हैं—या पैरवी कर रहे हैं। पर केवल गाँव-गाँव आने-जाने का किराया, ख़र्चा आदि लेते हैं जो बीस रुपया रोज़ के करीब बैठता है। सुबह बीस रुपया लेकर सलीम अस्ती शहर में अपनी ससुराल आ जाते हैं। खा-पीकर सो जाते हैं। शाम को नहा-धोकर आफिस जाते हैं और दिन भर किए गए प्रचार की रिपोर्ट दे देते हैं। सलीम अस्ती की यह अदा सबको पता है। सब जानते हैं कि साला फ्रॉड है। पर कोई क्या कर सकता है। इलेक्शन का ज़माना है।

चुनाव कार्यालय में सब रिपोर्टें दे रहे हैं। सलीम अस्ती आते हैं। वहीं नन्हें खाँ भी बैठे हैं।

सलीम अस्ती—लिखिए नहरखेड़ा गया था। वहाँ प्रधान वली सिंह से मिला। उनसे मेरा अच्छा परिचय है। उन्होंने कहाकि पोजीशन बहुत अच्छी है। कुर्मियों का पूरा वोट मिलेगा। अहीरों का पच्चानवें फीसदी और चमार वोट सौ फी...'' अभी सलीम अस्ती अपनी रिपोर्ट लिखा भी न सके थे कि नन्हें खाँ ने उनकी बात काटी और कहा, ''नब्बू मियाँ मेरी रिपोर्ट लिखिए लहनखेड़ा गया था। वहाँ प्रधान कलीसिंह से मिला, उनसे मेरा अच्छा परिचय है। उन्होंने कहा कि पोज़ीशन बहुत अच्छी...''

पूरे ऑफिस में हँसी के फुहारे फूट पड़े। क्योंकि लहनखेड़ा नाम का गाँव ही न था।

"ये क्या बदतमीज़ी है..." सलीम अस्ती ने सबको ललकारा।

"बदतमीज़ी नहीं...ये सच है...आप दिन भर सोते हैं। और शाम..." नन्हें खाँ के वाक्य पूरा करने से पहले ही सलीम अस्ती उठ खड़े हुए और बोले—"लानत है मेरे ऊपर जो कल से यहाँ आऊँ...उधर से मुझे पचास... ।"

सलीम अस्ती के बाहर निकलने से पहले ही शाहिद मियाँ उन्हें 'चचा मियाँ माफ कर दीजिए' कहते और गोद में लिए वापस आ गए।

अस्ती का वोट सलीम अस्ती की जेब में न होगा तो किसकी जेब में होगा।

## 44

कन्हई पानवाले की दुकान पर नन्हें खाँ मोर्चा सँभाले हुए हैं। जनसंघियों की ऐसी-तैसी इस तरह कर रहे हैं जैसे चीता हिरणों के झुंड पर झपटता; उनका पीछा करता और शिकार करता है। नन्हें खाँ की यह कलाकारी है कि वाक्‌युद्ध केवल वाक्‌युद्ध तक ही सीमित रहता है। विरोधी यदि इतना नाराज़ होता दिखाई पड़ता है कि मारपीट का डर पैदा हो जाए तो नन्हें खाँ के पास ठंडे पानी के छींटे भी हैं जो फौरन असर करते हैं। इसके अलावा सब ही जानते हैं कि नन्हें खाँ नूरू मियाँ के आदमी हैं। उन पर हाथ छोड़ना दरअसल नूरू मियाँ पर हाथ छोड़ने के बराबर ही समझा जाएगा। और नूरू मियाँ पर हाथ छोड़नेवाले के साथ क्या सुलूक किया जाएगा यह सब जानते हैं। पुलिस और कानून की बात तो अलग रही अगर नूरू मियाँ बीरा डकैत को इशारा कर दें तो पता न चले कि आदमी को ज़मीन खा गई या आसमान निगल गया।

हम लोग चचा के होटल में बैठे नन्हें खाँ का इन्तिज़ार कर रहे हैं क्योंकि आज की रात ही 'कव्वाली' प्रोग्राम के लिए तय पाई थी। शाहिद मियाँ भी शहर में ही प्रचार करने के बाद घर चले गए हैं इसलिए 'प्रोग्राम' भी नहीं बना पाया था। मैं, मुख़्तार, उमाशंकर और अतहर चाय पीते-पीते बोर हो गए।

"यार ये खाँ साहब कहाँ चले गए।"

"सहीर भी साला इन्तिज़ार कर रहा होगा।"

कार्यक्रम के मुताबिक़ सुबह मुख़्तार सहीर तम्बाकूवाले की दुकान पर जाकर कह आया था कि आज रात उसे नन्हें खाँ के घर आना है, उसकी 'दावत' है। उसने खुशी-खुशी 'दावत' स्वीकार कर ली थी।

"होंगे कहाँ, वही कन्हई की दुकान..."

"मुल्ला की दौड़ मस्जिद तक।"

"चलो वहीं चला जाए।" मुख़्तार बोला।

"नहीं यार...थकावट हो रही है।" उमाशंकर ने कहा।

"वाह-वाह बेटा थकावट हो रही है।"

"काहे, क्या बात है ?"

"आज मुफ्त की दारू नहीं मिली न।" मुख़्तार ने उमाशंकर को चिढ़ाया।

"तुम क्या अपनी गाढ़ी कमाई की पीते हो।"

"अरे छोड़े यार, ये बकवास...मुख़्तार भाई जाकर नन्हें खाँ को बुला लाओ।"

"उमाशंकर को भेजो।"

"हम न जइबे।"

"काहे ? पैर घिस जहिइए का ?"

"तुम काहे नहीं चले जाते ?"

काफी देर तक इसी तरह की बकवास होती रही। आख़िरकार मुख़्तार ही उठकर गया क्योंकि यह डर पैदा हो गया था कि ज़्यादा देर हो गई तो कहीं सहीर तम्बाकूवाला सो न जाए।

नन्हें खाँ चचा के होटल आ गए और 'कव्वाली' का कार्यक्रम तय होने लगा।

हमारे सामने नन्हें खाँ 'कव्वाली' विशेषज्ञ के रूप में मौजूद हैं। बात शुरू हुई कि उनकी ये आदत कैसे पड़ी। उन्होंने साफ-साफ बताया—यानी सच बोलने में और वह भी अपनी इस 'बुराई' के बारे में सच्चाई से सब कुछ 'कन्फेस' कर लेने में उनका कोई जवाब नहीं है। कहने लगे—

"अरे बचपन की बात है...आठ-दस साल की उम्र होगी...एक दो लौंडे बारह-तेरह साल के भी थे। बरदहिया बाज़ार में लुका-छिपी खेला करते थे। कभी गुल्ली डंडा कभी साली कवड्डी—पर लुका-छिपी खेल मुझे पसन्द था। क्योंकि उसमें मेहनत कम लगती थी और अक़्ल का काम ज़्यादा था। तो लुकी-छिपी खेलते-खेलते एक दिन किसी लौंडे ने कहा कि आओ गाँड़ मरव्वल खेलें।"

"तो खाँ साहब खेल-खेल में सीख गए।" मैं हँसकर बोला।

"हाँ साजिद मियाँ...फिर तो साली आदत ही पड़ गई।" वे बहुत सहजता से बोले।

"पर इतना समझ लेव कि लौंडे को पटाना लौंडिया पटाने से कठिन काम है।" उन्होंने एक और रहस्य पर से पर्दा उठाया।

"कैसे ?"

"देखो लौंडे दो तरह के होते हैं। एक तो ऐसे हैं जो चालू हैं। जो 'चालू' हैं सो तो ठीक हैं, 'चालू' हैं। पर जो 'चालू' नहीं हैं, उन्हें 'चालू' करना आसान काम नहीं है...और लौंडेबाज़ी का कमाल यही है कि उन लौंडों को 'चालू' किया जाए तो 'चालू' नहीं हैं।"

फिर वे विस्तार से 'चालू' और 'अचालू' लड़कों के स्थान विशेष की बारीकियों पर प्रकाश डालते रहे और उन्होंने सब कुछ इस तरह समझाया जैसे यह विज्ञान या दर्शन का कोई जटिल विषय हो। इसके बाद खाँ साहब अपनी 'उपलब्धियों' की चर्चा करने लगे। उनसे पूछा गया था कि अपनी किस 'उपलब्धि' पर आज तक नाज़ है।

"देखो बात बड़ी टेढ़ी है। अब आज से कोई बीस-पच्चीस साल पहले की बात है यहाँ एक प्लेटियर आए। उनका लड़का था—नाम था मोहन...तो भइया मोहन ऐसा

लौंडा था कि पूरे शहर के बेटीचोद लौंडेबाज़ों की ज़बानें लटक आईं। सब इस चक्कर में मोहन के साथ 'कव्वाली' कैसे की जाए...अच्छा एक बात और सुनो। असली 'क़व्वालीबाज़' लौंडे के साथ ज़ोर-जबर्दस्ती नहीं करता क्योंकि ज़ोर-जबर्दस्तीवाले काम में कोई मज़ा नहीं है...यह तो मछली मारने जैसा काम है। सालों इन्तिज़ार करते-करते पित्ता पानी हो जाता है...तो सब साले 'कव्वाल' चारा फेंकने लगे...लौंडा बड़ा तेज़ था, किसी तरह किसी की गिरफ्त में न आता था। बाप उसका प्लेटियर था। रहने के लिए कोठी थी। पैसा था उसे हम जैसे फोकटिए साले क्या लालच दे सकते थे। बहरहाल टाइम पास होता रहा। एक दिन वह बन्ने की दुकान पर साइकिल में हवा भरवाने आया। बन्ने था नहीं। बन्ने की दुकान पर जो लौंडा काम करता था उसने मना कर दिया। मैं वहीं बैठा था। मैंने लौंडे को डाँटकर कहा, 'चल बे भर हवा साहब की साइकिल में।' मुझसे मोहन कहने लगा—'थैंक यू।' मैंने कहा, 'ये तो हमारा फ़र्ज़ था। मैं तुम्हें जानता हूँ अच्छे ख़ानदान के लड़के हो। पर ये शहर बड़ा खराब है और बहुत लोग ऐसे हैं जो एतबार करने लायक़ नहीं हैं। तुम रात में देर से घर न जाया करो,...''

''मतलब मीरे कारवाँ ने मेरे कारवाँ को लूटा।'' मैंने कहा।

''हाँ यही बात...बिल्कुल यही बात...'' खाँ साहब खूब हँसे।

''तो फिर एक रास्ता मिल गया...तब तो कमाल दिखाना अपने बाएँ हाथ का काम था...पड़ने लगी तबले पर थाप...होने लगी 'क़व्वाली।' सारे शहर के दूसरे 'क़व्वाल' ढापते रह गए।''

''चलो चच्चा देर न हो जाए।'' उमाशंकर ने कहा।

''अरे तो ससुरा भाग न जाई। मुख़्तार तो साथ है।''

''लेकिन खाँ साहब, अब कव्वाली हो ही जाए...नौ बज रहा है।'' मैंने कहा।

''चलो चलें।''

हम उठकर नन्हें खाँ के घर आए। सीढ़ियाँ चढ़ीं और बरामदे में पहुँचे तो मुख़्तार निकल आया।

''आवा ?'' नन्हें खाँ ने पूछा।

''कैसे न आता साला।''

''तैयार है।''

''कह रहा है लैट न जलायो।'' मुख़्तार ने बताया।

''क्यों ?''

''सरम आती है।''

''सरम।'' नन्हें खाँ ज़ोर से हँसे...

''कहत रहे कि तीन-चार जनन के सामने...''

''ठीक है, ठीक है, तो लाइट न जलाएँगे।'' नन्हें खाँ उसकी बात काटकर बोले।

हम सब दूसरे कमरे में घुसे तो वहाँ घुप्प अँधेरा था।

''अबे यहाँ तो कुछ नहीं सूझता।''

"एक दुइ मिनट म दिखाई पड़े लागी।" उमाशंकर ने कहा।

"सहीर कहाँ है लाला।" नन्हें खाँ ने मुख़्तार से पूछा।

"चारपाई म लेटा है।"

दो-चार मिनट बाद अँधेरे में कुछ परछाइयाँ-सी नज़र आने लगीं। एक आदमी चारपाई पर लेटा था। पर उसने अपना चेहरा अँगौछे से ढ़क रखा था। पर वह सीधा लेटा था। मुझे आश्चर्य हुआ कि इसके साथ क़व्वाली कैसे होगी। पर मैं ख़ामोश रहा।

"लेव लाला एक खूँटी म टाँग देव।" नन्हें खाँ ने अपना पजामा मुख़्तार को दे दिया।

"उतरो मैदान में..." मुख़्तार की बात काटकर अतहर ने कहा, "तलवार लेकर।"

सब हँसने लगे।

"लाला अँधेरा बहुत है।" नन्हें खाँ ने कहा।

"चच्चा अब इस काम के लिए क्या अँधेरा क्या उजाला।"

"खाँ साहब तुम्हारे जैसा आदमी अँधेरे में रास्ता कैसे भूल सकता है।" मैंने कहा।

सब हँसे।

"अच्छा तो ठीक है। देखो।"

उन्होंने लेटे हुए आदमी मतलब सहीर की लुंगी ऊपर ऊपर खिसका दी और खुद ऊपर झुक गए।

"कहो बनी बात ?" मुख़्तार ने पूछा।

"नहीं बच्चा..."

"बुढ़ा गयो चच्चा।"

सब हँसने लगे।

"अबे बुढ़ाए हमारे दुश्मन।" नन्हें खाँ बोले।

"इसकी पोजीशन ठीक नहीं है।" नन्हें खाँ ने फिर कहा, "भइया उल्टे हो जाओ तनी तो काम बने।"

वह आदमी यानी सहीर उल्टा हो गया !

"चलो अब ठीक है।"

"निशाना ठीक लगाना।" उमाशंकर ने कहा और सब हँसने लगे।

"अब चच्चा न चूकेंगे।" मुख़्तार बोला।

"हमरे पास इत्ता टैम नहीं है।" अचानक उल्टे लेटे आदमी सहीर की आवाज़ आई जो फटे बाँस से निकलती मालूम हुई।

"काहे लाला ? तुमका भी का विधानसभा जाना है ?" नन्हें खाँ ने पूछा।

"सोवे का है।" वह बोला।

"अरे तो सो जाओ...लेटे तो हो।" अतहर ने कहा। फिर सब हँसे।

"लाला थोड़ी मदद करो।" नन्हें खाँ ने मुख़्तार से कहा।

"ये लेव।" वह भी पूरी तरह मदद करने में जुट गया।

"साँडे का तेल मँगाओ।" उमाशंकर ने कहा। फिर सब हँसे।

"हँसाओ न बाबूजी...जब ही साला काम नहीं बन रहा।"

"खपच्ची मँगाओ न।" उमाशंकर ने फिर कहा।

हम सब चारपाई के इधर-उधर खड़े थे। मलगिजे से अँधेरे में यह साफ नज़र आ रहा था कि नन्हें खाँ हँसने-हँसाने या इतने लोगों के होने के कारण अपने आपको 'केन्द्रित' करने की स्थिति में नहीं पा रहे हैं। और मुख़्तार इसका भरसक प्रयास कर रहा है कि वे 'ऐसा' कर सकें।

"चलो चच्चा अब ठीक है।"

"अच्छा।"

"हत्त तुम्हारे की..."

"अबे हिलने के लिए यही टाइम रह गया था।" नन्हें खाँ ने सहीर से कहा।

"नाच न आवे आँगन टेढ़ा।" अतहर ने कहा।

"किसे नाच नहीं आता ?"

"दोनों को।"

"अबे दोनों घाघ हैं। गुरुघंटाल हैं।"

"फिर ?"

अब मौक़े की बात है।"

"बोलो चच्चा अब ठीक है।" मुख़्तार ने नन्हें खाँ से कहा।

"हाँ लाला...

"तो बढ़ो आगे।"

"अबे क़ुछ दिखाई तो पड़े।"

"लाइट जला लें सहीर भाई।" मुख़्तार ने उससे पूछा।

"नहीं नहीं...लाइट न जलाओ।" वह बोला।

"अबे यहाँ तो हाथ को हाथ नहीं सूझ रहा है।" नन्हें खाँ बोले।

"टॉर्च जला लें सहीर भाई।" मुख़्तार ने पूछा।

"ठीक है, टॉर्च जला लेव।" वह बोला।

"टॉर्च कहाँ रखी है चच्चा।" मुख़्तार ने नन्हें खाँ से पूछा।

"टॉर्च म सेल नहीं है बच्चा।" वे बेचारगी से बोले।

"शिकार के समय कुतिया हगासी।" उमाशंकर बोला।

"अरे तो काम कैसे चलेगा।" अतहर बोले।

"अब सब जने चुप रहो।" नन्हें खाँ ने आदेश जैसा दिया।

सब ख़ामोश हो गए। केवल मुख़्तार और नन्हें खाँ के बीच खुसुर-पुसुर हो रही थी। मुख़्तार पूरी कोशिश कर रहा था।

"ठीक है।"

"हाँ।"

"तो बनी बात ?"

"फिर से लाला।"

"ठीक है..."

"अरे सुनो एक ठो मोमबत्ती होइ। इधर...ओका जला लेव।" नन्हें खाँ बोले।

ताक़ में मोमबत्ती रखी थी। तुरन्त जला ली गई। सहीर ने अँगोछे से पूरा चेहरा ढक लिया और अतहर मोमबत्ती दिखाने लगा। सब फिर ख़ामोश हो गए। मोमबत्ती के कारण कमरे की दीवारों पर भयानक परछाइयाँ दिखाई पड़ने लगीं।

"अतहर यार किधर दिखा रहे हो मोमबत्ती। काम यहाँ हो रहा है और मोमबत्ती उधर दिखा रहे हो।" मुख़्तार ने कहा।

"ठीक है यार ये लो।" अतहर मोमबत्ती और नजदीक ले आया।

"अब बताओ चचा।"

"हाँ, अब तो सही है लाला।"

"मोमबत्ती इधर लाओ।"

अतहर मोमबत्ती बिल्कुल पास ले गया और मोमबत्ती कुछ झुक गई। अचानक एक चीख़ मारकर सहीर ने अपने चेहरे पर रखा अँगोछा फेंक दिया और उठकर बैठ गया।

"जला दिहिन ससुरे..." वह ज़ोर से चीख़ा।

"अबे चुप रहा...हुआ क्या ?" नन्हें खाँ बोले।

"गरम-गरम मोम गिरा दियो न ?"...सहीर अपना वाक्य न पूरा कर पाया था कि सब कुछ साफ हो गया।

सबने हँसी दाब ली।

"माफ करो...लाला...माफ..."

"हम जात हन।"

"नहीं...नहीं।"

"नहीं, हम न रुकबे..."

"अच्छा सुनो...मुख़्तार...बस मुख़्तार करी...हम सब जने दूसरे कमरे म...।"

हम सब बाहर आ गए। मुख़्तार अँधेरे कमरे में रह गया।

"बिला वजह थककर चूर हो गए।" नन्हें खाँ ने कहा और स्टोव पर चाय का पानी रखने लगे।

## 45

"आज रात इन सालों के 'डाँट' लगा दी जाएँ।"

" 'सील' लगा दो सालों के शाहिद मियाँ।" उमाशंकर ने कहा।

"यार इमलियाबाग़ में मादरचोदों ने हमारे पोस्टर और बैनर फाड़ डाले।" शाहिद

मियाँ आश्चर्य से बोले, "जबकि इमलियाबाग हमारा गढ़ है।" मुख़्तार ने कहा।

"ग़फ़ूर बेटा तैयार हो।" शाहिद मियाँ ने झटके के साथ विस्की हलक में उँडेल ली।

"हौव।" ग़फ़ूर जेब थपथपाने लगा।

"तुम साले 'कट्टे' पर इतना इतराते हो...कहीं किसी दूसरे के पास 'अंग्रेजी' निकल आया तो मुफ़्त में मारे जाओगे।" शाहिद मियाँ बोले।

" 'कट्टा' कभी धोखा नहीं देत शाहिद मियाँ।" उसने 'कट्टा' बाहर निकाल लिया।

"चलो अबकी मौक़े से तुम्हें 'माउज़र' दिलाते हैं।" शाहिद मियाँ ने कहा और ग़फ़ूर की आँखों से राल टपकने लगी क्योंकि उसके मुँह से विस्की का गिलास लगा था।

चुनाव-प्रचार तरह-तरह की सीढ़ियाँ चढ़ता अब छत पर पहुँच गया है। नूरू मियाँ के बूढ़े चेहरे पर थकान साफ दिखाई देती है। नब्बू मियाँ रात-रात भर सो नहीं पाते। जानी मियाँ भी उनके साथ रतजगा करते हैं। काम ही काम है। काम ही काम। वोटर-लिस्टें, पर्चियाँ, कार्यकर्त्ताओं की सूचियाँ, पोलिंग बूथ पर एजेंटों के नाम और न जाने क्या जंजाल है जान का। रात भर केतली चढ़ी रहती है, चाय बना करती है। कार्यकर्त्ता चायपान करते हैं। कोई टोली यहाँ दरी पर पसरी पड़ी दिखाई देती है कोई बाहर बरामदे या नीम के पेड़ के नीचे शिकस्ता हालत में बिखरी पड़ी दिखाई देती है। बक़ौल शाहिद मियाँ के पूरे क्षेत्र को मथ डाला गया है। कोई गाँव, कोई पुरवा नहीं छूटा जहाँ प्रचार न हुआ हो। कार्यकर्त्ताओं की पाँच टोलियाँ आ गई हैं। कुछ टोलियों को तो गाँव में ही छोड़ दिया गया है। राशन-पानी की पक्की व्यवस्था है। नूरू मियाँ कोई 'रिस्क' नहीं लेना चाहते। उम्र गुज़री है इलेक्शन लड़ते-लड़ाते। जानते हैं कभी वोटर चाहते हुए भी आपको वोट नहीं दे पाता। बीरा डकैत भी चुनाव प्रचार में उतर आया है। पर एक साली ग़लती यह हो गई थी कि एक दिन बीरा इलेक्शन आफिस आ गया था। बाईचांस उस दिन हम लोगों की टोली भी प्रचार से लौटी थी और शाहिद मियाँ पोस्टर वग़ैरा उतरवा रहे थे। अचानक लगा कि आफिस में एकदम सन्नाटा छा गया है। लोगों की आवाज़ें दब गईं। मेरी तो कुछ समझ में न आया कि यह उबलता हुआ तूफान कैसे ठहर सकता है। सब तरफ खामोशी। एक आदमी जो सफेद कुर्त्ता और पाजामा पहने था, मुझे नूरू मियाँ के कमरे से निकलता दिखाई दिया और बाहर खड़ी एक मोटरसाइकिल पर बैठकर चला गया। उसके जाने के बाद आवाज़ें लौट आईं। तब उमाशंकर ने फुसफुसाकर मेरे कान में कहा था, "जानते हो ये आदमी कौन है ?"

"नहीं।"

"ये बीरा है...बीरा..."

"बीरा डकैत।' मैंने कहा।

"धीरे बोलो यार।" वह गिड़गिड़ाया क्योंकि मेरी आवाज़ कुछ ऊँची हो गई थी।

"क्यों ?" जननायक के बारे में धीरे बोलने की क्या ज़रूरत ?" मैंने कहा।

"यार साजिद मियाँ चुप ही रहो।"

"ठीक है 'डेमोक्रेसी' को चलते रहना चाहिए।"

तीन-चार हफ़्ते के चुनाव-प्रचार में ऐसे मौक़े कई बार आए थे जब शाहिद मियाँ न थे और मैंने अतहर, उमाशंकर और मुख़्तार के साथ चुनाव और लोकतन्त्र जैसी समस्याओं पर सवाल उठाए। क्या यह चुनाव वास्तव में चुनाव है ? लोकतन्त्र में फायदे किसका है ? आम जनता को इससे क्या लाभ है कि नूरू मियाँ जीतते हैं या हारते हैं ? क्या चुनाव से कोई बदलाव आ सकता है ?

इन प्रश्नों के उत्तर उन लोगों के पास न थे। मैं भी सारे प्रश्नों के उत्तर देकर उन पर यह नहीं साबित करना चाहता था कि मैं उनका 'गुरुघंटाल' बनना चाहता हूँ। लेकिन सवाल अवश्य उठाना चाहता हूँ क्योंकि वह मेरी आदत बन चुकी है और मुझे लगता था कि ये तीनों शाहिद मियाँ की तुलना में मुझसे और मेरी विचारधारा से अधिक निकट हैं।

ग़फ़ूर ने 'अंग्रेज़ी' का नाम सुना तो मुँह से गिलास ही नहीं हटाया। आँखों से राल टपकता वह पूरा गिलास एक साँस में गटक गया।

"अभी साले तुम्हें गाड़ी भी चलानी है।" शाहिद मियाँ बोले, "इतनी न पी ले कि दो के चार दिखाई दें।"

ग़फ़ूर के घर के अन्दरवाले कमरे में शानदार प्रोग्राम अपनी रफ़्तार या 'केकड़े' की रफ़्तार से बढ़ रहा है क्योंकि खूब 'लगाने' के बाद जनसंघियों के गढ़ यानी चौक में जाकर जनसंघियों के पोस्टरों और बैनरों की होली जलाने का प्रोग्राम है। आज शाहिद मियाँ घर से निकलेंगे लेकिन इलेक्शन आफिस नहीं जाएँगे।

बारह बजे के बाद हम निकले। जीप में लौंडा पार्टी की जगह कुछ चेहरे ऐसे हैं जो पहले देखे नहीं हैं। उमाशंकर उनमें से एक-दो को शायद जानता है।

"देखो कल से चुनाव-प्रचार बन्द हो रहा है।" शाहिद मियाँ ने ब्रिगेड से कहा—"आज इन सालों के जितने बैनर पोस्टर झंडे फाड़ दोगे...जला दोगे...तो समझो इलेक्शन तक सफ़ाई रहेगी।"

"सब जानते हैं शाहिद...सब" पीछे से अँधेरे में किसी ने कहा।

"पहले किधर चलें।" ग़फ़ूर बोला।

"पहले तो उनके गढ़ ही चलो।"

चौक में चौराहे पर पानी की दो दुकानें अभी तक खुली हैं। कुछ लोग भी खड़े हैं।

"यार, तो साले जाग रहे हैं।"

"सो जाएँगे...चिन्ता काहे को करते हो।" ग़फ़ूर ने पीछे बैठे एक अपराधी जैसे लगनेवाले आदमी के कान में कुछ कहा और वह पानवाले के पास गया। एक पैकेट

सिगरेट खरीदी लेकिन पता नहीं पानवाले से क्या कहा कि उसके चेहरे का रंग उतर गया और वह जल्दी-जल्दी दुकान बन्द करने लगा।

"आ जाओ...थोड़ा आगे चले...लौटकर आएँगे तो सब ठीक मिलेगा।" ग़फ़ूर बोला।

"क्या कह दिया साले से।" शाहिद बोले।

"कुछ नहीं...कहा रात अधिक हो गई है पन्नू अब तो घर ही में चले जाओ तो ठीक है।"

सब हँसे। 'केकड़ा' आगे धानीटोला में गया। वहाँ एक बड़ा बैनर लगा था। वह काटने के लिए लग्घा लाया गया था। पोस्टर नीचे गिरा उसे पीछे केकड़े में डाल लिया। पोस्टर फाड़ने, बैनर फाड़ने और झंडियाँ तोड़ने तथा उन्हें जमा करने के लिए अलग-अलग टीमें बन गईं, सिर्फ दो लोग सड़क पर इधर और उधर टहल रहे हैं। ग़फ़ूर और वह अपराधी-सा आदमी।

मैं और शाहिद मियाँ केकड़े में ही बैठे रहे।

वहाँ से चौक और फिर आम्रपाली नगर और फिर स्टेशन रोड और वहाँ से नयागंज और वहाँ से इमलियाबाग़ से होते हम शहर से बाहर आ गए। यहाँ एक अच्छी जगह देखकर पोस्टरों, झंडियों की होली जला दी गई। बैनर चूँकि कपड़े के थे, वे नहीं जलाए गए।

चुनाव हो गए जिसमें मार-पीट की कुछ वारदातों और ग्रामीण इलाक़े में 'बूथ कैपचरिंग' की छुटपुट घटनाओं के अलावा कोई खास बात नहीं हुई। सब खुश रहे कि सब ठीक रहा। चुनाव का नतीजा निकला और कुछ हज़ार वोटों से नूरू मियाँ जीत गए उनकी जीत का जुलूस निकाला गया जिसमें अतहर ने दिल खोलकर इस तरह पैसा खर्च किया जैसे उसके भाई की शादी हो। नूरू मियाँ को खुली जीप पर खड़ा किया गया। उनके गले में फूलों और नोटों के इतने हार थे कि चेहरा दिखाई नहीं पड़ रहा था और इसलिए लोग यह भी नहीं समझ पाए कि नूरू मियाँ ने इस विशेष अवसर पर शेव बनवाया था। जीप को शाहिद मियाँ चला रहे थे। जीप पर मेरे अलावा पूरी मंडली के लोग और कुछ दूसरे लोग भी थे। मैं जान-बूझकर जीत के जुलूस में नहीं गया था। जुलूस में बैंडबाजों के अलावा दो हाथी थे। चार-पाँच घोड़े, एक-दो ऊँट और पता नहीं क्यों, एक पालकी भी थी। कोई तीन-चार हज़ार लोगों का यह जुलूस शहर की लगभग सभी सड़कों से नारे लगाता हुआ गुज़रा था। चौक में कुछ डरपोक दुकानदारों ने दुकानें बन्द कर दी थीं क्योंकि उन्हें डर था कि कहीं नूरू मियाँ के कार्यकर्त्ता उत्साह में आकर लूटपाट न शुरू कर दें।

पूरे चुनाव में एक गड़बड़ ये हो गई थी कि पता नहीं कैसे सल्लो के अब्बा को दो हफ़्ते के पैसे न मिले थे। इस बारे में इलेक्शन इंचार्ज नब्बू मियाँ का कहना था कि

उन्होंने सबका हिसाब बराबर बना कर पूरे काग़ज़ात नूरू मियाँ को दे दिए हैं। शाहिद मियाँ अपने गाँव जा चुके थे। नूरू मियाँ लखनऊ चले गए थे। अब पैसे देता तो कौन देता ? सवाल यह भी था कि उस बेवक़ूफ़ यानी सल्लो के अब्बा ने पैसे क्यों नहीं माँगे ? क्या वह यह समझ रहा था कि पैसे वह ज़ब चाहें तब माँग सकता है ? चूँकि गाँव से नया-नया आया था; इलेक्शन में पहली बार काम किया था इसलिए अनाड़ी था। पर मुझे लगता था कि यह मेरी ज़िम्मेदारी है कि मैं उसे पैसे दिलवाऊँ। अतहर जो नूरू मियाँ के जुलूस में चार-पाँच सौ रुपए ख़र्च कर चुका था, सल्लो के बाप को उसकी मेहनत के पैसे देने पर तैयार न था। उसका कहना भी ठीक ही था कि यह पैसा शाहिद मियाँ या नूरू मियाँ को देना चाहिए। सबका यह मानना था कि पैसे मिल जाएँगे पर जब तक शाहिद मियाँ या नूर मियाँ न होंगे तो क्या हो सकता है ? मैंनें सल्लो के अब्बा से वायदा कर लिया था कि मैं पैसे दिलवाऊँगा। वह तो खुश ही था क्योंकि उसे जो पैसे मिल गए थे और वे गाँववाले भूमिहीन किसान के लिए अच्छी-खासी रक़म थी।

सल्लो के साथ मेरे दिन ईद और रातें शबबरात हो गई थीं। मैं दिन भर कोठेवाले कमरे में लेटा 'जासूसी दुनिया' पढ़ता रहता और कभी चाय को चिल्ला देता तो सल्लो चाय ले आती। कभी पान के लिए कहता तो सल्लो पान ले आती। अब जब भी वह ऊपर आती, मैं आपे से बाहर हो जाता। उसकी उपस्थिति ही मुझे पागल बना देती।

रात में भी वह ऊपर आ जाती थी। और मुझे अच्छी तरह पता चल चुका था कि वह मेरी तुलना में अनुभवी है। लेकिन वह इस बात को मानती न थी बल्कि नाराज़ हो जाती थी। उसका कहना था कि वह पहली बार जिन्दगी में पहली बार सिर्फ मेरे साथ ऐसा कर रही है और...और वह कुछ नहीं जानती।

"अच्छा बताओ, तुम्हारे बच्चा क्यों नहीं ठहरता ?" एक दिन रात में मैंने उससे पूछा।

"खट्टा खाने से।"

"मतलब ?"

"इमली, अमिया खूब खाने से।"

"ये तुम्हें किसने बताया।"

"गाँव की लड़कियों ने।"

"बहुत जानती हैं गाँव की लड़कियाँ ?"

"हाँ, क्यों न जानेंगी।"

कभी-कभी मैं सोचता था कि मैं सल्लो के लिए क्या कर सकता हूँ ? मेरी कुछ समझ में न आता था। क्योंकि पैसे मेरे पास थे नहीं। घर से बीस-पच्चीस रुपए जेब खर्च मिलता था जिसे मैं अतहर, उमाशंकर और मुख़्तार के साथ चाय पार्टियों की नज़र कर देता था। उसमें से पैसा बचने का तो सवाल न था। तो फिर क्या कर सकता हूँ। मैंने सोचा यार क्यों न सल्लो को पढ़ाया जाए। पढ़ानेवाला आइडिया उसे भी पसन्द आया। मैंने अम्माँ से कहा तो उन्होंने भी इसे पसन्द करते हुए कुरान से यह साबित

कर दिया कि पढ़ाई यानी इल्म का दान सबसे बड़ा दान है।

सल्लो के लिए मैं किताब लाया, कापी, क़लम लाया और उसकी पढ़ाई शुरू हो गई। 'जनता' के सामने अपने को मासूम साबित करने के लिए मैं सल्लो को नीचे आँगन में पढ़ाता था। अभी उसे पढ़ते एक-दो दिन ही हुए थे कि बुआ ने अम्माँ से कहा कि सल्लो की अम्माँ और अब्बा कहते हैं कि सल्लो पढ़ जाएगी तो बिरादरी में उसकी शादी न होगी।

"क्यों न होगी।" मैंने अम्माँ से पूछा।

"देखो बेटे, होगी या न होगी...ये कौन जानता है। लेकिन मैं ये नहीं चाहती कि सल्लो के अम्माँ-अब्बा को किसी तरह ये लगे कि हमारी वजह से उनकी बेटी बिनब्याही रह गई।"

तो सल्लो का स्कूल खुलने से पहले ही बन्द हो गया लेकिन मेरा 'स्कूल' तो खुल चुका था।

## 46

यूनीवर्सिटी वापस पहुँचते ही ऐसा लगा जैसे दिलचस्प ख़बरें मेरी ताक में वहीं छिपी बैठी थीं और मुझे ग़ाफ़िल पाकर धर-दबोचा। पहली ख़बर यह थी कि 'राही' साहब ने सफिया बेगम से निकाह पढ़वा लिया है और सफिया बेगम के पति ने अपने गोली मारने की नाकाम कोशिश की थी। उनके साथ सबकी हमदर्दियाँ थीं क्योंकि ज़ाहिर है उनका जमा जमाया घर था जो टूट गया था। 'राही' और सफिया बेगम के बारे में तरह-तरह की अफ़वाहें फैली हुई थीं। एक अफवाह के अनुसार 'राही' और सफिया बेगम दिल्ली में कहीं छिपे हुए थे। दूसरी अफवाह थी कि वे दोनों बम्बई में हैं और 'राही' साहब को किसी बड़े फिल्म प्रोड्यूसर ने कहानी लिखने का काम दे दिया है। तीसरी अफवाह यह थी कि सफिया बेगम के पति ने 'राही' पर मुकदमा दायर कर दिया है।

"यार ये 'राही' ने बुरा किया..." जावेद भाई की राय थी—"देखो भाई इश्क मुआश्क़ा तो ठीक है, चलता है। कोई 'माइंड' नहीं करता; हद ये है कि सफिया बेगम के शौहर तक उसे हलक़ के नीचे कड़ुवे घूँट की तरह उतार रहे थे। सब कुछ प्यार से चल रहा था। फिर ये 'राही' को क्या सूझी ? अरे मियाँ किसी ने कभी शादी न की हो तो समझ में आनेवाली बात है कि यार दिल में शादी का अरमान है। लेकिन 'राही' तो तीन-तीन शादियाँ पहले ही किए बैठे हैं फिर ये मुसीबत पालने की क्या ज़रूरत थी।"

"हो सकता है, सच्चा इश्क़ हो।"

"अमाँ मियाँ सच्चा इश्क़ होता तो बिल्कुल न करते।" जावेद भाई अपने खास मूड में आ गए।

''देखो शादी का इश्क़ से कोई ताल्लुक नहीं। और शादी तो उससे करनी भी नहीं चाहिए जिससे इश्क़ हो, नहीं तो साला इश्क़ चार दिन में काफ़ूर हो जाता है और शादी ही शादी बचती है जो दो कौड़ी की चीज़ है...और अगर 'राही को फिल्मों में ही जाना था तो शादी बिल्कुल नहीं करनी चाहिए थी...''

''किसी हिरोइन...''

''फिल्मों में सभी 'राइटर' या कहो कि अस्सी फीसदी 'राइटर' और शायर हीरोइनों की जूतियाँ सीधी करके कामयाबी की चोटियों पर पहुँचते हैं। वहाँ इसकी बड़ी 'वैल्यु' है। लेकिन अफसोस...लेकिन शादी के बाद भी 'कैरियर' के लिए इश्क की इज़ाज़त तो उनकी बीवी दे ही देगी।'' वे हँसे।

के.पी. भाई की प्रतिक्रिया यह थी कि ठीक है; प्रेम किया शादी कर डाली। अब हम तुम क्या कर सकते हैं। यानी मियाँ-बीवी राज़ी तो क्या करेगा काज़ी ! 'राही' कहाँ हैं, उन्हें ये मालूम था लेकिन शायद बताना नहीं चाहते थे। बहरहाल ज़्यादातर लोगों की हमदर्दियाँ दुःखी पति के साथ थीं।

'भगा ले जाना' एक बहुत सनसनीखेज़ अभिव्यक्ति है। तो कुछ ऐसे भी थे जो कह रहे थे कि 'राही' साहब सफिया बेगम को भगा ले गए। इन लोगों को जावेद भाई गालियाँ देकर कहते थे कि साले चूतिया हैं, अरे 'राही' को वह भगाकर ले गई है, 'राही' उसे क्या खाकर भगाएँगे। जावेद भाई को, जैसा कि होता है इस घटना की भी पूरी तफ़सील इस क़दर मालूम थी कि लगता था शायद उन्हीं ने ही निकाह पढ़ा है या गवाहों में थे। महीना, दिन, तारीख़, वक़्त, सेकेंड मिनट के हिसाब से उन्हें सब पता था। निकाह कहाँ हुआ, के जवाब में वे सिर्फ यह नहीं बताते थे कि यहाँ या वहाँ हुआ। कहते थे चूँकि पाँच बजे कालका मेल दिल्ली जाती है इसलिए तीन बजे निकाह का वक़्त रखा गया। मोटर तैयार थी, जैसे ही निकाह हुआ और निकाहनामे की स्याही भी न सूखने पाई थी कि 'राही' और सफिया बेगम स्टेशन आ गए। सफिया बेगम जो पर्दा नहीं करतीं, काला बुर्क़ा पहने थीं और उनकी सैंडिल ऊँची एड़ी की थी। जनाब दोनों ने ए. सी. फर्स्ट क्लास के टिकट लिए थे। यहाँ से सफिया बेगम तो ए.सी. में ही बैठीं पर 'राही' किसी और डिब्बे में। लेकिन अगले स्टेशन से वो भी ए.सी. में ही आ गए। गाड़ी दिल्ली पहुँचने ही वाली थी कि यहाँ एफ.आई.आर. दर्ज़ करा दी गई और वहाँ 'राही' ने पेशगी जमानत ले ली। निकाहनामा दाख़िल दफ़्तर किया और बल्लीमारान में 'जफ़ा' देहलवी के यहाँ आ गए।

जावेद भाई को 'राही' साहब की शादी के मुताल्लिक़ बहुत बारीकी ये सब जो पता था उसकी वजह यह थी कि वे उन दिनों यहाँ न थे बल्कि रामपुर में थे। 'राही' की शादी हो जाने और उनके सफिया बेगम के साथ ग़ायब हो जाने के एक हफ्ते बाद जावेद भाई जब लौटकर आए तो उन्हें पता चला कि यहाँ क्या हो गया है। लेकिन जावेद भाई के रहने या न रहने से उनकी प्रामाणिक जानकारी का कोई सम्बन्ध न था।

जावेद भाई कुछ परेशान भी लगे। हेल्थ इंस्पेक्टर ने कैन्टीन का चालान कर दिया

था और उसका मुकदमा चल रहा था। यूनीवर्सिटी में यह आम शिकायत ज़ोर पकड़ रही थी कि कैन्टीन में सब कुछ बहुत खराब मिलता है। नए वाइस चांसलर पर ज़ोर पड़ रहा था कि कैन्टीन को नया स्वरूप दिया जाना चाहिए। इन सब बातों का सिर्फ यही अर्थ था कि जावेद भाई के हाथ से कैन्टीन निकल जाएगी। वे अपने तौर पर बहुत ज़ोर लगा रहे थे लेकिन बक़ौल उन्हीं के कहाँ मियाँ भाई और कहाँ कारोबार...पर फिर भी कैन्टीन उनके लिए ज़िन्दगी मौत का सवाल थी। इसके अलावा कुछ और न था। कैन्टीन को बेहतर बनाने के लिए पैसे की ज़रूरत थी जो उनके पास न था। न कहीं से मिल ही सकता था। जिस हालत में चल रही थी उस हालत में ज़्यादा दिनों तक चल न सकती थी।

कामरेड लालसिंह किसान सभा के सम्मेलन में उन्नाव गया हुआ है और वहाँ से एक मीटिंग में कानपुर जाएगा। उसके बाद वहाँ से उसे एक कैम्प में कलकत्ता जाना है और लगभग दो हफ्ते बाद वापसी होगी।

"तो कामरेड लालसिंह सम्मेलनों के दौरे पर गए हुए हैं।" के.पी. भाई ने कहा।

"लेकिन अब तो क्लासेज़ शुरू हो गए हैं।" मैंने के.पी. भाई से कहा।

"हाँ भाई...लेकिन क्या करें...हम लोगों ने कामरेड लालसिंह से कहा भी था कि देखो होने को तो देश में पार्टी के इतने सम्मेलन और कैम्प और प्रदर्शन होते हैं कि एक आदमी सबमें सम्मिलित नहीं हो सकता...पर ठीक है अब उसकी मर्ज़ी है तो जाए।"

मुझे यह सूँघते समय न लगा कि कामरेड लालसिंह के बराबर नदारद रहने या कान्फ्रेन्सों, प्रदर्शनों में लगातार जाते रहने से यहाँ लोग खुश नहीं हैं। के.पी. भाई इससे पहले भी कई बार कह चुके हैं कि भाई लालसिंह को तो एस.एफ. का काम दिया गया है। उन्हें चाहिए कि चुपचाप वही करें पर पता नहीं क्यों उन्हें इधर-उधर जाने का ज़्यादा ही चस्का पड़ गया है।

मुझे यह लगता था कि चूँकि कामरेड लालसिंह अब 'एक्टिव पार्टी राजनीति' में नहीं हैं। इसलिए उसकी बराबर यह कोशिश रहती है कि कहीं उसका महत्त्व बिल्कुल ही ख़त्म न हो जाए, सम्मेलनों, प्रदर्शनों में जाने से नई ताक़त का संचार होता है और यह लगता है कि ठीक है, हम न सही पर हमारे दूसरे साथी तो काम कर रहे हैं। सम्मेलनों में जाने का ख़र्च ज़ाहिर है पार्टी उठाती थी। पार्टी का मतलब वे आठ-दस लोग जो पार्टी मेम्बर हैं यानी वे लोग 'लेवी' देने के अलावा कामरेड लालसिंह को सम्मेलनों, बैठकों में जाने का किराया-ख़र्चा भी देते थे। सौ पचास रुपए उनके लिए बड़ी चीज़ न थे। लेकिन यह अवश्य अटपटा लगता कि यहाँ तो 'चिराग़ तले अँधेरा' वाला हाल हो रहा है। दिल्ली, अहमदाबाद, कलकत्ता, बंगलौर में क्रान्ति हो रही है।

कलकत्ते से लौटकर जब वह आया तो बहुत लम्बी बातचीत हुई।

"तुम क्या समझते हो साजिद भाई, मैं यहाँ अपनी खुशी से रह रहा हूँ या अपनी खुशी से आया था ? ये मजबूरी की बात थी। अगर मुझे टी.बी न होती तो यहाँ क्यों रहता ? यहाँ रहने का कोई मतलब नहीं है मेरे लिए। यह ऐसी जगह जो मेरे लिए नहीं है, मैं नहीं कहता बुरी है। लेकिन इतना अवश्य कह सकता हूँ कि मेरे लिए नहीं है। मुझे लगातार यह लगता रहता है कि मुझे तो कहीं और मतलब कार्य क्षेत्र में होना चाहिए। मजदूरों और किसानों के बीच। ये लोग मुझसे कहते हैं स्टूडेंट्स में काम करो। ठीक है। लेकिन बीस साल तक मैंने जो किसानों के बीच काम किया है क्या उसे एकदम से अलग किया जा सकता है। बताओ न ?"

"तो तुम किसान सम्मेलनों में..."

"देखो सबसे प्रमुख है पार्टी...ये तो सब उसके अंग हैं। तो मैं पार्टी से अपना गहरा सम्बन्ध इस कारण तो नहीं तोड़ सकता कि मुझे टी.बी. हो गई है और मैं यहाँ पढ़ रहा हूँ।"

"ठीक है कामरेड, समझ गया। ये बताओ कलकत्ता में कैसा रहा ?"

"बहुत अच्छा काम है...कमाल का काम है...कलकत्ता हमारे देश का भविष्य है। मजा आ गया। एक से एक बढ़िया कामरेड...एक से एक समर्पित कार्यकर्त्ता।"

कामरेड लालसिंह विस्तार से कलकत्ता की पार्टी और अनुभवों के बारे में बताने लगा। फिर कहा—

"तुम जब छुट्टियों में घर गए थे तो मैंने आसपास के गाँवों में कुछ अच्छे 'कान्टेक्ट' बनाए हैं।"

मुझे बताते हुए झिझक हो रही थी कि मैंने कांग्रेस के चुनाव में काम कराया था। मैंने सोचा, ठीक है यार, क्यों कहते हो। कहने से क्या हो जाएगा। मैं जानता हूँ मेरा उद्देश्य क्या था। दूसरे लोग हो सकता है उसे ठीक से समझ न सकें।

"कभी तुम चलो मेरे साथ उधर।" वह बोला।

"कहाँ ?"

"उन्हीं गाँवों में...ज़्यादा दूर नहीं है। कोई दस किलोमीटर...साइकिल से चलना होगा। बस नहीं जाती।"

"ठीक है...चलूँगा।"

"छुट्टियों में क्या रहा।"

"यार कामरेड..." मैं उसे सल्लोवाली बात बताना चाहता था पर सोचा पता नहीं मार्क्सवाद में इसका क्या अर्थ लिया जाएगा।

"क्या, बोलो ?"

"यार ऐसा है कि..." मैं फिर रुक गया।

"बताओ न ?"

"कामरेड, एक लड़की से सम्बन्ध हो गए।"

"कौन लड़की ?"

मैंने उसे विस्तार से बताया तो वह गम्भीर हो गया। बहुत गम्भीर हो गया। मैं डर गया।

"तो क्या बहुत ग़लत किया मैंने ?"

"देखो...ऐसा है कामरेड...क्या तुम उस लड़की से शादी कर सकते हो ?"

"शादी ?"

"हाँ, शादी।" वह ज़ोर देकर बोला।

"नहीं कामरेड।"

"वही रज़ीवाला मामला।" वह स्पष्टता से बोला।

"मतलब ?"

"मध्यवर्गीय सुविधाजीवी रुझान।"

मुझे अच्छा नहीं लगा।

"तुम्हारे ख़याल से सेक्स अपराध है ? क्या तुमने अपने जीवन में किसी के साथ सेक्स नहीं किया ?" मैंने पूछा।

"सेक्स अपराध नहीं है और ऐसा भी नहीं कि मैंने कभी किसी के साथ सेक्स नहीं किया है।" वह बोला।

"मतलब तुमने सेक्स किया है।"

"हाँ।"

"किसके साथ ?"

वह एक क्षण मेरी आँखों में देखता रहा फिर बहुत साफ और स्पष्ट शब्दों में बोला, "अपनी भाभी के साथ।"

"कब ?"

"बहुत साल पहले, होली के अवसर पर।"

"सिर्फ एक बार।"

"हाँ। एक बार।"

"उसके बाद।"

"नहीं किया।

"क्यों ?"

"वह ठीक नहीं है।"

"क्या तुम्हें अच्छा नहीं लगा ?"

"बहुत अच्छा लगा...पर वैसे नहीं।"

"तुम शादी करना चाहते हो कामरेड ?"

"हाँ-हाँ, क्यों नहीं..." वह हँसने लगा।

"देखो तुम उस लड़की सल्लो के साथ अब कुछ न करना।" वह बहुत गम्भीरता से बोला।

"क्यों ?"

''तुम अच्छी तरह जानते हो।''

''ठीक है कामरेड।'' मैंने झूठ बोल दिया। मैं जानता था कि अगर मौक़ा मिलेगा तो मैं अपने को रोक नहीं पाऊँगा।

''यदि तुम्हें मेरे साथ रहना है और पार्टी के काम में रुचि लेनी है तो यह नहीं चलेगा।'' वह गम्भीर था—''नए भविष्य का स्वप्न देनेवाला दुराचारी हो तो कैसा लगेगा ? जो स्वयं शोषण करता है वह शोषण के विरुद्ध क्या करेगा ? समझे ?''

मैंने फिर महसूस किया कि कामरेड लालसिंह आदमी पक्का है। निपट पक्का...

कुछ देर के बाद बातचीत इधर-उधर निकल गई। कामरेड ने कहा, ''तुम जब यहाँ नहीं थे तो छुट्टन मिस्त्री ने बताया कि एक मोटरसाइकिल बिकाऊ है...एक हज़ार में।''

''ये तो सस्ती है।''

''हाँ...लेकिन...''

''लेकिन क्या ?''

''कामरेडों से कहा तो...'' वह खामोश हो गया।

''कुछ नहीं बोले।''

''बोले...बहुत बोले...यही कहा कि तुम एस.एफ. का काम करो...उसके लिए मोटर साइकिल की आवश्यकता नहीं है...साजिद भाई, मैं सोचता हूँ कहीं से उधार लेकर ले लूँ।''

''नहीं नहीं...ये न करो...दोगे कहाँ से ?''

''हाँ ये बात तो है।'' कामरेड उदास हो गया।

''अगले महीने फिर दिल्ली जाना है।''

''क्यों ?''

''साम्प्रदायिकता विरोधी सम्मेलन है।''

''उसके बाद ?''

''उसके बाद अक्टूबर में पार्टी कांग्रेस है...वहाँ तो जाना ही जाना होगा...तुम किसान सभा के कैम्प में चलोगे ?''

''हाँ...हाँ...क्यों नहीं ?''

''कामरेड साजिद, एम.ए. करने के बाद तुम क्या करोगे ?''

''मैं...? मैं...नौकरी...''

''मेरे साथ 'होल टाइमर' क्यों नहीं हो जाते।''

''होल टाइमर ?''

''हाँ...हाँ क्यों...क्यों नहीं।''

''देखा जाएगा।'' मैंने दबे स्वरों में कहा।

''यहाँ तीस हज़ार मजदूर हैं...उन्हें संगठित कर लेंगे तो समझो बस...?''

''तुम कितने साल से 'होल टाइमर' हो कामरेड !''

''मैं पिछले पच्चीस साल से हूँ...मतलब ?'' उसकी आँखों में वही पत्थर जैसा विश्वास था।

# 47

किराए की दो खटारा साइकिलें जिनमें जान तक का ज़ोर लगा दिया जाए तो पैडिल रत्ती बराबर आगे खिसकता है और साइकिलें चींटी की रफ़्तार से आगे बढ़ती हैं। सोने पर सुहागा यह है कि साइकिल सड़क पर नहीं, खेतों की पतली मेढ़ों पर चल रही हैं। आगे कामरेड लालसिंह हैं और पीछे मैं।

"यार कामरेड ये साइकिल तो जान ले लगी।" मैंने ज़ोर से कहा।

"बस साइकिल से ही तंग आ गए...तुम शहरी लोगों की यही कमी है...बदल लो; मेरी साइकिल ले लो।"

"ठीक है।"

हम दोनों रुक गए। मैंने कामरेड की साइकिल ले ली और कामरेड ने मेरी। कामरेड की साइकिल चलाकर देखी तो अपने आपको दो-चार मोटी-मोटी गालियाँ दीं, क्योंकि कामरेडवाली साइकिल मेरी साइकिल से ज़्यादा खराब थी।

"कामरेड, तुमने चालाकी कर दी मेरे साथ।" मैंने कहा।

"चालाकी ? क्या ?" कामरेड ने कहा।

"ये साइकिल तो और ज़्यादा खराब है...तुमने यह मुझे पकड़ा दी और अच्छी वाली..."

"देखो मुझे मालूम था कि जो साइकिल तुम्हारे पास है वह थोड़ी ठीक है...चालाकी तो अब तुम कर रहे हो।"

"चलो कामरेड...मेरी साइकिल मुझे लाओ...यह तो मुझसे चल ही नहीं रही।"

"ठीक है...अब तुमने की है सीधी बात..." हमने फिर साइकिलें बदल लीं।

"गाँव कितनी दूर है ?" मैंने पूछा।

"पाँच किलोमीटर होगा। क्यों, थक गए क्या ?" कामरेड ने कहा।

"नहीं, थका तो नहीं।"

"तो प्यार से चले आओ।"

बहुत दिनों से यह प्रोग्राम टल रहा था। कोई तीन-चार महीने पहले कामरेड लालसिंह ने बताया था कि वह इन दो गाँवों—बेनीपुर और मुहम्मदपुर में संगठन बनाने का काम कर रहा है। वह कई बार कह भी चुका था कि मुझे वहाँ ले जाना चाहता है। आज ये मौक़ा मिला लेकिन सिर पर कड़ी धूप, साया नाम को नहीं। साइकिलें हैं, माशाअल्लाह।

"देखो मोटरसाइकिल होती, अब तक क्या...पन्द्रह मिनट में ही पहुँच गए होते।" कामरेड बोला।

"हाँ कामरेड...ठीक कहते हो।" मैंने जवाब दिया। मैं सोच रहा था कि यार किस मुसीबत में फँस गया। इन्हीं साइकिलों पर लौटना भी पड़ेगा।

"पहले बेनीपुर चलोगे ?"

"हाँ...पहले बेनीपुर पड़ेगा...फिर मुहम्मदपुर।" उसने कहा।

"तुम तो लगता है, थक गए।" कामरेड ने थोड़ी देर बाद पूछा।

"नहीं नहीं..." हालाँकि यह सच था।

चिलचिलाती धूप में पसीने से तर-ब-तर हम गाँव पहुँचे। गाँव में घुसते ही हम साइकिलों से उतर पड़े। हर नज़र हमारे लिए अपरिचित थी। पक्के घरों की संख्या देखकर लगा कि गाँव सम्पन्न है।

अब हम कहाँ जा रहे हैं कामरेड ?" मैंने पूछा क्योंकि गाँव के अन्दर ही हमने कई गलियाँ तय की थीं।

"चले आओ।"

कभी-कभी कामरेड का' खुफिया विभागी' रवैया खल जाता है। अरे अगर उस आदमी का नाम बता देते जहाँ हम जा रहे हैं तो कौन-सी 'प्रति क्रान्ति' हो जाती। कभी-कभी मुझे लगता है कि कामरेड को इसमें मज़ा आता है। यह 'पार्टी सीक्रेट' है। यह संगठनात्मक राज़ है...वग़ैरा वग़ैरा...

'जाओ चूल्हे-भाड़ में।' मैंने दिल ही दिल में कहा क्योंकि मैं बहुत थक गया था।

होते-हुआते हम एक जगह पहुँचे जहाँ लगा कि कामरेड को यहीं आना था। घर साधारण था पर उसके सामने अहाता बड़ा था जहाँ अच्छे-खासे जानवर बँधे थे। चुनाव-प्रचार के दौरान इस तरह के घर मैंने खूब देखे थे और किसी ने बताया भी था कि जैसे शहरों में आदमियों की कार या गाड़ी देखकर आप अनुमान लगा सकते हैं कि उसकी आर्थिक हालत कैसी होगी, वैसे ही गाँव में घर के सामने बँधे जानवर या ट्रैक्टर यह बता देता है कि अमुक किसान कितना सम्पन्न है। बहुत ध्यान से तो नहीं पर सरसरी नज़र में देखा। कम से कम तीन जोड़े बैल। दो भैंसें एक दो-पड़ियाँ...मतलब अच्छा खाता-पीता किसान परिवार।

"आओ, आओ कामरेड।"

बाहर चारपाई पर बैठे एक बूढ़े ने कामरेड का स्वागत किया।

"लाल सलाम कामरेड जगमोहन सिंह।"

"लाल सलाम...आओ कामरेड..."

इतने में कोई एक चारपाई और डाल गया। मैं इतना थका था और बैठने की इतनी अपार इच्छा थी कि चारपाई डालनेवाले पर मुझे बड़ा प्यार आया। हम बैठे ही थे कि एक बाल्टी पानी आ गया।

"हाथ-मुँह धो डालो।" कामरेड ने मुझसे कहा।

ताज़े पानी से हाथ-मुँह धोने में मज़ा आ गया। कामरेड ने तो जूते उतारकर पैर तक धो डाले और हम चारपाई पर आराम से जम गए।

"बबुआ को बुलाओ।" बूढ़े किसान ने हलवाहेनुमा आदमी से कहा।

इस बीच गर्मी, फसल, मिट्टी के तेल की कमी और काले बाज़ार में उसकी दरों पर बातें हो रही थीं।

पलँग पर हाथ-मुँह धोकर बैठने के बाद बूढ़े किसान ने पूछा, ''कहो कामरेड, बहुत दिन में आए।''

''हाँ चाचा, काम बहुत था...'' वे अपनी यात्राओं की चर्चा करने लगे। बूढ़ा किसान यात्राओं का ज़िक्र सुनकर काफी प्रभावित लग रहा था या हो सकता है ऐसा केवल कामरेड को ख़ुश करने के लिए दिखा रहा हो।

कुछ ही देर बाद बबुआ यानी एक युवा दुबला-पतला-सा आदमी आ गया।

''लाल सलाम कामरेड।'' वह हाथ उठाकर बोला।

''लाल सलाम कामरेड।'' कामरेड ने जवाब दिया।

''क्या हाल है कामरेड।''

''तुम सुनाओ कामरेड बलीसिंह।'' कामरेड लालसिंह ने कहा। दुबले-पतले व्यक्ति का नाम बलीसिंह सुनकर अच्छा लगा। लगा कि गाँववाले हम यानी शहरवालों से पीछे नहीं हैं।

''बस कामरेड 'ज़ायद' में लगे हुए हैं। सिंचाई चल रही है।''

''क्या घुइयाँ लगाई है ?''

''हाँ, घुइयाँ तो हर साल लगाते हैं। थोड़ा परता पड़ जाता है। शहर के कुँजड़े खड़ा खेत खरीद लेते हैं,'' बूढ़ा बोला। और फिर बलीसिंह से कहा, ''जाओ कुछ नाश्ता-पानी लाओ...कामरेड...के वास्ते।''

''नहीं नहीं...कामरेड...'' कामरेड लालसिंह की बात काटकर बूढ़ा बोला, '' ये कैसे हो सकता है कामरेड...हमारे द्वारे आपको एक कप चाय भी न मिल सके तो यह ससुरी डूब मरनेवाली बात है।''

ज़ाहिर है कामरेड के मना करने के बावजूद थोड़ी ही देर बाद तीन प्यालियों में चाय, कुछ मिठाई, नमकीन आ गया। मेरे दिल में बूढ़े के लिए दुआवों का समुद्र ज्वार-भाटे मारने लगा। वाह भाई वाह, पार्टी समर्थक हों तो ऐसे हों। कामरेड लालसिंह कुछ शरमा रहे थे।

''कामरेड बलीसिंह यह तो बहुत ले आए।''

''तुम जवान आदमी होकर इसे बहुत कह रहे हो कामरेड ? अरे यह तो एक कौर है एक कौर।'' किसान बोला, ''खाओ।''

''कामरेड, हम लोग आपके गाँव में संगठन बनाने आते हैं...और आप हमारी ख़ातिरदारी...''

''इसे तुम ख़ातिरदारी कह रहे हो कामरेड...अरे ये तो हम दुश्मन के साथ भी करते हैं...अभी रामधनी बड़चोद भी घर आ जाए तो पहले साले को खिलाएँगे...तब चाहे भले ही जूते लगाएँ।'' किसान के विचारों से मैं अत्यन्त प्रभावित हुआ पर कामरेड लालसिंह सम्भवतः नहीं हुए।

मैं रामधनी बड़चोद, जो ज़रूर बूढ़े किसान का कोई बड़ा दुश्मन लगता है, की ख़ातिरदारी की कल्पना करने लगा। एक ओर कढ़ाव चढ़ा हुआ है, गर्मागर्म पूड़ियाँ,

कचौड़ियाँ उतर रही हैं। पकवान पक रहे हैं। गुलाबजामुन शीरे में डाले जा रहे हैं और दूसरी तरफ एक बड़ा-सा जूता साफ किया जा रहा है। लाठियों में तेल लगाया जा रहा है। फरसे और बल्लम तेज़ किए जा रहे हैं। रामधनी कभी इधर देखते हैं, खुश होते हैं। कभी उधर देखते डर जाते हैं। बूढ़ा किसान दोनों तरफ देखकर खुश हो रहा है। कामरेड बलीसिंह बहुत व्यस्त हैं पर पकवानों में उनकी अधिक रुचि है वे जानते हैं जितना कुछ पक रहा है वह रामधनी बड़चोद नहीं खा सकेगा क्योंकि यदि रामधनी बड़चोद को मालूम है कि अच्छी तरह 'सेवा-टहल' होगी।'

"क्या सोचने लगे।" कामरेड लालसिंह ने मुझसे पूछा। मैं क्या बताता।

"कुछ नहीं।"

एक तश्तरी में मिठाई आ गई। हम दोनों ही जमकर खा गए। मैं तो ये सोचता जाता था कि हाथ-पैर-कमर तोड़ साइकिल चलाते हुए वापस भी जाना पड़ेगा।

"कामरेड बली संगठन का काम कैसा चल रहा है ?" कामरेड लालसिंह ने पूछा।

"अब चलेगा क्या, तुम तो एक महीने से आए नहीं।"

"कामरेड, मैं तो बहुत ही व्यस्त रहा। लखनऊ में स्टेट कमेटी थी...उसके बाद नजीबाबाद में किसान सम्मेलन था। वहाँ से दिल्ली चला गया...मतलब काम लगा ही रहा।"

"अब ये तो है ही है।" बूढ़ा किसान बोला।

"अब मैं ये आना-जाना कम कर दूँगा...वैसे भी कम ही है, मजबूरी में ही कहीं जाता हूँ।" कामरेड लालसिंह बोले। पर मैं उनकी बात से सहमत नहीं हुआ। मुझे यह पक्का यकीन है कि कामरेड को आना-जाना बहुत पसन्द है और कम ज़रूरी कामों से भी चले जाते हैं।

"अब तुम्हारे लिए ये पार्टी का काम वैसा ही है जैसा हमारे लोगों के लिए नाते-रिश्तेदारी के काम होते हैं...मना कर ही नहीं सकते...रहना तो रिश्ते-नातेदारी में ही है।" बूढ़े किसान ने कामरेड लाल की व्यस्तता का खुलासा किया।

"तो आज मीटिंग होनी है कामरेड।" कामरेड लालसिंह ने बलीसिंह से कहा।

"हौव..." बूढ़ा किसान अधिक उत्साही लगा और फिर बलीसिंह से बोला, "जाओ लाला, चमार टोले से जनों को बुला लाओ...कह देना कामरेड आए हैं मीटिंग लगा दी हे।"

"नन्हूँ तो है नहीं।" बलीसिंह ने कहा।

"अरे नन्हूँ नहीं तो और तो हैं।"

बलीसिंह लाठी लेकर चले गए। सूरज ढल रहा था और नीम के पेड़ की छाया सिमट रही थी। कुएँ पर पानी भरने की गरारी की आवाज़ और दूर से किसी भैंस के रँभाने का स्वर आपस में मिल-जुलकर यहाँ पहुँच रहे थे।

"मीटिंग कितनी देर चलेगी।" मैंने कामरेड लालसिंह से पूछा।

"मीटिंग क्या, ये समझो पार्टी क्लास होती है। इसमें मार्क्सवाद के बुनियादी मुद्दे

बताए जाते हैं। थोड़ी जानकारी समाज-व्यवस्था के बारे में दी जाती है। और संगठन का महत्त्व बताते हैं...फिर राजनीतिक मामलों पर बातचीत होती है। गाना-वाना भी हो जाता है। गप्प-शप्प भी चलती रहती है।"

"दो घंटे तो..."

"तीन भी हो सकते हैं।"

"कितनी क्लासें हुई हैं।"

"क्लासें तो चार-पाँच हुई हैं पर समस्या यह है कि कभी कोई नहीं है, कभी कोई नहीं है।"

"क्यों ?"

"मज़दूरी...पेट...ज़्यादा ज़रूरी है।"

"तो यहाँ किसान-मज़दूर सभा बनेगी।"

"हाँ...पर अभी समय लगेगा...अगर मैं हफ्ते में तीन बार आ सकता तो बहुत अच्छा होता...पर तुमने देखा साइकिल से आने में पूरे डेढ़ घंटे लगते हैं और जाने में भी डेढ़—तीन...फिर मीटिंग कम से कम दो घंटे..."

"मोटरसाइकिल होती तो यह काम हो सकता था।" मैंने कहा और कामरेड लालसिंह की आँखें चमक गईं।

"हाँ, यही तो बात है। बिना साधन क्या होता है।"

लगता था बूढ़े हमारी बातचीत सुन रहे थे। वे बोले, "हाँ, कामरेड एक मोटर साइकिल हो जाए तो जब मन हो आओ और जब मन हो चले जाओ।"

लगभग आधे घंटे के बाद बलीसिंह लौट आए।

"क्यों लाला कह दिया ?" बूढ़े किसान ने पूछा।

"हाँ कह तो दिया है।" बलीसिंह ने वैरागियों जैसा उत्तर दिया।

"आ रहे हैं न ?"

"अब क्या जाने आएँगे या नहीं।"

"अरे कलिया मिला ?"

"हाँ सभी थे।"

"क्या कर रहे थे ?"

"ताश खेल रहे थे।"

"तुमने बताया, कामरेड आए हैं।"

"हाँ, बताया कि मीटिंग लगा दी है कामरेड ने।"

"फिर क्या बोले।"

"कहने लगे...चलो आते हैं।"

"तो आएँगे न ?"

"पर हरिया बोला कि बस दो-चार बाजी खेल के आते हैं।"

"दो-चार बाजी खेल के आते हैं ?" बूढ़ा किसान दहाड़ा।

“हाँ, कह रहा था अभी-अभी तो खेलने बैठे हैं।”

“अरे खेल तो कभी भी सकते हैं। अभी कामरेड आए हैं। उन्हें यह भी ध्यान नहीं है।”

“कामरेड गोपाल भी थे ?” कामरेड लालसिंह ने बड़ी आत्मीयता से पूछा।

“हाँ, गोपाल भी वहीं बैठा है।”

“साले जुआ खेल रहे होंगे।” बूढ़े किसान ने नफरत से कहा।

“यही आदतें तो इन्हें और भ्रष्ट कर देती हैं।” कामरेड ने कहा।

कामरेड की बात को अनसुना करते हुए बूढ़ा किसान गुस्से में बोला, “लाला जाओ...और सब सालों से कहो कि मीटिंग में तो आना ही पड़ेगा...वैसे न आएँगे तो जूते मार के लाए जाएँगे...क्या समझ रखा है, जहाँ दस-दस जूते पड़े तहाँ जुआ-उवा सब निकल जाएगा।”

मैं सोचने लगा, जूते मारकर जो किसान-मज़दूर सभा बनाई जाएगी वह कैसी होगी।

बहरहाल मीटिंग नहीं हो सकी। कामरेड के कहने पर बूढ़े किसान ने जूतेबाज़ी नहीं की पर इतना कहा कि कामरेड, लातों के भूत बातों से नहीं मानते।

रात कमरे पर पहुँचा तो अहमद का लम्बा तार मिला जिसमें उसने लिखा था—बीस दिसम्बर को उसकी शादी हो रही है और उसमें मैं ज़रूर शरीक होऊँ। अगर मेरे पास पैसे नहीं हैं तो मैं उसकी चिन्ता न करूँ। केवल टिकट लेकर आ जाऊँ। बाक़ी वह सब देख लेगा।

## 48

रज़ी को यह अच्छी तरह मालूम था कि कामरेड लालसिंह के साथ मेरी गाढ़ी छन रही है। यही वजह थी कि रज़ी मुझसे कुछ खिंचा-खिंचा तो नहीं पर चौकन्ना रहने लगा था। मिलता बहुत ही प्यार से था। बातें भी बड़े लगाव की करता था। छोटा-मोटा काम होता था तो फौरन कर देता था या सही राय देता था पर उसके अन्दर वह सहज आत्मीयता ग़ायब हो गई थी।

रज़ी के बारे में ख़बरें पता लगती रहती हैं। उसकी नौकरी चल रही है। पी-एच. डी. का काम पूरा हो गया है। पर अभी तक ‘वायवा’ नहीं हुआ है; जैसी बातें पता चल जाती हैं हालाँकि वह अपने आप कुछ नहीं बताता। एक ही हॉस्टल में रहने की वजह से अक्सर आमना-सामना हो जाता है। अलैक-सलैक होती है और बस ख़त्म। लेकिन आज जब वह टॉयलेट के पास मिला तो बोला, “तुम अभी कमरे पर हो। क्लास तो नहीं है।”

“नहीं, क्लास ग्यारह बजे है।”

"मैं तुम्हारे पास आता हूँ।"

"ठीक है, आओ।"

मैं कमरे पर आया तो यह सोचने लगा कि रज़ी मेरे पास क्यों आना चाहता है। क्या बात करेगा ? मैं हूँ कौन ? बहरहाल कुछ समझ में न आया। कोई आधे घंटे बाद वह आ गया। बाहर जाने के लिए तैयार होकर आया था।

"तुम्हारे लिए चाय बनाऊँ ?" मैंने पूछा।

"नहीं, चाय न बनाओ।"

"तो चलो डायनिंग हॉल में नाश्ता करते हैं। तुमने नाश्ता तो नहीं किया होगा ?" मैंने पूछा।

"नहीं, नाश्ता तो नहीं किया...लेकिन आज मठरी के दो बिस्कुट और आधी टिकिया मक्खन खाने का मूड नहीं है। आज मैं तुम्हें नाश्ते की दावत देता हूँ...कहाँ पसन्द करोगे—'पैराडाइज़'।" वह बोला।

एक सेकेंड के अन्दर मेरे दिमाग़ में दसियों बातें कौंध गईं। और सिर्फ क्यों ? क्यों ? गूँजने लगा। क्या यह कोई षड्यन्त्र तो नहीं है। क्या यह मेरे और कामरेड ललासिंह के बीच में कोई फ़र्क़ पैदा करने की साज़िश तो नहीं है। लेकिन लगता है वह कोई ज़रूरी बात करना चाहता है, पर मुझसे क्यों ? मैं तो दो टके का आदमी हूँ। वह लेक्चरर है। कामरेड लालसिंह नेता हैं। मैं क्या हूँ ?

"चलो उठो।" उसने मेरे 'हाँ' या 'न' का इन्तिज़ार नहीं किया।

'पैराडाइज़' में उसने 'हैवी टी' का आर्डर दिया। ये सब क्यों हो रहा है ? मैं अपने-आपसे बार-बार पूछ रहा था।

"सनीचर की शाम फ्री हो।"

"हाँ।"

वह अपने बैग में से एक लिफाफा निकालता हुआ बोला—"मैं अपनी शादी का 'रिसेप्शन' दे रहा हूँ।"

"शादी ?" मैं हैरान रह गया।

"हाँ, पिछले महीने की आठ तारीख़ को मेरी शादी हो गई।"

कहाँ ? किसके साथ ? क्या प्रो. फ़ारूक़ की भतीजी के साथ या कहीं और ? यह सब मैं चाहते हुए भी न पूछ सका। शायद बहुत घबरा गया था।

"लो।" उसने लिफाफा मेरे हाथ में पकड़ा दिया।

अच्छा छपा पर बहुत सादा कार्ड था। लड़की का नाम तरन्नुम फ़ारूक़ी देखा तो समझ गया कि वह प्रो. फ़ारूक़ी की भतीजी के अलावा और कोई नहीं हो सकती। यानी रज़ी का कैरियर पक्का हो गया है। लेक्चरर फिर; रीडर; फिर प्रोफेसर, डीन, प्रो-वाइस चांसलर, वाइस चांसलर और उसके बाद राजदूत और उसके बाद राज्यपाल और उसके बाद...यहाँ तक कि राष्ट्रपति...

"मुबारक हो।"

"शुक्रिया।"

मैं फिर कार्ड को पढ़ने लगा। सिर्फ अंग्रेज़ी में दो जुमले थे।

"तो आओगे न ?"

"हाँ-हाँ, क्यों नहीं।"

"अच्छा सुनो...क्या मैं तुम्हें कामरेड लालसिंह का कार्ड भी दे सकता हूँ ? उन्हें दे देना। मिलोगे ?"

"हाँ, क्यों नहीं।"

उसने एक लिफ़ाफ़े पर बहुत स्पष्ट, साफ सुन्दर और प्रौढ़ लिपि में कामरेड लालसिंह लिखा।

चाय, दो-दो अंडों की आमलेट, एक-एक कबाब, चार टोस्ट आ गए थे।

"चलो यार, खाओ।" वह आत्मीय होने लगा था।

मैं खाने लगा और सोचने लगा कि रज़ी का कैरियर वास्तव में शानदार होगा। वह बहुत समझदार, बुद्धिमान और तेज़ होने के साथ व्यावहारिक भी है। ऐसे लोग आसानी से बहुत दूर तक जाते हैं। अंग्रेज़ी भी अच्छी जानता है। उर्दू भी अच्छी लिख और बोल लेता है। और मेल-जोल में भी बहुत अच्छा है। फिर मैं अपने बारे में सोचने लगा और निराश हो गया—बिल्कुल निराश।

"कबाब अच्छे हैं।" उसने मुझे सोच में डूबा देखकर कहा।

"हाँ।"

"और मँगवाऊँ ?"

और मेरे 'हाँ' या 'नहीं' कहने से पहले आर्डर दे दिया।

"तो कामरेड लालसिंह अब भी मुझसे नाराज़ हैं।" उसने पूछा।

"अब मैं तुम्हें क्या बताऊँ ? तुम लोग..."

"देखो कामरेड, पूरा मार्क्सइज़्म' समझते हैं, मेरी 'पर्सनल ट्रेडजी' को नहीं समझना चाहते। तुम जानते हो मेरी शादी मतलब पहली शादी कब हुई थी ? जब मैं आठवीं में पढ़ता था और तेरह साल का था और लड़की जो रिश्ते में मेरी फूफीज़ाद बहन है, सात या आठ साल की थी। फूफी मर रही थीं। उन्होंने अपने सगे भाई यानी वालिद साहब से कहा कि उनकी आख़िरी ख़्वाहिश है कि मरने से पहले लड़की के हाथ पीले हो जाएँ। हम दोनों पोतड़ों के मंगेतर थे। वालिद साहब भी जज़्बाती आदमी थे। मरती हुई बहन की आख़िरी ख़्वाहिश कैसे पूरी न करते। शादी हो गई। इसे तुम ट्रेजडी नहीं तो और क्या कहोगे ?"

"हाँ, ये तो है।" मैंने कहा।

"अब मेरे सामने दो रास्ते थे। पहला यह कि मैं उसी लड़की के साथ जिन्दगी गुज़ारता जो न तो मुझे जानती समझती है और न ऐसा कर सकती है। जिसकी ज़िन्दगी बिल्कुल अलग है। उसमें और मुझमें कुछ भी 'कॉमन' नहीं है। वह मुझे ख़ुदा-ए-मज़ाजी समझती है जो उसके नज़दीक बहुत बड़ी चीज़ है। मैं उससे इतना घबराता हूँ कि बता

नहीं सकता। तो रास्ता यह था कि मैं पूरी ज़िन्दगी दिल पर पत्थर रखकर गुज़ार दूँ। लेकिन क्यों ? इसलिए कि फूफीजान बीमार पड़ गई थीं या अब्बाजान जज़्बाती आदमी थे ? क्या ये कोई 'लॉजिक' है ? बताओ ? दूसरा रास्ता यह था कि मैं तलाक़ लेकर दूसरी शादी करूँ...ऐसी लड़की से जो मेरे लिए हर तरह मुनासिब हो।

"तुम अपनी बीवी को पहले से..."

वह मेरी बात काटकर बोला, "हाँ, तरन्नुम को मैं कई साल से जानता हूँ। उसने यहीं से स्कूल किया था, उसके बाद एम.बी.बी.एस. करने दिल्ली गई थी। बीच में जब भी वो आती थी मुलाक़ात होती रहती थी।"

मैं ये भी पूछना चाहता था कि क्या वह प्रो. फ़ारूक़ी की भतीजी है। लेकिन पूछ न सका।

कामरेड लालसिंह को जब मैंने रजी की शादी के 'रिसेप्शन' का कार्ड दिया तो वह हत्थे से उखड़ गया। जैसे बिजली गिरी हो उस पर। मुझे यह अन्दाज़ा न था। वह गुस्से में पागल जैसा हो गया। और 'इन्विटेशन' फाड़कर फेंक दिया। मुझे यह पता न था कि कामरेड को इतना ज़्यादा गुस्सा आ सकता है।

"यह क्या है ? क्या तुम इस पूरे प्रसंग को व्यक्तिगत या निजी अधिकारों की बात मानोगे ? इसके पीछे जो लोभ, लालच, षड्यन्त्र और कैरियर बनाने की गंध आ रही है वह कुछ नहीं है। जब उसे प्रो. फ़ारूक़ी ने नौकरी दी थी तब ही यह सब कुछ तय हो गया था। एक साल के अन्दर ही अन्दर वह सब हो गया। मतलब पहले पत्नी को छोड़ा। फिर नौकरी पक्की हो गई। फिर शादी कर ली...यह सब भी है और पार्टी की सदस्यता भी है। कामरेड रज़ी द्वन्द्वात्मक भौतिकवाद पर सारगर्भित भाषण ठोंक सकते हैं। लेनिन और स्टालिन की रचनाओं के विशेषज्ञ..." कामरेड ने एक लम्बी साँस ली। उसका चेहरा लाल हो गया था।

"यही होता है इन यूनिटों में...इसीलिए सी.पी.आई. और हम लोगों के बीच बड़े अच्छे सम्बन्ध हैं। प्रो. अनवारुल हसन और अतिया ख़ान एक ही सिक्के के दो पहलू हैं।"

वह देर तक बोलता रहा। मैं खामोश रहा। मैं न तो पार्टी-सदस्य था और न ऐसी चीज़ों पर इस तरह 'रिएक्ट' होता था जैसे कामरेड हो रहा था। मैं मानता था—यार ये सब चलता है। अब क्या किया जा सकता है ? फरिश्ते तो हो नहीं सकते। सब कामरेड लालसिंह तो नहीं हो सकते। लेकिन इसका यह मतलब भी नहीं है कि सब भ्रष्ट हो जाएँ। तो रास्ता बीच का ही ठीक है। लेकिन अपने ये विचार मैं खुलकर विशेष रूप से इस समय कामरेड के सामने नहीं रखना चाहता था।

"तुम जाओगे ?" कामरेड ने पूछा।

"कहाँ ?"

"रज़ी की शादीवाले भोज में।"

"मैं..." मैं सोचने लगा।

"बताओ।"

"देखो सब जाएँगे तो मैं क्यों न..."

"सबसे तुम्हारा क्या मतलब है।" उसने मेरी बात काटी।

"मतलब के.पी. सिंह, प्रो. माबूद, अतिया आपा..."

"इनमें से कोई नहीं जाएगा।" वह बहुत विश्वास के साथ बोला।

"क्यों ?"

"इसलिए कि मैं उन सबसे बात करूँगा।"

"ठीक है, तो कमरे पर जा रहा हूँ। क्लास का टाइम तो निकल गया।" मैं उठ गया।

जावेद भाई की कैन्टीन उनके हाथ से निकलते-निकलते फिर बाल-बाल बची। कैन्टीन की इतनी शिकायतें थीं कि हद नहीं। जावेद भाई का कहना था कि इसमें से नब्बे फीसदी फ़र्ज़ी है और कैन्टीन का ठेका लेने के उम्मीदवारों ने ज़बर्दस्ती दिलवाई है। उन्होंने उन शिकायती ख़तों का मज़ाक़ की बना लिया था। कहते थे, यार एक शख़्स ने तो अपनी शिकायत में यहाँ तक लिखा है कि समोसे में से चूहा निकल आया। यार मक्खी, मच्छर तो मैं मान सकता हूँ लेकिन ये साला चूहा कहाँ से निकल आया। लगता है शिकायत करनेवाला कोई शायर है साला।

जावेद भाई के लतीफ़ों के पीछे दरअसल गम्भीर मज़ाक़ रहता है। सब जानते थे कि कैन्टीन उस तरह नहीं चल रही है जैसी चलनी चाहिए। वाइस चांसलर और रजिस्ट्रार इस पक्ष में बिल्कुल नहीं थे कि जावेद भाई को फिर दो साल का ठेका दिया जाए। प्रो. अनवारुल हसन बीच में आ गए थे। वाइस चांसलर जो यूनीवर्सिटी के ही एक पुराने प्रोफेसर थे यह नहीं कर सकते थे कि प्रो. हसन की बात टाल दें। प्रो. हसन इन्दिरा गांधी के हाई कमान के आदमी माने जाते हैं। ऑक्सफोर्ड के माध्यम से कश्मीर पंडित लॉबी और प्रधानमन्त्री सचिवालय तक उनकी पहुँच है। सो प्रो. हसन ने सुझाव दिया कि कैन्टीन जावेद कमाल के पास ही रहे। हाँ, एक कमेटी बना दी जाए जो उसकी निगरानी, देखभाल करती रहे। इस सुझाव के साथ ठेका एक बार फिर जावेद भाई को मिला था। उन्होंने शहर के किसी बनिए से कुछ उधार लेकर कैन्टीन में भरसक नई जान डालने की कोशिश की थी। अब चाय और समोसे के अलावा काला जामुन, बर्फी, गाजर का हलुवा जैसी चीज़ें भी उपलब्ध थीं। 'ब्रेड पकौड़ा' भी मिलने लगा था। सबकी राय यही बन रही थी कि कैन्टीन अच्छी हो गई है।

"देखो ये 'क्रेडिट' के.पी. को जाता है।" जावेद भाई ने मुझसे कहा। दोपहर के वक़्त, लंच टाइम के बाद जब भीड़भाड़ कम हो गई।

“यार प्रो. हसन उसी के कहने पर इस पचड़े में पड़े। नहीं तो प्रोफेसर हसन को यही साला एक काम रह गया था। मियाँ गरम ख़बर है कि इन्दिरा गांधी प्रोफेसर हसन को राज्यसभा में ले रही हैं।”

“प्रो. हसन सी.पी.आई. में नहीं हैं ?” मैंने पूछा।

“कभी नहीं थे।”

“क्या मतलब ? सब कहते तो यही हैं।”

“देखो ऐसा था मियाँ कि प्रो. हसन जब आक्सफोर्ड में पढ़ रहे थे तो सी.पी.जी.बी. यानी कम्युनिस्ट पार्टी ऑफ ग्रेट ब्रिटेन के मेम्बर हो गए थे। उसके बाद हिन्दोस्तान लौटकर आए तो नवाब अमरकोट की सबसे बड़ी लड़की से शादी हो गई।”

“हो गई या कर ली।”

“दोनों ही बातें हैं।” जावेद भाई हँसे।

“क्या मतलब ?”

“मतलब छोड़ो, इस पर एक वाकया याद आया। प्रो. रहमान ने सुनाया था। इंग्लैंड में प्रो. रहमान और प्रो. हसन दोनों सी.पी.जी.बी. के मेम्बर थे और ग़ज़ब के इन्क़िलाबी थे। प्रो. हसन लौटकर जल्दी वापस आ गए। प्रो. रहमान ने वहाँ एक अंग्रेज़ लड़की पकड़ ली और शादी कर ली। वह लड़की भी कम्युनिस्ट थी और प्रो. हसन को भी अच्छी तरह जानती थी। कुछ दिनों बाद जब हिन्दुस्तान से यह ख़बर लन्दन पहुँची कि प्रो. हसन ने नवाब अमरकोट की लड़की से शादी कर ली है, बाक़ायदा अम्माँ अब्बा के ज़रिए तय की गई शादी, तो सबसे बड़ी हैरत हुई। लेकिन कुछ अरसे बाद प्रो. रहमान जब अपनी अंग्रेज़ बीवी के साथ हिन्दोस्तान आए और उनकी अंग्रेज़ बीवी प्रो. हसन की बीवी यानी प्रिंसेज़ माहपारा ऑफ अमरकोट से मिलीं तो उन्होंने रहमान को बताया कि दरअसल उन्हें प्रिंसेज़ माहपारा प्रो. हसन से ज़्यादा इन्क़िलाबी लगीं। तो यार ये लोग ऐसे कम्युनिस्ट थे...यहाँ सी.पी.आई. वालों से प्रो. हसन की गाढ़ी छनती है। ऑक्सफोर्ड कनेक्शन और कश्मीरी पंडित सिलसिला है। लेकिन ऐसा नहीं है कि प्रो. हसन जैसे लोगों में अच्छाइयाँ नहीं हैं...न होतीं तो इतना टिक न पाते। देखो के.पी. को ही प्रो. हसन ने जो प्यार दिया है वह क्या कम बड़ी बात है ? दूरदराज़ से एक मामूली-सा लड़का—वह भी हिन्दू, यहाँ आता है और उसे बिल्कुल अजनबी या ‘होस्टाइल’ माहौल में प्रो. हसन जैसे आदमी का सहारा मिलता है; यह बात कम है ? और आज तक दोनों के ताल्लुक़ात वैसे ही क़ायम हैं। कुछ साले सी.पी.एम. वाले ये भी कहते हैं कि के.पी. और प्रो. हसन के ताल्लुक़ात क्यों हैं ? अरे उन मादरचोदों से पूछो कि उनके और उनके बाप से ताल्लुक़ात क्यों हैं ?” जावेद भाई हँसे।

## 49

पद्मश्री कुँवर अनवर 'इल्मी' या डॉ. इल्मी या 'पसेपर्दा' और 'बाअदब' जैसे 'ट्रेंड सेटर' 'नाविलों के मुसन्निफ़ और 'आग' जैसी कहानी के जनक और प्रेमचन्द के बाद उर्दू के सबसे बड़े नाविलनिगार ने जिस तरह रात में अपनी बीवी और बच्चों को घर से निकाला था उसके छः महीने बाद अपनी रिसर्च स्टूडेंट ज़ोहरा से निकाह कर लेने की ख़बर को बहुत महत्त्व नहीं दिया गया। दरअसल बीवी को निकालना ज़ोहरा से निकाह करने का पहला पहला कदम था।

डॉ. इल्मी ने ज़ोहरा से निकाह दिल्ली के इम्पीरियल होटल में किया था। डॉ. इल्मी ने पी.एफ. से उतना पैसा निकलवाकर ख़र्च कर दिया था जितना हो सकता था। निकाह में सब बड़े लोग थे। बड़ी-बड़ी हस्तियाँ। अकादमियों के सचिव, प्रकाशन-गृहों के मालिक, अख़बारों-रिसालों के एडीटर, सांसद, बड़े सरकारी अफसर, रेडियो के बड़े अधिकारी और कुछ 'गाडफादर' किस्म के लोग जिन्होंने डॉ. इल्मी को पद्मश्री दिलवाई थी। कुछ काफी प्रभावशाली शायर अदीब थे। दिल्ली की अदबी क्रीम थी। निकाह पढ़वानेवाली भी मामूली हस्ती न थी—मौलाना बरकत अली बरकतुलअर्ज़ छिंदौड़वी, एम. पी. थे। निकाह के बाद डिनर था। धड़ाधड़ तस्वीरें खिंची थीं।

यूनीवर्सिटी में डॉ. इल्मी के निकाह पर हैरत तो किसी को न थी लेकिन दिलचस्पी सबको थी। यह ख़बर भी आम थी कि डॉ. 'इल्मी' ने अपने निकाह में यूनीवर्सिटी से सिर्फ तीन लोगों को आने की दावत दी थी जिनमें से दो ने कोई न कोई बहाना बनाकर मना कर दिया था। वाइस चांसलर और प्रो. हसन किसी भी सूरत में अपना दामन बचाना चाहते थे। उर्दू डिपार्टमेंट के 'हेड' को भी दावत दी गई थी लेकिन ये पता नहीं चल पा रहा था कि वे गए थे या नहीं। जावेद भाई के सूचना के अनुसार वे गए थे। निकाह में शामिल हुए थे लेकिन 'डिनर' में नहीं रुके थे। उर्दू के कुछ अख़बारों में डॉ. इल्मी के निकाह की जो तस्वीरें छपी थीं, उसमें उर्दू के विभागाध्यक्ष नज़र न आते थे।

जावेद भाई की कैन्टीन में गर्मागर्म चाय के साथ गर्मागर्म गप उड़ रही थी। जावेद भाई डॉ. इल्मी और ज़ोहरा की उम्र का फ़र्क़ बता रहे थे।

"देखो डॉ. इल्मी हैं अड़तालीस...और ज़ोहरा है चौबीस...ज़रा अड़तालीस में से चौबीस घटाओ के.पी.।" जावेद भाई ने के.पी. से कहा।

"अब इतना-सा हिसाब भी नहीं कर सकते आप ?"

"यार देखो मुसलमान और हिसाब-किताब ? तुम्हें मालूम है कहते हैं मुसलमान अगर हफ्ते पन्दरह दिन मूँग की दाल खाए तो उसका पहला असर ये पड़ता है हिसाब की तरफ़ तबीअत बेतहाशा मायल होती है, दूसरा असर ये होता है कि उर्दू शायरी समझ में आना बन्द हो जाती है, तीसरा और सबसे खतरनाक असर ये बताया जाता है कि 'मुसलमानी' ख़तरे में पड़ जाती है...तो यार मैं मूँग की दाल कहाँ खाता हूँ।"

"चौबीस जावेद भाई। बड़ा आसान सवाल है।" मैंने कहा।

"अच्छा तो चौबीस...इसका मतलब यह है कि डॉ. इल्मी कम से कम तीन-चार साल बड़े आराम से 'चलेंगे,' उसके बाद परेशानी हो सकती है। देखो औरत की 'ख़्वाहिश' उस वक़्त जवान होने लगती है जब मर्द की 'ख़्वाहिश' कम होती है। यहाँ तो मुश्किल ये है कि डॉ. इल्मी जब पचपन के होंगे तो ज़ोहरा करीब तीस की होगी। तीस की औरत की 'माँगें' ख़तरनाक हद तक बढ़ी हुई होती हैं।" वे रुककर इस तरह सबकी तरफ देखने लगे जैसे किसी गम्भीर दार्शनिक मुद्दे को उछाल दिया हो।

"तो क्या है, हकीमों की 'कीमियागरी' किस वक़्त काम आएगी।" शहरयार ने सिगरेट का कश लेकर कहा।

"हाँ ठीक है...सवाल ये है कि डॉ. इल्मी क्या रास्ता इख़्तियार करते हैं। देखो कुश्ते दो तरह के होते हैं। एक तरह के कुश्ते दौराने ख़ून को बहुत जल्दी और कम वक़्त के लिए तेज़ कर देते हैं। दूसरे कुश्ते ऐसे माजूनों से बने होते हैं जो पूरे जिस्म को तवानाई देते हैं। डॉ. इल्मी अगर समझदार हैं..."

"तो पचास साल के बाद आपसे बात करेंगे।" शहरयार ने उनकी बात पूरी कर दी।

"हो सकता है कल ही चला आए।" तक़ी साहब ने कहा।

"भाई जब चाहे आएँ...मैं ख़ुदा की क़सम उसे नवाबे रामपुर का खास नुस्ख़ा दूँगा...देखो..." जावेद भाई बहुत विस्तार से कुश्ते का नुस्ख़ा बताने लगे।

"यार जावेद भाई कुछ ऐसा भी है जो तुम्हें न मालूम हो ?" के.पी. सिंह ने उनसे पूछा।

"तुम बताओ ? क़सम ख़ुदा की गोर्की की बात मेरे ऊपर भी पूरी उतरती है। गोर्की ने कहीं लिखा है कि उसे दुनिया के फलसले किताबों से नहीं लोगों से मिल-जुलकर पते लगे। तो यार तजरुबा शर्त है। देखो वह साला क्या शायरी करेगा या शायरी समझेगा जो ज़िन्दगी के बारे में नहीं जानता ?"

हम सब समझ गए थे कि जावेद भाई पूरे 'फार्म' में आ गए हैं और अब अपना कोटा पूरे किए बग़ैर नहीं रुकेंगे। लेकिन उनको रोकने की तरकीब सिर्फ एक है और जिसे क्रियान्वित करने का अधिकार सिर्फ के.पी. सिंह को है। सब इसी इंतिज़ार में थे कि के.पी. कब अपने अधिकारों का इस्तेमाल करते हैं। और कोई आधा घंटा बाद उन्होंने किया।

"जावेद भाई, कैन्टीन कैसी चल रही है ?" उन्होंने पूछा और ऐसा लगा कि जैसे भभकते हुए ज्वालामुखी पर संसार के सभी समुद्रों का पानी पड़ गया हो। जावेद भाई के चेहरे पर एक अजीब तरह का दर्द नुमायाँ हो गया।

"यार बेटीचोद आज फिर एक समोसे में से मक्खी निकल आई।" उन्होंने कराह कर कहा—"और वह भी एक स्टूडेंट लीडर के समोसे से और वह भी ऐसा स्टूडेंट लीडर जिसे मुफ्त खिलाने-पिलाने से मैं इंकार कर चुका था।"

"कहीं मारकर तो नहीं लाया था।"

"अब क्या बताएँ ? कल साला बात का बतंगड़ बनाएगा।"

"लेकिन ये आपके लौंडे साले मक्खियाँ तक नहीं मार सकते...आप इन्हें तन्ख़्वाहे काहे के लिए देते हैं।" तक़ी साहब बोले।

"तक़ी मियाँ, न पूछो...लौंडों का बस चले तो साले मुझे उल्टा कर दें। रोज दस किलो तेल लगता है...आज साले कह रहे थे मियाँ तेरह किलो ख़र्च हो गया...मैंने कहा, मादरचोद, उठाकर वहीं घुसेड़ दूँगा जहाँ से निकले हो।" उसके बाद संसार का सारा दुःख कैन्टीन में सिमट आया। जावेद भाई देर तक उसके किस्से सुनाते रहे। अचानक बात घूम-फिरकर रज़ी की शादी के 'रिसेप्शन' पर आ गई।

"सुना है, रज़ी की शादी के 'रिसेप्शन' का ठेका आपको दिया गया है।" शहरयार ने पूछा।

"नहीं भाई...वह क्वालिटीवालों को दिया गया है। क्या समझते हो, प्रो. फ़ारूक़ की भतीजी का रिसेप्शन 'मक्खी समोसे' से होगा।"

"आप आएँगे तो न ?" शहरयार ने फिर पूछा।

"हाँ हाँ, क्यों नहीं। क्या कुछ लोग ऐसे भी हैं जो बुलाने के बावजूद न जाएँगे।"

"सुनने में यही आ रहा है।"

"क्या ?"

"कामरेड लालसिंह बड़ी ज़ोरदार 'कम्पेन' कर रहे हैं।"

"क्यों यार के.पी., तुम क्यों चुप बैठे हो...लालसिंह तो तुम्हारी पार्टी का आदमी है। रज़ी भी तुम्हीं लोगों में हैं...फिर ये क्या मसला है जिसे तुम लोग सुलझा नहीं सके ?"

"अब आपने के.पी. की कैन्टीन के समोसे में मक्खी निकाल दी।" शहरयार ने कहा।

के.पी. धीरे-धीरे मुस्कुराने लगे।

"बताओ भाई ?" जावेद कमाल ने फिर पूछा।

"बात ये है जावेद भाई..."

"अमाँ कहीं पार्टी 'सीक्रेट' तो नहीं है," जावेद भाई ने फिर के.पी. को खींचा।

"मसला ये है कि लालसिंह ने काम किया है किसान-मज़दूरों के बीच। यहाँ वह चाहता है कि उसी तरह की नैतिकता, आदर्श और अनुशासन लागू हों।"

"ये तो बेवकूफ़ी है यार...ख़ैर, तो तुम लोगों का क्या फैसला है ?"

"हम सब रिसेप्शन में जाएँगे...अगर दूसरी शादी के आधार पर ही लोगों को अच्छा और बुरा कामरेड तय किया जाने लगा तो हो चुका। तुम्हारे आधे दर्जन मेम्बर बाहर हो जाएँगे..."

"हाँ, ठीक कहते हो...लेकिन मसला बहुत टेढ़ा है।" जावेद भाई बोले।

"क्या ?"

"देखो इसमें तो कोई शक नहीं कि यह रज़ी का 'अपारचुनिज़्म' है। लेकिन तुम

लोग उसे बड़े-बड़े सिद्धान्तों की कसौटी पर कसकर देख रहे हो। तुम्हें यह कुछ नहीं लगता।"

"ये रेखा सींखना तो बहुत मुश्किल है। जावेद भाई।"

"और इस रेखा को 'रोके रखना' भी मुश्किल है...ठीक है यार, जाओ...कौन-सा तुम लोग जंगलों में छापामार लड़ाई लड़ रहे हो जो इन बातों से परेशानी हो..." फिर जावेद भाई बातचीत चीन की क्रान्ति और माओ-त्से-तुंग, ची ग्वेरा पर ले आए। वहाँ से पलटा खाया शायरी पर। यानी माओ भी कवि हैं। कैसे कवि हैं ? फिर बात आ गई उर्दू शायरी पर और फिर शहरयार की ग़ज़लों पर।

"कुछ सुनाओ भाई...शहरयार..." जावेद भाई ने कहा।

कैन्टीन के बल्ब बुझे हुए थे। चारों तरफ अँधेरा था। बस काउंटर के पासवाला लैम्प जल रहा था। बाहर भी अँधेरा था। हवा चलने की सरसराहट आ रही थी। इतनी-इतनी ख़ामोशी थी कि उससे डर लगने लगे।

शहरयार अपनी ग़ज़ल सुनाने लगे। बहुत धीरे-धीरे मद्धिम स्वरों में एक नई दुनिया का निर्माण होने लगा। शहरयार की आवाज़ में कोई नाटकीयता नहीं है लेकिन आवाज़ की सादगी में पूरा असर है। लगने लगा, यह हम ही लोगों की आवाज़ है इसमें न तो कोई दक़ियानूसी फ़लसफ़ा है और न कोई बड़बोलापन है। एक मद्धिम, आहिस्ता, सुस्त सी रफ़्तार है जो छोटी बहरों की गतिशीलता के साथ इस तरह टकराती है जैसे पत्थरों से पानी। एक उदासी, एक ख़ालीपन, एक सच्चाई और उससे आँखें मिलाने और चुराने की आँखमिचौली। शहरयार सुनाते रहे। कोई वाह-वाह भी नहीं कर रहा था। इस शायरी के लिए 'आह' या 'वाह' करने का कोई मतलब न था, बराबर लग रहा था कि ये तो हम ही हैं। पानी पर हमारा एक ऐसा अक्स जो लहरों पर कभी काँपने लगता है, कभी जम जाता है। कुछ साफ नज़र ही नहीं आता। दर्द है लेकिन इतना कि होश-हवास में रहा जा सके। इश्क है लेकिन किताबी नहीं है। न दिखाई पड़नेवाली एक डोर है जो किसी भी जज़्बे में बह जाने से रोक लेती है और कभी ढील दे देती है। एक दबा-दबा-सा तेवर है जो कहीं धुँधला है कहीं साफ—कहीं तल्ख़ सच्चाई इस तरह सामने आती है जैसे तेज़ प्यास लगी होने पर सिर्फ पानी का एक गिलास जिसे पिया तो जा सकता है लेकिन प्यास बुझाई नहीं जा सकती।

इस बीच चाय का एक और दौर चला। कई सिगरेटें जलीं और बुझीं। न जाने कितना धुआँ ऊँची छत में समा गया। लेकिन किसी को कुछ पता न चला। शहरयार का जादू पूरी तरह चल रहा था। जावेद भाई खाली-खाली आँखों से सामनेवाली खिड़की की तरफ देख रहे थे और लग रहा था कि अगर वे लगातार इसी तरह खिड़की की तरफ देखते रहे तो खिड़की खुल जाएगी।

रज़ी की शादी का रिसेप्शन दरअसल प्रो. अनवारुल हसन की बधाई पार्टी में बदल गया

क्योंकि जिस दिन शाम को रिसेप्शन था उसी दिन सुबह अख़बारों और आल इंडिया रेडियो के न्यूज बुलेटिन ने यह खबर पक्की कर दी थी कि प्रो. अनवारुल हसन राज्यसभा के मेम्बर हो गए हैं। यूनीवर्सिटी प्रोफेसर के लिए राज्यसभा की मेम्बरशिप और विशेष रूप से इस यूनीवर्सिटी के प्रोफेसर के लिए बड़ी बात मानी गई और प्रो. हसन को बधाई देनेवालों का ताता लग गया जो रज़ी के 'रिसेप्शन' में भी चलता रहा। रज़ी का रिसेप्शन वाक़ई शानदार था। खाने-पीने के अलावा मेहमानों के बैठने के लिए पहाड़ ऐसे सोफे लानों में निकाले गए थे। बड़े-बड़े पैडेस्टल पंखों का भी इन्तिज़ाम था। तरह-तरह के शर्बतों और कोलाओं के अलावा पारस्परिक किस्म के शर्बतों और फालूदे की व्यवस्था थी। मेहमानों में सब ही थे। कोई ऐसा न बचा था जो न हो। यह डॉ. इल्मी के निकाहवाला मामला न था। प्रो. फ़ारूक़ के भाई ऐटामिक इनर्जी कमीशन में ऊँचे ओहदे पर हैं। सबसे बड़े भाई अबूधाबी में शेख़ मुहम्मद उस्मान के शिक्षा सलाहकार हैं और ख़बर या अफवाह थी कि उन्हें शेख ने आवाजाही के लिए हेलीकॉप्टर दे रखा है और वे अबूधाबी में एक अन्तर्राष्ट्रीय विश्वविद्यालय खोलने की योजना बना रहे हैं। ज़ाहिर है कि कोई इस मौक़े से क्यों चूकता। प्रो. फ़ारूक़ खुद इकोनॉमिक्स डिपार्टमेंट के हेड; आर्ट्स फैकल्टी के डीन, एकेडिमिक और इक्ज़िक्यूटिव काउंसिल के सदस्य हैं। अमेरिका की न जाने कितनी यूनिवर्सिटियों में विजिटिंग प्रोफेसर रह चुके हैं।

मैं रिसेप्शन में बहुत खुश और कुछ डरा-डरा-सा था क्योंकि वहाँ मेरे जैसे लोग न थे। मतलब स्टूडेंट्स लगभग बिल्कुल न थे। मैं रज़ी का अहसानमन्द था कि उसने मुझे वहाँ बुलाया। मैं वहाँ कुछ ले भी न जा सका था क्योंकि मुझे यह मालूम नहीं था कि इस मौक़े पर नवविवाहिता जोड़े को उपहार दिए जाते हैं। पर मालूम होता भी तो शायद ज्यादा कुछ न कर सकता था क्योंकि पैसे का सवाल था। बहरहाल माहौल बड़ा शानदार था। रज़ी की पत्नी बहुत खूबसूरत लग रही थी। शादीवाला जोड़ पहन रखा था। रज़ी सूट और टाई में था। उसके काले सूखे बाल उतने सूखे न लग रहे थे जितने प्रायः लगा करते थे। दुल्हन नाक-नक़्शे ही नहीं, क़दो-क़ामद में भी बहुत आकर्षक थी।

रिसेप्शन में पार्टी के सभी लोग थे। न थे तो केवल कामरेड लालसिंह। मैंने यह भी सोचा कि कामरेड होते तो शायद उस माहौल में मुझसे भी ज़्यादा अटपटे लगते क्योंकि उनका हुलिया, बातचीत करने का ढंग, चलने-फिरने का तरीक़ा, लोगों को आवाज़ देकर बुलाने की आदत, नाक में उँगली डालकर नाक साफ करना या माचिस की तीली से कान का मैल निकालना वहाँ बहुत ज़्यादा अजीब लगता। मैंने यह भी सोचा कि कामरेड की यह दुनिया नहीं है। यह शायद बनावटी संसार है पर बनावटी कैसे हो सकता है क्योंकि सब कुछ आँखों के सामने है ? तो फिर बनावटी क्या है ?

प्रोफेसर हसन रसिल्क की शेरवानी पहने थे। उनका गोरा रंग, बेहद क़ीमती फ्रेम का चश्मा, बड़ी मेहनत से जड़ तक खुर्ची गई दाढ़ी का नीला रंग त्वचा के अन्दर जमकर बैठ गया था, उनके बातचीत करने का ब्रिटिश अंग्रेज़ीवाला अन्दाज़ सब कुछ मिला-जुलाकर व्यक्तित्व अद्वितीय था। दूसरे लोग उनसे कमतर नज़र आ रहे हैं। पर थे तो

वे भी उसी परम्परा और उसी वर्ग के लोग—यानी हाई एकेडेमिक; जो बड़े से बड़े पदों के लिए उपयोगी है, तैयार हैं, किसी भी समय जा सकते हैं।

बहुत सलीक़े से काटी गई हरी मुलायम घास में पैर धँस रहे हैं। हल्की शहनाई की आवाज़, छोटे-छोटे ग्रुपों में बातचीत, ख़ुशबुएँ, रेशमी साड़ियों के सरसराते पल्लू, ट्रापिकल सूटों से आती विदेशी महक, कुछ फासले पर शीश कबाब सेंके जाने की निर्बान्ध सुगन्ध और बीच में कुछ ज़्यादा ऊपर उठ जानेवाले क़हक़हे की आवाज़ या अंग्रेज़ी में बोला गया एकआद वाक्य; अँधेरा घिर आने पर लान में नीचे लगे तेज़ लैम्पों की दूधिया रौशनी, कुल मिलाकर यही लग रहा था कि कितनी सुरक्षित, कितनी आनन्दमय, कितनी पुरानी और स्थायी, कितनी शानदार और ग्रैंड है इन लोगों की दुनिया...यहाँ वर्षों पहले भी यही सबकुछ रहा होगा। सत्ता के परिवर्तन ने भी यहाँ कोई फ़र्क़ न डाला होगा और न भविष्य में ऐसा होगा। तो फिर किस परिवर्तन या क्रान्ति की कामना की जाए ? क्या यह सच है कि हर क्रान्ति सबसे पहले अपने आपको ही खा डालती है ? लगा कि नहीं, यह तो बड़ा प्रतिक्रियावादी ख़याल है।

मैं इधर-उधर टहलता रहा। शायद अपने लोगों में से उन्हें देख रहा था जो किसी महत्त्वपूर्ण लोगों के किसी सर्किल में न खड़े हों और जिनके साथ मैं खड़ा हो सकूँ। कुछ देर बाद जावेद भाई मिल गए। अकेले। सींक कबाब खाते।

"क्यों मियाँ, सींक कबाब खाए।" उन्होंने पूछा।

"ये क्या खाने के लिए हैं।" मैंने घबराकर पूछा और उसके जवाब में जावेद भाई ने एक ज़ोरदार ठहाका मारा और आसपास खड़ी एक सम्भ्रान्त टोली के एक-दो सूटधारी प्रोफेसरों ने उनकी तरफ इस तरह देखा जैसे कह रहे हों कि तुम्हें इस तरह ठहाका मारने का अधिकार क्या संविधान ने दिया है ?

## 50

"तो तुम भी रिसेप्शन में गए थे ?" कामरेड लालसिंह मेरे सामने बैठा था और अपनी छोटी तेज़ आँखों से इस तरह देख रहा था जैसे उसकी आँखें मेरे अन्दर उतर जाएँगी।

"सब ही गए थे।" मैंने कहा।

"सब ही जो काम करेंगे वही तुम भी करोगे ?"

"यार, तुम क्या बच्चोंवाली बातें कर रहे हो ?" मैं चिढ़ गया था।

"क्यों, ये बच्चोंवाली बात है।"

"तुम के.पी. से नहीं पूछते ? इरफ़ान साब से नहीं पूछते। डॉ. अतिया खान से नहीं पूछते। मैं ही एक बचा हूँ तुम्हारे इस सवाल का जवाब देने के लिए ? तो ये बच्चोंवाली बात है या नहीं ?"

"तुम्हें लगता है कुछ पता नहीं..." वह कुर्सी पर पालथी मारकर बैठ गया और

मैं कुछ सीधा हो गया।

"देखो मैं सबके पास गया। मैंने यह भी कोशिश की कि पार्टी ब्रांच इस पर बहस करे या किसी और नेता से सलाह ली जाए पर...पर ऐसा नहीं हो सका।"

"क्यों ?"

"तुम अच्छी तरह जानते हो।"

"बताओ न ? अगर बताना चाहो...कहीं 'पार्टी सीक्रेट' वग़ैरा का चक्कर न हो।"

"है तो...लेकिन सिद्धान्त रूप में...मतलब मैं तुम्हें पार्टी का हमदर्द और विश्वास का आदमी मानकर बता रहा हूँ।"

"ठीक है। मैं किसी और को नहीं बताऊँगा।"

"मैं सबके पास गया। के.पी. से मैंने कहा कि यह आपका अवसरवाद है।"

"तुमने ये कहा ?" मुझे हैरत हुई।

"हाँ, ये कहा...क्यों ? क्या ग़लत कहा ?"

"मतलब इस तरह..."

"हाँ-हाँ...मुझे यहाँ नौकरी तो नहीं करनी...मुझे उनसे क्या चाहिए ?

"हाँ, ज़ाहिर है।"

"मैंने कहा ये आपका अवसरवाद है। आप लोगों के सामने पार्टी से बड़ी चीज़ अपना-अपना कैरियर, अपना-अपना भविष्य है। आप सब एक-दूसरे पर इतना निर्भर हैं कि अलग होकर गाड़ी चला ही नहीं सकते। मतलब कांग्रेसी हो या सी.पी.एम. का प्रोफेसर हो...वह अपने हितों के लिए एक हो जाएगा...बाहर तमाम भाषणबाज़ी करेगा..."

"तुम्हारी ये बात तो ठीक नहीं है।"

"कैसे ठीक नहीं है।" वह गरजा।

"सवाल ये है कि तुम यहाँ की पार्टी ब्रांच से क्या अपेक्षाएँ करते हो ?"

"मैं वही अपेक्षा वही न्यूनतम अपेक्षाएँ जो किसी भी ब्रांच से की जा सकती हैं।"

"यह एक विशेष ब्रांच है। इससे..."

वह मेरी बात काटकर काफी तल्खी से बोला, "यह स्पेशल ब्रांच है क्योंकि यहाँ जो मेम्बर हैं वे हज़ारों रुपए महीना पाते हैं और बड़ी कोठियों में रहते हैं। अनाप-शनाप में सैकड़ों रुपया बर्बाद करते हैं। फूलों के बीज विदेशों से मँगवाते हैं। और..."

"सुनो...सुनो...मुझे लगता है कामरेड, तुम 'बिटर' ज़्यादा हो गए हो...इससे काम नहीं चलेगा।"

"देखो साजिद भाई तुम इसे जो चाहो कहो...पर यह सच्चाई है। चाहे यह बात प्यार से कही जाए या कड़ुवाहट से–"पर है सत्य।"

"यह बुद्धिजीवियों..."

मेरी बात पर वह तल्ख़ हँसी हँसने लगा और फिर बोला, "हम वर्गों को समाप्त करना चाहते हैं कि नए वर्ग पैदा करना चाहते हैं।"

"अभी क्रान्ति आने में समय है।"

"क्रान्ति कभी न आएगी अगर यह समझा गया कि अभी समय है...अभी समय है जो चाहे करो...जब आएगी तो देखा जाएगा...यह क्या है ?"

"मैं तुम्हें सन्तुष्ट नहीं कर सकता। तुम्हें इरफ़ान साब से बात करनी चाहिए।"

"उनसे भी बात करके देख चुका हूँ...तुम जानते हो पिछले महीने मीटिंग थी, उसमें मैं उस पर बहस करना चाहता था लेकिन बहुमत ने इसकी अनुमति नहीं दी।"

"अच्छा ? यह मुझे नहीं मालूम था।"

"हाँ डॉ. अतिया ख़ान ने पहले तो इस पर मत लिया कि इस 'इशू' पर बात भी हो या न हो।"

"उसके बाद ?"

"उसके बाद यानी मीटिंग के बाद डॉ. अतिया खान के घर पर इरफ़ान साहब, के.पी., डॉ. तक़ी से बात होती रही। पर भाई न तो मैं उन्हें समझा सका और न वे मुझे समझा सके। माना इरफ़ान साहब बड़े 'थ्योरिटीशियन' हैं लेकिन अवसरवाद को मार्क्सवाद नहीं बना सकते...और यह मैंने उनसे कहा भी..."

मैं हैरत से उसकी बात काटकर बोला, "तुमने यह कहा भी ?"

"फिर वही बात।" वह हँसने लगा। और बोला, "तुम ये क्यों समझते हो कि मैं इस यूनीवर्सिटी में अपना जीवन बिताना चाहता हूँ और उसके लिए यहाँ के बड़े-बड़े प्रोफेसरों का समर्थन ज़रूरी है। मुझे यहाँ न तो नौकरी करनी है न यहाँ रहना है... समझे ?"

"हाँ..."

"जैसे ही डॉक्टर कहते हैं कि मैं क्षेत्र में काम कर सकता हूँ...मैं निकल जाऊँगा।" वह हँसने लगा।

"चाय पिओगे ?" कामरेड ने पूछा।

वह स्टोव जलाने लगा।

"देखो, मैं यह चाहता न था।"

"क्या ?"

"सब लोग पता नहीं क्यों मुझसे नाराज़ हो गए हैं। जैसे पता नहीं कितना बड़ा अपराध कर दिया हो मैंने...बातचीत में कहासुनी तो हो ही जाती है...फिर यह भी नहीं है कि मैं जो कुछ कह रहा था वह कोरी बकवास है। और मैं चाह क्या रहा था यही कि इस पर बहस की जाए...फैसला तो मेरे हाथ में नहीं था या है...पर कामरेड लोग इसके लिए तैयार न हुए।"

"क्योंकि उसका कोई अन्त न होता।"

"लेकिन ऐसे मुद्दे तो बहस में आने चाहिए, क्यों ?"

"हाँ-हाँ, क्यों नहीं।"

"सुना है, प्रो. माबूद की भी यह दूसरी शादी है।"

"अच्छा। तुम्हें किसने बताया।"

"यह नहीं बताऊँगा भाई...और प्रो. अहमद ने भी पहली पत्नी को तलाक़..."

"यार कामरेड, ये तुम कहाँ से खोद-खोदकर क्या-क्या निकाल रहे हो ?" मैंने कहा।

"पर मुख्य बात यह नहीं है।" वह बोला।

"फिर क्या है ?"

"मुख्य बात है कि निजी फायदे और नुक़सान की रस्सी या कहो जंज़ीर से सब इतना अधिक बँधे हुए हैं कि उससे चाहें भी तो निकल नहीं सकते।"

"कुछ विस्तार से बताओ ?"

"नहीं विस्तार से नहीं...क्योंकि इसमें कुछ अपने कामरेड भी सम्मिलित हैं...मैं यह तो नहीं ही चाहता कि मेरे ऊपर अनुशासन भंग करने का आरोप लगे और कार्यवाही की जाए।"

वह चाय सुड़कते हुए बोला, "कामरेडों के ऊपर बड़े से बड़ा आरोप बैठक में लगाया जा सकता है...जैसा मैंने पिछली मीटिंग में किया भी था।"

चाय के साथ हमारी बातचीत ख़त्म नहीं हुई। कामरेड ने कहा कि खाना भी खा लो। कामरेड ने पतले-पतले पराँठे डाले। मैंने आलू छीले और काटे। आलू की तरकारी और पराँठे का खाना हुआ। उसके बाद कामरेड ने मुझे अपने बिस्तर पर लिटा दिया और स्वयं नीचे फर्श पर दरी बिछाकर लेट गया। इस बात के लिए कामरेड से शुरू-शुरू में काफी झगड़ा भी होता था। मैं कहता था कि वह बिस्तर पर लेटे पर वह कहता था कि नहीं मुझे बिस्तर पर लेटना है। उसका तर्क यह हुआ करता था कि यह उसका कमरा है अगर मेरा कमरा होता तो वह बिस्तर पर ही लेटता। बहरहाल लम्बे वाद-विवाद के बाद भी कामरेड को यह मंजूर न था और फिर यह नियम-सा बन गया था कि मैं उसके कमरे में चारपाई पर और वह फर्श पर दरी बिछाकर लेटता था। मैं लेटा ही था कि आँखें झपकने लगीं। कामरेड ने 'स्वाधीनता' पढ़ना शुरू कर दिया। जब मैं उठा यानी आँख खुली तो कामरेड 'स्वाधीनता' ही पढ़ रहा था। मैं एक घंटे सोया था।

फिर चाय बनी और वही रज़ी की शादीवाली बातचीत या कहें बहसनुमा चीज़ शुरू हो गई थी। मैंने अन्दाज़ा लगाया कि वह अत्यधिक उत्तेजित है और इस उत्तेजना में उसने न मालूम किस-किसको क्या-क्या कह डाला है। हो सकता है उसे वह सब सामान्य लगता हो या शहर की ब्रांच में वह सामान्य माना जाता हो लेकिन मेरे ख़याल से वह शायद अद्भुत थी। वह मैंने उससे कहा भी था और वह हँसकर टाल गया था।

रात में जब मैं कमरे पर जा रहा था तो कामरेड ने कहा कि क्या मैं कल किसी समय उसके साथ शहर चल सकता हूँ क्योंकि वह अपने लिए दो पैंटें सिलवाना चाहता है और यह चाहता है कि कपड़ा मैं पसन्द करूँ और यह भी बताऊँ कि कौन-सा टेलर 'ठीक-ठाक' सी सकता है। ज़ाहिर है मैं थोड़ा-बहुत मज़ाक़-वज़ाक़ करने के बाद शहर जाने के लिए तैयार हो गया था।

अगले दिन शहर में पैंटों का कपड़ा खरीदते समय कामरेड मेरे तर्क से सहमत था

कि सस्ता रोए बार-बार और महँगा रोए एक बार। मैंने कहा था कि यार कामरेड तुम सीधे-सीधे टेरीलीन की पैंटें बनवा लो। चार सूती और टेरीलीन की पैंट बराबर पड़ती है। पहनने में आसानी, क्रीज़ की आसानी, धोना-सुखाना सरल और हल्की की हल्की। कामरेड ने कुछ 'कूँ काँ' की थी लेकिन तैयार हो गया था। एक पैंट के लिए नीला टेरीलीन का कपड़ा और दूसरी के लिए कत्थई खरीदा। दो कमीज़ों का भी कपड़ा खरीदा जो पैंटों के साथ मैच करता हुआ हल्का टेरीलीन था। दर्ज़ी की दुकान पर भी कुछ बहस-मुबाहिसा होने की सम्भावना थी। मैं चाहता था कि कामरेड जो चौबीस-चौबीस इंच पाँयचेवाली पाजामानुमा पैंटें पहने घूमा करता है। वह बड़ी बुरी लगती है और उसने जब इतना महँगा कपड़ा लिया है तो नए फैशन के हिसाब से तंग मोहरी की टाइट पैंटें सिलवाना चाहिए। इस पर भी कामरेड ने पहले तो 'ना नूँ' की लेकिन फिर तैयार हो गया। लेकिन मोहरी अट्ठारह इंच नहीं, बल्कि बीस इंच रखवाई। कमीज़ें भी सामने दो जेबोंवाली प्लेटदार सिलवाने का आर्डर दिया। मैं बहुत खुश था कि अब कामरेड कुछ इंसाननुमा लगेगा क्योंकि वह जो कपड़े पहना करता था वह दूसरे के होते थे और यह साफ पता चल जाता था कि वह किसकी कमीज़ पहने है और किसकी पैंट। अगर कमीज़ तंग नज़र आती तो यह तय होता कि डॉ. तक़ी की होगी। ढीली नज़र आती तो वह प्रो. आबाद की होती, इसी तरह पैंटों का हिसाब भी था। कामरेड को सभी दूसरे कामरेड प्रोफेसरों के साइज़ पता थे और यह भी मालूम था कि किसकी पैंट उसे आ जाती है और किसकी कमीज़।

कपड़े सिल जाने के बाद 'ट्रॉयल' हुआ तो कामरेड की शक्ल निखरी हुई नज़र आई। कामरेड भी खुश था। कपड़े सिल जाने के एक ही हफ्ते बाद वह त्रिपुरा पार्टी कांफ्रेंस में चला गया।

मैं अपनी छपी हुई कहानियों की एक सूची बनाई तो कुल छह निकलीं। क्या संग्रह छप सकता है ? के.पी. से पूछा था तो हँसकर बोले थे, "अभी से संग्रह ? अरे अभी लिखो।" सल्लो की पढ़ाईवाली कहानी के छपने के बाद मुझे एक-दो पत्र भी मिले थे। पाठकों के पत्र...इतना अच्छा लगा था कि उसका बयान मुश्किल है यानी अब मैं लेखक हूँ और मेरे पाठक हैं। अहमद के दोस्तवाली कहानी की भी अच्छी चर्चा रही। हाँ, मुझे जो अपनी कहानी सबसे ज़्यादा अच्छी लगी वह है जो फ़ैज़ी पर लिखी है। जो मुझे इसलिए टाल गई कि हिन्दी में एम.ए. करनेवालों का क्या कैरियर हो सकता है।

'हमराही' भी चल निकली है, हालाँकि 'संगम' की तरह उसे कोई ऊँचा बढ़ा अदबी दर्जा तो नहीं मिल पाया है लेकिन अनौपचारिक मीटिंगें होती हैं जिनमें बकसरत रचनाएँ सुनाई जाती हैं और बकसरत चाय पी जाती है। नक़ी ज़ाफरी अपने मज़मून पढ़ते हैं, रियाज़ कश्मीरी कृश्नचन्दर के स्टाइलवाली कहानियाँ सुनाता है जिसमें महबूबा की बाँहें सेब के दरख़्त की लचीली शाख़ों जैसी खूबसूरत होती हैं। मुल्ला वासे पचास-साठ पुरानी

या उससे भी ज़्यादा पुरानी किस्म की और साथ ही साथ घटिया गज़लें गुनगुनाकर सुनाते हैं। समझ में नहीं आता कि मुल्ला वासे ग़ज़ल के क्षेत्र में पहुँचते ही इतने बन्ददिमाग़ कैसे हो जाते हैं क्योंकि बातचीत में तो काफी मज़ेदार आदमी हैं। ज़ैदी कुछ प्रयोगधर्मी किस्म की यानी काफ़्का और कामू के प्रभाव में लिखी कहानियाँ सुनाता है जिसे चेतन बहुत ध्यान से सुनती है और आँखों ही आँखों की यह बातचीत कभी भी रंग ला सकती है। रियाज़ ने एकआद ऐसी ख़बर उड़ा भी दी थी जिससे यह पता चलता था कि ज़ैदी और चेतन के बीच कुछ है। जैदी ने इसकी कड़ी तरदीद की थी जिस पर रियाज़ ने कहा था—चोर की दाढ़ी में तिनका।

'हमराही' अपने नाम को सार्थक कर रहा है। 'हमराही' तो सब ही हैं पर रास्ते सबके अलग-अलग। एक उत्तर जा रहा है तो एक दक्षिण। पिछले साल शेख अब्दुल्ला आए थे तो रियाज़ कश्मीरी लगभग पागल हो गया था और जुमे की नमाज़ के बाद मस्जिद में शेख अब्दुल्ला की तक़रीर के बाद पागलों की तरह दूसरे कश्मीरी लड़कों के साथ 'रायशुमारी' 'रायशुमारी' के नारे लगाने लगा था।

प्रमोद को 'हमराही' में ज़्यादा मज़ा न आया था। उसने आना छोड़ दिया था इसलिए अकविता जैसी कविता का मज़ा हमराहियों को नहीं मिल रहा था। चेतन अपनी कविताएँ सुनाती थी। जिन पर ज़ैदी सबसे ज़्यादा राय देते थे। 'हमराही' की एक विशेषता यह थी कि वह बोलने का अधिकार सबको देता बराबर था क्योंकि मीटिंगें 'टाइम बाउंड' नहीं होती थीं और चाय का काफी इन्तिज़ाम रहता था इसलिए जो जितना चाहे बोले, किसी को न खलता था। सुनने पर तो किसी को मजबूर कर नहीं सकते। आप चुपचाप अपनी चाय पिएँ और बैठे रहें।

मीटिंगें आमतौर पर ज़ैदी के कमरे में होती थीं। क्योंकि कमरा बड़ा था, उसमें पाँच लोग रहते थे। बाक़ी चार को भी ज़ैदी ने न जाने कैसी-कैसी पट्टियाँ पढ़ाकर यह यक़ीन दिला दिया था कि अदब में उनकी दिलचस्पी है। इसलिए वे चार इन मीटिंगों पर ऐतराज़ न करते थे। हाँ मीटिंगें लम्बी खिंच जाने पर जम्हाइयाँ लिया करते थे या चाय बनाया करते थे। जैदी हर मीटिंग के बाद उन चारों का बआवाज़ बुलन्द शुक्रिया अदा करता था और 'हमराही' के सम्बन्ध में अपनी सबसे बड़ी जिम्मेदारी, यानी चेतन को लड़कियों के हॉस्टल पहुँचाना, पूरी करने के लिए उतावला हो जाता था। मीटिंगें शाम को शुरू होती थीं; रात में ख़त्म होती थीं, कभी-कभी चाँदनी रातें होती थीं। ठंडी हवा और सुनसान सड़कें और उस पर क़यामत यह कि रिक्शा न मिलता था।

## 51

मैंने पूरे दिन और पूरी रात शकील को गालियाँ दी थीं क्योंकि उस साले ने ऐन मौक़े पर अहमद की शादी में मेरे साथ जाने का इरादा बदल दिया था। प्रोग्राम यह था कि

वह बस्ती से यहाँ आ जाएगा या मुझे कानपुर में मिल जाएगा और हम साथ-साथ कलकत्ता जाएँगे। लेकिन उसका लम्बा ख़त आया कि वह नहीं आ सकता जिसकी वजह यह है कि बस्ती में एक खतरनाक टाइप का बुख़ार फैला हुआ है, जिसका नाम आम लोगों ने सरतोड़वा रखा है लेकिन डॉक्टरों की किताबों में वह एक जटिल लैटिन शब्द है, इस वजह से प्रशासन ने आदेश दिया है कि दवा की दुकानें चौबीस घंटे खुली रहेंगी और यदि कोई बन्द करेगा तो धारा इतनी-इतनी के अन्तर्गत वह स्वयं बन्द कर दिया जाएगा। इसलिए शकील अपने भाइयों के साथ रतजगा कर रहा है।

कलकत्ता का टिकट कटवाने के बाद सफर ख़र्च के लिए मेरी जेब में बीस रुपए बचे थे जो बहुत ठीक था क्योंकि तय यही था कि कलकत्ता स्टेशन पर अहमद मिल जाएगा और उसके बाद सारा ख़र्चा-पानी उसके ज़िम्मे होगा। ज़ाहिर है नौकरी कर रहा है और कमा रहा है। रास्ते में मैं मुख़्तलिफ़ स्टेशनों पर पूड़ी-कचौड़ी-समोसे वग़ैरा खाता-पीता और शकील को अपनी बोरियत के लिए ग़ालियाँ देता कलकत्ता पहुँचा और दो बातों से चौंका और फिर तीसरी ने तो हिलाकर रख दिया। पहली बात यह थी कि कलकत्ता नाम का रेलवे स्टेशन न था। दूसरी बात यह थी कि कलकत्ता प्लेटफार्म पर कारें आ रही थीं और तीसरी बात यह थी कि मेरे तार दिए जाने के बाद भी स्टेशन पर अहमद का कोई पता न था। पहले तो मैं समझा कि उसे शायद देर हो गई है लेकिन जब आधा घंटा और फिर एक घंटा हो गया तो अपनी जेब से निकालकर पैसे गिने। पाँच रुपए से कुछ ऊपर पैसे बचे थे और नया शहर जहाँ मैं किसी को न जानता था; न वापस लौट सकता था, न शहर में ठहर सकता था, न खा सकता था और पीने का तो कोई सवाल ही न पैदा होता था। मैं सूटकेस लेकर पहले नम्बर के प्लेटफार्म पर आया और अहमद के आफिस फोन किया। वहाँ से पता चला कि वह आज छुट्टी पर है, यह पूछने पर कि उसके घर का पता क्या है, बताया गया कि मालूम नहीं।

अब क्या किया जाए ? सबसे पहले सूटकेस को 'क्लोक रूम' में रखवाया और बाहर आ गया। महामानव समुद्र के बीच क्या करूँ ? तब याद आया 'स्वाधीनता' का दफ़्तर भी कलकत्ता में है और उसका पता भी मुझे रटा हुआ है, क्यों न वहाँ चला जाए। हो सकता है कोई रास्ता निकल सके। ट्राम पर इकन्नी का टिकट लिया और चल दिया। किसी ने कभी मुझे सलाह दी थी कि नए शहर में दुकानों आदि के बोर्ड देखते हुए चलना चाहिए। मैंने बिना यह सोचे कि सलाह क्यों दी गई है और अच्छी है या बुरी, दुकानों के बोर्ड देखने लगा और अचानक एक जगह यह देखकर चौंक गया कि मैं दरअसल उसी इलाके में हूँ जहाँ अहमद का आफिस है। सोचा क्यों न आफिस जाकर फिर 'ट्राई' किया जाए। हो सकता है किसी को उसके घर का पता मालूम हो। ट्राम से उतर पड़ा और पूछता-पाछता उसके आफिस जा पहुँचा। उसके 'रिसेप्शन' में धड़ाके से अंग्रेजी बोलनेवाली लड़की टेलीफोन पर बात कर रही थी, उसने मुझे सामने पड़े सोफे पर बैठने के लिए इशारा किया और धड़ाके से अंग्रेजी बोलती रही। मैं सोफे पर बैठा ही था कि संसार का आठवाँ अजूबा हो गया यानी अहमद वहाँ आ गया।

"अरे तुम, यहाँ।" वह मेरी तरफ झपटा।

"मेरा तार तुम्हें मिला ?"

"तार ? कोई तार नहीं मिला।"

"एक हफ्ते पहले दिया था।"

"नहीं...नहीं मिला।"

"तुम कब आए।"

"अभी-अभी सीधा स्टेशन से आ रहा हूँ।"

"सामान कहाँ है ?" वह इधर-उधर देखकर बोला।

"स्टेशन पर...जब तुम वहाँ नहीं मिले तो मैं..."

"आओ...आओ..."

वह मुझे अपने कैबिन ले गया। वहाँ दूसरी मेज़ पर एक ख़ब्तुलहवास-सा आदमी बैठा कागज़ों के जंगल में कुछ खोज रहा था, मैंने उसकी तरह देखा तो अहमद ने बड़े आराम से कहा—"आराम से बातें करो, ये बेटी चोद हिन्दी, उर्दू, बंगाली नहीं जानता।"

"तार नहीं मिला, ये कमाल हो गया।"

"अरे यार तुम आ गए...यही क्या कम है।"

"अब सामान का क्या होगा ?"

"अभी तो नहीं निकल सकता। लंच टाइम में चलेंगे। तुम्हारा सामान घर पहुँचा देंगे।"

"और यहाँ कैसी कट रही है ?"

"बना है ऐश तजम्मुल हुसेन खाँ के लिए...यानी मौजमस्ती है प्यारे...इन्दरानी के साथ..."

"इन्दरानी...लेकिन तुमने तो कोई और नाम लिखा था।"

"वह पुरानी बात है यार...मेरी शादी इन्दरानी दास गुप्ता से हो रही है। सर अमिताभ दास गुप्ता की 'ग्रैंड डाटर' है। उसके वालिद श्रीनिवास दास गुप्ता कनेडा की मैक्गिल यूनीवर्सिटी में डीन हैं। इन्दरानी अमेरिका की पढ़ी हुई है।"

"आफिस में काम कैसा है ?"

"कुछ नहीं यार...सब चलता है...तुम्हारे ज़िम्मे क्या काम है...?"

"इसकी टोपी उसके सिर...और उसकी टोपी उसके सिर फिट करना; यही हमारा काम है।" वह हँसा।

"तो खूब कर लेते हो।"

"यही करना पड़ता है। ये जो बराबर में गबड़चू बैठा है यह साला दिन भर कागज़ों में कोई कागज़ तलाश करता रहता है और इसके चेहरे पर यह पढ़ा जा सकता है कि यह बहुत काम कर रहा है लेकिन काम के नाम पर ये 'क' भी नहीं करता।"

"फिर नौकरी कैसे टिकी हुई है ?"

"इसके 'कान्टैक्ट्स' हैं...'कान्टैक्ट्स' " वह धीरे से बोला।

मैं अहमद से करीब एक साल के बाद मिल रहा था। मुझे लगा कि वह बहुत समझदार हो गया है यानी दुनियादार और उसकी सुन्दरता बहुत बढ़ गई है। अच्छे कपड़ों ने यानी सूट और टाई ने उसे निखार दिया है। वह सफेद सिल्क के कोट और हल्की ऊदी टाई में कोई शहज़ादा लग रहा था। बाल उसने कुछ बढ़ा लिए थे जिनकी एक लट माथे पर आ जाती थी जिसे वह बार-बार पीछे कर देता था। उसका दुबला-पतला जिस्म भी इधर-उधर से भर गया था और अब वह लड़का नहीं, एक जवान आदमी लग रहा था।

लंच टाइम से हम लोगों ने बाहर से एक टैक्सी पकड़ी। उसने टैक्सीवाले को कहीं और जाने को बताया।

''क्या स्टेशन नहीं चलोगे ?''

''क्यों नहीं....लेकिन पहले 'जाने ग़ज़ल' के दरे-दौलत पर जाना है।''

''क्या इन्दरानी के पास ?''

''हाँ यार, रोज़ लंच उसी के साथ करता हूँ न ? तो इन्तिज़ार कर रही होगी।''

''तो पहले उसके साथ लंच करोगे।''

''नहीं, उससे बता दूँगा कि तुम आ गए हो। और यार कुछ पैसे भी ले लूँगा...जेब तो साली खाली है...टैक्सी के किराए तक के पैसे नहीं हैं।''

''टैक्सी के किराए के पैसे नहीं हैं और तुमने टैक्सी ले ली।'' मैंने हैरत से पूछा।

''और क्या करता।''

''इन्दरानी अगर घर पर न मिली तो ?''

''कोई और तो मिलेगा यार।''

''वहाँ कोई न हुआ तो कहीं और तो कोई और होगा। तुम बहुत फ़िक्र न करो।'' वह हँसने लगा।

वैसे तो मैं पहले से ही अहमद को काफी स्मार्ट मानता हूँ लेकिन अब यह लगा कि उसके अन्दर अथाह आत्मविश्वास है। वह कुछ भी कर सकता है।

टैक्सी उसने एक फाटक के अन्दर मुड़वा ली। मुझे लगा एक पुरानी—कोई सौ साल पुरानी तो ज़रूर होगी वह इमारत। पूरा 'कालोनियल ब्रिटिश स्टाइल'। लेकिन अब कुछ खस्ता हालत में थी।

''तुम बैठो, मैं अभी आता हूँ।''

वह तेजी से सीढ़ियाँ चढ़ता ऊपर चला गया। उसका 'अभी' आधे घंटे तक चलता रहा। वह आया तो हाथ में एक सौ का नोट लहरा रहा था।

''अब हावड़ा स्टेशन चलना है।'' वह टैक्सीवाले से बोला।

''तो पैसे मिल गए।''

''हाँ यार।''

स्टेशन से सामान लिया और उसी टैक्सी पर हम लौटे। रास्ते में उसने लंच के लिए एक 'रेस्टोरेंट' के सामने टैक्सी रुकवाई। हमने खाना खाया, उसने प्याज़ नहीं खाई। यार आजकल प्याज़ नहीं खा सकता...जानते हो क्यों ?''

“क्यों ?”

“जाने ग़ज़ल को पसन्द नहीं कि मेरे मुँह से प्याज़ की बदबू आए।”

“ठीक बात है।”

खाना-वाना खाकर हम उसके फ्लैट गए। वहाँ सामान रखा। मैं वहीं उतर गया। वह चला गया। खाना बीस रुपए का था। टैक्सीं का मीटर भी सत्तरह बना रहा था। दो पैकेट सिगरेट भी खरीदे गए थे। यानी सौ का पत्ता आधा साफ हो गया था दो घंटे में। पर अहमद ने इन सबकी परवाह कब की थी ?

मैं घोड़े बेचकर सो गया और शाम को उस वक़्त उठा जब अहमद अहमद से वापस आ चुका था और नहा-धोकर चाय पी रहा था।

“क्या उठ गए।” उसने आवाज़ दी।

“हाँ।”

“आओ, यहाँ तुम्हारी मुलाक़ात एक साहब से करा दूँ।”

“कौन साहब ?”

“तुम इन्हें जानते हो।” उसका लहजा बिल्कुल मज़ाक़वाला था।

“अपने मिस्टर चिन्ना...”

“अरे वह लखनऊवाला चिन्ना।”

“हाँ।”

मैं उठकर दूसरे कमरे में गया तो चिन्ना खड़ा शरमा रहा था।

“तुम तुम यहाँ हो।”

“हाँ भइया के साथ...यहीं है।”

“कमाल की बात यह है कि चिन्ना ने इतना अच्छा खाना पकाना सीख लिया है कि बस कमाल है।”

“अरे वाह तो आज दिखाओ कोई कमाल ?” मैंने कहा।

“आज ये तुम्हारे लिए ‘पसंदे’ पका रहा है।”

“क्यों तुम ?”

“यार मैं आज...मतलब आज ‘जाने ग़ज़ल’ के साथ लंच नहीं कर पाया था तो यार ‘डिनर’ करना है।” वह कुछ इस तरह बोला जैसे ये ज़िम्मेदारी पूरी करनी हो।

जाने से पहले अहमद फिर नहाया...उसने कुछ ऐसे आफ्टर शेव और परफ्यूम लगाए कि पूरा फ्लैट महक गया। सूट भी गहरे रंग का निकाला। जूते भी उसके साथ मैच करते ‘चाइनीज़’ बताए। जब वह बन-सँवरकर तैयार हुआ तो चिन्ना दौड़कर आया और उसका सदक़ा निकाला।

“भइया, मसाअल्लाह से इतने अच्छे लगते हैं कि नज़र न लग जाए।” वह बोला।

हम दोनों हँसने लगे। वह झेंप गया।

“तुमने अपने लिए भी कोई लड़की-वड़की पसन्द की ?” मैंने चिन्ना से पूछा।

“हाँ पड़ोस के फ्लैटवाली आया पर ‘वर्क’ कर रहा है।”

'वर्क' लफ़्ज़ पर हम हँसे। यह यूनीवर्सिटी का ख़ास शब्द है। 'वर्क करना, 'वर्क मारना', 'वर्कर' वग़ैरा वग़ैरा।

चिन्ना के जाने के बाद अहमद ने मुझसे पूछा—''तुम बताओ यार ? तुम्हारा क्या चल रहा है ?''

''रेगिस्तान में ऊँट।''

''क्या मतलब; फ़ैज़ी कहाँ गई।''

''छोड़ गई।''

''क्यों ?''

''हिन्दी में एम.ए.।''

''मतलब ?''

''यार मेरा 'कैरियर' क्या होगा ? मुझे भी नहीं मालूम ? उस पर फ़ैज़ी को कितना यक़ीन हो सकता है।''

''ओहो ये, बात है।''

''हाँ।''

''तो तुम छोड़ो साली हिन्दी-विन्दी को...यहाँ आ जाओ...मेरी ही कम्पनी में...''

''यार मैं...नहीं अब कर ही लेता हूँ एम.ए.।''

''ख़ैर तुम्हारी मर्ज़ी।''

''दो-चार और हल्की-फुल्की बातों के बाद उसने चिन्ना को टैक्सी बुलाकर लाने के लिए आवाज़ दी और चला गया। फिर मैं और चिन्ना रह गए।

''अब बताओ चिन्ना डियर,'' मैंने अहमद के जाने के बाद चिन्ना से कहा।

''विस्की लेंगे आप ?'' चिन्ना ने पूछा और मैं उछल पड़ा।

''अरे यार चिन्ना डियर...कमाल कर दिया है...कहाँ है लाओ।''

''वह कुछ ही देर बाद बहुत क़ायदे से एक ट्रे में विस्की गिलास, बर्फ और दालमोट लेकर आ गया।''

''जिन्दाबाद।''

''लीजिए ? या बनाऊँ ?''

''नहीं बना लूँगा...पर एक गिलास और लाओ।'' वह शरमा गया।

''लाओ यार...मेरे आने की खुशी में।''

उसने किचन में ही कुर्सी डाल दी। हम दोनों विस्की पीने लगे। वह बड़े प्यार से पसंदे पकाने लगा। गप्प-शप्प होने लगी। उसने बताया कि इतवार को राजा साहब भी आ रहे हैं। लेकिन अहमद के दोनों बड़े भाई न आ सकेंगे। उन्होंने अहमद को हनीमून मनाने के लिए अमेरिका बुलाया है। टिकट और पैसे भेज दिए हैं। उन्हीं की तरफ से कलकत्ते के 'ग्रैंड होटल' में शादी के बाद 'ऐट होम' भी होगा।

''अब भइया की शादी के बाद सब ठीक हो जाएगा।''

''क्या ?''

“अभी तो दस तारीख़ को भइया की तनख्वाह ख़त्म हो जाती है।”

“दस को।”

“हाँ।”

“कैसे ?”

“कैसे क्या...बस गए, एक सूट खरीद लाए...

“उसके बाद खर्चा-पानी।”

“सब उधार चलता है। बनिए के यहाँ खाता है।”

“लेकिन ये क्यों करता है अहमद ?”

“अब क्या बताएँ...बड़े आदमी के बेटे हैं।”

“होनेवाली बेगम साहिबा कैसी लगीं तुम्हें ? देखा है।” वह हँसा।

“देखा क्यों नहीं है। रोज़ तो यहाँ पड़ी रहती हैं।” पड़ी शब्द पर मैं चौंक गया।

“क्या अच्छी नहीं हैं।”

“नहीं, बहुत अच्छी हैं।”

“फिर ?”

“खाना लगा दूँ, गरम-गरम रोटी खाते रहें, मैं डालता रहूँ।” वह बोला।

‘हाँ’ कहने के बाद मैं सोचता रहा कि चिन्ना जैसे लोगों को समझना कितना जटिल है ?

## 52

हम लोग लखनऊ से आनेवाली गाड़ी का इन्तिज़ार कर रहे थे। अहमद इन्दरानी दास गुप्ता के ख़ानदान का इतिहास बता रहा था जिसका सम्बन्ध रवीन्द्रनाथ टैगोर के और महाराजा नन्दकुमार के ख़ानदानों तक फैला हुआ था—ये समझो बंगाल के सबसे बड़े ख़ानदानों में है उसका ख़ानदान—आठ आई.ए.एस. हैं, ख़ानदान में, दो एम.पी. हैं। दस-बारह प्रोफेसर हैं।”

“इन्दरानी ने क्या किया है अमेरिका से ?”

“शिकागो से इन्थ्रोपॉलाजी में एम.ए. किया है।”

“ये इन्थ्रोपालॉजी क्या होता है यार ?” मैंने पूछा।

“कुछ ज़रूर होता होगा प्यारे, इन्दरानी से पूछना।” वह हँसकर बोला।

“अब यहाँ क्या कर रही हैं ?”

“यहाँ कुछ नहीं कर रही हैं। अपनी पी-एच.डी. के लिए ‘फील्ड वर्क’ आई है। शादी के बाद एक-दो महीने के लिए फिर शिकागो जाना पड़ेगा।”

“तो यार तुम्हारी बीवी पी-एच.डी. होगी...और तुम साले थर्ड डिवीज़न बी-एस.सी. हो।” मैंने कहा और तुरन्त महसूस किया कि अहमद काफी बुरा मान गया। उसका चेहरा

लाल हो गया।

"बस अब गाड़ी आने ही वाली है।" वह घड़ी देखकर बात बदलने के लिए बोला।"

गाड़ी धड़धड़ाती हुई आई और मेरी आशा के विपरीत राजा साहब थर्ड क्लास स्लीपर से उतरे। उनके साथ दो लोग और चार-पाँच टीन के बड़े मज़बूत लेकिन पुराने बक्से थे। मैंने उन्हें बढ़कर आदाब किया।

"अच्छा तो साजिद मियाँ तुम हमसे पहले आ गए...वाह भई वाह..." फिर वे अहमद से बोले—"मैं तुम्हारे ही साथ ठहरूँगा। उन लोगों ने तो मेरे ठहरने का इन्तिज़ाम नहीं किया है न ?"

"जी नहीं...आपने लिख दिया था कि आप..."

"देखो कलकत्ता मैं जब भी आया करता था नवाब ढाका के छोटे भाई प्रिंस बाक़र अली खाँ के महल में ठहरा करता था। अब प्रिंस के इन्तिक़ाल के बाद उनके बेटों ने महल बेच डाला है और उनके बीच मुकदमेबाज़ी चल रही है। तो वहाँ या उन लोगों के साथ तो ठहरने का सवाल नहीं है। अब अगर मैं कलकत्ता में कहीं और ठहर सकता हूँ तो वह 'ग्रैंड होटल' है। लेकिन तुम तो जानते हो...ख़ैर तो तुम्हारे साथ ठहरना हर तरह से मुनासिब है।"

"बहुत जगह है मेरे फ्लैट में।"

"अरे जगह न भी हो तो क्या होता है। अहमद मियाँ...मैं तो फर्श पर दरी बिछाकर पड़े रहनेवालों में हूँ।" राजा साहब के साथ आए दो अन्य लोगों में से एक बोला।"

वही तुम इनसे नहीं मिले हो...सैयद सलामत हुसैन रिटायर्ड डिप्टी कलक्टर, अब्बाजान के पी.एस. हैं।" अहमद ने उनसे मेरा परिचय कराया।

"वेरी ग्लैड टु मीट यू।" उन्होंने मुझसे हाथ मिलाया।

"अभी यहाँ अंग्रेज़ी न बोलिए...उसका मौक़ा जल्दी ही आएगा।" अहमद ने सलामत साहब से काफी बेतकल्लुफ़ी से कहा।

"सब सामान उतर आया ?" राजा साहब ने तीसरे आदमी से पूछा।

"जी बस सुराही वहीं रह गई है। टपकने लगी है। कहें तो ले लूँ।" उसने कहा।

"छोड़ो...टैक्सी बुलाओ।..."

अहमद के फ्लैट में सब जम गए। राजा साहब अहमद के बेडरूम में और सलामत साहब मेरे साथ दूसरे कमरे में और तीसरा आदमी जो चिन्ना का कोई रिश्तेदार और राजा साहब का नौकर था, सर्वेन्ट क्वार्टर में। शाम को नहा-धोकर सब जमे तो राजा साहब का दरबार शुरू हुआ। अहमद वहाँ नहीं था। वह आफिस से सीधा अपनी होनेवाली ससुराल चला गया था।

"हूँ...तो तुम क्या कर रहे हो साजिद," राजा साहब ने चाय पीते हुए पूछा।

"जी मैं हिन्दी में एम.ए..."

"भई तुम लोग फ़लसफ़ा नहीं पढ़ते...चलो ठीक है न पढ़ो...कम से कम हिस्ट्री तो

पढ़ लो...लेकिन हिस्ट्री समझ में ही न आएगी जब तक फ़लसफ़ा न पढ़ो...अब देखो...मैं...आर्कियालॉजी में भी मेरा दख़ल है...मेरा स्टेट अरगल में जहाँ हमारी गढ़ी है वहाँ मैंने कुछ खुदाई करवाई थी। ये बात बहुत पुरानी है...यानी अंग्रेजों के ज़माने की...उस वक़्त आर्कियालॉजिकल सर्वे आफ इंडिया के डायरेक्टर जनरल मेरे दोस्त मिस्टर लिटिल थे। उनको मैंने वो सिक्के दिखाए थे जो खुदाई में मिले थे। सिक्कों पर दोनों तरफ बकरों के सिर बने हुए हैं....अब भी वो सिक्के हैं मेरे पास...कभी लखनऊ आओ तो देख सकते हो....तो मिस्टर लिटिल ने ये तो बता दिया कि सिक्के कितने पुराने हैं...लेकिन बकरों के सिरों के बारे में कुछ न बता सके। क्योंकि उनकी बुनियादी ट्रेनिंग फलसले में नहीं हुई थी। देखो एशियंट ग्रीक और रोमन कल्चर में ही नहीं बल्कि उनके फलसफ़े में बकरे के सिर को एक फिलासफ़िकल सिम्बल मानते थे—ये मिस्टर लिटिल को पता न था...तो ख़ैर कहने का मतलब यह है कि अगर फ़लसफ़ा नहीं आता तो कभी जड़ तक नहीं पहुँच सकते...ऊपर ही ऊपर यानी सतह पर चक्कर लगाते रहोगे...भई मैंने तो एक सोसाइटी बनाई थी, अब भी वह है। मैं उसका प्रेसीडेंट हूँ। जस्टिस मिश्रा उसके सेक्रेटरी है। सोसाइटी का नाम है 'सोसाइटी फार प्रोमोशन ऑफ रिज़नेबुल एंड लॉजिकल ऐटीट्यूटस इन दी थिंकिंग ऑफ इंडियन पीपुल' इसका शार्ट फार्म है—'स्पारलैटिप।' इसकी पहली कांफ्रेंस हम लोगों ने उन्नीस सौ अड़तालीस में बंगलौर में की थी। उसे सर आग़ा खान ने प्रीसाइड किया था और 'की पेपर' मेरा था। उस पर डिस्कशन हुआ था।'' राजा साहब बोलते जा रहे थे मुझे लग रहा था दर्शन जैसे विषय पर बात होती रही तो पूरी शाम ख़राब हो जाएगी। इसलिए मैं मामले को बकरे के सिरों पर लाना चाहता था। इसलिए मौक़ा निकालकर मैंने पूछा—राजा साब ये बकरे के सिरोंवाली बात समझ में नहीं आई।''

''देखो मैंने इसके मुत्तािल्लक़ बीस साल रिसर्च की है। मेरी थीसिस तैयार है। वह जब छपेगी तो 'वर्ल्ड हिस्ट्री' में 'चेंजेज़' करने पड़ेंगे...समझे ?'' वे लगातार बोलते रहे—'' 'अब मैं तुम्हें डिटेल' में तो नहीं बता सकता...न उसके लिए वक़्त है और न मौक़ा है...इतना समझ लो कि ईसा से कोई चार हज़ार साल पहले अरगला यानी मेरी 'स्टेट' इतनी बड़ी 'इम्पायर' थी जो चीन से लेकर 'कैस्पियन सी' तक फैली हुई थी और उस 'इम्पायर' का 'कैपिटल' अरगल था। तुम शायद समझ रहे होगे कि पागल हो गया हूँ लेकिन मेरे पास ऐसे सुबूत हैं कि बड़े-सा बड़ा 'हिस्टोरियन' भी 'न' नहीं कर सकता...अगर मैं और खुदाई कराऊँ तो पता नहीं क्या-क्या मिले...लेकिन भाई ये तो 'हियूमन नॉलिज' में इज़ाफ़ा करनेवाला काम है, इसे मैं अपने पैसे से क्यों कराऊँ ? ये तो सरकार का काम है। अब यू.पी. की चीफ़ मिनिस्टर सुचिता क्रिप्लानी हैं, उनको मैंने ख़त लिखा है। लेकिन आज के पॉलीटीशियन्स के पास न तो वक़्त है न दिमाग़ है। इन्दिरा को अब भी मैं बच्ची समझता हूँ। नेहरू से मिलने जाया करता था तो इन्दिरा के लिए चॉकलेट ले जाता था। उस ज़माने में 'स्वीस चॉकलेट' मिला करते थे, ले जाया करता था और इन्दिरा को माथे पर प्यार करता था। अब उससे मैं ये सब क्या कहूँ...बच्ची है।''

सलामत साहब बातचीत में लुक़मे देते जा रहे थे। जैसे वाह, सुब्हान अल्लाह, क्या कहने, अच्छा ? वाक़इ ? बताइए साहब ? अरे नहीं राजा साहब, क्या कहना हुज़ूरेवाला, ग़ज़ब है, कमाल हो गया, यक़ीन नहीं आता साहब, क्यों न हो, क्यों न हो, वो क्या समझेंगे, अरे छोड़िए, मैं सबको जानता हूँ, आप आप हैं। इस तरह लुक़मों की तरफ राजा साहब का ध्यान था या नहीं ये नहीं कह सकता लेकिन सलामत साहब अपना काम कर रहे थे। उन्होंने सुबह ही मुझे अपना विजिटिंग कार्ड भी दिया था जिसमें उनके नाम के नीचे रिटायर्ड डिप्टी कलक्टर और फिर पी.एस. टु राजा सर सैयद इक़बाल अहमद ऑफ अरगला कुछ ज़्यादा ही बड़े अक्षरों में लिखा था।

बातें घूमते-फिरते राजा साहब के प्रिय विषय यानी 'एलर्ट माइंड' पर आ गईं। वे 'कामनसेन्स' पर बोलते रहे। उनका कहना था कि यही एक चीज़ है जो आदमी को आदमी बनाती है। उन्होंने ऐसा एक पर्चा भी छपवाया था जिस पर लिखा था—'ग्रेट डिफरेन्स इज़ क्रीएटेड बाई कॉमनसेन्स।' पर्चों की बहुत-सी प्रतियाँ वे अपने साथ लाए थे और उनका इरादा था कि बंगाली अखबारों को भेजी जाएँगी।

राजा साहब बुढ़ापे में भी अपने ताज, कामदानीवाले चोग़े, तलवार वग़ैरा के साथ शानदार लग रहे थे। सलामत साहब ने शेरवानी पहनी थी। मैं चाहता था कि बंगाली धोती बाधूँ लेकिन न तो धोती थी और न कोई बाँधनेवाला। इसलिए पैंट-कमीज़ में था। सूट तक नहीं था कि बराती नज़र आता।

बरात को यानी हम चार लोगों को लाने के लिए कहीं से एक काले रंग की चहाढ़-सी गाड़ी का इन्तिज़ाम किया गया था। अहमद ने मुझे बताया था कि गाड़ी 'रोल्स रायस' है। गाड़ी से हम उसी बंगले में पहुँचे थे जहाँ अहमद पहले दिन इन्दरानी से पैसे माँगने गया था। बरात की अगुवाई करने के लिए दो-तीन लोग खड़े थे। अहमद पहले ही बता चुका था कि इन्दरानी शादी को बहुत आत्मीय, निजी और नितान्त व्यक्तिगत मानती है, इसलिए भीड़-भाड़ नहीं होगी। दो लोग जो हमारी अगुवाई के लिए खड़े थे, इन्दरानी के बहुत करीबी रिश्तेदार थे। इन्दरानी के पिताजी कनाडा से नहीं आ सके थे। उनकी तरफ से पाँच सौ डालर का चेक आया था।

सीढ़ियाँ चढ़कर हम ऊपर पहुँचे और एक बड़े से हाल में फर्श पर बैठने का इन्तिज़ाम था। अहमद पहले ही बता चुका था कि शादी ब्रह्मसमाज तरीके से होगी। उसके बाद अदालत में कानूनी शादी होगी और फिर लखनऊ में निकाह होगा। यानी बहुत पक्का बन्धन होगा।

मेरे लिए यह शादी नई अजीब और मनोरंजक थी क्योंकि मन्त्र अंग्रेजी में पढ़े जा रहे थे। दूल्हा-दुल्हन पास-पास बैठे थे। अहमद को दुल्हनवालों ने अपनी तरह से सजाया था। वह सफेद धोती और कुर्ते में था, सिर पर भी कुछ लगा हुआ था। मन्त्र पढ़े जाने के बाद एक-दो और रस्में हुईं और शादी हो गई। वाह-वाह। सोचा ब्रह्मसमाज वास्तव

में सुधार आन्दोलन था।

शादी के बाद दूसरे कमरे में खाने का इन्तिज़ाम था। बातचीत पूरी अंग्रेजी में हो रही थी। इसलिए मैं खामोश ही बैठा था। राजा साहब नवाब ढाका के भाई प्रिंस बाक़र अली खाँ के बारे में कुछ बताने लगे। बातचीत में पता चला कि दो लोग, जो बरात के स्वागत के लिए नीचे खड़े थे, बड़े सरकारी पदों से रिटायर हो चुके हैं। एक सज्जन पश्चिमी बंगाल के चीफ सेक्रेटरी और दूसरे वेस्टर्न रेलवे के चीफ इंजीनियर थे। दोनों विदेश यानी इंग्लैंड के पढ़े हुए हैं और राजा साहब के साथ बहुत आत्मीयता महसूस कर रहे थे क्योंकि वे भी उसी ज़माने में विलायत में थे। वे लोग उस समय के लन्दन की बातें कर रहे थे। थियेटर की बातें, ओपेरा की बातें, सामाजिक जीवन की बातें—जो ज़ाहिर है मेरे लिए परिस्तान की कहानियों जैसी थीं। और उनमें मेरा कोई दख़ल न था, सलामत साहब अपनी ज़िम्मेदारी पूरी कर रहे थे यानी अंग्रेजी में लुक़मे दे रहे थे।

मैं अहमद की पत्नी को देख रहा था। बहुत सुन्दर लग रही थी। उसका नाक-नक़्शा बिल्कुल वैसा ही था जैसा बंगालियों का होता है...सीधा सितवाँ नाक, पतला चेहरा, बड़ी-बड़ी आँखें, खूब घने और काले बाल, दुबला-पतला शरीर और एक सम्भ्रान्तता थी उसके चेहरे पर।

इन्दरानी का पूरा परिवेश इतना प्रभावशाली था कि कभी-कभी मैं बिल्कुल ही चमत्कृत हो जाता था। मिसाल के लिए एक बार राजा साहब के वापस चले जाने के बाद मैं अहमद, इन्दरानी के साथ खाना खा रहा था। खाने की मेज़ पर इन्दरानी की पचहत्तर साल की बूढ़ी दादी भी थीं। अचानक दादी पोपले मुँह से अंग्रेजी बोलने लगीं और उन्होंने कहा कि वे जब आक्सफोर्ड में पढ़ती थीं तो ऐसा था, ऐसा था और ऐसा था। मैंने सोचा, यार यह बुढ़िया आक्सफोर्ड की पढ़ी हुई है कमाल है। अहमद ने बाद में बताया था कि इन्दरानी के दादा अपने ज़माने के इतने बड़े बैरिस्टर थे कि उनकी आमदनी उस ज़माने में पाँच हज़ार रुपए रोज़ कही जाती थी। वे केवल राजाओं-महाराजाओं के केस करते थे। बाद में अंग्रेज सरकार के बहुत ज़ोर देने पर बंगाल हाई कोर्ट के चीफ जस्टिस का पद स्वीकार कर लिया था।

इन्दरानी को इस बात का खूब अहसास था कि वे विशिष्ट हैं और मुझे इस बात का पक्का यक़ीन था कि मैं बहुत से भी बहुत साधारण हूँ। ऐसे में मैं उसके सामने अजीब अनुभव करता था। थोड़ी-बहुत जो अंग्रेजी आती थी वह भी इस डर में नहीं बोलता था कि शायद ग़लत न हो। पता नहीं इन्दरानी को मेरी ख़ामोशी कैसी लगती थी। लेकिन बज़ाहिर वह मुझे पसन्द करने की कोशिश करती थी। अहमद के साथ वह भी मुझे छोड़ने स्टेशन आई थी और फिर आने के लिए बार-बार कहा था।

## 53

यूनीवर्सिटी लौटा तो सबसे अच्छी ख़बर यह मिली कि के.पी. लेक्चरर हो गए हैं। मैं ख़बर मिलते ही उनके यहाँ पहुँचा। वे नहीं थे, नवीन ने बताया कि डिपार्टमेंट में एक बजे के करीब होंगे। नवीन से बातचीत होती रही। वह कुछ साल पहले बी.ए. करके चला गया था, अब हिस्ट्री में एम.ए. करने आया था।

एक बजे लंच टाइम में के.पी. से मिला तो वे बहुत खुश थे। हम जावेद भाई की कैन्टीन में आ गए।

''क्या खाओगे बोले।'' के.पी. बोले।

''आज भी सिर्फ़ खिलाओगे; पिलाओगे नहीं।'' जावेद भाई ने कहा।

''अब मैं तो नहीं चाहता कि आपकी कैन्टीन बन्द हो जाए।''

''ठीक है तो शाम को रहेगी महफिल...मियाँ तुम्हें वैसे पिलाऊँगा जैसे 'ग़ालिब' पिया करते थे। जानते हो 'ग़ालिब' कैसे पीते थे ?'' उन्होंने मुझसे पूछा और फिर विस्तार से 'ग़ालिब' की शराब पीने की पूरी प्रक्रिया बताने लगे। इस बीच दो अंडों का आमलेट और चार स्लाइस आ चुके थे इसलिए मेरे कान जावेद भाई की तरफ लेकिन ध्यान आमलेट की तरफ था। के.पी. भी खा रहे थे। जावेद भाई सिर्फ बोल रहे थे। 'ग़ालिब' से वो अपनी शराब-नोशी पर आ गए।

''ये साले घटिया टाइप के साले शायर शहर जाते हैं और एक अद्धे में मस्त होकर गालियाँ बकते चले आते हैं। मियाँ मैंने छः महीने नशा नहीं उतरने दिया...छः महीने...समझे...और मजाल थी कि गाली मुँह पर आ जाए ?''

''गाली तो आप बिना पिए देते हैं।''

''अच्छा ये बताओ यार कि ये पंडितजी ने तुम्हें रख कैसे लिया ? इनके यहाँ तो ब्राह्मण होना पहली 'क्वालीफिकेशन' होती है। तुम ठहरे ठाकुर आदमी...ये हुआ कैसे ?'' जावेद भाई ने पूछा।

''प्रो. अनवारूल हसन की वजह से...''

''हाँ ये बात समझ में आती है...यार ये काम तो प्रो. हसन ने अच्छा किया...हेड ऑफ द डिपार्टमेंट, डीन, मेम्बर ऑफ पार्लियामेंट की बात कौन टाल सकता है...वह भी पंडितजी जैसा दब्बू आदमी।''

''पंडितजी भी तो रिटायर होंगे।'' के.पी. बोले।

''हाँ और कहीं न कहीं जुगाड़ लगाएँगे।''

खाने के बाद हम आ गए। के.पी. को विभाग में एक कमरा मिल गया था। हम लोग कमरे में जा रहे थे कि सामने से डॉ. कल्याण 'कुसुम' आ गए।

''कहो भाई के.पी. कैसे हो ?''

''ठीक हूँ डाक साब।''

''भाई मानो न मानो...तुम मेरे स्टूडेंट तो हो ही हो...मेरे साथ पी-एच.डी. किया

है...तुम्हारी नियुक्ति पर मेरा सबसे अधिक प्रसन्न होना स्वाभाविक है जबकि मुझे सूचना मिली है कि कुछ लोगों ने तुम तक यह अफ़वाह पहुँचाई है कि मैं पंडितजी से तुम्हारा विरोध कर रहा था। मैं तुम्हारा विरोध क्यों करूँगा...यह तो अपना ही विरोध हुआ...यह गीत में मतलब नवगीत में तो हो सकता है पर जीवन में नहीं हो सकता...आओ, चाय पियोगे।''

''नहीं डाक साब...अभी पीकर आ रहे हैं।''

किसी तरह डॉ. कुसुम से पीछा छुड़ाकर जब हम कमरे में आकर बैठे तो के.पी. बोले, ''ये अपने डॉ. कुसुम झूठ बोलने की मशीन हैं।''

''क्या हुआ ?''

''इन्होंने मेरे एप्वाइंटमेंट से पहले पंडितजी से कहा था कि के.पी. अगर डिपार्टमेंट में आ गया तो समझिए किसी की टोपी उसके सिर पर न रह पाएगी।''

''अच्छा।''

''हाँ।''

''क्यों ?''

''देखो डॉ. कुसुम पूरे विभाग में अकेले आदमी हैं जो अच्छे-बुरे किसी भी ढंग से समकालीन सृजन से जुड़े हुए हैं। मेरे आने के बाद उनकी यह स्थिति न रह सकेगी।''

''हाँ, ये तो है। दूसरे लोग तो और दुःखी होंगे।''

''सब दुःखी हैं। पंडितजी भी खुश तो हैं नहीं...पर क्या करते...मजबूर हो गए। प्रो. हसन जैसे आदमी की बात टालना आसान न था। प्रो. हसन अपनी बेगम के साथ पंडितजी के पास गए थे...ज़िन्दगी में पहली बार...अब तुम समझ लो...तो मैं अगर 'ओबलाइज' हूँ तो प्रो. अनवारुल हसन का...प्रो. हसन की लोग चाहे जितनी बुराई करें लेकिन उन्होंने जितने लोगों को 'डिवलप' किया है...अच्छे लोगों को आगे जाने में मदद दी है उतना और किसी ने नहीं किया...यह बहुत बड़ी बात है...मेरी उनकी कोई रिश्तेदारी तो है नहीं...और वे यह भी जानते हैं कि मैं सी.पी.एम. का कट्टर सदस्य हूँ। और कांग्रेस को क्या समझता हूँ।''

थोड़ी देर में बातचीत घूमती-फिरती कामरेड लाल सिंह पर आ गई। मेरे पूछने पर कि कामरेड का क्या हाल है, के.पी. बोले—''यार, अपना कामरेड को एक नई बीमारी हो गई है।''

''क्या ?''

''मैं हँसने लगा—''मोटरसाइकिल।'' हाँ वह बहुत ज़्यादा इस चक्कर में है।''

''भाई मैंने कहा, कामरेड हम लोग तुम्हें एक मोटरसाइकिल नहीं दो खरीदवा देते हैं पर यह तो सोच लो कि हाथी पालने को तो पाल लोगे, खिलाओगे कहाँ से ? मोटरसाइकिल पानी से चलती नहीं...पेट्रोल के दाम देखो...फिर टूट-फूट...आज टायर बदलना है तो कल ट्यूब नए चाहिए...तो समझो वह सब भी हमहीं लोगों के सिर आएगा और कामरेड का टाइम बर्बाद होगा।''

"तो कामरेड समझता क्यों नहीं।" मैंने पूछा।

"अब क्या बताएँ...नेता भी तो है न।"

"त्रिपुरा कांग्रेस कैसी रही ?"

"रिपोर्टें तो ठीक ही आ रही हैं...कामरेड से कांग्रेस ख़त्म होने के दो हफ़्ते बाद ही मुलाक़ात हो पाई क्योंकि वह कांग्रेस के बाद सीधा यहाँ नहीं आया। कलकत्ता चला गया था। वहाँ से पटना में रुका। वहाँ से लखनऊ में...और तब यहाँ।"

"मतलब पूरा दौरा हो गया।"

"मतलब नहीं...बेमतलब।" उन्होंने हँसकर कहा।

"कपड़े देखे आपने कामरेड के।" मैंने कहा।

"बहुत अच्छा किया जो ढंग के कपड़े सिलवा लिए...पॉलीटिक्स करेंगे स्टूडेंट्स की और कपड़े पहनेंगे किसान सभावाले तो कैसे काम चलेगा।"

"पर कामरेड टाई लगाने पर तैयार नहीं होता।"

"बुर्जुआज़ी का प्रतीक है न।" के.पी. हँसे।

"उन गाँवों में किसान सभा का काम कैसा चल रहा है ?" मैंने पूछा—"जहाँ कामरेड मुझे एक बार ले गया था।...क्या नाम है ?"

"देखो, कम से कम मैं तो नहीं जानता...इसलिए कि न तो व्यक्तिगत स्तर पर और न औपचारिक रूप से वह मुझे यह बताता है...किसी और से क्या बताता है, मुझे नहीं मालूम।" उनकी आवाज़ में थोड़ा दुःख भी था। मुझे मालूम था कि कामरेड की सबसे ज़्यादा मदद करनेवालों में के.पी. हैं लेकिन पता नहीं क्यों; शायद रज़ीवाले प्रसंग के कारण कामरेड उनसे...उनसे ही क्या सबसे इतना नाराज़ हो गया है कि स्थिति यहाँ तक पहुँच गई है।"

"देखो मैंने तो यह सीखा है कि उसकी मदद करो जो अच्छा काम कर रहा है।" के.पी. बोले, "यह संसार चल ही नहीं सकता अगर लोग एक-दूसरे की मदद न करें...कुछ लोग इसे आदर्शवादी या नैतिकतावादी धारणा मानते हैं, पर ऐसा नहीं है। मैं एक साधारण गाँव के साधारण किसान परिवार का अति साधारण लड़का था जब मैंने स्कूल पास किया...मुझे अगर ऐसे लोग न मिले होते जो मदद करने में अटूट विश्वास रखते हैं तो मैं कुछ न कर सकता था। इसलिए मैं किसी दूसरी से यह अधिकार कैसे छीन सकता हूँ।"

"ये तो ठीक बात है।"

"जावेद कमाल है न ?"

"हाँ...हाँ अपने जावेद भाई।"

"इन्होंने मेरी बड़ी मदद की है।"

"क्या।"

"बताने से फ़ायदा नहीं...शायद वे पसन्द न करें।" मैं खामोश हो गया।

कुछ क्षण बाद के.पी. बोले, "जावेद भाई ने एक दिन बड़े पते की बात की थी। कहने

लगे, यार के.पी., हम सब दूसरों की मदद करने के बहाने अपनी मदद करते हैं...कहा, मदद करना तो इंसान की फ़ितरत है, उसकी मजबूरी है, उसके बग़ैर वह ज़िन्दा नहीं रह सकता...तो दूसरों के बहाने हम अपनी एक बहुत बड़ी ज़रूरत को पूरा करते हैं।''

## 54

''यार, ये क्या मुसीबत पाल रहे हो ?'' गर्मी बहुत थी। मैं पसीने-पसीने हुआ जा रहा था। रेडियो क्या था पहाड़ का टुकड़ा था। दूसरी तरफ से कामरेड उठाए हुए था।

''क्या मालूम था इतना भारी है नहीं तो रिक्शा कर लेते।'' मैंने फिर कहा।

वह हँसने लगा, ''चलो तुम छोड़ दो, मैं अकेला उठा लूँगा।''

''अब ये भी तो नहीं हो सकता।'' मैं कराहकर बोला।

डॉ. माबूद के कबाड़खाने में उनके पिताजी के जवानी के जमाने का एक पहाड़—ऐसा रेडियो कामरेड को नज़र आया और जब यह पता चला कि रेडियो चलता है, उसमें कोई खराबी नहीं है सिवाय इसके कि पुराना है तो कामरेड ने डॉ. माबूद से उसे माँग लिया। डॉ. माबूद के कबाड़खाने में कुछ जगह हो गई।

''जब 'बिनाका गीतमाला' सुनोगे तो मज़ा न आएगा।'' कामरेड ने मुझे छेड़ा।

''वो तो बाद की बात है कामरेड...अभी तो 'विविध भारती' हुए जा रहे हैं।''

कामरेड के कमरे में जब रेडियो रख दिया गया तो यह लगने लगा जैसे कमरे में कामरेड नहीं रहते रेडियो रहता है।

''अब इसके लिए एक मेज़ लानी है।'' कामरेड ने कहा।

''वह भी माबूद साब के कबाड़खाने से ले आओ।''

''तुम्हें चाय पिलाते हैं...तुम नाराज़ हो गए हो।''

मैं कामरेड के पलँग पर पड़ गया और कामरेड चाय बनाने के लिए स्टोव जलाने लगे। उकड़ बैठकर स्टोव जलाने से पहले कामरेड ने टेरीलीनवाला पैंट उतारकर एक पुराना पैंट पहन लिया। कलकत्ते से खरीदे जूते भी उतर गए।

''अब इसका 'एरियल' लाना पड़ेगा।''

''आजकल क्या मिलेगा।'' मैंने कहा।

''क्यों ?''

''यार ये साला इतना पुराना मॉडल है कि इसके पुर्जे वग़ैरा अब क्या मिलते होंगे।''

''नहीं सब हो जाएगा।'' वह विश्वास से बोला और मैला कपड़ा लेकर रेडियो साफ करने लगा।

''मरफ़ी का है।'' कामरेड ने कहा।

चाय पीने के बाद कामरेड ने खाना बनाया। मैंने उसमें भरसक मदद की और खाने के बाद हम लेट गए। गर्मी बढ़ गई थी और दोपहर में सोने का मज़ा आने लगा था। शाम को उठे

तो मुँह-हाथ धोने के बाद मैंने कामरेड से कहा—"यार कामरेड, चलो शहर चलते हैं।"

"क्या करोगे ?"

"पी जाए यार।"

"शराब पिओगे ?"

"हाँ क्यों...हराम है क्या ?"

"नहीं...हराम-हलाल क्या होता है।"

"तो चलो।"

अहमद और शकील के साथ आवारागर्दी के नतीजे में शहर के सभी अड्डों से मैं वाक़िफ़ था। हद यह है कि एक बार कम पैसे होने की वजह से हम लोग ताड़ीखाने तक गए थे जहाँ हॉस्टल का जमादार मिल गया था। दूसरी मर्तबा पैसे कम होने के कारण देशी शराब के ठेके में पी थी। ठेके से छककर पीने के बाद रहीम खाँ के होटल में गर्म-गर्म खाने का जो मज़ा है और यह सब कितने कम पैसे में हो जाता है, अद्भुत है।

"कामरेड तुम जनता के आदमी हो न ?"

"हाँ हैं।"

"तो चलो तुम्हें जनता के शराबख़ाने ले चलते हैं यानी सर्वहारा शराबख़ाना यानी अंग्रेजी में 'प्रोलितेरियत बॉर।'

"जहाँ चाहो ले चलो।"

रेलवे पुल के नीचे की तरफ, मुख्य जी.टी. रोड से कुछ हटकर; सीढ़ियाँ उतरने के बाद पतली गली के मोड़ पर एक घर जैसा लगनेवाला दरवाज़ा दरअसल 'मदिरालय' है और इसका पता इस कारण नहीं चल पाता कि 'मदिरालय' का बोर्ड इतना ऊपर लगा दिया गया है कि पतली गली में खड़े होकर दिखाई नहीं देता। दूसरी वजह यह है कि दरवाज़ा बिल्कुल सौ फीसदी वैसा ही है जैसा रिहायशी घरों के होते हैं। दोनों तरफ ताक और ऊपर मेहराब-सी जिस पर ॐ गणेशाय नमः लिखा हुआ है।

लेकिन मेरे लिए यह सब नया न था। मैं बहुत अभ्यस्त व्यक्ति की तरह चलता हुआ दरवाज़े के अन्दर घुस गया। कामरेड पीछे-पीछे। मदिरालय वास्तव में कभी किसी का घर रहा होगा क्योंकि दरवाज़े के बाद ड्योढ़ी और फिर आँगन, तीन तरफ बरामदे और एक तरफ दालान-सा था। दालान में दारू बिकती थी, बरामदों में बेंचें और मोढ़े पड़े थे जिन पर बैठकर पी जा सकती थी। एक दूसरे बरामदे में पकवान की दुकान थी। ताज़ा-ताज़ा गर्मागर्म पकौड़े, कलेजी और उबले हुए अंडे—यानी जिसके पास जितना पैसा हो—लौंडे को बुलाकर मँगा सकता है।

"डेढ़ पाव लेते हैं।" मैंने सलाखोंदार खिड़की के करीब पहुँचकर कामरेड से कहा। सलाखोदार खिड़की के पीछे एक आदमी बैठा था। सलाखों को बीच में काटकर एक ऐसा मोखा-सा बना दिया गया था जिसमें से शराब दी जा सके और पैसे लिये जा सकें। मोखे के पास एक तश्तरी में पिसा हुआ नमक भी रखा था। कुछ जल्दबाज़ तो पव्वा

वहीं खिड़की के सामने खड़े-खड़े गटक जाते थे और नमक की चुटकी मुँह में डालकर, आस्तीन से मुँह पोंछते बाहर निकल जाते थे।

"ठीक है...तुम जानते हो..."

डेढ़ पाव लेकर हम दूसरे बरामदे में आ गए। दो मोढ़ों के बीच एक स्टूल रखकर बैठ गए और लड़के को आवाज़ दी। वह दो गिलास खूब अच्छी तरह धोकर ले आया। दो कोकाकोला की बोतलें। चार उबले हुए अंडे; नमकीन और छोटी प्लेट में सलाद।

"चेयर्स कामरेड।"

"चेयर्स।"

"हम गटकने लगे।

"कोकाकोला के साथ तो मज़ा देती है।"

"पानी के साथ साली कड़वी लगती है।" मैंने कहा।

"क्या तुम पहले ज़्यादा पीते थे ?"

"हाँ यार कामरेड...अब वे साले अपने दोस्त ही न रहे।"

"कम पी जाए तो मज़ा देती है।"

"मज़ा...क्या तौहीन कर रहे हो कामरेड शराब की...इतना छोटा शब्द मज़ा...अरे परम आनन्द...स्वर्गीय या अएन्द्रिय सुख और सन्तोष और शान्ति..."

वह मेरी बात काटकर बोला—"अब मैं तुम लोगों की तरह साहित्यकार तो हूँ नहीं...मेरे पास वैसे शब्द कहाँ हैं।"

"चलो पहला पेग तो ख़त्म करो।"

हम साथ-साथ गिलास को खाली कर गए। मैं और बनाने लगा।

"अब सुनाओ कामरेड कैसी कट रही है।" मैंने पूछा।

"सच बताऊँ," वह बहुत गम्भीरता से आँखों में देखता हुआ बोला।

"झूठ क्यों बताओगे ?"

"मैं...मेरी इच्छा होती है कि अगले ही क्षण यूनीवर्सिटी से निकल भागूँ।"

"क्यों ?"

"यह मेरी जगह नहीं है।" वह विश्वास के साथ बोला। उसके चेहरे पर सच्चाई थी।

"तो छोड़ क्यों नहीं देते ?"

"पार्टी।"

"पार्टी नहीं चाहती।"

"हाँ।"

"क्यों ?"

"वह टी.बी.वाला मामला। कहते हैं कामरेड इसी तरह टी.बी. जैसी बीमारी से मरने लगे तो हो चुका।"

"हाँ ये तो ठीक है।"

"एक बात पूछूँ..." कामरेड ने कहा।

"दो।"

"तुम्हें मालूम है कि मुझे टी.बी. है।"

"हाँ। अच्छी तरह।"

"फिर भी तुम मेरे साथ खाते-पीते, उठत-बैठते हो...यह छूत की बीमारी है। कहीं..."

"अरे यार छोड़ो कामरेड...आजकल टी.बी. क्या है...बच्चों का खेल है...दो-चार इंजेक्शन ठोंके जाते हैं और मामला बराबर।"

"पर मुझे तो बढ़ी हुई है।"

"अगर तुमने शुरू में ही इलाज करवा लिया होता।"

"पैसा कहाँ था। कभी-कभी बिना खाना खाए दिन-दिन-भर साइकिल चलानी पड़ती थी।"

"यार कामरेड एक बात बताओ। क्रान्ति के लिए भी पैसा चाहिए। होल टाइमर भूखे पेट न तो संगठन बना सकते हैं और न क्रान्ति कर सकते हैं। तो ये पैसा कहाँ से आएगा ?"

"जनता।"

"जनता के पास कहाँ है।"

"क्यों नहीं है यदि जनसंगठन बन जाए तो वह अपने 'होल टाइमरों' को उचित पैसा दे सकता है। हमारी बड़ी यूनियनों में देखो।"

"तो पहली बात है जनसंगठन...उसके बाद पैसा मिल पाएगा। पर जनसंगठन बनेगा कैसे यदि पैसा ही न होगा।" वह हँसने लगा।

"ये तुम बच्चोंवाली बातें कर रहे हो।"

"तो बताओ न ?"

"देखो क्रान्ति और उसकी तैयारी बलिदान माँगती है। यह यूनीवर्सिटी की नौकरी नहीं है कि हर महीने बँधी हुई तन्ख़्वाह मिल जाती है। हर महीने तीन-चार हज़ार फटकारें, दिन में पैंतालीस-पैंतालीस मिनट के दो क्लास पढ़ाए, चपरासियों से चाय बनवा बनवाकर पी और घर-परिवार" कामरेड उत्तेजित हो गया। मैं ख़ामोश हो गया था और अपनी जिज्ञासा भी व्यक्त नहीं कर रहा था जबकि मैं चाहता यही था कि उन बातों का पता लगाऊँ जो मुझे नहीं मालूम। इसलिए मैं बीच में नहीं बोला। चुपचाप पीता रहा और कामरेड बोलता रहा—"एयरकंडीशन लगवाओ...हज़ार-हज़ार रुपए के सूट पहनो और फिर मुझसे पूछो कि बताओ कि कितना काम किया है।"

"क्या मतलब ?" मैंने पूछा।

"कुछ नहीं।" वह दरअसल मुझे नहीं बताना चाहता था।

"तुम्हारा मतलब है कि पाटी यानी ब्राँचवाले तुमसे पूछते हैं कि क्या काम किया है ?"

"हाँ।" वह अपने को रोक न सका।

"तो तुम बताते हो।"

"जितना हो सकता है उतना...यहाँ जितने भी हैं उन सबसे ज़्यादा काम किया है मैंने पार्टी के लिए...समझे ?"

"हाँ ये तो है।"

"तो मैं यहाँ हूँ...मजबूर हूँ...टी.बी. हो गई है तो इसका मतलब है कि मैं उन सबको जवाबदेह हो जाऊँ जो मुझे सौ-पचास रुपए महीने टिका देते हैं।"

वह गिलास खाली कर गया।

"ये जो हज़ारों रुपए वेतन पाते हैं, यह पैसा कहाँ से आता है। किसका पैसा है ? यह करदाता का पैसा है। यह देश का पैसा है...समझे ?"

"हाँ।"

"मैं यह मानता हूँ और हर क्रान्तिकारी मानता है कि बिड़ला और टाटा की सम्पत्ति पर अधिकार उनका नहीं बल्कि हमारा है...हम मज़दूरों का है। उनका पैसा हमारा है। क्योंकि पैसा पैसे को अर्जित नहीं करता। श्रम पैसे को अर्जित करता है। और श्रम हम लोग करते हैं। मेरा भाई जो सात बीघा ज़मीन में हल चलाता है उसे क्या मिलता है साल में ? और यहाँ के जूनियर लेक्चरर को क्या मिलता है ? यूनिवर्सिटी में पिछले साल कुल दो सौ 'वर्किंग डेज़' थे। दो सौ दिनों में कोई माई का लाल यहाँ तीन क्लास से ज़्यादा नहीं लेता। मतलब कोई सवा दो घंटे प्रतिदिन और साठ-सत्तर घंटे महीने। और वेतन ? तुम जानते हो...बताओ सत्तर घंटे कितने दिन हुए ? और ये तो केवल दो सौ दिनों का हिसाब है। वेतन तो साल भर का मिलता है। और फिर 'लीव विद पे' एक साल नहीं,...दो-दो, तीन-तीन साल तक लोग 'लीव विद पे' लेकर रिसर्च किया करते हैं...अन्धेर है अन्धेर। कहीं जाते हैं फर्स्ट क्लास का किराया...एक कापी जाँचते हैं तो साढ़े तीन रुपए...एक पेपर बनाते हैं तो सवा दो सौ रुपए...हद है यार, हद..."

"तो तुम चाहते क्या हो कामरेड ?"

"केवल यह कि अन्धेर न हो।"

"यार तो तुम अवैज्ञानिक अर्थात ग़ैरमार्क्सवादी भाषा-प्रयोग कर रहे हो।" मैं हँसकर बोला और जवाब में कामरेड ने ज़ोर का ठहाका लगाया।

"हाँ, ये शायद शराब के कारण है।"

"कलेजी खाओगे ?"

"हाँ क्यों नहीं।" कामरेड तैयार था।

मेरे पास उन पैसों में बचे हुए पैसे थे जो कलकत्ते में अहमद ने दिए थे। वे पैसे मुझे बिल्कुल हराम के लग रहे थे इसलिए उन्हें बेदर्दी से फूँक रहा था।

"देखो कोई मुझे इसलिए ख़ामोश नहीं रख सकता कि वह मुझे पैसा देता है।"

"मतलब ?"

"यहाँ रहने और खाने-पीने का ख़र्चा यही लोग देते हैं।"

“सब पार्टी मेम्बर।”

“हाँ।”

“कितना ?”

“यह तुम्हारा काम नहीं है।”

“चलो छोड़ो...सीक्रेट है...पार्टी सीक्रेट।”

“हाँ...तो ठीक है...लेकिन यह मेरे ऊपर व्यक्तिगत उपकार नहीं है।”

“मतलब वे पार्टी को देते हैं।”

“मतलब यह कि वे पार्टी सदस्य होने के कारण अपनी लेवी निकालते हैं, उसके बाद मेरे लिए पैसा देते हैं। यह उनका ही अपना फैसला है, मैंने उन्हें मजबूर नहीं किया है। पार्टी का आदेश भी नहीं है।”

“तुम वही पैसा लेते हो जो सब देते हैं ?”

“हाँ, पर सब एक साथ कहाँ देते हैं।”

“क्यों ?”

“यह तो मुझे ही करना पड़ता है।”

“मतलब चन्दा जमा करनेवाला काम।”

“हाँ।”

“सब अपने आप एक जगह जमा करके तुम्हें क्यों नहीं दे देते ?”

“सबका साथ जमा होना कम ही हो पाता है...वैसे पार्टी ‘सेम्पेथाइज़र’ भी देते हैं।”

“काफी होता है।”

“मेरे हिसाब से...लेकिन उनके अनुसार नहीं।”

“समझा नहीं।”

“मेरे लिए जो पैसा काफी है, क्या उस पैसे में वे उसी तरह रह सकते हैं जैसे मैं रहता हूँ ? रज़ी का घर देखा है ?”

“नहीं, तुम गए हो क्या ?”

“नवीन बता रहा था, सिल्क के पर्दे हैं।”

“वाह-वाह।”

“तो समझ लो।”

“पहले गिलास खाली करो...मुझे लगता है पावभर और लेना चाहिए।”

“हाँ-हाँ, ले लो।”

मैंने लौंडे को आवाज़ देकर बुलाया और पैसे दे दिए।

“मुझसे कहते हैं कि मैं अनुशासन में नहीं रहता।” वह खूब हँसने लगा।

“क्या मतलब है इसका ?”

“मतलब यह कि मैं पार्टी कांफ्रेंस में गया तो उनकी अनुमति लेकर क्यों नहीं गया। वहाँ से कलकत्ता, पटना और लखनऊ गया तो डॉ. अतिया ख़ान की अनुमति के बिना गया। जो इस ब्रांच की सेक्रेटरी हैं...अब बताओ डॉ. अतिया ख़ान कितने साल से पार्टी

मेम्बर हैं ? उन्होंने क्या किया है ? ग्यारह बजे चाय नहीं मिल पाती तो सिर में दर्द होने लगता है।'' वह हँसते-हँसते दोहरा हो गया।

## 55

जावेद भाई, ''ये ऐसे राज़ सब लोगों को मालूम कैसे हो जाते हैं ?'' जावेद भाई हँसने लगे। उनकी आँखें सिकुड़ गईं और दोनों तरफ लाइने सी नज़र आने लगीं। उनके चौड़े माथे पर काले सफेद गंगा-जमुनी बाल बिखरे हुए थे। शेरवानी के ऊपरवाले बटन खुले थे।

''मियाँ ये चीज़ें भी कहीं राज़ रहती हैं।''

''लेकिन इतनी-इतनी 'डिटेल्स' कैसे पता चलती हैं ?''

''तुमने 'शरलॉक होम्स' पढ़ा होगा। वह कैसे एक छोटी-सी बात से लम्बी-चौड़ी 'डिटेल्स' तक पहुँच जाता है ?''

''तो आपने यहाँ 'शरलॉक होम्स' कौन है ?''

''हर आदमी।''

''कैसे ?''

''देखो सफाई करनेवाली बुआ ने जब देखा कि डॉ. इल्मी और ज़ोहरा की बात नहीं हो रही है तो उसने खाना पकानेवाली बुआ से पूछा। उसने कहा कि आजकल ज़ोहरा तो वहीं बावर्चीख़ाने में ही बैठकर खा लेती है। खाने की मेज़ पर डॉ. साहब के लिए खाना लगता है और डॉ. साहब देर से आते हैं। इन दोनों ने कपड़े धोनेवाली महरी से बात की...और उसने उस रिक्शेवाले से कहा...और फिर...अब इसे समझते चले जाओ...मियाँ इसलिए कहते हैं कि जबाने ख़ल्क़ को नक़्क़ार-ए-ख़ुदा समझो।'' वे हँसने लगे।

''वजह क्या हो सकती है ?''

''वजह तो आईने की तरह साफ है।''

''आइने की तरह ?''

''हाँ बिल्कुल।''

''औरत को सिर्फ दो तरीक़े से खुश रखा जा सकता है।'' वे इस तरह बोले जैसे ब्रह्मवाक्य हो।''

''किन दो तरीक़ों से ?''

''सच बोलकर और झूठ बोलकर।''

''ये क्या बात हुई ?''

''सच तो समझते हो ?''

''वो तो ज़ाहिर है।

''झूठ से मतलब है कि औरत तुम्हें बिल्कुल झूठा समझती हो...औरत उस वक़्त

सख़्त नाखुश होती है जब मर्द न तो उससे सच बोले और न झूठ।''

''तो झूठ का मतलब नहीं समझा।''

''औरत झूठ से बहुत खुश हो सकती है।''

''तो डॉ. इल्मी और ज़ोहरावाले केस में क्या हुआ ?''

दोपहर के वक़्त यानी खाने के बाद कैन्टीन में कुछ सन्नाटा हो गया है। आज पता नहीं क्यों जावेद भाई घर नहीं गए हैं। मुझे यहाँ बैठे मिल गए या मैं उन्हें आता हुआ दिख गया। बातचीत में डॉ. इल्मी आ गए और जावेद भाई ने बड़े विस्तार से बताया कि आजकल डॉ. इल्मी और ज़ोहरा के बीच कैसा तनाव चल रहा है। दोनों ने एक साथ खाना बन्द कर दिया है और बातचीत भी नहीं होती। ज़ोहरा अकेली कमरे में घंटों बन्द रहती है। डॉ. इल्मी रात में स्टाफ क्लब से दस बजे के बाद लौटते हैं और मेज़ पर रखा खाना ख़ुद ही खाकर पड़ जाते हैं। सुबह देर तक सोते रहते हैं और ज़ोहरा जल्दी तैयार होकर गर्ल्स हॉस्टल चली जाती है जहाँ उसके शहर की लड़कियाँ रहती हैं। डॉ. इल्मी डिपार्टमेंट आ जाते हैं और वहाँ शाम तक रहते हैं। शाम को स्टाफ क्लब चले जाते हैं...जावेद भाई एक 'डिटेल' बताते हैं। लगता है कि देखकर आए हैं।''

''डॉ. इल्मी और ज़ोहरावाले केस में यह हुआ कि डॉ. इल्मी ने न तो सच बोला न झूठ।''

''कैसे ?''

''देखो उस उम्र की लड़की को 'इम्प्रेस' करने के लिए डॉ. इल्मी जैसी उम्र के मर्द के पास दो हथियार होते हैं—अपनी क़ाबलियत, शोहरत, 'टैलेंट' और पैसा और प्यार। डॉ. इल्मी ने दोनों का इस्तेमाल किया होगा...लेकिन यह सब जानते हैं कि डॉ. इल्मी दोनों तरफ से 'ज़ीरो' हैं।''

''मशहूर आदमी तो हैं।''

''कैसे मशहूर हैं ? अपनी एक तस्वीर छपवाने के लिए दर्जनों ख़त लिखते हैं। बीवी को वह भी जवान बीवी को जिसने उन्हें मशहूर समझकर शादी की है जब यह पता चला होगा तो उसे क्या लगा होगा ?''

''अच्छा अब बात मैं थोड़ी-थोड़ी समझ रहा हूँ।''

''मियाँ मैं तो इल्मी को पच्चीस साल से जानता हूँ। वो तो अभी दो साल पहले रीडर हो जाने के बाद ही उन्होंने कैन्टीन आना छोड़ा है, नहीं तो...''

''क्यों छोड़ दिया ?''

''मियाँ कुछ लोगों को बड़प्पन के दौरे पड़ने लगते हैं...समझे ? इल्मी उन्हीं लोगों में हैं...तो देखो जवान लड़की से झूठ बोला कि मैं ऐसा, मैं ऐसा मैं ऐसा हूँ...वह मुत्तासिर हो गई...न तो शौहर वैसे निकले जैसा कहा था और तो उनके झूठ में ही इतनी ताक़त थी कि जवान लड़की को समेटे रखता। ईमानदारी से कह देते कि ऐसा-ऐसा-ऐसा है तो शायद ये नौबत न आती...लेकिन सच वही बोल सकता है जिसमें ताक़त होती है और सच बोलनेवाली ताक़त जिसमें होगी धोखा क्यों देगा ? अगली बात है 'सेक्स'...मियाँ

जो आदमी दिन भर आरामतलबी करता हो, दिन में बीस सिगरेटें पीता हो, खूब पेटभर खाता हो, पचास से ऊपर का हो गया हो, वो तेईस-चौबीस साल की लड़की को क्या 'सेटिसफाई' करेगा ? मैं ये नहीं कहता कि कर नहीं सकता। लेकिन डॉ. इल्मी को देखो। दो कदम चला नहीं जाता...रिक्शे के बग़ैर पेशाबख़ाने तक नहीं जा सकते...ये क्या 'सेक्स' करेंगे ?''

''लेकिन ये आप इतने यक़ीन से कैसे कह सकते हैं ?''

''ये बाल देख रहे हो ? धूप में सफेद नहीं हुए...मियाँ गोली से उड़ा देना अगर साल-दो साल में यह न हो कि ज़ोहरा या तो पक्की मज़हबी हो जाए या आधी पागल...क्योंकि इल्मी उसे न अपने खानदान से मिलने देता है न उसके...न उसे अपने सर्किल यानी स्टॉफ क्लब में ला सकता है न उसके सर्किल में जा सकता है...न उससे सच बोल सकता है, न झूठ...न उसे प्यार दे सकता है न सेक्स...देखो औरत को पहेली माना गया है...यह भी साले बेवकूफ़ों का मानना है। औरत पहेली नहीं है, वह खुली किताब है। बस उसे पढ़ने के लिए आँखें होनी चाहिए जो सबके पास नहीं होतीं।''

''बेशक।''

'सेशन' तेज़ी से भागता चला गया जैसे रेस का घोड़ा। पता ही नहीं चला कि कब 'एडमीशन' हुए, कब 'इंट्रोडक्शन' हुआ। कब इलेक्शन हुआ? कब गर्ल्स कालिज का 'फेट' और कब नुमायश और कब मार्च-अप्रैल आ गया। डर लगा तो ये सोचकर कि यह एम.ए. का अन्तिम साल है और फिर क्या होगा। पी-एच.डी. ? और फिर अध्यापकी ? नहीं-नहीं-नहीं, हरगिज़ नहीं। ये यूनीवर्सिटी की ज़िन्दगी भी कोई ज़िन्दगी है...कितना ठहराव, आराम, कितना सुकून और शान्ति...ये तो मौत से पहलेवाली स्थिति है। जिन्हें विश्वविद्यालयों में नौकरी मिल जाती है वे नौकरी मिलते ही रिटायर हो जाते हैं। फिर ? अख़बार ! पत्रकार, जर्नलिस्ट...लगा कि यही या इसी तरह की नौकरियाँ मुझे 'सूट' करेंगी।

के.पी. से इस बारे में बात होती थी तो कहते थे तुम पी-एच.डी. ज्वाइन कर लो। मैं इसका सख़्त विरोध करता था। जावेद भाई मुझसे कहते थे; मियाँ निकल लो यहाँ से...जो लोग यहाँ पूरी जिन्दगी गुज़ारने का प्रोग्राम बना लेते हैं वे सड़ जाते हैं...बू आने लगती है उनके पास से। दुनिया देखो...यहाँ रहोगे तो कुएँ के मेढक बन जाओगे।

और मैं कम से कम कुएँ का मेढक नहीं बनना चाहता। मेरी इच्छा तो यह है कि मैं कम से कम विश्व यात्रा करूँ। सुदूर देशों में जाऊँ...नई, ख़तरनाक, रोचक और रोमांचकारी परिस्थितियों का सामाना करूँ—यानी 'एडवेंचर'। सोचता कि एम.ए. के बाद विश्व भ्रमण के लिए निकल जाऊँगा। अकेला हूँ। मुझे क्या चिन्ता। पर्यटन सम्बन्धी जो थोड़ा हिन्दी में मिल पाता था पढ़ता था। अंग्रेजी इतनी न आती थी कि उस तरह का साहित्य अंग्रेजी में पढ़ सकूँ। विश्व यात्रा वाले मेरे विचार पर लोग हँसते लेकिन मुझे पक्का विश्वास था कि एक दिन मैं विश्व यात्रा पर निकल पड़ूँगा जैसे सिन्दबाद। मैंने

यह सब आमोद को बताया लेकिन उसके दिमाग़ में तो सिर्फ कविता ही कविता भरी हुई है—वह राजकमल चौधरी, धूमिल, चन्द्रकान्त देवताले, गिंसबर्ग में इतना डूबा हुआ है कि उससे बाहर का जगत उसे मिथ्या लगता है। किरन ज़रूर यह समझती है कि घूमना और विशेष रूप से विदेश में घूमना बहुत आवश्यक है। लेकिन उसे यह डर खाए जा रहा है कि एम.ए. करते ही घरवाले पकड़कर उसकी शादी कर देंगे। और फिर बच्चे और फिर अधेड़ उम्र और फिर बुढ़ापा और मौत। इसलिए वह शादी से बहुत घबराती है लेकिन उसी के साथ-साथ सेक्स के प्रति अपार आकर्षण है उसके अन्दर। कभी कोई आदमी या लड़का उसे पसन्द आ जाता तो उसका ज़िक्र मज़े ले-लेकर किया करती और उसका चेहरा लाल हो जाता। लेकिन उसमें हिम्मत भी न थी कि उस आदमी या लड़के से कहे कि आओ 'कुछ' हो जाए।

इस बीच उसने एक नया शौक पाल लिया था। यह था साहित्यकारों का पत्र—कुछ भावुक, संवेदनात्मक, आत्मीय पत्र लिखने का शौक। वह एक पत्र लिखकर लाती थी। हम लोगों को चाय पिलाते और पराँठे खिलाते हुए सुनाती थी। हम टीका-टिप्पणी करते थे। सुझाव देते थे। आमोद नए-नए शब्द सुझाता था। मैं कुछ मनोवैज्ञानिक कोण बताता था। पत्र फिर से लिखकर वह डाक में डाल देती और बड़े विश्वास से कहती थी कि एक हफ़्ते के अन्दर उत्तर आएगा। और उत्तर आता था। वह बहुत खुश-खुश आती थी और 'कैन्टीन' में पाठ होता था। हम खूब हँसते थे। साहित्यकार की भावुकता या लड़की फँसाने के नुक्तों पर नुक्ता-चीनी करते थे। पत्र का उत्तर तैयार होता था और डाल दिया जाता था। यह खेल था। पता नहीं बेचारे साहित्यकार भी इसे खेल समझते थे या नहीं।

किरन चाहती थी कि वह जल्दी से जल्दी यानी एम.ए. करने के तुरन्त बाद कहीं विदेश चली जाए। वह विदेश में नौकरी करना चाहती थी। आमोद को यह विचार पसन्द न था। वह कुछ अपनी धरती की बात करता था। मैं विदेश जाना तो बहुत चाहता था पर 'एडवेंचर' के लिए। किरन मेरी तुलना में अधिक व्यावहारिक साबित हुई यानी एक दिन आई और चाय 'पिलाते' हुए उसने बैग खोलकर अपना 'पासपोर्ट' दिखाया। मैं सकते में आ गया। क्योंकि मैं सालों से 'पासपोर्ट' बनवाना चाहता था। एक-दो बार फार्म भी भरा था। एक बार पुलिस जाँच भी हो चुकी थी लेकिन कुछ न हो पाया था। उसने यह भी बताया कि वह कुछ विदेशी विश्वविद्यालयों से पत्र-व्यवहार भी कर रही है। मैंने अपने आपको दो-चार मोटी-मोटी गालियाँ दीं और पक्का निश्चय किया कि मैं भी कम से कम पासपोर्ट बनवा लूँगा। लेकिन फिर भी उस दिशा में एक क़दम आगे न बढ़ा।

सेशन ख़त्म होने से पहले 'हमराही' ने अपना सालाना जलसा करने की ठानी। 'आइडिया' यह था कि सामान्य मीटिंग को ही औपचारिक रूप दे दिया जाए और वाइस-चांसलर वग़ैरा को भी बुलाया जाए। इस मीटिंग में 'हमराही' तथा उसके सदस्यों का परिचय दिया जाए और यूनीवर्सिटी में लिखनेवालों के सामने जो समस्याएँ आती हैं, वे भी बताई जाएँ। कुछ कविताएँ, कहानियाँ भी पढ़ी जाएँ।

'हमराही' की विचारधारा यानी यह कि उसकी विचारधारा नहीं है, उसके स्वरूप

यानी यह कि कोई स्वरूप नहीं है कोई पदाधिकारी नहीं है, कोई तयशुदा कार्यक्रम नहीं होता, कोई लिखा-पढ़ी नहीं है, कोई सदस्य नहीं है। जो आते हैं वे सदस्य हैं, जो नहीं आते वे नहीं हैं। कोई चन्दा नहीं है, जो दे दे, दे दे, न दे तो न दे। चाय के पैसे होंगे तो चाय होगी, नहीं होंगे तो न होगी आदि-आदि मुद्दों और हमराहियों का परिचय देने का काम मुल्ला वासे को सौंपा गया कि वे मज़ाक़िया तर्ज में कुछ व्यंग्य के साथ इस बात को अच्छी तरह से कह सकते थे। बैठक के संयोजन को ज़ैदी ने सँभाला। बाक़ी सबने कुछ न कुछ सुनाया। आशा के विपरीत काफी लोग आए। वाइस चांसलर को भी पूरा विचार बहुत पसन्द आया। मुल्ला वासे के पर्चे ने तो कमाल कर दिया। लोग हँसे भी और शर्मिन्दा भी हुए। मुल्ला वासे ने कहा कि यूनीवर्सिटी में बॉडी-बिल्डरों, खिलाड़ियों, तैराकों, दौड़नेवालों, हाई जम्प करनेवालों, लांग जम्प करनेवालों गरज़ ये कि सब कुछ करनेवालों की हिम्मत अफ़ज़ाई के लिए बहुत कुछ है। उन्हें अच्छा खाना भी दिया जाता है, विशेष सुविधाएँ भी हैं। लेकिन लेखकों और कवियों के लिए सिर्फ दुआएँ हैं।

'हमराही' की सालाना मीटिंग में फैज़ी भी आई। उसे उस वक़्त मैंने बहुत दिनों के बाद देखा। उसके बाल कुछ और लम्बे और चमकीले हो गए हैं। उसके होंठ कुछ और गुलाबी और रंग कुछ और कुन्दनी। मैंने मीटिंग में वही कविता सुनाई जो उस पर लिखी थी। वह समझ भी गई क्योंकि उसमें कुछ ऐसे इशारे थे जो वह जानती थी या मैं। यह भी महसूस हुआ कि वह बुरा मान गई है क्योंकि मीटिंग ख़त्म होने से पहले ही उठकर चली गई।

औपचारिक मीटिंग के बाद अनौपचारिक मीटिंग ज़ैदी के कमरे पर हुई। क्योंकि 'हमराही' के लगभग सभी हमराहियों का यह 'फाइनल इयर' था इसलिए तय था कि अब कौन किससे कहाँ मिलता है या नहीं मिलता है, ये कौन जानता है तो क्यों न चाय के कुछ दौर चल जाएँ।

चाय के दौर चले। चेतन भी वहाँ थी इसलिए बातचीत काफी कलात्मक होती रही। उसे छोड़ने के लिए अब ज़ैदी का ऐसा अलिखित अधिकार स्वीकार कर लिया गया था कि किसी के मन में शंका भी न उठती थी। ज़ैदी और चेतन जब चले गए तो खुलकर बातचीत शुरू हुई जिसका विषय यह था कि ज़ैदी साहब बेदाम बिक चुके हैं। यानी कच्चे धागे से बँध गए हैं। नक़ी जाफ़री का कहना था कि यह आग दोनों तरफ बराबर लगी हुई है लेकिन रियाज़ कश्मीरी का मानना था कि ऐसा नहीं है, ये तो वक़्ती उबाल है। आँधी है। उसने इसी प्रसंग का फ़ायदा उठाकर अपने दो-चार प्रेम प्रसंगों का ज़िक्र कर दिया था।

पिछले साल की तरह इस साल भी आमोद और मैंने 'सेमीनार रूम' को परीक्षाओं की तैयारी का अड्डा बना लिया था। आमोद का मामला साफ था क्योंकि उसके प्रीवियस में पैंसठ परसेंट से ज़्यादा नम्बर थे और उसकी फर्स्ट क्लास आना ही आना था। मेरा मामला बहुत 'डाउटफुल' था क्योंकि प्रथम वर्ष में बिल्कुल ठीक साठ प्रतिशत नम्बर आए थे। मतलब इस साल एक नम्बर भी कम आया तो फर्स्ट क्लास रह

जाएगी। फर्स्ट क्लास रह जाने का मतलब—स्वर्ग के दरवाज़े बन्द—पता नहीं स्वर्ग या नरक ? पता नहीं दरवाज़े या खिड़कियाँ ? पर इतना तो है ही, कम से कम फर्स्ट क्लास—ज़िन्दगी में पहली बार फर्स्ट क्लास आ जाए तो क्या मज़ा आए।

पढ़ते-पढ़ते उक्ताकर हम लोग दो बजे रात को टहलने निकल जाते थे। ऊँचे और घने पेड़ों की अँधेरी छाया में डूबी पतली सड़कों पर टहलते हुए हम लोग पढ़ाई की निरर्थकता की चर्चा करते थे। यह हमारा पक्का विश्वास था कि हम जो कुछ कर रहे हैं सब बेकार, बेमतलब और बोरिंग है। पर करना है, कोई दूसरा रास्ता नहीं है।

## 56

मैं अपने आपसे पूछता हूँ तुम घर कब जा रहे हो ? इम्तिहान ख़त्म हो गए। सब लड़के—यार-दोस्त चले गए, हॉस्टल बन्द हो गया, लेकिन तुम हो कि यूनीवर्सिटी के सीने पर मूँग दले जा रहे हो। कामरेड के कमरे में अड्डा जमा लिया है। सस्ता पड़ता है, आटा, दाल, चावल और क्या ? कभी-कभी गोश्त भी बनता है। गप्प-शप्प का बाज़ार गर्म रहता है। शामें कैन्टीन में गुज़रती हैं। रातें, आधी से अधिक सड़कों पर और बाकी कामरेड के कमरे में...तो तुम घर कब जा रहे हो। घर से कई ख़त आ चुके हैं...'अब आख़िरी पेपर रह गया है'—का बहाना भी नहीं चल सकता।

आख़िर एक दिन के.पी. ने मुझसे साफ-साफ पूछ लिया—"तुम घर कब जा रहे हो। आख़िर वहाँ सब तुम्हारा इन्तिज़ार कर रहे होंगे ?"

"घर जाने के लिए किराया नहीं है।"

"मुझसे ले लेते।"

"आपसे वैसे ही इतने पैसे ले चुका हूँ।"

"तो इसका ये मतलब तो नहीं कि घर ही न जाओ। मुझसे कल पैसे ले लो। हाँ, मेरे ख़याल से अभी तुम्हारी ऐसी हालत नहीं है कि पैसे नहीं बल्कि तुम्हें टिकट खरीदकर दिया जाए।" वे हँसे।

"नहीं...नहीं अब चला ही जाऊँगा...नहीं तो घर से निकाल दिया जाऊँगा..." अच्छा मुझे लायब्रेरी से कुछ किताबें निकलवा दीजिए क्योंकि मेरे कार्ड तो जमा हो गए हैं।"

"ठीक है और बोलो।"

"और ?"

"हाँ-हाँ, और..."

"एक छोटी-सी इच्छा है जो..."

"अभी कुछ पैसे चाहिए ?"

"सिर्फ पाँच रुपए।"

"ठीक है लो। क्या करना है ?"

"बहुत दिन से पी नहीं है।"

"देखो कामरेड को ज़्यादा न पिलाया करो।"

"मैं तो सिर्फ एक बार..."

"ठीक है...लेकिन ज़्यादा नहीं।"

"वो ऐसा है कि कामरेड का स्टोव काफ़ी खराब हो गया है। धुआँ देता है। बत्तीवाला स्टोव है। उसकी तो अब बत्तियाँ तक नहीं मिलतीं...कामरेड के पास पैसे नहीं हैं और वह..."

"अगले हफ़्ते मैं उसे अपने साथ बाज़ार ले जाऊँगा।"

जेब में पाँच का खड़खड़ाता हुआ नोट। घर जाने के किराए का इन्तिज़ाम और गर्मियों की शाम का हल्का-सा रोमांस। कामरेड के साथ शहर जाने का प्रोग्राम बनने में देर नहीं लगी। अब सवाल यह था कि किराए की साइकिलें लेते हैं तो उसमें कम से कम आठ आने लग जाएँगे। इसलिए सोचा क्यों न पैदल ही मार्च कर दिया जाए। कामरेड तो पत्थर का आदमी है। सफेद पत्थर का यानी 'मार्बल मैन।' मैं ही कुछ ढीला-ढाला-सा हूँ पर आठ आने बचाकर कलेजी खाने का मोह बड़ा तगड़ा था।

डेढ पाव लेकर हम बैठ गए।

"यार कामरेड कहो तो थोड़ी-सी बर्फ़ भी मँगाई जाए ?"

"हाँ-हाँ, जब पी ही रहे हो तो ठीक से पियो...फिक्र न करो, मेरे पास भी दो-तीन रुपए हैं।"

"नहीं, काम तो पाँच में चल जाएगा।"

बर्फ़ कोकाकोला, कलेजी डेढ़ पाव दारू, विल्स का पैकेट।

"लेव कामरेड दम लगाओ।"

कामरेड ने मेरी और अपनी सिगरेट जला ली।

"कल गाँव का एक आदमी मिला था, कचहरी में।"

"तुम कचहरी गए थे ?"

"हाँ एक मुकदमे की तारीख़ थी।"

"तुम्हारे ऊपर चल रहा है ?"

"हाँ-हाँ इसमें आश्चर्य की क्या बात है...चार मुकदमें हैं मेरे ऊपर...उसे छोड़ो... मैं कह रहा था कल मुझे रामावतार मिल गया। गाँव का ही है। उसका भाई मिलेट्री में है। बातचीत होने लगी। रामावतार एच.एम.टी. लगाए था। मैंने पूछा तो कहने लगा, उसके भाई ने मिलेट्री कैन्टीन से खरीदी है। जानते हो कितने की ?"

"कितने की ?"

"केवल साठ रुपए। वही घड़ी मार्केट में सौ से कम की नहीं है।"

"बिल्कुल...शुरू करो यार।" हम पीने लगे।

"तो रामावतार ने कहा कि कामरेड तुम्हें चाहिए हो तो बताओ। तो मैंने हाँ कर दी है।"

"कब तक मिलेगी।"

"उसका भाई साल में एक बार छुट्टियों में घर आता है। इस साल तो आ चुका है। अगले साल जब आएगा तो लाएगा...वो भी कैन्टीन में हुई तो।"

"हाँ कामरेड, तुम अपनी घड़ी तो बदल ही डालो।"

"बीस रुपए की खरीदी थी...पन्द्रह साल पहले।"

" 'एन्टीक' हो गई है।"

"क्या मतलब ?"

"पुरानी दुर्लभ वस्तु।"

"हाँ, कामरेड हँसने लगा।

"छुट्टियों में तुम क्या करोगे ?" मैंने पूछा।

"देखो ऐसा है...किसानसभा वाला काम तो लगता है कि यहाँ रहते असंभव-सा है। कोई साधन भी नहीं है...तो अब सोचा है कि सीटू में काम किया जाए...मज़दूर संगठन बनाया जाए। वह शहर ही शहर का काम है। उतना समय नहीं लगेगा जितना किसान सभा में लगता है। और यहाँ बीस हज़ार मज़दूर हैं...बीस हज़ार..."

"सीटू की यहाँ कोई यूनियन है ?"

"नहीं है। पहले जब संयुक्त पार्टी थी तो हमारी दो यूनियनें थीं पर अब नहीं है।"

"तो काम मेहनत का होगा।"

"भागना तो कम पड़ेगा...देखो बीस-बीस किलोमीटर साइकिल चला-चलाकर ही मैं यहाँ पहुँचा हूँ कि टी.बी. हो गई है...अब यहाँ पढ़ाई भी करो...क्लास भी अटैंड करो और किसान सभा का काम भी करो। यह मेरे बस की बात नहीं है।"

"कहते तो कामरेड ठीक हो।"

"छुट्टियों में सम्पर्क बनाऊँगा...और जून में इलाहाबाद जाना है। पार्टी शिविर है। वहाँ तक जाऊँगा तो खागा भी चला जाऊँगा...वहाँ पार्टी का अच्छा काम है। फिर वापस।"

"बहुत छोटा चक्कर लगाओगे इस बार।"

"हाँ, छोटा ही हो पाएगा...पैसा भी तो नहीं है...किराया इतना बढ़ गया है कि मत पूछो।"

"हाँ ये तो है ही है।"

"इलाहाबाद का प्रोग्राम भी न बन पाता अगर डॉ. मेहेर अली ने आश्वासन न दिया होता।"

"डॉ. मेहेर अली कौन हैं ?"

"अरे तुम नहीं जानते ?"

"किस डिपार्टमेंट में हैं ?"

"तिब्बिया कालेज में हैं।"

"अब यार तिब्बिया कॉलेजवालों को मैं क्या जानूँ...वैसे तुम कैसे जानते हो ?"

"पार्टी 'सेम्पथाइज़र' हैं...निकलते वैसे कम ही हैं...पिछले साल अमरीका से लौटकर आए हैं। मैं तो समझा था कि अमरीका के प्रभाव के कारण कम्युनिस्ट विरोधी हो जाएँगे लेकिन भइया वो तो और पक्के कम्युनिस्ट हो गए।" कामरेड हँसने लगा।

"यह दिलचस्प बात है कामरेड कि सोवियत यूनियन से लौटकर जो लोग आते हैं वे एंटी कम्युनिस्ट हो जाते हैं और अमेरिका से लौटकर आनेवाले कम्युनिस्ट।"

"अरे सोवियत यूनियन भी अब कहाँ रहा कम्युनिस्ट...बस नाम ही नाम है।" कामरेड ने कहा फिर अपनी बात पर आ गए—"पिछले हफ़्ते कोई एक महीने के बाद मैं डॉ. मेहेर अली के घर गया। थे नहीं। भाभी जी थीं। मैं तो उन्हें जानता तक न था। मैंने घंटी बजाई तो उन्होंने दरवाज़ा खोला। मैं समझ गया कि हो न हो, यही डॉ. मेहेर अली की पत्नी है। मैंने नमस्ते किया।"

"अच्छा है कि हाथ नहीं मिलाया।" मैंने उसे चिढ़ाने के लिए कहा और कामरेड ने मेरी पीठ पर एक ज़ोरदार मुक्का मारा। मैं हिल गया।

"यार कामरेड तुम्हारे हाथ हैं कि साले पत्थर।"

"इन्हीं हाथों से हल चलाता हूँ।" वह गर्व से बोला—"और इन्हीं हाथों से वर्ग शत्रु का सफाया होगा। ये किसान-मज़दूर के हाथ हैं...समझे ?" उसका चेहरा लाल था।

"हाँ समझ गया...पर डॉ. मेहेर अली वाली बात ?"

"हाँ तो मैंने बताया कि मैं लालसिंह हूँ तो बोली मैं आपको जानती हूँ। अन्दर आइए...साजिद भाई डॉ. मेहेर अली के कमरे में भी वही लगा है वही ठंडी हवा वाला...'एयर कंडीशनर' " मैंने बताया।

"हाँ वही...तो खैर कहा बैठिए। डॉ. साहब आते ही होंगे...अपने आप ठंडे पानी का गिलास लाईं। मेरे सामने रखा। तश्तरी में मिठाई भी थी। भाई हम कामरेड आदमी दो लड्डू खाकर पानी पिया। ...फिर वे हमारे सामने बैठ गईं। बड़े आराम से बातचीत करने लगीं। पूछने लगी—कामरेड आपकी शादी हो गई है ?"

"शादी ?" मैंने कहा और हम दोनों ज़ोर से हँसे। कामरेड के चेहरे पर कुछ शर्म जैसा भाव भी था।

"हाँ शादी।" कामरेड ने शादी शब्द पूरा मज़ा लेकर बोला।

"तो तुमने क्या कहा।"

"क्या कहता, हो गई है ?" उसने फिर मुझे एक घूँसा मारा।

"यार कामरेड ये हरकत तुम्हारी बहुत बुरी है।" मैंने अपना मोढ़ा कुछ हटा लिया।

"बस डर गए।"

"डर क्या यार, आदमी हैं...साली चोट लगती है...वैसे तो फिर क्या हुआ ?"

"तो कहने लगीं, क्यों नहीं की ?"

"अच्छा सवाल पूछा।"

"तब हम उन्हें अपने जीवन के बारे में बताते रहे तो साजिद भाई उनकी आँखों में आँसू आ गए..."

"आँसू ?" मैं बात काटकर बोला।

"हाँ भाई आँसू...पर जल्दी से पोंछ लिए...मैं तो बस घबरा गया।"

"कहने लगीं कि आपने यह सब दूसरों के लिए किया...ऐसा आजकल कौन करता है। भाई मैं तो उस महिला से बड़ा प्रभावित हुआ इसलिए नहीं कि उन्होंने मेरी प्रशंसा की बल्कि इसलिए कि मेरे साथ इतनी सहजता से बातें कर रही थीं जैसे मैं कोई रिश्तेदार हूँ। बहुत सुन्दर, सुशील, बहुत बढ़िया और अच्छे कपड़े पहने लेकिन नाम के लिए भी गर्व नहीं...तब डॉ. मेहेर अली का फोन आया...कोई आपरेशन का केस आ गया था। मैंने भी बात की और कहा कि मैं जा रहा हूँ तो बोले—नहीं तुम बैठो, सफिया के साथ खाना खाओ। मैं तीन बजे तक आ जाऊँगा।"

"तो उनकी पत्नी का नाम सफिया है।"

"हाँ फिर मैं उन्हें सफिया भाभी कहने लगा।"

"सफिया भाभी ? पर वे तो तुमसे छोटी होंगी?"

"उम्र में तो ज़रूर छोटी होंगी..."

"तब तुम्हें सिर्फ सफिया कहना चाहिए था।"

"पर रिश्ते में तो बड़ी हैं।"

"चलो ठीक है। तो फिर ?"

"खाना तो हम लोगों ने डॉ. मेहेर अली के आने से पहले नहीं खाया। पर वे मुझे रसोई में ले गईं। वहाँ खाने की मेज़ पर बैठा दिया और भाई एक मशीन निकाली, उसमें चार सन्तरे डाले और तुरन्त सन्तरे का शरबत तैयार हो गया। मियाँ भाई...वाह...फिर उसी मशीन में चटनी बन गई, उसी में सब्ज़ी कट गई, उसी मशीन में लस्सी बन गई...क्या मशीन है साजिद भाई।"

"अमेरिका से लाए होंगे।"

"हाँ और नहीं तो क्या ?"

"खाने का कमरा कैसा था ?"

"अरे बिल्कुल चमचमाता साफ...चीज़ बहुत सफाई से...भाई ऐसी सुघड़ और सुन्दर पत्नी तो मैंने आज तक नहीं देखी और फिर पता चला कि इंग्लिश में एम.ए. हैं और अमरीका से भी कोई कोर्स किया है लेकिन मेरे साथ बातचीत में अंग्रेजी का एक शब्द भी नहीं बोलीं। हँसमुख इतनी कि चेहरे पर हर समय मुस्कुराहट...ज़रा-सी देर में खाना तैयार कर लिया। सब काम फटाफट...मेज़ पर बर्तन लगाए; रोटी डाली...खाना गर्म किया...और चम्मच रखे; पानी का गिलास और भाई तौलिए के टुकड़े..."

"तौलिए के टुकड़े ?"

"हाँ...हाँ, छोटे-छोटे तौलिए।" वह विश्वास से बोला।

"अरे तौलिए नहीं कामरेड, नैपकिन कहते हैं उन्हें।" मैं हँसकर बोला।

"अब हमने तो पहली बार देखे थे साजिद भाई...वही कहते होंगे।"

"होंगे क्या, हैं।"

"चलो हैं।"

"फिर आगे क्या हुआ ?"

"खाने की तैयारी करते समय सब पूछती रहीं। मेरे घर के बारे में, परिवार के बारे में, माता-पिता के बारे में...सब कुछ पूछती रहीं...लेकिन बड़ी सज्जनता से, बड़े सम्मान के साथ और आत्मीयता से।"

"तो तुम सफिया अली से प्रभावित हो गए।"

"तो क्यों न हों। यदि वे ऐसी हैं तो प्रभावित क्यों न हों।"

"चलो इसी बात पर एक जाम और।" हम दोनों ने गिलास भरकर टकराए।

"डॉ. मेहेर अली फतेहपुर के हैं...मैं उन्हें पिछले बीस-पच्चीस साल से जानता हूँ...बड़ी कठिन परिस्थितियों में पढ़े-लिखे हैं। चार भाई हैं। पिताजी उनके चुंगी में मुंशी थे।" कामरेड ने कहा।

"सफिया कहाँ की हैं ?"

"उनका मायका बरेली में है।...साजिद भाई सच बताऊँ...दोनों लोग डॉ. मेहेर अली और सफिया बड़े अच्छे लोग हैं...सज्जन और भले। पार्टी के लिए चन्दा माँगने की बात पूरी नहीं होने पाती कि डॉ. मेहेर अली पचास का नोट पकड़ा देते हैं। कहते हैं कामरेड, हम जो कुछ नहीं कर सकते; तुम कर रहे हो तो क्या हम इतना भी नहीं कर सकते कि तुम्हारे काम को थोड़ा बहुत आसान बनाएँ।"

"ठीक कहते हैं...तुमने अपना पूरा जीवन दे दिया है पार्टी..." वह बात काटकर बोला, "नहीं...नहीं...मैंने क्या किया है वास्तव में कुछ नहीं...दूसरे कामरेडों को देखो...कलकत्ता और केरल में ऐसा काम हुआ है कि हम लोग सोच भी नहीं सकते।" वह ख़ामोश हो गया।

"चलो अब रहीम के होटल में गोश्त-रोटी..." मैंने महसूस किया कि मेरी जुबान लड़खड़ा रही है।

"बहुत अच्छे लोग हैं...डॉ. मेहेर अली और उनकी पत्नी...और बहुत अच्छा जीवन है...हाँ, बहुत अच्छा...

## 57

दोपहर का खाना खाने के बाद लखनऊ वाले क़िमाम का पान कल्ले में दबाकर मैं ऊपर अपने कमरे में आ गया और सिगरेट पीकर भरपूर नशे में 'जासूसी दुनिया' पढ़ने लगा।

घर आने के बाद यही मेरा दस्तूर था। सुबह देर तक सोना, नाश्ता वग़ैरा करके हाजी जी की दुकान यानी अतहर के पास चले जाना। वहाँ से खाने के वक़्त लौटना

और खाना खाकर जासूसी दुनिया पढ़ते हुए सो जाना। शाम को नहा-धोकर निकलना। पहले अतहर को साथ लेना, फिर मुख़्तार की दुकान जाना और उसे पकड़ना और चचा के चायखाने में बैठकर उमाशंकर का इन्तिज़ार करना। रात देर तक ग़प्पबाजी की महफिल। आमतौर पर बातचीत राजनीति पर ही होती थी। नुरू मियाँ चुनाव जीतकर लखनऊ जा चुके थे। शाहिद मियाँ ने दो सौ एकड़ में आर.आर. इक्कीस लगवाया था। पचास एकड़ में लाही थी। अन्दाज़ा था कि इस फसल में वे कम से कम पाँच लाख रुपया पीटेंगे।

'जासूसी दुनिया' पढ़ते-पढ़ते आँख झपकी ही थी कि नीचे से मुझे अचानक अपना नाम पुकारे जाने की आवाज़—जो निश्चित ही उमाशंकर की आवाज़ थी, सुनाई पड़ी। ये क्या हुआ? दोपहर के साढ़े तीन बजे, लू चल रही है, सख़्त गर्मी है, उमाशंकर यहाँ क्यों आया है ?

मैं तेज़ी से नीचे गया। वह बाहरवाले टीन के सायबान के नीचे खड़ा था। वह पसीने-पसीने हो रहा था। काला चश्मा और सफेद अँगौछे ने पूरा चेहरा छिपा रखा था। इस सबके बावजूद वह बहुत खुश लग रहा था।

"ठहरो यार, मैं अन्दर से कमरा खोलता हूँ।" मैं अन्दर चला गया।

पानी-वानी पीने के बाद उसने काला चश्मा उतारा तो मुझे लगा उसकी आँखों में अपार प्रसन्नता है।

"मिठाई खिलाओ।" वह हँसकर बोला।

"कैसी मिठाई।"

"ये देखो।" उसने अपने झोले से 'धर्मयुग' निकालकर मेरे हाथ में दे दिया।

"ये देखो..." उसने वह पृष्ठ निकाला जिस पर मेरी कहानी 'जंगली गुलाब' छपी थी। यह कहानी मई महीने से पहले के.पी. ने धर्मयुग को भेजी थी।

मैं खुशी से फूल कर कुप्पा हो गया। यह मेरी पहली कहानी थी जो 'धर्मयुग' में छपी थी। मतलब अब मैं कहानीकार था। कौन कह सकता था कि नहीं। बहुत आकर्षक रेखाचित्र के साथ कहानी का शीर्षक भी बड़े कलात्मक ढंग से लिखा गया था। दूसरे पृष्ठ पर मेरा चित्र और परिचय था।

मैं खुशी में कुछ क्षण कुछ बोल न सका।

"आज सुबह ही यह नया 'धर्मयुग' स्टेशनवाली स्टाल पर आया था।"

"चलो यार फौरन चलो।" मैं अचानक खड़ा हो गया।

"कहाँ ?"

"बड़े डाकखाने।"

"क्यों ?"

"के.पी. को तार देने।"

उसी गर्मी में हम दोनों डबल सवारी डाकख़ाने आए जहाँ ख़स की टट्टियों के पीछे बाबू लोग ऊँघ रहे थे और उन्होंने हमें देखकर बुरा-सा मुँह बनाया।

लेकिन हमारे पास वह भी देखने की फुर्सत न थी। के.पी. को अर्जेन्ट तार दिया कि कहानी 'धर्मयुग' में छप गई है। फिर हम चचा के यहाँ आ गए। लस्सी पीने लगे। उमाशंकर ने कहानी चाचा को दिखाई और ज़रा देर में काफी लोग कहानी और मेरी तस्वीर को देखने के लिए लगभग छीना-झपटी करने लगे। कोई बस अड्डे की तरफ जा रहा था, उससे उमाशंकर ने कहा कि अतहर को यहाँ भेज दे। थोड़ी देर में अतहर भी आ गया। वह भी ख़ुश हो गया।

"यार इस पूरे जिले में तुम अकेले आदमी हो जिसकी कहानी 'धर्मयुग' में छपी है।" वह बोला।

"काहे जिले में ही क्यों ? दुइ-चार जिलों में।" चचा बोले।

मैं शरमा गया। फिर तार की बात होने लगी। और अचानक मुझे लगा कि तार देकर तो मैंने बेवकूफी की है। के.पी. को तो 'धर्मयुग' मेरे तार से पहले मिल चुका होगा। पर अब क्या हो सकता था। तार तो जा चुका था।

कहानी छपने ने मेरे अन्दर एक अजीब-सी खुशी भर दी थी जो उस अजीब से दुःख पर हावी हो गई थी जो सल्लो की शादी की खबर सुनकर हुआ था। यहाँ आते ही पता चला था कि सल्लो की शादी हो गई। किससे ? कानपुर के किसी रिक्शेवाले से। मुझे अचानक बहुत गुस्सा आया था। वह इतनी सुन्दर लड़की, इतनी जवान और इतनी मेहनती और एक रिक्शेवाला। मेरा जी चाहा था कि सभी रिक्शेवालों के रिक्शे छीनकर उन्हें टैक्सियाँ पकड़ा दूँ ताकि सल्लो का जीवन अच्छा बीते। लेकिन यह न हो सकता था। सल्लो के दुःख में मैं किसी को भी शरीक न करना चाहता था क्योंकि मेरा मानना था कि खुशी या दुःख में कोई आपका शरीक नहीं हो सकता। ये मंज़िलें तो ख़ुद ही पार करनी होती हैं और फिर कितना बचकाना लगता है कि आप किसी से कहें कि देखो मैं कितना प्रसन्न हूँ या कितना दुःखी हूँ। मुझे यह लड़कपन नहीं करना था इसलिए दोस्तों के बीच सल्लो की शादी की चर्चा भी हुई तो मैं हाँ-हूँ करके टाल गया। लेकिन मेरे अन्दर तो वह एक शोक की तरह भर गई थी। शादी यदि कहीं ऐसी जगह हुई होती जहाँ उसके थोड़े सुखी रह पाने की आशा होती तो शायद ग़नीमत होती। लेकिन कानपुर का रिक्शेवाला...मैं सोचते ही काँप जाया करता था। मैंने रिक्शेवालों के हाथों में काले और सख़्त गट्टे देखे थे जैसे लोगों के पैरों में होते हैं।

मैं रिक्शेवाले के साथ सल्लो के जीवन की कल्पना किया करता था और एक-एक चित्र इतना साफ नज़र आता था जैसे मैं वहाँ हूँ। रिक्शेवाले का घर, उसकी माँ, उसका बूढ़ा बाप, उसकी गृहस्थी, उसकी आमदनी, उसकी सेहत, उसकी मजबूरियाँ, उसकी नशा करने की आदत, उसका बीड़ी का बंडल और माचिस, उसके शरीर से आती पसीने की सख़्त बदबू, चूल्हे पर चढ़ी अल्मुनियम की पतीली और नशे में उसका सल्लो का झिंझोड़ना, चबाना और कभी-कभी पीटना...लेकिन मैं यह क्यों सोचता हूँ उसका जीवन इतना ख़राब होगा ? अच्छा या बेहतर भी तो हो सकता है ? क्या यह मेरी नीचता है कि मैं उसके जीवन की ऐसी कल्पना करता हूँ ?

चचा के चायखाने से तबीअत उक्ता जाती या मन भर जाता तो हम तीनों यानी मैं, अतहर और मुख़्तार स्टेशन की तरफ निकल जाते। वहाँ उमाशंकर को उसके घर से पकड़ते और प्लेटफार्म पर आ जाते। किताबों की स्टाल पर बैठनेवाले मास्टरजी से लेकर स्टेशन मास्टर और कुलियों की यूनियन के नेता सभी उमाशंकर को अच्छी तरह मानते-जानते हैं। चाय बेचनेवाले लौंडों में कुछ तो उमाशंकर के चेले हैं।

नई पत्रिकाएँ देखने और दिल्लीवाली गाड़ियाँ गुज़र जाने के बाद स्टेशन में सन्नाटा छा गया। हम लोग तीसरे प्लेटफार्म के कोने में पड़ी बेंच पर जम गए। यही हमारी प्यारी जगह है। यहाँ से चायवाले को आसानी से आवाज़ दी जा सकती है। सिगरेट भी मँगवाई जा सकती है। अगर कोई भूली-भटकी पैसेंजर गाड़ी आ भी जाए तो यहाँ तक भीड़-भाड़ नहीं होती। दूर नाके पर से गुज़रते ट्रकों की रौशनियाँ दिखाई पड़ती हैं और नाके के उधर की बाज़ार का कुछ हिस्सा नज़र आता है। कुल मिलाकर स्टेशन का शान्त कोना है।

चाय-वाय के साथ बातचीत शुरू होती तो रात के दस से लेकर ग्यारह और कभी बारह तक बज जाते। स्टेशन पर रेलवे पुलिस के सिपाहियों से भी कभी-कभार राम-राम हो जाती। आमतौर पर बातचीत का मोड़ राजनीति की तरफ हो जाता था। चाहे बातचीत भ्रष्टाचार या अपराध के किसी केस से शुरू हुई हो या असफल प्रेम-कथा हो या बूढ़े माँ-बाप की उपेक्षा का मामला हो या धार्मिक ठेकेदारों की लूट-खसोट का क़िस्सा हो—बात राजनीति पर आ जाती थी। और गर्मागर्म बहस शुरू हो जाती थी। मुख़्तार जो पहले मुस्लिम लीग और मुस्लिम पार्टियों का समर्थक था अब थोड़ा अपनी पोज़ीशन बदलने पर मजबूर हो गया था। पाकिस्तान न तो मुस्लिम राज्य है और न उसमें मुसलमान सुरक्षित हैं। वहाँ भी वही गरीबी, अमीरी की खाई है, वही अज्ञानता और शोषण है जो भारत में है। जैसी बातों पर वह उछल पड़ता था। लेकिन अकाट्य तर्कों के सामने उसकी एक न चलती थी। इस पर भी बातचीत होती थी कि पाकिस्तान बना क्यों ? मुस्लिम लीग कैसे बनी ? राष्ट्रीय चेतना का विकास कैसे हुआ और उस पर हिन्दुत्व का गहरा प्रभाव कैसे पड़ा ?

तार में सिर्फ सिर्फ़ सात लफ़्ज़ थे। लेकिन मेरे लिए लगता था कि सात समुद्र मथने का नतीजा है। मैं तार हाथ में लिए देर तक अक़ेला ऊपरवाले कमरे में बैठा रहा और सोचता रहा। बार-बार पढ़ने पर भी तार के वही लफ़्ज़ थे 'तुम्हें प्रथम श्रेणी मिली है। बधाइयाँ। के.पी. सिंह।''

तार सुबह आया था जब मैं स्टेशन गया था नई पत्रिकाएँ देखने। तार अब्बा को मिला था और उन्होंने सबसे पहले अम्माँ को बताया था। अम्माँ ने शुकराने की दो रकत नमाज़ पढ़ी थी और फिर मेरी तलाश कराई गई थी। अतहर की दुकान से पता चल गया था कि मैं स्टेशन गया हूँ।

अब्बा-अम्माँ बहुत खुश थे। ख़ाला ने चटाचट मेरी बलाएँ ली थीं। मिठाई पर नज़र

हुई थी। ज़िन्दगी में पहली बार मेरी फर्स्ट क्लास आई थी। आख़िरी इम्तिहान में फर्स्ट क्लास। क्या मज़ाक़ है। में मौक़ा पाते ही तार लेकर ऊपर अपने कमरे में चला गया था। के.पी. के बारे में सोच रहा था। सोच रहा था—यार इस आदमी ने क्या-क्या नहीं किया मेरे लिए ? अगर ये आदमी न होता तो आज मैं...मैं हिन्दी में काहे को एम.ए. करता। मैं काहे को हिन्दी में कहानियाँ लिखता ? मैं काहे को यह जानता कि मार्क्सवाद क्या है ? मैं काहे को इतना बदलता जितना दो साल या तीन साल में बदला हूँ ? और के.पी. से मिलने के पहले मैं क्या था ? एक डरा हुआ-सा ऐसा लड़का जिसको अपने बारे में इतना-सा भी आत्मविश्वास नहीं था। रत्ती बराबर विश्वास नहीं था क्योंकि पढ़ाई में वह कमज़ोर था। उसे अंग्रेजी नहीं आती थी। गणित का 'ग' नहीं जानता था। वह कुछ नहीं जानता था। के.पी. ने उससे कहा कि देखो ऐसा नहीं है बल्कि ऐसा है। इधर से ही नहीं चीज़ों को इधर से भी देखो। ज़रूरी नहीं है डॉक्टरी और इंजीनियरिंग से ही ज़िन्दगी बनती हो। ज़रूरी नहीं कि गणित न समझ में आती हो तो ज़िन्दगी बेकार है। यह भी ज़रूरी नहीं कि अंग्रेजी के बिना पूरी ज़िन्दगी बेकार, बेमतलब और घटिया हो। योरोप में ही इंग्लैंड को छोड़कर कहीं अंग्रेजी नहीं बोली जाती। तो हम लोग अंग्रेजी का हव्वा क्यों पाले हुए हैं ? के.पी. ने ही पहली बार मुझे बताया कि मेरे अन्दर कुछ है जो बहुत अच्छा है, मुझे उस पर विश्वास करना चाहिए और वह साधारण क्षमता नहीं है।

और के.पी. ने मेरे साथ यह सब किया क्यों ? कोई फ़ायदा नहीं, कोई लाभ नहीं, कोई रिश्तेदारी नहीं, कोई बिरादरी नहीं। 'आपने मेरे साथ यह सब क्यों किया ?' यदि मैं के.पी. से पूछता तो शायद उनके पास भी कोई जवाब न होता। शायद बताते कि यह प्रमाणित करने के लिए या यह विश्वास बनाए रखने के लिए जाति, धर्म, बिरादरी, परिवार से भी बड़ा कुछ है।

अब्बा ने उसी समय के.पी. को जवाबी तार भिजवाया था। मैं फर्स्ट डिवीजन पास होने की खुशी से कुछ ही घंटों में निकल आया और सोचने लगा कि अब क्या करूँगा ? नौकरी कहाँ मिलेगी ? पी-एच.डी. क्या है ? विषय क्या होगा ? क्यों करूँगा ? वही अनिश्चय जो पहले था। चलो देखते हैं यार, जो होगा देखा जाएगा। हम भी कहीं न कहीं कमा ही खा मरेंगे और क्या है।

रोज़ की तरह हम तीनों शाम उमाशंकर के पास गए तो मेरी फर्स्ट क्लास पास होनेवाली ख़बर से बहुत उत्साहित हो गया और इस बात पर ज़िद करने लगा कि आज तो 'प्रोग्राम' हो ही जाना चाहिए। मेरे पास पैसे भी थे। दुकानें भी बन्द नहीं हुई थीं।

"तो यार मुख़्तार मियाँ—वही अपनी रम।" मैंने मुख़्तार की तरफ नोट बढ़ाए।

"नहीं साजिद भाई नहीं...आज मेरी तरफ से।" उमाशंकर कुछ भावुक होकर बोला।

"वाह बेटा सेठ उमाशंकर आज फँसे हो।" मुख़्तार ने नारा लगाया और मुझे पैसे वापस कर दिए।

"तो तुम लोग भाभी के हाथ का गोश्त भी आज खाओ।" उमाशंकर ने फिर सबको चकित कर दिया।

"अबे हाथ का गोश्त या हाथ से पका गोश्त ?" अतहर ने उसे करेक्ट किया।

"अब इतनी चूतियापंथी की बात तुम ही सोच सकते हो।" वह हँसने लगा और फिर बोला—"मुख़्तार तुम जल्दी से रिक्शा पकड़ो और कलक्टरगंजवाली दुकान से 'रम' ले आओ। मैं और उमाशंकर जाते हैं गोश्त लाने।"

"और मैं क्या करूँगा ?" मैं बोला।

"तुम स्टेशन जा के 'स्टाल' में मैगज़ीन-पैगज़ीन देख लेव।"

"चलो ठीक है।"

"पर पी कहाँ जाएगी ?"

"देखो पीने को तो वही प्लेटफार्म बचता है नहीं तो मुस्लिम स्कूलवाली फील्ड में चलो।" उमाशंकर बोला।

"आप मुस्लिम स्कूल की फील्ड को नापाक नहीं करेंगे।" मुख़्तार ने हँसकर कहा।

"वाह बे मौलाना बरकत अली बरकतुलअर्ज़ छिन्दौड़वी की औलाद...साले खुद गटक जाएँगे...फील्ड गन्दी न करेंगे।" मुख़्तार को उमाशंकर ने जवाब दिया।

"जाओ जाओ यार, दुकान बन्द हो जाएगी।"

मुख़्तार तेजी से बाहर निकल गया।

मैं स्टेशन पर ही था कि वे तीनों वहीं आ गए। पता यह चला कि निहायत शानदार गोश्त मिल गया है। पता नहीं कैसे इस समय भी चाप और दस्त रखी थी। वह लाकर घर में दे दिया गया है। बोतल झोले में है। नमकीन, उबले हुए अंडे और सलाद बनाने के लिए खीरा, ककड़ी, टमाटर और नींबू भी झोले में हैं। दूसरे झोले में पानी की दो बोतलें और एक किलो बर्फ़ है। एक जग और चार गिलास भी हैं।

"ये तो साली पक्की दावत हो गई।" मैं खुश होकर बोला।

"अब चलो चलते हैं धेलापुर जानेवाली सड़क पर।"

"वहाँ क्या है ?"

"एक बड़ी शानदार चौड़ी पुलिया है। उसी पर जमते हैं। वहाँ साली गश्त-वश्त भी नहीं होती।" उमाशंकर ने बताया।

"चलो।"

पुलिया पर मुश्किल यह थी कि आमने-सामने नहीं बैठा जा सकता था। इसलिए सड़क पर ही एक चादर बिछाकर हम सब बैठ गए। उमाशंकर को विश्वास था कि अब कोई उधर से न गुज़रेगा। उसने अपना खटराग फैला दिया था। यानी बहुत प्यार से सलाद बना रहा था।

"देखो बहनचोद कोई तुम्हारी सलाद बन जाने तक बैठा नहीं रहेगा। पहले एक-एक पेग बनाओ...तब चाहे सलाद बनाओ; चाहे मूली उखाड़ो," अतहर बोला।

"अरे तो बनाओ न ?" वह बोला।

"लो साजिद मियाँ आज तुम बोतल खोलो।" उमाशंकर ने बोतल मेरी तरफ बढ़ाई।

"लाओ।" हालाँकि मैं शरमा गया था।

"अब डालो भी।"

"साक़ी बन जाओ आज।" उमाशंकर ने फारसी छाँटी।

"चलो चेयर्स।" अतहर बोला।

"चेयर्स की कोई हिन्दी नहीं है।" मुख़्तार ने पूछा।

"है क्यों नहीं।"

"क्या है ?"

"खुश रहो।"

"हाँ यार...खुश रहो।"

हम चारों ने जाम टकराए।

दूर तक चटियल खेत थे। फसल कट चुकी थी। खेतों के बाद धुँधलके में डूबे आम के बड़े पेड़ या महुए के छितरे हुए पेड़ थे। आसमान पर रौशनी न थी, हाँ एक उजाला-सा था जो तारे टिमटिमाने के बाद भी मौजूद था। हवा चल निकली थी पर सड़क गर्म थी। तारकोल की सड़क दिन भर धूप में तपी थी।

"अब क्या करोगे ?" उमाशंकर ने सलाद बनाते हुए पूछा।

"अब...देखो...वैसे अखबार में नौकरी मिल जाए तो क्या कहना।"

"जर्नलिस्ट।"

"हाँ।"

"तो काम तो दिल्ली में मिलेगा ?" उमाशंकर ने पूछा।

"हाँ, दिल्ली में ही," मैंने जवाब दिया।

"यार साजिद मियाँ, सारे पढ़े-लिखे लोग बड़े-बड़े शहरों में चले जाते हैं...जब ही छोटे शहरों और देहातों की हालत वही रहती है। हमारे यहाँ जो भी एम.ए. कर लेता है, पहले शहर छोड़ता है।"

"रोज़गार छोटे शहरों और गाँवों में कहाँ है ? वैसे हमारी तो यार पूरी प्लानिंग ही अजीब है। ज़रा सोचो हमारे देश में अस्सी प्रतिशत लोगों के पास ढंग के मकान नहीं हैं, सड़कें नहीं हैं, स्कूल नहीं हैं, अस्पताल नहीं हैं। लेकिन सिविल इंजीनियर बेकार हैं। पाँच सौ लोगों पर एक डॉक्टर पड़ता है पर डॉक्टरों तक के लिए नौकरियाँ नहीं हैं। भरपूर वर्षा होती है, पर पानी नहीं है। दुनिया की सबसे उपजाऊ ज़मीन है पर पैदावार नहीं होती...तो यार ये तो एक साज़िश है।"

"देश में इसी पर बहस होती है कि ताजमहल किसी हिन्दू राजा ने बनवाया था और मुसलमानों का भारतीयकरण होना चाहिए।" उमाशंकर बोला।

"यार ये भारतीयकरण क्या है ?" मुख़्तार चिढ़कर बोला।

"बेटा, जनसंघी तुम लोगों को पकड़कर 'उल्टा काम' कर देंगे। समझे ?" उमाशंकर ने उसे चिढ़ाया।

"नहीं साजिद मियाँ, बताओ।"

"यार देखो भारतीय मुसलमान साले कौन-सी अरबी या फारसी बोलते हैं ? कौन से अरबी कपड़े पहनते हैं, वर्णव्यवस्था तक को मान लिया है भारतीय मुसलमानों ने। चाहे कहते न हों। तो अब तुम उनका भारतीयकरण क्या करोगे ?"

"हिन्दू बनाएँगे।" उमाशंकर ने कहा।

"पहली बात यह कि कौन-सा हिन्दू बनाओगे ? दूसरी बात यह कि यह तो मुस्लिम लीग वाला सिद्धान्त है कि दो धर्मों के माननेवाले एक देश में नहीं रह सकते तो ?"

"हाँ तो है।" मुख़्तार उछल पड़ा।

"ईसाइयों को, पारसियों को भी भारतीय बनाना होगा। और अगर यह सिद्धान्त मान लिया जाए कि जिस देश का जो धर्म है उस धर्म के माननेवाले उसी देश में रहेंगे तो सारी दुनिया के बौद्धों को भारत बुलाना पड़ेगा...तैयार हो ?"

"अरे ये सब 'फ्राड' है।" उमाशंकर बोला।

हम पीते रहे। यहाँ तक कि दस बज गए और उमाशंकर को चिन्ता होने लगी कि उसकी पत्नी इन्तिज़ार कर रही होगी और उसे यही बताया गया है कि हम स्टेशन पर टहल रहे हैं। इसलिए वापस लौटे और उमाशंकर के घर के बाहर बैठक जम गई।

उसने दो चारपाइयों के बीच एक मेज़ रख दी थी।

"गरमागरम फुल्के पड़ रहे हैं। तो शुरू करें या पक जाने दें।" उमाशंकर ने पूछा।

"शुरू करो यार...गर्मागर्म फुल्के आते रहेंगे। और हम लोग खाते रहेंगे।" अतहर झूमकर बोला।

रिटायर होने के बाद अब्बा ने केसरियापुर की ज़मीनों और बाग़ में दिलचस्पी लेनी शुरू कर दी थी। लेकिन मुश्किल यह थी कि केसरियापुर दूर न होते हुए भी दूर था। यहाँ से था तो कुल तीस मील लेकिन पहले खुरजी जाना पड़ता था जो तहसील हेडक्वार्टर था। वहाँ से पैदल, साइकिल या इक्के का रास्ता था। पर दरअसल कोई सड़क न थी। इसलिए सबसे ज़्यादा तकलीफदेह खुरजी से केसरियापुर तक का रास्ता था। पैदल दो घंटे लगते थे और साइकिल से कोई आधा घंटा। अब्बा को चूँकि साइकिल न आती थी इसलिए वे पैदल चलने से बचने के चक्कर में केसरियापुर जाना टाला करते थे। उनकी उम्र भी हो गई थी।

गेहूँ बेचना था। आम लाने थे। अब्बा की तबीयत ठीक न थी। इसलिए यह जिम्मेदारी मेरे ऊपर आ पड़ी। मैं चाहता तो यह था कि उमाशंकर और मुख़्तार साथ चल चलें। रास्ता भी अच्छा कटेगा और एक रात साथ रहेंगे। अगले दिन लौट आएँगे। पर ऐसा न हो सका, हाँ बस अड्डे पर अतहर मिल गया। वह तैयार था। उसने अपने अब्बा से कहा और मेरे साथ चल पड़ा। हमने बस पकड़ी और खुरजी पहुँचे। वहाँ बस अड्डे पर तगड़ा नाश्ता किया क्योंकि दो घंटे पैदल चलना था। पकौड़े, कचौड़ी, जलेबी,

लस्सी के बाद चार पैकेट सिगरेट, दो बंडल सिगरेट के खरीदे। पैसे की फिक्र न थी क्योंकि अब्बा ने सफ़र खर्च के लिए पैसे दिए थे। तगड़ा नाश्ता करके हम निकल चले क्योंकि दोपहर से पहले केसरियापुर पहुँचना था।

"साजिद भाई, डिप्टी साहब तो ख़ैर ज़ईफ़ हो गए हैं...पर यह जायदाद जो उनके पास है, अगर किसी कुर्मी के पास होती तो भाई साहब लखपती हो गया होता।"

"बीस बीघे का बाग है..."

वह मेरी बात काटकर बोला—"बीस बीघे का बाग़ और चालीस बीघे खेती की ज़मीन...पानी का इन्तिज़ाम नहीं है तो गेहूँ कम होता है। ट्यूबवेल लग जाए तो आदमी लाखों पीट दे। शाहिद मियाँ को देखो।"

"पर यार शाहिद मियाँ के पास तो बहुत जायदाद है।"

"यार देखनेवाला भी होना चाहिए। अल्ला कसम, बीस-बीस बीघे जोतनेवाले कुर्मी लखपती हैं...किस तरह ? सिर्फ सब्जी से...घुइयाँ लगा दो चार बीघे। दस हज़ार पक्के हैं। प्याज़...आलू...पैसा ही पैसा है।"

"अच्छा ?" मुझे आश्चर्य हुआ और खुशी भी हुई कि मेरे पास कुछ ऐसा पक्का इन्तिज़ाम है कि कम से कम भूखे मरने की नौबत नहीं आ सकती।

"डिप्टी साहेब तो ख़ैर आ नहीं पाते...नहीं कोई बटाई पर ही ठीक तरह से दे तो अच्छा फायदा है।"

"कैसे ?"

"ठेके पर।"

"ठेके पर कैसे ?"

"दस मन का बीघा।"

"मतलब चाहे फसल हो चाहे न हो...हमें दस मन बीघा चाहिए।"

"चालीस बीघे का कितना हुआ ?" मैंने पूछा।

"चार सौ, मन।"

"चार सौ मन" मैंने आश्चर्य से कहा।

"हाँ और नहीं तो क्या ?" वह इत्मीनान से बोला।

"ये तो बहुत है यार।"

"हाँ है क्यों नहीं।"

"गेहूँ लगा लो...आजकल अस्सी-पच्चासी रुपए मन है।"

केसरियापुर में हम लोग दो पीढ़ियों से नहीं रहते। उससे पहले यानी परदादा के ज़माने में वही घर था। दादा और फिर अब्बा ने उस घर में कुछ बनवाया-तुड़वाया था और आज घर की हालत कुछ ऐसी है—बड़ा-सा पक्का अहाता। अन्दर कुआँ। सामने टीन का शेड—जो आज भी गाँव में अकेला टीन का शेड है। पीछे दो बरामदे। बीच में

डियोढ़ी। अन्दर आँगन और इधर-उधर बरामदे और साइड में कोठरियाँ। एक तरफ बावर्चीखाना, जहाँ दो पीढ़ियों से लगातार खाना नहीं पका और दूसरे कोने में पाख़ाना।

मेरे केसरियापुर आने की ख़बर मिलते ही सबसे पहले वह कुँजड़ा आया जिसने आम का बाग़ लिया था। उसने कहा कि वह कल सुबह तक चार मन आम तुड़वाकर बोरों में भरवा देगा और बैलगाड़ी पर खुरजी बस अड्डा तक छोड़ आएगा। कुँजड़े के जाने के बाद बटाईदार आने लगे। रहमत ने बाहर पलँग डाल दिए थे। बटाईदार अपनी-अपनी जाति के अनुसार अपने बैठने की जगह खुद ही तय करते चले जा रहे थे। यह मेरे लिए आश्चर्य की बात थी। अहीर और कुर्मी पलँगों पर बैठ रहे थे। चमार और पासी नीचे ज़मीन पर बैठ रहे थे। मैं उनसे कुछ के चेहरों और एक-दो के नामों से परिचित था।

रहमत हँसकर बोला—"डिप्टी साब का दरबार लग गया।" मैं खिसिया गया। ये साला क्या चक्कर है।

खैरियत खैरसल्ला पूछने के बाद बटाईदार यह बताने लगे कि इस साल फसल कितनी खराब हुई। अतहर ने मेरे कान में कहा—"ये साले हर साल यही कहते हैं क्योंकि मौक़े पर कोई देखनेवाला नहीं है।"

चमार और पासी मुझे मालिक कहकर सम्बोधित कर रहे थे। मैं शर्म के मारे गड़ा जा रहा था। सोच रहा था, यार यह कितना सामन्ती वातावरण है। बहरहाल मैं न तो उन्हें रोक सकता थ, न उन्हें इसकी स्वीकृति दे सकता था।

चार-पाँच घंटों में यह तय हो गया कि हमें कितना गेहूँ मिला है। यह कोई तीस मन था। उसी समय बनिया आ गया था। और गेहूँ उसने पचहत्तर रुपए मन के हिसाब से खरीद लिया था। पैसे गिन दिए थे।

रहमत ने दोपहर का खाना अपने हिसाब से बढ़िया ही पकवाया था। गाँव में गोश्त तो मिलता नहीं था। इसलिए अंडे का सालन था और अरहर की दाल में असली घी के साथ लहसुन का बघार लगा था। घी ऊपर तक तैर रहा था। लाल-लाल गर्म रोटियाँ थीं। कैरी की चटनी थी और सिरके में रखी मूली।

रहमत खाना लगाकर बड़े अदब से खड़ा हो गया। मुझे मालूम था कि रहमत का परिवार हमारे यहाँ परदादा के ज़माने से नौकर है। और दो पीढ़ियों से इस घर की पूरी देख-भाल कर रहा है। तनख़्वाह यह मिलती है कि वह पाँच बीघा खेत जोतता है और हम लोगों को कुछ नहीं देता।

## 58

केसरियापुर की सबसे पुरानी याद—मैं कोई तीन-चार साल का रहा हूँगा। अब्बा और अम्माँ केसरियापुर आए थे। मैं रहमत के साथ बाग़ में गया था। बाग़ में पता नहीं क्या

खाकर मेरी तबीअत खराब हो गई थी। उल्टियाँ होने लगी थीं। वहाँ मुँह साफ करने के लिए कुछ न था। रहमत ने पत्तों से मेरा मुँह साफ किया था और अपने कन्धे पर बैठाकर चल दिया था। मैं अपने आपको लम्बा महसूस कर रहा था। पेड़ों के पत्तों से छनकर हरी रौशनी नीचे आ रही थी और रहमत के पैरों के नीचे सूखे पत्ते खड़-खड़ बोल रहे थे। मुझे बहलाने के लिए रहमत कोई कहानी सुना रहा था जो मैं सुन नहीं रहा था क्योंकि मुझे अपने इतने लम्बे हो जाने की बहुत खुशी थी कि मैं पेड़ों की डालें छू सकता था।

रहमत उस ज़माने में ऐसा नहीं था। वह तब पहलवान हुआ करता था। रहमत के अब्बा भी पहलवानी करते थे। कहते हैं दादा भी पहलवान थे। तो रहमत का ख़ानदान पहलवानों का ख़ानदान है। अब रहमत के लड़के पहलवानी नहीं, खेती करते हैं। रहमत की खाल जगह-जगह से लटक आई है और वह बूढ़े बीमार शेर जैसा लगता है। कहता है—भइया पुरवई चलती है तो जोड़-जोड़ में दर्द उठता है। पहलवानी करने का इनाम मिल रहा है।

"भइया अन्दर भी झाड़ू लगवा दी है। हफ्ते-दो हफ्ते तो ठहरोगे न ?" रहमत ने पूछा और मैं हँस दिया।

"मैं तो कल चला जाऊँगा।"

"काहे ? रहो न ?" उसके लहजे में उदासी थी।

"टाइम नहीं है रहमत मियाँ।"

वह खामोश हो गया। दो पीढ़ियों से इस घर की देखभाल करनेवाले रहमत में आदेश मानने का गुण एक अद्भुत सीमा तक था।

घर वैसा ही था जैसा मैं बचपन से देख रहा था। दालान के जिस कोने में पन्द्रह साल पहले पुर और नहन रखी जाती थी आज भी वहीं रखी थी। डियोढ़ी में जहाँ लकड़ियाँ रखने की जगह थी वहाँ आज भी लकड़ियाँ थीं। सामनेवाले टीन के शेड के बाद वाला बरामदा जैसा कि हमेशा होता था दूसरे बरामदों-कोठरियों के मुक़ाबले ठंडा था। अन्दर के बरामदे की जिस ताक़ में लालटेनें और लैम्प रखे जाते थे आज भी वहाँ वही सब था। और साफ-सुथरा। रहमत की दोनों बहुओं ने दो-चार घंटे में ही घर की ख़ूब सफाई कर डाली थी। कोठरियों को खोलना और देखना बेकार था। कई पीढ़ियों के बर्तन...बड़ी-बड़ी देगें, पतीले और न जाने क्या-क्या भरा था। रहमत मियाँ चाबियों का गुच्छा लिए मेरे साथ-साथ थे कि मैं जिस कोठरी को कहूँ उसे खोल दें।

"यार काफ़ी बड़ा घर है।" अतहर बोला।

"कहते हैं मल्लू मियाँ के बचपन में दस जने रहते थे यहाँ।" रहमत ने बताया—"मल्लू मियाँ के अब्बा, भइया आज भी सब जानते और मानते हैं, पुरखों से सुनते आए हैं कि ऐसे रोज़े-नमाजवाले थे कि छः-छः महीने सिज्दे से सिर नहीं उठाते थे।"

'क्या तगड़ी गप्प है।' मैंने दिल ही दिल में सोचा।

हम दोनों घर के अन्दर से बाहर आ गए। अन्दर के घर में अजीब तरह की वहशत

थी। यह भी कहा जाता था कि इस घर में जिन्न रहते हैं। जुमेरात को नमाज़ पढ़ने की आवाज़ आती है। रहमत का कहना था कि जिन्न मुला किसी का कोई नुक़सान नहीं करते। अगले दिन सुबह घर के अन्दर आओ तो एक खुसबू जैसी आती रहती है।

घर का बाहरी हिस्सा यानी दालान और उसके पीछे वाला लम्बा कमरा, पास वाली कोठरी अन्दर के मकान से बिल्कुल अलग नज़र आते थे हालाँकि वे भी उतने ही पुराने थे जितना अन्दर वाला मकान था। बाहरवाला हिस्सा इस्तेमाल होता रहता था। रहमत का घर गाँव में ही था पर उसके जानवर यहीं बँधते थे। अब्बा का कहना था कि गाँव में शादी-ब्याह के मौक़े पर किसी को भी मकान के बाहरी हिस्से की ज़रूरत पड़े तो दे दिया जाए। इस तरह साल में दो-चार बारातें ठहरती थीं।

पता नहीं क्या वजह थी कि बाहरवाले ह़िस्से की दीवारों, दरों, ताकों, धन्नियों, मेहराबों पर जिन्दगी के कुछ आसार नक़्श हो गए थे। वाह यह भी कितनी अद्‌भुत बात है कि बेजान चीज़ों पर भी जानदार चीज़ों का असर पड़ता है। आदमी की आँखें जिस चीज़ पर नहीं पड़तीं वह चीज़ मुर्दा हो जाती है, जैसे अन्दरवाला घर।

"डिप्टी साहेब कब आएँगे ?" रहमत ने पूछा।

"अभी नहीं...उनकी तबीअत ठीक नहीं है।"

"सींच और लगान भरनी है। हुकुम होय तो भर दी जाए।" वह बोला।

"हाँ भर दो...क्या उसके लिए पैसा चाहिए ?"

"पैसा है भइया...अब हम आपसे पैसा न लेंगे...आपको हमने गोदों में खिलाया है। डिप्टी साहब की बात दूसरी।" बूढ़े रहमत के चेहरे पर आत्मीयता का गहरा भाव था।

दो पीढ़ियों से यह दस्तूर था कि रहमत मियाँ के ख़ानदान का कोई आदमी यहाँ हर रात सोता था। आजकल उनका छोटा लड़का रमज़ान सोता है। शाम ढले वह अपनी दरी-चादर ले आया।

"अल्लाह मियाँ का कितना फ़ज़ल है।" रहमत बोला—"आप जनों की मेहरबानी है। इत्ता बड़ा अहाता गाँव में किसके पास बचा है। यहाँ तो दस ठो भैंसें पाली जा सकती है। इत्ता बड़ा घर है कि मनों अनाज भर दिया जाए तो पता न चले। कुआँ अहाते में है।" रहमत बड़ी देर तक यह सब कहता रहा। वह बताता रहा कि हम लोगों के कारण उसकी जिन्दगी कितनी अच्छी कट रही है। वह कभी-कभी भावुक भी हो जाता था। गाँव में उसने अपने घर में कुछ और इज़ाफ़ा करा लिया था। दो भैंसे पाली थीं जो यहीं हमारे अहाते में बाँधी जाती थीं। गेहूँ, धान के अलावा उसे आलू में भी अच्छा-खासा पैसा मिल जाता था। बहरहाल उसे इतना सन्तोष था जितना शायद अब्बा को भी नहीं था।

अगले दिन सुबह हम लोग बैलगाड़ी से खुरजी आए। यहाँ बाग़वाला कुँजड़ा तीन बोरों में आम रखे हमारा इन्तिज़ार कर रहा था। बस पर बोरे रखवा दिए गए। रहमत मियाँ बस के छुटने तक वहीं रहे। कुँजड़े के साथ उसके 'बीड़ी सेशन' चलते रहे।

"यार ये जायदाद माशाअल्लाह से बड़ी अच्छी है।"

अतहर बस पर भी केसरियापुर के बाग़, जमीनों और मकान की बातें कर रहा था। उसे यह सब बहुत पसन्द आया था।

"देखो अगर बाहरवाले दालान के बराबरवाले दालान में जहाँ बैलगाड़ी खड़ी होती है अगर चक्की लगवा दी जाए तो कम से कम पचास-साठ रुपए रोज़ की आमदनी हो सकती है। जलन का आटा अलग मिलेगा।"

मैं लापरवाही से सुनता रहा।

"शहर में तुम नौकरी करोगे तो क्या मिल जाएगा। अरे हज़ार भी मिले तो दो-तीन सौ तो किराए के ही निकल जाएँगे। हाथ में क्या आएगा ? यहाँ सब बचत ही बचत है।"

मैं चुपचाप सुनता रहा।

"तुम्हारे अलावा और है कौन ? डिप्टी साहब के बाद ये सब कौन देखेगा।"

"मैं तो सोचता हूँ, पार्टी को दे दूँगा।" उसने एक बुरा-सा मुँह बनाया।

"क्यों ?"

"अरे यार पुरखों की जायदाद कोई पार्टी को देता है।"

"जायदाद कैसे बनती है या थी ? तुम्हें मालूम है ? लूटकर...ये आज जो बड़े-बड़े इज़्ज़तदार लोग करोड़पति बने बैठे हैं इनके पुरखे डकैत थे।"

"लेकिन तुम्हारे पुरखे तो मौलवी थे।"

"क्या मौलवी डकैत नहीं हो सकते ?"

"अब यार तुमसे बहस कौन करे...मैं तो डिप्टी साब से बात करूँगा।"

"क्या बात करोगे ?"

"मैं यहाँ चक्की लगा लेता हूँ।"

"यार चक्कियाँ तो इस इलाके में तो होंगी ?"

"यहाँ के लोग अरधनापुर जाते हैं...पाँच मील पड़ता है।"

"ठीक है तो लगाओ।"

"तुम भी इधर ही आ जाओ।"

"क्या मतलब है तुम्हारा ?"

"कहाँ नौकरी-वौकरी के चक्कर में पड़ोगे ?"

"नौकरी-वौकरी की उतनी बात नहीं है।"

"फिर क्या बात है ? कोई लौंडिया है ?"

"कोई लौंडिया नहीं है...अफसोस है कि नहीं है...बात है कि मैं कुछ ऐसा करना चाहता हूँ जिससे मुझे लगे कि मैं कुछ कर रहा हूँ।"

"क्या कर रहे हो ? मैं समझा नहीं।"

"यार देखो यहाँ आकर टाँगें पसारकर लेट जाना कितना आसान है। कोई भी कर सकता है। फिर मैं..." वह मेरी बात काटकर तमककर बोला—"क्या समझते हो खेती करना या कराना मामूली काम है ? हालत खराब हो जाती है मियाँ। शाहिद मियाँ से

पूछो। जुताई के टैम बीस-बीस घंटे ट्रैक्टर चलाते हैं। सोना हराम हो जाता है।''

''हाँ मेहनत तो है।''

''तो फिर ?''

''मतलब मेरे लिए उसमें मज़ा नहीं है।''

''मेहनत करना; पैसा मिलेगा; शान से रहना। इसमें तुम्हारे लिए सन्तोष की बात नहीं है ?''

मैं जो अतहर को समझाना चाहता था वह उसकी समझ में नहीं आ रहा था।

बस रुकी तो हम उतर आए। धूल पूरे जिस्म पर पाउडर जैसी लग गई थी। अतहर अँगौछे से अपना चेहरा और सिर झाड़ने लगा और फिर अँगौछा मुझे पकड़ा दिया।

''तो तुम अख़बार की नौकरी करना चाहते हो ?'' चाय पीते हुए वह बोला।

''हाँ।''

''मतलब क्या होगा उसमें ?''

''रिपोर्टर की नौकरी।''

''मतलब जहाँ जो हो रहा है वह लिखकर लाना और ख़बर बनाकर देना।''

''हाँ।''

''तो इसमें ऐसी क्या बड़ी बात है।'' वह गम्भीरता से बोला और हँसने लगा।

''यार सुनो क्यों दर-ब-दर भटकोगे ?'' वह फिर गम्भीरता से बोला।

मैं सोचने लगा अतहर कितनी बड़ी सीमा तक भारतीय सोच का प्रतिनिधित्व करता है। इसका भारतीयकरण क्या किया जाएगा। यह दिल्ली को परदेस समझता है। नौकरी करने को भटकना मानता है, अपने गाँव और घर में रहना सर्वश्रेष्ठ समझता है। आराम को चुनौती पर तरजीह देता है। सुकून से दो रोटी खाने को आदर्श मानता है। जो भाग्य में है उससे पूरा सन्तोष है।

''अब ट्रेनिंग करने के बाद कानपुर में मुझे तीन सौ की नौकरी मिली थी। सात बजे कमरे से चलता था तो सवा आठ बजे फैक्ट्री के टाइम पर पहुँचता था। वहाँ से सवा पाँच बजे छुट्टी होती थी तो टूटा हुआ सवा छः बजे कमरे। फिर रोटी ठोंकना और चूल्हा फूँकना। कमरे का किराया पचहत्तर रुपया। पच्चीस रुपए महीना आने-जाने में। सौ रुपए महीने का राशन-पानी। हाँ दस रुपए महीने बिजली-पानी के। हुए दो सौ दस। तो महीने में बचते थे नब्बे रुपए। अब्बा को पता चला तो बोले कि नब्बे रुपए के लिए वहाँ अकेले परदेस में पड़े सड़ रहे हो...यहाँ दुकान पर बैठोगे तो उससे ज़्यादा कमा लोगे। अब साजिद मियाँ 'आइटम' बढ़ा दिए हैं। अल्ला का शुक्र है कि कानपुर की नौकरी से तो अच्छा ही परता पड़ता है।''

''देखो हर चीज़ पैसा ही नहीं है,'' मैं झुँझलाकर बोला।

''सुनो...सुनो...'' वह बहुत उत्साह से बोला जैसे उसके दिमाग़ में कोई शानदार आइडिया आ गया हो।

''तुम तो साजिद मियाँ अल्ला क़सम एल.एल.बी. कर डालो। डिप्टी साहब की

किताबें और बैठक है ही। जम जाओ। गिरी हालत में भी बीस-पच्चीस पीट लोगे...और घर की जायदाद देखो...वैसे पॉलीटिक्स करना चाहो तो वह भी कर सकते हो।"

"अरे यार अतहर तुम समझे नहीं। मैं कुछ ऐसा करना चाहता हूँ जो आमतौर पर लोग न कर सकते हों।"

"मतलब ? कहानी-वहानी तो तुम यहाँ भी रहकर लिख सकते हो।"

"वो तो ठीक है। पर पेशा...पेशा भी न कहो...बल्कि 'पैशन'...मतलब मैं चाहता हूँ कि राष्ट्रीय स्तर पर जो कुछ हो रहा है, समाज में जो परिवर्तन आ रहे हैं, लोकतन्त्र और समाजवाद के लिए जो संघर्ष हो रहा है उसमें मैं एक सक्रिय भूमिका निभाऊँ, समझे ? यहाँ इस छोटे से शहर और केसरियापुर गाँव में रहकर क्या हो सकता है ?"

"तो उसके लिए बड़े शहर में रहना ज़रूरी है ?"

"हाँ यार...यहाँ अख़बार वग़ैरा के दफ़्तर कहाँ हैं।" मैं बोला और वह सिर हिलाने लगा।

## 59

कुछ क्षण ऐसे होते हैं जो बिलावजह खुशी देते हैं। यह सोचना पड़ता है कि इस खुशी का आधार क्या है ? बात समझ में नहीं आती।

रातभर की यात्रा के बाद सुबह सवेरे जब ट्रेन इस चिरपरिचित स्टेशन पर रुकी और मैं नीचे उतरा तो क्षण-भर को लगा कि कितना खुश हूँ। वही स्टेशन, माल-गोदाम, वही बुक स्टाल—तो क्या चिरपरिचित चीज़ों से यह खुशी मिलती है ? लगा यह खुशी एक पुराने खुशी के विशाल पेड़ का छोटा-सा बीज है।

स्टेशन पर चाय पीकर बाहर आया तो उजाला फैल गया था। बरसात के दिनों की एक सुबह थी। रात भर पानी बरसा था। पेड़ों पर से धूल साफ हो चुकी थी। कोलतार की सड़क साफ-शफ़्फ़ाक थी। अपना एकमात्र सूटकेस रिक्शे पर रखते हुए मैंने कहा—"मैरिस रोड, केला नगर चौराहा।"

अब यहाँ आमोद नहीं है, न आएगा। किरन पता नहीं कहाँ होगी ? क्योंकि योरोप के किसी विश्वविद्यालय में उसे दाखिला मिल गया था। क्लास के सारे लड़के तितर-बितर हो चुके होंगे। ज़ैदी पता नहीं कहाँ होगा ? चेतन ? वह भी अपने घर चली गई होगी। रियाज़ काश्मीरी शायद श्रीनगर में हो। मुल्ला वासे ? गरज़ ये कि उन लोगों से क्या मुलाक़ात होगी ? दोस्तों के छुट जाने का वह दुःख जो दो साल पहले अहमद और शकील के छुट जाने से हुआ था फिर ताज़ा हो गया। तो ये अभ्यास हो रहा है चीज़ों को छोड़ते जाने के दुःख को सहन करने का अभ्यास...मुझे हँसी आ गई अपनी बेवकूफी पर।

रिक्शा धीरे-धीरे मैरिस रोड पर घिसट रही थी। पुराने नवाबों की ख़स्ता हाल लेकिन प्रभावित करनेवाली शानदार कोठियाँ और उनके फाटक और लॉन नज़र आ रहे थे।

इन शानदार कोठियों में वह कोठी भी थी जहाँ मुहम्मद अली जिन्ना ठहरा करते थे। वह कोठी भी थी जहाँ पंडित नेहरू ठहरते थे। वे कोठियाँ भी थीं जिन्हें पुराने नवाबों के वारिसों से नए उद्योगपतियों ने खरीदकर इस तरह चमचमा दिया था कि वे अश्लील लगने लगीं थी। यह फ़र्क़ साफ पता चलता था कि कौन-सी कोठी अतीत की दास्तान सुना रही है और कोन कोठी अपना चोला बदलकर भविष्य के साथ क़दम-ताल मिला रही है।

चौराहे पर फ़ैज़ी की याद आ गई। दाहिनी तरफ वही कोठी है जहाँ वह शायद अब भी हो। वहाँ वह जालीवाला दरवाज़ा भी होगा जिससे अपना चेहरा सटाकर उसने एक बार मुझसे बात की थी और मैं न सिर्फ महीनों खुश रहा था बल्कि खुशी का वह खोटा सिक्का अब भी मेरी जेब में है और उसे मैं जब चाहूँ चमकाकर खुश हो सकता हूँ। जब उसने जाली के दरवाज़े से चेहरा सटाकर कहा था, हाँ मैं आऊँगी तो वह क्षण उस समय बिल्कुल सच्चा था। शायद खोटे सिक्के में वही क्षण चमक आता है जब मैं उसे घिसता हूँ। और उसी दरवाज़े पर उसने कहा था कि वह मुझसे मिलना नहीं चाहती—बिल्कुल नहीं। और वहीं मैंने टूटे हुए दिल को सँभालने के अभ्यास का पहला पाठ पढ़ा था। मुझे फ़ैज़ी पर हँसी आई। वह मुझे इसलिए छोड़ गई कि मैं हिन्दी में एम.ए. करने लगा था और उसे लगा था कि मेरा कोई कैरियर नहीं बन सकेगा। चलो अच्छा ही है। किसी कैरियरवाले इंजीनियर से शादी करके आबुधाबी या जद्दा चली जाएगी। वहाँ सोना ख़रीदेगी। तीन-चार बच्चे पैदा करेगी और वापस आकर कोठी बनवाएगी। जीवन सफल माना जाएगा या कम से कम ख़ुद मानेगी कि जीवन सफल हो गया। और वास्तव में होगा भी। यह तो मेरी ही बेवक़ूफ़ी है कि नहीं; नहीं होगा। और सब या ज़्यादातर लोग तो ऐसा नहीं मानते। अपने आपको एक गाली देकर मैंने कहा—अपने आपको इतना शत-प्रतिशत सही न माना करो। धोखा खा जाओगे।

पता नहीं कैसी-कैसी यादें इस सड़क पर बिछी पड़ी हैं। अलग-अलग उनका पता नहीं चलता। सब गड्डमड्ड हो गई हैं। कॉकटेल बन गया है। कॉकटेल पर याद आया क्यों न आज शाम पी जाए। नवीन भी साला पीने का शौकीन है। हो सकता है कुछ पैसे भी लगा दे।

लकड़ी का फाटक खोलकर मैं अन्दर आया तो मुख्य मकान के दाहिनी तरफ बने बरामदे, कमरे और बराबरवाली कोठरी के सामने दो चारपाइयों पर अब तक मच्छरदानियाँ लहरा रही थीं। नवीन ने मुझे आता देख लिया। उसके चेहरे पर वही ही अफसुर्दा मुस्कुराहट आ गई जैसी प्रायः आया करती थी और वह बोला—"आओ यार, क्या अभी-अभी आए ?"

"सीधे स्टेशन से आ रहा हूँ।" मैं बोला।

"बैठो।"

"के.पी. कहाँ हैं ?"

"अन्दर हैं।" नवीन ने यह कहा ही था कि अन्दर से के.पी. की आवाज़

आई—"तुम्हें तो एक हफ़्ता पहले आना चाहिए था। मैंने तो लिख दिया था। पंडितजी अपने प्रोग्राम के हिसाब से चले गए हैं," बोलते हुए के.पी. बाहर आ गए।

"लौटोगे तो न ?"

"हाँ लेकिन...ख़ैर तुम्हें प्रोपोज़ल बनाने में भी समय लग जाएगा।" मैंने आम निकालकर उनके सामने रख दिए।

"अपने ही बाग़ के हैं।"

"हाँ, ये अच्छा किया तुमने...यहाँ तो न अच्छे हैं न सस्ते।"

विभाग में चहल-पहल थी। नए लड़के-लड़कियाँ—पुराने अध्यापक। चार एस मिले और तपाक से बधाई दी—अंग्रेजी में। मैं हँसा। सोचा ये वही थे जिन्होंने मुझे ये चुनौती दी थी कि मेरी फर्स्ट क्लास नहीं आ सकती। डॉ. कुसुम मिले और बोले—"प्रथम श्रेणी प्राप्त करने की बधाई तो तुम्हें सभी दे रहे होंगे और यह हर्ष का विषय है परन्तु मेरे सम्मुख इससे भी बड़ा हर्ष का विषय 'धर्मयुग' में कहानी प्रकाशित होना है। धर्मवीर 'भारती' से तुम्हारी चर्चा हुई थी। मैंने उनसे यही कहा कि उदीयमान लेखकों में तुम्हारा स्थान वही है जो अपनी पीढ़ी के कवियों में मेरा था।"वे खुलकर हँसे। और बोले—"चाय पियोगे ?"

"जी हाँ।"

मैं और वे केबिन में आ गए। चपरासी को बुलाया और बोले—"एक कप के पॉट में चाय लाओ। कप प्लेट दो-दो रखवाना, चमचे भी दो।"

चपरासी के जाने के बाद मुझसे कहा—एक कप के पॉट में इतनी चाय होती है कि दो कप आसानी से बन जाएँ। कभी-कभी दूध या चीनी की कमी पड़ जाती है सो मैं अपनी अलमारी में रखता हूँ।" उन्होंने किताबों की अलमारी की तरफ इशारा किया।

"बहुत उचित है।"

"मेरे एक गीत का मुखड़ा है—मन पर मेरे दूब सजनिया—तो इस पर धर्मवीर भारती ने कहा कि कुसुम यह पंक्ति या तो 'निराला' लिख सकते थे या तुमने लिखी है। थोड़ा ध्यान दो...मन...मन ही एक प्रतीक है हमारी स्मृति में...उसके बाद उस पर दूब...बड़े-बड़े पेड़ गिर जाते हैं, दूब नहीं गिरती..." वे बोलते रहे और मैं सोचने लगा कि एक प्याली की चाय की जो क़ीमत चुकानी पड़ेगी वह ज़रा ज़्यादा होगी। पर फँस चुका था। वे भी जानते थे। मैं कैन्टीन जाने के लिए बेचैन था। चाय पीते ही मैं उठ खड़ा हुआ और इस तरह ग़ायब हुआ जैसे गधे के सिर से सींग।

कैन्टीन में मक्खियों की भिनभिनाहट जैसी आवाज़ों के शोर ने स्वागत किया था। अपने ठीहे पर जावेद भाई विराजमान थे और किसी दूधवाले, कोयलेवाले या हलवाई से उलझ रहे थे। मैं जैसे ही पहुँचा उन्हें बहाना मिल गया।

"आओ मियाँ साजिद आओ।" वे मुझसे बोले और फिर उस आदमी से कहा—

"देखो भाई, कल आना। आज तो तुम्हारा हिसाब हो नहीं सकता। हमारा मैनेजर भी नहीं है और पैसा भी नहीं है। कल आ जाओ। लेकिन ग्यारह के बाद।"

वे मेरी तरह मुड़ गए—"कहो कब आए।"

"आज सुबह।"

"फर्स्ट क्लास आ गई।"

"हाँ, पता नहीं कैसे ?"

"के.पी. को दुआएँ दो।"

"कैसे ?"

"देखो होता ये है कि हर हेड ऑफ द डिपार्टमेंट अपने पर्चे में उस समय नम्बर देता है जब दूसरे लोगों के नम्बर उसे पता लग जाते हैं। यानी 'हेड' ही 'टाप' करवाता है। मान लो कोई 'टाप' कर रहा है और 'हेड' नहीं चाहता तो उसे अपने पर्चे में इतने कम नम्बर दे देगा कि वह टाप न कर सके। समझे ?"

"बिल्कुल।"

"तो मियाँ जब तुम्हारे नम्बर आए तो पता चला कि सिर्फ आठ नम्बर से तुम्हारी फर्स्ट क्लास रुक रही है। यानी पंडितजी अगर तुम्हें फर्स्ट क्लास से आठ नम्बर ऊपर दे देते तो तुम्हारी फर्स्ट क्लास आ जाती। अब सवाल ये है कि पंडितजी ऐसा क्यों करते ? तुम न तो पंडित हो, न उनके चहीते...तब ये के.पी. ने करवाया।"

मैं खामोश हो गया। तो मतलब वास्तव में मेरी फर्स्ट डिवीजन नहीं आई है। तो मैं क्या करूँ, शर्म या गुस्सा या कुछ नहीं।

मेरे खामोश हो जाने को जावेद भाई भाँप गए और बोले—"देखो, इसे सीरियसली मत लो। मुझे हेड ने सिर्फ तैंतीस नम्बर दिए थे। कम से कम पास होनेवाले नम्बर। लेकिन उस पर भी मेरी फर्स्ट क्लास आ गई थी...तो यार ये सब तो माया है...अब देखो साले नाअहेल लोग प्रोफेसर बने बैठे हैं...अब क्या करोगे...तो मेरी बात गाँठ बाँध लो, इसे सीरियसली मत लो। न फर्स्ट क्लास को, न सेकेंड को और न थर्ड को। यानी ये सब माया है।"

मैं हँसने लगा।

"चाय पियोगे या कॉफी ?"

"कॉफी...आप वाली...घोंटी गई।"

"ठीक है मियाँ। मैं कॉपी कहता हूँ तो मतलब वही है।"

"कैसी कटी घर पर ?"

"बोर हो गया।"

"यहाँ चले आते।"

"अम्माँ-अब्बा।"

"ठीक कहते हो।"

"अब क्या करोगे।"

"फिलहाल तो पी-एच.डी. में दाख़िला।"

"सीरियसली करोगे ?"

"नहीं।"

"ये अच्छा है।"

"क्यों ?"

"यार जितने लोगों को पढ़ाने की नौकरी से बचा सकूँ उतना अच्छा है।"

"मैं हँसने लगा।

"तुम करना क्या चाहते हो ?"

"अख़बार में काम।"

"दिल्ली जाओगे ?"

"वहीं कुछ होगा।"

"तो ठीक है...हिम्मते मर्दा मददे ख़ुदा।" कॉफी आ गई।

"आप कैसे रहे।" मैंने पूछा।

"एक महीने कैन्टीन बन्द रही, क्योंकि लड़के ही नहीं थे।"

"कहीं गए थे ?"

"कहीं नहीं गया। घर में पड़ा रहता था।"

"कुछ हुआ।"

"मियाँ, एक ग़ज़ल के कुछ शे'र...लेकिन शाम को सुनाऊँगा। शाम को आना, शहरयार भी आ रहे हैं। के.पी. भी होंगे।"

"और डॉ. इल्मी ?"

"वो तो अब यहाँ नहीं आते, तुम्हें बता चुका हूँ।"

"हाल क्या हैं उनके ?"

"बेचारे परेशान हैं।"

"क्यों ?"

"लोग कहते हैं कि ज़ोहरा बीमार है। पहले तो वहीं के डॉक्टरों का इलाज होता रहा। काफी इलाज हुआ। पता नहीं सारे डॉक्टरों ने क्या-क्या दवाएँ खिलवा दीं कि उसके बाल झड़ने लगे और जिल्द स्याह पड़ने लगी। तब डॉ. इल्मी उसे लेकर दिल्ली आए। अब ऑल इंडिया मेडिकल इंस्टीट्यूट में इलाज चल रहा है।"

"और 'राही' साहब की कोई ख़बर ?"

" 'राही' बम्बई में हैं। कहते हैं अभी काम नहीं मिल रहा है। यार, वो शहर भी अजीब है। उसके दरवाज़े या तो खुलते नहीं या खुल जाते हैं तो बन्द नहीं होते। मुझे यक़ीन है कि 'राही' को वहाँ कामयाबी मिलेगी...बल्कि 'राही' की शायरी और शख़्सियत फिल्मों के लिए ही बनी है।"

"क्या ये काम्पलीमेंट है ?" मैंने पूछा।

"मियाँ, हक़ीक़त है। अब तुम न मानो तो न मानो। लटके-झटके, अदाएँ, नखरे,

मनाना-रूठना, आगे जाना, पीछे हटना, मुड़ना, पलटना, फिरना ये सब फिल्मी दुनिया के नुस्खे हैं जिसमें 'राही' माहिर हैं। यार मैं बीस साल से जानता हूँ राही को। उसी वक़्त से 'राही' की दिली तमन्ना फिल्मों में जाने की थी।''

'राही' साहब के बारे में जावेद भाई की बातें सुनकर अजीब-सा लगा। सोचा, यार ये किसी की तारीफ़ नहीं कर सकते ? ये भी कह सकते थे कि 'राही' साहब बम्बई में बहुत 'स्ट्रगल' कर रहे हैं और जल्दी ही कामयाब होंगे...जावेद भाई की आदत ही बुराई करना है। कोई हो। हद ये है और यह आदत इतनी पक्की हो गई है कि अपनी भी बुराई ही करते हैं। उन्हीं का सुनाया हुआ एक क़िस्सा याद आया जो उन्हें ज़ज्बी साहब ने सुनाया था। किस्सा ये है कि जज़्बी साहब बम्बई गए साहिर लुधियानवी से मिलने। शाम हुई। स्कॉच खुली। बातचीत शुरू हुई। साहिर ने पूछा—'जज़्बी, वो फलाँ आदमी कैसा है ?' उन्होंने कहा—'ठीक है। अच्छा काम कर रहा है।' साहिर ने कुछ देर बाद पूछा, 'यार वो सुरूर साहब कैसे हैं ? जज़्बी साब ने कहा, 'अच्छी तरह हैं।' उनकी नई किताब आ गई है।' फिर साहिर ने कहा—'अख़्तर अंसारी कैसे हैं ?' जज़्बी साब ने बताया—'बहुत खुश हैं। रिटायर हो गए हैं' अपने क़तआत का नया मज्मुआ छपवा रहे हैं।' ये सुनने के बाद साहिर से नहीं रहा गया और वह तड़पकर बोला—'यार जज़्बी मज़ा नहीं आ रहा है। बिल्कुल मज़ा नहीं आ रहा है। आओ यार, किसी की बुराई की जाए।' जज़्बी साब ने कहा—'भई मज़ा तो मुझे भी नहीं आ रहा था।'

## 60

'तुम फिर चचा बन गए हो,' यह शकील के ख़त की एक लाइन थी। मैं इस लाइन पर आकर अटक गया और शकील को पचास-साठ गालियाँ दीं। पहले तो मैं शादी-वादी के चुतियापे से ही सहमत न था। उसने तो यहाँ से जाते ही यानी दो साल पहले शादी रचा डाली थी। उसके बाद बच्चे। शादी, बच्चे, मकान, बीमारी, मौत—यही जिन्दगी है क्या ? ये तो कीड़े-मकोड़ों की ज़िन्दगी जैसी ज़िन्दगी है। फिर ये लोग अपने को आदमी क्यों कहते हैं ? लानत है। ख़ैर चलो छोड़ो। दूसरी तरफ अहमद और इन्दरानी ने भी एक बच्चा पैदा कर डाला। लेकिन कम से कम ये नहीं लिखा कि तुम चचा बन गए हो। यह ज़रूर लिखा था कि अगले महीने वह दिल्ली आ रहा है। मैं आकर उससे मिल लूँ। उसने पता भी लिखा था जहाँ उसे ठहरना था। वैसे भी मुझे दिल्ली जाना था इसलिए उससे मिलने का प्रोग्राम अलग से बनाने की आवश्यकता न थी।

मेरे काम का खुलासा कुछ इस प्रकार हो गया था। पंडितजी के आने के बाद पी-एच.डी. में दाख़िला मिल गया था। हॉस्टल में मैंने कमरा नहीं लिया था क्योंकि मुझे तो आख़िरकार दिल्ली जाना था। मैं के.पी. के साथ उनके ही मकान में ठहर गया था क्योंकि आमोद ने हॉस्टल में कमरा ले लिया था। मेरे सभी दोस्त लापता थे। यानी पता

नहीं कहाँ-कहाँ किस-किस जगह जिन्दगी के गाड़ी के पहियों, धुरों, स्क्रू, बोल्टों वगैरा में बदल चुके थे। चेतन दिल्ली चली गई थी। ज़ैदी के बारे में यही पता चला था कि वह दिल्ली चला गया है और नौकरी की तलाश चल रही है। नक़ी जाफ़री हैदराबाद चले गए थे। मुल्ला वासे बिजनौर मुस्लिम कॉलेज में लग गए थे। आमोद को भी उज्जैन में नौकरी मिल गई थी। किरन को हालैंड के किसी विश्वविद्यालय ने पी-एच.डी. करने के लिए दाख़िला दे दिया था।

तीन-चार चक्कर काटने के बाद कामरेड रात में दस बजे मिला। उसने बताया कि वह डॉ. ताहिर के यहाँ रात का खाना खाने रुक गया था। सफिया भाभी ने बहुत आग्रह करके रोक लिया था। वह गर्मियों की छुट्टियों में गाँव नहीं गया था। यहीं रहा था और यहाँ से एक बार कानपुर और दूसरी बार दो हफ़्ते के लिए बरेली गया था। दोनों जगह पार्टी ने कैम्प लगाए थे। वह कुछ उदास-सा लगा, या उदास कहना शायद ठीक न हो। वह कुछ असामान्य-सा लग रहा था। उतना ख़ुश या नाख़ुश न था जितना हुआ करता था। वह एक नई कमीज़ पहने हुआ था। पूछने पर कि कहाँ से खरीदी, वह हँसने लगा।

"एक दिन शाम को सफिया भाभी के घर में था। डॉ. साहब वापस नहीं आए थे। सफिया भाभी को एक कुर्सी बाहर रखनी थी। वे उठाने लगीं तो मैंने रोक दिया और कुर्सी उठाई। कुर्सी में एक कील निकली हुई थी। कील से मेरी कमीज़ फट गई। सफिया भाभी ने कहा,—लाओ, तुम्हारी कमीज़ सी दूँ। मैं रोकता रहा, पर उन्होंने भाई जबर्दस्ती कमीज़ उतरवा ली। अन्दर चली गईं। सुई-धागा वग़ैरा लाईं। कमीज़ सीकर दी तो मैंने पहन ली। अगले दिन मैं गया तो डॉ. ताहिर भी थे। कहने लगे, कामरेड, आज तुम्हारा जन्मदिन है। मैंने कहा—नहीं, आज तो नहीं है। तो डॉ. साहब बोले, क्यों आज पहली मई नहीं है ? हाँ ये तो है। मैं हँसने लगा। डॉ. साहब बोले, ठीक है तो जन्म दिन पर तुम्हारे लिए एक छोटा-सा उपहार पेश है। और भाई ये कमीज़ निकालकर दी। विदेशी लगती है। बहुत लोग पूछते हैं। बड़ी शर्म आती है।"

"शर्म-वर्म नहीं कामरेड...तुम्हें मज़ा आता है।"

"मज़ा आता है..." वह मेरा हाथ पकड़कर मज़ाक़ में ऐंठने लगा। उसके हाथ वैसे ही लोहे जैसे थे।

"छोड़ो यार कामरेड...ये हाथ-पैर का मज़ाक़ अच्छा है। बस जीभ चलाया करो।"

"जीभ चलाना तुम लोगों का काम है...साहित्यकार, लेखक...हमारा काम तो हाथ चलाना है।" वह हवा में मुक्का तानकर बोला।

"ये बताओ क्या रोज़ सफिया भाभी के यहाँ जाते हो ?" मैंने पूछा।

"ये क्यों पूछ रहे हो।" वह गम्भीर हो गया।

"वैसे ही।"

"हाँ...लगभग रोज़...खाना खिलाए बिना वापस नहीं आने देतीं। खाना भी बड़ा स्वादिष्ट पकाती हैं...क्या कहते हैं आज पसंदे पकाए थे। साजिद, वैसा खाना तो मैंने अपने जीवन में कभी खाया नहीं।"

"सफिया भाभी जैसी महिला भी तो तुमने जीवन में न देखी होगी।" मैंने आँख मारकर कहा और भड़क उठा।

"क्या बकते हो।" वह मेरी तरफ झपटा।

"ठहरो यार...ठहरो...मैं कोई बुरी बात तो कह नहीं रहा हूँ। सुन्दरता को स्वीकार करना अपराध है क्या ?"

"नहीं...पर तुमने आँख क्यों मारी थी।"

"ये साली बुरी आदत पड़ गई है। सुन्दर औरतों का नाम लेते ही साली आँख फड़क जाती है।"

अबकी वह रुका नहीं और मेरी पीठ पर ज़ोर का घूँसा मार दिया।

"अबे मारा साले।" मैं कराह उठा।

"मज़ाक़ करते हैं सीमा में।" वह गम्भीर हो गया।

मैं उसकी गम्भीरता से डर गया।

"देखो मेरा इरादा सफिया भाभी का अपमान करना न था। मैं तो केवल इतना चाहता था कि वैसी सुन्दर औरत हज़ारों में एक-आद होती है। और जैसा कि तुम उनके स्वभाव के बारे में बताते हो उससे यही पता चलता है कि बहुत संवेदनशील महिला हैं। तो ये दो गुण...।"

"बस-बस बहुत लेक्चर न झाड़ो।"

"यार मैं गम्भीर होता हूँ तो तुम लेक्चर कहते हो। मज़ाक़ करता हूँ तो तुम गम्भीर हो जाते हो...कामरेड हो या पाजामा ?" वह हँसने लगा।

"तो और क्या किया छुट्टियों में ?" मैंने पूछा।

"पढ़ता रहा। पार्टी साहित्य ले आया था कानपुर से...और शहर में मज़दूर साथियों से कान्टैक्ट बनाता रहा। अपने कामरेड शंकर कुछ बीमार हो गए हैं। उन्हें अस्पताल में भरती कराया।"

"कामरेड शंकर कौन है ?"

"अरे तुम नहीं जानते ?"

"नहीं।"

"जिला कमेटी के सचिव...कामरेड शंकर।"

"मैं कभी नहीं मिला।"

"तो कल चलो...मिला लाएँ...अब तो अस्पताल से घर आ गए हैं।"

"ठीक है, चलो।"

सड़क के किनारे तरह-तरह की दुकानों के बीच तीन दर की एक दुकान जिसके केवल दो दर खुले हुए हैं और तीसरा बन्द है; जिला सी.पी.एम. का जिला कार्यालय है। दुकान के साथ टीन का छज्जा है, उसके नीचे और नाले के ऊपर लकड़ी के तख़्ते लगे हैं जिन पर बैठा जा सकता है। अन्य दुकानोंवाले उस पर तराज़ू आदि रखते हैं।

कामरेड ने साइकिल अन्दर चढ़ाते हुए कहा—''साइकिल बाहर मत छोड़ना।''

साइकिलें दफ़्तर के एक कोने में खड़ी हो गईं जहाँ काफी जगह थी। मैंने इधर-उधर निगाहें दौड़ाईं। लगा कि घड़ी बहुत तेजी से पीछे लौट रही है। पता नहीं दस साल या पन्द्रह साल या बीस साल या उससे भी ज़्यादा। दीवारों पर जो चित्र लगे थे। जो पोस्टर थे, जो झंडे थे। वे इससे कम पुराने न होंगे। स्टैलिन का एक ऐसा दुर्लभ पोस्टर था जो शायद कहीं और न मिल पाता। भारतीय कम्युनिस्ट नेताओं के चित्र न थे। मतलब शायद यह था कि जब तक नेता मरेंगे नहीं तब तक उनके चित्र न लगाए जाएँगे। दीवारों पर अल्मारियाँ थीं जो खुली थीं। पटरे लगे हुए थे पर पतले न थे। उनमें तरह-तरह के कागज़-पत्तर इस तरह रखे हुए थे जैसे बरसों से छुए तक न गए हों। फर्श पर एक तरफ दरी और उस मटमैले रंग की चादर बिछी थी जिस पर बीच में मुंशियोंवाली नीची मेज़ रखी थी। उस पर रखा क़लम और पेन्सिल भी कम से कम बीस-पच्चीस साल पुराने लग रहे थे।

''कामरेड...कामरेड...'' कामरेड ने आवाज़ लगाई तो एक तेरह-चौदह साल का लड़का अन्दरवाले दरवाज़े से बाहर आया। उसने दरवाज़ा बन्द नहीं किया था इसलिए इस दुकाननुमा आफिस के पीछे वाला रिहायशी घर का आँगन नज़र आने लगा। छोटा-सा अँधेरा आँगन जिसके एक कोने में एक अधेड़ उम्र की औरत बर्तन माँज रही थी।

''कामरेड हैं ?'' लड़के से कामरेड ने पूछा।

''हाँ हैं।''

''क्या कर रहे हैं ?''

''लेटे हैं।''

''कह दो मैं आया हूँ...'' लड़का जाने लगा तो कामरेड ने उसे रोक लिया। ''इधर आओ परिवर्तन, इनसे मिलो, साजिद हैं और यह परिवर्तन।''

''इसका नाम परिवर्तन है ?'' मुझे आश्चर्य हुआ।

''हाँ, इसमें आश्चर्य की क्या बात है।'' कामरेड ने कहा—''परिवर्तन ग्यारहवीं में है। दसवीं में इसने पूरे उत्तर प्रदेश में टॉप किया था। गणित में इसके इतने नम्बर थे कि पिछले पचास साल का रिकार्ड टूट गया था।'' परिवर्तन ख़ामोश खड़ा रहा।

''क्या बनोगे ?'' मैंने उससे पूछा।

''डॉक्टर।'' उसने बड़े पक्के विश्वास से कहा।

मैंने दिल में सोचा, कामरेड क्यों नहीं बनोगे ? पर पूछा नहीं। पूछ सकता भी नहीं था। और फिर यह सवाल ही बेहूदा सवाल होता।

"साजिद लेखक हैं।" कामरेड ने कहा और लड़के यानी परिवर्तन ने मेरी ओर इस तरह देखा जैसे कह रहा हो—'अच्छा ? तो मैं क्या करूँ ?'

परिवर्तन के अन्दर जाने के बाद कामरेड शंकर आए। कोई पचास-पचपन की उम्र, लम्बा क़द, दुबला-पतला शरीर, बड़ा-सा सिर, छोटे या कम चौड़े कन्धे, काफी काला रंग, आँखों पर इतने मोटे फ्रेम का चश्मा कि कहना मश्किल है। कामरेड शंकर का स्वास्थ्य कुछ ठीक न लग रहा था।

"कैसे हो कामरेड ?" कामरेड ने कुछ ऊँची आवाज़ में पूछा जिससे मैं समझा कि कामरेड शंकर कुछ ऊँचा भी सुनते हैं।

"दमे का पुराना मर्ज़ है...कभी ज़ोर पकड़ लेता है।" वे बेचारगी से बोले।

"दवा तो खा रहे हो ?"

"हाँ, दवा तो चल रही है।"

"अगले हफ्ते की है ? न हो तो मैं ले आऊँ ?"

"लेते आना...दवा रहती है तो अच्छा ही रहता है।"

"कामरेड शिव आया था ?" कामरेड लालसिंह ने पूछा।

"नहीं...उसकी दुकान में चोरी हो गई।"

"उसकी दुकान में चोरी ? काहे की चोरी ?" कामरेड लालसिंह ने आश्चर्य से पूछा।

"अरे कोयले की चोरी...और किसकी चोरी होगी...रात में कोई ट्रक लेकर आया और कोयला भरकर ले गया।"

"ओ हो, ये तो बड़ा बुरा हुआ ?"

"पुलिस-उलिस के चक्कर लगा रहा है।"

"लखनऊ से कामरेड के.के. का कोई सन्देश तो नहीं आया ?

"नहीं आया...पर दिल्ली से कामरेड जे.के. ने कहलाया है कि शान्ति प्रदर्शन की तिथि बढ़ा दी गई है।"

इस पूरी बातचीत के दौरान मैं केवल कामरेड शंकर के चेहरे की ओर देखता रहा। ग़रीबी, बेचारगी, निरीहता, कमज़ोरी, असहाय और निष्क्रिय होने के भाव और आशाहीनता उनके चेहरे के स्थायी भाव लगे। उनकी सेहत पूरी तरह से जवाब दे चुकी थी। उसके साथ उनका हौसला और हिम्मत भी बोल गया था।

"तो अब मीटिंग कब की है...यहाँ वाली।" कामरेड लालसिंह ने पूछा।

"कामरेड शिव को तो आ जाने दो...मास्टरजी भी गए हैं अपने नाती की बरात में...और जगमोहन भी धान लगवा रहा है।"

'स्वाधीनता' आया है।"

"हाँ, उधर कापी रखी हैं, उठा लेव...के.पी. को दे देना, इरफान साब की भी कापी है।"

"अगली बार से दो कापी बढ़वानी है। पैसे ये पकड़ो।

मैं सोचने लगा, ये एक घर में दो कापियों का क्या होगा ? कामरेड लालसिंह पैसे निकालकर कामरेड शंकर को दे रहा था।

"चायवाले लौंडे को आवाज़ मारो कामरेड।" कामरेड शंकर ने कामरेड लालसिंह से कहा।

"ठहरो, चाय लाता हूँ।" कामरेड लालसिंह लपककर गए और तीन गिलास चाय ले आए। शायद चायवाला बराबर ही बैठता था।

"ये कामरेड साजिद हैं।" आवश्यक काम आदि निपटा लेने के बाद कामरेड लालसिंह ने मेरा परिचय कराया।

"क्या पढ़ते हैं ?"

"मैंने हिन्दी में एम.ए. किया है।"

कामरेड शंकर के चेहरे पर कोई भाव नहीं आया। उनके चेहरे का स्थायी भाव जैसा का तैसा क़ायम रहा।

हम तीनों फूँकें मार-मारकर सुड़-सुड़ चाय पीने लगे।

"तीस साल से मेम्बर हैं कामरेड।" लालसिंह ने कहा।

"तीस नहीं, तैंतीस हो गए हैं। सन् पैंतीस में ली थी मेम्बरशिप।"

कामरेड शंकर की आँखें धँसी हुई थीं। गाल पिचके हुए थे और आँख के नीचेवाली हड्डियाँ पूरी तरह उभरी हुई थीं। वे बातचीत में कभी-कभी मुँह खोल देते थे तो दिखाई पड़ता था कि उनके अधिकतर दाँत गिर चुके हैं और एक-दो जो बचे हैं वे पीले और अस्वाभाविक ढंग से लम्बे थे। सिर के बाल सूखे, लम्बे, छितरे और कुछ खड़े जैसे थे। उनके कुर्ते के बटन खुले थे जिससे उनका सीना दिखाई पड़ता था जो अन्दर को धँसा हुआ था।

"कामरेड ने पी.सी. जोशी, और बी.टी. आर. का ज़माना देखा है।" मैं कामरेड शंकर को प्रशंसात्मक नज़रों से देखने लगा। मुझे लगा कि कामरेड के चेहरे पर कोई भाव नहीं हैं।

"क्यों कामरेड, अंडर ग्राउंड में आप कामरेड सुरजीत के साथ रहे थे न ?"

"हाँ, रहे थे।" वे बोले।

पता नहीं क्या कारण था, शायद बीमारी या ग़रीबी या उकताहट, निराशा या पता नहीं क्या, पर कामरेड शंकर बोले नहीं। कुछ देर बाद हम लोग उठ गए थे। शाम हो रही थी पर लाइटें नहीं जली थीं।

"क्यों कामरेड... हो जाए कुछ ?"

"क्या ?"

"वही यार...ठेके चलें।"

कामरेड लालसिंह ने कुछ क्षण मेरी तरफ इस तरह देखा कि शायद कर देंगे...पर तुरन्त बोले—ठीक है।"

डेढ़ पाव की बोतल, दो कोकाकोला, आध पाव बर्फ, तली हुई कलेजी, उबले हुए

चने, दो गिलास हमारे सामने थे। मधुशाला में अभी तक भीड़ न थी क्योंकि ये तो शाम की शुरुआत थी।

''चलो यार, चेयर्स...पर तुम लोग चेयर्स के लिए क्या कहते हो ? लाल या रेड चेयर्स या कुछ और ?'' मैंने कामरेड से कहा।

''इन्क़िलाब ज़िन्दाबाद'' कहते हैं।

''तो चलो इन्क़िलाब ज़िन्दाबाद।''

एक घूँट लेने के बाद कामरेड ने कहा—''नहीं यार, ये पीने-पिलानेवाली बात में पार्टी और इन्क़िलाब को बीच में नहीं लाना चाहिए।''

''क्यों ?''

''बस ऐसे ही।''

''तुम तो यार कट्टर धार्मिक बात कर रहे हो।''

''कैसे ?''

''वे लोग भी यही कहते हैं कि अल्लाह रसूल के बीच 'ये' नहीं आना चाहिए, 'वह' नहीं आना चाहिए।''

''चलो छोड़ो... पर गम्भीरता ख़त्म हो जाती है।''

''नहीं, ये तो मेरा उद्देश्य नहीं था। मैं तो यह जानना चाहता था कि कम्युनिस्ट देशों में या कम्युनिस्ट समाज में 'चेयर्स' के लिए क्या शब्द प्रयोग करते हैं। जैसे अभिवादन के लिए लाल सलाम है।''

''शायद कोई शब्द नहीं है।''

''प्रत्येक देश का अपना शब्द होगा।''

''हाँ, यही लगता है।''

''लो यार, कलेजा जलाओ।'' मैंने और कामरेड ने सिगरेट सुलगा ली।

''तो अब बताओ ? एम.ए. भी कर लिया...क्या करोगे ? होलटाइमर होंगे।'' कामरेड ने पूछा।

''यार देखो, सच बताऊँ।''

''हाँ हाँ, सच क्यों न बताओ।''

''मेरे मन में जो भी इतनी-उतनी इच्छा थी 'होलटाइमर' बनने की वह कामरेड शंकर को देखकर ख़त्म हो गई।''

''क्यों ?''

''यार हताशा, निराशा, निष्क्रियता और इसी तरह की पता नहीं क्या चीज़ों के प्रतीक लगे कामरेड शंकर।''

''नहीं, ये ग़लत है। उन्होंने भयानक संघर्ष किया है।''

''किया होगा यार...पर अब क्यों ऐसे हो गए हैं ? पछतावे के कारण ?

''नहीं, उन्हें गर्व है अपने संघर्षों पर।''

''तो यार अपने संघर्षों पर गर्व करनेवाला वैसा नहीं हो सकता।''

"वे दरअसल बीमार हैं।"

"ज़रूर हैं। पर बीमारी की वजह से वे ऐसे नहीं हुए।"

"फिर ? क्या मतलब है तुम्हारा।"

"मैं नहीं जानता।"

"तो बेकार की बहस क्यों करते हो।" कामरेड नाराज़ हो गया।

"ठीक है...नहीं करूँगा।"

हम पीने लगे। पास में दो लड़के बैठे पी रहे थे। उनमें से एक उठा और हमारे पास आकर बोला—"प्लीज़, माचिस देंगे।" मैंने उसकी सिगरेट जलवा दी।

"लीजिए।" उसने सिगरेट आफर की।

मैंने ले ली।

मैं जलाने ही वाला था कि उसने लगभग मेरे हाथ से माचिस छीन ली और बोला—"आप मेरे बड़े भाई हैं। ये ख़िदमत मुझे करने दीजिए।"

मैं समझ गया कि उसे चढ़ी हुई है। मेरी सिगरेट जलाकर वह हम ही लोगों के पास बैठ गया। और शराब की बोतल को छूकर बोला—"इसकी क़सम, आप मेरे बड़े भाई हैं।"

"ठीक है।"

"नहीं, आप बोतल छूकर कहें कि इसकी क़सम तुम मेरे छोटे भाई हो।" वह बोला।

मैंने वैसा ही किया। वह भावुक हो गया और मेरे गले से लिपट गया।

"आपने मुझे छोटा भाई बनाया है।" उसकी आँखों में आँसू थे। उसका दोस्त भी हमारे साथ आ गया। वह अपने दोस्त से बोला।

"ये मेरे बड़े भाई हैं...समझे ?" उसकी आवाज़ लड़खड़ा रही थी। उसके दोस्त ने सिर हिलाया।

मैंने अपने मुँहबोले छोटे भाई को देखा। उसने अगर शराब न पी होती तो वह पक्का गुंडा लगता। शराब ने उसके गुंडेपन को कम कर दिया था और मानवीय भावनाएँ प्रधान थीं।

"अब मैं अपने बड़े भाई की सेवा करना चाहता हूँ।" वह लड़खड़ाता हुआ गया और डेढ़ पाव कलेजी ले आया। फिर लड़खड़ाता हुआ गया और डेढ़ पाव दारू और ले आया।

"अरे आप इतना कष्ट क्यों कर रहे हैं ?" कामरेड ने उससे कहा।

"आप इसे कष्ट कहते हैं...मैं तो कमीना आदमी हूँ...इन्होंने छोटा भाई बनाया मुझे..." उसकी आवाज़ पहले तो काँपी; फिर उसमें थोड़ा रुदन शामिल हुआ और फिर वह बाक़ायदा रोने लगा।

# 61

मुझे कुछ नहीं मालूम था कि मेरी मुट्ठी में दबे पर्चे पर जो पता लिखा है वह किस तरह के आदमी का पता है। पंडारा रोड कहाँ है ? वहाँ कौन लोग रहते हैं ? पता मुझे अहमद ने भेजा था कि वह वहाँ ठहरेगा और मैं वहाँ आकर मिल लूँ। दिल्ली स्टेशन पर उतरने के बाद मैंने एक स्कूटरवाले को जो देखने में कुछ शरीफ़ लग रहा था, वह पर्चा दिखाया था और उससे किराया तय हो गया था। स्कूटर लहरों पर खेलता चला जा रहा था और अपने बैग को पैरों के बीच दबाए जो कुछ मैं देख रहा था उसमें सिर्फ जामा मस्जिद और लाल क़िला मेरी समझ में आ रहा था क्योंकि दिल्ली के बारे में इससे अधिक जानकारी न थी। हाँ, कनाट प्लेस भी जानता हूँ क्योंकि आज से सात साल पहले जब अहमद के साथ आया था और उसका ख़दीजा से इश्क़ चल रहा था तो कनाट प्लेस से ही उसने अपने लिए सामान खरीदा था।

हरे-भरे इलाक़े से गुजरता स्कूटर एक बलखाती सड़क पर आया और एक कोठी के सामने रुक गया। बाहर पीतल के अक्षरों में ए.बी. बोस लिखा था। कोठी का नम्बर आठ था। मैं उतर गया। फाटक खोलने से पहले पता नहीं कहाँ से निकलकर एक दरबान आया और इससे पहले कि वह मुझसे कुछ पूछता मैंने वह पर्चा उसकी तरफ बढ़ा दिया जिस पर अहमद का नाम और 'केअर ऑफ' ए.बी. बोसवाला पता लिखा था। मुझे इन्तिज़ार करने का संकेत करके वह अन्दर चला गया। मैं ध्यान से देखने लगा। लकड़ी के भुज्ज सफेद गेट से लेकर कोठी या कहना चाहिए बंगले तक जो रास्ता गया था उस पर ताज़ी लाल बजरी पड़ी हुई थी। दोनों ओर रखे गमले भी लाल गेरू से पुते हुए थे। एक तरफ लॉन भी बिल्कुल मख़मली हरा था। लगता था सरकारी बंगला है क्योंकि इसके इधर-उधर भी इसी तरह के बंगले बने थे।

जल्दी बंगले के बरामदे में अहमद दिखाई पड़ा। उसने मेरी तरफ देखकर हाथ हिलाया और तेज़-तेज़ चलता हुआ गेट की तरफ आने लगा। वह दुबला हो गया था। बाल कुछ अधिक लम्बे रख लिए थे। हल्के ब्राउन रंग की पैंट और उससे भी कुछ हल्के रंग की कमीज़ में वह ख़ूब फब रहा था।

"वाह यार वाह, आ गए।"

"हाँ...अभी...अभी..."

"सीधे स्टेशन से आ रहे हो ?"

"हाँ।"

"आओ।" वह मेरा बैग उठाने लगा पर मैंने उठाने नहीं दिया।

हम अन्दर आए। एक सजा-सजाया ड्राइंग रूम था। लेकिन वह चमक नहीं थी जो सात साल पहले ख़दीजा की कोठी में दिखाई दी थी।

"बैठो यार।"

मैं बैठ गया।

''लाओ यार सिगरेट है ?'' उसने पूछा।

''हाँ हाँ...ये लो।''

हमने सिगरेटें जला लीं।

''अब सुनाओ।''

''पी-एच.डी. में एडमीशन मिल गया है।''

''अरे वाह...तो यार तुम डॉक्टर हो जाओगे।''

''देखो। वो मंजिल तो अभी दूर है।''

''अच्छा तुम शहरयार का मजमूआ 'इस्मेआज़म' लाए हो ?''

''हाँ, तुमने लिखा था तो मैं क्यों न लाता ?'' मैंने बैग में से 'इस्मेआज़म' की कापी निकालकर उसे दी।

''यार, मैं अब उर्दू पढ़ने लगा हूँ।'' वह बोला।

''किससे सीखी ?''

''कलकत्ता में एक मिर्ज़ा साहब मिल गए हैं। हफ़्ते में एक बार आते हैं।''

''तुम यहाँ ठहरे हो ?'' कुछ देर बाद चारों तरफ देखकर मैंने पूछा।

''हाँ, ए.बी. बोस इन्दरानी के अंकिल हैं....तुमने नाम सुना होगा। पी.एम. सेक्रीटेरियट में प्रिंसिपल सेक्रेटरी हैं।''

''ये क्या होता है यार...मैं समझा नहीं ?''

''इनके हाथ में 'गर्वनमेंट ऑफ इंडिया' है।'' वह हँसकर बोला।

''यानी इंडिया इनके बाप का है।''

''यही समझ लो...हर मिनिस्ट्री में जो 'टाप' पोजीशन का सेक्रेटरी है वो इनके 'अंडर' आता है। समझे।''

''ओ हो।''

''एक फोन कर देते हैं तो पूरी सरकार हिल जाती है।''

''तब तो मज़े हैं तुम्हारे।''

''चाय-वाय पियोगे ?''

''नहीं, स्टेशन से पीकर आया हूँ।''

वह इत्मीनान से बैठ गया। उसी वक्त इन्दरानी अन्दर आईं। उन्होंने एक बच्चे का हाथ पकड़ रखा था जिसने शायद नया-नया चलना सीखा था। मैं और अहमद खड़े हो गए।

''हेलो...साजिद...''

''हेलो...''

फिर वह अंग्रेजी में बोलने लगी और मेरे माथे पर पसीना चमकने लगा। अहमद जल्दी ही समझ गया और बोला—''मैं साजिद के साथ बाहर जा रहा हूँ...अभी लंच तक आ जाऊँगा...'' फिर उसने यही जुमला अंग्रेजी में बोला ताकि इन्दरानी की समझ में आ जाए...।

"इनसे मिलो...अली बाबा।" अहमद ने अपने लड़के को गोद में उठाकर कहा।

"चालीस चोर कहाँ हैं इनके।" मैंने लड़के के हाथ छूकर कहा और सोचा कि यार मुझे कम से कम उसके लिए कुछ लाना चाहिए था।

"चोर आ जाएँगे।"

"तुम्हारा लड़का बंगाली लगता हैं" मैंने अहमद से कहा।

"इज़ इट अ काम्प्लीमेंट ?" इन्दरानी ने मुझसे पूछा।

मैं 'काम्प्लीमेंट' का मतलब नहीं समझ पाया और इधर-उधर देखने लगा। इन्दरानी की समझ में नहीं आया कि मैं कुछ बोल क्यों नहीं रहा। अहमद समझ गया लेकिन वह 'काम्प्लीमेंट' का अनुवाद करने के चक्कर में नहीं पड़ना चाहता था। मुझे बहुत शर्म आई और मैंने सिगरेट जला ली।

"चलो उठो।" वह बोला।

मैं अपना बैग लेकर खड़ा हो गया। मुझे मालूम हो गया था कि यहाँ ठहरना नामुमकिन है। अब अहमद को ही मेरे ठहरने का इन्तिज़ाम कराना होगा।

गेट के बाहर आकर उसने एक कार का दरवाज़ा खोला।

"अरे वाह, कार है।"

"अंकिल बोस तो आफिशियल कार से आफिस जाते हैं, यह उनकी निजी कार है।"

मैं उसके बराबर बैठ गया। कार चल पड़ी। अहमद हमेशा की तरह कार बहुत अच्छी चला रहा था।

"तुम दिल्ली कब आए ?" मैंने उससे पूछा।

"परसों...और इस बीच नौकरियों के तीन 'आफर' मिल चुके हैं।" वह हँसकर बोला।

"क्या तीन 'आफर' ?"

"हाँ तीन..." वह हँसा—एक 'लिप्टन' का आफर है प्यारे...जानते हो न 'लिप्टन चाय'...दूसरा 'टाटा आयल मिल्स' का है और तीसरा...अरे हाँ, सुनो मैं जे.आर.डी. से मिला।"

"ये कौन हैं यार ?"

"अबे जे.आर.डी. टाटा।" वह गर्व से बोला।

"मतलब टाटा ?" मैंने आश्चर्य से कहा।

"हाँ...टाटा..." वह खुश होकर बोला—"अंकिल के आफिस में...बड़ा समझदार आदमी है यार।"

"तीसरा 'आफर' कहाँ से मिला है ?

"एक मल्टीनेशनल कम्पनी है 'इम्पो'।" वह बोला।

"मल्टीनेशन मतलब ?"

"अबे अमेरिका की कम्पनी है...पूरी दुनिया में फैली हुई है।"

"तो तुम कहाँ 'ज्वाइन' कर रहे हो ?" मैंने पूछा।

"अभी तय नहीं किया।" वह लापरवाही से बोला।

मुझे उस पर रश्क हुआ। फिर सोचा यह सब बीवी की वजह से है। अहमद काफी चालू हो गया है। साले ने अच्छी जुगत भिड़ा ली है। फिर मुझे ध्यान आया कि यह सब क्या है ? मैं उससे मिलता क्यों हूँ ? वह एक दूसरी दुनिया का आदमी है। उसे उन चीज़ों से कोई सरोकार नहीं है जिनसे मुझे है।

"तुम क्या कर रहे हो ?"

"मैं यार यूनीवर्सिटी में पार्टी का काम करना चाहता हूँ।" मैंने उसे चिढ़ाने के लिए कहा। क्योंकि मैं जानता था कि वह इस पर बहुत नाराज़ हो जाता है। इसके अलावा अपना महत्त्व दिखाने का और कोई दूसरा रास्ता भी न था मेरे पास। मैं जानता था कि वह 'धर्मयुग' नहीं पढ़ता बल्कि हिन्दी या हिन्दी की पत्रिकाओं आदि का मज़ाक़ उड़ाता है।

"पार्टी का काम ?" वह हँसकर बोला।

"हाँ।"

"क्यों अपनी ज़िन्दगी खराब कर रहे हो।" वह बोला।

"उससे अच्छा और क्या हो सकता है ?"

"तुम साले पागल हो गए हो...या के.पी. ने तुम्हारा दिमाग़ खराब कर दिया है...अबे साले अच्छी भली नौकरी करो...और इस चुतियापे में न पड़ो...कुछ नहीं हो सकेगा इन साले कम्युनिस्टों से, महाचूतिया होते हैं...मैंने कलकत्ते में बहुत देखे हैं।"

उसने कार मोड़ ली। हरे लॉन और सुर्ख़ गुलाबों के तख़्तों के पीछे लाल ईंटों से बनी एक कलात्मक इमारत की ड्राइव पर हम आ गए।

"ये क्या है यार ?" मैंने आश्चर्य से पूछा।

"इंडिया इंटरनेशनल सेन्टर।" वह बोला।

"हर उस चीज़ के नाम के साथ इंडिया जोड़ दिया जाता है जिसका ताल्लुक़ कम से कम इंडिया से तो होता नहीं।" मैं बोला।

"साले बड़ी इन्क़िलाबी बातें करने लगे हो।" वह मेरी तरफ प्यार से देखकर हँसा।

मैं भी हँस दिया।

"तुम भी मार्क्सइज़्म पढ़ लो।" मैंने उसे चिढ़ाया और यह रोब डालना चाहा कि मैं मार्क्सइज़्म पढ़ चुका हूँ।

"सब इज़्म साले एक होते हैं...चाहे ये पढ़ो चाहे वो पढ़ो।"

हम अन्दर एक खूबसूरत से रेस्त्राँ में आ गए जो हरे पेड़ों और विशाल फव्वारों से घिरा हुआ था। शीशे की छत तक ऊँची दीवारों से बाहर का दृश्य ऐसा लग रहा था जैसे बाहर जो कुछ है सब अन्दर है या अन्दर जो कुछ है वह बाहर है।

"चाय पियोगे ?"

"हैवी टी." मैं हँसा।

"अबे 'हैवी टी' पर याद आया क्यों न जामा मस्जिद चलकर खाना खाया जाए...सीख़ के कबाब बरा कबाब..." वह खानों के नाम गिनवाने लगा। मेरे भी मुँह में पानी आ गया।

"तो चलो...लेकिन इन्दरानी ?"

"अरे यार दो दिन से साला मछली का झोल और चावल खाते-खाते तंग आ गया...पर तुमने ठीक कहा—इन्दरानी ?"

"छोड़ो फिर जामा मस्जिद जब तुमने बंगालिन से शादी कर ली है।"

"नहीं यार ऐसा है यहाँ चाय नहीं पीते। सीधे जामा मस्जिद चलते हैं। यहाँ से इन्दरानी को फोन कर देता हूँ कि मैं खाने के लिए लेट हो जाऊँगा। खाने पर अंकिल बोस तो होंगे नहीं।"

"तो दो बार खाना खाओगे ?"

"एक बार रिहर्सल, एक बार असली।"

"रिहर्सल बाद में होगा।" मैं बोला।

जामा मस्जिद के पासवाले रेस्त्राँ में हम जम गए। अहमद ने सभी कुछ आर्डर कर डाला था।

"ये तो यार वही मज़ा आ रहा है रहीम होटलवाला।" वह बोला।

"हाँ...ये बताओ शकील के साले के क्या हाल है ?"

"मस्त है...एक और बच्चे का बाप बन गया है।"

"हर साल एक लख़्ते जिगर पैदा कर देता है।"

"तो तुम अब कलकत्ते में नौकरी नहीं करोगे ?" मैंने पूछा।

"नहीं यार...वह भी कोई नौकरी...साले दो हज़ार देते हैं...और उसमें पूरा ही नहीं पड़ता।"

"तो जल्दी तय करो कि तीन 'आफ़रों' में..."

"हाँ, क्योंकि अंकिल बोस दो साल में रिटायर होनेवाले हैं।"

"तो दो साल लगाओगे ?"

"नहीं नहीं...देखो इन्दरानी तो कहती है लिप्टनवाली नौकरी अच्छी है...'लिप्टन' वालों का लन्दन में हेड ऑफिस है। वहाँ उनका 'एडवरटाइज़िंग डिपार्टमेंट' है..."

मैं उसकी बात काटकर बोला—तो तुम लन्दन में नौकरी करोगे ?"

"हाँ, कम से कम दो साल वहाँ रहना पड़ेगा।" वह अदा से बोला। 'पड़ेगा' शब्द पर मैं ग़ौर करने लगा।

"अली बाबा की पढ़ाई भी फ्री हो जाएगी।"

"फ्री ?"

"हाँ, कम्पनी पढ़ाई का ख़र्च देगी।"

"तनख़्वाह क्या मिलेगी ?"

"अच्छी-खासी मिल जाएगी।" वह लापरवाही से बोला।

"तो तुमने तय कर लिया है।"

"हाँ तक़रीबन...अब बात ये है कि टाटा अपनी हिन्दोस्तानी कम्पनी है। वहाँ तरक्की के चांस बहुत हैं लेकिन 'लिप्टन' बहरहाल ब्रिटिश कम्पनी है।"

"टाटावाले क्या दे रहे हैं ?"

"यार फिलहाल तो पाँच हज़ार और मकान, कार और बस।"

"और चाहिए भी क्या ?"

"तुम्हें कुछ नहीं मालूम यार..." वह हँसा।

कुछ देर तक हम ख़ामोशी से खाते रहे। अहमद इतना छककर खा रहा था कि मुझे लगा वह इन्दरानी के साथ रिहर्सल या नाटक भी नहीं कर सकेगा। वह दो-तीन दिन से मछली का झोल और चावल खाने की क्षतिपूर्ति कर रहा था।

"तुम अपने बारे में 'सीरियसली' बताओ।" वह मेरे बारे में गम्भीरता से पूछने लगा।

"यार, मैं अख़बार में नौकरी करना चाहता हूँ।"

वही बेवक़ूफ़ी।" वह हँसा।

"तुम्हारे लिए हो सकती है।"

"ज़रा सोचो यार कि..."

मैं उसकी बात काटकर बोला—"यार अहमद मुझे उसमें दिलचस्पी है। मैं उसे अच्छा काम समझता हूँ। तुम समझते क्यों नहीं ?"

"ठीक है समझ गया।"

"नौकरी मिलेगी कैसे ?"

"कोशिश करूँगा।"

मैं उसे नहीं बताना चाहता था कि मेरे पास 'होराइज़न ग्रुप ऑफ न्यूज़पेपर्स' की मैनेजिंग डायरेक्टर चेयर परसन के नाम एक सिफारिशी ख़त है जो के.पी. ने मुझे प्रो. हसन एम.पी. से दिलवाया था।

"तुम समझते हो, तुम्हें कोशिश से नौकरी मिल जाएगी ?" वह बोला।

"हाँ, क्यों नहीं ?"

"यार किस दुनिया में रहते हो।"

फिर वह अचानक घड़ी देखकर उछल पड़ा।

"अरे यार दो बज गए। मारे गए। अच्छा तो मैं चलता हूँ। ये पकड़ो।" उसने दो सौ रुपए मेज़ पर डालते हुए कहा—"खाने के पैसे दे देना और इसी होटल में ठहर जाओ...। मैं कल फिर मिलूँगा। सुबह नौ दस बजे तक...यहीं नीचे मिल जाना।"

वह तेजी से बाहर निकल गया और मैंने तेज़ी से सौ-सौ के दोनों नोट उठाकर जेब के हवाले किए।

## 62

बताया जाता है कि जब आज़ादी मिली और अंग्रेज़ चले गए तो सभी राष्ट्रीय समाचार पत्र जो सेठों, साहूकारों के थे, नेहरू के समाजवाद के विरोधी हो गए। नेहरू के एक विश्वासपात्र मन्त्री रफी अहमद क़िदवई ने जब यह देखा कि अख़बार सेठों, साहूकारों की मुट्ठी में हैं तो उन्होंने कुछ युवा पत्रकारों को आगे बढ़ाकर 'होराइज़न ग्रुप ऑफ न्यूज़ पेपर्स' की बुनियाद डाली। 'होराइज़न' नाम से अंग्रेजी और 'क्षितिज' नाम से हिन्दी में पत्रिकाएँ निकाली गईं जो नेहरू के समाजवाद या विश्व समाजवाद की समर्थक थीं। कहते हैं 'होराइज़न ग्रुप ऑफ न्यूज़ पेपर्स' यानी एच.जी.एन.पी. की शानदार इमारत कैसे बनी ? पैसा कहाँ से आया ? जमीन कैसे खरीदी गई ? ठेकेदार कौन था ? आदि आदि के बारे में आज तक कोई नहीं जानता जबकि नेहरू और रफ़ी अहमद को मरे अर्सा हो चुका है। इन्दिरा गांधी ने समाजवाद की पतवार सँभाल ली है और सिंडीकेंटवाले सी.आई.ए. से हाथ मिला रहे हैं। आज की परिस्थितियों में 'होराइज़न' और अधिक महत्त्वपूर्ण हो उठा है। और उसी के साथ उसके मैनेजिंग डायरेक्टर चेयरमैन के.पी. राव जिनके बारे में सब बताते हैं कि वे अकेले ऐसे भारतीय पत्रकार हैं जो 'लांग मार्च' के तुरन्त बाद माओत्से तुंग से मिले थे। बहरहाल क्या सच है क्या झूठ, यह कम से कम मुझे नहीं मालूम।

'होराइज़न' की बड़ी-सी इमारत के सामने मैं बस से उतरा तो कई मिनट तक अन्दर घुसने की हिम्मत न पड़ी। पर जाना तो था ही तो अन्दर गया। अन्दर देखा कि बैंक है। ये क्या चक्कर है यार। कहीं ग़लत तो नहीं आ गया ? पर बाहर तो होराइज़न का बोर्ड लगा है। किसी से पूछा तो उसने एक तरफ इशारा किया। उधर गया ओर रेसिप्शन पर पहुँच गया। वहाँ मैंने कहा—"मुझे श्री के.पी. राव से मिलना है। तो सामने बैठी साउथ इंडियन लड़की मुझे इस तरह देखने लगी जैसे मेरा दिमाग़ खराब हो।"

उसने अंग्रेजी में पूछा—"क्यों मिलना है ?"

मैं सटपटा गया। पहले तो अंग्रेजी पर और उसके बाद सवाल पर। मैंने घबराहट में वह पत्र उसे पकड़ा दिया जो के.पी. के माध्यम से मुझे मिला था। लिफाफे पर भेजनेवाले के नाम के साथ-साथ एम.पी. भी लिखा था। लड़की उसे देखकर फिर अंग्रेजी में बोली कि क्या मैं पत्र स्वयं देना चाहता हूँ ? मैंने कहा 'हाँ।'

मुझे बैठकर इन्तिज़ार करना था। दस-पन्द्रह मिनट बाद एक खुर्राट-सा चपरासी मुझे अपने साथ ले गया। एक दरवाज़े के सामने उसने मुझे लगभग अन्दर ढकेल दिया। अन्दर एक आदमी एक बड़ी-सी मेज़ के पीछे बैठा था। आदमी की शक्ल अब्बा से मिल रही थी यह देखकर कुछ इत्मीनान हुआ और सोचा कि अगर मेरी शक्ल उसके लड़के से मिलती-जुलती निकल आई तो काम बन जाएगा।

'बैठ जाओ।' वह अंग्रेजी के बजाय हिन्दी में बोला और मेरी जान में जान आ गई।

सोचा हिन्दी में तो मैं इस साले को उल्टा खड़ा कर देने की सलाहियत रखता हूँ। चाहे माओ से न सही, लेनिन से हाथ मिला चुका हो।

"साजिद अली तुम्हारा नाम है।" वे शायद पत्र पढ़ चुके थे।

"जी हाँ।" मैंने कहा।

"क्या करना चाहते हो यहाँ।"

" 'क्षितिज' में काम करना चाहता हूँ।

"हिन्दी में फर्स्ट क्लास एम.ए. करने का यह मतलब नहीं है कि तुम 'क्षितिज' में भी काम कर सको।"

मैंने अपनी छपी रचनाएँ जिसमें 'धर्मयुग' वाली सबसे ऊपर थी उनकी तरफ़ बढ़ा दीं।

"ये क्या है ?"

"मेरा पब्लिश्ड वर्क," मैं बोला।

"हाँ तो तुम लिखते भी हो।"

"जी जनाब इसीलिए यहाँ आया हूँ।"

"तुम 'क्षितिज' पढ़ते हो ?"

"जी हाँ।"

"कौन-सा कालम तुम्हें पसन्द है।"

" 'मैं कहता हौं...' कालम बहुत अच्छा लगता है।"

"हूँ," उन्होंने एक गहरी साँस ली।

"मैं उर्दू भी जानता हूँ।"

"हाँ, ये तो होगा ही।" वे बोले।

कुछ सोचकर वे बोले—"ठीक है, तुम पहले 'क्षितिज' के लिए कुछ लिखो। तब यह तय होगा कि तुम यहाँ काम कर सकते हो या नहीं। तुम एडीटर माथुर के पास जाओ।' उन्होंने घंटी बजाई तो वही घाघ चपरासी आया।

कुछ देर बाद मैं उसी घाघ चपरासी के साथ गलियारों के चक्कर लगा रहा था। मुझे यह पता लग गया था कि मेरी शक्ल के.पी. राव के लड़के से नहीं मिलती।

"बड़े साहब ने इन्हें भेजा है।" एक केबिन के दरवाज़े पर पहुँचकर खुर्राट चपरासी ने गंजे से आदमी से कहा और उसने मुझे अन्दर आने का इशारा किया।

"हाँ बताओ।" उन्होंने पूछा। मुझे हरीश माथुरजी अच्छे आदमी लगे। बहुत साफ-सुथरा लखनवी लहजा।

मैंने पूरी रामकहानी सुना दी। प्रो. हसन एम.पी. के पत्र के बारे में भी बता दिया।

"तो तुम 'क्षितिज' के लिए कुछ लिखना चाहते हो ?"

"जी हाँ।"

"जलियाँवाला बाग़ पर एक लेख लिख सकते हो ?"

"जी हाँ, क्यों नहीं ?"

"तो ठीक है...जाओ...लिखकर भेजना।" उन्होंने कागज़ पर कुछ नोट करते हुए कहा–"इस महीने के आख़िर तक भेज देना।"

"जी हाँ।"

यूनीवर्सिटी लौटकर सोचा 'जान बची तो लाखों पाए, खैर से बुद्धू घर को आए।' नौकरी-वौकरी तो ख़ैर क्या मिलनी थी यही अच्छा हुआ कि अहमद मिल गया। बेचारे ने दो सौ रुपए दिए जिससे दिल्ली प्रवास सुखद से तर यानी सुखदतर हो गया। वापसी पर मदीना होटल में बिरयानी भी खाई और रिक्शा से के.पी. के यहाँ लौटा।

अब मैं विशुद्ध आवारगी पर उतर आया। सुबह के.पी. के चले जाने के बाद उठता था। बड़े आलसियों की तरह तैयार होता था। चाय-वाय बनाने की तकलीफ कौन करे ? चौराहेवाला 'खोखा' ज़िन्दाबाद। वही एक-दो चाय और मट्ठी।

मेरी मस्जिद कैन्टीन बन गई थी। जावेद भाई ग्यारह से बारह के बीच आते थे और मैं भी वहाँ ग्यारह बजे तक पहुँच जाता था, एक तरह से अनकहा मैनेजर लग गया था। दूधवाले से बात कर लेता था। किसी से जावेद भाई के लिए पैसे लेने होते थे तो ले लेता था। बिल काट देता था और गल्ले में से पैसे-वैसे निकालकर सिगरेट-विगरेट मँगा लेता था। जावेद भाई को यह सब पता था। मैंने साफ कहा था देखिए, काम मैं करता नहीं। मतलब है नहीं। अब्बा ने कह दिया है कि एम.ए. तक पढ़वाने की उनकी ज़िम्मेदारी थीं, अब मैं ख़ुद कुआँ खोदूँ और पानी पिऊँ। जावेद भाई जैसे मस्तमौला पर क्या फ़र्क़ पड़ता था। ठीक है मियाँ, सब चलता है।' हाँ, के.पी. कभी-कभी पूछते थे कि मैं काम कर रहा हूँ या नहीं ? तो उनको सन्तुष्ट कर लेने लायक़ झूठ तो मैं अच्छी तरह बोल लेता था। दो-चार किताबों के नाम बता देता था। दो-चार पन्ने दिखा देता था और काम निपट जाता था।

जावेद भाई के साथ शामवाली महफिलों में जमता था। दोपहर तक चला जाता था। जमकर सोता था। शाम को नहा-धोकर और खोखे पर एक चाय का दम मारकर कैन्टीन आ जाता था। साइकिल थी नहीं इसलिए सरपट चलने की आदत डाल ली थी। टाइम ही टाइम था। ये तो था नहीं कि कहीं लेट न हो जाएँ। अरे आठ न सही साढ़े आठ पहुँच जाएँगे। महफिल तो जमी होगी। शहरयार होंगे, जज़्बी साहब होंगे, तक़ी मियाँ होंगे, जावेद भाई तो खैर होंगे ही होंगे। कैन्टीन की महफिलें प्रायः विशुद्ध साहित्यिक नहीं होती थीं। आमतौर पर मामूली गप्प-शप्प जैसे 'डॉ. इल्मी का क्या हाल है' से शुरू होकर बैंकों के राष्ट्रीयकरण से होती क़ान्ति भाई देसाई के भ्रष्टाचार को पार करतीं इन्दिरा गांधी के वफ़ादार फखरुद्दीन अली अहमद और जगजीवन राम के निजी और सार्वजनिक जीवन पर छींटाकशी करती गप्प कभी इधर कभी उधर निकल जाती थी। जावेद भाई अपना कोटा पूरा करते थे। कुछ लोगों का ख़याल था कि उन्होंने कोटा बढ़ा दिया है। अब दो लाख शब्द प्रतिदिन का कोटा है। शहरयार ने अपना कोटा घटा दिया

था। वे अपने शेरों के अन्दाज़ में बातचीत किया करते थे। तक़ी मियाँ ने अपनी कहानियों को उर्दू से हिन्दी में मुत्तक़िल करने का बीड़ा उठाया था और उर्दू के शब्दों के समान अर्थ रखनेवाले हिन्दी शब्दों की तलाश में रहते थे। वे मुझसे उलझते रहते थे, जैसे सिलसिला का हिन्दी शब्द क्या है ? एहसास के लिए हिन्दी शब्द क्या है ? जैसे सवाल करके जावेद भाई को चिढ़ा देते थे और वे अमीर खुसरो से शुरू होकर मीर तक 'मीर' और नासिर काज़मी द्वारा इस्तेमाल किए हिन्दी शब्दों की चर्चा शुरू कर देते थे। 'मीर' ने 'राम' शब्द का इस्तेमाल किया है। आज का कोई शायर कर सकता है ? शायरी पर जब बातचीत आ जाती थी तो दो-चार नहीं कम से कम पचास-साठ ग़ज़लें होती थीं। कभी-कभी अगर मुनीबुर्रहमान साहब भी हुए तो नज़्में भी हो जाती थीं। 'जज़्बी' साहब कुछ न सुनाते थे। शहरयार आमतौर पर पकड़े जाते थे। जावेद भाई तो दिमाग़ में चमचे बजने का बहाना पेश कर देते थे।

इसी तरह की एक महफिल में एक दिन पता चला कि डॉ. इल्मी की पत्नी ज़ोहरा पागल हो गई है। ख़बर बड़ी वहशतनाक थी। सब डरे हुए थे। बात बहुत विश्वसनीय तरीक़े से पता चली थी। जावेद भाई को किसी ने नहीं बताया था बल्कि शहरयार को उर्दू डिपार्टमेंट में किसी ने बताया था जिसका कहना था कि डॉ. इल्मी ने उसे यह खुद बताया है। डॉ. इल्मी बहुत परेशान हैं क्योंकि जोहरा पर पागलपन के दौरे कभी-कभी इतने शदीद पड़ते हैं कि वह आपे से बाहर हो जाती है। एक दिन रात में दरवाज़ा खोलकर बाहर निकल गई, रिक्शा किया और स्टेशन पहुँच गई। वो तो कहिए स्टेशन पर कोई ट्रेन न थी वरना खुदा जाने कहाँ निकल जाती। बहरहाल रात में डॉ. इल्मी ने जब देखा कि ज़ोहरा ग़ायब है तो भागदौड़ मच गई। आख़िरकार किसी जाननेवाले रिक्शेवाले को स्टेशन पर मिलीं तो वापस घर लाया। अब डॉ. इल्मी मोटे-मोटे ताले लगाकर सोते हैं।

"मैं तुम्हें एक बात बताऊँ शहरयार ?" जावेद भाई बोले।

"क्या ?"

"इनसे पूछ लो।" जावेद भाई ने मेरी तरफ इशारा किया। "मैंने इनसे एक साल पहले कहा था कि देखो ज़ोहरा पागल हो सकती है...हक़ीक़त में पागल...वैसे तो..."

"लेकिन जावेद भाई, डॉ. इल्मी की ज़िन्दगी क्या हो गई है।"

"डॉ. इल्मी ने पीना बहुत शुरू कर दिया है।" जावेद भाई बोले।

"आपको कैसे मालूम।"

"अमाँ, अब इसे भी तुम झूठ समझते हो ?"

"नहीं...झूठ नहीं..लेकिन बताइए।"

"अच्छन दादा है न ?"

"हाँ...हाँ...रामपुरवाला।"

"वो साला तो खुद बहुत पीता है। बता रहा था डॉ. इल्मी के सर्वेन्ट क्वार्टर में जो रिक्शेवाला रहता है वह अंग्रेजी में पर्चा और रुपए लेकर आता है। थ्री एक्स रम

की बोतल ले जाता है।''

''और बेचारे क्या करें।''

''अब काम-धन्धा क्या करते होंगे ?'' तक़ी मियाँ बोले।

''देख कहते हैं न मन चंगा तो कठौती में गंगा।'' जावेद भाई ने कहा—अब अगर कोई साला दिमाग़ी तौर पर बेहद परेशान रहता है तो तख़लीक़ी काम क्या करेगा।''

''ये कठौती क्या होती है ?'' मैंने जावेद भाई से पूछा।

वे हँसे और बोले—''मियाँ मेरी जूते की भी दुकान थी। चार कारीगर जूते बनाते थे। तो मैं न जानूँगा कठौती तो कौन जानेगा।''

''तो बताइए ना ?''

''अमाँ, पहले तुम उर्दू के किसी प्रोफेसर से पूछकर देख लो।''

''वो तो नहीं बता सकता।'' शहरयार ने कहा।

''चमार जिस काठ के बर्तन में चमड़ा मुलायम करने या भिगोने के लिए पानी रखते हैं वह कठौती कहलाती है। समझे मियाँ ?'' उन्होंने मुझसे कहा।

''अब बताइए 'पिद्दी न पिद्दी का शोरवा' वाले मुहावरे में पिद्दी क्या है ?'' मैंने पूछा।

''पिद्दी एक बहुत छोटी-सी चिड़िया होती है...यार सुनो मियाँ, ये कितनी हैरत की बात है कि अपने यहाँ अदब के तालिबे इल्मों को पेड़, पौधों, फूलों, लताओं, कुंजों, चिड़ियों, जानवरों, पहाड़ों, नदियों, नालों, झरनों के बारे में कुछ नहीं पढ़ाया जाता...अब ये हिन्दी में फर्स्ट क्लास एम.ए. किए बैठे हैं। इनसे पूछो कि चम्पा और बेले के फूल में क्या फ़र्क़ है तो ये बता नहीं सकते।''

## 63

महीनों पर महीने खटाखट बग़ैर किसी परेशानी, चिन्ता और लाग-लपेट के विशुद्ध निकम्मेपन में बीत गए। इस बीच काम जो हुआ वह महीनों की तुलना में ऊँट के मुँह में ज़ीरे के समान था यानी जलियाँवाला बाग़ पर लेख लिखकर 'क्षितिज' में भेज दिया था और वह छप भी गया था। अब अगला क़दम यह होता कि मैं छपा लेख लेकर के.पी. राव के पास फिर जाता और कहता कि जनाब अब जो वायदा किया है जो निभाना पड़ेगा। लेकिन दिल्ली जाने के पैसे ? के.पी. से तीन बार ले चुका हूँ और हर बार वे पैसे 'मधुशाला' में कामरेड के साथ उड़ गए। अब चौथी बार न मुझमें माँगने की हिम्मत है और न शायद उनमें देने की। ये तो शायद मैंने 'कफ़न' जैसा पुख़्ता काम कर दिया है। ज़लालत और कमीनेपन की हद ख़त्म।

लोग कहते हैं लोगों को अपने कैरियर की चिन्ता होती है; नौकरी तलाश करने के सिलसिले में पैर पहिया कर डालते हैं और मैं हूँ कि बस मुफ्त की रोटियाँ तोड़ने को

मिल गई हैं तो पसर गया हूँ। विल्स फिल्टर—जावेद भाई की कृपा से। अब वे रात में घर जाने से पहले अपने पैकेट में से चार-पाँच सिगरेटें निकालकर मुझे दे देते हैं या पैकेट ही पकड़ा देते हैं। कहते हैं घर में उनकी बीवी हमेशा कम से कम दो पैकेट इमरजेंसी के लिए छुपाकर रखती हैं। चाय; जावेद भाई के सहारे। बाक़ी खर्च के.पी. के ऊपर। जहाँ से उनका खाना आता है, वहीं से मेरा आता है। मैं और वे दोपहर का खाना साथ खाते हैं। रात का खाना घर पर आता है और हम अलग-अलग खाते हैं क्योंकि के.पी. कभी बारह बजे से पहले घर नहीं पहुँचते। यूनीवर्सिटी स्टाफ क्लब के चुनाव होनेवाले हैं। एकेडेमिक और एक्ज़ीक्यूटिव काउंसिलों में प्राध्यापकों के प्रतिनिधियों का चुनाव होनेवाला है। या कभी चतुर्थ श्रेणी कर्मचारी यूनियन को गठन करने का मसला दरपेश है। मतलब ये है कि साल के चौबीस महीनों में कोई एक महीना या हफ़्ता या दिन ऐसा नहीं होता जब के.पी. को इस तरह के काम न हों।

सुबह हम नाश्ता तो साथ करते ही हैं लेकिन उसके बाद लंच तक हमें एक दूसरे का पता नहीं रहता। एक और दो बजे के बीच में विभाग पहुँचता हूँ, वहाँ 'फलाहार' होता है औंर फिर अपने-अपने मोर्चों पर निकल जाते हैं। रात में कभी जावेद भाई के यहाँ मुलाक़ात हो जाती है और कभी नहीं। वहाँ के.पी. बराबर नहीं आते क्योंकि स्टाफ क्लब और यूनीवर्सिटी राजनीति से ही फुर्सत नहीं मिलती।

कामरेड लालसिंह से आमतौर पर दिन में मुलाकात होती है। अब पता नहीं वह किस मोर्चे पर क्या कर रहा है। बताना भी छोड़ दिया है। हाँ, डॉ. ताहिर के घर में उसका जाना बराबर लगा रहता है। एक बार मुझे भी ले गया था। मुझे सफ़िया भाभी को देखने की तमन्ना थी। भई ये सच है कि शादी के इतने साल बाद ऐसी लगती हैं तो उससे पहले ? मैंने दिल ही दिल तय कर लिया था कि मैं एकान्त में सफिया भाभी की कल्पना को ही साकार किया करूँगा। पर यह मैंने कामरेड को नहीं बताया था, वरना वह जान ले लेता।

के.पी. से कामरेड के बारे में अक्सर बातचीत होती रहती थी। अब तो वे कहने लगे थे कि यह फैसला ग़लत था कि कामरेड यहाँ पढ़ते और ठीक होने पर फिर से 'होल टाइमरी' करते। क्यों ? पूछे जाने पर या लालसिंह के बारे में विस्तार से बातचीत करने को के.पी. हमेशा टाल जाते थे। मैं भी समझ गया था कि वे शायद उन बातों में मुझे शामिल नहीं करना चाहते जो पार्टी की अपनी बातें हैं। लेकिन एक दिन रात में वे काफी गुस्से में लगे और अपने-आप ख़ुद कामरेड के बारे में बातचीत शुरू कर दी। उन्होंने बताया कि यह पिछले कई महीनों से हो रहा है कि किसी भी आन्दोलन के लिए या पार्टी के लिए या 'काज़' के चन्दा लेने जब पार्टीवाले जाते हैं तो वे 'सेम्पेथाइज़र' जो पहले दिल खोलकर चन्दा दिया करते थे, कुछ सकुचाते हैं। इसका रहस्य समझ में नहीं आ रहा था। लेकिन अब पता चला है कि अधिकतर 'सेम्पेथाइज़रों' से कामरेड लालसिंह सीधे सम्पर्क में है और चन्दा वसूल करते हैं। जाहिर है लोग एक सीमा तक चन्दा दे सकते हैं। जब पार्टी के लोग उनके पास जाते हैं तो लोग बुरे-बुरे मुँह बनाते हैं। उन लोगों को कामरेड लालसिंह ने अच्छी तरह समझा दिया है कि वे जो काम करते हैं या

जिन कामों के लिए चन्दा लेते हैं वे काम कितने महत्त्वपूर्ण हैं। उदाहरण के लिए एक किताब के छप जाने से कहीं ज़्यादा ज़रूरी यह है कि एक आदमी का पेट भर जाए और भूखा न मर सके। तो कामरेड पेट भरने के लिए चन्दा ले आते हैं, फिर पार्टी के अन्य सदस्य किताब छपवाने के लिए चन्दा माँगने जाते हैं तो उनका वैसा स्वागत नहीं होता जैसा हुआ करता था।

"कामरेड से इस बारे में बात हुई ?"

"हाँ अभी आठ घंटे की मीटिंग के बाद ही आ रहा हूँ।"

"तो क्या कहते हैं कामरेड।"

"कामरेड तो अपने को बड़ा नेता समझता है...हम लोगों को कुर्सीतोड़, सुविधा-भोगी छद्म मार्क्सवादी...वाह...वाह दरअसल कामरेड के लगातार कांफ्रेंसों, आन्दोलनों, प्रदर्शनों, कैम्पों और गोष्ठियों में जाने पर पाबन्दी लगाई गई। यह कोई तुक नहीं है कि आप किसान सभा की कांफ्रेंस में भी जा रहे हैं। सीटू में भी जा रहे हैं। स्टूडेंट फेडरेशन में भी जा रहे हैं और प्रदर्शनों में भी जा रहे हैं...अरे आप कोई ई.एम.एस. हैं ?"

"तो फिर ?"

"फिर ये हुआ...मतलब तय पाया कि कामरेड को वहीं जाने के लिए पैसा दिया जाएगा जहाँ उनका जाना बहुत आवश्यक होगा। मीटिंग में यह तय हो गया। लेकिन पता चलता रहा कि कामरेड अब भी उसी रफ़्तार से इधर-उधर आ-जा रहे हैं, जैसा पहले करते थे। कुछ लोगों की राय यह बनी कि यदि दूसरे लोग उसे बुलाते हैं तो हम क्यों रोकें ? ज़ाहिर है कि ख़र्चा आदि वही उठाते होंगे। तो किसी ने न कुछ कहा और न कुछ पूछा। ये लगभग छः महीने से ये कर रहे थे कि किसी 'सेम्पेथाइज़र' से पैसे लेते थे और चले जाते थे। बाकी इनके रहने-खाने का तो ब्रांच उठाती ही है।"

"ये पता कैसे चला ?"

"डॉ. अतिया खान गईं डॉ. अब्बास के पास तो डॉ. साहब ने कहा कि भाई आप लोगों की इतनी संगठित पार्टी है आप चन्दे के काम को 'आरगनाइज़' तरीक़े से क्यों नहीं करते ? तब ये सब पता चला। उसके बाद तो जिस 'सेम्पेथाइज़र' से खुलकर पूछा गया उसने यही बताया।"

"कामरेड ने क्या कहा ?"

"कामरेड ने कहा कि वे एक-एक पैसे का हिसाब दे सकते हैं। कहाँ-कहाँ गए हैं, क्या-क्या ख़र्च किया है। यह भी कहा कि उन्होंने कम से कम कुत्ते के दवा-इलाज पर कोई पैसा नहीं ख़र्च किया है।"

"कुत्ते के दवा-इलाज की बात कहाँ से आ गई।"

"अरे भाई डॉ. अतिया खान का कुत्ता बीमार है। बेचारी उसका इलाज करवा रही हैं तो कामरेड उन पर व्यंग्य कर रहे थे। अब यही तो बात उसकी समझ में यहाँ साढ़े तीन साल रहने के बाद भी नहीं आई कि यह किसान सभा के 'होल टाइमरों' की ब्रांच

नहीं है...अब क्या करें...समझा...समझा के थक गए...मेरे ही पीछे पड़ा हुआ था कि मेरे प्रो. हसन से इतने अच्छे सम्बन्ध क्यों हैं ? वे तो कांग्रेस के सदस्य हो गए हैं। मैंने कहा कि देखो मेरे और प्रो. हसन के सम्बन्ध आज के नहीं हैं, बारह साल पुराने हैं और राजनीतिक नहीं हैं व्यक्तिगत हैं। तुम अपने माँ-बाप को इसलिए तो नहीं छोड़ सकते कि वे सी.पी.एम. के सदस्य या समाजवादी नहीं हैं ?''

''तो फिर तय क्या पाया ?'' मैंने पूछा।

के.पी. अचानक छनक गए। उन्होंने सोचा कि यह मुझसे क्यों सब कुछ जानना चाहता है।

''समय लगेगा...ठीक हो जाएगा।'' वे चुप हो गए। मैं भी चुप हो गया।

अगले दिन किसी अनुभवी, खुर्राट और चालाक कुटनी की तरह मैं सुबह ही सुबह कामरेड के कमरे पर पहुँच गया। कामरेड कमरे पर थे और उन्होंने मेरा स्वागत किया।

''सुबह ही सुबह।''

''उसके बाद तुम यहाँ कहाँ मिलते।''

''तो कहाँ मिलता ?'' वे भड़ककर बोले।

''अब क्या बताऊँ...नाराज़ हो जाओगे।''

''ठीक है तो मत कहो।'' कामरेड समझ गए थे कि मैं सफिया भाभी का नाम लूँगा।

''मैं यहाँ था नहीं...इटावा गया था।'' वे बोले।

''कोई सम्मेलन था ?''

''नहीं...कुछ और था।'' वह छिपाना चाहता है, यह ज़ाहिर था।

''कब आए ?''

''कल सुबह।''

''डॉ. ताहिर का क्या हाल है ?''

''प्रसन्न हैं।'' वह कुछ मुस्कुराने लगा।

''क्यों क्या बात है।''

''पिछले हफ्ते मैं वहीं था। सफिया भाभी कहने लगीं कि कामरेड तुम शादी क्यों नहीं कर लेते...डॉ. ताहिर भी बोले कि हाँ कामरेड कर लो...तो मैंने वैसे ही मज़ाक़ में कह दिया कि लड़की कहाँ है ? मुझसे कौन शादी करेगी ? तो सफिया भाभी ने सचमुच तिब्बिया कॉलेज की एक नर्स से बात कर ली।'' कामरेड शरमाकर हँसने लगा।

''बात कर ली...मतलब पक्की'' मैंने पूछा।

''नहीं यार...वैसे ही बात की।''

''अरे तो हुआ क्या ? क्या बोली वह नर्स ?''

''अब मुझे क्या मालूम।'' वह और शरमा गया।

''तो ये बात है कामरेड, तुम चुपके-चुपके अपनी शादी का जुगाड़ कर रहे हो।''

''नहीं भाई मज़ाक़ की बात है।''

"सिर्फ मज़ाक़ तो नहीं है।" मैंने कहा।

"अपना कोई ठौर-ठिकाना है नहीं..."

"अरे यार वो नर्स है...तिब्बिया कालेज में क्वार्टर मिला होगा। पक्की तनख़्वाह मिलती होगी...कर डालो।"

"नहीं साजिद भाई..." अविश्वास मिश्रित प्रसन्नता उसकी आवाज़ में झलक रही थी।

"क्यों बुरा क्या है ?"

"मतलब मैं कुछ न करूँ ?"

"ये तो यार बुर्जुआ बातें हैं कि बीवी की कमाई न खानी चाहिए...क्या तुम भी इन्हें मानते हो।"

"नहीं।" वह विश्वास से बोला।

"तो ठीक है...नर्स मुसलमान तो नहीं है...मतलब हिन्दू-मुस्लिम दंगा तो न कराओगे ?"

"छोड़ो साजिद भाई...सब मज़ाक़ है।"

"ठीक है कामरेड...पर पछताओगे।"

वह अजीब आँखों से मुझे देखने लगा। कहीं बहुत नीचे एक अन्तर्द्वन्द्व की एक चिंगारी भी थी।

"तुम्हारी उम्र क्या है ?" मैंने पूछा।

"उनतीस।" वह बोला।

मैं ख़ामोश हो गया। सफिया भाभी के ड्राइंग रूम का ऐसा दृश्य मेरी आँखों के सामने आ गया जो मैंने देखा ही न था या शायद वैसा दृश्य कभी वहाँ था ही नहीं। वह मेरी कल्पना है, कोरी कल्पना...गर्मियों की दोपहर है। बाहर लू चल रही है। कामरेड लाल अपनी खटारा साइकिल को घसीटता, सिर पर अँगौछा लपेटे, काला चश्मा लगाए, पसीने में तर-ब-तर डॉ. ताहिर के बँगले की 'कालबेल' दबाता है। नौकर दरवाज़ा खोलता है। वह सीधे ड्राइंग रूम में आ जाता है जहाँ ए.सी. चल रहा है और झुरझुरी-सी पैदा कर देनेवाली सर्दी है। दीवान पर अधलेटी-सी बैठी सफिया भाभी 'फैमीना' के पन्ने पलट रही है। लैम्प जल रहा है। पर्दे खिंचे होने के कारण अँधेरा है। कामरेड को नौकर खूब मज़ेदार ठंडा पानी पिलाता है...क्या ऐसा हो सकता है कि सफिया भाभी जैसी औरत को देखकर किसी के मन में यह ख़याल न आता हो कि यार मेरे पास भी एक औरत होती...इतनी ही सुन्दर, सुशील, वफ़ादार तो क्या कहने थे। या स्टाफ क्वार्टरों के सामने चाँदनी रातों में जब जोड़े एक-दूसरे के हाथ पकड़े या कमर में हाथ डाले टहलते हैं तो उसे देखकर क्या यह नहीं लगता कि काश मैं...काश मेरे साथ भी...काश...काश या यूनीवर्सिटी की जवान और सुन्दर लड़कियों को देखकर कौन मुझ जैसा या कामरेड जैसा लंडूरा है जो दोनों हाथों से दबा न लेता होगा...तो यार ये तो 'नेचुरल' है। इसको दर्शन बनाने की ज़रूरत नहीं। इसे धर्म या नैतिकता या मजबूरी बनाने की भी आवश्यकता

नहीं है। कामरेड से यह आशा क्यों नहीं की जाए कि वह पत्थर हो जाए...बड़े-बड़े क्रान्तिकारियों ने शादी की थीं या हैं तो कामरेड ने क्या गुनाह किया है ?

"क्या सोचने लगे...चाय पियोगे ?" कामरेड ने पूछा।

"हाँ, चाय तो ज़रूर ही पियूँगा।"

वह स्टोव जलाने लगा।

"और क्या चल रहा है ?"

"सब ठीक है।"

वह मुझे वह सब नहीं बताना चाहता था जो कल मीटिंग में हुआ था।

"अब कहाँ जा रहे हो ?" मैंने पूछा।

"अभी तो कहीं नहीं।"

"निकट भविष्य में ?"

"कोई पक्का नहीं है...तुम बताओ ? तुम दिन-दिन भर क्या करते रहते हो ?"

"यार मैं कैन्टीन में डिप्टी कलेक्टर लग गया हूँ।" वह हँसने लगा।

"सच्चाई यह है कि मैं अपनी ज़िन्दगी और दूसरों का वक़्त बर्बाद कर रहा हूँ।"

"तुम्हारे लिए यह खुशी की बात है ?"

"दुःख की बात है।"

"तो फिर क्यों करते हो।"

"ठीक है। नहीं करूँगा। मैं दिल्ली चला जाऊँगा।"

"तो चले जाओ...कुछ तो करो...मेरा प्रस्ताव तो तुमने अस्वीकार कर दिया।"

"कौन-सा प्रस्ताव।"

" 'होल टाइमर' वाला प्रस्ताव।" कामरेड ने कहा।

पता नहीं क्यों मुझे जिला सी.पी.एम. सचिव कामरेड शंकर याद आ गए और बहुत दुःखी हो गया।

"यार कामरेड, मेरी समझ में एक बुनियादी बात नहीं आती। अगर आ जाए तो मैं अभी 'होल टाइमर' बन जाता हूँ।"

"क्या बात है बताओ।"

"कामरेड शंकर की ऐसी हालत क्यों हो गई है ?"

"उन्होंने संघर्ष किया है...अपने लिए कुछ नहीं किया है...अपना पूरा जीवन त्याग दिया है क्रान्ति के लिए...सर्वहारा की क्रान्ति के लिए।" कामरेड उत्तेजित हो गए।

"ठीक है, मैं मानता हूँ...पूरी तरह मानता हूँ और उसके लिए कामरेड शंकर का सम्मान करता हूँ लेकिन ये बताओ कि यदि क्रान्ति आएगी तो उससे सबसे अधिक लाभ किसका होगा ?"

"शोषितों, पीड़ितों का...सर्वहारा का ?"

"क्या सर्वहारा जानते हैं कि कामरेड शंकर ने उनके लाभ के लिए अपना जीवन 'सोहा' कर डाला...यदि सर्वहारा को यह पता होता तो निश्चित रूप से वे कामरेड शंकर

की ऐसी दयनीय हालत न होने देते। तो यह बात सर्वहारा को क्यों पता नहीं है ?"

"इसलिए कि सर्वहारा के बीच 'काम' नहीं हो पाया है। संगठन मज़बूत संगठन नहीं बन पाए हैं।"

"संगठन की बात छोड़ो...यह बताओ कि अपने पूरे जीवन में कामरेड शंकर क्या पाँच सौ सर्वहारा को भी यह बता और कन्विन्स नहीं करा पाए हैं कि वे उनके लिए यह सब कर रहे हैं।"

"क्या मतलब है तुम्हारा ?"

"मेरा मतलब है यदि तुम मेरे लिए अपनी जान दिए दे रहे हो और मैं मानता हूँ कि वास्तव में मेरे लिए तुम जान दे रहे हो तो मैं तुम्हारे लिए कम से कम इतना ज़रूर करूँगा कि तुम जीवित रह सको।...अगर सर्वहारा क्या, पाँच-सात सौ लोगों को भी इस पर विश्वास होता और वे कामरेड शंकर को चार आने महीने देते रहते तो आज कामरेड शंकर की वह हालत न होती जो आज है।"

"फिर वही मध्यमवर्गीय अवसरवाद।" कामरेड हँसे।

"तुम इसे जो चाहो कह लो...पर बात दरअसल यह है कि तुम ग़रीबों, मजदूरों के लिए क्रान्ति करना चाहते हो और उन्हीं को यह पता नहीं है, यदि पता है तो विश्वास नहीं है।"

"काम करने की आवश्यकता है।"

"उसी तरह जैसे कामरेड शंकर ने किया है ?" मैंने कामरेड पर व्यंग्य किया और वे मुझे घूरने लगे।

## 64

"हूँ, तो तुम्हें 'टेस्ट' के लिए मेरे पास भेजा गया है, 'क्षितिज' के सम्पादक हरीश माथुर ने पर्चा देखकर कहा।

"जी जनाब..." मैंने उन्हें पूरी कहानी सुना दी।

"तुम्हारा 'राइट अप' तो छाप दिया था हमने।" वे बोले।

"फिर भी मिस्टर के.पी. राव कहते हैं 'टेस्ट' देना ज़रूरी है।"

"अच्छा तो दो 'टेस्ट'।" उन्होंने इस तरह कहा जैसे 'टेस्ट' लोटा, कटोरा या जूता या टोपी हो।

मैं हैरत से उन्हें देखने लगा।

" 'यस' के मतलब मालूम हैं ?" उन्होंने पूछा।

मैं क्या जवाब देता। 'यस' के मतलब तो किसी को भी मालूम होंगे। मैं इतना तो समझ गया कि वे कम से कम 'यस' के मतलब तो नहीं ही पूछ रहे हैं। पर क्या पूछ रहे हैं यह नहीं समझ सका।

''अच्छा 'नो' के मतलब बताओ ?'' उन्होंने मेरे उत्तर देने का इन्तिज़ार किए बिना अगला सवाल पूछा।

''जनाब आप 'यस' और 'नो' का मतलब नहीं; पूछ कुछ और रहे हैं।''

मैं बोला—''लेकिन आप क्या पूछ रहे हैं यह मेरी समझ में नहीं आ रहा है।'' ''मैं पूछ कुछ नहीं रहा था; कुछ कह रहा था। और वह यह है कि अगर तुम 'यस' और 'नो' में तमीज़ कर सकते हो तो जर्नलिस्ट बन सकते हो। इससे ज़्यादा बड़ा 'टेस्ट' जर्नलिस्ट होने के लिए नहीं हो सकता। तो तुम्हारा टेस्ट हुआ और तुम पास हो गए।''

उन्होंने उसी पर्चे पर जो मैं लाया था, अंग्रेजी में कुछ घसीटा। चपरासी को बुलाया और कहा—''साहब के पास ले जाओ।'' चपरासी पर्चे को बग़ल में दबाकर साहब के पास ले गया।

मुझे साहब ने पर्चा देखा और बुरा-सा मुँह बनाया।

''आप तीन महीने बाद 'कानटैक्ट' कीजिएगा...अभी तो कोई जगह नहीं है। 'टेस्ट' में आप पास हो गए हैं। ये आपकी 'फाइल' में रख दिया जाएगा।''

मैं उठ गया। दोनों हाथ जोड़े और बाहर आ गया। सोचा, यार, हरीश माथुर ज़्यादा काम के आदमी हैं। क्यों न उनसे फिर मिला जाए। मैं अपनी तौर पर खोजता-खाजता उनके पास पहुँचा। उनके मुँह मे पान की पीक इतनी भरी हुई थी कि वे बोल न सकते थे। इशारे से बैठने को कहा।

पीकदान में इतनी पीक थूकने के बाद कि कुछ बोल सकें, वे बोले—''कहो क्या हुआ ?''

''राव साहब ने कहा है तीन महीने बाद आना।''

''तो ठीक है, आओ।''

''आपने मेरा टेस्ट लिया; मैं पास हुआ। मैंने लेख लिखा वह छपा भी और उसके बाद...''

वे मेरी बात काटकर बोले—''देखो नौकरी तुम्हें राव नहीं, मैं दूँगा...मैं...समझे ?''

''जी हाँ।''

''तो तुम्हें नौकरी मिल गई।''

''मिल गई।'' मैंने आश्चर्य से कहा।

''हाँ, मिल गई।''

''पर...'' मैं पूछना चाहता था कि कोई 'एप्वाइंटमेंट लेटर' कोई काग़ज़ ? तनख़्वाह क्या मिलेगी ? वग़ैरा कुछ नहीं ?

''पर-वर कुछ नहीं। बैठो...आज से ही बैठो और काम शुरू करो।''

उन्होंने घंटी बजाई और किन्हीं तिवारी जी को बुलाने के लिए कहा। कुछ देर बाद तिवारी जी आ गए। झक-झक खादी का कुर्त्ता-पाजामा, काले बाल, क्लीन शेव, आँखों में बला का शातिरपना और ठंडापन।

''इनको एक कुर्सी और मेज़ दे दो...यहीं काम करेंगे।'' हरीश माथुर ने तिवारी जी

से कहा।

''जी साब।'' तिवारी जी ने हरीश माथुर से कहा और मुझसे बोले—''आइए।''

मैं उनके पीछे-पीछे एक बड़े से कमरे में गया जहाँ कम से कम चार मेज़ों पर चार लोग बैठे थे। एक मेज़ पर जो थोड़ी बड़ी थी उस पर जो आदमी काम कर रहा था उसके दूसरी तरफ एक कुर्सी डाल दी गई और मुझसे कहा गया, यह आधी मेज़ और पूरी कुर्सी मेरी है। मैं घबराकर बैठ गया कि आधी मेज़ भी हाथ से न निकल जाए, फिर खड़ा हो गया क्योंकि तिवारी जी खड़े थे।

''काग़ज़ और क़लम मिल जाएगा।'' वे बोले।

मुझसे खुश नहीं हुआ जा रहा था कि मुझे नौकरी मिल गई है इसलिए कि अपने नौकरी मिल जाने पर विश्वास नहीं हो रहा था। मैंने देखा तो नहीं पर सुना था और पक्का पता था कि नौकरी से पहले नियुक्ति-पत्र दिया जाता है जिसमें पद और वेतनमान लिखा होता है। तो मेरा पद क्या है ? वेतनमान क्या है ? मैं क्या हो गया हूँ ? ये सब क्या है। ये लोग कौन-कौन हैं जो सिर झुकाए बड़ी तत्परता या जानलेवा दबाव से काम कर रहे हैं। तिवारी जी के चेहरे पर तो बर्फ़ की सिल्लियाँ रखी हैं। आँखों में इतनी सफ़्फ़ाकी है कि डर लगता है।

तब एक चपरासी ने जान बचाई। उसने मुझसे कहा—''आपको माथुर साहब ने याद किया है।''

इतना मैं जानता था कि याद करने का मतलब बुलाया है। मैं तुरन्त उनके पास गया।

उन्होंने काले रंग की मोटी-सी फाइल मुझे थमाते हुए कहा—''दिल्ली के क्राइम की फाइल है। इसे पढ़कर एक रिपोर्ट बनाइए...एक लेख भी है। पी.एन. सरकार का...उसे भी देख लीजिएगा। 'थ्रस्ट' यह होना है कि 'क्राइम' क्यों बढ़ रहा है। फिर आपको पुलिस मुख्यालय जाना होगा। वहाँ 'पी.आर.ओ.' से 'इंटरव्यू' करना होगा। जाइए।''

मैं फाइल लेकर आया तो पहली बार लगा कि मैं वाक़ई पत्रकार बन गया हूँ। मैं फूलकर कुप्पा हो गया। वाह, ये सब वही है जो मैं चाहता था। मैं फाइल पढ़ ही रहा था कि तिवारी जी ने गम्भीर आवाज़ में कहा—''इंग्लिश-हिन्दी डिक्शनरी चाहिए हो तो माँग लीजिएगा।'' मैं काँप गया। अरे यार ये तिवारी जी बड़े घाघ आदमी हैं, इन्हें कैसे मालूम हो गया कि मेरी अंग्रेजी कमज़ोर है।

मैंने मरी आवाज़ में कहा, ''जी अच्छा।''

मैं फाइल में डूबा हुआ था कि किसी ने पीछे से बड़ी मुलायम और आत्मीय आवाज़ में कहा—''आप खाना खाने चलिएगा। लंच टाइम हो गया है।''

''जी हाँ।'' मैं धड़बड़ाकर खड़ा हो गया। इसी हालनुमा कमरे की मेज़ पर उसे काम करते मैं देख चुका था। बाईस-तेईस साल का एक युवा-सा लड़का। साफ रंग, पतला चेहरा, छोटा क़द और दुबला-पतला शरीर पर आत्मीय और सजल आँखें—बड़ी-बड़ी।

मैं उसके साथ नीचे आया। इमारत यानी 'होराइज़न हाउस' के पीछे ही ढाबों का

एक सिलसिला-सा था। हम एक ढाबे में आ गए। वहाँ परिचय हुआ। उसका नाम सरयू पन्त था। मेरा नाम सुनकर वह बोला—"आपकी कहानी 'धर्मयुग' में आ चुकी है न ?" मैं खुश हो गया। वाह भाई वाह, एक तो ऐसा आदमी मिला जो मुझे इस तरह जानता है।

हम चावल और छोले खा ही रहे थे कि एक लड़का जो कई तरह से सरयू का जोड़ीदार लग रहा था, आया और हमारे साथ बैठ गया। भारी झोला उसके कन्धे पर था। शायद काग़ज़ों से लबालब भरा हुआ। इनसे मिलिए—अमित नेगी और ये साजिद अली। इनकी कहानी पिछले वर्ष 'धर्मयुग' में आई थी। अमित फ्रीलांसिंग करते हैं। फ्रीलांसिंग क्या होती है ये मुझे न मालूम था लेकिन मैंने जान-बूझकर नहीं पूछा। मैं यह नहीं चाहता था कि मेरी अंग्रेजी खराब होने की बात इतनी ज़्यादा फैले क्योंकि तिवारी जी सबके सामने डिक्शनरी वाली बात कर ही चुके थे, जो मुझे बहुत अपमानजनक लगी थी।

सरयू ने मुझे खाने के पैसे नहीं देने दिए। उसका शायद वहाँ हिसाब चलता था। हम तीनों ने जो खाया था वह सरदार ने एक चीकट-सी किताब में लिख लिया। हम पान-सिगरेट की दुकान पर आ गए। मैंने सोचा कि अब धीरे-धीरे जानकारियाँ लेने में कोई नुक़सान नहीं है। यह हिम्मत तो नहीं पड़ी कि मैं यह पूछता कि भाई ये बताओ कि यह मेरी नौकरी कैसी है ? क्या यहाँ नौकरियाँ ऐसे ही मिलती हैं ? आदि-आदि। पर इतना अवश्य पूछा कि वे कहाँ के हैं। सरयू ने कहा कि वह 'क्षितिज' में सब-एडीटर है। तिवारी जी सहायक सम्पादक हैं। माथुर साहब वैसे तो 'होराइज़न' में लिखते हैं लेकिन 'ब्यूरोचीफ़' होने के नाते 'क्षितिज़' के सम्पादक हैं।

शाम को मैं अमित और सरयू के साथ टी-हाउस गया। दसियों लोगों से इन दोनों ने मुझे मिलवाया। कुछ बड़े साहित्यकार भी वहाँ बैठे थे। मेरी जानकारी साहित्यकारों के बारे में बहुत कम थी। मैं चुपचाप कॉफी पीता रहा। बातचीत में भी कोई हिस्सा नहीं ले रहा था। कुछ डर या झिझक...भारी झिझक थी। यह भी जानता था कि मैं कुछ नहीं जानता...मुझे कुछ नहीं आता...मैं क्यों बोलूँ ? कुछ उल्टा-सीधा बोल दिया तो सब हँसेंगे। या कहीं कोई विवाद खड़ा हो गया तो मैं उसमें हार जाऊँगा। मेरी बड़ी बदनामी हो जाएगी। नाक कट जाएगी। इसलिए ख़ामोश रहना ठीक है। पहले सबको देखो, समझो और उसके बाद...मुँह खोलना। लेकिन वहाँ बोलनेवालों की कमी न थी। एक आदमी की बात ख़त्म न होने पाती थी कि दूसरा आदमी बोलने लगता था और उससे पहले तीसरा। यानी किसी की बात किसी की समझ में न आती थी। पर सबकों यह सन्तोष था कि वे कुछ न बोले हैं। कॉफी के दो प्याले पीने के बाद हम तीनों उठे। बाहर आ गए। रात का नौ बज रहा था और मुझे भूख लग रही थी। मुझे कहीं खाना खाकर ही वहाँ जाना था जहाँ मैं ठहरा था। लेकिन टी-हाउस के बराबर या कनाट प्लेस में जहाँ तक नज़र जाती थी कोई सस्ता मेरे खाने लायक़ रेस्त्राँ नज़र न आता था। मैंने शरमाते हुए सरयू से कहा—"यार यहाँ खाना कहाँ खाते हैं ?"

"अच्छा तुम खाना खाओगे ?"

"हाँ...जहाँ मैं ठहरा हुआ हूँ वहाँ आजकल कोई नहीं है।"

"आओ," वे दोनों एक ऐसी जगह से अन्दर घुसे जहाँ से मुझे कोई आशा न थी। दुकानों के बीच पतली-सी गली से हम पिछवाड़े पहुँच गए। यह अपना प्यारा देश लगा। वही गन्दगी और लापरवाही जिसके हम आदी हैं।

"ये सरदार का ढाबा है, यहाँ खाओ।"

मेरे बहुत कहने पर भी उन दोनों ने मेरे साथ न खाया। वे जहाँ रहते थे वहाँ के किसी ढाबे में उनका हिसाब चलता था, वे वहीं खाना चाहते थे।

मेरे इन्द्रपुरी की बस पकड़ने से पहले हम तीनों के बीच आपकी दीवार अपने आप टूट गई थी और कितना अच्छा लगा कि यहाँ भी इस शहर में दोस्त हैं या हो सकते हैं।

पता न था कि नौकरी कच्ची है या पक्की। मैं किसी से पूछने की हिम्मत भी नहीं कर सकता था, डर था कि कहीं पूछने से हरीश माथुर नाराज़ न हो जाएँ और जिस तरह नौकरी दी है उसी तरह निकाल न दिया जाऊँ। बीस-पच्चीस दिन काम करते हो गए थे और मुझे यह पता चल गया था कि हरीश माथुर की मेज़ की दराज़ में विस्की का गिलास रहता है। दोपहर के खाने के बाद से शुरू होता है और प्रेस क्लब या किसी मन्त्री के घर की पार्टी तक में जारी रहता है। हरीश माथुर पचास रुपए रोज़ के पान खाते हैं। ब्यूरोचीफ़ हैं, उन्हें लम्बी तनख़्वाह मिलती है। लेकिन उन्होंने अपना कैरियर सी.पी.आई. के पार्टी अख़बार से शुरू किया था और 'होल टाइमर' हुआ करते थे। हरीश माथुर के इतिहास और वर्तमान में इतना अन्तर होते हुए भी आफिस में लोग उन्हें पसन्द करते हैं। 'क्षितिज' के स्टाफ के लोगों में तिवारी जी को छोड़कर और कोई उनसे कम ही मिल पाता था। यदि कोई मिलाने की कोशिश करता भी था तो तिवारी उसका बुरा मानते थे। मुझे उन्होंने बहुत साफ शब्दों में समझा दिया था कि वे ही मुझे काम बताया करेंगे और मैं उन्हीं से सम्पर्क किया करूँ।

तिवारी जी जैसे लगते थे वैसे ही थे भी। वे चाहते थे कि उनका रोब-दाब सब पर बरक़रार रहे। वे यह भी चाहते थे कि कोई उनसे कुछ न पूछे। लोग उनसे डरें। उनकी बात पर सिर्फ हाँ कहें। उनकी हर बात कान दबाकर मान लें। वे जब लेख सम्पादित करने पर आते तो लेख को चाहे 'नोट' ही क्यों न बना दें, कोई कुछ न कहे। उनकी मर्ज़ी और उनके विचार सर्वोपार्य हैं। तिवारी जी भी कभी सी.पी.आई. के सदस्य हुआ करते थे। कुछ समय मास्को में रहे थे। अब भी पार्टी से उनके गहरे सम्बन्ध हैं। मुझे यह भी बताया गया था कि पार्टी और 'होराइज़न' का सम्बन्ध बहुत गहरा है। दरअसल 'होराइज़न' को सोवियत सपोर्ट भी बहुत है। कभी-कभी 'होराइज़न' और पार्टी के बीच कोई मतभेद पैदा हो जाता है तो उसे दूर कराने का काम दिल्ली का सोवियत दूतावास करता है। कांग्रेस के 'इंडीकेट' और 'सेंडीकेट' खेमों की लड़ाई में 'होराइज़न' पूरी तरह 'इंडीकेट' के साथ है क्योंकि सोवियत यूनियन इन्दिरा गांधी

को समाजवादी मानता है।

यह कई बार कई तरह से कई हमदर्दों ने कहा था कि अगर 'होराइज़न' में कैरियर बनाना है तो सी.पी.आई. ज्वाइन कर लो या किसी बड़े सी.पी.आई. नेता को साधो। अगर ये नहीं कर पाए तो बस पड़े सड़ते रहोगे। मैं अगर यह तय भी कर लेता कि मुझे सड़ना नहीं है तब भी मैं कुछ न कर सकता था, क्योंकि मैं इतना तो समझ ही चुका था कि चीज़ें उतनी साफ़ नहीं हैं जितनी पेश की जाती हैं। यानी ये नहीं हो सकता कि मैं सी.पी.आई ज्वाइन करते ही छलाँगें लगाने लगूँगा। और फिर सी.पी.आई. वाले मुझे क्यों लेंगे? या लेंगे तो वहाँ कोई अकेला तो हूँगा नहीं। सैकड़ों होंगे। तो छलाँग मारने या कुलाचें भरने के चक्कर में सी.पी.आई. में चला भी गया तो क्या होगा ? फिर मैं जहाँ तक ईमानदारी की बात है, सी.पी.आई. को कांग्रेस के समान समझता हूँ और कांग्रेस से जितनी घृणा की जा सकती है, वह मुझे है, इसलिए इसका क्या सवाल पैदा होता है कि मैं सी.पी.आई. ज्वाइन करके कैरियर बनाऊँगा; यदि किसी पार्टी को ज्वाइन करके कैरियर बन सकता है तो कांग्रेस क्या बुरी है ?

'होराइज़न' के दफ़्तर में भी यह नहीं लगता था कि आप किसी ऐसी संस्था में काम करते हैं जो किसी बड़ी मानवीय विचारधारा पर आधारित है। आदर्श अगर कहीं नज़र आते थे तो अख़बार के पन्नों में—सम्पादकीय में या इधर-उधर नोटिस बोर्डों पर। वैसे कोई आदर्श नहीं था। कुछ लोग जो बॉस थे, मज़े करते थे। जो उनसे कम थे, जैसे अपने तिवारी जी; जिन्होंने अपने धन्धे निकाल लिए थे। एक कलाकार था जो 'क्षितिज' की सज्जा करता था। वह तिवारी जी का चहेता था। वह अख़बार में नौकर नहीं था। पर उसे जो पारिश्रमिक मिलता था वह तनख़्वाह से अधिक होता था। सबका यह पक्का विश्वास था और कुछ लोगों ने यह देखा-सुना भी था कि कलाकार और तिवारी जी में दाँत-काटी है...मतलब शराब, कबाब और शबाब 'काटी' है।

## 65

महीने भर मैं वह सब करता रहा जो मुझसे कहा जाता रहा। तिवारी जी के लाख-लाख यह साबित करने पर भी कि सम्पादक वे हैं, यह साफ ज़ाहिर था कि 'क्षितिज' में वही छपता है जो हरीश माथुर चाहते हैं। मुझे हरीश माथुर अपने कैबिन में बुलाकर 'एसाइनमेंट' देते थे और मैं भाग-दौड़ में लग जाता था। काम में मज़ा आता क्योंकि इधर-उधर आने-जाने और घूमने-फिरने का मौक़ा रहता था। कुछ कहीं-कहीं थोड़ा रोब भी झाड़ा जा सकता था।

यह सब सामान्य गति से चलता रहता यदि महीने के अन्त में टाइपिस्ट बाबा इंची टेप लेकर अख़बार के पुराने अंकों पर न पिल पड़े होते। पता यह चला कि वे पारिश्रमिक दिए जाने के लिए नाप-तौल कर रहे हैं। मेरे लिखे 'कालम' भी नापे गए और पैसा

जोड़ा गया। बिल बना और मुझे बताया गया तो मेरे पैरों के नीचे से ज़मीन और हाथों से क़लम निकल गया। यानी पूरे महीने काम करने के बाद मुझे चौंसठ रुपए मेहनताना मिलना था। चौंसठ रुपए ? क्या ये तनख़्वाह है ? नहीं, ये पारिश्रमिक कहलाता है, तुम नौकर नहीं हो; जितना लिखते हो उसके हिसाब से पैसा मिल जाता है। इसी को 'फ्रीलांसिंग' कहते हैं। अब मेरी समझ में 'फ्रीलांसिंग' का मतलब आ गया जो काफी खतरनाक था। सरयू ने मेरे चेहरे पर सौ जूते पड़ जानेवाली कैफियत देखी तो बोला—"तुम और जगह भी क्यों नहीं लिखते हो ? यहाँ से साठ मिले हैं। कहीं और से सौ मिल जाएँगे...तीसरे अख़बार से...इस तरह काम चलेगा। फिर..." वह धीरे से बोला—"यहाँ का रेट तो सबसे कम है...समझे ?"

माना कि कमरे का किराया मुझे नहीं देना पड़ता था। लेकिन कम से कम दो वक़्त का खाना, दिन की तीन-चार चाय, बस के पास के लिए पैसे, सिगरेट-पान का ख़र्च और कभी-कभी इक्का-दुक्का ज़रूरत की चीज़ के लिए कुछ होना ही चाहिए मेरे पास। जो पैसे थे वे तो न जाने कब के सोहा हो चुके थे। अब्बा से एक मनीआर्डर मँगवाया था उसमें से भी आधे से ज़्यादा पैसे खर्च हो गए थे। और अभी पूरा महीना पड़ा था। साठ और सत्तर यानी एक सौ बीस और महीना।

नतीजा यह निकला कि जल्दी ही दिन में तारे नज़र आने लगे या यह कहना ज़्यादा ठीक होगा कि मैं चाँदनी रातों में काम करने लगा। जब तक सरयू है उस वक़्त तक भूखों मरने की नौबत तो नहीं आ सकती, यह विश्वास इसलिए भी है कि सरदार के ढाबे में उसका हिसाब चलता है और उसने सरदार से कह दिया है कि मैं उसके हिसाब में खा सकता हूँ। पर सरदार का ढाबा तो केवल दोपहर को खुला होता है—यानी एक समय चावल और छोले जितने चाहो खा सकते हो। पर फिर रात का खाना ? सुबह का नाश्ता ? और मुश्किल यह थी कि सरयू के हिसाब में हम दोनों खाते हैं। यानी मैं, और नेगी। सरयू को तनख़्वाह मिलती है दो सौ अस्सी। उसमें बैठकर जब ख़र्चे का हिसाब लगाया जाता है तो यह जानकर सन्तोष होता है कि हम तीनों जीवित हैं। इसलिए हिसाब-किताब जैसे 'नर्वस' कर देनेवाले काम में हम नहीं पड़ते। अकेले सरदार के यहाँ का बिल कभी-कभी उसकी एक महीने की तनख़्वाह के बराबर हो जाता है। तो सरदार को पूरे पैसे दे दिए जाते तो महीने भर क्या करते ? और यदि सरदार को पैसे न दिए जाते तो महीने भर क्या खाते ? जैसे बुनियादी सवालों का हल हमें निकालना पड़ता था। इस काम में नेगी बहुत समझदार है। वह कोई न कोई रास्ता निकाल ही लेता है। एक रास्ता तो पक्का है। पता नहीं इसका आविष्कार किसने और कब किया था; पर मैं जब इन दोनों का मित्र बना तो यह अविष्कृत रास्ता था। महीने के पहले हफ़्ते में जिस दिन 'क्षितिज' के स्टाफ को तनख़्वाह मिलती थी उस दिन मैं और नेगी यह भरसक कोशिश करते थे कि सरयू और ढ़ाबेवाले सरदार का आमना-सामना न होने पाए। यह कोशिश कभी-कभी जोखिम भरी हो जाती थी। कभी हास्यास्पद और करुणामयी और कभी आनन्दमयी। सरदार अपने 'सोर्सेज़' से यह पता लगा लेता था

कि ‘क्षितिज’ में तनख़्वाह कब मिल रही है। हमारे अपने ‘सोर्सेज़’ ये बताते थे कि सरदार को यह मालूम हो गया है या नहीं कि आज ‘क्षितिज’ में तनख्वाह मिल रही है। हमारे ‘सोर्सेज़’ जैसे ही यह ‘कन्फर्म’ करते हम दोनों सारे काम छोड़कर मुस्तैदी से अपने काम पर लग जाते। मैं सरदार के ढाबे के बराबर पानवाले की दुकान पर इस तरह खड़ा हो जाता जैसे दुनिया जहान से बेखबर हूँ। लेकिन मैं सरदार की जासूसी किया करता था, उसे एक मिनट के लिए नज़रों से ओझल नहीं होने देता था और जैसे ही यह पता चलता कि वह ‘होराइज़न हाउस’ में जा रहा है, मैं तेज़ी से भागता और सर्विस लिफ्ट से तीर की तरह चौथी मंजिल पर पहुँचकर सरयू को सचेत कर देता था। उसे यह भी बताता कि सरदार यहाँ तक आने के लिए कौन-सी ‘लिफ्ट’ का प्रयोग कर रहा है। तब नेगी के सिपुर्द यह काम होता कि वह सरयू को सरदार की नज़रों से बचाकर या तो कहीं छुपा दे या ऑफिस के सामने से तिपहिया स्कूटर दिला दे ताकि वह ब-मैं तनख़्वाह के टी-हाउस पहुँच जाए।

हम यह जानते थे कि यदि तनख़्वाहवाले दिन तनख़्वाह मिलने के बाद सरयू और सरदार का सामना हो गया तो आधी से ज़्यादा तनख़्वाह एक झटके में निकल जाएगी। सरदार भी जानता था कि अगर उसे पूरे पैसे मिल सकते हैं तो सिर्फ इसी तौर पर मिल सकते हैं। क्योंकि अगले दिन सरयू से अधिक ‘जेनुइन’ बहाना सरदार के दरबार में और कोई दूसरा न पेश कर पाता था। फिर सरदार भी क्या करता ? यदि उधार खिलाना बन्द कर देता तो उसके बक़ाया पैसे मारे जाते, पर अगर खिलाता तो यह उम्मीद बनी रहती कि अगले महीने वसूल कर लेगा।

इन सब तिकड़मों, चालाकियों के बावजूद कम से कम मेरी पेट की आग न बुझ पाती थी। मैंने बाक़ायदा ‘फ्रीलांसिंग’ शुरू कर दी थी और काफी भागता था लेकिन पेट की आग ज़मीन के अन्दर जलनेवाला वह ज्वालामुखी है जो उस समय से चमक रहा है जब ज़मीन आग का गोला थी। भूख, भूख और हर वक़्त भूख...यहाँ पता चला था कि जावेद भाई की कैन्टीन में बैठे-बैठे मैं कितने समोसे खा जाया करता था या रहीम होटल में कितनी गर्म रोटियाँ पेट में समा जाती होंगी।

“यार, यहाँ इतनी भूख क्यों लगती है।” मैंने बाबा टाइपिस्ट से पूछा। बाबा टाइपिस्ट का नाम तो पता नहीं क्या है, सब बाबा कहते हैं क्योंकि लम्बी दाढ़ी और उससे भी लम्बे बाल हैं।

“दिल्ली का पानी अच्छा है।” वे बोले।

“अच्छा कहोगे इसे या खराब...अच्छा होता तो कम भूख लगती।” बाबा हँसने लगे। इतने में चायवाला लौंडा आ गया।

“चाय पियोगे...”

“हाँ, यार पिलाओ।”

चाय आई तो बाबा बड़े प्यार से बोले—थोड़ी-सी चुनिया डाल दूँ।”

“ये क्या बाबा ?”

"अरे वही...अफीम।" उन्होंने एक डिबिया खोली, काले रंग का पदार्थ निकाला और एक छोटी गोली बनाई।

"नहीं...बाबा।"

"खा लो,...थकान दूर करेगी।"

"नहीं यार...तुम्हीं खाओ।"

"खा लो भूख भी दूर करेगी।" बाबा हँसकर बोले।

"ठीक है तब डालो।"

भूख दूर करना तो दूर की बात है, सिर में दर्द और शुरू हो गया।

"ये क्या बला है यार...सिर में दर्द कर दिया।"

"पहले-पहले यही होता है...बाद में मज़ा आता है।"

"अरे इसका मज़ा जाए ऐसी-तैसी में...मुझे तो खाना भरपेट खाना चाहिए।" मैं बोला।

बाबा हँसे—"शादी कर लो।"

जी चाहा बाबा को उठाकर खिड़की से बाहर फेंक दूँ।

"यार ये 'फ्रीलांसिंग' भी अजीब चीज़ है।" मैंने उससे कहा।

"क्यों ?"

"लिखो...समय लगता है...मान लो सप्ताह लगा। फिर छपने को दो उसमें समय लगता है...साप्ताहिक में दो-तीन हफ़्ते...उसके बाद महीने भर के बाद हिसाब होता है। तब तुम्हें चेक मिलेगा। चेक बैंक में डालो। कम से कम एक हफ़्ता...।"

"तो क्या चाहते हो ? इधर लिखा, उधर पैसा।"

"हाँ।"

"ये यहाँ नहीं होता। ये बनिए की दुकान नहीं है।" वह बोला।

बनिए की दुकानवाली बात पर मुझे बहुत हँसी आई।

"यार यही नहीं...सब कुछ बनिए की दुकान है...जिधर देखो वही बनिए की दुकान है..."

मैं बात ख़त्म भी न कर पाया था कि जैसे आफिस में भूचाल आ गया। हरीश माथुर नंगे पैर अपने कैबिन से निकलकर उस कमरे की तरफ भागे जहाँ टेली प्रिंटर रखे थे। लोग अपनी-अपनी मेज़ों से उठने लगे। ज़रा देर बाद पता चला के.पी. राव भी टेली प्रिंटरवाले कमरे में जा रहे हैं। तीन-चार मिनट बाद तिवारी जी हँसते हुए आए, बोले—"अब क्या है क्रान्ति हो गई...क्रान्ति हो गई..." उनका चहेता कलाकार बोला—"हाँ जी, क्रान्ति हो गई।"

"क्रान्ति हो गई ?" मैंने धीरे से सरयू से पूछा।

"पता नहीं यार।" वह बोला।

"ज़रा पूछो।"

सरयू ने कुछ ऊँची आवाज़ में तिवारी जी से पूछा—"क्यों साब, क्रान्ति कैसे

हो गई।''

''मोरारजी देसाई ने इस्तीफ़ा दे दिया।'' वे गम्भीर आवाज़ में बोले।

''बैंकों के राष्ट्रीयकरणवाले मामले में।''

''हाँ...बस अब क्या है ? क्रान्ति हो गई।''

''हाँ, क्रान्ति हो गई।'' मैंने धीरे से कहा।

''मिली-जुली आवाज़ें आने लगीं। लगा सब तरफ से यही आवाज़ आ रही है, क्रान्ति हो गई।''

''यह भी अच्छा है कि शान्तिपूर्ण रही।''

''वैसे ही हम इतना ख़ून बहाते हैं...क्या फ़र्क़ पड़ता है।''

''क्रान्ति हो गई है, अब 'होराइज़न ग्रुप ऑफ न्यूज़ पेपर्स' में तुम्हारा शेयर हो जाएगा। कम्पनी के मालिकों में होंगे।'' मैंने सरयू से कहा। वह हँसने लगा।

''ये तो सी.पी.आई. में क्रान्ति आने के बाद भी नहीं हो सकता।'' नेगी ने धीरे से कहा।

''चलो, आज रात क्रान्ति आ जाने की खुशी में कुछ हो जाए।'' मैंने कहा।

''कैसे ?'' दोनों एक साथ बोले।

''कहीं से उधार लाता हूँ...वहाँ से जिन लोगों के साथ रहता हूँ। रिश्तेदार हैं यार, बुरे वक़्त पर उधार न देंगे तो रिश्तेदारी निभेगी?''

''पक्का प्रोग्राम बनाओ...मेरे पास सात रुपए हैं।'' वह बोला।

''तो आओ...हो जाएगा।'' मेरे पास दस हैं।''

''तीन कम पड़ेंगे।''

''किसी को टी-हाउस से पकड़ लेंगे। पाँच लगाकर शामिल हो जाएगा। दो की नमकीन आ जाएगी।''

जन्तर-मन्तर के एक अँधेरे कोने में हम लोगों ने, जो क्रान्ति 'सेलिब्रेट' करने के लिए जमा हुए थे, ख़ूब पी क्योंकि 'अपने-अपने अजनबी' स्टाइलवाले और भी मिल गए थे। तीन बोतलें हो गई थीं। सात लोग थे। गिलास और पानी का इन्तिज़ाम क्यों होता ? क्रान्ति 'सेलिब्रेट' कर रहे हैं। बोतल मुँह में लगाकर 'नीट' चलने लगी। बोतल घूमने लगी।

''देखो कोई साला अपनी 'कैपिसिटी' से ज़्यादा पीकर उल्टी-शुल्टी न करे... बहनचोदो ये दारू साली उल्टी करने के लिए नहीं है।''

''अब पी के 'कैपिसिटी' का पता किसे चलता है।''

''साले ये बनिएपन की बातें न करो। आज क्रान्ति हुई है।

''अबे चोप हो जाओ। क्रान्तिकारी गीत गाया जाएगा।''

गालियाँ, ठहाके, बेहूदा मज़ाक़, साहित्यिक बातचीत, लोगों की बुराइयाँ, गुस्सा,

दुःख, अपमान और पता नहीं क्या-क्या था जो निकल रहा था। मैं ख़ामोश था। मेरे लिए अपने अन्दर का सफर हो रहा था। धीरे-धीरे लग रहा था कि मैं हूँ...भूख नहीं है। सब कुछ सुन्दर है...कुछ बुरा नहीं है। सब मित्र हैं, कोई पराया नहीं है। अचानक किसी अँधेरे कोने से किसी की सिसकी सुनाई दी।

"साले आज तो पीकर न रोओ...आज साले, क्या कहते हैं तख़्ता पलट गया है।"

पर रोनेवाला रुका नहीं।

"ठीक है सालो, पीकर, रोओ, गाओ, नाचो। चौकीदार आ गया तो जो कुछ जेब में बचा है झाड़ लेगा, नहीं पार्लियामेंट स्ट्रीट का थाना पास ही है।"

"अबे घड़ी देखो, आख़िरी बस...?"

"अब उठो...बस स्टाप 'स्टेट्समैन' के पास से ही मिलेगी।"

"तुम सब सालो जाओ...मैं तो यहीं सोता हूँ...आज कोई साला हटा नहीं सकता, क्रान्ति हुई है।"

"बकवास बन्द करो...जिम्मेदार बनो।"

"ये क्या होता है।"

"अबे चुप चिड़िया के।"

"अच्छा तो छटाँक भर चली गई और हवास खो गए।"

"चल उठ।"

"अबे देख, वह रो रहा है।"

"रोने दे...रोने दे...जी हल्का हो जाएगा।"

"तू चुप क्यों रहता है बे ?"

"घुन्ना है साला।"

"ऐसे नहीं बोलते।"

"क्यों सारे शब्द तुम्हारे बाप के हैं ?"

"नहीं, भारत सरकार के हैं।"

"क्या नाम ले दिया यार...साला आधा नशा बिगाड़ दिया।"

"पुलिस की याद आ गई।"

"पुलिस ? कहाँ हैं पुलिस, बुलाओ सालों को...अभी ठीक करता हूँ।"

"बस-बस..."

कुछ देर बाद सरयू ने कहा—"यार, आज लोग ज़्यादा हो गए।"

"हाँ गुरु...पैसे साले गए।"

"ये दो लोग बड़ा हरामीपन करते हैं।"

"अब क्या करें।"

"चलो उठो...नहीं तो ढाबा भी बन्द हो जाएगा।"

"तुम्हें खाना मिलेगा ?" उसने मुझसे पूछा।

"हाँ, मिलेगा।"

"बस मिलेगी।"

"हाँ, मिलेगी।"

"लड़की मिलेगी ?"

"हाँ, मिलेगी।"

"कहाँ जाओगे बादशाहो। आर.के पुरम की अब कोई सर्विस नहीं है।" टैक्सीवाला बोला। मैं जानता था रात में बसों की सर्विस ख़त्म होने के बाद टैक्सीवाले सवारी के हिसाब से आर.के. पुरम ले जाते हैं। और दो रुपए लेते हैं। दो रुपए तो होना चाहिए।

"कब चलोगे ?"

"बस एक सवारी और मिल जाए।"

सेक्टर पाँच का ढाबा बन्द नहीं था। ताऊ बैठे हुक्का पी रहे थे और लड़के बर्तन माँज रहे थे।

"आज बड़ी देर कर दी।"

"हाँ, ताऊ।"

"तन्दूर तो नहीं है।"

"रोटी तो है न ?"

"हाँ, रोटी पड़ी हैं।"

"एक दाल, दो रोटी'," मैं जेब टटोलकर बोला।

## 66

"ये बताओ यार कि ये पच्चीस बारहखम्भा क्या है ?" मैंने सरयू से पूछा और वह हँसने लगा।

"तुम्हें मालूम नहीं ? चार महीने होने को आए; तुम नहीं जानते ?"

"नहीं।"

"तो नाम कैसे सुना ?"

"यार सब कहते हैं पच्चीस बारहखम्भा जा रहा हूँ। पच्चीस बारहखम्भा में मिलना...पच्चीस बारहखम्भा में खा लेंगे। पच्चीस बारहखम्भा में होगा..." मैंने कहा।

"पच्चीस बारहखम्भा..सोवियत यूनियन का सूचना केन्द्र है।"

"ओ हो..."

"वहाँ जो कैन्टीन है उसमें लंच टाइम में बियर मिलती है जो वहाँ काम करनेवालों को बहुत सस्ती दी जाती है।"

"अच्छा तो तब ही वहाँ लोग..."

"लोग नहीं...अगर तुम किसी को नहीं जानते तो नहीं जा सकते।"

"तुम कभी गए हो ?"

"नहीं गया।"

"खाना भी सस्ता मिलता होगा।"

"हाँ, क्यों नहीं...और मज़ेदार बात ये है कि तनख़्वाह बहुत अच्छी मिलती है। हजार रुपए तो मामूली बात है।"

"हज़ार।"

"हाँ।"

"वाह यार...तो वहाँ नौकरी करनी चाहिए।" मैं बोला।

वह हँसने लगा।

"सब जगह, सब कुछ तय है। कहाँ किसे नौकरी मिलेगी। क्यों मिलेगी, किसे नहीं मिलेगी, क्यों नहीं मिलेगी...हो सकता है दो-चार अपवाद भी हों लेकिन उससे क्या फ़र्क़ पड़ता है।"

"तो वहाँ कौन...मतलब किसे ?"

"इतना तो सब जानते ही हैं। क्या तुम्हारे पिताजी, ताऊजी या चाचाजी सी.पी. आई. के लीडर हैं।

"नहीं।"

"क्या तुम किसी सी.पी.आई. के बड़े लीडर की सिफारिश ला सकते हो ?"

"सच पूछो तो नहीं।"

"तब तुम आराम करो...मतलब कहीं और नौकरी तलाश करो।"

"कहाँ ?"

"जहाँ चाहो।"

"क्या तुम कम्युनिस्ट विरोधी हो ?"

"नहीं।"

"तब तुम्हें यू.एस.आई.एस. में भी नौकरी नहीं मिल सकती।"

"मतलब जो किसी का समर्थक या किसी का विरोधी नहीं है वह गया बट्टेखाते में।"

"निश्चित रूप से। सत्ता के खेल में नहीं हो...तो क्या है ? कुछ नहीं।"

"वैसे क्या तुम किसी पार्टी के मेम्बर हो ?"

"नहीं यार।"

"तो तुम भी मेरी तरह हो। तुम्हें अधिक से अधिक अच्छी नौकरी मिल सकती है तो मेरी जैसी नौकरी...दो सौ अस्सी रुपए।"

"वो भी तो नहीं है यार।"

"इन्तिज़ार करो...एक-दो साल...तीन भी हो सकते हैं। नेगी दो साल से संघर्ष कर रहा है।"

"अरे बाप रे बाप...इस तरह दो साल रहना पड़ेगा।"

"हो सकता है ज़्यादा भी।" तब ही बाबा आ गया।

"बाबा, बताओ यार, क्या करें ?"

"किस बारे में ?"

"जीवन के बारे में बाबा।"

"तुम वापस चले जाओ। तुमने बताया है कि तुम्हारे पिताजी के पास ज़मीन और बाग़ है।"

"हाँ यार...करीब चालीस बीघे।"

"तो तुम यहाँ क्या गाँड़ मरा रहे हो।" बाबा बोला।

"मतलब चला जाऊँ।"

"तो और ठोकरें खा लो...फिर जाना।"

"नहीं, मैं नहीं जाऊँगा बाबा...तुम देखना, मैं नहीं जाऊँगा।"

"न जाओ...तुम चूल्हे-भाड़ में जाओ...चाय पियोगे ?"

"हाँ, लेकिन बिना अफीमवाली।" बाबा हँसने लगा।

"तो क्या करोगे यहाँ ?"

"फ्रीलांसिंग करता रहूँगा...और देखूँगा अख़बारों में कब तक नौकरी नहीं मिलती ?"

बाबा हँसने लगा—"ठीक है, देख लेना।"

"क्या तुम जानते हो कि हमारे देश में जाति और धर्म का बड़ा महत्त्व है।"

"हाँ है।" मैंने कहा।

"तो हर जगह है।"

"मतलब अख़बारों में भी।"

"सब जगह; क्रान्तिकारी दलों से लेकर सरकार तक में।"

"यार, तुम लोग मुझे उलझा रहे हो।"

"सुलझा रहे हैं।"

"लो चाय पियो।"

"ये बताओ मैं अपनी जगह क्यों नहीं बना सकता ?"

"ये किस साले ने कहा कि नहीं बना सकते...बिल्कुल बना सकते हो...बहुत लोगों ने बनाई है...बहुत लोग बनाएँगे...पर फिर भी कुछ सच्चाइयाँ हैं...वे भी रहेंगी।"

मैं ज़िद्दी, हट्ठी और हेकड़ आदमी हूँ। मानता हूँ कि पत्थर से पानी निकल सकता है। हथेली पर सरसों नहीं, गेहूँ की खेती हो सकती है तो साली मुझे किसी अख़बार में नौकरी क्यों न मिलेगी ? क्यों नहीं ? मैं पूरी तरह लग गया। पूरे-पूरे दिन भटकता रहता था। कहीं पुरानी दिल्ली की गलियों में, कहीं चमचमाते हुए आफिसों में, कहीं आसपास के गाँवों में, कहीं ट्रेड यूनियनों के आफिसों में, कहीं साम्प्रदायिक दंगाग्रस्त इलाके में तो कहीं कॉकटेल पार्टियों में। मुझे लग रहा था बल्कि विश्वास था कि कुछ न कुछ होगा।

बस रुक जाना शर्त है। मुझे लगभग आठ-दस महीने होने को आए थे। इस बीच अपने को आज़माने के मौक़े भी मिले थे। एक दिन बाबा चाय के साथ अफीम कुछ अधिक पी गया और कहने लगा—''यार, तुम दुनिया भर की तस्वीरें छपवाते रहते हो। मेरी तस्वीर छपवा दो तो जानूँ।''

''अच्छा तो चैलेंज कर रहे हो।''

''हाँ, चैलेंज है।''

''कितनी तस्वीरें छपवा दूँ...दो-चार छः दस ?''

''बस बस बस,'' वह हँसा—केवल एक ही काफी है।''

''चलो लगाते हो शर्त ?''

''काहे की शर्त ?''

''यही कि तुम्हारी दस तस्वीरें छपेंगी तो तुम एक पार्टी दोगे...अफीमवाली नहीं, दारूवाली।''

''पार्टी नहीं, एक बोतल ले लेना।''

''ठीक है। दूसरी शर्त यह कि तुमसे जो कहा जाएगा वह करोगे ?''

''मतलब ?''

''जान देने को नहीं कहेंगे यार।''

''तो क्या कहोगे ?''

''देखो आजकल 'चाँद' न्यूज़ में है।''

''आदमी चाँद पर पहुँचनेवाला है।''

''हाँ...हर तरफ चाँद ही चाँद है।''

''तो ?''

''अब देखो एक फ्रॉड करते हैं। चाँद के साथ तुम्हें नत्थी कर देते हैं।''

''कैसे ?''

''नत्थी हो गए तो तुम्हारी ख़बर भी 'चाँद' के साथ छपेगी।''

''पर नत्थी कैसे हो पाऊँगा।''

''तुम्हें यह बयान देना होगा कि पहला सोवियत यूनियन जब चाँद पर पहुँचने में असफल हो गया था तो तुमने प्रतीक्षा की थी कि जब तक मनुष्य चाँद पर नहीं पहुँच जाएगा उस समय तक तुम अपने बाल और दाढ़ी नहीं काटोगे।''

''अरे नहीं...ये तो नहीं...''

''ठहरो प्यारे, ठहरो...फोटो छपवाना चाहते हो या नहीं ?''

''हाँ।''

''तो ये कहना पड़ेगा...और जैसे ही चाँद पर आदमी पहुँचेगा वैसे ही यू.एस.आई.एस. के कम्पाउंड में तुम्हारी दाढ़ी और बालों का मुंडन होगा...तो प्यारे तुम्हारे चित्र भारत में ही नहीं, अमेरिका में छपेंगे, समझे ?''

''बात तो चोखी है।'' वह बोला।

"तो तुम दिल पक्का कर लो। करना है या नहीं।"

"पत्नी से पूछ लेते हैं।"

"पत्नी से ही नहीं, पिताजी से भी पूछ लो।"

"पिताजी जीवित नहीं हैं।"

"तो ताऊजी से पूछ लो...वे भी जीवित न हों तो चाचाजी से पूछो...वे भी न हों तो छोटे भाई से पूछ लो...कोई छोटा भाई भी न हो तो अपने बच्चों से पूछ लो..अरे बाबा यार तुम रहोगे चूतिया के चूतिया...खोपड़ी तुम्हारी मुँढ़ेगी और पूछना चाहते हो पत्नी से।"

"चलो पक्की रही।"

आठ-दस लोग हो, हल्ला मचाते और ताऊ को साथ लिए यू.ए.आई.यस. पहुँचे तो जैसी की आशा थी उन लोगों ने इमारत के कम्पाउंड में यह शुभ काम होने पर आपत्ति की। प्रेस के कुछ लोग साथ थे। हम अकड़ गए। वे पुलिस बुलाने के लिए कहने लगे। हम यही चाहते थे। हमने कहा, बुलाओ पुलिस को। बहरहाल तू-तू मैं-मैं के बाद बाबा का मुंडन बाहर फुटपाथ पर हुआ पर तस्वीरें ख़ूब खिंचीं और अगले दिन अंग्रेजी-हिन्दी के सभी अख़बारों में 'बॉक्स आइटम' था। बाबा की खुशी का ठिकाना न था।

हालाँकि यह बचकानी बात थी और इसका कोई महत्त्व भी न था पर मुझे लगता था कि मैं धीरे-धीरे अपनी सुस्त रफ्तार से कुछ ऐसा कर रहा हूँ जो हो न हो, एक दिन मुझे कहीं न कहीं लाकर खड़ा करेगा। पर असली समस्या यह थी कि मैं पैसे से इतना टूटा रहता था कि उसका कोई हिसाब न था। कभी एक सिगरेट पीने तक के पैसे न होते थे और 'बस पास' होने के कारण बसों में बैठकर दूर-दूर तक एक सिगरेट मिल जाने की आशा में चला जाता था।

एक बार अहमद के अब्बाजान दिल्ली आए हुए थे और उन्होंने मुझे सम्पर्क करके बुलाया। मैं गया। वे बड़े प्यार से मिले। इधर-उधर की बातें कीं उसके बाद उन्हें कहीं जाना था। जाने से पहले मुझे एक रुपया दिया कि मैं पब्लिक टेलीफोन बूथ से फोन करके किसी आदमी को कोई सन्देश दे दूँ। मैंने रुपया ले लिया। वे चले गए। मैंने चार-पाँच घंटे से सिगरेट न पी थी और तलब का बुरा हाल था। मैं पागल हो रहा था। मैंने सोचा, मैं इस रुपए की सिगरेट खरीदकर पीता हूँ। उनसे कह दूँगा कि वह आदमी फोन पर नहीं मिला। फिर सोचा कि मेरा यह झूठ पता चल जाएगा और एक रुपए के लिए मैं अपनी नाक कटाऊँगा। फिर सोचा क्या फ़र्क़ पड़ता है। राजा साहब के लिए एक रुपया क्या बड़ी चीज़ है। मैं चार आने की सिगरेट खरीद लेता हूँ और बारह आने का खाना खा लेता हूँ। इसी उधेड़बुन में आधे घंटे टेलीफोन बूथ के सामने खड़ा रहा। बराबर ही पान और सिगरेट की दुकान भी थी। अचानक मुझे लगा कि मैं अपने को रोक नहीं सकता। मैंने सिगरेट खरीदकर पिया तो लगा कि अब कोई फाँसी भी

दे दे तो कोई बात नहीं है। उसके बाद बाज़ार गया। वहाँ चाय पी और आलू की टिकिया खाईं। फिर सिगरेट पी और लौटकर आया तो राजा साहब नहीं थे। मैंने उनके नौकर से कहा कि कह देना वह आदमी घर पर नहीं था जिसे उन्होंने फोन कराया था।

कहने को तो मैं यह कह चुका था लेकिन अपने आपसे बहुत शर्मिन्दा था। कई दिन तक दुःखी रहा। सोचता रहा यह क्या है ? मैं यहाँ इस हालत में क्यों रह रहा हूँ ? मेरा क्या होगा ? मेरी कोई सिफारिश नहीं है। मुझे किस अच्छे अख़बार में नौकरी मिलेगी ? कहीं जैन भरे हैं, कहीं मारवाड़ी हैं, कहीं पुराने कम्युनिस्टों का बोलबाला है, कहीं कांग्रेसी हैं ? क्या मैं भी इसी भीड़ में कैसे मुँह मारूँ ? क्या एक गॉड फादर बना लूँ ? क्या सी.पी.आई. में चला जाऊँ ? तो फिर सी.पी.आई. में ही क्यों जाऊँ ? कांग्रेस में क्यों न जाऊँ। पर क्या कांग्रेसवाले मेरे लिए आँखें बिछाए बैठे हैं ? बिल्कुल नहीं। मैं हूँ क्या ? मेरी कोई हैसियत नहीं है, न नाम है, न काम है, न जाति ही काम की है और न ही धर्म का कोई उपयोग हो सकता है।

उदासी के दौरे पड़ जाते तो मैं दिन-दिन भर किसी पार्क में बैठा रहता। खाने के पैसे भी न होते तो बस चार आने के चने से काम चल जाता। मुझे मालूम था कि चने पेट में जाकर फूलते हैं और पेट भर-सा जाता है। चने पचने में भी समय लगता है और लम्बे समय तक भूख नहीं लगती। पार्क की बेंच पर बैठकर सोचता था। अहमद लन्दन चला गया है। शकील ने अपनी अलग दुकान कर ली है। उसकी बीवी है, दो बच्चे हैं। मेरे साथ ये क्या गड़बड़ हो गई ? मुझे एम.ए. नहीं करना चाहिए था। जब शकील और अहमद निकले थे उसी समय निकल जाता तो अब तक कहीं जम जाता पर अब ?

यार-दोस्त कभी पूछते कि पूरे दिन कहाँ रहा तो बहाने बना देता कि वहाँ गया था, वह किया था, लायब्रेरी में बैठा था या और कुछ।

एक दिन सुबह घर से निकला तो ऑफिस तक आने के लिए बस के किराये के पूरे पैसे न थे। कमरे में ही पड़ा रहता तो कहाँ तक पड़ा रहता ? दिन का खाना ? और फिर अगले दिन तो कहीं न कहीं जाना ही पड़ता। वैसे अगर ऑफिस जाऊँ तो वहाँ दो-चार रुपए तो सरयू से मिल ही जाएँगे। नहीं तो वह किसी से उधार लेकर दे देगा। इसलिए ऑफिस पहुँचना ज़रूरी है। वहाँ सरदार के ढाबे में खा तो सकता ही हूँ। सोचा यह कि चौथाई रास्ता पैदल चलकर काट दूँगा। उसके बाद बस में बैठूँगा तो कम पैसे का टिकट लगेगा। ऐसा ही किया लेकिन जहाँ से बैठा वहाँ से भी उतने के टिकट के लिए कंडक्टर ने कहा जितने का टिकट मेरे घरवाले स्टाप से लगता था। मैंने जब पूछा तो बताया गया कि अगले स्टाप से कम है।

"क्यों रे, क्या है ? पैसे क्यों नहीं निकालता। जल्दी कर, दूसरों को आने दे।" जाट कंडक्टर ने मुझे झिड़का। मैंने कम शब्दों में अपनी समस्या का ख़ुलासा करते हुए कम पैसे उसकी तरफ बढ़ा दिए।

"जा, बैठ जा।" उसने मुझसे पैसे नहीं लिए और बस में बैठ जाने दिया।

अपने स्टाप पर उतरते हुए मैंने उससे कहा—"शुक्रिया जी।" तो वह बोला—"देख के उतर, देख के...पीछे से तूफान मेल आ रही है।"

मैं पीछे देखकर उतरा तो मेरी आँखों में आँसू थे। कह नहीं सकता क्यों ? जाट कंडक्टर के मानवीय व्यवहार के कारण ? अपनी इस दयनीय स्थिति पर या पीछे से आती तूफान मेल से बच जाने के कारण ? मैं समझ नहीं पाया। 'होराइज़न' के सामने पहुँचा तो दसमंजिला इमारत के सामने अपने को बहुत छोटा पाया। मैं संगमरमर की सीढ़ियों पर लगे पत्थर के एक टुकड़े के बराबर भी तो नहीं हूँ या हूँ ? या नहीं हूँ।

के.पी. राव सीढ़ियाँ उतर रहे थे। उनकी कार सीढ़ियों से मिलाकर खड़ी कर दी गई थी। उनके साथ दो-चार बहुत सीनियर लोग थे। मैं जल्दी से एक तरफ को हो गया। ऐसा लगा जैसे जान बच गई हो। सोचा, यह भी अच्छा है कि राव मुझे पहचानते नहीं क्योंकि अगर कोई इस समय मुझे देखेगा तो चेहरे पर जाट कंडक्टर के अथाह अहसान का इतना भारी बोझ नज़र आएगा कि मैं उसके नीचे शहीद लगूँगा।

## 67

लोग कहते हैं अफीमची बड़े 'पैसिव' होते हैं। लेकिन बाबा के साथ ऐसा नहीं है। जब कभी उसे टाइप का ज़्यादा काम करना होता था तो आफिस के बाद करता था। मैं भी अक्सर बैठा रह जाता था। बीच-बीच में बातचीत भी होती रहती थी और बाबा को अक्सर गुस्सा आ जाता था। और पता नहीं क्यों, वह हाथ धोकर मेरे पीछे पड़ा हुआ था कि मैं वापस अपने वतन चला जाऊँ और आराम से रहूँ। खेती करूँ। आज भी बात घूम-फिरकर वहीं आ गई।

"तो कितना अनाज पैदा हो जाता है तुम्हारी ज़मीनों में।" उसने पूछा।

"देखो हमारी तरफ की खेती उतनी अच्छी नहीं है जैसी हरियाणा या पंजाब की है। और फिर बटाई पर खेती कराते हैं। बटाई समझते हो ?"

"हाँ-हाँ...आगे बताओ।"

"पिछले साल मैंने पच्चीस मन गेहूँ बेचा है। सात मन के करीब धान भी हो जाता है। लाही सरसों भी ड़ेढ़-दो मन हो जाती है। आम का बाग़ दो हज़ार साल में उठता है। खाने को आम अलग से मिलते हैं।"

वह सीधा होकर बैठ गया।

"तुम सच कह रहे हो ?"

"यार, मैं झूठ क्यों बोलूँगा।"

"तुम पागल हो...पागल।"

"क्यों ?"

"यहाँ क्यों पड़े हो ?"

"यार, मैं पत्रकार बनना चाहता हूँ और कुछ..."

"पत्रकार बनकर तुम क्या उखाड़ लोगे ?"

"क्या मतलब है तुम्हारा ?"

"देखो अखबारों के मालिक सेठ हैं या ऐसे ग्रुप हैं जो किसी विचारधारा के अन्तर्गत बनाए गए हैं। या बने हैं जैसे 'होराइज़न' आदि।"

"तुम्हारा मतलब है जो पत्रकार जिसकी खाता है उसकी बजाता है ?"

"बिल्कुल...तुम छुटपुट कर लो...लेकिन यहाँ रहते हुए सोवियत यूनियन या सी. पी.आई. के विरुद्ध कोई स्टैंड लेकर नहीं चल सकते।"

"हाँ, ये तो है।"

"यह पूरा तो नहीं लेकिन बड़ी हद तक भ्रम है कि पत्रकारों को स्वतन्त्रता है। वे जो चाहे लिख सकते हैं। ऐसा कुछ नहीं है। अब तुम अपनी जान जोखिम में डालकर यहाँ मतलब इस पेशे में आ ही गए और तुम्हें बाद में पता चला कि तुम जिस कारण आए हो उसका कोई आधार ही नहीं है तो तुम्हारा सहारा प्रेस क्लब का 'बार' ही होगा। पैसा इस पेशे में ख़ूब है। अन्धा पैसा है यदि तुम कमाना चाहो...बहुत से ईमानदार हैं पर उससे क्या फ़र्क़ पड़ता है...इन लोगों ने, पत्रकारों ने अपने आपको महिमामंडित किया हुआ है ताकि अखबारों की साख बची रहे...उनका सम्मान होता रहे...और गाड़ी चलती रहे।"

"चायवाले लौंडे को देखता हूँ...अगर हो तो चाय पी जाए।"

"हाँ, देखो।"

मैं उठकर गया तो देखा, चायवाला जा चुका है। वापस आ गया।

"यह बताओ गाँव में तुम्हारे माता-पिता रहते हैं।"

"नहीं, वे शहर में रहते हैं।"

"गाँव में घर तो होगा।"

"हाँ, काफी बड़ा घर है।"

"तो वहाँ आराम से रह सकते हो।"

"हाँ क्यों नहीं ?"

"सोचो यार सोचो...क्यों भाग रहे हो अपने गाँव या अपने शहर से ? क्यों ? एक झूठी प्रतिष्ठा के चक्कर में ? तुम्हारे साथ वह दिक्कत भी नहीं है जो मेरे साथ थी। मेरे पास गाँव में सिवाय कर्ज़ के कुछ नहीं था। मैं वहाँ से न भागता तो मर जाता...समझे ? ...देखो, न केवल तुम खुद ही जाओ बल्कि दो-चार अपने जैसों को यहाँ से और ले जाओ..."

बाबा के कारण ही नहीं बल्कि लगभग दस महीने के खट्टे-मीठे अनुभवों के कारण मुझे यह अच्छी तरह पता चल गया था कि पत्रकारिता को मैं जो समझता था और जिस तरह की आशाएँ थीं, वे बड़ी हद तक ठीक नहीं हैं। यहाँ भी लगभग वही सब कुछ है जो दूसरी नौकरियों में है। 'ग्लैमर' तो अवश्य है। पर क्या मैं वही चाहता हूँ ? पैसा

भी है ? तो क्या मैं पैसे के लिए यहाँ आना चाहता हूँ। ? पैसा तो खेती में बहुत है। अगर मैं आलू और घुइयाँ की खेती करने लगूँ तो लखपती बन जाऊँगा। और यहाँ की तुलना में मेरा जीवन बड़ा अच्छा होगा। तो ज़ाहिर है मैं पैसे के लिए यहाँ नहीं आया हूँ। तो आदर्श ही पूरे न होंगे और उतना पैसा भी न मिलेगा जितना बहुत आसानी से गाँव में मिल सकता है। तो मैं यहाँ क्या करूँ ? मरने के लिए ? 'ग्लैमर' के लिए ? पर वह मुझे नहीं चाहिए...और ये शहर है ? लानत है इस पर...लानत है। बसों में लोग इस कदर भर जाते हैं कि बच्चे कुचल जाते हैं, औरतों के चोटें लग जाती हैं, बूढ़े जख़्मी हो जाते हैं और किसी के कान पर जूँ तक नहीं रेंगती। वाह बाबुओं के शहर वाह...सुना है यह कलकत्ते में नहीं हो सकता...बम्बई में भी नहीं हो सकता...लेकिन राजधानी में हो सकता है...और अपमान ? दफ़्तर के चपरासियों से लेकर हर राह चलता आदमी बस दूसरे का अपमान करना चाहता है। वह आपके कपड़े देखता है और आपकी दो टके की इज़्ज़त को पहचान लेता है, और अपमान कर देता है। बात 'तू' से शुरू होती है और मारपीट तक आ जाती है। कोई किसी के पचड़े में नहीं पड़ना चाहता और ताक़तवर हमेशा कमज़ोर पर झपटता है। कमज़ोरों का नरक है यह शहर...लानत है इस पर...यार यहाँ कौन लोग बसते हैं, समझ में नहीं आता। किसी को किसी से, अपने अलावा, न लेना है न देना है। न किसी को शहर से लगाव है न मोहल्ले से प्यार है। मैं यहाँ क्यों हूँ ? और क्या कर रहा हूँ ? लानत है इस सब पर क्योंकि जब पेट और जेब दोनों ख़ाली होते हैं तो चाँद तक रोटी नज़र आने लगता है। रात में खाली पेट पानी पीकर सोने की कला अब तक नहीं आ सकी है हालाँकि लोग बताते हैं कि मुश्किल नहीं है।

बाबा बेवकूफ़ी और समझदारी की अच्छी चटनी है। साला कभी-कभी बहुत दोटूक और खरी बात कहता है—"दो हाथ, यदि आदिम तरीके से ही ज़मीन में खेती करें तो इतना अन्न पैदा हो सकता है कि उसे अकेला आदमी पूरी तरह खा नहीं सकता। तो यह प्रकृति का नियम है कि एक मनुष्य अपनी आवश्यकता से अधिक उत्पादन कर सकता है। तो यह सब जो हमारे वारों ओर महान चुतियापा हो रहा है, यह प्रकृति के नियमों के विरुद्ध है। प्रकृति भूखा नहीं मारती। भूखा तो हम ही एक दूसरे को मारते हैं। करोड़ों हेक्टर ज़मीन बेकार पड़ी है। तुम्हें मालूम है विज्ञान ने यह सिद्ध कर दिया है कि हर तरह की ज़मीन पर खेती हो सकती है। तो करोड़ों हेक्टर ज़मीन पर काम करने के लिए करोड़ों हाथ भी उपलब्ध हैं तो फिर ज़मीन बेकार क्यों पड़ी है और करोड़ों पेट खाली क्यों हैं ? बताओ ?"

"यार तुम अफीमची न होते तो आदमी थे काम के।"

"चुतियापा न करो...बात का जवाब दो।"

"जवाब हो तो दूँ...तुम्हारी बातें लाजवाब हैं।"

"तो तुम यहीं मरते रहोगे ? इसी शहर में ?"

"अब यार...देखो..."

"मेरी बात मानो...दुआएँ दोगे। मेरे साथ के लड़कों में जो गाँव में रह गए हैं आराम से हैं। अरे यार, एक भैंस ही पाल लो...फिर देखो..."

"सुना है मुश्किल काम है ?"

"फ्रीलांसिंग से मुश्किल तो नहीं है।"

हम दोनों हँसने लगे।

"देखो जिसका कोई सहारा न हो...मतलब शहर आकर संघर्ष करके जीवित रह पाना अकेला रास्ता हो...वह तो ठीक है आए और यहाँ लेकिन तुम क्यों वह सब करो; मरो, जबकि तुम्हारे पास रास्ता है।"

बाबा से फ़ुरसत के वक़्त ऐसी बातें सुनने में मज़ा आता है कि अच्छे सपने देखे जा सकते हैं। ऐसा जीवन है जहाँ खाने की कमी नहीं है। अंडे-मुर्ग़ी और दूध, दही की कमी नहीं है। कड़ी शारीरिक मेहनत है तो उसका पूरा मुआवज़ा भी मिलता है। आजादी है और सब काम अपनी मर्ज़ी से किया जाता है। बाबा से बातें एक अजीब तरह के नए जीवन के सुनहरे धागों को खोलने लगती हैं। वह कहता है—तुम शादी भी कर लेना...किसी अच्छी औसत दर्जे की पढ़ी-लिखी, सुन्दर और सुशील लड़की से जो गाँव में तुम्हारे साथ रहे। उसे ट्रैक्टर चलाना सिखा देना। वह तुम्हारे खेत जोत दिया करेगी। तुम्हारे लिए खूब गाढ़े दही की लस्सी बनाएगी और रात में तुम्हारे बिस्तर को इतना गर्म कर देगी कि जनवरी की रातें बहुत प्यार से कट जाएँगी। और फिर तुम्हारे पास पैसा होगा। फसल कटने के बाद दो-तीन हफ़्ते के लिए तुम अपनी पत्नी के साथ जहाँ चाहो जा सकते हो। कभी दक्षिण भारत में समुद्र तट पर, कभी कश्मीर और कभी यहाँ भी आ सकते हो। पैसा हो तो क्या नहीं हो सकता। इम्पीरियल होटल में रह सकते हो। टैक्सियों में घूम सकते हो। तब दिल्ली का मज़ा आएगा। ये डी.टी.सी. की बसों में लटकते हुए; जान हथेली पर लिए बसों की यात्रा से पीछा छूटेगा। यार यहाँ कोई किसी को उठाता तक नहीं। कल एक अधेड़-सा आदमी बस पर चढ़ने की कोशिश में फिसलकर गिर गया। उसके पीछे जो आदमी थे वे उसकी पीठ पर पैर रखकर तेजी से बस में चढ़ गए। इस साले शहर को क्या कहोगे जहाँ आदमी के लिए दूसरे आदमी के दिल में कोई जगह नहीं है। यह तो साला शहर भी नहीं है। एक हरामी औलाद है...जो छोटे शहर और महानगर के अनैतिक 'क्रास' से पैदा हुई है। यह घोड़े और गधे के मेल से बना ख़च्चर भी नहीं है क्योंकि ख़च्चर उपयोगी है। यह मिठाई और नमकीन से मिलकर बना ऐसा खाना है जिसे तुम ज़बान पर भी नहीं रख सकते। यहाँ रहते रहोगे तो एक दिन तुम भी खूँखार जानवर बन जाओगे। दिल्ली का इतिहास देखो...कभी यह शहर दिल्ली रहा होगा। अब तो यह भ्रष्ट दलालों...मैं राजनीतिज्ञों को दलाल ही मानता हूँ...का शहर है। भड़वों, रंडियों और षड्यन्त्रकारियों का शहर है। रहस्यों और बेजोड़ तिकड़मों का शहर है। इसका कोई 'कल्चर' नहीं है, जो पुराना 'कल्चर' था वह पुरानी दिल्ली में क़ैद हो गया है। बाहर से जो लोग आए हैं या आते हैं उनके लिए दिल्ली परदेश है और दिल्ली के लिए उनके मन में कुछ नहीं है। जैसे क्रूर आदमी के मन में वेश्या

के लिए कुछ नहीं होता। यह शहर किसका है ? मतलब आज जो दिल्ली है, इसमें बाबू हैं, इसमें पाकिस्तान से आए शरणार्थी हैं, इसमें हरियाणा से आए जाट बस कंडक्टर और ड्राइवर हैं। इसमें पश्चिमी उत्तर प्रदेश से आए छोटे-मोटे कर्मचारी या दुकानदार हैं। इन सबका दिल्ली 'घर' नहीं है। दिल्ली इनका देश नहीं है। मेरा नहीं है। तुम्हारा नहीं है। दिल्ली किसी का देश है तो पुरानी दिल्ली की गलियों, गन्दी गलियों, उपेक्षित मोहल्लों में रहनेवालों का है, चाँदनी चौक के पुराने महाजनों; दुकानदारों का है; लेकिन उनकी दिल्ली यह दिल्ली नहीं है जिसमें आज हम और तुम रहते हैं। यह दिल्ली तो किसी की नहीं है। यही वजह है कि लोग निर्मम हैं। क्रूरता और अपमान और स्वार्थ और घृणा और तिरस्कार और भ्रष्टाचार और अनैतिक तरीक़े से वह सब प्राप्त करना जो चाहिए—इस शहर का बुनियादी चरित्र है। राजनीतिक सत्ता और उसकी शतरंजी चालों ने भी इस शहर को एक चरित्र दिया है...तो तुम यहाँ रहकर पत्रकारिता करना चाहते हो ? स्वागत है तुम्हारा पर इस शहर में कुछ भी करने से पहले जनसम्पर्कों का ताना-बाना बनाना होगा; सफलता के लिए 'गॉड फादर' चाहिए होंगे। उनके पैर चाटने होंगे...तुम बहुत बड़े पत्रकार हो सकते हो। मैं यह नहीं कहता कि यहाँ जो भी सफल हुआ है इस तरह हुआ है। लेकिन यह अवश्य कह सकता हूँ कि यहाँ सफलता प्राप्त करने का कोई 'राज़' है तो यही है। पत्रकारिता में, राजनीति में, व्यापार में—किसी भी क्षेत्र में पहले एक 'गॉड फादर' बनाओ...कांग्रेस के किसी मन्त्री को जानते हो ? इन्दिराजी के दरबार तक पहुँच है ? नहीं है। जब ही तो पिछले...कितने ? ग्यारह महीने से जूते घिस रहे हो...।

दिल्ली आने के कोई लगभग एक साल बाद, अपना छोटा-मोटा सामान वहीं छोड़कर जिनके घर रहता था और कुछ कपड़े लेकर मैं वापस जाने को निकल पड़ा। एक हल्की अटैची...पुरानी दिल्ली के रेलवे स्टेशन पर बाबा वहीं मिल गया जहाँ उसने मिलने को कहा था। घड़ी बेचकर मुझे जो चालीस रुपए मिले थे उनसे एक बोतल रम खरीद चुका था जो अटैची में थी। बाबा वैसे तो अच्छी-खासी अफ़ीम खाए हुए था पर पीने के लिए तैयार हो गया। पर रेलवे स्टेशन पर पीना थोड़ा कठिन काम था। हम टहलते हुए प्लेटफार्म के कोने में आ गए। वहाँ एक वीरान से शौचालय के पास लगे नल से कुल्लढ़ में पानी लिया और चालाकी से उसमें रम पिलाई। वैसे अँधेरा हो रहा था।

"यार, चेयर्स नहीं कर सकते। साले कुल्लढ़ टूट जाएँगे।" मैंने बाबा से कहा।

"चेयर्स' करना ज़रूरी है। तुम्हारी नई ज़िन्दगी शुरू होने जा रही है।" हमने पूरी एहतियात से 'चेयर्स' किया। उसके बाद कुल्लढ़ पर कुल्लढ़ चढ़ने लगे। यह ज़ाहिर था कि मैं अपने साथ रम की बोतल नहीं ले जा सकता था।

"तुम्हें ट्रैक्टर खरीदने में दो साल लगेंगे।" बाबा बहुत गम्भीरता से बोला।

'ट्रैक्टर' यह शब्द जब से मैंने बाबा की जुबान से सुना है मुझे बहुत प्यारा लगने

लगा है—'ट्रैक्टर।'

"महँगा आता होगा यार..."

"हाँ," लाख डेढ़ लाख के आसपास...लेकिन ग्रामीण बैंक बहुत सस्ती दरों पर कर्ज़ दे देते हैं। मेरे गाँव में जिन्होंने खरीदे थे तीन-चार साल में ही कर्ज़ चुका डाला था। भाड़े पर ट्रैक्टर चलाओ तो सौ रुपया रोज़ कहीं नहीं गया।"

"बाबा, मेरे जम जाने के बाद तुम आना ज़रूर..."

"नहीं...मैं नहीं आऊँगा।" वह मेरी बात काटकर बड़ी गम्भीरता से बोला।

"क्यों ?"

"मैं अपने जीवन से पूरी तरह सन्तुष्ट हूँ।" वह बड़े विश्वास से बोला।

"अच्छा ?"

"हाँ।"

"पर कैसे ?"

वह हँसा। "मैं 'क्षितिज' में काम करनेवाला हिन्दी का टाइपिस्ट...दो सौ दस रुपए वेतन पानेवाला और दो बच्चों का ख़र्च उठानेवाला आदमी बहुत असन्तुष्ट हूँ अपने जीवन से ?"

"अच्छा ?"

"देखो, मैंने अपना पूरा जीवन अपने बच्चों को दे दिया है। बच्चे...तुम समझे ? नहीं समझोगे जब तक तुम्हारे बच्चे न होंगे... तो अपना पूरा जीवन और भविष्य अपने बच्चों को दे दिया है। मेरे लड़के की हाईस्कूल में पोज़ीशन आई है। और लड़की को मिरांडा हाउस में बिना किसी सिफारिश के दाख़िला मिला है। वह आई.ए.एस. में बैठना चाहती है। लड़का मेडिकल में जाना चाहता है...अब मैं अपने लिए कुछ नहीं हूँ...सिर्फ एक चलता-फिरता ढाँचा जो केवल एक इच्छा पूरी होने के लिए जी रहा है। मैं अगर अपने बच्चों को ग़रीबी और अपमान भरे जीवन से निकाल सका तो यही मेरा 'ट्रैक्टर' होगा और यही दक्षिण भारत की यात्रा...समझे ?"

"हाँ...समझ गया।"

"मैं और कुछ नहीं कर सकता...देखो मेरी लड़की की इंग्लिश इतनी अच्छी है कि बिना इंग्लिश स्कूल में पढ़े ही उसे इंग्लिश में सबसे अच्छे नम्बर मिलते हैं।"

"लो, पियो।" मैंने उसे और दी।

"क्या बजा है ?"

"...ओहो...चलो अब ट्रेन जानेवाली होगी। पर रिज़र्वेशन है।" मैं घड़ी देखकर बोला।

"सुनो।"

"हाँ।"

"एक वायदा करो।"

"क्या ?"

"दिल्ली नहीं लौटोगे।"

"मैं तुमसे पक्का और सच्चा वायदा करता हूँ। क़सम खाता हूँ...कि दिल्ली कभी नहीं लौटूँगा...मतलब रहने या काम करने..."

"शाबाश।" वह चिल्लाया। और बोतल ही मुँह से लगा ली। उसके बाद बोतल मैंने मुँह से लगाई।

मैं डिब्बे में चढ़ने ही वाला था कि बाबा ने मेरा कन्धा पकड़ लिया।

"क्या है।" मैंने पूछा। क्योंकि वह अजीब नज़रों से मेरी तरफ देख रहा था।

"इस शहर पर थूक दो।"

"क्या ?" मेरी समझ में नहीं आया।

"थूक दो...इसके ऊपर..."

"मैं समझा नहीं।"

"इस शहर पर 'आक थू'..." उसने प्लेटफार्म पर थूका।

अब मैं समझा। वह चाहता था मैं शहर पर थूक दूँ। मैंने भी प्लेटफार्म पर ज़ोर की आवाज़ करते हुए थूक दिया। फिर उसने थूका। हमारे बीच एक प्रतियोगिता-सी होने लगी और तब ही ट्रेन खिसकने लगी और मैं दौड़कर डिब्बे में चढ़ गया।

## 68

जिस तरह युद्ध में हारे हुए सिपाही घर लौटते हैं उसी तरह ज़ख्मी, अपमानित, भूखा, निराश, आस्था और भविष्यहीन मैं अपने घर लौटा। न किसी को देने के लिए कोई तोहफ़ा और न बताने के लिए कोई बात। न पिछले एक साल की कोई ऐसी याद जो ताज़ा करती रहे। बस एक आवाज़ है जो चिपक गई है...हार गए...पराजित हो गए...शिकस्त हो गई...डिफीट हो गई...खाट खड़ी हो गई...क्या पाने गए थे यह भी याद नहीं...यही अच्छा है जान बच गई...ख़ैर से बुद्धू घर को आए...दिल्ली में दर्जनों लावारिस कुचल कर रोज़ मर जाते हैं दैत्याकार, द्रुतगामी यान्त्रिक आकृतियों के नीचे। कहीं एक बूँद ख़ून का निशान भी नहीं मिलता।

गए थे राजधानी जीतने हा-हा-हा-हा...गए थे अपनी प्रतिभा और मेहनत के बल पर समय के चेहरे पर कुछ लिखने...हा-हा-हा-हा—गए थे पत्रकार बनने और ले आए काली खाँसी और पेचिश और दे आए अपना आधा वज़न और जाने क्या-क्या।

बुरा मत मानो, कह दो चीख़कर कि मैं हार गया...बस चौबीस साल की उम्र में हार गया। चिल्लाकर कह दो कि राजधानी ने मुझे हरा दिया। वही हुआ जो राजधानियाँ अकेले-दुकेलों के साथ करती हैं।

ऊँची आवाज़ में ये भी कहा जा सकता है कि कोई बड़ा आदमी मेरा रिश्तेदार था...ऊँचे ओहदेदारों को मैं नहीं जानता। राजनीति में, उद्योग में और अपराधजगत में

कोई 'सोर्स' नहीं है। मैं किसी को खुश करने की कला नहीं जानता और थोड़ी-बहुत शर्म भी है जो आड़े आती है। इतनी हिम्मत भी नहीं है कि दूसरों का निवाला छीनकर खा जाऊँ और इतना कमज़ोर भी नहीं बन सका कि अपने को कीड़ा समझकर जी लेता। इसलिए मैं हार गया। खुलकर कहो कि चलाकी और मक्कारी से, बेईमानी और धोखेधड़ी से, चतुराई और कमीनेपन से, स्वार्थ और धृष्टता से, छल और छद्म से, चोरी और सीनाजोरी से, अन्याय और अत्याचार से हार गया...हार गया...सौ बार कहो, हज़ार बार कहो, लाख बार कहो, कहते रहो...मैं पसीने-पसीने हो गया...अचानक जावेद कमाल का एक शे'र याद आया...

*'भले से हारे जो हारे हमीं तो हार गए*
*लो आप जीत गए कजकुलाह कर लीजिए।'*

"मियाँ ईरान में रस्म थी कि जीतनेवाला अपनी टोपी तिरछी कर लिया करता था। तो ये है कजकुलाह...तो मियाँ ये जीत और हार है क्या ? कौन जानता है कि हारनेवाला हारता है या जीतता है ? और फिर जीतने की क्या अहमियत है ? लाखों-करोड़ों, खरबों साल से या पता नहीं कबसे चली आ रही इस दुनिया में पता नहीं कितने लोग आए और गए...हारे और जीते या जीते और हारे...और पता नहीं कब तक कितने और आएँगे...पता नहीं कितने इन्क़िलाब आए, तहज़ीबें उजड़ीं और सल्तनतें बर्बाद हुईं, बड़े-बड़े नेस्तानाबूद हो गए, 'ज़मीं खा गई आसमाँ कैसे-कैसे'...वे पीक उगलदान में थूककर बोले थे। मियाँ एक बहुत मशहूर इस्लामी जरनल था जिसने फुतूहात का ढेर लगा दिया था। जिधर जाता था फतेह उसका बढ़कर इस्तिक़बाल करती थी। पूरब, पच्छिम, उत्तर, दक्खिन; जहाँ गया सिर्फ कामयाब हुआ। उसके नाम का मतलब ही कामयाबी, जीत, फतेह और विक्ट्री। तो जनाब उसने यह वसीअत की थी कि उसकी मौत के बाद जब चार लोग उसे कन्धों पर उठाकर कब्रिस्तान की तरफ ले जाएँ तो एक आदमी जनाज़े के आगे-आगे यह कहता हुआ चले कि देखो पूरब, पच्छिम, उत्तर, दक्खिन फतेह करनेवाला चार लोगों के कन्धों पर जा रहा है...यही है उसकी फुतूहात का हासिल...सिकन्दरे आज़म को तुम क्या मानोगे ? यार मुझे तो उससे बड़ी हमदर्दी है। और ज़ाहिर है हमदर्दी जीते हुए आदमी से नहीं होती। बेचारे ने दर-ब-दर की ठोकरें खाईं और मिला क्या परदेस में मौत...यही फतेह है क्या ? तो मियाँ पहले तो ये तय करो कि हार और जीत है क्या ?"

हाँ, जीतता कौन है ? शुद्ध लाभ किसे होता है ? शुद्ध लाभ मतलब अर्थ लाभ, पद्लाभ, प्रतिष्ठा लाभ, सम्मान लाभ या कोई और लाभ ? परिभाषाएँ भोंथरी हैं। किस रास्ते पर चलोगे तो मंज़िल मिलेगी ? सोच लो कहीं वही मंज़िल न हो जहाँ से यात्रा शुरू की हो ? और कहीं चलनेवाला ही मंज़िल हुआ तो ?...सोचने के कई तरीक़े, पहलू, अन्दाज़ और ढंग और आज़ादी न होती तो कुछ न होता।

●●●